国际统计年鉴

INTERNATIONAL STATISTICS YEARBOOK

2002

朱之鑫　主编

中国统计出版社
China Statistics Press

(京)新登字 041 号

图书在版编目 (CIP) 数据

国际统计年鉴.2002/ 朱之鑫主编
－北京：中国统计出版社，2002.9
ISBN 7-5037-3916-9

I.国…
II.朱…
III. 社会经济统计－统计资料－世界－2002－年鉴
IV.C831-54

中国版本图书馆 CIP 数据核字 (2002) 第 073688 号

国际统计年鉴－2002

作　　者／朱之鑫　主编
责任编辑／陈悟朝
封面设计／张　冰
出版发行／中国统计出版社
通信地址／北京市西城区月坛南街 75 号　邮政编码 / 100826
办公地址／北京市丰台区西三环南路甲 6 号
E-mail: yearbook@stats.gov.cn
电　　话／(010)63459084、63266600-22500（发行部）
印　　刷／北京中科印刷有限公司
经　　销／新华书店
开　　本／890 × 1240 毫米　1/16
字　　数／60 万字
印　　张／25.5
版　　别／2002 年 10 月第 1 版
版　　次／2002 年 10 月第 1 次印刷
书　　号／ISBN 7-5037-3916-9/F · 1495
定　　价／200.00 元

本书附同版本 CD-ROM 一张，光盘内容以书面文字为准。
中国统计版图书，如有印装错误，本社发行部负责调换。

《国际统计年鉴－2002》

编委会和编辑人员名单

主　　编：朱之鑫

副 主 编：贺　铿　邱晓华　林贤郁

朱向东　章国荣　权贤佐

总 编 辑：李晓超　谢鸿光

副总编辑：杨京英　李启明

编辑人员：闫海琪　石　婷　任晓燕　刘　冰

英文校订：冯乃林

International Statistics Yearbook 2002

EDITORIAL BOARD AND STAFF

编 者 说 明

一、《国际统计年鉴－2002》是一部综合性国际经济、社会统计资料书。本书收录了世界多达160个国家和地区的统计资料，对其中的40多个主要国家的经济和社会发展状况和世界知名公司的基本情况又作了更为详细的介绍。

二、本年鉴分为16个部分：1.中国在世界的地位；2.地理和气象；3.自然资源和环境保护；4.国民经济核算；5.人口；6.就业和工资；7.财政和金融；8.价格指数；9.住户收支和贫困；10.农业；11.工业、能源和建筑业；12.运输和通讯；13.对外贸易和旅游；14.国际收支和外债；15.教育、科技、文化、卫生和军事；16.世界最大500家企业主要指标。

三、国外的大部分数据经过联合国等国际组织的调整，口径基本可比。

四、很多国家的最新数据主要是初步数或估计数。

五、中国数据，除国土面积外，均未包括中国台湾省、香港特别行政区和澳门特别行政区。

六、国外数据主要取自有关国际组织的数据库、光盘、年报、月报。每张表均附有资料来源。中国数据以《中国统计年鉴》为准，本书所列国际组织有关中国的统计数据均加注释，仅供参考。

七、一些数据的合计数或相对数，因受进位的影响，不一定等于分项的累加。

八、尽管本年鉴所跨年度内，一些国家的名称和疆域有所改变，除非特别注明，本年鉴中所列国家均为现国家名称及其疆域范围。

九、本年鉴中使用的符号含义如下："－"表示数据不足本表最小单位数；"空格"表示无该项数据或该项统计数据不详；"#"表示其中的主要项；"|"表示因统计口径的调整，前后数据不可比。

十、一些国际组织及其组成成员如下：

西方七国包括美国、日本、英国、德国、法国、意大利和加拿大。

截止2000年，经济合作与发展组织（简称经合发组织）成员国有30个：澳大利亚（1971）、奥地利、比利时、冰岛、丹麦、联邦德国、法国、芬兰（1969）、加拿大、荷兰、卢森堡、美国、葡萄牙、日本（1964）、挪威、瑞典、瑞士、爱尔兰、西班牙、希腊、意大利、新西兰（1973）、土耳其、英国、墨西哥（1994.3.24）、捷克（1995.11.28）、匈牙利（1996.3.29）、波兰(1996.7.11)、韩国（1996.10.11）、斯洛伐克(2000.9)。

欧洲联盟，简称欧盟。截止2001年1月1日，成员国共15个：法国、联邦德国、意大利、荷兰、比利时、卢森堡（1951年）、丹麦、爱尔兰、英国（1973年）、希腊（1981年）、西班牙、葡萄牙（1986年）、奥地利、芬兰、瑞典（1995年）。其中欧洲货币联盟（或欧元区）成员国共12个：联邦德国、比利时、奥地利、荷兰、法国、意大利、西班牙、葡萄牙、卢森堡、爱尔兰、芬兰、希腊。1999年1月1日欧元启动起，各成员国与欧元汇率锁定，1欧元分别相当于1.95583德国马克、40.3399比利时法郎、40.3399卢森堡法郎、166.386西班牙比塞塔、6.55967法国法郎、0.787564爱尔兰镑、1936.27意大利里拉、2.20371荷兰盾、13.7603奥地利先令、200.482葡萄牙埃斯库多和5.94873芬兰马克。2001年1月1日，希腊加入欧元区，其原货币德拉克马与欧元汇率锁定为1欧元兑换340.7502德拉克马。2002年1月1日起，欧元现钞正式取代各成员国原货币全面流通。

截止2000年底，东南亚国家联盟（简称东盟）成员国共有10个：菲律宾、马来西亚、泰国、文莱、新加坡、印度尼西亚、越南、缅甸、老挝和柬埔寨。

北美自由贸易区成立于1994年1月1日，至今始终有三个成员国，即加拿大、墨西哥和美国。

十一、一些国家(含地区)组含义如下：

高中低收入。按照世界银行分组标准，高收入国家、上中等收入国家、下中等收入国家和低收入国家分别指2000年人均国民生产总值(或国民总收入)9266美元及以上、2996美元至9265美元、756美元至2995美元和755美元及以下的国家。

发达国家与发展中国家。按照联合国分组标准，发达国家具体包括加拿大、美国、欧盟成员国、澳大利亚、新西兰、日本、以色列和南非，发展中国家则指其他国家。

工业国家和发展中国家。按照国际货币基金组织分组标准，工业国家具体包括加拿大、美国、欧盟成员国、澳大利亚、新西兰和日本，发展中国家则指其他国家。

PREFACE

I. "International Statistics Yearbook 2002" is a comprehensive reference book on international economic and social statistics. It contains data from as much as 160 countries, regions and territories over the world. More detailed information on the economic and social development of over 40 countries and the key indicators of the world famous companies is also included in the Yearbook.

II. The Yearbook contains the following 16 chapters: China in the World; Geography and Climate; Natural Resources and Environmental Protection; National Accounts; Population; Employment and Wages; Government Finance and Banking; Price Indices; Household Income and Expenditure and Poverty; Agriculture; Industry, Energy and Construction; Transportation and Communication; External Trade and Tourism; Balance of Payments and External Debts; Education, Science and Technology, Culture, Health and Military; Main Indicators of the 500 Largest Companies in the World.

III. Data for most of the foreign countries/territories have been adjusted by international organizations such as the United Nations, and the scope and coverage is therefore comparable.

IV. The latest data for many countries are preliminary or estimated statistics.

V. All data of China do not cover Taiwan Province, Hong Kong SAR and Macao SAR except the data for the surface area.

VI. The data sources for foreign countries/territories include databases, CD-ROMs, yearbooks and monthly publications of international organizations. The sources of data are given at the top of each table in the Yearbook. Data for China are mainly taken from China Statistical Yearbook, while Chinese data from international organizations are footnoted and are used for reference.

VII. Some aggregations or rates/ratios may not add up to the sum of the series because of rounding.

VIII. Unless otherwise indicated, the countries included in the Yearbook are the countries under their present names with the present territories, although the names or the boundaries may have changed during the period covered by the Yearbook.

IX. The meanings of the symbols used in the Yearbook are as follows,

"-" indicates that the figure is not large enough to be measured with the smallest unit in the table;

"(blank)" indicates that data are not available;

"#" indicates the major items of the total;

"|" indicates that the data to the left are not comparable with those to the right because of the adjustment of scope and coverage.

X. Some international organizations and the members included are as follows,

Group 7 includes the United States, Japan, the United Kingdom, Germany, France, Italy and Canada.

Organization for Economic Co-operation and Development (OECD), until 2000, has 30 members, i.e., Australia (1971), Austria, Belgium, Iceland, Denmark, Germany, France, Finland (1969),

Canada, the Netherlands, Luxembourg, United States, Portugal, Japan (1964), Norway, Sweden, Switzerland, Ireland, Spain, Greece, Italy, New Zealand (1973), Turkey, United Kingdom, Mexico (Mar. 24, 1994), Czech Republic (Nov. 28, 1995), Hungary (Mar. 29, 1996), Poland (Jul. 11, 1996), Korea (Oct. 11, 1996) and Slovakia (Sep. 2000).

European Union (EU), on January 1, 2001, has 15 members, i.e., France, Germany, Italy, the Netherlands, Belgium, Luxembourg (1951), Denmark, Ireland, United Kingdom (1973), Greece (1981), Spain, Portugal (1986), Austria, Finland, Sweden (1995). European Monetary Union (Eurozone) has 12 members, i.e., Germany, Belgium, Austria, the Netherlands, France, Italy, Spain, Portugal, Luxembourg, Ireland, Finland and Greece. Since the launch of the euro on Jan. 1, 1999, the central rates have been fixed between the euro and the currencies of the participating countries. One euro equals to 1.95583 Deutsch Mark, 40.3399 Belgium Francs, 40.3399 Luxembourg Francs, 166.386 Spanish Pesetas, 6.55967 French Francs, 0.787564 Irish Pounds, 1936.27 Italian Lire, 2.2037 Dutch Guilders, 13.7603 Austrian Schillings, 200.482 Portugal Escudos and 5.94873 Finnish Mark respectively. Greece joined Eurozone on January 1, 2001, adopting the euro as its currency, with a conversion factor of 340.750 drachmas per euro. Since January 1, 2002, the euro has formally substitute the former local currencies of the member countries.

Association of South East Asian Countries (ASEAN), by the end of 2000, has 10 members, i.e., the Philippines, Malaysia, Thailand, Brunei Darussalam, Singapore, Indonesia, Viet Nam, Myanmar, Lao People's Democratic Republic and Cambodia.

North American Free Trade Area was founded on January 1, 1994 with three members, i.e., Canada, Mexico and the United States.

VI. Countries (territory) groups and their meanings are as follows,

Countries by Income Group According to the criteria by the World Bank, countries and territories (referred to as economies) are classified by their per capita GNP (GNI) in the year 2000 into high income (higher than $9265), higher middle income (between $2996 and $9265), lower middle income (between $756 and $2995) and low income ($755 and below) groups.

Developed and Developing Countries According to the classification standard of the United Nations, developed countries include Canada, the United States, the member countries of the European Union, Australia, New Zealand, Japan, Israel and South Africa while the others are developing countries.

Industrial and Developing Countries According to the classification standard of International Monetary Funds, industrial countries include Canada, the United States, the member countries of the European Union, Australia, New Zealand and Japan while the others are developing countries.

VII. The abbreviations used in the book and their meanings are as follows,

Km^2=square kilometer, ha = hectare, kwh = Kilowatt-hour, G = gram, kg = kilogram, TJ = terojoule (10^{12} joule), TCE = ton of standard coal equivalent, TOE = ton of standard oil equivalent, UNSD = Statistics Division of the United Nations, IMF = International Monetary Funds, FAO = Food and Agriculture Organization of the United Nations, UNCTAD = United Nations Conference on Trade and Development, UNDP = United Nations Development Program, ILO = International Labor Organization, WHO = World Health Organization.

目　录
CONTENTS

一、中国在世界的地位
China in the World

1-1　中国参加的国际公约……………………………………………………（ 3 ）
International Conventions or Protocols China Joined
1-2　中国主要经济社会指标的国际比较(2000年)……………………………（ 4 ）
International Comparison of the Economic and Social Development of China (2000)
1-3　中国主要指标在世界的位次(不包括主要工农业产品产量)……………（ 15 ）
Changes in the Order of Precedence of Major Indicators of China (Excluding the Output of Major Agricultural and Industrial Products)
1-4　中国农业主要产品产量居世界位次………………………………………（ 16 ）
Changes in the Order of Precedence of Output of Major Agricultural Products of China
1-5　中国工业主要产品产量居世界位次………………………………………（ 16 ）
Changes in the Order of Precedence of Output of Major Industrial Products of China

二、地理和气象
Geography and Climate

2-1　地球和地表…………………………………………………………………（ 19 ）
The Earth and the Earth's Surface
2-2　世界各大洲海拔高度………………………………………………………（ 20 ）
Altitude of the Continents
2-3　世界著名河流………………………………………………………………（ 20 ）
The Famous Rivers in the World
2-4　世界著名湖泊………………………………………………………………（ 21 ）
The Famous Lakes in the World
2-5　世界主要城市天气…………………………………………………………（ 22 ）
Weather Condition of Main Cities in the World

三、自然资源和环境保护
Natural Resource and Environment Protection

3-1　国土面积与人口密度………………………………………………………（ 29 ）
Area of Country Soil and Population Density
3-2　土地利用……………………………………………………………………（ 30 ）
Land Use
3-3　能源储量(1998年)…………………………………………………………（ 33 ）
Energy Resources and Reserves (1998)
3-4　森林消失和淡水资源………………………………………………………（ 35 ）
Deforestation and Freshwater
3-5　国家保护区面积和生物多样性……………………………………………（ 36 ）
Nationally Protected Areas and Biodiversity
3-6　能源消费……………………………………………………………………（ 37 ）
Commercial Energy Use
3-7　世界主要城市空气污染状况………………………………………………（ 39 ）
Air Pollution in Major Cities of the World

主要统计指标解释……(41)
Explanatory Notes on Main Statistical Indicators

四、国民经济核算 National Accounts

4-1 国内生产总值（本币）……(45)
Gross Domestic Product (Local Currency)
4-2 国内生产总值(美元)……(46)
Gross Domestic Product (USD)
4-3 国民生产总值(本币)……(49)
Gross National Product (Local Currency)
4-4 人均国民生产总值(美元)……(50)
GNP Per Capita (USD)
4-5 按购买力平价法计算的国民经济核算主要指标 (2000年)……(54)
Main Economic Indicators of National Accounts Based on PPP (2000)
4-6 国内生产总值增长率……(55)
Growth Rate of GDP
4-7 人均国民生产总值增长率……(59)
Growth Rate of GNP per Capita
4-8 三次产业对国内生产总值增长的贡献……(60)
Contribution of Primary Industry, Secondary Industry and Tertial Industry to the Growth of GDP
4-9 总投资、总消费及净出口对国内生产总值增长的贡献……(61)
Contribution of Total Investment, Total Consumption and Net Export to the Growth of GDP
4-10 投资率……(62)
Investment Rate
4-11 总储蓄和总消费占国内生产总值的比重……(63)
Total Saving and Total Consumption as Percentage of GDP
4-12 国内生产总值三次产业构成……(64)
Composition of Gross Domestic Product
4-13 生产法国内生产总值……(65)
Gross Domestic Product by Production Approach
4-14 支出法国内生产总值……(87)
Gross Domestic Product by Expenditure Approach
4-15 收入法国内生产总值……(102)
Gross Domestic Product by Income Approach
4-16 按行业分类的资本形成总额……(103)
Gross Capital Formation by Kind of Activity
主要统计指标解释……(106)
Explanatory Notes on Main Statistical Indicators

五、人口 Population

5-1 年中人口数……(111)
Mid-year Population Estimates
5-2 人口性别和年龄构成(2000年)……(115)
Gender and Age Composition of Population(2000)
5-3 人口出生率、死亡率和自然增长率……(116)
Birth Rate, Death Rate and Natural Growth Rate

5-4 生殖健康…………………………………………………………………………………………（117）
Reproductive Health
5-5 婴儿死亡率和平均预期寿命…………………………………………………………………（118）
Infant Mortality Rate and Life Expectancy at Birth
5-6 结婚率与离婚率……………………………………………………………………………（119）
Marriage Rate and Divorce Rate
5-7 城市人口比重………………………………………………………………………………（120）
Urban Population as Percentage of Total Population
5-8 农业人口比重………………………………………………………………………………（121）
Agriculture Population as Percentage of Total Population
主要统计指标解释……………………………………………………………………………（122）
Explanatory Notes on Main Statistical Indicators

六、就业和工资
Employment and Wages

6-1 经济活动人口………………………………………………………………………………（125）
Economically Active Population
6-2 就业人数……………………………………………………………………………………（126）
Employment
6-3 按行业分类的就业人口……………………………………………………………………（127）
Employment by Economic Activity
6-4 失业人数……………………………………………………………………………………（143）
Unemployment
6-5 失业率………………………………………………………………………………………（144）
Unemployment Rate
6-6 非农部门就业人数、工资及平均每周工时数………………………………………………（146）
Employment, Wages and Hours of Work per Week in Non-Agriculture
6-7 制造业雇员工资及平均每周工时数…………………………………………………………（147）
Wages and Hours of Work per Week in Manufacturing
6-8 劳动生产率…………………………………………………………………………………（148）
Productivity
6-9 罢工和停工(2000年)………………………………………………………………………（149）
Strikes and Lockouts(2000)
主要统计指标解释……………………………………………………………………………（150）
Explanatory Notes on Main Statistical Indicators

七、财政和金融
Government Finance and Banking

7-1 中央政府财政收入及预算盈余/赤字占国内生产总值比重……………………………………（155）
Central Government Revenue and Budgetary Surplus/Deficit as Percentage of GDP
7-2 中央政府财政收入……………………………………………………………………………（156）
Revenue of Central Government
7-3 中央政府财政支出及盈余/赤字………………………………………………………………（159）
Expenditure and Overall Surplus/Deficit of Central Government
7-4 社会保障和福利………………………………………………………………………………（162）
Social Security and Welfare
7-5 公共养老金支出………………………………………………………………………………（163）
Public Expenditure on Pensions
7-6 货币供应量……………………………………………………………………………………（164）
Money Supply

7-7 年平均存款利率和贷款利率…………(167)
Deposit Rates & Lending Rates (Period Averages in Percentage per Annum)
7-8 国库券利率和政府债券收益率…………(168)
Treasury Bill Rates & Government Bond Yields
7-9 货币汇率(年末中间价)…………(169)
Exchange Rates (Mid-Point Prices in the Year-end)
7-10 道琼斯世界股票指数…………(170)
Dow Junes World Stocks Indexes by Country and Industry
7-11 上市公司数和上市公司总市值占国内生产总值比重…………(171)
Listed Domestic Companies & Capitalization of Listed Companies as Percentage of GDP
7-12 股票交易额占国内生产总值的比重及股票交易周转率…………(172)
Stocks Traded Value as Percentage of GDP and Turnover Ratio of Stocks Traded
主要统计指标解释…………(173)
Explanatory Notes on Main Statistical Indicators

八、价格指数 Price Indices

8-1 国内生产总值缩减指数…………(177)
Gross Domestic Product Deflator
8-2 生产者价格和批发价格指数…………(178)
Producers' or Wholesale Price Indices
8-3 消费者价格指数…………(183)
Consumer Price Indices
8-4 世界初级品和基本金属出口价格指数…………(186)
Export Price Indices of Primary Commodities and Non-ferrous Base Metals
主要统计指标解释…………(189)
Explanatory Notes on Main Statistical Indicators

九、住户收支和贫困 Household Income and Expenditure and Poverty

9-1 住户最终消费支出及增长率…………(193)
Household Final Consumption Expenditure and Its Growth Rate
9-2 个人收入分配…………(194)
Personal Income Distribution
9-3 贫困线和贫困人口比重…………(195)
Poverty Line and Population below Poverty Lines
9-4 贫困人口社会指标…………(196)
Social Indicators of Poverty
9-5 住户收入及构成…………(197)
Household Income and Its Structure
9-6 住户最终消费支出构成…………(198)
Composition of Household Final Consumption Expenditure
9-7 电视机、有线电视用户及个人计算机普及率…………(199)
Television Sets, Cable Television Subscribers and Personal Computers per 1000 People
9-8 人均每天食物热值、蛋白质和脂肪含量…………(200)
Calories, Proteins and Fat per Capita per Day
9-9 人均食物供应量(2000年)…………(201)
Food Supply per Capita (2000)
主要统计指标解释…………(203)
Explanatory Notes on Main Statistical Indicators

十、农业
Agriculture

10-1 农业生产指数（2001年）…………（207）
Agricultural Production Indices (2001)
10-2 人均农业生产指数（2001年）…………（208）
Per Capital Agricultural Production Indices (2001)
10-3 主要农作物收获面积（2001年）…………（209）
Total Harvest Areas of Farm Crops (2001)
10-4 主要农产品产量（2001年）…………（212）
Total Production of Major Farm Crops (2001)
10-5 主要林产品产量（2001年）…………（215）
Output of Major Forest Products (2001)
10-6 牲畜饲养量（2001年）…………（216）
Number of Livestock (2001)
10-7 畜产品产量（2001年）…………（218）
Output of Livestock Products (2001)
10-8 渔类捕获量（1999年）…………（220）
Fishery Catch (1999)
10-9 农业机械拥有量（1999年）…………（221）
Ownership of Agricultural Machinery (1999)
10-10 化肥施用量（1999年）…………（222）
Consumption of Chemical Fertilizers (1999)
10-11 农业集约化经营程度（1999年）…………（223）
Intensivism Management in Agriculture (1999)
主要统计指标解释…………（224）
Explanatory Notes on Main Statistical Indicators

十一、工业、能源和建筑业
Industry, Energy and Construction

11-1 按行业划分的工业生产指数…………（229）
World Industrial Production Indices by Economic Activity
11-2 按国家或地区划分的工业生产指数…………（231）
Indices of Industrial Production by Country and Territory
11-3 制造业主要指标…………（232）
Main Indicators of Manufacturing
11-4 制造业增加值构成…………（234）
Composition of Value Added in Manufacturing
11-5 能源平衡表…………（236）
Production, Trade and Consumption of Commercial Energy
11-6 能源利用效率和传统燃料消费…………（244）
Energy Efficiency and Traditional Fuel Use
11-7 电力装机容量…………（245）
Net Installed Capacity of Electricity Generating Plants
11-8 主要工业产品产量…………（249）
Output of Major Industrial Products
11-9 竣工住宅…………（256）
Construction of New Building
11-10 住宅及其设备…………（257）
Dwellings and Dwelling Facilities

主要统计指标解释……………………………………………………………………………………（258）
Explanatory Notes on Main Statistical Indicators

十二、运输和通讯
Transportation and Communication

12-1 公路货物周转量……………………………………………………………………………………（261）
Freight Ton-km of Road
12-2 铁路货物和旅客周转量………………………………………………………………………………（262）
Freight Ton-km and Passenger-km of Railway
12-3 国际海运装货量和卸货量……………………………………………………………………………（263）
Internet Maritime Goods Loaded and Unloaded
12-4 空运货物和旅客周转量………………………………………………………………………………（264）
Freight and Passengers Carried by Air
12-5 机动车使用量…………………………………………………………………………………………（265）
Vehicles in Use
12-6 汽车燃料消费…………………………………………………………………………………………（267）
Consumption of Motor Fuels
12-7 商船吨位………………………………………………………………………………………………（269）
Merchandise Shipping Fleet
12-8 公路线路长度…………………………………………………………………………………………（270）
Length of Road
12-9 公路交通事故…………………………………………………………………………………………（272）
Road Accidents
12-10 公路税收收入…………………………………………………………………………………………（274）
Annual Receipts from Road User Taxation
12-11 公路支出………………………………………………………………………………………………（276）
Road Expenditure
12-12 电话主线和移动电话普及率…………………………………………………………………………（278）
Telephone Mainlines and Mobile Phones
12-13 国际互联网用户及网站普及率………………………………………………………………………（279）
Internet Users and Web Sites
主要统计指标解释……………………………………………………………………………………（280）
Explanatory Notes on Main Statistical Indicators

十三、对外贸易和旅游
External Trade and Tourism

13-1 世界货物贸易总额……………………………………………………………………………………（283）
World Imports and Exports
13-2 货物出口总额…………………………………………………………………………………………（284）
Merchandise Exports
13-3 货物进口总额…………………………………………………………………………………………（285）
Merchandise Imports
13-4 出口和进口单位价格指数……………………………………………………………………………（286）
Indices of Export Unit Value and Import Unit Value
13-5 出口和进口数量指数…………………………………………………………………………………（287）
Indices of Export Quantum and Import Quantum
13-6 货物和服务进出口占国内生产总值的比重…………………………………………………………（288）
Exports and Imports of Goods and Services as Percentage of GDP
13-7 出口商品构成（2000年）……………………………………………………………………………（289）
Exports by Commodity Groups (2000)

13-8 进口商品构成 （2000年）……………………………………………………………………（290）
Imports by Commodity Groups (2000)
13-9 农产品进出口额……………………………………………………………………………（291）
Imports and Exports of Agriculture Products
13-10 主要国家（地区）出口去向构成（2000年）………………………………………………（292）
Exports by Destination(2000)
13-11 主要国家（地区）进口来源构成（2000年）………………………………………………（294）
Imports by Origin(2000)
13-12 世界主要商品出口额（1999年）……………………………………………………………（296）
Main Commodity Exports of the World (1999)
13-13 按项目划分的服务出口额……………………………………………………………………（303）
Exports of Services by Sector
13-14 国际旅游收支…………………………………………………………………………………（305）
International Tourism, Expenditures and Receipts
13-15 国际旅游人数…………………………………………………………………………………（306）
International Tourism, Number of Arrivals and Departures
主要统计指标解释……………………………………………………………………………（307）
Explanatory Notes on Main Statistical Indicators

十四、国际收支和外债 Balance of Payments and External Debts

14-1 世界国际收支…………………………………………………………………………………（311）
Summary of International Transactions
14-2 分国别（地区）的国际收支（2000年）………………………………………………………（312）
Balance of Payments by Country (Territory) (2000)
14-3 外国直接投资…………………………………………………………………………………（318）
Foreign Direct Investment
14-4 国际储备和黄金储备…………………………………………………………………………（319）
Total International Reserves and Gold Reserves
14-5 主要国家外债及其构成（2000年）……………………………………………………………（320）
External Debts by Type (2000)
14-6 外债风险指标（2000年）………………………………………………………………………（321）
Risk Indicators on Foreign Debts (2000)
主要统计指标解释……………………………………………………………………………（322）
Explanatory Notes on Main Statistical Indicators

十五、教育、科技、文化、卫生和军事 Education, Science and Technology, Culture, Health and Military

15-1 人文发展指数（2000年）………………………………………………………………………（325）
Human Development Index (2000)
15-2 15岁及以上成人文盲率………………………………………………………………………（333）
Adult Illiteracy Rate (As % of People Ages 15 and Above)
15-3 大中小学生入学率……………………………………………………………………………（334）
Tertiary, Secondary and Primary School Enrollment Ratio
15-4 研究与发展经费支出和公共教育经费支出占国内（民）生产总值比重……………………（335）
Research and Development Expenditure and Public Spending on Education as Percentage of GDP (GNP)
15-5 每百万人拥有科学家和工程师人数及研究与发展技术人员数……………………………（336）
Scientists, Engineers and Technicians in R&D (per Million People)

15-6 高技术出口额占制成品出口额比重……………………………………………………………………（337）
High-technology Exports as Percentage of Manufactured Exports
15-7 专利权申请文件数量……………………………………………………………………………………（338）
Patent Application
15-8 享有卫生设施人口占总人口比重………………………………………………………………………（339）
Percentage of Population with Access to Improved Sanitation Facilities
15-9 人均医疗支出及医疗支出占国内生产总值比重………………………………………………………（340）
Health Expenditure per Capita and Health Expenditure as Percentage of GDP
15-10 每千人口医生数和病床数……………………………………………………………………………（341）
Physician and Hospital Bed per 1000 People
15-11 军事支出占中央政府支出和国内生产总值比重………………………………………………………（342）
Military Expenditure as Percentage of Central Government Expenditure & Gross Domestic Product
15-12 军事人员数及军事人员数占劳动力总数比重…………………………………………………………（343）
Military Personnel & Military Personnel as Percentage of Total Labor Force
主要统计指标解释…………………………………………………………………………………………（344）
Explanatory Notes on Main Statistical Indicators

十六、世界最大500家企业主要指标
Main Indicators of the 500 Largest Companies in the World

16-1 2001年按国家和地区汇总的世界最大500家企业资料……………………………………………………（347）
The Data of the Largest 500 Companies in the World Aggregated by Country or Territory
16-2 2001年按营业额排序的世界最大500家企业………………………………………………………………（348）
The 500 Largest Companies in the World Sorted by Revenue
主要统计指标解释…………………………………………………………………………………………（368）
Explanatory Notes on Main Statistical Indicators

附录一 各国（地区）货币单位……………………………………………………………………………（371）
Appendix I Local Currency Units of Countries and Territories
附录二 索引…………………………………………………………………………………………………（379）
Appendix II Index

一 中国在世界的地位

China in the World

1-1 中国参加的国际公约

International Conventions or Protocols China Joined

资料来源：《国际资料大全》(光盘)2001 年第四季度。

Source: "Colletion of International Materials" CD-ROM, 4th Quarter, 2001.

国际公约	International Convention (Protocol)	生效时间 (年／月／日) Valid from (yyyy-mm-dd)	中国生效时间 (年／月／日) Valid for China from (yyyy-mm-dd)
联合国特权和豁免公约	Convention on the Privileges and Immunities of the United Nations	1946-2-13 ①	1979-9-11
防止及惩治灭绝种族罪公约	Convention on the Prevention and Punishment of the Crime of Genocide	1951-1-12	1983-7-17
世界版权公约	International Copyright Protection Convention (Universal Copyright Convention)	1952 ①	1992-10-30
承认及执行外国仲裁裁决公约	Convention on the Recognition and Enforcement of Foreign Arbitral Awards	1959-6-10	1987-4-22
维也纳外交关系公约	Vienna Convention on Diplomatic Relations	1964-4-24	1975-12-25
维也纳领事关系公约	Vienna Convention on Consular Relations	1967-3-19	1979-7-16
消除一切形式种族歧视国际公约	International Convention on the Elimination of all Forms of Racial Discrimination	1969-1-4	1982-1-28
保护录音制品制作者防止未经许可复制其录音制品公约	International Convention for Protection of Audio Recordings Against Unauthorized Duplication	1971-10-29 ①	1993-4-30
禁止细菌（生物）及毒素武器的发展、生产及储存以及销毁这类武器的公约（禁止生物武器公约）	Convention on the Prohibition of the Development, Production and Stockpiling of Bacteriological (Biological) and Toxin Weapons and on Their Destruction (Biological Weapons Convention)	1975-3-26	1984-11-15
防止倾倒废弃物和其他物质污染海洋的公约	Convention on the Prevention of Marine Pollution by Dumping of Wastes and other Matters	1975-8-30	1985-11-14 ①
禁止并惩治种族隔离罪行的国际公约	International Convention on the Suppression and Punishment of the Crime of Apartheid	1976-7-18	1983-5-18
《经济、社会及文化权利国际公约》	International Convention on Economic, Social and Cultural Rights	1979-1-3	1997-10-25 ①
消除对妇女一切形式歧视公约	Convention on the Elimination of all Forms of Discrimination Against Women	1981-9-3	1981-9-3
反对劫持人质的国际公约	International Convention Against the Taking of Hostage	1983-6-3	1993-2-24
特定常规武器公约	Convention on Certain Conventional Weapons	1983-12-2	1983-12-2
有关《禁止或限制使用地雷（水雷）、诱杀装置和其他装置的议定书》的修改及其条款	Protocol on Prohibitions or Restrictions on the Use of Mines, Boody-Trap and other Devices	1983-12-2	1983-12-2
关于国家和国际组织间或国际组织相互间条约法的维也纳公约	Vienna Convention on the Law of Treaties Between States and International Organizations	1986-3-21 ①	1997-5-9 ①
联合国国际货物销售合同公约	United Nations Convention on Contracts for the International Sale of Good	1988-1-1	1981-9-30 ①
保护臭氧层维也纳公约	Vienna Convention for the Protection of the Ozone Layer	1988-9-22	1990-2-28
联合国儿童权利公约	Convention on the Rights of the Children	1990-9-2	1992-4-2
船舶优先权和抵押权国际公约	The International Convention on Maritime Liens and Mortgages	1993-5 ①	1994-8-18 ①
生物多样性公约	Convention on Biological Diversity	1993-12-29	1992-6-11 ①
联合国海洋法公约	United Nations Convention on the Law of the Sea	1994-11-16	1996-7-7
核安全公约	Convention on Nuclear Safety	1996-10-24	1996-10-24
联合国防治荒漠化公约	United Nations Convention to Combat Desertification in Those Countries Experencing Serious Drought and/or Desertification Particularly in Africa (United Nations Convention to Combat Desertification -- UNCCD)	1996-12-26	1996-12-26
关于禁止发展、生产、储存和使用化学武器及销毁此种武器的公约（禁止化学武器公约）	Convention on the Prohibition of the Development, Production, Stockpiling and Use of Chemical Weapons and on Their Destruction (Convention on the Banning of Chemical Weapons-- CWC)	1997-4-29	1997-4-30

注：①为签订时间。

Note: ① Date of signing.

1-2　中国主要经济社会指标的国际比较(2000年)

International Comparison of the Economic and Social Development of China (2000)

资料来源：世界银行数据库；国际货币基金组织数据库；联合国数据库；联合国粮农组织数据库；联合国贸发会议《世界投资报告》2001年；联合国开发计划署《人文发展报告》2002年。

Source: World Bank Database; IMF Database; UNSD Database; FAO Database; UNCTAD "World Investment Report 2001"; UNDP "Human Development Report 2002".

国家或地区	Country or Territory	国土面积（万平方公里）Area of Country Soil (10000 sq km)	年中人口（万人）Total Mid-year Population (10000 people)			人口密度（人／平方公里）Population Density (people per sq km)
				14岁及以下 Ages 0-14	65岁以上 Ages 65+	
世　界	**World**	**13387.0**	**605726.1**	**180705.3**	**41673.3**	**45.2**
发达国家⑦	**Developed Countries ⑦**	**5640.0**	**90285.4**	**16237.5**	**12902.3**	**16.0**
发展中国家⑦	**Developing Countries ⑦**	**7773.0**	**515440.7**	**164467.8**	**28771.0**	**66.3**
西方七国	**Group 7**	**2116.8**	**69764.1**	**12904.9**	**10300.2**	**33.0**
欧　盟	**European Union**	**313.9**	**38848.5**	**6484.8**	**6359.4**	**123.8**
北美自由贸易区	**NAFTA**	**2129.3**	**41026.6**	**9949.3**	**4312.7**	**19.3**
东南亚国家联盟	**ASEAN**	**448.0**	**51740.4**	**16764.6**	**2413.9**	**115.5**
中　国	China	960.0	126264.5	28901.9	8788.0	131.5
美　国	United States	936.4	28155.0	6114.2	3462.4	30.1
日　本	Japan	37.8	12687.0	1866.1	2178.7	335.6
加拿大	Canada	997.1	3075.0	588.1	387.4	3.1
德　国	Germany	35.7	8215.0	1276.0	1347.5	230.1
英　国	United Kingdom	24.5	5973.9	1133.4	941.0	243.8
法　国	France	55.2	5889.2	1103.3	940.7	106.7
意大利	Italy	30.1	5769.0	823.9	1042.5	191.7
墨西哥	Mexico	195.8	9796.6	3247.0	462.8	50.0
印度尼西亚	Indonesia	190.5	21042.1	6471.8	1014.0	110.5
马来西亚	Malaysia	33.0	2327.0	793.4	96.2	70.5
泰　国	Thailand	51.3	6072.8	1618.8	317.3	118.4
新加坡	Singapore	0.1	401.8	87.8	29.1	4018.0
韩　国	Korea, Rep.	9.9	4727.5	985.2	334.3	477.5
印　度	India	328.8	101592.3	34026.0	5044.2	309.0
巴　西	Brazil	854.7	17040.6	4907.7	876.0	19.9
俄罗斯	Russian Federation	1707.5	14555.5	2613.4	1817.8	8.5

1-2 续表1 continued

国家或地区	Country or Territory	土地利用（1999年，万公顷） Land Utilization (10000 ha) 耕地面积 Arable Area	多年生作物面积 Permenent Crops	多年生牧场面积 Permenent Pasture	其他土地面积 Other Area	国内生产总值（亿美元） Gross Domestic Product (USD 100 million)
世　界	**World**	**136911.0**	**13240.5**	**345983.6**	**808916.5**	**314927.8**
发达国家⑦	**Developed Countries ⑦**	**62396.6**	**2396.2**	**120857.5**	**360819.6**	**249273.3**
发展中国家⑦	**Developing Countries ⑦**	**74514.4**	**10844.3**	**225126.1**	**448096.9**	**65605.5**
西方七国	**Group 7**	**27165.7**	**685.2**	**30011.2**	**143999.9**	**210226.3**
欧　盟	**European Union**	**7447.0**	**1114.5**	**5740.3**	**16219.4**	**79653.1**
北美自由贸易区	**NAFTA**	**24731.0**	**1523.6**	**34815.0**	**142871.2**	**5745.1**
东南亚国家联盟	**ASEAN**	**43454.2**	**2901.7**	**1690.2**	**32873.5**	**5683.0**(26)
中　国	China	13003.9		40000.0		10799.4 ⑨
美　国	United States	17695.0	205.0	23925.0	49764.6	98374.1
日　本	Japan	450.3	36.3	40.5	3117.9	48415.8
加拿大	Canada	4556.0	14.0	2900.0	84739.7	6878.8
德　国	Germany	1182.1	21.7	497.5	1865.5	18729.9
英　国	United Kingdom	591.7	5.1	1125.1	686.9	14145.6
法　国	France	1836.1	115.4	1038.5	2511.0	12942.5
意大利	Italy	854.5	287.7	484.6	1314.3	10739.6
墨西哥	Mexico	2480.0	1304.6	7990.0	8366.9	5745.1
印度尼西亚	Indonesia	1794.1	1304.6	1117.7	13899.3	1532.6
马来西亚	Malaysia	182.0	578.5	28.5	2496.5	896.6
泰　国	Thailand	1470.0	330.0	80.0	3228.9	1221.7
新加坡	Singapore	0.1	-	-	6.0	922.5
韩　国	Korea, Rep.	169.9	20.0	5.4	792.0	4572.2
印　度	India	16175.0	795.0	1105.0	11656.9	4569.9
巴　西	Brazil	5320.0	1200.0	18500.0	59545.1	5954.6
俄罗斯	Russian Federation	12497.5	184.5	8997.0	156203.0	2511.1

1-2 续表2 continued

国家或地区	Country or Territory	人均国民生产总值（美元） GNP per Capita, Atlas Method (current USD)	1993 年至 2002 年均经济增长率 (%)(31) Average Economic Growth Rate of 1993-2002 (%)(31)	GDP 支出构成 (%) Structure of GDP by Expenditure Approach (%)		
				居民消费支出 Household Final Consumption Expenditure	政府消费支出 General Government Final Consumption Expenditure	资本形成总额 Gross Capital Formation
世　界	**World**	**5170**	**3.5**	**60.8** ①	**16.5** ①	**22.2** ①
发达国家⑦	**Developed Countries** ⑦	**27680**	**3.3**	**60.8** ①	**17.0** ①	**22.1** ①
发展中国家⑦	**Developing Countries** ⑦	**1230**	**5.4**	**60.2**	**14.3**	**23.2**
西方七国	**Group 7**		**2.7**			
欧　盟	**European Union**		**2.2**			
北美自由贸易区	**NAFTA**					
东南亚国家联盟	**ASEAN**					
中　国	China	840 ⑨	9.5(32)	48.2	13.1	36.2
美　国	United States	34100	3.3	67.9 ①	14.2 ①	20.7 ①
日　本	Japan	35620	0.9	56.3 ①	16.1 ①	26.0 ①
加拿大	Canada	21130	3.3	57.9 ①	19.0 ①	20.2 ①
德　国	Germany	25120	1.4	58.1	18.9	22.7
英　国	United Kingdom	24430	2.8	65.4	18.6	17.9
法　国	France	24090	2.0	54.8	23.3	20.6
意大利	Italy	20160	1.7	60.4	18.0	20.5
墨西哥	Mexico	5070	2.8	67.5	11.0	23.3
印度尼西亚	Indonesia	570	3.3	67.3	7.0	17.9
马来西亚	Malaysia	3380	5.5	42.7	10.6	25.6
泰　国	Thailand	2000	3.2	59.8	9.4	22.7
新加坡	Singapore	24740	6.7	39.8	10.5	31.3
韩　国	Korea, Rep.	8910	5.3	58.3	10.2	28.7
印　度	India	450	6.1	65.4	13.2	24.0
巴　西	Brazil	3580	3.0	62.6	18.2	20.5
俄罗斯	Russian Federation	1660	-1.7	45.6	16.1	17.2

1−2 续表3 continued

国家或地区	Country or Territory	GDP支出构成(%) Structure of GDP by Expenditure Approach (%)	GDP三次产业构成(%) Structure of GDP by Production Approach (%)			粗出生率(‰) Birth Rate, Crude (per 1000 People)
		净出口 External Balance on Goods and Services	第一产业 Primary Industry	第二产业 Secondary Industry	第三产业 Tertiary Industry	
世　界	**World**	**0.5**	**5.0 ①**	**31.2 ①**	**63.8 ①**	**21.5**
发达国家⑦	**Developed Countries ⑦**					**12.1**
发展中国家⑦	**Developing Countries ⑦**	**2.3**	**11.6**	**35.2**	**53.5**	**23.1**
西方七国	**Group 7**					
欧　盟	**European Union**					
北美自由贸易区	**NAFTA**					
东南亚国家联盟	**ASEAN**					
中　国	China	2.5	15.9	50.9	33.2	14.0
美　国	United States	-2.7				14.8
日　本	Japan	1.5 ①	1.5 ①	32.1 ①	66.4 ①	9.4
加拿大	Canada	2.9 ①	2.5 ③	32.8 ③	64.7 ③	10.9
德　国	Germany	0.4	1.2	31.2	67.6	9.2
英　国	United Kingdom	-1.9	1.0	28.8	70.2	11.5
法　国	France	1.4	2.9	26.1	70.9	13.2
意大利	Italy	1.1	2.9	29.5	67.6	9.1
墨西哥	Mexico	-1.8	4.4	28.4	67.3	24.8
印度尼西亚	Indonesia	7.8	16.9	47.3	35.8	21.7
马来西亚	Malaysia	21.1	11.1	45.4	43.6	24.5
泰　国	Thailand	8.1	10.5	40.1	49.5	17.1
新加坡	Singapore	18.5	0.1	34.3	65.6	11.8
韩　国	Korea, Rep.	2.8	5.1	42.7	52.7	12.9
印　度	India	-2.6	26.2	26.9	48.2	25.3
巴　西	Brazil	-1.3	7.2	28.6	64.0	19.7
俄罗斯	Russian Federation	21.1	7.4	38.7	54.2	8.8

1−2 续表4 continued

国家或地区	Country or Territory	粗死亡率（‰）Crude Death Rate (per 1000 People)	人口自然增长率（‰）Natural Increase Rate (‰)	婴儿死亡率（‰）Infant Mortality Rate (per 1000 Live Births)	平均预期寿命（岁）Life Expectancy at Birth (Years)	劳动力总数（万人）Labor Force (10000 People)
世　界	**World**	**9.1**	**12.4**	**53.8**	**66.5**	**294323.5**
发达国家⑦	**Developed Countries ⑦**	**8.9**	**3.1**	**5.7**	**78.1**	**43935.7**
发展中国家⑦	**Developing Countries ⑦**	**9.2**	**14.0**	**58.2**	**64.5**	**250387.8**
西方七国	**Group 7**					**35274.5**
欧　盟	**European Union**					**18319.6**
北美自由贸易区	**NAFTA**					**20160.3**
东南亚国家联盟	**ASEAN**					**25657.9**
中　国	China	6.5	7.6	28.4	71.4	71983.0 ①⑧
美　国	United States	8.8	6.0	7.1	77.1	14471.7
日　本	Japan	8.2	1.2	3.8	80.7	6825.6
加拿大	Canada	7.5	3.4	5.2	78.9	1653.4
德　国	Germany	10.5	-1.4	4.5	77.4	4087.8
英　国	United Kingdom	10.8	0.7	5.6	77.3	2991.1
法　国	France	9.1	4.1	4.4	78.9	2671.9
意大利	Italy	10.4	-1.4	5.4	78.7	2573.0
墨西哥	Mexico	5.2	19.7	29.2	73.0	4035.2
印度尼西亚	Indonesia	7.4	14.3	40.9	66.0	10184.4
马来西亚	Malaysia	4.4	20.1	7.9	72.5	962.0
泰　国	Thailand	7.2	9.9	27.9	68.8	3682.5
新加坡	Singapore	3.9	7.9	2.9	77.7	199.6
韩　国	Korea, Rep.	5.7	7.1	8.2	73.2	2416.2
印　度	India	8.8	16.5	69.2	62.8	45076.5
巴　西	Brazil	7.2	12.5	31.7	68.1	7969.9
俄罗斯	Russian Federation	14.9	-6.1	16.2	65.3	7772.6

1-2 续表5 continued

国家或地区	Country or Territory	就业人口（万人） Employment (10000 People)	失业率（%） Unemployment Rate (%)	不包括捐赠的中央政府经常收入占GDP比重(%) Current Revenue of Central Government, Excluding Grants (% of GDP)	中央政府预算赤字/盈余占GDP比重(%) Central Government Budget Surplus / Deficit (% of GDP)
世　界	**World**		**6.2** ③	**24.2** ②	**-1.0** ②
发达国家⑦	**Developed Countries ⑦**	**43661.2**	**6.2**	**28.0** ③	**-1.0** ③
发展中国家⑦	**Developing Countries ⑦**			**18.1** ②	**-4.3** ②
西方七国	**Group 7**	**35067.7**			
欧　盟	**European Union**	**13960.1**	**9.8**	**35.2** ③	**-2.3** ③
北美自由贸易区	**NAFTA**	**20081.7**			
东南亚国家联盟	**ASEAN**	**25657.9**			
中　国	China	72085.0	3.1 ⑩	7.8	1.6
美　国	United States	14412.3	4.1	21.4	2.3
日　本	Japan	6792.8	4.8	14.0 ④	-1.5 ④
加拿大	Canada	1642.2	6.8	22.0	1.4
德　国	Germany	4054.7	8.1	31.3 ②	-0.9 ②
英　国	United Kingdom	2975.3	5.3	36.4 ①	0.0 ①
法　国	France	2645.2	10.0	41.4 ③	-3.5 ③
意大利	Italy	2545.2	10.8	41.3 ①	-1.6 ①
墨西哥	Mexico	4027.1	2.0 ①	13.8 ①	-1.6 ①
印度尼西亚	Indonesia	10122.3	6.1	17.9 ①	-1.1 ①
马来西亚	Malaysia	959.1	3.0	23.1 ③	2.9 ③
泰　国	Thailand	3673.7	2.4	16.0	-3.1
新加坡	Singapore	198.7	4.4	26.2	10.1
韩　国	Korea, Rep.	2406.3	4.1	20.0 ③	-1.3 ③
印　度	India			13.0	-5.4
巴　西	Brazil	7893.4	9.6 ①	24.9 ②	-7.8 ②
俄罗斯	Russian Federation	7684.0	11.4	25.4	4.1

1-2 续表6 continued

国家或地区	Country or Territory	国际收支平衡（亿美元，2001年） Balance of Payments (US$ 100 million, 2001) 经常项目 Current Account	资本项目 Capital Account	金融项目 Financial Account	黄金储备（万盎司，2001） Gold Reserves (10000 ounce, 2001)
世　　界	**World**	**-1275.3 ⑥**	**216.1 ⑥**	**1990.9 ⑥**	**941433.0**
发达国家⑦	**Developed Countries ⑦**	**-3062.9 ⑥**	**242.7 ⑥**	**3300.5 ⑥**	**78355.0**
发展中国家⑦	**Developing Countries ⑦**	**1481.1 ⑥**	**148.1 ⑥**	**-1275.2 ⑥**	**15788.8**
西方七国	**Group 7**	**-3076.2**	**34.8**	**3795.2**	**58628.7**
欧　　盟	**European Union**	**-126.5**	**101.2**	**-604.1**	**29946.8**
北美自由贸易区	**NAFTA**	**-4162.6**	**43.9**	**4680.2**	**26328.3**
东南亚国家联盟	**ASEAN**	**8571.0**		**451.2**	
中　　国	China	205.2 ⑥	-0.4 ⑥	19.6 ⑥	1267.0
美　　国	United States	-4174.4	7.2	4608.0	26200.0
日　　本	Japan	892.8	-28.7	-496.5	2460.2
加 拿 大	Canada	188.8	36.7	-150.5	105.2
德　　国	Germany	38.2	-8.2	-55.8	11113.2
英　　国	United Kingdom	-251.1	20.6	239.5	1142.2
法　　国	France	213.6	-1.2	-315.7	9725.0
意 大 利	Italy	15.9	8.4	-33.9	7882.9
墨 西 哥	Mexico	-177.1		222.7	23.1
印度尼西亚	Indonesia	79.9 ①		-79.0 ①	310.1
马来西亚	Malaysia	84.1		-62.8	117.0
泰　　国	Thailand	-72.8(25)	-(25)	91.0(25)	248.0
新 加 坡	Singapore	218.0 ①	-1.6 ①	-114.0 ①	
韩　　国	Korea, Rep.	86.2	-4.4	25.4	44.2
印　　度	India	-42.0 ①		96.2 ①	1150.2
巴　　西	Brazil	-232.1	-0.4	200.8	46.0
俄 罗 斯	Russian Federation	350.9	-93.9	-54.5	1359.9

1–2 续表7 continued

国家或地区	Country or Territory	不包括黄金的国际储备（亿美元，2001）International Reserves Excluding Gold (USD 100 million)	外来直接投资（亿美元）Foreign Direct Investment Inward (USD 100 million)	对外直接投资（亿美元）Foreign Direct Investment Outward (USD 100 million)	外债余额（亿美元）External Debt (USD 100 million)	负债率（外债余额占国民生产总值的%）External Debt (as % of GNP)
世　　界	**World**	**20317.7**	**12707.6**	**11499.0**		
发达国家⑦	**Developed Countries ⑦**	**7755.5**	**10051.8**	**10463.4**		
发展中国家⑦	**Developing Countries ⑦**	**12562.3**	**2401.7**	**995.5**	**24906.7**	
西方七国	**Group 7**	**6315.1**	**7146.6**	**6991.2**		
欧　　盟	**European Union**	**2582.0(27)**	**6173.2**	**7729.5**		
北美自由贸易区	**NAFTA**	**1363.4**	**3576.1**	**1849.0**		
东南亚国家联盟	**ASEAN**	**1832.9(26)**	**138.5**	**75.4(29)**	**3370.3**	
中　　国	China	2121.7(11)	407.1	23.2 ⑨	1457.3	13.5
美　　国	United States	576.3	2811.2	1392.6		
日　　本	Japan	3951.6	81.9	328.9		
加 拿 大	Canada	339.6	633.4	440.5		
德　　国	Germany	513.1	1760.6	485.6		
英　　国	United Kingdom	372.8	1304.3	2497.9	17836.0	
法　　国	France	317.5	441.5	1724.8		
意 大 利	Italy	244.2	113.8	121.0		
墨 西 哥	Mexico	447.4	131.6	16.0	1502.9	28.1
印度尼西亚	Indonesia	272.5	-45.5	1.5	1418.0	94.6
马来西亚	Malaysia	304.7	55.4	29.2	418.0	52.0
泰　　国	Thailand	323.6	24.5	0.6	796.8	63.5
新 加 坡	Singapore	753.8	63.9	42.8		
韩　　国	Korea, Rep.	1027.5	101.9	37.0	1344.2	28.2
印　　度	India	458.7	23.2	3.4	990.6	15.6
巴　　西	Brazil	357.4	335.5	29.8	2379.5	39.3
俄 罗 斯	Russian Federation	325.4	27.0	30.5	1603.0	61.7

1-2 续表8 continued

国家或地区	Country or Territory	消费者价格指数(1990＝100，2001年) Consumer Price Index (1990=100,2001)	生产者(批发)价格指数(国内总供给，1990年＝100) Producers' or Wholesale Price Index (Domestic Supply, 1990=100)	农业生产指数(1989/91＝100，2001年) Agriculture Production Index (1989/91=100, 2001)	工业生产指数(1995＝100，2001年) Industrial Production Index (1995=100, 2001)	能源生产总量(1999年，万吨标准油) Commercial Energy Production (1999,10000 TOE)
世　界	**World**	**321.8**		**124.0**		**971408.2**
发达国家⑦	**Developed Countries ⑦**	**130.1**		**100.1**		**370596.3**
发展中国家⑦	**Developing Countries ⑦**	**1057.8**		**143.8**		**600811.9**
西方七国	**Group 7**					**272866.9**
欧　盟	**European Union**			**102.5**		**78069.2**
北美自由贸易区	**NAFTA**					**2076617.1**
东南亚国家联盟	**ASEAN**					**43479.3(28)**
中　国	China	200.4	191(12)	200.1(13)	173.8(14)	105693.6 ⑨
美　国	United States	135.5	114	121.7	122.5	168788.6
日　本	Japan	107.8	91	91.5	97.7	10422.3
加拿大	Canada	124.8	136(19)	118.0	119.3	36655.4
德　国	Germany	125.8(15)	106	98.7	117.6	13296.1
英　国	United Kingdom	137.5	84	89.1	103.5	28167.4
法　国	France	120.5	88(20)	102.4	117.1	12761.7
意大利	Italy	148	135 ②	102.6	107.0	2775.4
墨西哥	Mexico	572.9(16)	474	135.3	136.4(24)	22177.1
印度尼西亚	Indonesia	981.3	404	116.9	91.5(23)	22637.8
马来西亚	Malaysia	143.7	131	131.7	142.1	7341.1
泰　国	Thailand	158.1(21)	157	122.5	113.5(23)	3849.9
新加坡	Singapore	119.8	88	39.4	125.1(23)	
韩　国	Korea, Rep.	170.9	140	128.6	156.7	3185.2
印　度	India	246.2(22)	210	127.8	135.5	40978.8
巴　西	Brazil	254.3(17)	261	148.4	111.3	13365.4
俄罗斯	Russian Federation	1135160.0(18)		65.4		95058.9

1-2 续表9 continued

国家或地区	Country or Territory	能源消费总量（1999年，万吨标准油）Commercial Energy Use (1999,10000 TOE)	货物进出口贸易总额（亿美元）Total Merchandise Trade (USD 100 million)	货物出口总额（亿美元）Merchandise Exports (USD 100 million)	货物进口总额（亿美元）Merchandise Imports (USD 100 million)	进出口贸易平衡（亿美元）Balance of Merchandise Trade (USD 100 million)
世　界	**World**	**963546.5**	**129213**	**63560**	**65653**	**-2093**
发达国家⑦	**Developed Countries ⑦**	**486603.1**	**95615**	**46124**	**49490**	**-3366**
发展中国家⑦	**Developing Countries ⑦**	**476943.4**	**33603**	**17439**	**16164**	**1276**
西方七国	**Group 7**	**401881.6**	**61721**	**29085**	**32636**	**-3551**
欧　盟	**European Union**	**147063.5**	**45393**	**22543**	**22851**	**-308**
北美自由贸易区	**NAFTA**	**266075.6**	**29092**	**12242**	**16851**	**-4609**
东南亚国家联盟	**ASEAN**	**36214.5**(30)	**7942**	**4274**	**3668**	**607**
中　国	China	108834.9 ⑨	4743	2492	2251	241
美　国	United States	226998.5	20388	7811	12576	-4765
日　本	Japan	51544.7	8588	4792	3795	997
加拿大	Canada	24178.0	5214	2766	2448	318
德　国	Germany	33719.6	10543	5515	5028	487
英　国	United Kingdom	23032.4	6211	2841	3370	-529
法　国	France	25504.3	6036	2981	3054	-73
意大利	Italy	16904.1	4742	2378	2365	13
墨西哥	Mexico	14899.1	3491	1664	1826	-162
印度尼西亚	Indonesia	13612.1	956	621	335	286
马来西亚	Malaysia	4265.0	1804	982	822	160
泰　国	Thailand	7041.5	1310	691	619	71
新加坡	Singapore	2269.3	2724	1379	1345	33
韩　国	Korea, Rep.	18136.5	3327	1723	1605	118
印　度	India	48041.8	928	423	505	-82
巴　西	Brazil	17970.1	1136	551	585	-34
俄罗斯	Russian Federation	60295.2	1507	1052	455	597

1-2 续表10 continued

国家或地区	Country or Territory	成人(15岁及以上)识字率(%) Adult Literacy Rate (% of People Ages 15 and Above)	人文发展指数 Human Development Index	净入学率(%) Net School Enrollment Rate (%) 小学生 Primary	中学生 Secondary	大学生(粗入学率) Tertiary (Gross)	每千人口医生数(人) Physicians (per 1000 People)
世　　界	**World**		**0.722**				
发达国家⑦	**Developed Countries ⑦**		**0.930**	**97.4 ②**		**58.7 ②**	
发展中国家⑦	**Developing Countries ⑦**	**75.6**	**0.654**			**12.1 ③**	
西方七国	**Group 7**						
欧　　盟	**European Union**						
北美自由贸易区	**NAFTA**						
东南亚国家联盟	**ASEAN**						
中　　国	China	93.3	0.726	99.1	50.3 ②⑨	6.2 ②⑨	1.7
美　　国	United States		0.939	95.4 ②	90.2 ②	77.0 ②	2.7 ②
日　　本	Japan		0.933	101.6 ②	96.8 ④	43.9 ②	1.9 ②
加 拿 大	Canada		0.940	96.4 ②	93.7 ②	58.3 ②	2.1 ①
德　　国	Germany		0.925	86.9 ②	87.8 ②	46.0 ②	3.5 ②
英　　国	United Kingdom		0.928	101.5 ②	93.7 ②	58.1 ②	1.8 ①
法　　国	France		0.928	99.9 ②	94.2 ②	50.8 ②	3.0 ②
意 大 利	Italy	98.4	0.913	100.9 ②	88.3 ②	47.3 ②	5.9 ①
墨 西 哥	Mexico	91.4	0.796	102.4 ②	56.1 ②	18.4 ②	1.7 ①
印度尼西亚	Indonesia	86.9	0.684	97.5 ④	37.9 ④	11.3 ③	0.1 ④
马来西亚	Malaysia	87.5	0.782	98.2 ②	92.9 ②	11.3 ③	0.7 ③
泰　　国	Thailand	95.5	0.762	76.9 ②	55.2 ②	30.1 ②	0.2 ④
新 加 坡	Singapore	92.3	0.885	99.4 ⑤	76 ③	43.8 ③	1.6 ②
韩　　国	Korea, Rep.	97.8	0.882	92.9 ③	96.9 ③	67.7 ③	1.3 ②
印　　度	India	57.2	0.577	77.0 ③	60.0 ③	7.2 ③	0.4 ⑤
巴　　西	Brazil	85.2	0.757	97.0 ③	66.0 ③	13.6 ③	1.4 ④
俄 罗 斯	Russian Federation	99.6	0.781	100.0 ③	88.0 ③	40.7 ③	4.2 ②

注：①为1999年数据。②为1998年数据。③为1997年数据。④为1996年数据。⑤为1995年数据。 ⑥为2000年数据。⑦除“国土面积”、“土地利用”、“年均经济增长率”、“国际收支平衡”、“黄金储备”、“国际储备”和“外国直接投资”外，发达国家均指高收入国家，发展中国家均指中低收入国家。⑧经济活动人口。⑨国际组织数据。 ⑩城镇登记失业率。(11)外汇储备。(12)工业品出厂价格指数。(13)农林牧渔业总产值指数。(14)第二产业增加值指数。(15)1995年=100。(16)1994年=100。(17)1992年=100。(18)1991年=100。(19)仅指原材料。(20)仅指农产品。(21)仅指曼谷。(22)仅为产业工人。(23)制造业。(24)包括建筑业。(25)1990年数据。(26)不包括缅甸。(27)不包括瑞典。(28)不包括新加坡、老挝和柬埔寨。(29)不包括柬埔寨和越南。(30)不包括老挝和柬埔寨。(31)2002年为预测数。(32)为1993—2001年均增长率。

Note: ① Refer to 1999. ② Refer to 1998. ③ Refer to 1997. ④ Refer to 1996. ⑤ Refer to 1995. ⑥ Refer to 2000. ⑦ Developed country and developing country refers to high income economy and low and middle income respectively except "area of country soil", "land utilization", "average annual economic growth rate", "balance of payments", "gold reserves", "international reserves" and "foreign direct investment". ⑧ Refer to economic active population. ⑨ Data from international organizations. ⑩ Urban registered unemployment rate. (11) Refer to foreign exchange reserves. (12)Ex-factory price indexes of industrial products. (13)Refer to indexes of gross output value of agriculture, forestry, animal husbandry and fishery. (14)Refer to indexes of industrial value added.(15)1995=100. (16)1994=100. (17)1992=100. (18)1991=100. (19)Only refer to raw materials. (20)Refer only to agriculture products. (21)Only refer to Bangkok. (22) Only refer to industrial workers. (23) Manufacturing only. (24) Including construction. (25) Refer to 1990. (26) Excluding Myanmar. (27) Excluding Sweden. (28) Excluding Singapore, Laos and Cambodia. (29) Excluding Cambodia and Vietnam. (30) Excluding Laos and Cambodia. (31)Projected data for the year 2002. (32) Data refer to the average growth rate of 1993-2001.

1-3 中国主要指标在世界的位次(不包括主要工农业产品产量)
Changes in the Order of Precedence of Major Indicators of China (Excluding the Output of Major Agricultural and Industrial Products)

资料来源：世界知识出版社《世界知识年鉴》2001/2002年；联合国统计司数据库；世界银行数据库；国际货币基金组织数据库。

Data sources: World Knowledge Publishing House "World Knowledge Yearbook" 2001/2002; UNSD Database; World Bank Database; IMF Database.

指标	Indicator	1978	1980	1990	1995	1999	2000	2001
国土面积	Area of Country Soil	3	3	3	3	3	3	3
人口	Population	1	1	1	1	1	1	1
平均预期寿命（岁）	Life Expectancy at Birth, Both Sexes (years)	75(169) ③	77(176)	90(190)	87(192)	93(192) ④	95(196)	
国内生产总值(美元)	Gross Domestic Product (USD)	10	11	11	8	7	6	6
人均国民生总值(美元)②	GNP (GNI) per Papita (USD) ②	175(188)	177(188)	178(200)	157(205)	141(207)	140(207)	
进出口贸易	Foreign Trade							
总额(美元)	Total (USD)	27	25	16	12	9	8	6
出口额	Exports	28	28	14	12	9	7	6
进口额	Imports	27	22	17	12	10	9	6
外来直接投资(美元)	Foreign Direct Investment Inward (USD)			5 ①	2	4	9	
外汇储备(美元)	Foreign Exchange Reserves	40	37	7	2	2	2	2
人文发展指数	Human Development Index			79(160)	106(174)	87(162)	96(173)	

注：①1988年至1993年平均数。②括号中所列为排序资料的国家和地区数。③1977年数。④1997年数据。

Note: ① Refer to the average of 1988-1993. ② The number in the parentheses indicates the number of countries or territories the order based on. ③ Data refer to 1977. ④ Data refer to 1997.

1-4 中国农业主要产品产量居世界位次

Changes in the Order of Precedence of Output of Major Agricultural Products of China

国外资料来源：联合国粮农组织数据库。

Sources: United Nations FAO Database.

项目	Item	1949	1978	1980	1985	1990	1995	2000	2001
谷　物	Cereals		2	1	2	1	1	1	1
肉　类①	Meat ①	3	3	3	2	1	1	1	1
棉　花	Cotton Lint	4	3	2	1	1	1	1	1
大　豆	Soybeans	2	3	3	3	3	3	4	4
花　生	Groundnuts in Shell	2	2	2	2	2	1	1	1
油菜籽	Rapeseeds	2	2	2	1	1	1	1	1
甘　蔗	Sugar Cane		9	9	4	4	3	3	3
茶　叶	Tea	3	2	2	2	2	2	2	2
水　果	Fruit			10	8	4	1	1	1

注：①1993年以前为猪、牛、羊肉产量的位次。

Note: ① Data refer to pork, beef and mutton prior to 1993.

1-5 中国工业主要产品产量居世界位次

Changes in the Order of Precedence of Output of Major Industrial Products of China

国外资料来源：联合国数据库、《工业产品统计年鉴》；联合国粮农组织数据库。

Sources: United Nations Database, "Industrial Commodity Statistics Yearbook"; FAO Database.

产品名称	Item	1949	1978	1980	1985	1990	1995	1999	2000 ②
钢	Crude Steel	26	5	5	4	4	2	1	1
煤	Coal	9	3	3	2	1	1	1	1
原　油	Crude Petroleum	27 ①	8	6	6	5	5	5	5
发电量	Electricity	25	7	6	5	4	2	2	2
水　泥	Cement		4	4	1	1	1	1	1
化　肥	Fertilizer		3	3	3	3	2	1	1
化学纤维	Chemical Fibre		7	5	4	2	2	2	2
棉　布	Woven Cotton Fabrics		1	1	1	1	1	2	2
糖	Sugar		8	10	6	6	4	3	3
电视机	Television Set		8	5	3	1	1	1	1

注：①1950年数字。②估计数。

Note: ① Data refer to 1950. ② Estimates.

二 地理和气象

Geography and Climate

2-1 地球和地表

The Earth and the Earth's Surface

资料来源：中国地图出版社《世界地图集》。
Source: China Map Publishing House "Atlas of the World".

指标	Indicator	数据 Number
地球离太阳的平均距离(公里)	Average Distance between the Sun and the Earth (km)	149598000
日地最远距离	Maximum Distance	152100000
日地最近距离	Minimum Distance	147100000
地球公转的平均速度(公里／秒)	Average Revolution Speed of the Earth (km/s)	29.79
在远日点公转速度	At the Aphelion	29.3
在近日点公转速度	At the Perihelion	30.8
地球公转的轨道长度(公里)	Orbit Length of the Earth's Revolution (km)	939120000
地球公转一周的时间(日／时／分／秒)	Revolution Period of the Earth (d/h/m/s)	365/5/48/46
地球自转周期(时／分／秒)	Self-rotation Period of the Earth (h/m/s)	23/56/4
赤道半径长度(公里)	Semidiameter Length of Equator (km)	6378140
极半径长度(公里)	Polar Semidiameter Length(km)	6356863
子午线周长(公里)	Meridian Length (km)	40008548
赤道周长(公里)	Equator Length (km)	40075704
地球表面总面积(平方公里)	Earth's Surface Area (sq. km)	510083042
陆地面积(平方公里)	Land Area (sq. km)	149519000
# 亚洲(%)	Asia (%)	29.4
非洲(%)	Africa (%)	20.2
欧洲(%)	Europe (%)	6.8
北美洲(%)	North America (%)	16.2
南美洲(%)	South Africa (%)	12.0
大洋洲(%)	Oceania (%)	6.0
南极洲(%)	Antarctica (%)	9.4
海洋面积(平方公里)	Ocean Area (sq. km)	361000000
# 太平洋(%)	Pacific Ocean(%)	49.4
大西洋(%)	Atlantic Ocean(%)	25.4
印度洋(%)	Indian Ocean (%)	21.1
北冰洋(%)	Arctic Ocean (%)	4.1
地球体积(亿立方公里)	Cubage of the Earth (100 million cub. km)	10833.2

2-2 世界各大洲海拔高度

Altitude of the Continents

资料来源：中国地图出版社《世界地图集》。
Source: China Map Publishing House "Atlas of the World".

洲别	Continent	最高点	Summit	海拔高度(米) Altitude (m)	最低点	Lowest Point	海拔高度(米) Altitude (m)	平均高度(米) Average Altitude (m)
世　界	World	珠穆朗玛峰	Everest	8848	死海	Dead Sea	-400	875
亚　洲	Asia	珠穆朗玛峰	Everest	8848	死海	Dead Sea	-400	950
非　洲	Africa	乞力马扎罗山	Kilimanjaro	5895	阿萨勒湖	Assal Lake	-156	750
欧　洲	Europe	厄尔布鲁士山	Elburz	5642	里海	Caspian Sea	-28	340
北美洲	North America	麦金利山	Mckinley	6194	死谷	Death Valley	-86	700
南美洲	South America	阿空加瓜山	Aconcagua	6960	格兰德斯盐湖		-40	600
大洋洲	Oceania	查亚山	Tayawijaya	5029	北艾尔湖	Eyresee	-16	350
南极洲	Antarctica	文森山	Vinson	5140			-2538	2350

2-3 世界著名河流

The Famous Rivers in the World

资料来源：中国地图出版社《世界地图集》。
Source: China Map Publishing House "Atlas of the World".

河流	River	长度(米) Length (m)	流经国家	Flow via
尼罗河	Nile	6671	坦桑尼亚、布隆迪、卢旺达、乌干达、苏丹、埃及	Tanzania, Burundi, Rwanda, Uganda, Sudan, Egypt
亚马逊河	Amazon	6480	秘鲁、巴西	Peru, Brazil
长江	Changjiang	6397	中国	China
密西西比－密苏里河	Mississippi-Missouri	6262	美国	United States
黄河	Huanghe	5464	中国	China
鄂毕－额尔齐斯河	Ob'-Irtysh	5410	俄罗斯、哈萨克斯坦、中国	Russian Federation, Kazakhstan, China
澜沧江－湄公河	Lancang-Mekong	4500	中国、缅甸、老挝、泰国、柬埔寨、越南	China, Myanmar, Laos, Thailand, Cambodia, Viet Nam
刚果河（扎伊尔河）	Congo (Zaire)	4650	赞比亚、刚果（金）、中非、刚果（布）、喀麦隆、安哥拉	Zambia, Congo DR, Central Africa, Congo Rep., Cameroon, Angola
黑龙江	Helongjiang	4370	中国、俄罗斯	China, Russian Federation
勒拿河	Lena	4320	俄罗斯	Russian Federation

2-4　世界著名湖泊
The Famous Lakes in the World

资料来源：中国地图出版社《世界地图集》。
Source: China Map Publishing House "Atlas of the World".

湖泊	Lake	面积(平方米) Area (sq. m)	位置	Location
里　海	Caspian Sea	371000	俄罗斯、哈萨克斯坦、土库曼斯坦、伊朗、阿塞拜疆	Russian Federation, Kazakhstan, Turkmenistan, Iran, Azerbaijan
苏必利尔湖	Superior Lake	82400	美国、加拿大	United States, Canada
维多利亚湖	Victoria Lake	69400	乌干达、肯尼亚、坦桑尼亚	Uganda, Kenya, Tanzania
咸　海	Aral Sea	66500	哈萨克斯坦、乌兹别克斯坦	Kazakhstan, Uzbekistan
休 伦 湖	Huron Lake	59600	美国、加拿大	United States, Canada
密歇根湖	Michigan Lake	58000	美　国	United States
坦噶尼喀湖	Tanganyika Lake	32900	刚果（金）、坦桑尼亚、布隆迪、赞比亚	Cango D.R., Tanzania, Burundi, Zambia
贝加尔湖	Baikal Lake	31500	俄 罗 斯	Russian Federation
大 熊 湖	Great Bear Lake	31080	加 拿 大	Canada
马拉维湖	Malawi Lake	30800	马拉维、莫桑比克、坦桑尼亚	Malawi, Mozambique

2-5　世界主要城市天气

资料来源：德国《国外统计年鉴》。
Source: "Statistical Yearbook 2001 for Foreign Countries" of Germany.

城市	City	国家	Country	地理纬度（北纬或南纬）Latitude (N/S)	海拔（米）Altitude (m)	平均温度° C Average Temperature (° C)
亚　洲						
鄂木斯克	Omsk	俄罗斯	Russia Federation	55° 00′ N	85	1.4
海参崴	Vladiostok	俄罗斯	Russia Federation	43° 10′ N	28	4.2
塔什干	Taschkent	乌兹别克斯坦	Uzbekistan	41° 15′ N	478	12.8
安卡拉	Ankara	土耳其	Turkey	39° 55′ N	902	11.7
北　京	Beijing	中　国	China	39° 55′ N	37	11.7
德黑兰	Teheran	伊　朗	Iran	35° 40′ N	1191	16.6
东　京	Tokyo	日　本	Japan	35° 40′ N	6	13.8
巴格达	Bagdad	伊拉克	Iraq	33° 20′ N	34	22.6
新德里	New Delhi	印　度	India	28° 40′ N	216	24.8
加尔各答	Calcutta	印　度	India	22° 35′ N	10	26.3
香　港	Hong Kong	中　国	China	22° 20′ N	33	22.8
孟　买	Bombay	印　度	India	18° 55′ N	11	26.8
马尼拉	Manila	菲律宾	Philippines	14° 35′ N	16	27.1
胡志明市	Ho Chi Minh City	越　南	Viet Nam	10° 45′ N	10	27.8
新加坡	Singapore	新加坡	Singapore	1° 20′ N	17	27.2
雅加达	Jakarta	印度尼西亚	Indonesia	6° 10′ S	8	26.9
非　洲						
的黎波里	Tripolis	利比亚	Libya	32° 55′ N	22	19.4
开　罗	Cairo	埃　及	Egypt	30° 05′ N	20	20.8
金沙萨	Kinshasa	刚果（金）	Congo D. R.	4° 20′ S	290	25.3
比勒陀利亚	Pretoria	南　非	South Africa	25° 45′ S	1369	17.2
德　班	Durban	南　非	South Africa	29° 55′ S	5	20.6
开普敦	Cape Town	南　非	South Africa	33° 55′ S	17	16.5
北美洲						
温尼伯	Winnipeg	加拿大	Canada	49° 55′ N	240	2.6
蒙特利尔	Montreal	加拿大	Canada	45° 30′ N	57	6.5
芝加哥	Chicago	美　国	United States	41° 50′ N	186	10.6
纽　约	New York	美　国	United States	40° 40′ N	3	11.9
华盛顿	Washington, D.C.	美　国	United States	38° 55′ N	22	13.8
旧金山（圣弗朗西斯科）	San Francisco	美　国	United States	37° 45′ N	16	13.7
新奥尔良	New Orleans	美　国	United States	30° 00′ N	3	21.3
墨西哥城	Mexico City	墨西哥	Mexico	19° 25′ N	2309	14.7
加拉加斯	Caracas	委内瑞拉	Venezuela	10° 35′ N	920	20.5

Weather Condition of Main Cities in the World

		平均降水 mm/m²			平均云量 % Average Cloudage (%)	
最冷月平均 Coolest Month	最暖月平均 Warmest Month	Average Precipitation	最湿月平均 Humidest Month	最干月平均 Driest Month	最晴月平均 Finest Month	最阴月平均 Most Cloudy Month
-17.4/1	19.7/7	380	20271	10/2,3	18688	26207
-13.1/1	19.4/8	818	156/8	37438	37284	28307
-1.6/2	25.6/7	370	25628	8/8,9	37507	23377
-0.1/1	23.3/8	360	18384	37476	37455	71/12,1
-4.7/1	26.0/7	632	254/7	3/12,1	47150	20271
3.8/1	29.8/7	208	13516	37295	37506	19391
3.0/1	26.4/8	1625	220/10	21551	41/12.1	30103
9.1/1	34.4/7	140	28/2,3	0/S	37323	46/mM
13.9/1	33.6/6	715	211/7	37441	37509	63/7,8
19.5/12,1	30.4/4,5	1604	330/7,8	37511	20/12,1	85/7,8
15.6/1	28.6/7	2225	432/6	37615	19268	30011
23.8/1	29.7/5	1810	620/7	9/W	13/2,3	33055
25.0/12,1	28.6/5	2069	440/8	37531	15067	80/mM
26.4/1	29.7/4	1989	338/9	37501	15373	30133
25.6/12,1	27.8/5,6	2414	258/12	169/7	58/mM	24838
26.2/1,2	27.4/9,10	1755	335/1	18445	16650	76/1,2
12.2/1	26.0/8	384	33208	0/7,8	37451	21245
12.3/1	27.7/7	26	37377	0/7	37354	18963
22.0/7	26.8/4	1371	235/11	37263	60/3,4	33117
10.8/6,7	21.5/12,1	785	127/1	37475	37420	21217
16.6/7	23.9/1	1008	130/3	37465	37462	64/mM
12.1/7	21.7/2	508	110/6	37271	32/1,2	20852
-17.5/1	20.2/7	517	29373	37307	17746	29526
-9.2/1	21.3/7	1048	102/mM	25659	19937	27334
-4.0/1	23.7/7	830	100/6	14642	18142	72/mM
0.4/2	23.7/7	1083	110/8	29526	18537	22647
3.1/2	25.4/7	1050	120/8	70/10,11	19268	25934
10.0/1	16.5/9	517	100/12,1	4/7,8	11871	22647
13.3/1	28.6/8	1620	180/7	33147	13789	23559
11.6/12,1	17.4/5	766	163/7	6/1,2	18749	28734
18.8/1	22.0/5	826	120/10	37532	19756	27181

2-5 续表1 continued

城市	City	国家	Country	地理纬度（北纬或南纬）Latitude (N/S)	海拔（米）Altitude (m)	平均温度° C Average Temperature (° C)
南美洲						
科　隆	Colon	巴拿马	Panama	9° 20′ N	8	26.8
基　多	Quito	厄瓜多尔	Equador	0° 15′ S	2880	14.3
拉巴斯	La Paz	玻利维亚	Bolivia	16° 30′ S	3632	11.4
里约热内卢	Rio de Janeiro	巴　西	Brazil	22° 55′ S	60	23
圣地亚哥	Santiago	智　利	Chile	33° 30′ S	520	14.7
布宜诺斯艾利斯	Buenos Aires	阿根廷	Argentina	34° 40′ S	25	16.5
欧　洲						
汉　堡	Hamburg	德　国	Germany	53° 35′ N	13	8.4
柏　林	Berlin	德　国	Germany	52° 30′ N	51	8.8
华　沙	Warsaw	波　兰	Poland	52° 15′ N	110	8.1
布拉格	Prague	捷克共和国	Czch Republic	50° 05′ N	263	9
维也纳	Vienna	奥地利	Austria	48° 15′ N	202	9.8
慕尼黑	Munich	德　国	Germany	48° 10′ N	515	7.9
贝尔格莱德	Belgrade	南斯拉夫	Yugoslavia	44° 50′ N	132	11.8
圣彼得堡	St. Petersburg	俄罗斯	Russia Federation	59° 55′ N	4	5
莫斯科	Moscow	俄罗斯	Russia Federation	55° 45′ N	156	5
布加勒斯特	Bucharest	罗马尼亚	Romania	44° 25′ N	82	11.1
卑尔根	Bergen	挪　威	Norway	60° 25′ N	43	7.8
斯德哥尔摩	Stockholm	瑞　典	Sweden	59° 20′ N	44	6.6
伦　敦	London	英　国	United Kingdom	51° 30′ N	5	10.6
布鲁塞尔	Brussels	比利时	Belgium	50° 50′ N	100	9.9
巴　黎	Paris	法　国	France	48° 50′ N	75	11.5
日内瓦	Geneva	瑞　士	Switzerland	46° 15′ N	405	9.9
罗　马	Rom	意大利	Italy	41° 55′ N	51	16.2
伊斯坦布尔	Istanbul	土耳其	Turkey	41° 00′ N	40	13.9
马德里	Madrid	西班牙	Spain	40° 25′ N	660	13.9
里斯本	Lisbon	葡萄牙	Portugal	38° 45′ N	77	16.6
雅　典	Athen	希　腊	Greece	38° 00′ N	107	18
大洋洲						
檀香山（火奴鲁鲁）	Honolulu	美　国	United States	21° 20′ N	4	24
悉　尼	Sydney	澳大利亚	Australia	33° 55′ S	41	17.2
墨尔本	Melbourne	澳大利亚	Australia	37° 45′ S	35	17.7

注：温度、降水和云量指标之后的数字表示特定的月份（如：3.1/2=3.1° C在二月或3/5,7=3毫米降水在五月和七月）；字母表示：W=冬天，S=夏天，mM=多个月份。

Note: The number after temperature, precipitation and cloudage indicates the relevant month, for example, -3.1/2 indicates the temperature of February is -3.1° C, 3/5,7 indicates the precipitation of May and July is 3mm. W = Winter,S = Summer, mM indicates more than one months.

		平均降水 mm/m^2			平均云量 % Average Cloudage (%)	
最冷月平均 Coolest Month	最暖月平均 Warmest Month	Average Precipitation	最湿月平均 Humidest Month	最干月平均 Driest Month	最晴月平均 Finest Month	最阴月平均 Most Cloudy Month
26.2/11	27.0/5	3308	566/11	13940	52/2,3	85/6,7
13.7/7	14.8/1	1115	36161	37457	15523	27454
9.4/7	12.7/11	555	139/1	37352	37427	26696
20.4/7	26.1/2	1139	144/1,2	45/7,8	17746	26999
8.6/6	20.6/1	363	29373	7/mM	37304	20607
10.0/7	23.5/1	981	120/4	19876	40/mM	21337
0.4/1	16.6/7	744	31959	14642	22433	31017
-0.5/1	17.8/7	592	26816	11749	16923	30621
-3.5/1	19.2/7	561	31594	37344	19238	29921
-0.9/1	19.0/7	487	25750	37277	54/8,9	29526
-1.4/1	19.4/7	625	30498	14611	49/8,9	29556
-2.4/1	17.2/7	910	137/7	16407	20699	79/11,12
-0.2/1	22.6/7	701	35217	48/2,3	13697	28460
-7.8/1	17.7/7	630	29434	37346	18415	30987
-9.3/1	18.2/7	677	33786	37287	18080	31352
-2.7/1	23.2/7	579	31929	37529	13332	27364
1.3/2	15.0/7	1958	236/10	30437	21702	26634
-3.1/2	17.8/7	555	28338	37342	18780	29190
4.3/1	17.7/7	593	21002	19725	22160	27030
2.2/1	17.5/7	817	35612	15462	67/5,9	29921
3.5/1	19.5/7	619	23590	12844	18111	26634
1.1/1	19.2/7	852	100/9	18354	15888	30286
7.5/1	25.6/7	760	115/10	37506	37487	21520
5.3/2	23.4/8	672	104/12,1	37487	37462	77/12,1
5.0/1	24.1/7	440	19633	37567	37458	19329
10.8/1	22.5/8	708	111/1	3/7,8	37488	19694
9.5/1	27.6/8	395	24077	37322	37481	23743
22.2/1,2	25.8/8,9	610	110/1	37457	17411	22678
11.7/7	22.3/1	1181	140/4	70/9,10,11	14824	59/1,2
9.5/7	19.4/1,2	653	25842	47/mM	50/1,2	24624

三 自然资源和环境保护

Natural Resource and Environment Protection

3-1 国土面积与人口密度

Area of Country Soil and Population Density

国外资料来源：联合国《统计月报》2002年4月；联合国粮农组织数据库。

Sources: UN "Monthly Bulletin of Statistics" April 2002;FAO Database.

国家或地区	Country or Territory	国土面积(万平方公里) Area (10000 sq.km)	2000年人口密度(人/平方公里) Population Density (2000, persons/sq.km)
世界总计	**World**	**13381.6** ①	**45**
亚　　洲	**Asia**	**3174.8**	**116**
中　　国②	China ②	960.0	132
中国香港④	Hong Kong,China ④	0.1	6800
日　　本	Japan	37.8	336
印　　度③	India ③	297.4	342
印度尼西亚	Indonesia	190.5	110
菲 律 宾	Philippines	30.0	252
泰　　国	Thailand	51.3	118
马来西亚	Malaysia	33.0	71
新 加 坡	Singapore	0.06	6700
巴基斯坦	Pakistan	79.6	173
缅　　甸	Myanmar	67.7	71
孟加拉国	Bangladesh	14.4	910
土 耳 其	Turkey	78.0	84
蒙　　古	Mongolia	156.7	2
朝　　鲜	Korea, D.P.Rep.	12.3	181
韩　　国	Korea, Rep.	9.9	478
越　　南	Viet Nam	33.0	238
非　　洲	**Africa**	**3031.2**	**26**
埃　　及	Egypt	100.2	64
尼日利亚	Nigeria	92.4	137
欧　　洲	**Europe**	**2298.8**	**32**
德　　国	Germany	35.7	230
英　　国	United Kingdom	24.2	247
法　　国	France	55.2	107
意 大 利	Italy	30.1	192
捷克共和国	Czech Rep.	7.9	130
波　　兰	Poland	31.3	123
匈 牙 利	Hungary	9.3	108
罗马尼亚	Romania	23.8	94
保加利亚	Bulgaria	11.1	74
南斯拉夫	Yugoslavia	10.2	104
俄 罗 斯	Russian Fed.	1707.5	9
北 美 洲	**North America**	**2239.1**	**22**
美　　国	United States	937.3	30
加 拿 大	Canada	997.1	3
墨 西 哥	Mexico	196.7	50
南 美 洲	**South America**	**1783.2**	**19**
巴　　西	Brazil	854.7	20
阿 根 廷	Argentina	277.7	13
大 洋 洲	**Oceania**	**853.6**	**4**
澳大利亚	Australia	768.2	2
新 西 兰	New Zealand	27.1	14

注：①是指有定居人口的各大洲面积，未包括尚无定居人口的南极洲。如包括南极洲，全世界陆地面积为 14950 万平方公里。原资料各大洲面积以百万平方公里为单位，其和与世界总计略有出入。②中国为年末人口数。③不包括查谟、克什米尔和锡金等地区。④中国香港为土地面积。

Notes: ① The data exclude the Antarctic Continent. If included, it would be 149.50 million sq.km. ② The population of China refers to the population of the year-end. ③ Excluding Jammu, Kashmir and Sikkim. ④ Refer to land area of Hong Kong,China.

3-2 土地利用

Land Use

国外资料来源：联合国粮农组织数据库
Source:FAO Database
单位：万公顷 (10000 hectares)

国家或地区	Country or Territory	1990	1999
世界总计	**World Total**		
土地面积	Land Area	1304287	1305052
耕地面积	Arable Area	138346	136911
多生作物面积	Permanent Crop Area	11899	13241
多年生牧场面积	Permanent Pasture	340978	345984
其他面积	Other Area	813064	808916
发达国家	**Developed Countries**		
土地面积	Land Area	5457055	5464699
耕地面积	Arable Area	649571	623966
多生作物面积	Permanent Crop Area	23563	23962
多年生牧场面积	Permanent Pasture	119195	120858
其他面积	Other Area	4664726	4695913
发展中国家	**Developing Countries**		
土地面积	Land Area	7585817	7585817
耕地面积	Arable Area	733885	745144
多生作物面积	Permanent Crop Area	95429	108443
多年生牧场面积	Permanent Pasture	221783	225126
其他面积	Other Area	6534720	6507104
亚　　洲①	**Asia ①**		
土地面积	Land Area	267704	308711
耕地面积	Arable Area	45785	49504
多生作物面积	Permanent Crop Area	4922	5927
多年生牧场面积	Permanent Pasture	79967	109503
其他面积	Other Area	137030	143777
中　　国	**China**		
土地面积	Land Area	96000	96000
耕地面积	Arable Area	13004	13004
多生作物面积	Permanent Crop Area		
多年生牧场面积	Permanent Pasture	40000	40000
其他面积	Other Area		
孟加拉国	**Bangladesh**		
土地面积	Land Area	1302	1302
耕地面积	Arable Area	914	810
多生作物面积	Permanent Crop Area	30	34
多年生牧场面积	Permanent Pasture	60	60
其他面积	Other Area	298	398
印　　度	**India**		
土地面积	Land Area	29732	29732
耕地面积	Arable Area	16314	16175
多生作物面积	Permanent Crop Area	630	795
多年生牧场面积	Permanent Pasture	1160	1105
其他面积	Other Area	11628	11657
印度尼西亚	**Indonesia**		
土地面积	Land Area	18116	18116
耕地面积	Arable Area	2025	1794
多生作物面积	Permanent Crop Area	1172	1305
多年生牧场面积	Permanent Pasture	1311	1118
其他面积	Other Area	13607	13899
伊　　朗	**Iran**		
土地面积	Land Area	16220	16220
耕地面积	Arable Area	1519	1730
多生作物面积	Permanent Crop Area	131	197
多年生牧场面积	Permanent Pasture	4400	4400
其他面积	Other Area	10170	9894
以 色 列	**Israel**		
土地面积	Land Area	206	206
耕地面积	Arable Area	35	35
多生作物面积	Permanent Crop Area	9	9
多年生牧场面积	Permanent Pasture	15	14
其他面积	Other Area	148	148
日　　本	**Japan**		
土地面积	Land Area	3646	3645
耕地面积	Arable Area	477	450
多生作物面积	Permanent Crop Area	48	36
多年生牧场面积	Permanent Pasture	45	41
其他面积	Other Area	3077	3117
哈萨克斯坦	**Kazakhstan**		
土地面积	Land Area		26997
耕地面积	Arable Area		3000
多生作物面积	Permanent Crop Area		14
多年生牧场面积	Permanent Pasture		
其他面积	Other Area		
朝　　鲜	**Korea,Dem People's Rep**		
土地面积	Land Area	1204	1204
耕地面积	Arable Area	170	170
多生作物面积	Permanent Crop Area	30	30
多年生牧场面积	Permanent Pasture	5	5
其他面积	Other Area	999	999
韩　　国	**Korea,Rep.**		
土地面积	Land Area	987	987
耕地面积	Arable Area	195	170
多生作物面积	Permanent Crop Area	16	20
多年生牧场面积	Permanent Pasture	7	5
其他面积	Other Area	769	792
马来西亚	**Malaysia**		
土地面积	Land Area	3286	3286
耕地面积	Arable Area	170	182
多生作物面积	Permanent Crop Area	520	579
多年生牧场面积	Permanent Pasture	28	28
其他面积	Other Area	2568	2497
蒙　　古	**Mongolia**		
土地面积	Land Area	15665	15665
耕地面积	Arable Area	137	132
多生作物面积	Permanent Crop Area	12429	11715
多年生牧场面积	Permanent Pasture	3099	3818
其他面积	Other Area		
缅　　甸	**Myanmar**		
土地面积	Land Area	6576	6576
耕地面积	Arable Area	957	955
多生作物面积	Permanent Crop Area	50	60
多年生牧场面积	Permanent Pasture	36	36
其他面积	Other Area	5533	5525
巴基斯坦	**Pakistan**		
土地面积	Land Area	7709	7709
耕地面积	Arable Area	2048	2123
多生作物面积	Permanent Crop Area	46	65
多年生牧场面积	Permanent Pasture	500	500
其他面积	Other Area	5115	5021

3-2 续表1 continued

单位：万公顷　　　　　　　　　　　　　　　　　　(10000 hectares)

国家或地区	Country or Territory	1990	1999
菲律宾	**Philipplines**		
土地面积	Land Area	2982	2982
耕地面积	Arable Area	548	555
多生作物面积	Permanent Crop Area	440	450
多年生牧场面积	Permanent Pasture	126	128
其他面积	Other Area	1868	1849
新加坡	**Singapore**		
土地面积	Land Area	6	6
耕地面积	Arable Area	-	-
多生作物面积	Permanent Crop Area	-	-
多年生牧场面积	Permanent Pasture		
其他面积	Other Area		
斯里兰卡	**Sri Lanka**		
土地面积	Land Area	646	646
耕地面积	Arable Area	88	88
多生作物面积	Permanent Crop Area	103	102
多年生牧场面积	Permanent Pasture	44	44
其他面积	Other Area	412	412
泰国	**Thailand**		
土地面积	Land Area	5109	5109
耕地面积	Arable Area	1749	1470
多生作物面积	Permanent Crop Area	311	330
多年生牧场面积	Permanent Pasture	78	80
其他面积	Other Area	2971	3229
土耳其	**Turkey**		
土地面积	Land Area	7696	7696
耕地面积	Arable Area	2465	2414
多生作物面积	Permanent Crop Area	303	253
多年生牧场面积	Permanent Pasture	1200	1238
其他面积	Other Area	3729	3791
越南	**Viet Nam**		
土地面积	Land Area	3255	3255
耕地面积	Arable Area	534	575
多生作物面积	Permanent Crop Area	105	160
多年生牧场面积	Permanent Pasture	34	64
其他面积	Other Area	2583	2456
非洲	**Africa**		
土地面积	Land Area	296331	296331
耕地面积	Arable Area	16844	17725
多生作物面积	Permanent Crop Area	2277	2460
多年生牧场面积	Permanent Pasture	90358	89182
其他面积	Other Area	186852	186965
埃及	**Egypt**		
土地面积	Land Area	9955	9955
耕地面积	Arable Area	228	283
多生作物面积	Permanent Crop Area	36	47
多年生牧场面积	Permanent Pasture		
其他面积	Other Area		
尼日利亚	**Nigeria**		
土地面积	Land Area	9108	9108
耕地面积	Arable Area	2954	2820
多生作物面积	Permanent Crop Area	254	254
多年生牧场面积	Permanent Pasture	4000	3920
其他面积	Other Area	1900	2114

国家或地区	Country or Territory	1990	1999
南非	**South africa**		
土地面积	Land Area	12210	12210
耕地面积	Arable Area	1344	1475
多生作物面积	Permanent Crop Area	86	96
多年生牧场面积	Permanent Pasture	8250	8393
其他面积	Other Area	2530	2246
北美洲	**North America**		
土地面积	Land Area	213703	213703
耕地面积	Arable Area	26702	25959
多生作物面积	Permanent Crop Area	757	854
多年生牧场面积	Permanent Pasture	36536	36728
其他面积	Other Area	149709	150162
加拿大	**Canada**		
土地面积	Land Area	92210	92210
耕地面积	Arable Area	4582	4556
多生作物面积	Permanent Crop Area	13	14
多年生牧场面积	Permanent Pasture	2900	2900
其他面积	Other Area	84715	84740
墨西哥	**Mexico**		
土地面积	Land Area	19087	19087
耕地面积	Arable Area	2400	2480
多生作物面积	Permanent Crop Area	190	250
多年生牧场面积	Permanent Pasture	7750	7990
其他面积	Other Area	8747	8367
美国	**United States**		
土地面积	Land Area	91590	91590
耕地面积	Arable Area	18574	17695
多生作物面积	Permanent Crop Area	203	205
多年生牧场面积	Permanent Pasture	23917	23925
其他面积	Other Area	48895	49765
南美洲	**South America**		
土地面积	Land Area	175295	175295
耕地面积	Arable Area	9030	9614
多生作物面积	Permanent Crop Area	1849	1999
多年生牧场面积	Permanent Pasture	49989	50312
其他面积	Other Area	114427	113370
阿根廷	**Argentina**		
土地面积	Land Area	27367	27367
耕地面积	Arable Area	2500	2500
多生作物面积	Permanent Crop Area	220	220
多年生牧场面积	Permanent Pasture	14220	14200
其他面积	Other Area	10427	10447
巴西	**Brazil**		
土地面积	Land Area	84565	84565
耕地面积	Arable Area	4560	5320
多生作物面积	Permanent Crop Area	1100	1200
多年生牧场面积	Permanent Pasture	18420	18500
其他面积	Other Area	60485	59545
委内瑞拉	**Venezuela**		
土地面积	Land Area	8821	8821
耕地面积	Arable Area	298	264
多生作物面积	Permanent Crop Area	92	85
多年生牧场面积	Permanent Pasture	1825	1824
其他面积	Other Area	6606	6648

3-2 续表2 continued

单位：万公顷 (10000 hectares)

国家或地区	Country or Territory	1990	1999	国家或地区	Country or Territory	1990	1999
欧　洲②	**Europe ②**			**罗马尼亚**	**Romania**		
土地面积	Land Area	47334	226098	土地面积	Land Area	2303	2303
耕地面积	Arable Area	12459	29110	耕地面积	Arable Area	945	933
多生作物面积	Permanent Crop Area	1397	1702	多生作物面积	Permanent Crop Area	59	51
多年生牧场面积	Permanent Pasture	8349	18318	多年生牧场面积	Permanent Pasture	473	494
其他面积	Other Area	25128	176968	其他面积	Other Area	826	825
白俄罗斯	**Belarus**			**俄 罗 斯**	**Russian Federation**		
土地面积	Land Area		2075	土地面积	Land Area		168885
耕地面积	Arable Area		618	耕地面积	Arable Area		12498
多生作物面积	Permanent Crop Area		12	多生作物面积	Permanent Crop Area		185
多年生牧场面积	Permanent Pasture		298	多年生牧场面积	Permanent Pasture		8997
其他面积	Other Area		1146	其他面积	Other Area		147206
保加利亚	**Bulgaria**			**西 班 牙**	**Spain**		
土地面积	Land Area	1106	1106	土地面积	Land Area	4994	4994
耕地面积	Arable Area	386	430	耕地面积	Arable Area	1534	1368
多生作物面积	Permanent Crop Area	30	21	多生作物面积	Permanent Crop Area	484	485
多年生牧场面积	Permanent Pasture	200	169	多年生牧场面积	Permanent Pasture	1030	1145
其他面积	Other Area	490	485	其他面积	Other Area	1947	1996
捷克共和国	**Czech Republic**			**乌 克 兰**	**Ukraine**		
土地面积	Land Area		773	土地面积	Land Area		5794
耕地面积	Arable Area		310	耕地面积	Arable Area		3267
多生作物面积	Permanent Crop Area		24	多生作物面积	Permanent Crop Area		95
多年生牧场面积	Permanent Pasture		95	多年生牧场面积	Permanent Pasture		
其他面积	Other Area		345	其他面积	Other Area		
法　国	**France**			**英　国**	**United kingdom**		
土地面积	Land Area	5501	5501	土地面积	Land Area	2409	2409
耕地面积	Arable Area	1800	1836	耕地面积	Arable Area	662	592
多生作物面积	Permanent Crop Area	119	115	多生作物面积	Permanent Crop Area	7	5
多年生牧场面积	Permanent Pasture	1138	1039	多年生牧场面积	Permanent Pasture	1152	1125
其他面积	Other Area	2444	2511	其他面积	Other Area	588	687
德　国	**Germany**			**南斯拉夫**	**Yugoslavia**		
土地面积	Land Area	3567	3567	土地面积	Land Area		1020
耕地面积	Arable Area	1197	1182	耕地面积	Arable Area		340
多生作物面积	Permanent Crop Area	44	22	多生作物面积	Permanent Crop Area		33
多年生牧场面积	Permanent Pasture	562	498	多年生牧场面积	Permanent Pasture		187
其他面积	Other Area	1763	1865	其他面积	Other Area		460
意 大 利	**Italy**			**大 洋 洲**	**Oceania**		
土地面积	Land Area	2941	2941	土地面积	Land Area	84914	84914
耕地面积	Arable Area	901	855	耕地面积	Arable Area	5085	4999
多生作物面积	Permanent Crop Area	296	288	多生作物面积	Permanent Crop Area	247	299
多年生牧场面积	Permanent Pasture	487	485	多年生牧场面积	Permanent Pasture	43049	41940
其他面积	Other Area	1257	1314	其他面积	Other Area	36533	37676
荷　兰	**Netherlands**			**澳大利亚**	**Australia**		
土地面积	Land Area	339	339	土地面积	Land Area	76823	76823
耕地面积	Arable Area	88	91	耕地面积	Arable Area	4790	4798
多生作物面积	Permanent Crop Area	3	4	多生作物面积	Permanent Crop Area	18	25
多年生牧场面积	Permanent Pasture	109	102	多年生牧场面积	Permanent Pasture	41640	40550
其他面积	Other Area	139	142	其他面积	Other Area	30375	31450
波　兰	**Poland**			**新 西 兰**	**New Nealand**		
土地面积	Land Area	3044	3044	土地面积	Land Area	2680	2680
耕地面积	Arable Area	1439	1407	耕地面积	Arable Area	256	156
多生作物面积	Permanent Crop Area	35	33	多生作物面积	Permanent Crop Area	130	173
多年生牧场面积	Permanent Pasture	406	403	多年生牧场面积	Permanent Pasture	1349	1330
其他面积	Other Area	1165	1201	其他面积	Other Area	944	1022

注：①1999年亚洲总计包括亚美尼亚、阿塞拜疆、格鲁吉亚、哈萨克斯坦、吉尔吉斯斯坦、塔吉克斯坦、土库曼斯坦和乌孜别克斯坦，1990年未包括这些国家。②1999年欧洲总计包括白俄罗斯、爱沙尼亚、拉脱维亚、立陶宛、摩尔多瓦共和国、俄罗斯和乌克兰，1990年未包括这些国家。

Notes: ① In 1999,the total for Asia includes estimates for Armenia,Azerbaijan,Georgia,Kazakhstan,Tajikistan,Turkmenistan and Uzbeckistan,while in 1990 the total for Asia excludes these independent republics of the former USSR. ② The data for Europe includes estimates for Belarus,Estonia,Latvia,Lithuania,the Republic of Moldova,the Russian Federation and Ukraine,while in 1990 the total for Europe excludes estimates for republics of the former USSR.

3-3 能源储量(1998年)

Energy Resources and Reserves(1998)

资料来源：联合国《能源统计年鉴》1998年。

Source: United Nations "Energy Statistics Yearbook"1998.

单位:万吨 (10000 metric tons)

国家或地区	Country or Territory	烟煤和无烟煤 Bituminous Coal/Anthracite			亚烟煤和褐煤 Sub-bituminous Coal/Lignite			泥煤 Peat		
		探明储量 Proved Amount in Place	可开采储量 Proved Recover-able Reserves	估计储量 Estimated Additional Amount	探明储量 Proved Amount in Place	可开采储量 Proved Recover-able Reserves	估计储量 Estimated Additional Amount	探明储量 Proved Amount in Place	可开采储量 Proved Recover-able Reserves	估计储量 Estimated Additional Amount
中　　国①	China ①	17760000	6220000	36320000	10880000	5230000	30470000	468700	32800	95200
孟加拉国	Bangladesh	105400								13800
印　　度	India	19689200	7273300	8608800	2600000	200000	393200			
印度尼西亚	Indonesia		77000		133100	445000	629900	4900000		
伊　　朗	Iran	375400	19300		229500					
以 色 列	Israel							50000	38600	100000
日　　本	Japan	827700	78500		17500	1700				
马来西亚	Malaysia	1500	400	7800	12600		57500			
蒙　　古	Mongolia	1200000			1200000					
缅　　甸	Myanmar	500	200	12000			8000			
朝　　鲜	Korea, Dem People's Rep	200000	30000	270000	30000	30000	220000			
韩　　国	Korea, Rep.	13800	8200	27200						
巴基斯坦	Pakistan					292800				
菲 律 宾	Philippines	4000	2400	800	34300	27500	3700			
斯里兰卡	Sri Lanka							500	500	
泰　　国	Thailand				231500	200000	300000			
土 耳 其	Turkey	59000	44900	24900	733900	62600	11000			
越　　南	Viet Nam	31200	15000							4600
埃　　及	Egypt	2500	1300		2700	2200	5200			
尼日利亚	Nigeria		2100	2100	33800	16900	100000			
南　　非	South Africa	12940700	5976200	21104600	3000	99900	10000	4700	3000	
加 拿 大	Canada	643500	450900	2604500	1435500	411400	3199000	109200		
墨 西 哥	Mexico	156900	86000	196000	73200	35100	21300			
美　　国	United States	23967500	11133800	45615300	20854800	14530500	66588700	2600000	1300000	
阿 根 廷	Argentina				19500	13000	773500	9000	8000	
巴　　西	Brazil				1707200	1195000	1531900			
委内瑞拉	Venezuela	132800	47900	452800						4600
保加利亚	Bulgaria	4800	1300	120000	479100	269800	261800	500	500	
捷克共和国	Czech Republic	640100	261300		254700	356400				
法　　国	France	59300	9500	20000	12400	2100	16500			
德　　国	Germany	4400000	2400000	18600000	7800000	4300000		15700	9600	
意 大 利	Italy				7500	3400	30200			250000
荷　　兰	Netherlands	140600	49700	275000				12000	12000	
波　　兰	Poland	6018500	1211300	11330000	1418400	319600	3070000	89000		
罗马尼亚	Romania	100	100	100	319900	361000	197600	2500	1300	1000
俄 罗 斯	Russian Federation	7575300	4908800	158247900	12482300	10792200	235808500	1768000	1155400	16832000
西 班 牙	Spain	170000	20000	300000	86000	46000	126000	8400	7000	
英　　国	United Kingdom		100000	19000000	100000	50000				
澳大利亚	Australia	6590000	4730000	12500000	4800000	4310000	21500000			
新 西 兰	New Zealand	13600	2900	64200	258300	54200	1220100	164000		

3-3续表1 Continued

单位:万吨 (10000 metric tons)

国家或地区	Country or Territory	可开采储量 Proved Recoverable Reserves				铀矿 Uranium		水电理论装机容量(亿千瓦小时/年) Hyrdropower Gross Theoretical Capability (100 million kwh/year)
		天然气 Natural Gas (亿立方米) (10^8m^3)	原油和天燃气 Crude Oil and NGL	油页岩 Oil Shale	油砂 Bituminous Sands	理论储量 Reasonably Assured Resources	估计储量 Estimated Additional Resources	
中　国①	China ①	11710	527200		25100	7210		59220
孟加拉国	Bangladesh	2880	-					10
印　度	India	6850	73200			5210	2430	26380
印度尼西亚	Indonesia	20460	67700			630	170	21470
伊　朗	Iran	231590	1467400			280		1760
以色列	Israel	10	100	60000				-
日　本	Japan	320	700			660		7180
马来西亚	Malaysia	22710	52600					2300
蒙　古	Mongolia					6160	2100	60
缅　甸	Myanmar	3110	700					3660
朝　鲜	Korea, Dem People's Rep					3100	2170	720
韩　国	Korea, Rep.		1331000					2320
巴基斯坦	Pakistan	5930	3000					2620
菲律宾	Philippines	800	2800					470
斯里兰卡	Sri Lanka							70
泰　国	Thailand	1880	2800	170000				560
土耳其	Turkey	110	3400	2000		910		4330
越　南	Viet Nam	1420	8200			130	670	3000
埃　及	Egypt	7320	53400					500
尼日利亚	Nigeria	34750	277700		2400			910
南　非	South Africa	1740	600	1300	-	45710	17850	150
加拿大	Canada	20930	84900		71700	33100	9900	13320
墨西哥	Mexico	18100	660600			170	70	1550
美　国	United States	47140	376800			36100	127270	44850
阿根廷	Argentina	6860	36300			880	310	5350
巴　西	Brazil	2240	111100	35200		16200	10020	30200
委内瑞拉	Venezuela	40510	1009700		36400			3450
保加利亚	Bulgaria	40	200			780	840	260
捷克共和国	Czech Republic	40	1200			3020	1900	130
法　国	France	210	1800			2240	140	2000
德　国	Germany	3820	2800			300	400	1200
意大利	Italy	2400	5200		3300	480	130	3400
荷　兰	Netherlands	17650	1500					10
波　兰	Poland	1140	500					230
罗马尼亚	Romania	4450	21800		100	690	900	700
俄罗斯	Russian Federation	477000	665400			14500	3650	24000
西班牙	Spain	20	100			1220	820	1380
英　国	United Kingdom	20650	66550					80
澳大利亚	Australia	13600	34500	365100		71500	18000	2640
新西兰	New Zealand	680	1500					1520

注：①来源于联合国。

Notes: ① Data from United Nations。

3-4 森林消失和淡水资源

Deforestation and Freshwater

资料来源:世界银行《世界发展指标》2002 年。
Source:World Bank "World Development Indicators"2002.

国家或地区	Country or Territory	1990-2000年年均森林消失量① Average Annual Deforestation		2000年人均淡水资源总量(立方米) Total Freshwater Resources Per Capita(cu.m.)	1980-1999年度淡水抽取量占水资源总量百分比(%) Annual Freshwater Withdrawals as Percentage of Total Resources	1987年淡水抽取量的利用(%) Freshwater Withdrawals in 1987		
		平方公里 sq.km	比率(%) Rate(%)			用于农业 % for Agriculture	用于工业 % for Industry	生活用水 % for Domestic
世界总计	**World**	**90385**	**0.2**	**8696**		**71**	**19**	**9**
高收入国家	**High Income**	**-8011**	**-0.1**			**40**	**43**	**14**
中等收入国家	**Middle Income**	**26930**	**0.1**	**10579**		**74**	**16**	**10**
低收入国家	**Low Income**	**71466**	**0.8**	**6243**		**90**	**5**	**5**
中　国②	China ②	-18063	-1.2	2241	18.6	77	18	5
孟加拉国	Bangladesh	-204	-0.6	9238	1.2	86	2	12
印　度	India	-381	-0.1	1878	26.2	92	3	5
印度尼西亚	Indonesia	13124	1.2	13487	2.6	93	1	6
以色列	Israel	-50	-4.9	449	61.1	64	7	29
日　本	Japan	-34	0.0	3389	21.3	64	17	19
韩　国	Korea, Rep.	49	0.1	1476	33.9	63	11	26
马来西亚	Malaysia	2377	1.2	24925	2.2	76	13	11
蒙　古	Mongolia	600	0.5	14512	1.2	53	27	20
巴基斯坦	Pakistan	304	1.1	1847	61.0	97	2	2
菲律宾	Philippines	887	1.4	6338	11.6	88	4	8
斯里兰卡	Sri Lanka	348	1.6	2583	19.5	96	2	2
泰　国	Thailand	1124	0.7	6750	8.1	91	4	5
土耳其	Turkey	-220	-0.2	3118	17.4	73	11	16
尼日利亚	Nigeria	3984	2.6	2206	1.3	54	15	31
南　非	South Africa	80	0.1	1168	26.6	72	11	17
加拿大	Canada			90797	1.6	9	80	11
墨西哥	Mexico	6306	1.1	4675	17.0	78	5	17
美　国	United States	-3880	-0.2	8801	18.9	27	65	8
阿根廷	Argentina	2851	0.8	26545	2.9	75	9	16
巴　西	Brazil	22264	0.4	42944	0.7	61	18	21
委内瑞拉	Venezuela	2175	0.4	35002	0.5	46	10	44
白俄罗斯	Belarus	-2562	-3.2	5797	4.7	35	43	22
保加利亚	Bulgaria	-204	-0.6	2228	76.4	22	76	3
法　国	France	-616	-0.4	3243	21.3	12	73	15
德　国	Germany			2167	26.0		86	14
意大利	Italy	-295	-0.3	2903	28.6	45	37	18
荷　兰	Netherlands	-10	-0.3	5716	8.6	34	61	5
波　兰	Poland	-110	-0.1	1630	19.2	11	76	13
罗马尼亚	Romania	-147	-0.2	9762	9.0	59	33	8
俄罗斯	Russian Federation	-1353	0.0	30904	1.7	20	62	19
西班牙	Spain	-860	-0.6	2840	31.7	62	26	12
乌克兰	Ukraine	-310	-0.3	2820	18.6	30	52	18
英　国	United Kingdom	-200	-0.8	2461	6.4	3	77	20
澳大利亚	Australia			18351	4.3	33	2	65
新西兰	New Zealand	-390	0.5	85361	0.6	44	10	46

注：①负值表示森林面积的增长。②为世界银行统计数据。
Notes: ① The negative represents the forest area increased. ② Data from the World Bank.

3-5 国家保护区面积和生物多样性

Nationally Protected Areas and Biodiversity

资料来源：世界银行《世界发展指标》2002年。

Source:World Bank "World Development Indicators"2002.

国家或地区	Country or Territory	国家保护区 Nationally Protected Areas		哺乳动物 Mammals		鸟类 Birds		高植株植物② Higher Plants	
		万平方公里 10000 sq.km 1999	占土地总面积的比重% as Percentage of Total Land 1999	物种(种) Species 1996	濒危物种(种) Threatened Species 2000	物种(种) Species 1996	濒危物种(种) Threatened Species 2000	物种(种) Species 1997	濒危物种(种) Threatened Species 2000
世界总计	**World**	**8437.7**	**6.5**						
高收入国家	**High Income**	**3123.6**	**10.2**						
中等收入国家	**Middle Income**	**3461.3**	**5.2**						
低收入国家	**Low Income**	**1852.8**	**5.7**						
中　　国①	China ①	59.8	6.4	394	76	1100	73	32200	312
中国香港	Hong Kong，China	0.1		24	1	76	11	1984	9
孟加拉国	Bangladesh	0.1	0.8	109	21	295	23	5000	24
印　　度	India	14.3	4.8	316	86	923	70	16000	1236
印度尼西亚	Indonesia	19.3	10.6	436	140	1519	113	29375	264
伊　　朗	Iran	8.3	5.1	140	23	323	13	8000	2
以 色 列	Israel	0.3	15.8	92	14	180	12	2317	32
日　　本	Japan	2.6	6.8	132	37	250	34	5565	707
缅　　甸	Myanmar	0.2	0.3	251	36	867	35	7000	32
韩　　国	Korea, Rep.	0.7	6.9	49	13	112	25	2898	66
巴基斯坦	Pakistan	3.7	4.8	151	18	375	17	4950	14
菲 律 宾	Philippines	1.5	4.9	153	50	395	67	8931	360
斯里兰卡	Sri Lanka	0.9	13.5	88	20	250	14	3314	455
泰　　国	Thailand	7.1	13.9	265	34	616	37	11625	385
土 耳 其	Turkey	1.0	1.3	116	17	302	11	8650	1876
越　　南	Viet Nam	1.0	3.1	213	37	535	35	10500	341
埃　　及	Egypt	0.8	0.8	98	12	153	7	2076	82
尼日利亚	Nigeria	3.0	3.3	274	25	681	9	4715	37
南　　非	South Africa	6.6	5.4	247	41	596	28	23420	2215
加 拿 大	Canada	90.7	9.8	193	14	426	8	3270	278
墨 西 哥	Mexico	6.6	3.5	450	69	769	39	26071	1593
美　　国	United States	123.1	13.4	428	37	650	55	19473	4669
阿 根 廷	Argentina	4.9	1.8	320	32	897	39	9372	247
巴　　西	Brazil	37.5	4.4	394	79	1492	113	56215	1358
委内瑞拉	Venezuela	32.3	36.6	305	25	1181	24	21073	426
捷克共和国	Czech Republic	1.3	16.1		8	199	2		81
法　　国	France	7.4	13.5	93	18	269	5	4630	195
德　　国	Germany			76	12	239	5	2682	14
意 大 利	Italy	2.2	7.5	90	14	234	5	5599	311
荷　　兰	Netherlands	0.2	6.8	55	11	191	4	1221	1
波　　兰	Poland	2.9	9.6	84	15	227	4	2450	27
俄 罗 斯	Russian Federation	52.9	3.1	269	42	628	38		214
西 班 牙	Spain	4.2	8.5	82	24	278	7	5050	985
英　　国	United Kingdom	5.0	20.7	50	12	230	2	1623	18
澳大利亚	Australia	54.3	7.1	252	63	649	35	15638	2245

注：①中国为世界银行数据。②指维管类植物，仅为开花植物。

Notes: ① The data of China are from World Bank. ② Refer to native vascular plant species,but flowering plants only.

3-6 能源消费

Commercial Energy Use

资料来源：世界银行《世界发展指标》2002年。
Source: World Bank "World Development Indicators"2002.

国家或地区	Country or Territory	消费总量(万吨标准油) Commercial Energy Use (10000 tons of oil equivalent)		人均消费量(千克标准油) Commercial Energy Use per Capita (kg of oil equivalent)	
		1990	1999	1990	1999
世　界	**World**	**717599**	**963547**	**1504**	**1671**
高收入国家	**High Income**	**416851**	**486603**	**4983**	**5448**
中等收入国家	**Middle Income**	**220858**	**350645**	**1019**	**1325**
低收入国家	**Low Income**	**79889**	**126298**	**452**	**567**
中　国①	China ①	87259	108835	769	868
中国香港	Hong Kong, China	1066	1789	1869	2661
孟加拉国	Bangladesh	1294	1794	118	139
印　度	India	35911	48042	423	482
印度尼西亚	Indonesia	9282	13612	521	658
伊　朗	Iran	6720	10364	1235	1651
以色列	Israel	1211	1849	2599	3029
日　本	Japan	43883	51545	3552	4070
朝　鲜	Korea, Dem. Rep.	6070	5893	3042	2658
韩　国	Korea, Rep.	9182	18137	2142	3871
马来西亚	Malaysia	2246	4265	1234	1878
缅　甸	Myanmar	1068	1290	264	273
巴基斯坦	Pakistan	4345	5983	402	444
菲律宾	Philippines	2829	4073	464	549
斯里兰卡	Singapore	1336	2269	4384	5742
泰　国	Thailand	4322	7042	777	1169
土耳其	Turkey	5265	7033	938	1093
越　南	Viet Nam	2469	3521	373	454
埃　及	Egypt	3202	4449	611	709
尼日利亚	Nigeria	7091	8729	737	705
南　非	South Africa	9123	10933	2592	2597
加拿大	Canada	20909	24178	7524	7929
墨西哥	Mexico	12419	14899	1492	1543
美　国	United States	192558	226999	7720	8159
阿根廷	Argentina	4504	6318	1385	1727
巴　西	Brazil	13251	17970	896	1068
委内瑞拉	Venezuela	4203	5341	2155	2253
白俄罗斯	Belarus		2390		2381
保加利亚	Bulgaria	2882	1820	3306	2218
捷克共和国	Czech Republic	4740	3858	4574	3754
法　国	France	22607	25504	3985	4351
德　国	Germany	35554	33720	4476	4108
意大利	Italy	15167	16904	2674	2932
荷　兰	Netherlands	6647	7407	4446	4686
波　兰	Poland	9985	9338	2620	2416
罗马尼亚	Romania	6240	3643	2689	1622
俄罗斯	Russian Federation		60295		4121
西班牙	Spain	9053	11847	2331	3005
乌克兰	Ukraine		14839		2973
英　国	United Kingdom	21310	23032	3702	3871
南斯拉夫	Yugoslavia		1338		1258
澳大利亚	Australia	8754	10793	5130	5690
新西兰	New Zealand	1398	1818	4069	4770

3–6续表 1 continued

国家或地区	Country or Territory	单位国内生产总值所产生的二氧化碳（公斤/1995年价格，美元）Industrial CO2 Emissions,(kg per 1995 US$ of GDP)		人均二氧化碳排放量（吨）per Capita Industrial CO2 Emissions(metric tons)	
		1990	1998	1990	1998
世　界	**World**	**0.7**	**0.7**	**3.4**	**3.9**
高收入国家	**High Income**	**0.5**	**0.4**	**12.1**	**12.6**
中等收入国家	**Middle Income**	**1.7**	**1.7**	**2.7**	**3.5**
低收入国家	**Low Income**	**1.7**	**2.2**	**0.7**	**1.0**
中　国①	China ①	6.1	3.5	2.1	2.5
中国香港	Hong Kong, China	0.2	0.2	4.6	5.4
孟加拉国	Bangladesh	0.5	0.5	0.1	0.2
印　度	India	2.5	2.5	0.8	1.1
印度尼西亚	Indonesia	1.2	1.2	0.9	1.1
伊　朗	Iran	3.0	3.0	3.9	4.7
以色列	Israel	0.5	0.6	7.4	10.1
日　本	Japan	0.2	0.2	8.7	9.0
朝　鲜	Korea, Dem. Rep.			12.3	10.3
韩　国	Korea, Rep.	0.7	0.7	5.6	7.8
马来西亚	Malaysia	1.0	1.2	3.0	5.4
蒙　古	Mongolia	9.7	7.8	4.7	3.3
缅　甸	Myanmar			0.1	0.2
巴基斯坦	Pakistan	1.4	1.5	0.6	0.7
菲律宾	Philippines	0.7	0.9	0.7	1.0
斯里兰卡	Singapore	0.8	0.8	13.8	21.0
泰　国	Thailand	0.9	1.2	1.7	3.2
土耳其	Turkey	1.0	1.0	2.6	3.2
越　南	Viet Nam	1.6	1.7	0.3	0.6
埃　及	Egypt	1.5	1.5	1.4	1.7
尼日利亚	Nigeria	3.6	2.6	0.9	0.6
南　非	South Africa	2.0	2.1	8.3	8.3
加拿大	Canada	0.8	0.7	15.4	15.4
墨西哥	Mexico	1.2	1.1	3.7	3.9
美　国	United States	0.7	0.7	19.3	19.8
阿根廷	Argentina	0.6	0.4	3.4	3.8
巴　西	Brazil	0.3	0.4	1.4	1.8
委内瑞拉	Venezuela	1.7	1.9	5.8	6.7
白俄罗斯	Belarus		2.4		6.0
保加利亚	Bulgaria	5.0	4.2	8.6	5.7
捷克共和国	Czech Republic		2.2		11.5
法　国	France	0.2	0.2	6.3	6.3
德　国	Germany		0.3		10.1
意大利	Italy	0.4	0.4	7.0	7.2
荷　兰	Netherlands	0.4	0.4	10.0	10.4
波　兰	Poland	3.0	2.1	9.1	8.3
罗马尼亚	Romania	3.9	2.8	6.7	4.1
俄罗斯	Russian Federation		4.6		9.8
西班牙	Spain	0.4	0.4	5.5	6.3
乌克兰	Ukraine		8.4		7.0
英　国	United Kingdom	0.5	0.4	9.9	9.2
南斯拉夫	Yugoslavia			12.4	
澳大利亚	Australia	0.8	0.8	15.6	17.7
新西兰	New Zealand	0.5	0.5	6.9	7.9

注：①中国数据来源于世界银行数据库。

Note: ① The data of China are from World Bank.

3-7 世界主要城市空气污染状况

Air Pollution in Major Cities of the World

资料来源：世界银行《世界发展指标》2002 年。
Source: World Bank "World Development Indicators"2002.

国家或地区	Country or Territory	城市	City	城市人口（万人）City Population (10000 people) 2000	总悬浮颗粒物（微克／立方米）Total Suspended Particulates (microgram per cubic meter) 1995	二氧化硫（微克／立方米）Sulfur Dioxide (microgram per cubic meter) 1998	二氧化氮（微克／立方米）Nitrogen Dioxide (microgram per cubic meter) 1998
中国①	China ①	上海	Shanghai	1289	246	53	73
		北京	Beijing	1084	377	90	122
		天津	Tianjin	916	306	82	50
印度	India	孟买	Mumbai	1807	240	33	39
		德里	Delhi	1170	415	24	41
		加尔各答	Calcutta	1292	375	49	34
印度尼西亚	Indonesia	雅加达	Jakarta	1102	271		
伊朗	Iran	德黑兰	Tehran	723	248	209	
日本	Japan	东京	Tokyo	2644	49	18	68
		大阪	Osaka	1101	43	19	63
		横滨	Yokohama	318		100	13
韩国	Korea Rep.	汉城	Seoul	989	84	44	60
		大丘	Taegu	268	72	81	62
		釜山	Pusan	383	94	60	51
马来西亚	Malaysia	吉隆坡	Kuala Lumpur	138	85	24	
菲律宾	Philippines	马尼拉	Manila	1087	200	33	
新加坡	Singapore	新加坡	Singapore	357		20	30
泰国	Thailand	曼谷	Bangkok	728	223	11	23
土耳其	Turkey	伊斯坦布尔	Istanbul	945		120	
		安卡拉	Ankara	320	57	55	46
埃及	Egypt	开罗	Cairo	1055		69	
南非	South Africa	开普敦	Cape Town	299		21	72
		德班	Durban	134		31	
		约翰内斯堡	Johannesburg	234		19	31
加拿大	Canada	多伦多	Toronto	465	36	17	43
		蒙特利尔	Montreal	345	34	10	42
		温哥华	Vancouver	203	29	14	37

3-7续表 continued

国家或地区	Country or Territory	城市	City	城市人口（万人）City Population (10000 people) 2000	总悬浮颗粒物（微克／立方米）Total Suspended Particulates (microgram per cubic meter) 1995	二氧化硫（微克／立方米）Sulfur Dioxide (microgram per cubic meter) 1998	二氧化氮（微克／立方米）Nitrogen Dioxide (microgram per cubic meter) 1998
墨西哥	Mexico	墨西哥城	Mexico City	1813	279	74	130
美国	United States	纽约	New York	1664		26	79
		洛杉矶	Los Angeles	1314		9	74
		芝加哥	Chicago	695		14	57
阿根廷	Argentina	科尔多瓦	Córdoba City	142	97		97
巴西	Brazil	圣保罗	Sao Paulo	1776	86	43	83
		里约热内卢	Rio de Janeiro	1058	139	129	
委内瑞拉	Venezuela	加拉加斯	Caracas	315	53	33	57
保加利亚	Bulgaria	索非亚	Sofia	119	195	39	122
捷克共和国	Czech Republic	布拉格	Prague	123	59	14	33
法国	France	巴黎	Paris	962	14	14	57
德国	Germany	法兰克福	Frankfurt	369	36	11	45
		柏林	Berlin	332	50	18	26
		慕尼黑	Munich	229	45	8	53
意大利	Italy	米兰	Milan	425	77	31	248
		都灵	Torino	129	151		
		罗马	Rome	269	73		
荷兰	Netherlands	阿姆斯特丹	Amsterdam	114	40	10	58
波兰	Poland	华沙	Warsaw	227		16	32
		罗兹	Lodz	106		21	43
罗马尼亚	Romania	布加勒斯特	Bucharest	205	82	10	71
俄罗斯	Russian Federation	莫斯科	Moscow	932	100	109	
		鄂木斯克	Omsk	122	100	9	30
西班牙	Spain	马德里	Madrid	407	42	11	25
		巴塞罗那	Barcelona	282	117	11	43
乌克兰	Ukraine	基辅	Kiev	267	100	14	51
英国	United Kingdom	伦敦	London	764		25	77
		伯明翰	Birmingham	227		9	45
		曼彻斯特	Manchester	225		26	49
澳大利亚	Australia	悉尼	Sydney	366	54	28	
		墨尔本	Melbourne	319	35	0	30
		帕斯	Perth	131	45	5	19
新西兰	New Zealand	奥克兰	Auckland	110	26	3	20

注：①中国数据来源于世界银行。

Note: ① The data of China are from World Bank.

主要统计指标解释

人口密度 指由年中人口除以国土面积得来。国土面积是指一个国家包括内陆水域和沿海水域在内的总面积。

土地面积 是指土地的总面积，不包括内陆水域的面积。“内陆水域”的定义一般包括主要的河流与湖泊。

耕地 是指种植短期作物的土地（种植两季作物的土地面积只计算一次），供割草或放牧的短期性草场，供应市场的菜园和自用菜园，以及暂时休闲的土地（少于5年）。而转换耕作方式而休闲的土地不包括在此类。

多年生作物土地 是种有长期生长的作物而在每次收获后不需要再种植的土地，如可可、咖啡和橡胶；它包括生长灌木、果树、坚果树和藤本植物的土地，但不包括用材林所占的土地。

探明储量 指已探明可开采的原煤、原油、天然气的储量。

已探明可开采的储量 是将来在现有和可承受的经济条件下，已探明的可开采的吨数。

淡水资源 指可更新的淡水资源，既包括国内可再生的资源，也包括从其他国家流入的江河水流量和抽取的地下水量。

年度淡水抽取量 指水源总抽取量，未计入水库的水蒸发量。在淡化水是水资源的重要来源的国家，水资源抽取量还包括来自淡化水厂的水量。工农业的抽取量分别是指用于灌溉、畜牧生产以及工业的直接使用的总抽取量（包括热电厂冷却用水抽取量）。民用抽取量包括饮用水、市政用水或供水、公共设施用水、商业机构用水和家庭用水。

国家级保护区 指总面积或部分面积不少于1000公顷的下列区域：国家公园、自然遗址、自然保护区、野生动植物栖息地、受保护的陆地景观和海洋景观地、公众进入受限的科学保护地，不包括受地方或省法律法规保护地。

二氧化碳排放量 是指矿物燃料燃烧以及水泥制造等过程中排放的二氧化碳，包括使用固体、液体、气体燃料以及煤气时产生的二氧化碳。

商业能源消费量 指可见的消费，其计算方法是本国产量加进口量和存量变动量，减去出口量和从事国际运输的船舶及飞机所使用的燃料。

Explanatory Notes on Main Statistical Indicators

Population Density comes from population in mid-year divided by area of country soil is the total area incuding inland water area and marginal sea area.

Land Area (in hectares) is a country total area, excluding area under inland water bodies, national claims to continental shelf, and exclusive economic zones. In most cases the definition of inland water bodies includes major rivers and lakes.

Arable Land includes land defined by the FAO as land under temporary crops (double-cropped areas are counted once), temporary meadows for mowing or for pasture, land under market or kitchen gardens, and land temporarily fallow. Land abandoned as a result of shifting cultivation is excluded.

Permanent Cropland is land cultivated with crops that occupy the land for long periods and need not be replanted after each harvest, such as cocoa, coffee, and rubber. This category includes land under flowering shrubs, fruit trees, nut trees, and vines, but excludes land under trees grown for wood or timber.

Proved Amount in Place is the tonnage of crude coal,crude petroleum, nature gas that has been both carefully measured and assessed.

Proved Recoverable Reserves are the tonnage of the proved amount in place that can be recovered under present and expected local economic conditions with existing available technology.

Freshwater Resources refer to total renewable resources, broken down between internal flows of rivers and groundwater from rainfall in the country, and river flows from other countries.

Annual Freshwater Withdrawals refer to total water withdrawal, not counting evaporation losses from storage basins. Withdrawals also include water from desalination plants in countries where they are a significant source.Withdrawals for agriculture and industry are total withdrawals for irrigation and livestock production and for direct industrial use (including withdrawals for cooling thermoelectric plants). Withdrawals for domestic uses include drinking water, municipal use or supply, and use for public services, commercial establishments, and homes.

Nationally Protected Areas are totally or partially protected areas of at least 1,000 hectares that are designated as national parks, natural monuments, nature reserves or wildlife sanctuaries, protected landscapes and seascapes, or scientific reserves with limited public access. The data do not include sites protected under local or provincial law.

Carbon Dioxide Emissions are those stemming from the burning of fossil fuels and the manufacture of cement. They include contributions to the carbon dioxide produced during consumption of solid, liquid, and gas fuels and gas flaring.

Commercial Energy Use refers to apparent consumption, which is equal to indigenous production plus imports and stock changes, minus exports and fuels supplied to ships and aircraft engaged in international transport.

四　国民经济核算

National Accounts

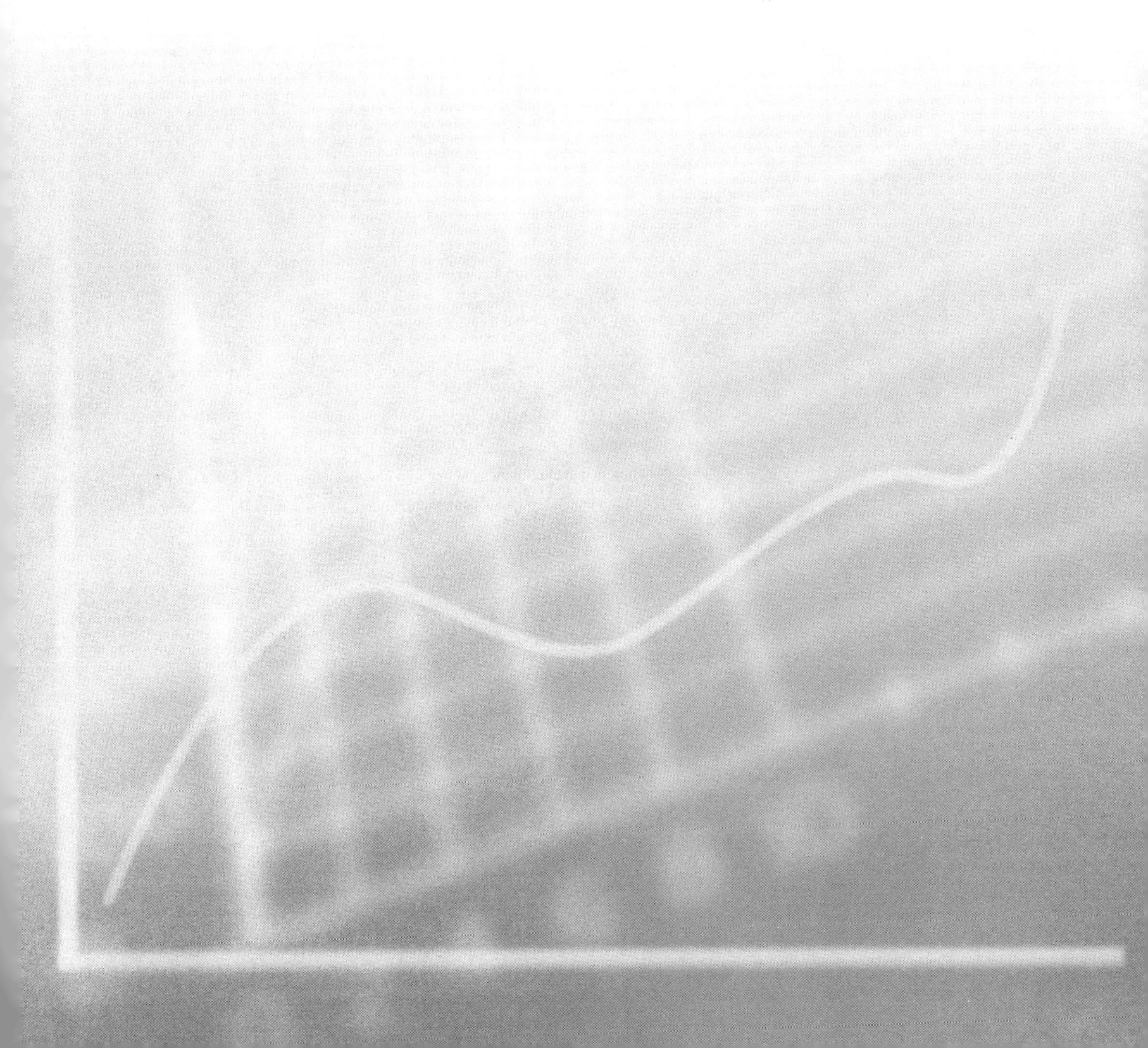

4-1 国内生产总值（本币）

Gross Domestic Product (Local Currency)

资料来源：IMF 数据库。
Source: IMF Database.
单位：亿本币　(100 million local currency units)

国家(地区)	Country or Territory	1990	1998	1999	2000	2001
中　国	China	18548	78345	82068	89404	95933
中国香港	Hong Kong, China	5825	12593	12270	12667	12626
中国澳门	Macao, China	262	52	490	497	498
孟加拉国	Bangladesh	10033	20018	21970	23709	25325
印　度	India	56867	174094	192964	208799	223375
印度尼西亚	Indonesia	2108660	9557530	11099800	12906800	14909420
伊　朗	Iran	370181	3398430	4777320	5820500	6641325
以色列	Israel	1058	3872	4050	4430	4814
日　本	Japan	4419150	5158350	5125300	5118360	5041810
哈萨克斯坦	Kazakhstan	1	16526	20986	27155	32854
韩　国	Korea, Rep.	1787970	4443660	4827440	5219590	5450130
马来西亚	Malaysia	1191	2845	2997	3407	3327
蒙　古	Mongolia	105	8174	8737	10446	11305
缅　甸	Myanmar	1519	16098	21903	25478	30715
巴基斯坦	Pakistan	854	2678	2938	3183	3472
菲律宾	Philippines	10772	26651	29769	33026	36428
新加坡	Singapore	665	1376	1401	1599	1535
斯里兰卡	Sri Lanka	3218	10180	11060	12576	14001
泰　国	Thailand	21835	46265	46321	49047	50996
土耳其	Turkey	3930600	522249000	774153000	1249820000	1818028160
越　南	Viet Nam	419550	3610160	3999420	4416460	4844920
埃　及	Egypt	961	2802	3024	3365	3649
尼日利亚	Nigeria	2606	28813	33773	40104	46019
南　非	South Africa	2898	7355	8028	8878	9671
加拿大	Canada	6695	9159	9753	10650	10923
墨西哥	Mexico	6949	38482	45995	54910	57719
美　国	United States	58032	87815	92686	98729	102081
阿根廷	Argentina	689	2989	2835	2842	2686
巴　西	Brazil	-	9142	9639	10867	11848
委内瑞拉	Venezuela	22793	524825	625770	824507	904210
白俄罗斯	Belarus	-	7022	30261	91338	169126
保加利亚	Bulgaria	-	216	228	255	296
捷克共和国	Czech Republic		18371	18873	19596	21461
法　国①	France ①	66218	85644	13495	14084	14596
德　国①	Germany ①	24312	37699	19694	20250	20761
意大利①	Italy ①	1320830	2077370	11085	11648	12166
荷　兰①	Netherlands ①	5379	7762	3736	4011	4248
波　兰	Poland	560	5536	6151	6856	7223
罗马尼亚	Romania	8579	3737980	5457300	8003080	11541300
俄罗斯	Russia Federation	7	27411	47668	73022	90408
西班牙①	Spain ①	501452	826504	5631	6088	6502
乌克兰	Ukraine	-	1026	1271	1701	2019
英　国	United Kingdom	5573	8598	9013	9449	9893
澳大利亚	Australia	3933	5785	6081	6522	6908
新西兰	New Zealand	732	1006	1048	1106	1177

注：①从 1999 年起以欧元为货币单位。
Note: ① Since 1999, the monetary unit is the euro.

4-2 国内生产总值（美元）

Gross Domestic Product (USD)

资料来源：世界银行数据库。
Source：World Bank Database.
单位：亿美元

(USD 100 million)

国家(地区)	Country or Territory	1990	1997	1998	1999	2000
世界总计	**World**	**218170**	**298019**	**296032**	**306669**	**314928**
低收入国家	**Low Income**	**8907**	**10736**	**9394**	**10073**	**10483**
中等收入国家	**Middle Income**	**35185**	**55507**	**52257**	**50492**	**55132**
下中等收入国家	**Lower Middle Income**	**16565**	**23659**	**22241**	**21728**	**23472**
上中等收入国家	**Upper Middle Income**	**18796**	**31893**	**30058**	**28805**	**31705**
高收入国家	**High Income**	**174138**	**231853**	**234334**	**245980**	**249273**
非经合组织成员国	**OECD Non-Member Economics**	**4340**	**8239**	**7725**	**7991**	**8573**
经合组织成员国	**OECD Countries Covered**	**169764**	**223626**	**226607**	**237976**	**240730**
中、低收入国家(按地区分组)	**Low & Middle Income**	**44039**	**66232**	**61652**	**60547**	**65606**
东亚和太平洋	**East Asia & Pacific**	**9271**	**20032**	**16783**	**18919**	**20591**
欧洲和中亚	**Europe & Central Asia**	**12529**	**11180**	**10081**	**8687**	**9421**
拉丁美洲和加勒比	**Latin America & Caribbean**	**11329**	**20450**	**20479**	**18142**	**20005**
中东和北非	**Middle East & N. Africa**	**4013**	**5755**	**5712**	**5975**	**6597**
南　亚	**South Asia**	**4047**	**5428**	**5495**	**5795**	**5968**
撒哈拉以南非洲	**Sub-Saharan Africa**	**2976**	**3439**	**3218**	**3196**	**3227**
中　　国①	China ①	3546	8982	9463	9914	10799
中国香港	Hong Kong, China	748	1710	1626	1583	1626
中国澳门	Macao, China	33	70	65	61	62
阿尔及利亚	Algeria	620	479	474	476	533
安哥拉	Angola	103	77	64	62	88
安提瓜和巴布达	Antigua and Barbuda	4	6	6	7	7
阿根廷	Argentina	1414	2929	2989	2833	2850
亚美尼亚	Armenia	41	16	19	18	19
阿鲁巴	Aruba	9	16	17		
澳大利亚	Australia	3097	4191	3740	4076	3901
奥地利	Austria	1617	2060	2112	2100	1890
巴哈马群岛	Bahamas, The	31	39	42	45	48
巴　　林	Bahrain	42	63	62	66	80
孟加拉国	Bangladesh	301	423	441	460	471
巴巴多斯	Barbados	17	22	24	25	26
白俄罗斯	Belarus	352	242	258	268	299
比利时	Belgium	1973	2439	2502	2489	2266
伯利兹	Belize	4	6	7	7	8
贝　　宁	Benin	18	21	23	23	22
百慕大群岛	Bermuda	16	23			
不　　丹	Bhutan	3	4	4	4	5
玻利维亚	Bolivia	49	79	84	83	83
巴　　西	Brazil	4650	8072	7870	5294	5955
文　　莱	Brunei	36	54	48		
保加利亚	Bulgaria	207	101	123	124	120
布隆迪	Burundi	11	10	9	7	7
喀麦隆	Cameroon	112	91	87	92	89
加拿大	Canada	5727	6241	5982	6349	6879
佛得角	Cape Verde	3	5	5	6	6
中非共和国	Central African Republic	15	10	10	11	10
乍　　得	Chad	17	15	17	16	14
智　　利	Chile	303	753	729	677	705
哥伦比亚	Colombia	403	1067	988	848	813
科摩罗	Comoros	3	2	2	2	2
刚果（金）	Congo, Dem. Rep.	93	58	56		
刚果（布）	Congo, Rep.	28	23	19	24	32
哥斯达黎加	Costa Rica	57	128	141	157	159
科特迪瓦	Cote d'Ivoire	108	107	115	111	94
克罗地亚	Croatia		203	216	201	190

4-2 续表 1 continued

单位：亿美元 (USD 100 million)

国家(地区)	Country or Territory	1990	1997	1998	1999	2000
塞浦路斯	Cyprus	56	85	91	92	87
捷克共和国	Czech Republic	349	530	569	546	508
丹　　麦	Denmark	1334	1690	1745	1763	1623
吉 布 提	Djibouti	4	5	5	5	6
多米尼克	Dominica	2	2	3	3	3
多米尼加共和国	Dominican Republic	71	151	159	173	197
厄瓜多尔	Ecuador	107	198	197	190	136
埃　　及	Egypt, Arab Rep.	431	756	827	892	987
赤道几内亚	Equatorial Guinea	1	5	5	9	13
厄里特尼亚	Eritrea		7	7	6	6
斐　　济	Fiji	14	21	16	17	15
芬　　兰	Finland	1368	1224	1290	1292	1215
法　国②	France ②	12159	14061	14520	14384	12942
冈 比 亚	Gambia, The	3	4	4	4	4
德　　国	Germany	16886	21144	21506	21120	18730
加　　纳	Ghana	59	69	75	78	52
希　　腊	Greece	841	1212	1214	1248	1126
格林纳达	Grenada	2	3	3	4	4
危地马拉	Guatemala	77	178	193	182	190
几内亚比绍	Guinea-Bissau	2	3	2	2	2
圭 亚 那	Guyana	4	7	7	7	7
匈 亚 利	Hungary	331	457	470	480	456
冰　　岛	Iceland	63	74	81	86	85
印　　度	India	3169	4097	4141	4452	4570
印度尼西亚	Indonesia	1144	2157	954	1413	1533
伊　　朗	Iran	1204	993	1022	996	1049
伊 拉 克	Iraq	487				
爱 尔 兰	Ireland	473	800	863	934	939
以 色 列	Israel	525	1015	1007	1008	1104
意 大 利	Italy	11024	11668	11965	11802	10740
日　　本	Japan	30521	43132	39405	44996	48416
约　　旦	Jordan	40	73	80	81	83
哈萨克斯坦	Kazakhstan	403	222	221	169	182
肯 尼 亚	Kenya	85	106	114	105	104
韩　　国	Korea , Rep.	2526	4765	3171	4061	4572
科 威 特	Kuwait	184	299	254	298	378
吉尔吉斯共和国	Kyrgyz Republic	30	18	16	12	13
老　　挝	Lao PDR	9	17	13	15	17
黎 巴 嫩	Lebanon	28	149	163	165	165
莱 索 托	Lesotho	6	10	9	9	9
立 陶 宛	Lithuania	133	96	107	107	113
卢 森 堡	Luxembourg	112	175	183	193	189
马 拉 维	Malawi	19	25	17	18	17
马来西亚	Malaysia	440	1002	722	790	897
马尔代夫	Maldives	2	5	5	6	6
马　　里	Mali	24	25	26	26	23
马 耳 他	Malta	23	33	35	36	36
马绍尔群岛	Marshall Islands	1	1	1	1	1
毛里塔尼亚	Mauritania	10	11	10	10	9
墨 西 哥	Mexico	2627	4011	4163	4794	5745
密克罗尼西亚	Micronesia , Fed. Sts.	1	2	2	2	2
摩尔多瓦	Moldova	106	19	17	12	13
蒙　　古	Mongolia		9	10	9	10
摩 洛 哥	Morocco	258	334	358	353	333
荷　　兰	Netherlands	2954	3766	3913	3937	3648
新 西 兰	New Zealand	431	648	529	548	499

4-2 续表 2 continued

单位：亿美元 (USD 100 million)

国家(地区)	Country or Territory	1990	1997	1998	1999	2000
尼加拉瓜	Nicaragua	10	20	21	22	24
尼日尔	Niger	25	18	21	20	18
尼日利亚	Nigeria	285	362	321	348	411
挪威	Norway	1155	1550	1478	1535	1618
阿曼	Oman	105	157	150		
巴基斯坦	Pakistan	400	624	622	586	616
巴拿马	Panama	53	87	93	96	99
巴拉圭	Paraguay	53	96	86	77	75
秘鲁	Peru	263	591	568	516	535
菲律宾	Philippines	443	823	652	762	747
波兰	Poland	590	1440	1584	1550	1577
葡萄牙	Portugal	709	1064	1116	1140	1051
波多黎各	Puerto Rico	306	476			
卡塔尔	Qatar	74	113	103	122	145
罗马尼亚	Romania	383	353	418	352	367
俄罗斯	Russian Federation	5791	4285	2824	1932	2511
卢旺达	Rwanda	26	19	20	19	18
萨摩亚	Samoa	2	2	2	2	2
圣多美和普林西比	Sao Tome and Principe	1	-	-	-	-
沙特阿拉伯	Saudi Arabia	1047	1465	1285	1429	1733
塞内加尔	Senegal	57	44	46	48	44
塞舌尔群岛	Seychelles	4	6	6	6	6
塞拉利昂	Sierra Leone	9	9	7	7	6
新加坡	Singapore	367	946	828	838	923
斯洛伐克	Slovak Republic	155	204	213	197	191
斯洛文尼亚	Slovenia		182	196	201	181
所罗门	Solomon Islands	2	4	3	3	3
索马里	Somalia	9				
南非	South Africa	1120	1484	1330	1302	1259
西班牙	Spain	5135	5605	5860	5999	5586
斯里兰卡	Sri Lanka	80	151	158	157	163
圣卢西亚	St. Lucia	4	6	6	7	7
圣基茨和尼维斯	St.Kitts and Nevis	2	3	3	3	3
圣文森特	St. Vincent and the Grenadines	2	3	3	3	3
苏丹	Sudan	132	106	103	100	115
苏里南	Suriname	3	8	11	9	8
斯威士兰	Swaziland	8	14	13	14	15
瑞典	Sweden	2383	2389	2397	2414	2273
瑞士	Switzerland	2284	2559	2628	2589	2398
叙利亚	Syrian Arab Republic	123	145	152	159	170
塔吉克斯坦	Tajikistan	43	9	13	11	10
坦桑尼亚	Tanzania	43	77	86	85	90
泰国	Thailand	853	1511	1119	1221	1222
多哥	Togo	16	15	14	14	12
汤加	Tonga	1	2	2	2	2
突尼斯	Tunisia	123	189	199	210	195
土耳其	Turkey	1507	1907	2012	1858	1999
乌克兰	Ukraine	913	502	419	316	318
阿联酋	United Arab Emirates	341	493	465		
英国	United Kingdom	9876	13185	14104	14416	14146
美国	United States	57508	82565	87288	92370	98374
乌拉圭	Uruguay	93	214	221	207	197
乌兹别克斯坦	Uzbekistan		107	107	87	77
瓦努阿图	Vanuatu	2	2	2	2	2
委内瑞拉	Venezuela	486	887	958	1033	1205
越南	Viet Nam	65	276	272	287	313

注：①世界银行统计数据。②包括法属圭亚那、瓜德罗普、马提尼克和留尼汪。

Note: ① Data from World Bank. ② Include the French Guiana,Guadeloupe, Martinique and Réunion.

4-3 国民生产总值（本币）

Gross National Product (Local Currency)

资料来源：IMF 数据库。
Source: IMF Database.

单位：亿本币 (100 million local currency units)

国家(地区)	Country or Territory	1990	1998	1999	2000	2001
中　　国	China	18598	76967	80579	88190	94346
中国香港	Hong Kong, China		12881	12618	12884	12987
孟加拉国	Bangladesh	10242	20667	22725	24580	26279
印　　度	India	56113	174331	191421	207057	
印度尼西亚	Indonesia	2012490	8953790	10131300	12392500	
伊　　朗	Iran	340377	3176650	4158040		
以 色 列	Israel	1033	3761	4069	4372	4543
日　　本	Japan	4446850	5227730	5189140	5182560	
哈萨克斯坦	Kazakhstan		17099	19537	24304	
韩　　国	Korea, Republic of	1786283	4366420	4765980	5192270	5438750
马来西亚	Malaysia	1140	2692	2795	3108	
蒙　　古	Mongolia	90	8320	8810		
缅　　甸	Myanmar	1520	16098	21902		
巴基斯坦	Pakistan	8907	26533	29128	31381	34113
菲 律 宾	Philippines	10714	28021	31362	34911	38603
新 加 坡	Singapore	683	1459	1435	1609	1546
斯里兰卡	Sri Lanka	3151	10064	10882	12335	10781
泰　　国	Thailand	21561	44664	45057	48279	50384
土 耳 其	Turkey	3971274	535183333	781039717		
越　　南	Viet Nam	392840	3543680	3946140	4369220	
埃　　及	Egypt	938	2843	3057		
尼日利亚	Nigeria	2386	26891	30954	32121	
南　　非	South Africa	2783	7178	7760	8511	
加 拿 大	Canada	6456	8858	9458	10426	10679
墨 西 哥	Mexico	7150	37220	44980		
美　　国	United States	58322	87781	92618	98608	102028
阿 根 廷	Argentina	679	2915	2761	2767	2605
巴　　西	Brazil	-	8929	9298	10523	11383
委内瑞拉	Venezuela	22116	514206	616482	816326	
白俄罗斯	Belarus		6748	28916		
保加利亚	Bulgaria		211	224		
捷克共和国	Czech Republic		17718	18431	19311	
法　国①	France ①	65946	86057	13490	14050	
德　国①	Germany ①	24482	37586	19664	20180	
意大利①	Italy ①	13035000	20576400	11017	11562	12110
荷　兰①	Netherlands ①	5156	7848	3759	4047	4280
波　　兰	Poland	528	5494	6116		
罗马尼亚	Romania	8614	3643378	5159860		
俄 罗 斯	Russia Federation	6	25809	42525		
西班牙①	Spain ①	496930	867799			
乌 克 兰	Ukraine		1005			
英　　国	United Kingdom	5492	8689	9021	9504	9968
澳大利亚	Australia	3765	5604	5892	6333	6702
新 西 兰	New Zealand	704	962	992	1095	1143

注：①从 1999 年起以欧元为货币单位。
Note: ① Since 1999, the monetary unit is the euro.

4-4 人均国民生产总值(美元)

GNP Per Capita (USD)

资料来源：世界银行数据库。
Source: World Bank Database.
单位：美元　　(USD)

国家(地区)	Country or Territory	1990	1998	1999	2000	2000年居世界位次 Rank in 2000
世界总计	**World**	**4080**	**5050**	**5040**	**5170**	
低收入国家	**Low Income**	**430**	**410**	**410**	**410**	
中等收入国家	**Middle Income**	**1360**	**1980**	**1920**	**1970**	
下中等收入国家	**Lower Middle Income**	**880**	**1120**	**1100**	**1130**	
上中等收入国家	**Upper Middle Income**	**3000**	**4750**	**4540**	**4640**	
高收入国家	**High Income**	**20540**	**26470**	**26820**	**27680**	
非经合组织成员国	**OECD Non-Member Economics**	**9980**	**16680**	**16660**	**17150**	
经合组织成员国	**OECD Countries Covered**	**21100**	**27040**	**27420**	**28310**	
中、低收入国家(按地区分组)	**Low & Middle Income**	**940**	**1240**	**1200**	**1230**	
东亚和太平洋	**East Asia & Pacific**	**570**	**1000**	**1010**	**1060**	
欧洲和中亚	**Europe & Central Asia**		**2180**	**1980**	**2010**	
拉丁美洲和加勒比	**Latin America & Caribbean**	**2270**	**3870**	**3640**	**3670**	
中东和北非	**Middle East & N. Africa**	**1710**	**2020**	**2010**	**2090**	
南　亚	**South Asia**	**380**	**420**	**430**	**440**	
撒哈拉以南非洲	**Sub-Saharan Africa**	**550**	**510**	**490**	**470**	
卢森堡	Luxembourg	31350	42930	40490	42060	1
瑞　士	Switzerland	33510	40840	38440	38140	2
日　本	Japan	27100	33720	33350	35620	3
挪　威	Norway	25490	34710	33630	34530	4
美　国	United States	23440	30730	32370	34100	5
丹　麦	Denmark	23430	32950	32620	32280	6
冰　岛	Iceland	23900	27780	29010	30390	7
瑞　典	Sweden	25050	27660	27400	27140	8
中国香港	Hong Kong, China	12680	24000	24690	25920	9
奥地利	Austria	19720	26640	25720	25220	10
芬　兰	Finland	24890	24740	24750	25130	11
德　国	Germany	20290	26700	25680	25120	12
荷　兰	Netherlands	19070	25690	25140	24970	13
新加坡	Singapore	11740	24580	24190	24740	14
比利时	Belgium	18340	25230	24620	24540	15
英　国	United Kingdom	16220	22370	23640	24430	16
法　国②	France ②	19860	25120	24570	24090	17
爱尔兰	Ireland	11960	20480	21450	22660	18
加拿大	Canada	19790	19750	20140	21130	19
澳大利亚	Australia	17590	21400	21020	20240	20
意大利	Italy	17420	20540	20330	20160	21
科威特	Kuwait		18970	16870	18030	22
法属波利尼西亚	France Polynesia	15500	17340	16880	17290	23
以色列	Israel	10860	16470	16310	16710	24
西班牙	Spain	11790	15030	14920	15080	25
新喀里多尼亚	New Caledonia	15010	16120	15160	15060	26
巴哈马	Bahamas	11730	12940	14070	14960	27
中国澳门	Macao, China	8500	15180	14290	14580	28
新西兰	New Zealand	12410	14530	14000	12990	29
塞浦路斯	Cyprus	8110	12120	12240	12370	30

4–4 续表 1 continued

单位：美元 (USD)

国家(地区)	Country or Territory	1990	1998	1999	2000	2000年居世界位次 Rank in 2000
希　腊	Greece	7770	12030	12110	11960	31
葡萄牙	Portugal	6420	11050	11100	11120	32
斯洛文尼亚	Slovenia		9720	9980	10050	33
安提瓜和巴布达	Antigua and Barbuda	5550	8300	8710	9440	34
巴巴多斯	Barbados	6600	8220	8620	9250	35
马耳他	Malta	6780	8790	9270	9120	36
韩　国	Korea , Rep.	5740	8470	8480	8910	37
阿根廷	Argentina	3190	8010	7550	7460	38
沙特阿拉伯	Saudi Arab	6620	7170	6900	7230	39
塞舌尔	Seychelles	5070	7230	7020	7050	40
圣基茨和尼维斯	St. Kitts and Nevis	3610	5920	6330	6570	41
乌拉圭	Uruguay	2870	6540	6230	6000	42
捷克共和国	Czech Republic		5160	5130	5250	43
墨西哥	Mexico	2830	4010	4440	5070	44
特立尼达和多巴哥	Trinidad and Tobago	3700	4460	4670	4930	45
匈牙利	Hungary	2880	4480	4620	4710	46
克罗地亚	Croatia		4730	4580	4620	47
智　利	Chile	2190	4890	4600	4590	48
委内瑞拉	Venezuela	2650	3540	3730	4310	49
波　兰	Poland		3940	4010	4190	50
圣卢西亚	St. Lucia	2810	3610	3860	4120	51
黎巴嫩	Lebanon		3670	3910	4010	52
哥斯达黎加	Costa Rica	1790	3600	3570	3810	53
格林纳达	Grenada	2310	3170	3490	3770	54
毛里求斯	Mauritius	2440	3700	3580	3750	55
斯洛伐克	Slovak Republic	3340	3870	3770	3700	56
巴　西	Brazil	2780	4600	3870	3580	57
爱沙尼亚	Estonia		3450	3490	3580	58
马来西亚	Malaysia	2380	3640	3450	3380	59
博茨瓦纳	Botswana	2730	3250	3040	3300	60
巴拿马	Panama	2220	3040	3060	3260	61
加　蓬	Gabon	4900	3980	3300	3190	62
伯利兹	Belize	2190	2810	2850	3110	63
土耳其	Turkey	2280	3160	2900	3100	64
南　非	South Africa	2890	3310	3160	3020	65
立陶宛	Lithuanian		2540	2640	2930	66
拉脱维亚	Latvia		2390	2520	2920	67
白俄罗斯	Belarus	3460	2530	2630	2870	68
圣文森特	St. Vincent & Grens.	1740	2570	2640	2720	69
牙买加	Jamaica	1620	2200	2600	2610	70
多米尼加	Dominican Republic	880	1810	1950	2130	71
密克罗尼西亚	Micronesia , Fed States of		1940	2000	2110	72
突尼斯	Tunisia	1430	2050	2090	2100	73
秘　鲁	Peru	780	2240	2110	2080	74
纳米比亚	Namibia	1890	2180	2070	2030	75
哥伦比亚	Colombia	1180	2420	2150	2020	76
泰　国	Thailand	1520	2110	2000	2000	77
马绍尔群岛	Marshall Islands				1970	78
马尔代夫	Maldives	620	1200	1950	1960	79
苏里南	Suriname	1330	1990	1950	1890	80
斐　济	Fiji	1850	2230	2190	1820	81
马其顿	Macedonia , FYR		1910	1830	1820	82
约　旦	Jordan	1390	1600	1630	1710	83
伊　朗	Iran	2590	1650	1600	1680	84

4-4 续表 2 continued

单位：美元 (USD)

国家(地区)	Country or Territory	1990	1998	1999	2000	2000年居世界位次 Rank in 2000
危地马拉	Guatemala	970	1650	1680	1680	85
罗马尼亚	Romania	1720	1510	1560	1670	86
俄罗斯	Russian Federation		2270	1750	1660	87
汤加	Tonga	1170	1710	1680	1660	88
约旦河西岸和加沙地带	West Bank and Gaza		1810	1840	1660	89
阿尔及利亚	Algeria	2440	1560	1540	1580	90
保加利亚	Bulgaria	2260	1230	1390	1520	91
埃及	Egypt, Arab Rep.	810	1280	1380	1490	92
萨摩亚	Samoa	1040	1370	1420	1450	93
巴拉圭	Paraguay	1190	1750	1590	1440	94
斯威士兰	Swaziland	1120	1390	1380	1390	95
佛得角	Cape Verde	980	1290	1330	1330	96
哈萨克斯坦	Kazakhstan		1390	1290	1260	97
波斯尼亚和黑塞哥维那	Bosnia and Hercegovinia		1140	1200	1230	98
厄瓜多尔	Ecuador	970	1490	1330	1210	99
摩洛哥	Morocco	1030	1250	1200	1180	100
瓦努阿图	Vanuatu	1160	1280	1180	1150	101
菲律宾	Philippines	740	1090	1060	1040	102
玻利维亚	Bolivia	750	1000	980	990	103
吉里巴斯	Kiribati	810	1150	1000	950	104
叙利亚	Syrian Arab Republic	940	940	920	940	105
圭亚那	Guyana	380	880	860	860	106
洪都拉斯	Honduras	710	740	780	860	107
斯里兰卡	Sri Lanka	470	810	820	850	108
中国①	China ①	320	740	780	840	109
赤道几内亚	Equatorial Guinea	350	1060	920	800	110
土库曼斯坦	Turkmenistan		530	640	750	111
巴布亚新几内亚	Papua New Guinea	850	850	770	700	112
乌克兰	Ukraine	1600	850	760	700	113
格鲁吉亚	Georgia		670	690	630	114
所罗门群岛	Solomon Islands	730	830	770	620	115
科特迪瓦	Cote D'Ivoire	780	700	670	600	116
阿塞拜疆	Azerbaijan	1460	510	570	600	117
不丹	Bhutan	520	530	570	590	118
喀麦隆	Cameroon	960	610	600	580	119
莱索托	Lesotho	610	620	590	580	120
印度尼西亚	Indonesia	620	660	580	570	121
刚果(布)	Congo, Republic of	980	570	560	570	122
亚美尼亚	Armenia		470	490	520	123
海地	Haiti	410	450	490	510	124
塞内加尔	Senegal	720	520	500	490	125
津巴布韦	Zimbabwe	880	590	490	460	126
几内亚	Guinea	460	520	490	450	127
印度	India	390	420	440	450	128
巴基斯坦	Pakistan	390	460	450	440	129
摩尔多瓦	Moldova		470	410	400	130
尼加拉瓜	Nicaragua	340	370	390	400	131

4-4 续表3 continued

单位：美元 (USD)

国家(地区)	Country or Territory	1990	1998	1999	2000	2000年居世界位次 Rank in 2000
蒙　古	Mongolia		410	390	390	132
越　南	Viet Nam		350	370	390	133
科摩罗	Comoros	540	410	400	380	134
毛里塔尼亚	Mauritania	550	420	390	370	135
孟加拉国	Bangladesh	280	340	350	370	136
也　门	Yemen, Republic of		370	370	370	137
乌兹别克斯坦	Uzbekistan		490	410	360	138
肯尼亚	Kenya	380	350	360	350	139
加　纳	Ghana	390	390	390	340	140
冈比亚	Gambia ,The	310	330	340	340	141
苏　丹	Sudan	600	300	310	310	142
赞比亚	Zambia	450	330	320	300	143
乌干达	Uganda	340	310	310	300	144
多　哥	Togo	440	330	320	290	145
老　挝	Lao People's Republic	200	310	290	290	146
安哥拉	Angola	800	300	240	290	147
圣多美和普林西比	Sao Tome & Principe	430	270	270	290	148
中非共和国	Central Africa Republic	470	290	280	280	149
吉尔吉斯	Kyrgyz Republic		420	300	270	150
坦桑尼亚	Tanzania	190	240	250	270	151
柬埔寨	Cambodia	140	260	260	260	152
尼日利亚	Nigeria	270	260	250	260	153
马达加斯加	Madagascar	240	260	250	250	154
马　里	Mali	270	250	240	240	155
尼泊尔	Nepal	220	220	230	240	156
卢旺达	Rwanda	370	230	240	230	157
布基纳法索	Burkina Faso	290	230	230	210	158
莫桑比克	Mozambique	170	200	220	210	159
乍　得	Chad	280	230	210	200	160
尼日尔	Niger	310	200	190	180	161
塔吉克斯坦	Tajikistan	840	170	170	180	162
几内亚比绍	Guinea-Bissau	230	160	170	180	163
厄里特尼亚	Eritrea		210	200	170	164
马拉维	Malawi	200	220	190	170	165
塞拉利昂	Sierra Leone	260	160	130	130	166
布隆迪	Burundi	220	140	120	110	167
埃塞俄比亚	Ethiopia PDR	160	100	100	100	168

注：①世界银行统计数据。②包括法属圭亚那、瓜德罗普、马提尼克和留尼汪。

Note: ① Data from World Bank. ② Include the French Guiana, Guadeloupe, Martinique and Réunion.

4-5 按购买力平价法计算的国民经济核算主要指标（2000年）

Main Economic Indicators of National Accounts Based on PPP(2000)

资料来源：世界银行《世界发展指标》2002年。

Source: World Bank "World Development Indicators"2002.

国家(地区)	Country or Territory	2000年按购买力平价法计算的GDP(亿国际元) GDP Based on PPP , 2000 (100 million current international $)	2000年按购买力平价法计算的人均GDP(国际元) GDP per Capita Based on PPP, 2000 (current international $)	2000年按购买力平价法计算的GNP (亿国际元) GNP Based on PPP,2000 (100 million current international $)	2000年按购买力平价法计算的人均GNP（国际元） GNP per Capita Based on PPP,2000 (current international $)
世　界	**World**	**449139**	**7415**	**444585**	**7410**
中　国①	China ①	50194	3976	49512	3920
中国香港	Hong Kong, China	1710	25153	1739	25590
中国澳门	Macao, China	80	18190	80	18190
孟加拉国	Bangladesh	2099	1602	2089	1590
印　度	India	23954	2358	23754	2340
印度尼西亚	Indonesia	6403	3043	5961	2830
伊　朗	Iran	3746	5884	3759	5910
以色列	Israel	1255	20131	1205	19330
日　本	Japan	33944	26755	34361	27080
哈萨克斯坦	Kazakhstan	873	5871	817	5490
韩　国	Korea ,Rep.	8217	17380	8177	17300
马来西亚	Malaysia	2110	9068	1939	8330
蒙　古	Mongolia	43	1783	42	1760
巴基斯坦	Pakistan	2662	1928	2574	1860
菲律宾	Philippines	3001	3971	3185	4220
新加坡	Singapore	938	23356	1001	24910
斯里兰卡	Sri Lanka	683	3530	671	3460
泰　国	Thailand	3888	6402	3836	6320
土耳其	Turkey	4553	6974	4589	7030
越　南	Viet Nam	1568	1996	1568	2000
埃　及	Egypt	2325	3635	2347	3670
尼日利亚	Nigeria	1137	896	1016	800
南　非	South Africa	4024	2224	3920	9160
加拿大	Canada	8561	27840	8355	27170
墨西哥	Mexico	8840	9023	8613	8790
美　国	United States	96127	34142	96009	34100
阿根廷	Argentina	4583	12377	4463	12050
巴　西	Brazil	12994	7625	12433	7300
委内瑞拉	Venezuela	1400	5794	1387	5740
白俄罗斯	Belarus	755	7544	755	7550
保加利亚	Bulgaria	466	5710	454	5560
捷克共和国	Czech Republic	1437	13991	1416	13780
法　国	France	14265	24223	14380	24420
德　国	Germany	20622	25103	20471	24920
意大利	Italy	13630	23626	13538	23470
荷　兰	Netherlands	4084	25657	4115	25850
波　兰	Poland	3498	9051	3478	9000
罗马尼亚	Romania	1441	6423	1428	6360
俄罗斯	Russian Federation	12194	8377	11652	8010
西班牙	Spain	7685	19472	7600	19260
乌克兰	Ukraine	1889	3816	1833	3700
英　国	United Kingdom	14044	23509	14069	23550
澳大利亚	Australia	4928	25693	4790	24970
新西兰	New Zealand	769	20070	710	18530

注：①世界银行统计数据。

Note: ① Data frome World Bank.

4-6 国内生产总值增长率

Growth Rate of GDP

资料来源：IMF 数据库。
Source: IMF Database.
单位：%　　(%)

国家(地区)	Country or Territory	1992-2001 年年均增长率 Average Annual Real Growth Rate 1992-2001	1990	1998	1999	2000	2001
世　界	**World**	**3.3**	**2.7**	**2.8**	**3.6**	**4.7**	**2.5**
发达国家	**Developed Countries**	**2.7**	**3.1**	**2.7**	**3.3**	**3.9**	**1.2**
发展中国家	**Developing Countries**	**5.5**	**3.3**	**3.5**	**3.9**	**5.7**	**4.0**
中　国	China	9.9	3.8	7.8	7.1	8.0	7.3
中国香港	Hong Kong, China	3.9	3.4	-5.3	3.0	10.5	0.1
阿尔巴尼亚	Albania	5.1	-10.0	8.0	7.3	7.8	7.0
阿尔及利亚	Algeria	2.1	0.8	5.1	3.2	2.4	3.5
安哥拉	Angola	1.4	0.1	6.8	3.3	3.0	3.2
安提瓜和巴布达	Antigua And Barbuda	2.7	2.3	3.9	3.2	2.5	-0.6
阿根廷	Argentina	2.8	-1.3	3.8	-3.4	-0.8	-3.7
亚美尼亚	Armenia	-4.5		7.3	3.3	6.0	7.5
澳大利亚	Australia	3.8	3.8	5.2	4.8	3.2	2.4
奥地利	Austria	2.1	4.7	3.5	2.8	3.0	1.0
阿塞拜疆	Azerbaijan	-4.3		10.0	7.4	11.1	9.0
巴哈马	Bahamas	2.1	1.2	3.0	5.9	5.0	-1.0
巴　林	Bahrain	4.8	7.3	4.8	4.3	5.3	3.3
孟加拉国	Bangladesh	4.9	4.9	5.0	5.4	5.5	4.5
巴巴多斯	Barbados	1.6	-3.3	4.1	1.3	3.1	-2.1
白俄罗斯	Belarus	-0.3		8.3	3.4	5.8	4.1
比利时	Belgium	2.0	3.0	2.2	3.0	4.0	1.1
伯利兹	Belize	4.2	10.2	2.6	3.7	9.7	2.5
贝　宁	Benin	4.9	3.2	5.0	4.7	5.8	5.8
不　丹	Bhutan	6.1	6.6	5.5	5.9	6.1	5.9
玻利维亚	Bolivia	3.4	4.6	5.2	0.4	2.4	1.0
波斯尼亚和黑塞哥维那	Bosnia And Hercegovinia	24.6		10.0	10.0	5.9	5.6
博茨瓦纳	Botswana	5.3	6.8	5.9	6.1	8.7	7.1
巴　西	Brazil	2.7	-4.3	0.2	0.8	4.4	1.5
保加利亚	Bulgaria	-2.9	-9.1	3.5	2.4	5.8	4.5
布基纳法索	Burkina Faso	3.8	-1.5	6.2	6.2	2.2	5.7
布隆迪	Burundi	-2.0	3.5	4.5	-0.8	-2.3	3.3
柬埔寨	Cambodia	5.2	1.1	1.5	6.9	5.4	5.3
喀麦隆	Cameroon	2.3	-6.2	5.0	4.4	4.2	5.3

4-6 续表1 continued

单位：% (%)

国家(地区)	Country or Territory	1992-2001年年均增长率 Average Annual Real Growth Rate 1992-2001	1990	1998	1999	2000	2001
加拿大	Canada	3.2	0.2	3.9	5.1	4.4	1.5
佛得角	Cape Verde	6.5	0.7	7.4	8.6	6.8	3.0
中非共和国	Central African Rep.	1.6	0.4	5.5	3.5	2.6	1.6
乍得	Chad	3.3	3.2	7.7	2.3	1.0	8.9
智利	Chile	5.9	3.7	3.2	-1.0	4.4	2.8
哥伦比亚	Colombia	2.6	4.3	0.6	-4.1	2.8	1.5
科摩罗	Comoros	2.1	0.1	1.2	1.9	-1.1	1.9
刚果(金)	Congo, Dem. Rep. of	-5.8	-6.6	-1.6	-10.4	-7.0	-4.0
刚果(布)	Congo, Republic of	1.5	1.0	3.7	-3.0	7.9	3.3
哥斯达黎加	Costa Rica	5.0	3.6	8.4	8.4	1.7	0.4
科特迪瓦	Cote D`Ivoire	2.5	-1.1	4.8	1.6	-2.3	-0.9
克罗地亚	Croatia	2.9		2.5	-0.4	3.7	4.2
塞浦路斯	Cyprus	4.5	7.3	5.0	4.5	5.1	4.0
捷克共和国	Czech Republic	1.8		-1.2	-0.4	2.9	3.6
丹麦	Denmark	2.3	1.0	2.5	2.3	3.0	0.9
吉布提	Djibouti	-1.1	5.8	0.1	2.2	0.7	2.0
多米尼克	Dominica	1.8	5.3	2.4	0.9	0.5	1.0
多米尼加	Dominican Republic	6.1	-5.5	7.3	8.0	7.8	3.0
厄瓜多尔	Ecuador	1.8	3.0	0.4	-7.3	2.3	5.2
埃及	Egypt	4.2	2.4	5.7	6.0	5.1	3.3
萨尔瓦多	El Salvador	4.4	4.9	3.2	3.4	2.0	2.0
赤道几内亚	Equatorial Guinea	25.6	3.3	22.0	50.1	16.9	46.5
厄里特尼亚	Eritrea	3.4		3.2	1.2	-8.6	6.4
爱沙尼亚	Estonia	-0.1		5.0	-0.7	6.9	5.0
埃塞俄比亚	Ethiopia PDR	4.5	3.4	-1.2	6.3	5.4	7.9
斐济	Fiji	2.6	2.9	1.4	9.7	-2.8	0.0
芬兰	Finland	2.9	0.0	5.3	4.0	5.7	0.7
法国	France	1.9	2.6	3.5	3.0	3.6	2.0
加蓬	Gabon	1.1	5.2	3.5	-9.6	-1.9	1.5
冈比亚	Gambia	4.3	5.7	3.5	6.4	5.6	5.8
格鲁吉亚	Georgia	-6.8		2.9	3.0	1.9	4.5
德国	Germany	1.5	5.7	2.0	1.8	3.0	0.6
加纳	Ghana	4.2	3.4	4.7	4.4	3.7	4.0
希腊	Greece	2.4	0.0	3.4	3.4	4.3	4.1
格林纳达	Grenada	3.8	5.2	7.3	7.5	6.4	3.5
危地马拉	Guatemala	3.9	3.1	5.1	3.8	3.6	1.8
几内亚	Guinea	4.0	4.3	4.6	3.6	2.0	2.9
几内亚比绍	Guinea-Bissau	0.6	4.6	-28.1	7.8	7.5	4.0
圭亚那	Guyana	4.4	-3.0	-1.7	3.0	-0.7	0.8
海地	Haiti	-0.4	1.0	2.2	2.7	0.9	-1.7
洪都拉斯	Honduras	3.1	0.1	2.9	-1.9	5.0	2.5
匈牙利	Hungary	2.5	-3.5	4.9	4.5	5.2	3.8
冰岛	Iceland	2.8	1.2	5.3	3.9	5.0	2.1
印度	India	5.8	6.0	5.8	6.7	5.4	4.3
印度尼西亚	Indonesia	3.7	9.0	-13.1	0.8	4.8	3.3
伊朗	Iran	4.1	7.9	3.8	2.6	4.9	5.1
爱尔兰	Ireland	7.7	8.3	8.6	10.9	11.5	6.0
以色列	Israel	4.5	5.7	2.7	2.6	6.4	-0.6
意大利	Italy	1.6	2.0	1.8	1.6	2.9	1.8

4-6 续表2 continued

单位：%　　　　　　　　　　　　　　　　　　(%)

国家(地区)	Country or Territory	1992–2001 年年均增长率 Average Annual Real Growth Rate 1992-2001	1990	1998	1999	2000	2001
牙买加	Jamaica	0.5	4.7	-0.4	-0.1	1.1	3.0
日本	Japan	1.1	5.5	-1.0	0.7	2.2	-0.4
约旦	Jordan	5.1	7.1	3.0	3.1	4.0	4.2
哈萨克斯坦	Kazakhstan	-1.3		-1.9	2.7	9.8	13.2
肯尼亚	Kenya	1.7	4.0	1.6	1.3	-0.2	1.1
吉里巴斯	Kiribati	2.8	2.1	6.6	2.1	-1.7	1.5
韩国	Korea , Republic of	5.5	9.0	-6.7	10.9	9.3	3.0
科威特	Kuwait	10.2	-26.2	3.7	-1.7	1.7	2.7
吉尔吉斯	Kyrgyz Republic	-2.8		2.1	3.7	5.0	5.0
老挝	Lao People's Dem.Rep	6.1	6.7	4.0	5.0	5.8	5.2
拉脱维亚	Latvia	-3.0		3.9	1.1	6.6	7.0
黎巴嫩	Lebanon	3.9	-13.4	3.0	1.0	0.0	1.3
莱索托	Lesotho	3.7	5.6	-3.0	2.4	3.2	2.9
立陶宛	Lithuania	-2.7		5.1	-3.9	3.9	4.5
卢森堡	Luxembourg	5.9	3.4	5.8	6.0	7.5	5.1
马其顿	Macedonia, FYR	-		3.4	4.3	4.6	-4.6
马达加斯加	Madagascar	3.1	3.1	3.9	4.7	4.8	6.7
马拉维	Malawi	2.9	5.7	3.3	4.0	1.7	2.8
马来西亚	Malaysia	6.1	9.0	-7.4	6.1	8.3	0.4
马尔代夫	Maldives	7.3	16.2	7.9	8.5	5.6	4.9
马里	Mali	4.0	0.4	4.9	6.7	4.6	0.1
马耳他	Malta	4.3	6.3	3.4	4.1	5.4	0.4
毛里塔尼亚	Mauritania	4.2	-1.8	3.7	4.1	5.0	4.6
毛里求斯	Mauritius	5.3	4.9	5.9	5.9	3.6	6.7
墨西哥	Mexico	3.0	5.1	5.0	3.6	6.6	-0.3
摩尔多瓦	Moldova	-8.0		-6.5	-3.4	2.1	4.0
蒙古	Mongolia	1.1	-5.6	3.5	3.2	1.1	1.1
摩洛哥	Morocco	2.2	4.0	6.8	-0.7	2.4	6.3
莫桑比克	Mozambique	6.3	1.0	12.6	7.5	1.6	12.9
缅甸	Myanmar	6.9	2.8	5.8	10.9	5.5	4.8
纳米比亚	Namibia	3.7	2.0	3.3	3.4	3.3	2.7
尼泊尔	Nepal	4.9	4.6	3.0	4.4	6.5	5.3
荷兰	Netherlands	2.8	4.1	4.3	3.7	3.5	1.1
新西兰	New Zealand	3.2	0.0	-0.2	3.9	3.9	2.4
尼加拉瓜	Nicaragua	3.6	-0.1	4.1	7.4	4.3	3.0
尼日尔	Niger	2.0	-1.3	10.4	-0.6	-1.4	5.1
尼日利亚	Nigeria	2.7	7.5	1.9	1.1	3.8	4.0
挪威	Norway	3.2	2.0	2.4	1.1	2.3	1.4
阿曼	Oman	4.5	8.4	2.7	-1.0	4.9	6.5
巴基斯坦	Pakistan	3.6	5.0	3.1	4.1	3.9	3.4
巴拿马	Panama	3.7	8.1	4.0	4.1	2.3	2.0
巴布亚新几内亚	Papua New Guinea	3.5	-3.0	-2.8	7.6	-0.8	-3.4
巴拉圭	Paraguay	1.8	3.1	-0.4	0.5	-0.4	0.8
秘鲁	Peru	3.8	-3.8	-0.5	0.9	3.1	0.2
菲律宾	Philippines	3.3	3.0	-0.6	3.4	4.0	3.4
波兰	Poland	4.5	-7.2	4.8	4.1	4.1	1.1
葡萄牙	Portugal	2.6	4.8	4.7	3.4	3.2	1.6
罗马尼亚	Romania	0.2	-5.6	-4.8	-1.2	1.8	5.3

4-6 续表3 continued

单位：% (%)

国家(地区)	Country or Territory	1992-2001 年年均增长率 Average Annual Real Growth Rate 1992-2001	1990	1998	1999	2000	2001
俄罗斯	Russian Federation	-4.1		-4.9	5.4	9.0	5.0
卢旺达	Rwanda	1.1	0.4	9.0	7.4	6.0	6.2
萨摩亚	Samoa	3.8	-6.4	2.5	3.5	6.8	5.0
圣多美和普林西比	Sao Tome & Principe	2.0	-2.2	2.5	2.5	3.0	4.0
沙特阿拉伯	Saudi Arabia	1.4	10.7	1.7	-0.8	4.5	2.2
塞内加尔	Senegal	4.0	3.9	5.7	5.1	5.6	5.7
塞舌尔	Seychelles	2.0	7.5	2.3	-3.0	1.2	-1.0
塞拉利昂	Sierra Leone	-6.3	1.6	-0.8	-8.1	3.8	5.4
新加坡	Singapore	6.9	9.0	-0.1	6.9	10.3	-2.1
斯洛伐克	Slovak Republic	3.5		4.1	1.9	2.2	3.3
斯洛文尼亚	Slovenia	4.1		3.8	5.2	4.6	3.0
所罗门群岛	Solomon Islands	1.8	2.2	1.1	-1.3	-14.0	-3.0
南非	South Africa	2.1	-0.3	0.8	2.1	3.4	2.2
西班牙	Spain	2.7	3.8	4.3	4.1	4.1	2.8
斯里兰卡	Sri Lanka	4.8	6.2	4.7	4.3	6.0	0.4
圣基茨和尼维斯	St. Kitts And Nevis	4.6	3.1	1.0	3.7	7.5	1.8
圣卢西亚	St. Lucia	2.5	4.1	3.1	3.5	0.7	0.5
圣文森特	St. Vincent & Grens.	3.0	7.3	5.9	4.3	1.8	0.3
苏丹	Sudan	5.0	1.0	6.0	7.7	9.7	5.3
苏里南	Suriname	2.0	0.1	1.9	5.0	2.9	3.4
斯威士兰	Swaziland	3.0	8.9	3.2	3.5	2.2	1.6
瑞典	Sweden	2.0	1.4	3.6	4.5	3.6	1.2
瑞士	Switzerland	1.1	3.7	2.4	1.6	3.0	1.3
叙利亚	Syrian Arab Republic	4.6	7.6	7.6	-2.0	2.5	3.5
塔吉克斯坦	Tajikistan	-5.8		5.3	3.7	8.3	10.0
坦桑尼亚	Tanzania,United Rep. of	3.2	7.0	3.7	3.5	5.1	5.1
泰国	Thailand	3.8	11.6	-10.5	4.4	4.6	1.8
多哥	Togo	1.5	-0.2	-2.1	2.9	-1.9	2.7
汤加	Tonga	2.6	-2.0	1.6	3.1	6.2	3.0
特立尼达和多巴哥	Trinidad And Tobago	3.2	1.5	4.8	6.8	4.8	4.5
突尼斯	Tunisia	4.9	7.1	4.8	6.1	4.7	5.0
土耳其	Turkey	2.8	9.2	3.1	-4.7	7.4	-6.2
乌干达	Uganda	6.4	6.5	4.7	8.1	4.0	4.9
乌克兰	Ukraine	-6.4		-1.9	-0.2	5.9	9.1
阿联酋	United Arab Emirates	5.2	16.6	4.3	3.9	5.0	5.0
英国	United Kingdom	2.7	0.7	3.0	2.1	3.0	2.2
美国	United States	3.4	1.8	4.3	4.1	4.1	1.2
乌拉圭	Uruguay	2.4	0.3	4.5	-2.8	-1.3	-3.1
乌兹别克斯坦	Uzbekistan	0.1		4.3	4.3	3.8	4.5
瓦努阿图	Vanuatu	1.8	11.6	6.0	-2.5	2.5	4.0
委内瑞拉	Venezuela	1.4	6.5	0.2	-6.1	3.2	2.7
越南	Viet Nam	7.0	5.1	3.5	4.2	5.5	4.7
也门	Yemen, Republic of	4.7		4.9	3.7	5.1	3.3
赞比亚	Zambia	0.3	-0.6	-1.9	2.2	3.6	5.0
津巴布韦	Zimbabwe	-	7.0	2.9	-0.7	-5.1	-8.4

4-7 人均国民生产总值增长率

Growth Rate of GNP per Capita

资料来源：世界银行《世界发展指标》2002 年。

Source: World Bank "World Development Indicators"2002.

单位：% (%)

国家(地区)	Country or Territory	1996	1997	1998	1999	2000
世　　界	**World**	**2.1**	**2.0**	**0.4**	**1.0**	
中　国①	China ①	9.2	7.7	6.4	5.8	5.5
中国香港	Hong Kong, China	1.6	2.7	-4.2	0.9	6.1
中国澳门	Macao, China	-3.5	-3.4	-7.0	-4.8	0.5
孟加拉国	Bangladesh	2.9	4.0	3.6	3.4	
印　度	India	5.4	2.8	4.9	4.9	
印度尼西亚	Indonesia	8.0	4.9	-15.0	-4.0	2.6
伊　朗	Iran	0.0	3.6	1.6	1.6	5.6
以色列	Israel	2.9	1.3	1.8	1.9	1.6
日　本	Japan	3.0	1.3	-1.0	0.4	
哈萨克斯坦	Kazakhstan	-2.9	2.6	0.4	-6.1	0.0
韩　国	Korea , Rep.	3.6	1.4	-11.0	8.7	1.6
马来西亚	Malaysia	8.7	4.2	-8.1	4.6	-9.5
蒙　古	Mongolia	1.8	2.7	2.5	-1.7	-2.8
巴基斯坦	Pakistan	0.5	-1.8	0.3	1.6	
菲律宾	Philippines	5.5	1.9	4.6	4.4	6.0
新加坡	Singapore	4.0	7.6	-2.0	4.8	
斯里兰卡	Sri Lanka	2.0	5.3	3.4	2.7	
泰　国	Thailand	7.3	-3.3	-13.1	0.2	0.2
土耳其	Turkey	3.6	7.9	1.8	-7.1	7.3
越　南	Viet Nam	9.6	16.7	4.3	3.4	
埃　及	Egypt	2.4	3.3	3.8	3.3	3.4
尼日利亚	Nigeria	15.6	-9.3	-12.3	8.9	18.6
南　非	South Africa	2.2	0.3	-1.5	-0.5	0.9
加拿大	Canada	1.4	3.1	0.8	5.3	
墨西哥	Mexico	4.2	7.3	2.8	3.5	6.9
美　国	United States	2.3	3.3	3.4	2.8	
阿根廷	Argentina	4.6	6.6	1.7	-5.3	-0.9
巴　西	Brazil	1.8	-1.3	-4.0	-1.3	
委内瑞拉	Venezuela	0.0	1.5	-9.2	1.6	15.9
白俄罗斯	Belarus	3.3	7.2	13.7	2.8	5.0
保加利亚	Bulgaria	-12.3	-7.7	8.1	4.5	4.2
捷克共和国	Czech Republic	4.3	-0.5	2.4	-0.1	1.3
法　国	France	1.1	2.0	3.6	2.7	1.8
德　国	Germany	0.4	0.6	2.4	1.6	1.3
意大利	Italy	2.2	2.0	2.2	1.8	1.0
荷　兰	Netherlands	1.6	4.5	2.6	1.9	
波　兰	Poland	10.5	5.8	13.0	2.7	-1.9
罗马尼亚	Romania	5.8	-6.3	-3.2	-0.9	2.1
俄罗斯	Russian Federation	-2.6	1.3	-8.8	3.3	17.7
西班牙	Spain	2.1	3.6	4.4	3.5	3.2
乌克兰	Ukraine	-8.4	-2.6	-1.3	0.9	6.5
英　国	United Kingdom	2.9	4.6	3.1	1.7	2.5
澳大利亚	Australia	3.1	4.1	3.1	4.1	
新西兰	New Zealand	-0.6	2.3	-1.3	3.8	

注：①世界银行统计数据。

Note:Data from World Bank.

4-8 三次产业对国内生产总值增长的贡献

Contribution of Primary Industry,Secondary Industry and Tertial Industry to the Growth of GDP

资料来源：世界银行数据库。

Source:World Bank Database.

单位：百分点 (percentage)

国家（地区）	Country or Territory	第一产业对GDP增长的贡献 Contribution of Primary Industry to the Growth of GDP		第二产业对GDP增长的贡献 Contribution of Secondary Industry to the Growth of GDP		第三产业对GDP增长的贡献 Contribution of Tertial Industry to the Growth of GDP	
		1999	2000	1999	2000	1999	2000
中　国①	China ①	0.46	0.38	4.47	5.35	2.12	2.22
孟加拉国	Bangladesh	1.16	1.79	1.21	1.52	2.42	2.58
印　度	India	0.31	-0.05	1.21	1.54	4.06	2.10
印度尼西亚	Indonesia	0.46	0.29	0.80	2.38	-0.41	2.10
伊　朗	Iran	-0.08	-0.57	0.97	1.11	1.45	4.62
日　本	Japan	-0.09		0.13		0.66	
哈萨克斯坦	Kazakhstan	2.02	-0.37	1.30	5.93	-0.69	3.46
韩　国	Korea , Rep.	0.32	0.29	5.52	4.96	5.05	3.85
马来西亚	Malaysia	0.38	0.06	3.70	6.81	2.00	1.43
蒙　古	Mongolia	1.57	0.61	0.23	0.22	1.41	0.27
缅　甸	Myanmar	4.93		2.29		3.69	
巴基斯坦	Pakistan	0.47	1.46	1.17	-0.02	2.25	2.19
菲律宾	Philippines	1.27	0.67	0.12	1.53	2.01	1.80
新加坡	Singapore	0.00	0.00	2.45	3.55	3.41	6.34
斯里兰卡	Sri Lanka	0.86	0.33	1.17	1.86	1.88	3.15
泰　国	Thailand	0.30	0.26	3.96	2.16	-0.04	1.89
土耳其	Turkey	-0.68	0.47	-1.97	2.00	-1.83	1.66
越　南	Viet Nam	1.60	1.23	2.36	3.19	0.84	1.09
埃　及	Egypt	0.53	0.48	1.11	3.79	4.02	0.55
尼日利亚	Nigeria	1.82	1.91	-0.76	1.94	0.23	-0.10
南　非	South Africa	0.13	0.15	-0.13	0.68	1.90	2.05
加拿大	Canada	0.18		1.23		2.39	
墨西哥	Mexico	0.11	0.11	1.11	1.74	2.23	4.44
阿根廷	Argentina	0.08	-0.14	-1.82	-0.82	-0.92	0.34
巴　西	Brazil	0.56	0.24	-0.50	1.54	0.60	1.80
委内瑞拉	Venezuela	-0.10	0.11	-4.48	1.29	-1.24	1.45
白俄罗斯	Belarus	-1.42	1.42	3.37	2.77	2.19	1.31
保加利亚	Bulgaria	0.14	-2.33	-1.83	6.00	4.09	2.13
捷克共和国	Czech Republic	0.39	-0.28	-1.39	1.55	0.38	1.29
法　国	France	0.09	0.00	0.55	0.73	2.05	1.92
德　国	Germany	0.03	0.02	-0.08	0.93	1.35	2.09
意大利	Italy	0.17	-0.07	0.18	0.91	0.91	1.84
荷　兰	Netherlands	0.17		0.57		2.28	
波　兰	Poland	-0.11	-0.40	1.30	2.93	3.04	
罗马尼亚	Romania	0.62	-3.08	-0.63	2.38	-1.56	2.23
俄罗斯	Russian Federation	0.62	0.31	3.04	3.80	0.44	3.50
西班牙	Spain	-0.14	0.06	1.26	1.56	2.30	2.12
乌克兰	Ukraine	-1.35	1.81	0.99	3.68	-2.01	3.10
英　国	United Kingdom	0.02	-0.02	0.15	0.40	1.77	2.25
澳大利亚	Australia	0.18		0.76		2.56	
新西兰	New Zealand	0.31		0.92		2.45	

注：①世界银行统计数据。

Note:Data from World Bank.

4-9 总投资、总消费及净出口对国内生产总值增长的贡献

Contribution of Total Investment,Total Consumption and Net Export to the Growth of GDP

资料来源：世界银行数据库。

Source : World Bank Database.

单位：百分点 (percentage)

国家（地区）	Country or Territory	总投资对GDP增长的贡献 Contribution of Total Investment to the Growth of GDP		总消费对GDP增长的贡献 Contribution of Total Consumption to the Growth of GDP		净出口对GDP增长的贡献 Contribution of Net Export to the Growth of GDP	
		1999	2000	1999	2000	1999	2000
中　国①	China ①		2.97		4.13		1.81
中国香港	Hong Kong, China	-5.76	5.99	0.67	3.32	8.11	1.16
中国澳门	Macao, China	-1.15	-5.38	2.21	-0.87	-3.88	10.87
孟加拉国	Bangladesh	2.22	1.71			-0.10	0.14
印　度	India	3.89	0.54			0.01	0.01
印度尼西亚	Indonesia	-5.40	1.57	3.25	3.07	2.99	0.14
伊　朗	Iran	-1.40	0.46	2.80	5.95	0.99	1:07
以色列	Israel	2.30	-1.08	2.95	4.02	-3.42	2.52
日　本	Japan	-0.43		1.28		-0.10	
哈萨克斯坦	Kazakhstan	2.33	1.01	4.56	1.10	11.08	7.16
韩　国	Korea, Rep.	6.50	2.05	5.77	3.74	-0.97	3.54
马来西亚	Malaysia	2.00	1.84			2.89	13.23
缅　甸	Myanmar	4.17		3.43		3.32	
巴基斯坦	Pakistan	-1.63	0.64			0.50	2.45
菲律宾	Philippines	-0.44	0.47	2.64	2.39	3.03	2.62
新加坡	Singapore	-1.50	2.08	2.61	5.12		
斯里兰卡	Sri Lanka	1.65	1.64			-1.99	-3.90
泰　国	Thailand	1.35	2.55	2.23	3.05	1.34	0.52
土耳其	Turkey	-2.43	2.53	-1.40	7.19	-0.94	-7.47
越　南	Viet Nam	-1.07	3.60	-8.20		-9.92	-6.32
埃　及	Egypt	1.68	0.44	3.19	2.88	1.15	1.80
尼日利亚	Nigeria	10.85	14.36	-1.58	-5.57	-8.16	-5.02
南　非	South Africa	-0.58	1.02	0.36	1.60	2.09	0.46
加拿大	Canada	1.84		2.26		0.51	
墨西哥	Mexico	0.93	1.99	3.28	6.78	-0.46	-1.91
美　国	United States	1.44		3.87		-1.25	
阿根廷	Argentina	-2.69	-1.63	-2.13	0.83	1.42	0.28
巴　西	Brazil	-0.64	1.02			2.68	-0.41
委内瑞拉	Venezuela	-2.73	1.63	-1.97	3.03	-1.39	-1.45
白俄罗斯	Belarus	-3.17	1.01	5.71	5.57	2.09	1.90
保加利亚	Bulgaria	3.60	-1.06	2.82	2.68	-2.99	3.70
捷克共和国	Czech Republic	-1.58	3.38	1.00	0.82	0.20	-1.25
法　国	France	0.99	1.31	2.01	1.89	-0.08	-0.12
德　国	Germany	0.89	0.79	1.43	1.16	-0.77	1.00
意大利	Italy	1.27	0.24	1.66	2.03	-1.32	0.64
荷　兰	Netherlands	0.88		2.67		0.02	
波　兰	Poland	1.99	1.44	3.57	-0.35	-1.88	4.23
罗马尼亚	Romania	-1.18	2.35	-5.31	2.32	4.21	-3.04
俄罗斯	Russian Federation	1.53	3.17	-2.68	9.05	4.97	-1.28
西班牙	Spain	2.24	1.33	3.30	2.83	-1.52	-0.09
乌克兰	Ukraine	0.01	1.29	-4.03	2.88	4.62	-0.78
英　国	United Kingdom	0.25	0.97	3.63	2.90	-1.53	-0.80
澳大利亚	Australia	1.28		3.73		-0.94	
新西兰	New Zealand	3.97		2.89		-1.55	

注：①世界银行统计数据。

Note: ① Data from World Bank.

4-10 投资率

Investment Rate

资料来源：世界银行数据库。
Source:World Bank Database.
单位：%　　(%)

国家(地区)	Country or Territory	1990	1997	1998	1999	2000
世　界	**World**	**24.0**	**22.9**	**22.4**	**22.9**	
中　国	China	35.2	38.0	37.4	37.1	36.2
中国香港	Hong Kong,China	27.4	38.1	34.0	27.4	30.2
中国澳门	Macao, China	21.5	22.0	19.7	19.1	13.1
孟加拉国	Bangladesh	16.9	21.1	22.4	23.5	23.8
印　度	India	23.3	23.6	24.8	26.7	26.3
印度尼西亚	Indonesia	30.1	33.0	23.2	17.6	18.3
伊　朗	Iran	17.9	16.6	19.0	17.2	16.8
以色列	Israel	18.7	23.7	21.4	23.2	20.8
日　本	Japan	31.7	29.0	27.6	27.0	
哈萨克斯坦	Kazakhstan	53.8	12.7	11.8	13.7	13.4
韩　国	Korea, Rep.	35.6	33.4	22.0	25.7	25.5
马来西亚	Malaysia	33.2	49.0	30.1	30.3	29.7
蒙　古	Mongolia			28.7	26.8	29.8
缅　甸	Myanmar	16.4	27.8	31.3	32.0	
巴基斯坦	Pakistan	18.7	17.5	17.6	15.4	15.4
菲律宾	Philippines	24.5	26.3	22.2	21.0	20.7
新加坡	Singapore	36.6	41.8	37.6	34.1	33.0
斯里兰卡	Sri Lanka	23.2	23.6	26.0	26.5	26.6
泰　国	Thailand	40.1	33.7	18.8	19.3	20.9
土耳其	Turkey	25.6	26.6	25.5	24.3	25.0
越　南	Viet Nam	12.8	35.6	35.7	33.1	34.8
埃　及	Egypt	25.1	20.6	23.9	24.2	23.4
尼日利亚	Nigeria	16.0	25.0	25.7	36.2	48.7
南　非	South Africa	16.1	16.9	16.5	15.6	16.1
加拿大	Canada	19.0	21.2	20.7	21.5	
墨西哥	Mexico	18.7	21.5	22.7	22.8	23.2
美　国	United States	16.5	20.3	21.7	22.2	
阿根廷	Argentina	13.0	20.6	21.1	19.0	17.5
巴　西	Brazil	20.2	21.5	21.2	20.4	20.5
委内瑞拉	Venezuela	9.6	17.8	18.1	16.3	17.4
白俄罗斯	Belarus	26.5	20.1	19.8	16.1	16.2
保加利亚	Bulgaria	25.6	13.1	19.7	22.8	20.5
捷克共和国	Czech Republic	28.2	34.6	34.2	32.8	35.1
法　国	France	21.6	18.1	19.5	19.9	20.6
德　国	Germany	21.4	21.9	22.5	23.0	23.2
意大利	Italy	21.7	19.3	20.1	21.0	20.6
荷　兰	Netherlands	22.8	21.5	21.9	22.0	
波　兰	Poland	25.6	31.1	33.7	34.3	34.4
罗马尼亚	Romania	36.1	22.6	22.3	21.7	23.6
俄罗斯	Russian Federation	67.4	22.8	16.4	17.1	18.7
西班牙	Spain	25.3	22.4	23.6	24.8	25.1
乌克兰	Ukraine	27.5	10.2	10.6	10.7	11.3
英　国	United Kingdom	17.8	17.8	19.2	19.0	19.4
澳大利亚	Australia	21.2	24.5	25.0	25.2	
新西兰	New Zealand	17.8	17.8	19.2	19.0	19.4

4-11 总储蓄和总消费占国内生产总值的比重

Total Saving and Total Consumption as Percentage of GDP

资料来源：世界银行数据库。
Source:World Bank Database.
单位：%　　　　(%)

国家（地区）	Country or Territory	总储蓄占 GDP 的比重 Total Saving as Percentage of GDP		总消费占 GDP 的比重 Total Consumption as Percentage of GDP	
		1999	2000	1999	2000
世界	**World**	**24.0**		**75.3**	
中国	China	39.5 ①	39.3 ①	60.1	61.3
中国香港	Hong Kong, China	35.5	36.9	65.7	62.4
中国澳门	Macao, China	45.1	45.3	52.9	49.8
孟加拉国	Bangladesh	18.6	19.2	83.3	
印度	India	24.0	24.1	80.0	
印度尼西亚	Indonesia	23.7	24.3	78.8	78.1
伊朗	Iran	18.0	19.1	73.4	75.3
以色列	Israel	12.1	12.7	92.2	90.7
日本	Japan	28.4		70.9	
哈萨克斯坦	Kazakhstan	15.3	20.4	74.7	69.2
韩国	Korea, Rep.	32.0	27.9	60.4	59.0
马来西亚	Malaysia	54.2	49.7	66.4	
蒙古	Mongolia	15.1	15.4	82.1	79.3
缅甸	Myanmar	29.4		63.8	
巴基斯坦	Pakistan	11.7	12.7	89.9	
菲律宾	Philippines	21.2	26.7	87.3	86.2
新加坡	Singapore	57.8		49.8	50.0
斯里兰卡	Sri Lanka	17.6	15.2	80.2	
泰国	Thailand	30.6	27.4	63.1	63.4
土耳其	Turkey	20.0	16.2	83.3	84.4
越南	Viet Nam	26.5		83.4	
埃及	Egypt	13.2	14.8	81.4	80.1
尼日利亚	Nigeria	33.3	57.4	60.8	53.3
南非	South Africa	18.2	18.7	81.0	80.2
加拿大	Canada	24.6		75.6	
墨西哥	Mexico	21.1	21.1	78.0	79.4
美国	United States	19.0		81.5	
阿根廷	Argentina	17.2	16.8	82.3	83.6
巴西	Brazil	20.4	19.4	80.7	
委内瑞拉	Venezuela	22.5	33.5	63.5	64.5
白俄罗斯	Belarus	15.3	15.8	73.6	74.8
保加利亚	Bulgaria	29.8	28.8	61.3	60.4
捷克共和国	Czech Republic	30.9	30.6	73.9	72.6
法国	France	22.5	22.0	77.8	77.3
德国	Germany	24.1	23.5	76.1	75.0
意大利	Italy	23.4	21.8	77.9	77.7
荷兰	Netherlands	26.9		72.3	
波兰	Poland	22.6	23.1	78.9	75.5
罗马尼亚	Romania	16.1	15.7	81.7	82.7
俄罗斯	Russian Federation	27.5	30.6	70.2	73.2
西班牙	Spain	23.4	22.8	77.0	76.7
乌克兰	Ukraine	3.9	6.5	96.7	94.1
英国	United Kingdom	16.8	16.8	85.5	85.8
澳大利亚	Australia	22.6		76.9	
新西兰	New Zealand	23.6		78.3	

注：①世界银行统计数据。
Note: ① Data from World Bank.

4-12 国内生产总值三次产业构成

Composition of Gross Domestic Product

资料来源：世界银行数据库。
Source: World Bank Database.
单位：%

(%)

国家（地区）	Country or Territory	第一产业 Primary Industry		第二产业 Secondary Industry		第三产业 Tertiary Industry	
		1999	2000	1999	2000	1999	2000
中国	China	17.6	15.9	49.4	50.9	33.0	33.2
孟加拉国	Bangladesh	24.3	24.6	24.7	24.7	47.1	46.9
印度	India	22.9	22.0	24.2	24.8	43.6	44.0
印度尼西亚	Indonesia	17.2	16.7	43.2	43.5	39.6	39.8
伊朗	Iran	24.7	22.9	22.3	22.3	52.6	54.3
日本	Japan	1.6	1.0	32.8	32.0	65.5	66.0
哈萨克斯坦	Kazakhstan	11.1	9.8	36.1	38.3	46.8	45.9
韩国	Korea, Rep.	5.7	5.2	43.8	44.8	50.5	49.9
马来西亚	Malaysia	9.4	8.8	44.5	47.4	46.1	43.9
蒙古	Mongolia	37.8	38.0	20.3	20.3	41.9	41.7
缅甸	Myanmar	43.3	60.0	17.1	9.0	39.6	31.0
巴基斯坦	Pakistan	23.7	24.1	24.0	22.9	45.7	45.9
菲律宾	Philippines	20.1	20.0	34.3	34.5	45.6	45.6
新加坡	Singapore	0.2	0.1	34.8	34.9	65.0	64.9
斯里兰卡	Sri Lanka	19.3	18.5	24.6	25.0	46.6	47.0
泰国	Thailand	11.4	11.2	42.7	43.1	45.8	45.7
土耳其	Turkey	13.0	12.5	28.9	28.8	47.7	46.0
越南	Viet Nam	30.7	30.2	31.5	32.9	37.8	36.9
埃及	Egypt	14.1	13.9	29.8	32.0	49.8	47.9
尼日利亚	Nigeria	36.7	37.2	28.8	29.6	33.3	32.0
南非	South Africa	3.9	3.9	29.8	29.5	57.8	58.1
加拿大	Canada	2.3		27.8		58.5	
墨西哥	Mexico	5.4	5.1	26.5	26.4	60.1	60.4
美国	United States	1.6 ①	1.7 ②	26.8 ①	26.2 ②	71.7 ①	72.0 ②
阿根廷	Argentina	5.4	5.3	26.1	25.4	63.4	64.1
巴西	Brazil	8.1	8.0	30.7	30.9	46.2	45.9
委内瑞拉	Venezuela	4.9	4.9	49.6	49.3	43.0	43.1
白俄罗斯	Belarus	17.7	18.1	46.3	46.3	31.1	30.7
保加利亚	Bulgaria	23.1	19.6	39.2	42.7	37.7	37.7
捷克共和国	Czech Republic	5.4	5.0	35.7	36.2	46.5	46.4
法国	France	3.1	3.0	23.7	23.7	62.8	62.8
德国	Germany	1.3	1.2	28.2	28.3	60.9	61.2
意大利	Italy	3.1	3.0	27.4	27.5	58.8	59.0
荷兰	Netherlands	3.0	3.0	24.5	27.0	62.2	70.0
波兰	Poland	5.9	4.0	43.0	36.0	42.9	60.0
罗马尼亚	Romania	19.4	16.1	38.7	40.4	33.3	35.0
俄罗斯	Russian Federation	6.1	5.9	32.2	33.2	52.2	51.5
西班牙	Spain	4.4	4.3	28.8	29.2	58.2	58.0
乌克兰	Ukraine	30.7	30.8	33.8	35.4	67.3	66.6
英国	United Kingdom	1.5	1.5	26.3	25.9	61.2	61.6
澳大利亚	Australia	3.4	3.0	24.3	26.0	64.2	71.0
新西兰	New Zealand	7.3		23.9		49.3	

注：① 1995 年数据。② 1997 年数据。
Note: ① Data of 1995. ② Data of 1997.

4-13 生产法国内生产总值

Gross Domestic Product by Production Approach

资料来源：联合国《国民经济核算年鉴》1996－1997年，联合国《亚太统计年鉴》2001年。

Source: UN "National Accounts"1996-1997; UN "Statistical Yearbook for Asia and the Pacific"2001.

单位：亿本币　　(100 million local currency units)

国家（地区）	Country or Territory	1990	1997	1998	1999	2000
中　国	**China**					
按当年价格计算	In Current Prices					
第一产业	Primary Industrial	5017	14211	14552	14472	14212
第二产业	Secondary Industrial	7717	37223	38619	40558	45488
工　业	Industry	6858	32412	33388	35087	39570
建筑业	Construction	859	4811	5231	5471	5918
第三产业	Tertiary Industrial	5814	23029	25174	27038	29704
#交通运输仓储邮电通信业	# Transport, Storage and Communication	1148	3797	4121	4460	4919
批发和零售贸易餐饮业	Wholesale and Retail Trade, Restaurants and Hotels	1420	6160	6579	6910	7307
总　计	Total	18548	74463	78345	82068	89404
中国香港	**Hong Kong, China**					
按当年价格计算	In Current Prices					
农业、狩猎业、林业和渔业	Agriculture and Fishing	14	15	15	12	9
采矿业和采石业	Mining and Quarrying	2	3	3	3	2
制造业	Manufacturing	984	800	708	658	681
电、煤气和水业	Electricity, Gas and Water	126	292	335	344	359
建筑业	Construction	302	717	699	661	632
批发、零售业、旅馆和饭店业	Wholesale and Retail Trade, Restaurants and Hotels	1407	3133	2881	2822	3111
运输、仓储和邮电业	Transport, Storage and Communication	529	1128	1080	1090	1194
金融保险、不动产和工商服务业	Finance, Insurance,Real Estate and Business Services	824	2325	1932	1724	1816
自有房产	Ownership of Premises	593	1714	1707	1624	1528
社会团体和个人服务业	Community, Social and Personal Services	813	2205	2330	2456	2506
间接税	Indirect Tax	296	850	625	558	605
统计误差	Statistical Discrepancy	-65	58	277	324	228
总　计	Total	5825	13239	12593	12277	12672
孟加拉国	**Bangladesh**					
按当年价格计算	In Current Prices					
农　业	Agriculture,Hunting, Forestry and Fishing	2951	4469	4901	5547	5837
矿　业	Mining and Quarrying	1361 ①	180	195	207	231
制造业	Manufacturing		2706	3127	3278	3484
电、煤气和水业	Electricity, Gas and Water	151	255	264	284	307
建筑业	Construction	582	1217	1386	1562	1762
批发、零售业、旅馆和饭店业	Wholesale and Retail Trade, Restaurants and Hotels	1255	2307	2600	2855	3067
运输、仓储和邮电业	Transport, Storage and Communication	969	1558	1674	1804	1974
金融保险、不动产和工商服务业	Finance, Insurance, Real Estate and Business Services	200	1905	2062	2295	2479
社会团体和个人服务业	Community, Social and Personal Services	1805	3472	3808	4138	4568
总　计	Total	10032	18070	20018	21970	23709
按1990年价格计算	At Constant Prices of 1990					
农　业	Agriculture, Hunting,Forestry and Fishing	3682	4345	4483	4697	5043
矿　业	Mining and Quarrying	1676 ①	173	183	185	203
制造业	Manufacturing		2588	2809	2899	3037
电、煤气和水业	Electricity, Gas and Water	166	245	250	265	283
建筑业	Construction	750	1195	1308	1425	1546
批发、零售业、旅馆和饭店业	Wholesale and Retail Trade, Restaurants and Hotels	1590	2276	2413	2570	2757
运输、仓储和邮电业	Transport, Storage and Communication	1163	1528	1615	1711	1814
金融保险、不动产和工商服务业	Finance, Insurance, Real Estate and Businecss Services	1434	1828	1902	1979	2059
社会团体和个人服务业	Community, Social and Personal Services	2364	3351	3482	3613	3751
总　计	Total	12824	17528	18444	19344	20493
印　度	India					
按当年价格计算	In Current Prices					
农　业	Agriculture,Hunting, Forestry and Fishing	14800	38701	45990	48422	50053
矿　业	Mining and Quarrying	1178	3343	3510	3816	4068
制造业	Manufacturing	8916	23178	25170	27460	29929

4—13 续表 1 continued

单位：亿本币 (100 million local currency units)

国家（地区）	Country or Territory	1990	1997	1998	1999	2000
印　度（续）	**India (continued)**					
按当年价格计算	In Current Prices					
电、煤气和水业	Electricity, Gas and Water	1046	3529	4248	4753	5895
建筑业	Construction	2862	7780	9192	10542	11911
批发、零售业、旅馆和饭店业	Wholesale and Retail Trade,Restaurants and Hotels	6188	19453	22473	24697	42131 ②
运输、仓储和邮电业	Transport, Storage and Communication	3390	9744	11131	12259	
金融保险、不动产和工商服务业	Finance, Insurance,Rreal Estate and Business Services	3890	15680	18158	21508	25128
社会团体和个人服务业	Community, Social and Personal Services	5509	17577	21722	25189	28690 ③
加：净间接税	Plus: Indirect Taxes Net of Subsidies	5770	13240	14224	17054	
总　计	Total	53550	152244	175828	195700	197809
按 1993 年价格计算	At constant prices of 1993					
农　业	Agriculture, Hnting, Forestry and Fishing		26938	28840	29033	
矿　业	Mining and Quarrying		2567	2600	2645	
制造业	Manufacturing		17969	18426	19676	
电、煤气和水业	Electricity, Gas and Water		2522	2683	2823	
建筑业	Construction		5120	5434	5873	
批发、零售业、旅馆和饭店业	Wholesale and Retail Trade, Restaurants and Hotels		14584	15603	16836	
运输、仓储和邮电业	Transport, Storage and Communication		7267	7799	8448	
金融保险、不动产和工商服务业	Finance, Insurance, Real Estate and Business Services		12278	13313	14655	
社会团体和个人服务业	Community, Social and Personal Services		12382	13607	15212	
加：净间接税	Plus: Indirect Taxes Net of Subsidies		9865	9883	11473	
总　计	Total		111492	118182	126672	133006
印度尼西亚	**Indonesia**					
按当年价格计算	In Current Prices					
农　业	Agriculture, Hunting,Forestry and Fishing	409300	1010090	1810200	2169140	2183980
矿　业	Mining and Quarrying	256340	555620	1376290	1099740	1665630
制造业	Manufacturing	435690	1681780	2454110	2877030	3360530
电、煤气和水业	Electricity, Gas and Water	14890	78320	111490	134290	150720
建筑业	Construction	117950	466790	555910	744960	921760
批发、零售业、旅馆和饭店业	Wholesale and Retail Trade, Restaurants and Hotels	358240	995820	1671170	1766400	1960500
运输、仓储和邮电业	Transport, Storage and Communication	133620	385310	519370	551900	645500
金融保险、不动产和工商服务业	Finance, Insurance, Real Estate and Business Services	164030	543600	700070	706420	800470
社会团体和个人服务业	Community, Social and Personal Services	218600	559620	824720	1049690	1217750
总　计	Total	2108660	6276950	10023330	11099790	12906840
按 1993 年价格计算	At Constant Prices of 1993					
农　业	Agriculture, Hunting, Forestry and Fishing	530560	644680	649880	653390	664320
矿　业	Mining and Quarrying	266280	385380	373530	365720	374230
制造业	Manufacturing	542110	1076300	948480	989490	1050850
电、煤气和水业	Electricity, Gas and Water	25080	5480	55820	61130	66490
建筑业	Construction	152260	353460	210350	222860	237890
批发、零售业、旅馆和饭店业	Wholesale and Retail Trade, Restaurants and Hotels	417250	735240	602530	476940	504570
运输、仓储和邮电业	Transport, Storage and Communication	184740	321690	280510	267720	292840
金融保险、不动产和工商服务业	Finance, Insurance, Real Estate and Business Services	214790	385430	282790	261480	273730
社会团体和个人服务业	Community, Social and Personal Services	299560	379350	367400	371840	380100
总　计	Total	2632620	4332460	3760520	3795580	3976660
伊　朗	**Iran**					
按当年价格计算	In Current Prices					
农　业	Agriculture, Hunting,Forestry and Fishing	84190	558200	724220	869970	
矿　业	Mining and Quarrying	39670	316400	235490	377840	
制造业	Manufacturing	44140	443170	571800	706650	
电、煤气和水业	Electricity, Gas and Water	3950	48010	59610	74210	
建筑业	Construction	14380	110610	110710	140830	
批发、零售业、旅馆和饭店业	Wholesale and Rretail Trade, Restaurants and Hotels	65420	470320	581830	768020	
运输、仓储和邮电业	Transport, Storage and Communication	26520	223890	274870	343870	

4-13 续表2 continued

单位：亿本币 (100 million local currency units)

国家（地区）	Country or Territory	1990	1997	1998	1999	2000
伊　朗（续）	**Iran(continued)**					
金融保险、不动产和工商服务业	Finance, Insurance,Real Estate and Business Services	42960	285370	343330	447590	
社会团体和个人服务业	Community, Social and Personal Services	39090	326090	378180	442800	
减：估算的银行服务费	Less: Imputed Bank Service Charge	2770	5410	4070	4800	
统计误差	Other Adjustments	8900	1660	7420	14720	
总　计	Total	366450	2778310	3283370	4181680	
按1982年价格计算	At Constant Prices of 1982					
农　业	Agriculture, Hunting,Forestry and Fishing	29680	39580	42780	43210	
矿　业	Mining and Quarrying	23280	25210	25050	24850	
制造业	Manufacturing	16440	25100	26330	26250	
电、煤气和水业	Electricity, Gas and Water	2470	4440	4670	4900	
建筑业	Construction	4380	6860	6130	6870	
批发、零售业、旅馆和饭店业	Wholesale and Retail Trade, Restaurants and Hotels	11360	15650	16140	16450	
运输、仓储和邮电业	Transport, Storage and Communication	7960	13450	13070	13720	
金融保险、不动产和工商服务业	Finance, Insurance,Real Estate and Business Services	13920	18670	18450	19850	
社会团体和个人服务业	Community, Social and Personal Services	11750	18320	17740	18790	
加：间接税减补贴	Plus: Indirect Taxes Net of Subsidies	2650	90	340	560	
减：估算的银行服务费	Less: Imputed Bank Service Charge	780	300	180	330	
统计误差	Statistical discrepancy	-13800	-15040	-15730	-14870	
总　计	Total	109310	152030	154780	160240	
以色列	**Israel**					
按当年价格计算	In Current Prices					
农　业	Agriculture, Hunting,Forestry and Fishing	25	50			
矿　业①	Mining and Quarrying ①	169	417			
制造业	Manufacturing					
电、煤气和水业	Electricity, Gas and Water	13	224			
建筑业	Construction	50				
批发、零售业、旅馆和饭店业	Wholesale and Retail Trade, Restaurants and Hotels	89	301			
运输、仓储和邮电业	Transport, Storage and Communication	61	167			
金融保险、不动产和工商服务业	Finance, Insurance,Real Estate and Business Services	188	736			
社会团体和个人服务业	Community, Social and Personal Services	35	80			
统计误差	Statistical Discrepancy	8				
各行业合计	Total, Industries	638	1976			
政府服务	Producers of Government Services	186	628			
其他部门	Other Producers		2			
小　计	Subtotal	823	2606			
减：估算的银行服务费	Less: Imputed Bank Service Charge	42	124			
加：其他调整	Plus: Other Adjustments	-8	-37			
总　计	Total	774	2445			
日　本	**Japan**					
按当年价格计算	In Current Prices					
农　业	Agriculture, Hunting,Forestry and Fishing	109200	83630	82510	76250	
矿　业	Mining and Quarrying	11220	8100	7420	6710	
制造业	Manufacturing	1212190	1194170	1134720	1104900	
电、煤气和水业	Electricity, Gas and Water	112420	141850	145430	145610	
建筑业	Construction	434280	413010	397400	388910	
批发、零售业、旅馆和饭店业	Wholesale and Retail Trade, Restaurants and Hotels	583580	806300	773820	739780	
运输、仓储和邮电业	Transport, Storage and Communication	284750	354640	346520	344230	
金融保险、不动产和工商服务业	Finance, Insurance,Real Estate and Business Services	723380	934390	934140	971230	
社会团体和个人服务业	Community, Social and Personal Services	1048360	1495800	1552790	1562880	
减：估算的银行服务费	Less: Imputed Bank Service Charge	248100	284890	284660	281280	
加：进口税	Plus: Import Duties	27330	31650	29290	29410	
加：其他调整	Plus: Other Adjustments	1790	39980	38960	37670	
总　计	Total	4300400	5218620	5158350	5125300	5118360

4-13 续表3 continued

单位：亿本币　　　　(100 million local currency units)

国家（地区）	Country or Territory	1990	1997	1998	1999	2000
日　本（续）	**Japan (continued)**					
按1995年价格计算	At Constant Prices of 1995					
农　业	Agriculture, Hunting,Forestry and Fishing	103950 ④	89750	86980	82560	
矿　业	Mining and Quarrying	12950 ④	8830	8370	8510	
制造业	Manufacturing	1183200 ④	1235640	1162460	1171180	
电、煤气和水业	Electricity, Gas and Water	130500 ④	144410	148980	152100	
建筑业	Construction	487140 ④	399320	384520	378810	
批发、零售业、旅馆和饭店业	Wholesale and Retail Trade, Restaurants and Hotels	633390 ④	808700	783820	758690	
运输、仓储和邮电业	Transport, Storage and Communication	322610 ④	372950	381930	392380	
金融保险、不动产和工商服务业	Finance, Insurance,Real Estate and Business Services	804410 ④	922040	922980	966010	
社会团体和个人服务业	Community, Social and Personal Services	1278670 ④	1476840	1530330	1549920	
减：估算的银行服务费	Less: Imputed Bank Service Charge	186340 ④	274450	275930	281300	
加：进口税	Plus: Import Duties	23050 ④	26660	25990	27380	
加：其他调整	Plus: Other Adjustments	-747 ④	30520	23160	15930	
总　计	Total	4786060 ④	5241220	5183580	5222780	5302900
哈萨克斯坦	**Kazakstan**					
按当年价格计算	In Current Prices					
农　业	Agriculture, Hunting,Forestry and Fishing		1907	1485	1994	2109
矿　业	Mining and Quarrying					
制造业⑤	Manufacturing ⑤		3574	4225	5691	8647
电、煤气和水业	Electricity, Gas and Water					
建筑业	Construction		707	8560	9570	1347
批发、零售业、旅馆和饭店业	Wholesale and Retail Trade, Restaurants and Hotels		2626	2627	2739	3235
运输、仓储和邮电业	Transport, Storage and Communication		1956	2394	2432	2995
金融保险、不动产和工商服务业	Finance, Insurance,Real Estate and Business Services					
社会团体和个人服务业⑥	Community, Social and Personal Services ⑥		5961	5747	6352	7667
加：进口税	Plus: Import Duties					
减：估算的银行服务费	Less: Imputed Bank Service Charge					
总　计	Total		16721	17333	20165	26000
按1993年价格计算	At Constant Prices of 1993					
农　业	Agriculture, Hunting,Forestry and Fishing		27	22	27	26
矿　业	Mining and Quarrying					
制造业⑤	Manufacturing ⑤		64	65	67	77
电、煤气和水业	Electricity, Gas and Water					
建筑业	Construction		10	12	12	15
批发、零售业、旅馆和饭店业	Wholesale and Retail Trade, Restaurants and Hotels		30	31	32	33
运输、仓储和邮电业	Transport, Storage and Communication		20	20	20	23
金融保险、不动产和工商服务业	Finance, Insurance,Real Estate and Business Services		95	86	84	92
社会团体和个人服务业⑥	Community, Social and Personal Services ⑥					
加：进口税	Plus: Import Duties					
减：估算的银行服务费	Less: Imputed Bank Service Charge					
总　计	Total		241	236	243	266
韩　国	**Korea, Rep.**					
按当年价格计算	In Current Prices					
农　业	Agriculture, Hunting,Forestry and Fishing	152120	242580	219780	244820	236680
矿　业	Mining and Quarrying	13790	19090	16750	16700	17370
制造业	Manufacturing	515510	1309680	1371530	1484030	1627060
电、煤气和水业	Electricity, Gas and Water	38080	96040	108680	130140	142660
建筑业	Construction	203340	527960	449930	421490	421970
批发、零售业、旅馆和饭店业	Wholesale and Retail Trade, Restaurants and Hotels	240370	517880	456610	544510	618840
运输、仓储和邮电业	Transport, Storage and Communication	119570	297310	313300	329760	334190
金融保险、不动产和工商服务业	Finance, Insurance,Real Estate and Business Services	262030	866890	864660	952760	986900
社会团体和个人服务业	Community, Social and Personal Services	236980	678480	688640	732380	784610

4-13 续表4 continued

单位：亿本币 (100 million local currency units)

国家（地区）	Country or Territory	1990	1997	1998	1999	2000
韩 国（续）	**Korea, Rep.**					
加：进口税	Plus: Import Duties	68360	153260	129660	156060	191590
减：估算的银行服务费	Less: Imputed Bank Sservice Charge	63180	176410	175880	185210	192900
总 计	Total	1787970	4532760	4443660	4827440	5170970
按1995年价格计算	At Constant Prices of 1995					
农 业	Agriculture, Hunting,Forestry and Fishing	202870	252340	235690	248330	248600
矿 业	Mining and Quarrying	16520	17590	13380	14090	14390
制造业	Manufacturing	739820	1261170	1167350	1412950	1630140
电、煤气和水业	Electricity, Gas and Water	48330	98090	98680	108970	122650
建筑业	Construction	301470	461370	421610	383060	386820
批发、零售业、旅馆和饭店业	Wholesale and Retail Trade, Restaurants and Hotels	335770	525120	468130	534220	584700
运输、仓储和邮电业	Transport, Storage and Communication	166250	311350	308880	353620	412760
金融保险、不动产和工商服务业	Finance, Insurance,Real Estate and Business Services	408870	774110	759560	800970	838600
社会团体和个人服务业	Community, Social and Personal Services	421240	572530	558710	583210	595690
加：进口税	Plus: Import Duties	60700	124790	76820	102970	127840
减：估算的银行服务费	Less: Imputed Bank Sservice Charge	67550	168400	161710	165300	181500
总 计	Total	2634300	4230070	3947100	437090	4762690
马来西亚	**Malaysia**					
按当年价格计算	In Current Prices					
农 业	Agriculture, Hunting,Forestry and Fishing	194 ④	313	377	326	292
矿 业	Mining and Quarrying	137 ④	194	191	209	347
制造业	Manufacturing	345 ④	800	815	947	1168
电、煤气和水业	Electricity, Gas and Water	27 ④	77	92	98	105
建筑业	Construction	59 ④	185	145	140	141
批发、零售业、旅馆和饭店业	Wholesale and Retail Trade, Restaurants and Hotels	194 ④	415	432	438	463
运输、仓储和邮电业	Transport, Storage and Communication	85 ④	188	194	205	223
金融保险、不动产和工商服务业	Finance, Insurance,Real Estate and Business Services	122 ④	382	378	381	387
社会团体和个人服务业	Community, Social and Personal Services	204 ④	374	383	415	445
减：估算的银行服务费	Less: Imputed Bank Sservice Charge	69 ④	199	228	221	223
加：进口税	Plus: Import Duties	52 ④	88	53	65	58
总 计	Total	1351 ④	2818	2832	3003	3407
按1987年价格计算	At Constant Prices of 1987					
农 业	Agriculture, Hunting,Forestry and Fishing	173	180	175	176	177
矿 业	Mining and Quarrying	100	143	144	140	144
制造业	Manufacturing	261	588	509	578	699
电、煤气和水业	Electricity, Gas and Water	28	61	67	73	79
建筑业	Construction	38	95	72	69	70
批发、零售业、旅馆和饭店业	Wholesale and Retail Trade, Restaurants and Hotels	140	295	285	292	309
运输、仓储和邮电业	Transport, Storage and Communication	71	148	147	156	167
金融保险、不动产和工商服务业	Finance, Insurance,Real Estate and Business Services	87	240	236	249	262
社会团体和个人服务业	Community, Social and Personal Services	169	278	282	296	301
减：估算的银行服务费	Less: Imputed Bank Sservice Charge	47	138	140	149	161
加：进口税	Plus: Import Duties	40	77	44	53	47
总 计	Total	1060	1967	1822	1933	2094
蒙 古	**Mongolia**					
按当年价格计算	In Current Prices					
农 业	Agriculture, Hunting,Forestry and Fishing	16	2989	3062	3421	2745
矿 业	Mining and Quarrying		1192	683	798	1172
制造业	Manufacturing	37 ⑦	550	475	550	625
电、煤气和水业	Electricity, Gas and Water		256	332	337	246
建筑业	Construction	5	183	201	230	193
批发、零售业、旅馆和饭店业	Wholesale and Retail Trade, Restaurants and Hotels	20	1835	1818	2040	2575
运输、仓储和邮电业	Transport, Storage and Communication	13	641	720	847	1122
金融保险、不动产和工商服务业⑧	Finance, Insurance,Real Estate and Business Services ⑧	13	681	882	1031	1284
社会团体和个人服务业	Community, Social and Personal Services					
总 计	Total	105	8326	8174	9253	9962

4-13 续表5 continued

单位：亿本币 (100 million local currency units)

国家（地区）	Country or Territory	1990	1997	1998	1999	2000
蒙　古（续）	**Mongolia (continued)**					
按1995年价格计算	At Constant Prices of 1995					
农　业	Agriculture, Hunting,Forestry and Fishing	2145	2277	2422	2524	2004
矿　业	Mining and Quarrying		740	776	801	850
制造业	Manufacturing	1483 ⑤	487	502	488	472
电、煤气和水业	Electricity, Gas and Water		98	101	105	106
建筑业	Construction	198	92	91	92	79
批发、零售业、旅馆和饭店业	Wholesale and Retail Trade, Restaurants and Hotels	1361	1140	1106	1123	1406
运输、仓储和邮电业	Transport, Storage and Communication	758	413	443	470	589
金融保险、不动产和工商服务业⑧	Finance, Insurance,Real Estate and Business Services ⑧	405	611	622	654	663
社会团体和个人服务业	Community, Social and Personal Services					
总　计	Total	6351	5857	6064	6259	6169
缅　甸	**Myanmar**					
按当年价格计算	In Current Prices					
农　业	Agriculture, Hunting,Forestry and Fishing	870	6597	9506	9912	
矿　业	Mining and Quarrying	10	65	79	103	
制造业	Manufacturing	118	790	1128	1221	
电、煤气和水业	Electricity, Gas and Water	4	19	10	12	
建筑业	Construction	28	265	370	375	
批发、零售业、旅馆和饭店业	Wholesale and Retail Trade, Restaurants and Hotels	345	2579	3776	3930	
运输、仓储和邮电业	Transport, Storage and Communication	40	533	800	662	
金融保险、不动产和工商服务业	Finance, Insurance,Real Estate and Business Services	3	15	19	22	
社会团体和个人服务业	Community, Social and Personal Services	101	332	409	430	
总　计	Total	1519	11195	16098	16667	
按1985年价格计算	At Constant Prices of 1985					
农　业	Agriculture, Hunting,Forestry and Fishing	240	327	342	360	
矿　业	Mining and Quarrying	4	12	14	18	
制造业	Manufacturing	46	68	72	78	
电、煤气和水业	Electricity, Gas and Water	3	9	8	10	
建筑业	Construction	12	36	39	39	
批发、零售业、旅馆和饭店业	Wholesale and Retail Trade, Restaurants and Hotels	114	158	168	174	
运输、仓储和邮电业	Transport, Storage and Communication	23	46	49	51	
金融保险、不动产和工商服务业	Finance, Insurance,Real Estate and Business Services	3	14	16	18	
社会团体和个人服务业	Community, Social and Personal Services	57	82	87	92	
总　计	Total	503	751	795	840	
巴基斯坦	**Pakistan**					
按当年价格计算	In Current Prices					
农　业	Agriculture, Hunting,Forestry and Fishing	1970	5946	6775	7396	7762
矿　业	Mining and Quarrying	50	115	135	145	166
制造业	Manufacturing	1302	3536	3931	4235	4460
电、煤气和水业	Electricity, Gas and Water	220	771	945	1230	1112
建筑业	Construction	320	813	893	884	975
批发、零售业、旅馆和饭店业	Wholesale and Retail Trade, Restaurants and Hotels	1290	3572	3759	4107	4425
运输、仓储和邮电业	Transport, Storage and Communication	610	2180	2527	2775	3158
金融保险、不动产和工商服务业	Finance, Insurance,Real Estate and Business Services	560	1766	1873	2117	2341
公共管理和防卫	Public Administrstion and Defence	690	1713	1839	2071	2461
社会团体和个人服务业	Community, Social and Personal Services	570	1855	2130	2399	2648
加：间接税	Plus:Indirect taxes net of Subsidies	960	2017	1968	2024	2311
总　计	Total	8538	24283	26777	29384	31828
按1981年价格计算	At Constant Prices of 1981					
农　业	Agriculture, Hunting,Forestry and Fishing	1090	1490	1557	1588	1686
矿　业	Mining and Quarrying	20	29	27	28	30
制造业	Manufacturing	732	959	1026	1063	1083
电、煤气和水业	Electricity, Gas and Water	139	231	251	295	266
建筑业	Construction	175	222	225	214	224
批发、零售业、旅馆和饭店业	Wholesale and Retail Trade, Restaurants and Hotels	700	932	922	949	976
运输、仓储和邮电业	Transport, Storage and Communication	400	568	610	641	664
金融保险、不动产和工商服务业	Finance, Insurance,Real Estate and Business Services	330	501	478	521	533
公共管理和防卫	Public Administrstion and Defence	310	367	375	384	411
社会团体和个人服务业	Community, Social and Personal Services	320	498	531	566	603
加：间接税	Plus:Indirect taxes net of Subsidies	520	497	455	440	493
总　计	Total	4730	6295	6456	6692	6989

4-13 续表6 continued

单位：亿本币 (100 million local currency units)

国家（地区）	Country or Territory	1990	1997	1998	1999	2000
菲律宾	**Philippines**					
按当年价格计算	In Current Prices					
农　业	Agriculture, Hunting,Forestry and Fishing	2360	4580	4648	5282	5484
矿　业	Mining and Quarrying	170	173	201	180	209
制造业	Manufacturing	2680	5403	5829	6440	7457
电、煤气和水业	Electricity, Gas and Water	220	661	780	881	968
建筑业	Construction	650	1561	1574	1629	1614
批发、零售业、旅馆和饭店业	Wholesale and Retail Trade, Restaurants and Hotels	1550	3172	3612	4193	4751
运输、仓储和邮电业	Transport, Storage and Communication	530	1189	1397	1593	1980
金融保险、不动产和工商服务业	Finance, Insurance,Real Estate and Business Services	430	1145	1303	1416	1492
公共管理和防卫	Public Administrstion and Defence	770	2367	2741	2926	3247
社会团体和个人服务业	Community, Social and Personal Services	1430	4018	4699	5443	6023
总　计	Total	10770	24267	26782	29964	33226
按1985年价格计算	At Constant Prices of 1985					
农　业	Agriculture, Hunting,Forestry and Fishing	1610	1850	1731	1834	1897
矿　业	Mining and Quarrying	110	103	106	97	106
制造业	Manufacturing	1840	2237	2212	2247	2372
电、煤气和水业	Electricity, Gas and Water	190	294	303	313	324
建筑业	Construction	420	573	518	510	479
批发、零售业、旅馆和饭店业	Wholesale and Retail Trade, Restaurants and Hotels	1070	1353	1386	1454	1529
运输、仓储和邮电业	Transport, Storage and Communication	410	551	586	617	679
金融保险、不动产和工商服务业	Finance, Insurance,Real Estate and Business Services	300	435	454	463	467
公共管理和防卫	Public Administrstion and Defence	360	452	462	480	484
社会团体和个人服务业	Community, Social and Personal Services	900	1083	1119	1159	1192
总　计	Total	7210	8832	8879	9174	9836
新加坡	**Singapore**					
按当年价格计算	In Current Prices					
农　业⑨	Agriculture, Hunting,Forestry and Fishing ⑨	2	3	2	2	2
矿　业	Mining and Quarrying					
制造业	Manufacturing	180	323	325	356	421
电、煤气和水业	Electricity, Gas and Water	13	26	27	24	27
建筑业	Construction	36	127	129	112	97
批发、零售业、旅馆和饭店业	Wholesale and Retail Trade, Restaurants and Hotels	126	258	238	258	311
运输、仓储和邮电业	Transport, Storage and Communication	87	158	157	167	180
金融保险、不动产和工商服务业	Finance, Insurance,Real Estate and Business Services	181	432	423	433	466
社会团体和个人服务业	Community, Social and Personal Services	74	155	157	160	177
加：进口税	Plus: Import Duties	6	87	91	99	101
减：估算的银行服务费	Less: Imputed Bank Services Charge	40	8	7	8	10
总　计	Total	665	1402	1375	1421	1590
按1990年价格计算	At Constant Prices of 1990					
农　业⑨	Agriculture, Hunting,Forestry and Fishing ⑨	2	2	2	2	2
矿　业	Mining and Quarrying					
制造业	Manufacturing	180	284	282	321	370
电、煤气和水业	Electricity, Gas and Water	13	21	22	22	23
建筑业	Construction	36	107	110	100	96
批发、零售业、旅馆和饭店业	Wholesale and Retail Trade, Restaurants and Hotels	126	235	224	239	273
运输、仓储和邮电业	Transport, Storage and Communication	87	158	168	179	196
金融保险、不动产和工商服务业	Finance, Insurance,Real Estate and Business Services	181	340	332	338	357
社会团体和个人服务业	Community, Social and Personal Services	74	129	133	140	150
加：进口税	Plus: Import Duties	6	81	77	78	77
减：估算的银行服务费	Less: Imputed Bank Services Charge	40	7	7	8	10
总　计	Total	665	1201	1202	1273	1398

4－13 续表 7 continued

单位：亿本币　　　　(100 million local currency units)

国家（地区）	Country or Territory	1990	1997	1998	1999	2000
斯里兰卡	**Sri Lanka**					
按当年价格计算	In Current Prices					
农　业	Agriculture, Hunting,Forestry and Fishing	728	1757	1927	2056	2184
矿　业	Mining and Quarrying	46	166	174	183	215
制造业	Manufacturing	549	1319	1510	1631	1893
电、煤气和水业	Electricity, Gas and Water	56	113	137	144	134
建筑业	Construction	216	564	693	755	827
批发、零售业、旅馆和饭店业	Wholesale and Retail Trade, Restaurants and Hotels	618	1771	1963	2114	2541
运输、仓储和邮电业	Transport, Storage and Communication	296	863	1016	1138	1317
金融保险、不动产和工商服务业	Finance, Insurance,Real Estate and Business Services	670 ⑧	596	693	807	912
社会团体和个人服务业	Community, Social and Personal Services		887	1016	1119	1229
加：间接税	Plus:Indirect taxes net of Subsidies		857	1006	1134	1319
总　计	Total		8894	10135	11082	12571
按1996年价格计算	At Constant Prices of 1996					
农　业	Agriculture, Hunting,Forestry and Fishing		1608	1648	1722	1753
矿　业	Mining and Quarrying		145	137	142	149
制造业	Manufacturing		1229	1307	1365	1491
电、煤气和水业	Electricity, Gas and Water		99	109	120	125
建筑业	Construction		508	545	571	598
批发、零售业、旅馆和饭店业	Wholesale and Retail Trade, Restaurants and Hotels		1653	1725	1742	1894
运输、仓储和邮电业	Transport, Storage and Communication		803	864	934	1007
金融保险、不动产和工商服务业	Finance, Insurance,Real Estate and Business Services		548	582	609	648
社会团体和个人服务业	Community, Social and Personal Services		807	831	878	905
加：间接税	Plus:Indirect taxes net of Subsidies		775	809	842	890
总　计	Total		8173	8557	8925	9460
泰　国	**Thailand**					
按当年价格计算	In Current Prices					
农　业	Agriculture, Hunting,Forestry and Fishing	2730	5297	5864	5170	4469
矿　业	Mining and Quarrying	350	823	842	859	1136
制造业	Manufacturing	5940	13627	13630	14354	16376
电、煤气和水业	Electricity, Gas and Water	480	1168	1284	1299	1468
建筑业	Construction	1360	2692	1751	1621	1467
批发、零售业、旅馆和饭店业	Wholesale and Retail Trade, Restaurants and Hotels	3860	7566	7293	7358	8222
运输、仓储和邮电业	Transport, Storage and Communication	1570	3692	3603	3760	4323
金融保险、不动产和工商服务业	Finance, Insurance,Real Estate and Business Services	1870	4378	3632	2794	11542 ⑧
社会团体和个人服务业	Community, Social and Personal Services	3680	8158	8386	8939	
总　计	Total	21840	47402	46284	46154	49003
按1988年价格计算	At Constant Prices of 1988					
农　业	Agriculture, Hunting,Forestry and Fishing	2640	3288	3187	3268	2981
矿　业	Mining and Quarrying	310	600	562	613	642
制造业	Manufacturing	5410	9970	8829	9882	10851
电、煤气和水业	Electricity, Gas and Water	470	875	860	891	984
建筑业	Construction	1170	1447	883	836	754
批发、零售业、旅馆和饭店业	Wholesale and Retail Trade, Restaurants and Hotels	3380	4786	4118	4250	4725
运输、仓储和邮电业	Transport, Storage and Communication	1470	2796	2542	2705	2924
金融保险、不动产和工商服务业	Finance, Insurance,Real Estate and Business Services	1690	2943	2362	1870	5989 ⑧
社会团体和个人服务业	Community, Social and Personal Services	2930	4040	4089	4276	
总　计	Total	19450	30745	27434	28592	29850
土耳其⑩	**Turkey ⑩**					
按当年价格计算	In Current Prices					
农　业	Agriculture, Hunting,Forestry and Fishing	69	4170	9113	11851	18111
矿　业	Mining and Quarrying	6	337	563	884	1423
制造业	Manufacturing	86	6219	10128	14839	23786
电、煤气和水业	Electricity, Gas and Water	8	738	1279	2251	3717
建筑业	Construction	25	1743	3125	4362	6561

4-13 续表8 continued

单位：亿本币 (100 million local currency units)

国家（地区）	Country or Territory	1990	1994	1995	1996	1997
土耳其(续)⑩	**Turkey (continued) ⑩**					
批发、零售业、旅馆和饭店业	Wholesale and Retail Trade, Restaurants and Hotels	75	5985	10405	14780	24938
运输、仓储和邮电业	Transport, Storage and Communication	46	4019	7103	10868	17580
金融保险、不动产和工商服务业	Finance, Insurance,Real Estate and Business Services	40	3392	6999	10524	15089
社会团体和个人服务业	Community, Social and Personal Services	33	2580	4916	8781	12591
加：进口税	Plus: Import Duties	13	972	1545	2315	5065
减：估算的银行服务费	Less: Imputed Bank Service Charge	10	1372	3049	4284	4355
统计误差	Statistical Discrepancy		53	99	272	477
总　计	Total	393	28836	52225	77415	124982
按1987年价格计算	At Constant Prices of 1987					
农　业	Agriculture, Hunting,Forestry and Fishing	14	1242	1346	1279	1332
矿　业	Mining and Quarrying	2				
制造业	Manufacturing	19	2415 ⑤	2464 ⑤	2340 ⑤	2472 ⑤
电、煤气和水业	Electricity, Gas and Water	2				
建筑业	Construction	5	47	477	418	442
批发、零售业、旅馆和饭店业	Wholesale and Retail Trade, Restaurants and Hotels	17	3066 ②	3148 ②	2995 ②	3267 ②
运输、仓储和邮电业	Transport, Storage and Communication	10				
金融保险、不动产和工商服务业	Finance, Insurance,Real Estate and Business Services	9	602	624	642	643
社会团体和个人服务业	Community, Social and Personal Services	4	962	1008	1011	1043
加：进口税	Plus: Import Duties	4	408	404	381	484
减：估算的银行服务费	Less: Imputed Bank Service Charge	2	277	294	312	314
统计误差	Statistical Discrepancy		6	5	4	10
总　计	Total	84	8932	9208	8774	9402
越　南	**Viet Nam**					
按当年价格计算	In Current Prices					
农　业	Agriculture, Hunting,Forestry and Fishing	162520	808260	930720	1017230	1079130
矿　业	Mining and Quarrying	21850	197680	241960	337030	422190
制造业	Manufacturing	51420	517000	619060	707670	829220
电、煤气和水业	Electricity, Gas and Water	5730	86040	103390	117250	129930
建筑业	Construction	16130	205220	208580	217640	244610
批发、零售业、旅馆和饭店业	Wholesale and Retail Trade, Restaurants and Hotels	54600	602210	681870	727960	788030
运输、仓储和邮电业	Transport, Storage and Communication	14490	124180	140760	155460	176010
金融保险、不动产和工商服务业	Finance, Insurance,Real Estate and Business Services	4900	225730	259830	276500	300460
社会团体和个人服务业	Community, Social and Personal Services	87910	369910	423990	442680	471810
总　计	Total	419550	3136240	3610160	3999420	4441390
按1994年价格计算	At Constant Prices of 1994					
农　业	Agriculture, Hunting,Forestry and Fishing	420030	558950	578660	608950	633530
矿　业	Mining and Quarrying	46010	133040	151730	172000	179790
制造业	Manufacturing	185110	387430	426940	461050	521770
电、煤气和水业	Electricity, Gas and Water	20950	45720	51360	55310	61120
建筑业	Construction	80140	188550	187610	192110	206480
批发、零售业、旅馆和饭店业	Wholesale and Retail Trade, Restaurants and Hotels	235120	473710	494770	505110	535250
运输、仓储和邮电业	Transport, Storage and Communication	55460	91780	95360	101410	108900
金融保险、不动产和工商服务业	Finance, Insurance,Real Estate and Business Services	18450	169640	179170	18520	196710
社会团体和个人服务业	Community, Social and Personal Services	258410	263820	280360	281580	292270
总　计	Total	1319680	2312640	2445960	2562720	2735820

4–13 续表9 continued

单位：亿本币 (100 million local currency units)

国家（地区）	Country or Territory	1990	1994	1995	1996	1997
尼日利亚	**Nigeria**					
按当年价格计算	In Current Prices					
农　业	Agriculture, Hunting,Forestry and Fishing	844	34969			
矿　业	Mining and Quarrying	873	22820			
制造业	Manufacturing	169	6536			
电、煤气和水业	Electricity, Gas and Water	12	173			
建筑业	Construction	44	1033			
批发、零售业、旅馆和饭店业(11)	Wholesale and Retail Trade, Restaurants and Hotels(11)	364	16040			
运输、仓储和邮电业	Transport, Storage and Communication	54	3169			
金融保险、不动产和工商服务业	Finance, Insurance,Real Estate and Business Services	159	4089			
社会团体和个人服务业	Community, Social and Personal Services	9	543			
各行业合计	Total, Industries	2527	89372			
政府服务	Producers of Government Services	80	2061			
总　计(12)	Total(12)	2606	91433			
按1984年价格计算	At Constant Prices of 1984					
农　业	Agriculture, Hunting,Forestry and Fishing	353	3869			
矿　业	Mining and Quarrying	119	1305			
制造业	Manufacturing	74	697			
电、煤气和水业	Electricity, Gas and Water	5	59			
建筑业	Construction	17	202			
批发、零售业、旅馆和饭店业	Wholesale and Retail Trade, Restaurants and Hotels	120	1310			
运输、仓储和邮电业	Transport, Storage and Communication	31	352			
金融保险、不动产和工商服务业	Finance, Insurance,Real Estate and Business Services	102	1181			
社会团体和个人服务业	Community, Social and Personal Services	7	90			
政府服务	Producers of Government Services	76	1038			
各行业合计	Total, Industries	903	10104			
加：其他调整(13)	Plus: Other Adjustments(13)	2	13			
总　计	Total	905	10117			
南　非	**South Africa**					
按当年价格计算	In Current Prices					
农　业	Agriculture, Hunting,Forestry and Fishing	131	198	188	235	240
矿　业	Mining and Quarrying	240	332	337	391	412
制造业	Manufacturing	631	902	1046	1149	1267
电、煤气和水业	Electricity, Gas and Water	108	155	170	191	210
建筑业	Construction	86	123	135	143	152
批发、零售业、旅馆和饭店业	Wholesale and Retail Trade, Restaurants and Hotels	372	615	702	778	852
运输、仓储和邮电业	Transport, Storage and Communication	184	290	333	372	411
金融保险、不动产和工商服务业	Finance, Insurance,Real Estate and Business Services	358	635	732	842	949
社会团体和个人服务业	Community, Social and Personal Services	45	76	85	94	104
各行业合计	Total, Industries	2155	3325	3729	4194	4596
政府服务	Producers of Government Services	342	592	655	734	809
其他部门	Other Producers	54	80	90	99	110
小　计(12)	Subtotal(12)	2551	3997	4473	5028	5515
减：估算的银行服务费	Less: Imputed Bank Services Charge	78	146	165	188	220
加：其他调整(13)	Plus: Other Adjustments(13)	287	460	537	587	653
总　计	Total	2761	4311	4846	5427	5949
按1990年价格计算	At Constant Prices of 1990					
农　业	Agriculture, Hunting,Forestry and Fishing	131	138	117	151	150
矿　业	Mining and Quarrying	240	238	231	228	230
制造业	Manufacturing	631	598	644	646	667
电、煤气和水业	Electricity, Gas and Water	108	119	123	129	135
建筑业	Construction	86	73	74	75	76
批发、零售业、旅馆和饭店业	Wholesale and Retail Trade, Restaurants and Hotels	372	373	397	412	414
运输、仓储和邮电业	Transport, Storage and Communication	184	194	205	211	216
金融保险、不动产和工商服务业	Finance, Insurance,Real Estate and Business Services	358	378	391	404	414
社会团体和个人服务业	Community, Social and Personal Services	45	48	49	49	50
各行业合计	Total, Industries	2155	2158	2230	2306	2353
政府服务	Producers of Government Services	342	357	360	366	365
其他部门	Other Producers	54	55	56	58	59
小　计(12)	Subtotal(12)	2551	2571	2646	2729	2777
减：估算的银行服务费	Less: Imputed Bank Services Charge	78	86	88	92	95

4-13 续表10 continued

单位：亿本币 (100 million local currency units)

国家（地区）	Country or Territory	1990	1994	1995	1996	1997
南 非(续)	**South Africa (continued)**					
加：其他调整(13)	Plus: Other Adjustments(13)	2875	2957	3174	3313	3366
总 计	Total	27606	27814	28751	29683	30180
加拿大	**Canada**					
按当年价格计算	In Current Prices					
农 业	Agriculture, Hunting,Forestry and Fishing	1623				
矿 业	Mining and Quarrying	277				
制造业	Manufacturing	1376				
电、煤气和水业	Electricity, Gas and Water	1845				
建筑业	Construction	414				
批发、零售业、旅馆和饭店业	Wholesale and Retail Trade, Restaurants and Hotels	867				
运输、仓储和邮电业	Transport, Storage and Communication	415				
金融保险、不动产和工商服务业	Finance, Insurance,Real Estate and Business Services	11520				
社会团体和个人服务业	Community, Social and Personal Services	7583				
各行业合计	Total, Industries	5245				
政府服务	Producers of Government Services	6573				
其他部门	Other Producers	199				
小计(12)	Subtotal(12)	59177				
减：估算的银行服务费	Less: Imputed Bank Services Charge	995				
加：进口税	Plus: Import Duties	424				
加：其他调整(13)	Plus: Other Adjustments(13)	8213				
总 计	Total	66818				
按1992年价格计算	At Constant Prices of 1992					
农 业	Agriculture, Hunting,Forestry and Fishing	1679	1688	175	1743	1729
矿 业	Mining and Quarrying	2148	252	2622	27	2818
制造业	Manufacturing	1257	184	11374	11494	12200
电、煤气和水业	Electricity, Gas and Water	272	234	2350	2396	2393
建筑业	Construction	435	3729	3540	3641	396
批发、零售业、旅馆和饭店业	Wholesale and Retail Trade, Restaurants and Hotels	8554	8966	989	9244	9915
运输、仓储和邮电业	Transport, Storage and Communication	4166	4467	4639	4792	596
金融保险、不动产和工商服务业	Finance, Insurance,Real Estate and Business Services	12225	13486	13837	1432	14930
社会团体和个人服务业	Community, Social and Personal Services	8356	8877	912	9168	9313
统计误差	Statistical Discrepancy	-59				
各行业合计	Total, Industries	53748	56913	58267	59499	62299
政府服务	Producers of Government Services	716	7169	716	69	6635
其他部门	Other Producers	29	225	226	228	229
小计(12)	Subtotal(12)	6923	6436	6559	66528	69163
减：估算的银行服务费	Less: Imputed Bank Services Charge	113	1189	1245	1267	1315
加：其他调整(13)	Plus: Other Adjustments(13)	9623	1116	1522	1445	1656
总 计	Total	69444	73234	74786	7576	7853
墨西哥	**Mexico**					
按当年价格计算	In Current Prices					
农 业	Agriculture, Hunting,Forestry and Fishing	531	750	919	1398	1641
矿 业	Mining and Quarrying	158	174	30	358	39
制造业	Manufacturing	1406	245	352	4947	6336
电、煤气和水业	Electricity, Gas and Water	92	192	213	269	333
建筑业	Construction	265	691	684	955	1232
批发、零售业、旅馆和饭店业	Wholesale and Retail Trade, Restaurants and Hotels	1672	2757	3517	4943	6443
运输、仓储和邮电业	Transport, Storage and Communication	615	1248	169	2338	3182
金融保险、不动产和工商服务业	Finance, Insurance,Real Estate and Business Services	981	2424	3472	3973	
社会团体和个人服务业	Community, Social and Personal Services	815	1978	2435	3117	
各行业合计	Total, Industries	6534	12664	16714	22296	19547

4-13 续表11 continued

单位：亿本币 (100 million local currency units)

国家（地区）	Country or Territory	1990	1994	1995	1996	1997
墨西哥(续)	**Mexico(continued)**					
政府服务	Producers of Government Services	304	823	977	1240	
小　计	Subtotal	6838	13488	17690	23536	29928
减：估算的银行服务费	Less: Imputed Bank Service Charge	78	425	902	568	759
加：其他调整(13)	Plus: Other Adjustments(13)	628	1139	1582	2070	
总　计	Total	7389	14202	18370	25038	31823
按1993年价格计算	At Constant Prices of 1993					
农　业	Agriculture, Hunting,Forestry and Fishing	696	728	742	770	775
矿　业	Mining and Quarrying	156	167	162	175	188
制造业	Manufacturing	2055	2289	2176	2414	2650
电、煤气和水业	Electricity, Gas and Water	173	192	196	206	217
建筑业	Construction	480	600	460	504	556
批发、零售业、旅馆和饭店业	Wholesale and Retail Trade, Restaurants and Hotels	2251	2687	2270	2379	2614
运输、仓储和邮电业	Transport, Storage and Communication	949	1168	1111	1200	1314
金融保险、不动产和工商服务业	Finance, Insurance,Real Estate and Business Services	1743	2143	2121	2136	
社会团体和个人服务业	Community, Social and Personal Services	1602	1758	1715	1732	
各行业合计	Total, Industries	10105	11733	10952	11516	8314
政府服务	Producers of Government Services	650	702	700	704	
小　计	Subtotal	10755	12436	11652	12220	13088
减：估算的银行服务费	Less: Imputed Bank Service Charge	264	374	334	317	351
加：其他调整(13)	Plus: Other Adjustments(13)	918	1055	990	1041	
总　计	Total	11408	13117	12308	12945	13852
美　国	**United States**					
按当年价格计算	In Current Prices					
农　业	Agriculture, Hunting,Forestry and Fishing	1100	1210	1140	1325	
矿　业	Mining and Quarrying	1140	965	1020	1160	
制造业	Manufacturing	10390	12260	12980	13440	
电、煤气和水业	Electricity, Gas and Water	1600	1950	2030	2110	
建筑业	Construction	2490	2720	2900	3100	
批发、零售业、旅馆和饭店业	Wholesale and Retail Trade, Restaurants and Hotels	9080	11290	11740	12400	
运输、仓储和邮电业	Transport, Storage and Communication	3250	4075	4240	4390	
金融保险、不动产和工商服务业	Finance, Insurance,Real Estate and Business Services	14720	18244	19680	21120	
社会团体和个人服务业	Community, Social and Personal Services	5890	7648	8050	8470	
统计误差(14)	Statistical Discrepancy(14)	830	1008	1050	1070	
各行业合计	Total, Industries	50500	61374	64830	68570	
政府服务	Producers of Government Services	6570	7817	8110	8390	
小　计	Subtotal	57070	69190	72940	76960	
减：估算的银行服务费	Less: Imputed Bank Service Charge	1880	2319	2510	2650	
加：进口税	Plus: Import Duties	180	211	190	190	
加：其他调整(15)	Plus: Other Adjustments(15)	170	146	-280	-600	
总　计	Total	55540	67229	70336	73910	
按1992年价格计算	At Constant Prices of 1992					
农　业	Agriculture, Hunting,Forestry and Fishing	1040	1210	1140	1140	
矿　业	Mining and Quarrying	980	1030	1090	1030	
制造业	Manufacturing	10970	12100	13250	14530	
电、煤气和水业	Electricity, Gas and Water	1690	1906	1960	2030	
建筑业	Construction	2500	2530	2580	2670	
批发、零售业、旅馆和饭店业	Wholesale and Retail Trade, Restaurants and Hotels	9470	10920	11260	11960	
运输、仓储和邮电业	Transport, Storage and Communication	3270	3930	3970	4030	
金融保险、不动产和工商服务业	Finance, Insurance,Real Estate and Business Services	15990	17290	17810	18530	
社会团体和个人服务业	Community, Social and Personal Services	6660	6980	7070	7170	
统计误差(14)	Statistical Discrepancy(14)	920	960	970	980	
各行业合计	Total, Industries	53490	58860	61090	64070	

4–13 续表12 continued

单位：亿本币 (100 million local currency units)

国家（地区）	Country or Territory	1990	1994	1995	1996	1997
美　国(续)	**United States (continued)**					
政府服务	Producers of Government Services	7160	7300	7300	7310	
小　计	Subtotal	60650	66160	68397	71380	
减：估算的银行服务费	Less: Imputed Bank Service Charge	2290	2230	2180	2200	
加：进口税	Plus: Import Duties	170	230	250	280	
加：其他调整(15)	Plus: Other Adjustments(15)	690	-130	-800	-1450	
总　计	Total	59220	64020	65670	68010	
阿根廷	**Argentina**					
按当年价格计算	In Current Prices					
农　业	Agriculture, Hunting,Forestry and Fishing	56				
矿　业	Mining and Quarrying	20				
制造业	Manufacturing	185				
电、煤气和水业	Electricity, Gas and Water	13				
建筑业	Construction	31				
批发、零售业、旅馆和饭店业	Wholesale and Retail Trade, Restaurants and Hotels	108				
运输、仓储和邮电业	Transport, Storage and Communication	36				
金融保险、不动产和工商服务业	Finance, Insurance,Real Estate and Business Services	102				
社会团体和个人服务业	Community, Social and Personal Services	147				
小　计	Subtotal	697				
减：估算的银行服务费	Less: Imputed Bank Service Charge	8				
总　计	Total	689				
按1986年价格计算(16)	At Constant Prices of 1986(16)					
农　业	Agriculture, Hunting,Forestry and Fishing	81	90	92		
矿　业	Mining and Quarrying	23	32	34		
制造业	Manufacturing	238	322	300		
电、煤气和水业	Electricity, Gas and Water	20	27	28		
建筑业	Construction	42	79	70		
批发、零售业、旅馆和饭店业	Wholesale and Retail Trade, Restaurants and Hotels	144	215	198		
运输、仓储和邮电业	Transport, Storage and Communication	46	66	66		
金融保险、不动产和工商服务业	Finance, Insurance,Real Estate and Business Services	132	205	205		
社会团体和个人服务业	Community, Social and Personal Services	189	236	231		
小　计	Subtotal	915	1271	1224		
减：估算的银行服务费	Less: Imputed Bank Service Charge	10	33	35		
总　计	Total	921	1295	1236		
巴　西(17)	**Brazil(17)**					
按当年价格计算	In Current Prices					
农　业	Agriculture, Hunting,Forestry and Fishing	1	43977	68290		
矿　业	Mining and Quarrying		3489	5867		
制造业	Manufacturing	3	73142	123821		
电、煤气和水业	Electricity, Gas and Water		9086	14198		
建筑业	Construction	1	25635	45124		
批发、零售业、旅馆和饭店业	Wholesale and Retail Trade, Restaurants and Hotels	1	22302	38037		
运输、仓储和邮电业	Transport, Storage and Communication	1	17466	30701		
金融保险、不动产和工商服务业	Finance, Insurance,Real Estate and Business Services	2	62698	100625		
社会团体和个人服务业	Community, Social and Personal Services	1	56826	104296		
各行业合计	Total, Industries	9	314621	500959		
政府服务	Producers of Government Services	1	33471	70154		
小　计	Subtotal	11	348092	571113		
减：估算的银行服务费	Less: Imputed Bank Service Charge	1	39416	39333		
加：其他调整(13)	Plus: Other Adjustments(13)	1	52243	126361		
总　计	Total	11	360919	658141		

4-13 续表13 continued

单位：亿本币 (100 million local currency units)

国家（地区）	Country or Territory	1990	1994	1995	1996	1997
委内瑞拉	**Venezuela**					
按当年价格计算	In Current Prices					
农　业	Agriculture, Hunting,Forestry and Fishing	1227	4370	7140	11460	
矿　业	Mining and Quarrying	5310	14800	20820	64160	
制造业	Manufacturing	4680	14850	23340	50860	
电、煤气和水业	Electricity, Gas and Water	430	1970	2710	3860	
建筑业	Construction	1030	4240	5660	11820	
批发、零售业、旅馆和饭店业	Wholesale and Retail Trade, Restaurants and Hotels	4010	15640	23950	42240	
运输、仓储和邮电业	Transport, Storage and Communication	1040	6460	10760	23020	
金融保险、不动产和工商服务业	Finance, Insurance,Real Estate and Business Services	2560	1400	20690	35450	
社会团体和个人服务业	Community, Social and Personal Services	950	5600	9320	19640	
各行业合计	Total, Industries	21230	81940	124390	262510	
政府服务	Producers of Government Services	1400	4810	7100	9140	
其他部门	Other Producers	250	1090	1770	3090	
小　计	Subtotal	22880	87840	133260	274740	
减：估算的银行服务费	Less: Imputed Bank Services Charge	420	5170	6160	7050	
加：进口税	Plus: Import Duties	330	1430	2130	3740	
加：增值税	Plus: Value Added Tax		2230	5810	9490	
总　计	Total	22790	86320	135040	280910	
按1984年价格计算	At Constant Prices of 1984					
农　业	Agriculture, Hunting,Forestry and Fishing	250	270	270	270	
矿　业	Mining and Quarrying	870	1100	1170	1240	
制造业	Manufacturing	1036	1130	1210	1160	
电、煤气和水业	Electricity, Gas and Water	80	100	100	100	
建筑业	Construction	240	300	270	260	
批发、零售业、旅馆和饭店业	Wholesale and Retail Trade, Restaurants and Hotels	660	690	680	610	
运输、仓储和邮电业	Transport, Storage and Communication	250	270	280	280	
金融保险、不动产和工商服务业	Finance, Insurance,Real Estate and Business Services	660	730	730	700	
社会团体和个人服务业	Community, Social and Personal Services	240	290	290	290	
各行业合计	Total, Industries	4290	4880	5010	4920	
政府服务	Producers of Government Services	440	470	470	460	
其他部门	Other Producers	70	70	80	76	
小　计	Subtotal	4800	5420	5560	5460	
减：估算的银行服务费	Less: Imputed Bank Services Charge	70	80	60	39	
加：进口税	Plus: Import Duties	50	90	110	96	
总　计	Total	4780	5420	5610	5516	
白俄罗斯	**Belarus**					
按当年价格计算	In Current Prices					
农　业	Agriculture, Hunting,Forestry and Fishing	100	24180	191040		
矿　业	Mining and Quarrying		180	1170		
制造业	Manufacturing					
电、煤气和水业①	Electricity, Gas and Water ①	160	49750	339220		
建筑业	Construction	30	9920	65630		
批发、零售业、旅馆和饭店业	Wholesale and Retail Trade, Restaurants and Hotels	20	25420	124630		
运输、仓储和邮电业	Transport, Storage and Communication	30	22040	153100		
金融保险、不动产和工商服务业	Finance, Insurance,Real Estate and Business Services		14290	58440		
社会团体和个人服务业	Community, Social and Personal Services	50	21270	144940		
各行业合计	Total, Industries	400	167060	1078160		
政府服务	Producers of Government Services	20	6160	42370		
其他部门	Other Producers		140	1120		
小　计	Subtotal	420	173370	1121650		
减：估算的银行服务费	Less: Imputed Bank Services Charge		11960	41280		
加：进口税和增值税	Plus: Import Duties and Value Added Tax	10	16740	117770		
总　计	Total	430	178150	1198130		

4-13 续表14 continued

单位：亿本币 (100 million local currency units)

国家（地区）	Country or Territory	1990	1994	1995	1996	1997
保加利亚	**Bulgaria**					
按当年价格计算	In Current Prices	8	6	111	216	254
农　业	Agriculture, Hunting,Forestry and Fishing					
矿　业	Mining and Quarrying	2	132	231	461	461
制造业⑤	Manufacturing ⑤					
电、煤气和水业	Electricity, Gas and Water	3	25	42	73	422
建筑业	Construction	4	53	12	179	1283
批发、零售业、旅馆和饭店业	Wholesale and Retail Trade, Restaurants and Hotels	3	34	5	114	1125
运输、仓储和邮电业	Transport, Storage and Communication	7	51	299	68	4358
金融保险、不动产	Finance, Insurance,Real Estate and Business Services		134	216		
社会团体、个人服务业和工商服务业	Community, Social and Personal Services	46	49	834	165	15236
各行业合计	Total, Industries					
政府服务	Producers of Government Services	16	49	834	165	15236
小　计	Subtotal		38	55		
减：估算的银行服务费	Less: Imputed Bank Services Charge		9	21	36	1312
加：进口税	Plus: Import Duties		31	67		
加：增值税	Plus: Value Added Tax		27	25	62	556
加：其他调整	Plus: Other Adjustments	45	526	88	1749	1713
总　计	Total					
捷克共和国	**Czech Republic**					
按当年价格计算	In Current Prices		472	577		
农　业	Agriculture, Hunting,Forestry and Fishing		17	125		
矿　业	Mining and Quarrying		2727	3335		
制造业	Manufacturing		582	776		
电、煤气和水业	Electricity, Gas and Water		823	116		
建筑业	Construction		1759	1881		
批发、零售业、旅馆和饭店业	Wholesale and Retail Trade, Restaurants and Hotels		775	928		
运输、仓储和邮电业	Transport, Storage and Communication		233	224		
金融保险、不动产	Finance, Insurance,Real Estate and Business Services		758	87		
社会团体、个人服务业和工商服务业	Community, Social and Personal Services		198	11715		
各行业合计	Total, Industries		482	566		
政府服务	Producers of Government Services		254	319		
其他部门	Other Producers		1834	126		
小　计	Subtotal		687	669		
减：估算的银行服务费	Less: Imputed Bank Services Charge		27	35		
加：进口税	Plus: Import Duties		895	999		
加：增值税	Plus: Value Added Tax		171	252		
加：其他调整	Plus: Other Adjustments		11487	13487	15326	16495
总　计	Total					
法　国	**France**					
按当年价格计算	In Current Prices					
农　业	Agriculture, Hunting,Forestry and Fishing	2219	1780	1820	1830	1830
矿　业	Mining and Quarrying	298	320	330	340	330
制造业	Manufacturing	13945	14230	14790	15020	15700
电、煤气和水业	Electricity, Gas and Water	1387	1730	1800	1860	1830
建筑业	Construction	3358	3420	3470	3360	3470
批发、零售业、旅馆和饭店业	Wholesale and Retail Trade, Restaurants and Hotels	9907	11070	11580	11730	11930
运输、仓储和邮电业	Transport, Storage and Communication	3780	4270	4360	4410	4610
金融保险、不动产和工商服务业	Finance, Insurance,Real Estate and Business Services	13902	16970	17390	17830	18610
社会团体和个人服务业	Community, Social and Personal Services	3630	4590	4750	4900	5040
各行业合计	Total, Industries	52430	58390	60290	61280	63350
政府服务及其他部门	Producers of Government Services	10155	12610	13200	13770	14130

4-13 续表15 continued

单位：亿本币 (100 million local currency units)

国家（地区）	Country or Territory	1990	1994	1995	1996	1997
法 国（续）	**France(continued)**					
小 计	Subtotal	62590	71010	73490	75050	77480
减：估算的银行服务费	Less: Imputed Bank Services Charge	2780	2630	2720	2540	2560
加：进口税(18)	Plus: Import Duties(18)	110	100	100	80	90
加：增值税	Plus: Value Added Tax	5180	5420	5750	6120	6360
总 计	Total	65090	73900	76620	78717	81370
按1980年价格计算	At Constant Prices of 1980					
农 业	Agriculture, Hunting,Forestry and Fishing	1490	1470	1470	1550	1540
矿 业	Mining and Quarrying	180	210	220	226	206
制造业	Manufacturing	7500	7320	7610	7750	8130
电、煤气和水业	Electricity, Gas and Water	840	930	960	990	990
建筑业	Construction	2180	1960	1970	1880	1850
批发、零售业、旅馆和饭店业	Wholesale and Retail Trade, Restaurants and Hotels	4922	4850	4950	4990	5070
运输、仓储和邮电业	Transport, Storage and Communication	2592	2840	2910	3010	3120
金融保险、不动产和工商服务业	Finance, Insurance,Real Estate and Business Services	6507	6850	6950	6876	7020
社会团体和个人服务业	Community, Social and Personal Services	1963	2180	2210	2240	2270
各行业合计	Total, Industries	28180	28610	29250	29520	30210
政府服务及其他部门	Producers of Government Services and Other Producers	5392	5950	6016	6177	6255
小 计	Subtotal	33570	34560	35270	35700	36460
减：估算的银行服务费	Less: Imputed Bank Services Charge	1390	1120	1150	1060	1050
加：进口税(18)	Plus: Import Duties(18)	120	130	140	150	150
加：增值税	Plus: Value Added Tax	3150	3100	3170	3220	3330
总 计	Total	35450	36670	37430	38015	38897
德 国	**Germany**					
按当年价格计算	In Current Prices					
农 业	Agriculture, Hunting,Forestry and Fishing		360	360	370	
矿 业	Mining and Quarrying					
制造业⑨	Manufacturing ⑨		8100	8260	8370	
电、煤气和水业	Electricity, Gas and Water					
建筑业	Construction		2160	2230	2160	
批发、零售业、旅馆和饭店业	Wholesale and Retail Trade, Restaurants and Hotels					
运输、仓储和邮电业	Transport, Storage and Communication		1730	1800	1780	
金融保险、不动产和工商服务业(19)	Finance, Insurance,Real Estate and Business Services(19)		4350	4610	4900	
社会团体和个人服务业(19)	Community, Social and Personal Services(19)					
各行业合计	Total, Industries		27410	28520	29270	
政府服务	Producers of Government Services		3730	3830	3870	
其他部门	Other Producers		889	950	997	
小 计	Subtotal		32030	33300	34140	
减：估算的银行服务费	Less: Imputed Bank Services Charge		1397	1370	1399	
加：进口税	Plus: Import Duties		300	310	300	
加：增值税	Plus: Value Added Tax		2350	2350	2370	
总 计	Total		33280	34600	35420	
按1991年价格计算	At Constant Prices of 1991					
农 业	Agriculture, Hunting,Forestry and Fishing		430	450	450	
矿 业	Mining and Quarrying					
制造业⑨	Manufacturing ⑨		7680	7780	7790	
电、煤气和水业	Electricity, Gas and Water					
建筑业	Construction		1810	1800	1730	
批发、零售业、旅馆和饭店业	Wholesale and Retail Trade, Restaurants and Hotels					
运输、仓储和邮电业	Transport, Storage and Communication		1700	1750	1820	
金融保险、不动产和工商服务业(19)	Finance, Insurance,Real Estate and Business Services(19)		3580	3700	3910	
社会团体和个人服务业(19)	Community, Social and Personal Services(19)					

4-13 续表16 continued

单位：亿本币 (100 million local currency units)

国家（地区）	Country or Territory	1990	1994	1995	1996	1997
德 国（续）	**Germany (continued)**					
各行业合计	Total, Industries		24610	25190	25700	
政府服务	Producers of Government Services		3230	3220	3210	
其他部门	Other Producers		790	810	837	
小 计	Subtotal		28620	29220	29750	
减：估算的银行服务费	Less: Imputed Bank Services Charge		1310	1360	1480	
加：进口税	Plus: Import Duties		270	280	280	
加：增值税	Plus: Value Added Tax		2030	2000	2000	
总 计	Total		29600	30140	30550	
意大利	**Italy**					
按当年价格计算	In Current Prices					
农 业	Agriculture, Hunting,Forestry and Fishing	421330	475270	508440	527630	513320
矿 业	Mining and Quarrying					
制造业⑨	Manufacturing ⑨	2936220	3317920	3654550	3778700	3910480
电、煤气和水业	Electricity, Gas and Water	673800	959200	1036890	1060870	1090480
建筑业	Construction	766270	847210	883690	930580	948870
批发、零售业、旅馆和饭店业	Wholesale and Retail Trade, Restaurants and Hotels	2406910	3018890	3309830	3485720	3583610
运输、仓储和邮电业	Transport, Storage and Communication	737610	1053420	1150780	1199440	1266920
金融保险、不动产和工商服务业⑧	Finance, Insurance,Real Estate and Business Services ⑧	3156450	4286100	4663290	5019080	5271450
社会团体和个人服务业	Community, Social and Personal Services					
各行业合计	Total, Industries	11098590	13958010	15207470	16002020	16585130
政府服务	Producers of Government Services and Other Producers	1708080	2034390	2078380	2252040	2370180
其他部门	Other Producers	115220	163940	178840	188920	202030
小 计	Subtotal	12921890	16156340	17464690	18442980	19157340
减：估算的银行服务费	Less: Imputed Bank Services Charge	607210	728070	791390	793500	791170
加：进口税	Plus: Import Duties	791910	958390	1049240	1076870	1140630
总 计	Total	13106590	16386660	17722540	18726350	19506800
按1990年价格计算	At Constant Prices of 1990					
农 业	Agriculture, Hunting,Forestry and Fishing	421330	461960	463930	472760	470610
矿 业	Mining and Quarrying	2936220	2979730	3141120	3103150	3173570
制造业⑨	Manufacturing ⑨					
电、煤气和水业	Electricity, Gas and Water	673800	733350	741130	741210	700100
建筑业	Construction	766270	696720	702440	716910	709600
批发、零售业、旅馆和饭店业	Wholesale and Retail Trade, Restaurants and Hotels	2406910	2468060	2549750	2559690	2600730
运输、仓储和邮电业	Transport, Storage and Communication	737610	853720	897870	931750	961740
金融保险、不动产和工商服务业⑧	Finance, Insurance,Real Estate and Business Services ⑧	3156450	3336270	3402100	3460710	3511170
社会团体和个人服务业	Community, Social and Personal Services					
各行业合计	Total, Industries	11098590	11529810	11898340	11986180	12177520
政府服务	Producers of Government Services and Other Producers	1708080	1728770	1722520	1714810	1706450
其他部门	Other Producers	115220	129380	133000	135350	138580
小 计	Subtotal	12921890	13387960	13753860	13836340	14022550
减：估算的银行服务费	Less: Imputed Bank Services Charge	607210	710280	703620	696520	704890
加：进口税	Plus: Import Duties	791910	784990	808360	810360	842890
总 计	Total	13106590	13462670	13858600	13950180	14160550
荷 兰	**Netherlands**					
按当年价格计算	In Current Prices					
农 业	Agriculture, Hunting,Forestry and Fishing	208	205	198		
矿 业	Mining and Quarrying	154	155	163		
制造业	Manufacturing	980	1084	1131		
电、煤气和水业	Electricity, Gas and Water	86	103	111		
建筑业	Construction	271	303	315		
批发、零售业、旅馆和饭店业	Wholesale and Retail Trade, Restaurants and Hotels	761	880	901		

4-13 续表17 continued

单位：亿本币 (100 million local currency units)

国家（地区）	Country or Territory	1990	1994	1995	1996	1997
荷　兰（续）	**Netherlands (continued)**					
运输、仓储和邮电业	Transport, Storage and Communication	322	403	420		
金融保险、不动产和工商服务业	Finance, Insurance,Real Estate and Business Services	1032	1403	1484		
社会团体和个人服务业	Community, Social and Personal Services	530	659	672		
各行业合计	Total, Industries	4343	5195	5394		
政府服务	Producers of Government Services	518	606	627		
其他部门	Other Producers	17	20	20		
小　计	Subtotal	4879	5821	6042		
减：估算的银行服务费	Less: Imputed Bank Services Charge	181	223	240		
加：进口税减补贴	Plus: Import Duties Less Import Subsidies	78	90	96		
加：增值税	Plus: Value Added Tax	386	434	445		
加：其他调整	Plus: Other Adjustments	4	7	8		
总　计	Total	5166	6130	6350		
按1990年价格计算	At Constant Prices of 1990					
农　业	Agriculture, Hunting,Forestry and Fishing	208	241	250		
矿　业	Mining and Quarrying	154	171	172		
制造业	Manufacturing	980	1039	1064		
电、煤气和水业	Electricity, Gas and Water	86	93	95		
建筑业	Construction	271	256	256		
批发、零售业、旅馆和饭店业	Wholesale and Retail Trade, Restaurants and Hotels	761	835	857		
运输、仓储和邮电业	Transport, Storage and Communication	322	381	395		
金融保险、不动产和工商服务业	Finance, Insurance,Real Estate and Business Services	1032	1152	1186		
社会团体和个人服务业	Community, Social and Personal Services	530	573	578		
各行业合计	Total, Industries	4343	4739	4849		
政府服务	Producers of Government Services and Other Producers	518	538	538		
其他部门	Other Producers	17	18	18		
小　计	Subtotal	4879	5294	5403		
减：估算的银行服务费	Less: Imputed Bank Services Charge	181	182	183		
加：进口税补贴	Plus: Import Duties Less Import Subsidies	78	76	80		
加：增值税	Plus: Value Added Tax	386	418	424		
加：其他调整	Plus: Other Adjustments	4	9	10		
总　计	Total	5166	5615	5735		
波　兰	**Poland**					
按当年价格计算	In Current Prices					
农　业	Agriculture, Hunting,Forestry and Fishing	49790	132280	185600	216500	
矿　业	Mining and Quarrying		88920	111000	127600	
制造业⑤	Manufacturing ⑤	265720	511790	625700	728800	
电、煤气和水业	Electricity, Gas and Water		763560	105400	127400	
建筑业	Construction	54590	119990	149900	194500	
批发、零售业、旅馆和饭店业	Wholesale and Retail Trade, Restaurants and Hotels	75290	297400	407200	553700	
运输、仓储和邮电业	Transport, Storage and Communication	28720	125310	161500	198600	
金融保险、不动产和工商服务业	Finance, Insurance,Real Estate and Business Services	16540	147180	215400	291800	
社会团体和个人服务业	Community, Social and Personal Services	121210	369890	527100	679600	
统计误差	Statistical Discrepancy	9220				
各行业合计	Total, Industries	621070	1869110	2488900	3118400	
小　计	Subtotal	621070	1869110	2488900	3118400	
减：估算的银行服务费	Less: Imputed Bank Services Charge	29550				
加：进口税	Plus: Import Duties		84860	103600	113600	
加：增值税	Plus: Value Added Tax		150100	206700	280100	
加：其他调整	Plus: Other Adjustments		0	87900	116000	
总　计	Total	591520	2104070	2887000	3628100	4447500

4-13 续表18 continued

单位：亿本币 (100 million local currency units)

国家（地区）	Country or Territory	1990	1994	1995	1996	1997
罗马尼亚	**Romania**					
按当年价格计算	In Current Prices					
农　业	Agriculture, Hunting,Forestry and Fishing	1870	98980	142690	206620	470550
矿　业	Mining and Quarrying	280	16400	18850		
制造业	Manufacturing	3150	142880	190860	37054⑤	889450⑤
电、煤气和水业	Electricity, Gas and Water	50	20900	27400		
建筑业	Construction	460	32510	47550	74690	134610
批发、零售业、旅馆和饭店业	Wholesale and Retail Trade, Restaurants and Hotels	530	40760	75700	109080	237820
运输、仓储和邮电业	Transport, Storage and Communication	490	43540	55770	93740	253430
金融保险、不动产和工商服务业	Finance, Insurance,Real Estate and Business Services	610	45340	70410	103860	212080
社会团体和个人服务业	Community, Social and Personal Services	400	22040	31580	39570	73700
各行业合计	Total, Industries	7840	463340	660820	998100	2271640
政府服务	Producers of Government Services	240	16110	26920	36680	69860
小　计	Subtotal	8080	479450	687730	1034780	2341500
减：估算的银行服务费	Less: Imputed Bank Services Charge	200	19910	21750	29910	44150
加：进口税	Plus: Import Duties	20	6490	11890	18530	36250
加：增值税	Plus: Value Added Tax	1020	38480	55790	79000	188560
加：其他调整	Plus: Other Adjustments	-340	-6790	-12310	-18490	-24660
总计	Total	8580	497730	721360	1083910	2497500
按上一年的价格计算	In Prices of the Previous Years					
农　业	Agriculture, Hunting,Forestry and Fishing	1580	43280	103630		
矿　业	Mining and Quarrying	150	6600	192860		
制造业	Manufacturing	2850	55030	152440		
电、煤气和水业	Electricity, Gas and Water	70	8520	21380		
建筑业	Construction	440	13250	35040		
批发、零售业、旅馆和饭店业	Wholesale and Retail Trade, Restaurants and Hotels	500	20390	47390		
运输、仓储和邮电业	Transport, Storage and Communication	420	20300	44260		
金融保险、不动产和工商服务业	Finance, Insurance,Real Estate and Business Services	570	19270	48290		
社会团体和个人服务业(21)	Community, Social and Personal Services(21)	360	8880	22310		
各行业合计	Total, Industries	6960	195520	493780		
政府服务	Producers of Government Services	230	6800	16150		
小　计	Subtotal	7190	202320	509980		
减：估算的银行服务费	Less: Imputed Bank Services Charge	150	8620	18040		
加：进口税	Plus: Import Duties	10	3470	9400		
加：增值税	Plus: Value Added Tax	800	17470	40050		
加：其他调整	Plus: Other Adjustments	-300	-6400	-8510		
总　计	Total	7550	208240	532840		
俄罗斯	**Russian Federation**					
按当年价格计算	In Current Prices					
农　业	Agriculture, Hunting,Forestry and Fishing	1000	447040	1521900		
矿　业	Mining and Quarrying					
制造业⑤	Manufacturing ⑤	2360	1803700	4761330		
电、煤气和水业	Electricity, Gas and Water					
建筑业	Construction	570	587870	1262540		
批发、零售业、旅馆和饭店业	Wholesale and Retail Trade, Restaurants and Hotels	360	1027470	2615570		
运输、仓储和邮电业	Transport, Storage and Communication	600	564030	2052160		
金融保险、不动产和工商服务业	Finance, Insurance,Real Estate and Business Services	360	786820	2158790		
社会团体和个人服务业	Community, Social and Personal Services	610	532520	1300850		
各行业合计	Total, Industries	5860	5749460	15673120		
政府服务	Producers of Government Services	170	288930	700020		
小　计	Subtotal	6030	6038390	16373140		
减：估算的银行服务费	Less: Imputed Bank Services Charge	30	449980	1079960		

4−13 续表19 continued

单位：亿本币 (100 million local currency units)

国家（地区）	Country or Territory	1990	1994	1995	1996	1997
俄罗斯（续）	**Russia (continued)**					
加：增值税	Plus: Value Added Tax	450	521530	1296150		
总　计	Total	6440	6109930	15850000	22002000	25864000
按1992年价格计算	At Constant Prices of 1992					
农　业	Agriculture, Hunting,Forestry and Fishing	16090	12310	11590		
矿　业	Mining and Quarrying					
制造业⑤	Manufacturing ⑤	87880	46180	44270		
电、煤气和水业	Electricity, Gas and Water					
建筑业	Construction	20740	9340	8500		
批发、零售业、旅馆和饭店业	Wholesale and Retail Trade, Restaurants and Hotels	61200	54690	50830		
运输、仓储和邮电业	Transport, Storage and Communication	18200	9440	9090		
金融保险、不动产和工商服务业	Finance, Insurance,Real Estate and Business Services	13790	16110	15700		
社会团体和个人服务业	Community, Social and Personal Services	11930	11140	11090		
各行业合计	Total, Industries	229840	159220	151060		
政府服务	Producers of Government Services	4690	3530	3780		
小　计	Subtotal	234520	162740	154850		
减：估算的银行服务费	Less: Imputed Bank Services Charge	3830	9740	9350		
加：增值税	Plus: Value Added Tax	3300	-1340	-210		
总　计	Total	233990	151660	145290		
西班牙	**Spain**					
按当年价格计算	In Current Prices					
农　业	Agriculture, Hunting,Forestry and Fishing	23230	21360	20780	25480	
矿　业	Mining and Quarrying	2770	3320			
制造业	Manufacturing	113460	133160	128290	131250	
电、煤气和水业	Electricity, Gas and Water	13220	17250			
建筑业	Construction	45740	51510	56800	57260	
批发、零售业、旅馆和饭店业	Wholesale and Retail Trade, Restaurants and Hotels	104260	146070			
运输、仓储和邮电业	Transport, Storage and Communication	26210	37170			
金融保险、不动产和工商服务业(19)	Finance, Insurance,Real Estate and Business Services(19)	88210	114100			
社会团体和个人服务业(19)	Community, Social and Personal Services(19)	24500	35060			
各行业合计	Total, Industries	441610	559000	603110	631460	
政府服务	Producers of Government Services	60740	83930	89720	94200	
其他部门	Other Producers	4300	5850	6230	6640	
小　计	Subtotal	506660	648780	699060	732300	
减：估算的银行服务费	Less: Imputed Bank Services Charge	36620	39530	41970	40280	
加：进口税	Plus:Import Duties	3730	1320	1410	1210	
加：增值税	Plus:Value Added Tax	27680	37330	39110	42490	
总　计	Total	501450	647890	697610	735720	
按1986年价格计算	At Constant Prices of 1986					
农　业	Agriculture, Hunting,Forestry and Fishing	20130	17610	15790	19330	
矿　业	Mining and Quarrying	2500	2510			
制造业	Manufacturing	96820	99130	93510	93330	
电、煤气和水业	Electricity, Gas and Water	9850	10190			
建筑业	Construction	31390	29400	31020	30330	
批发、零售业、旅馆和饭店业	Wholesale and Retail Trade, Restaurants and Hotels	76120	80030			
运输、仓储和邮电业	Transport, Storage and Communication	21180	24610			
金融保险、不动产和工商服务业(19)	Finance, Insurance,Real Estate and Business Services(19)	66210	64320			
社会团体和个人服务业(19)	Community, Social and Personal Services(19)	18430	20050			
各行业合计	Total, Industries	342650	347870	358430	371310	
政府服务	Producers of Government Services	47100	51390	52660	53170	
其他部门	Other Producers	3370	3700	3720	3750	
小　计	Subtotal	393110	402950	414810	428240	

4-13 续表20 continued

单位：亿本币 (100 million local currency units)

国家（地区）	Country or Territory	1990	1994	1995	1996	1997
西班牙(续)	**Spain (continued)**					
减：估算的银行服务费	Less: Imputed Bank Service Charge	26530	20650	21680	26010	
加：进口税	Plus: Import Duties	5370	4010	4130	3570	
加：增值税	Plus: Value Added Tax	18230	19620	19750	20670	
总　计	Total	390180	405920	417000	426460	
乌克兰(17)	**Ukraine(17)**					
按当年价格计算	In Current Prices					
农　业	Agriculture, Hunting,Forestry and Fishing	41	1754	7507	9969	10101
矿　业	Mining and Quarrying					
制造业⑤	Manufacturing ⑤	58	4215	16873	22381	26917
电、煤气和水业	Electricity, Gas and Water					
建筑业	Construction	14	895	3753	4815	4760
批发、零售业、旅馆和饭店业	Wholesale and Retail Trade, Restaurants and Hotels	7	619	2888	4570	5106
运输、仓储和邮电业	Transport, Storage and Communication	15	1321	7964	12830	12960
金融保险、不动产和工商服务业	Finance, Insurance,Real Estate and Business Services	1	876	1480	1795	
社会团体和个人服务业	Community, Social and Personal Services	18	1350	7912	13937	14720
各行业合计	Total, Industries	154	11030	48377	70297	74564
政府服务	Producers of Government Services	6	453	1609	2879	5736
小　计	Subtotal	160	11483	49986	73176	80300
减：估算的银行服务费	Less: Imputed Bank Services Charge		684	1243	1087	1233
加：进口税	Plus: Import Duties	5	28	241	335	13417
加：增值税	Plus: Value Added Tax		1932	7128	9877	
加：其他调整	Plus: Other Adjustments	2	-722	-1595	-782	
总　计	Total	167	12038	54516	81519	92484
英　国	**United Kingdom**					
按当年价格计算	In Current Prices					
农　业	Agriculture, Hunting,Forestry and Fishing	89	102	115		
矿　业	Mining and Quarrying	113	136	150		
制造业	Manufacturing	1113	1239	1317		
电、煤气和水业	Electricity, Gas and Water	106	148	141		
建筑业	Construction	346	309	322		
批发、零售业、旅馆和饭店业	Wholesale and Retail Trade, Restaurants and Hotels	683	832	876		
运输、仓储和邮电业	Transport, Storage and Communication	405	490	508		
金融保险、不动产和工商服务业	Finance, Insurance,Real Estate and Business Services	1145	1524	1562		
社会团体和个人服务业	Community, Social and Personal Services	226	485	517		
各行业合计	Total, Industries	4236	5252	5512		
政府服务	Producers of Government Services	683	678	682		
其他部门	Other Producers	108	147	154		
小计(12)	Subtotal(12)	5028	6078	6348		
减：估算的银行服务费	Less: Imputed Bank Service Charge	225	293	288		
加：进口税(13)	Plus: Import Duties(13)	369	406	456		
加：增值税	Plus: Value Added Tax	335	462	484		
加：其他调整(15)	Plus: Other Adjustments(15)	-13	11	15		
总　计	Total	5494	6664	7015		

4-13 续表21 continued

单位：亿本币 (100 million local currency units)

国家（地区）	Country or Territory	1990	1997	1998	1999	2000
澳大利亚	**Australia**					
按当年价格计算	In Current Prices					
农　业	Agriculture, Hunting,Forestry and Fishing	162	174	173	181	202
矿　业	Mining and Quarrying	168	231	246	245	281
制造业	Manufacturing	521	654	699	717	739
电、煤气和水业	Electricity, Gas and Water	122	131	137	142	155
建筑业	Construction	232	300	312	328	358
批发、零售业、旅馆和饭店业	Wholesale and Retail Trade, Restaurants and Hotels	505	679	709	759	797
运输、仓储和邮电业	Transport, Storage and Communication	307	438	460	481	496
金融保险、不动产和工商服务业	Finance, Insurance,Real Estate and Business Services	890	1288	1407	1514	1643
社会团体和个人服务业	Community, Social and Personal Services	643	964	1006	1059	1107
加：税减产品补贴	Taxes Less Subsidies on Production and Imports	433	439	464	490	514
统计误差	Statistical Discrepancy	-147				
总　计	Total	3835	5299	5612	5916	6292
按2000年价格计算	At Constant Prices of 2000					
农　业	Agriculture, Hunting,Forestry and Fishing		182	180	189	202
矿　业	Mining and Quarrying		245	253	255	281
制造业	Manufacturing		670	692	719	739
电、煤气和水业	Electricity, Gas and Water		144	149	151	155
建筑业	Construction		286	315	337	358
批发、零售业、旅馆和饭店业	Wholesale and Retail Trade, Restaurants and Hotels		687	717	755	797
运输、仓储和邮电业	Transport, Storage and Communication		426	446	467	496
金融保险、不动产和工商服务业	Finance, Insurance,Real Estate and Business Services		1385	1455	1579	1643
社会团体和个人服务业	Community, Social and Personal Services		1020	1046	1078	1107
加：税减产品补贴	Plus:Taxes Less Subidies on Products		436	469	494	514
统计误差	Statistical Discrepancy					
总　计	Total		5488	5732	6034	6292
新西兰	**New Zealand**					
按当年价格计算	In Current Prices					
农　业	Agriculture, Hunting,Forestry and Fishing	54				
矿　业	Mining and Quarrying	8				
制造业	Manufacturing	131				
电、煤气和水业	Electricity, Gas and Water	21				
建筑业	Construction	32				
批发、零售业、旅馆和饭店业	Wholesale and Retail Trade, Restaurants and Hotels	103				
运输、仓储和邮电业	Transport, Storage and Communication	59				
金融保险、不动产和工商服务业	Finance, Insurance,Real Estate and Business Services	160				
社会团体和个人服务业	Community, Social and Personal Services	162				
加：进口税	Plus: Import Duties	6				
减：估算的银行服务费	Less: Imputed Bank Services Charge	30				
统计误差	Statistical Discrepancy	1				
总　计	Total	708	969	997	1009	1056
按1996年价格计算	At Constant Prices of 1996					
农　业	Agriculture, Hunting,Forestry and Fishing		84	84	83	86
矿　业①	Mining and Quarrying ①		162	165	158	165
制造业	Manufacturing					
电、煤气和水业	Electricity, Gas and Water		22	21	22	21
建筑业	Construction		40	41	37	42
批发、零售业、旅馆和饭店业	Wholesale and Retail Trade, Restaurants and Hotels		142	144	146	158
运输、仓储和邮电业	Transport, Storage and Communication		79	83	88	97
金融保险、不动产和工商服务业	Finance, Insurance,Real Estate and Business Services		237	244	251	252
社会团体和个人服务业⑥	Community, Social and Personal Services ⑥		189	191	194	203
减：估算的银行服务费	Less: Imputed Bank Services Charge					
总　计	Total		955	973	978	1023

注：①包括制造业。②包括运输、仓储和邮电业。③包括净间接税。④1991年数据。⑤包括矿业；电、煤气和水业。⑥包括金融保险、不动产和工商服务业；进口税和估算的银行服务费。⑦包括电、煤气和水业。⑧包括社会团体和个人服务业。⑨包括矿业。⑩万亿本币。(11)包括进口税。(12)为要素价格。(13)指间接税减补贴。(14)指政府企业。(15)指统计误差。(16)万本币。(17)百万本币。(18)包括产品增值税。(19)批发、零售业、服务业和除了住房外的房地产业包括在社会团体和个人服务业中。(20)1996年数据。(21)个人服务业包括在金融保险、不动产和工商服务业中。

Note: ① Including manufacturing. ② Including transport,storage and communication. ③ Including indirect taxes net of subsidies. ④ Data of 1991. ⑤ Including mining and quarrying;electricity, gas and water. ⑥ Including finance, insurance,real estate and business services;import duties;imputed bank service charge. ⑦ Including electricity, gas and water. ⑧ Including community,social and personal services. ⑨ Including mining and quarrying ⑩ Thousand billion local currency units.(11)Including import duties.(12)GDP in factor values.(13)Refers to indirect taxes net of subsidies.(14)Refers to government enterprises.(15)Referring to statitical discrepancy.(16)10000 local currency units.(17)Million local currency units.(18)Includes also value added tax.(19)Item"real eatate and buisness services"except item "dwelings "is included in item "community,social and personal services".(20)Data of 1996.(21)Personal services is included in item" Finance, insurance, real estate and business services".

4-14 支出法国内生产总值

Gross Domestic Product by Expenditure Approach

资料来源：世界银行数据库。
Source: World Bank Database.
单位：亿本币 (100 million local currency units)

国家（地区）	Country or Territory	1990	1997	1998	1999	2000
中　国	**China**					
按当年价格计算	In Current Prices					
居民消费	Private Final Consumption Expenditure	9113	34855	36921	39334	42912
政府消费	Government Final Consumption Expenditure	2252	8725	9485	10388	11705
固定资本形成总额	Gross Fixed Capital Formation	4732	25154	27631	29476	32624
# 存货增加	# Increase in Stocks	1712	3303	1915	1226	-369
货物和服务净出口	Net Exports of Goods and Services	510	2857	3052	2249	2240
国内生产总值	Gross Domestic Product	18320	74894	79003	82673	89113
中国香港	**Hong Kong, China**					
按当年价格计算	In Current Prices					
政府消费	Government Final Consumption Expenditure	433	1137	1178	1215	1218
个人消费	Private Final Consumption Expenditure	3305	7985	7622	7336	7362
总资本形成	Gross Capital Formation	1595	4573	3654	3063	3492
商品和服务出口	Exports of Goods and Services	7822	17541	16284	16376	19007
减：商品和服务进口	Less: Imports of Goods and Services	7329	17997	16145	15713	18407
国内生产总值	Gross Domestic Product	5825	13239	12593	12277	12672
按1990年价格计算	At Constant Prices of 1990					
政府消费	Government Final Consumption Expenditure	433	616	621	642	655
个人消费	Private Final Consumption Expenditure	3305	5010	4636	4669	4924
总资本形成	Gross Capital Formation	1595	3155	2668	2216	2701
商品和服务出口	Exports of Goods and Services	7822	16219	15576	16189	18891
减：商品和服务进口	Less: Imports of Goods and Services	7329	16711	15651	15627	18235
国内生产总值	Gross Domestic Product	5825	8290	7850	8088	8935
中国澳门	**Macao, China**					
按当年价格计算	In Current Prices					
政府消费	Government Final Consumption Expenditure	23	57	60	68	57
个人消费	Private Final Consumption Expenditure	96	210	207	203	205
总资本形成	Gross Capital Formation	65	119	96	88	60
商品和服务出口	Exports of Goods and Services	254	424	398	391	465
减：商品和服务进口	Less: Imports of Goods and Services	176	251	242	260	289
国内生产总值	Gross Domestic Product	262	559	519	490	498
按1996年价格计算	At Constant Prices of 1996					
政府消费	Government Final Consumption Expenditure	38	54	55	64	56
个人消费	Private Final Consumption Expenditure	143	205	203	206	210
总资本形成	Gross Capital Formation	89	121	104	98	70
商品和服务出口	Exports of Goods and Services	348	411	400	405	479
减：商品和服务进口	Less: Imports of Goods and Services	203	240	237	262	281
国内生产总值	Gross Domestic Product	415	551	526	510	534
孟加拉国	**Bangladesh**					
按当年价格计算	In Current Prices					
政府消费	Government Final Consumption Expenditure	421	789	947	1008	1084
个人消费	Private Final Consumption Expenditure	8642	14626	15731	17286	18410
总资本形成	Gross Capital Formation	1711	3745	4330	4876	5459
商品和服务出口	Exports of Goods and Services	627	2167	2668	2899	3314
减：商品和服务进口	Less: Imports of Goods and Services	1368	3256	3659	4099	4559
国内生产总值	Gross Domestic Product	10033	18070	20018	21970	23709

4-14 续表1 continued

单位：亿本币 (100 million local currency units)

国家（地区）	Country or Territory	1990	1997	1998	1999	2000
孟加拉国（续）	**Bangladesh (continued)**					
按1996年价格计算	At Constant Prices of 1996					
政府消费	Government Final Consumption Expenditure	552	756	856	861	869
个人消费	Private Final Consumption Expenditure	11019	13985	14228	14732	15516
总资本形成	Gross Capital Formation	2172	3694	4140	4549	4880
商品和服务出口	Exports of Goods and Services	916	2148	2412	2466	2678
减:商品和服务进口	Less: Imports of Goods and Services	1836	3055	3192	3265	3451
国内生产总值	Gross Domestic Product	12824	17528	18444	19343	20493
印　度	**India**					
按当年价格计算	In Current Prices					
政府消费	Government Final Consumption Expenditure	6596	17152	21409	24813	27590
个人消费	Private Final Consumption Expenditure	37494	105450	117881	127204	136512
总资本形成	Gross Capital Formation	14306	34914	39526	46918	50131
商品和服务出口	Exports of Goods and Services	4133	16762	19972	23079	29134
减:商品和服务进口	Less: Imports of Goods and Services	5651	22034	24632	29050	34567
国内生产总值	Gross Domestic Product	56877	152244	174155	192964	208799
按1993年价格计算	At Constant Prices of 1993					
政府消费	Government Final Consumption Expenditure	8646	12243	13991	15670	16680
个人消费	Private Final Consumption Expenditure	52708	74995	74761	76869	80131
总资本形成	Gross Capital Formation	17996	26289	29260	33854	34532
商品和服务出口	Exports of Goods and Services	6469	14310	16102	17068	17922
减:商品和服务进口	Less: Imports of Goods and Services	8490	16354	15944	16900	17745
国内生产总值	Gross Domestic Product	77329	111492	118171	126561	131520
印度尼西亚	**Indonesia**					
按当年价格计算	In Current Prices					
政府消费	Government Final Consumption Expenditure	186491	429520	544159	726313	907797
个人消费	Private Final Consumption Expenditure	1241842	3871707	6478236	8131833	8679971
总资本形成	Gross Capital Formation	646694	1993012	1603273	1352589	2305960
商品和服务出口	Exports of Goods and Services	534093	1748713	5062448	3905601	4975189
减:商品和服务进口	Less: Imports of Goods and Services	500457	1765998	4130581	3016541	3962075
国内生产总值	Gross Domestic Product	2108663	6276954	9557535	11099790	12906840
按1993年价格计算	At Constant Prices of 1993					
政府消费	Government Final Consumption Expenditure	266888	317008	268279	270143	287678
个人消费	Private Final Consumption Expenditure	1555025	2771161	2600227	2720702	2819574
总资本形成	Gross Capital Formation	793239	1430672	872178	668960	728462
商品和服务出口	Exports of Goods and Services	615651	1211579	1347072	921236	1069175
减:商品和服务进口	Less: Imports of Goods and Services	598184	1397961	1324007	785464	928226
国内生产总值	Gross Domestic Product	2632619	4332459	3763749	3795577	3976663
伊　朗	**Iran**					
按当年价格计算	In Current Prices					
政府消费	Government Final Consumption Expenditure	40542	383650	437920	562960	751467
个人消费	Private Final Consumption Expenditure	226653	1724156	2211846	2754421	2772368
总资本形成	Gross Capital Formation	104896	594010	694160	644900	1070800
商品和服务出口	Exports of Goods and Services	80580	538649	505324	943493	1865348
减:商品和服务进口	Less: Imports of Goods and Services	86225	481435	573291	750785	1105693
国内生产总值	Gross Domestic Product	366446	2759030	3275960	4154990	5354290

4–14 续表 2 continued

单位：亿本币 (100 million local currency units)

国家（地区）	Country or Territory	1990	1997	1998	1999	2000
伊　朗(续)	**Iran(continued)**					
按1982年价格计算	At Constant Prices of 1982					
政府消费	Government Final Consumption Expenditure	13370	21466	21895	23380	26557
个人消费	Private Final Consumption Expenditure	77945	99345	100727	104151	107678
总资本形成	Gross Capital Formation	22006	27811	32456	30070	30874
商品和服务出口	Exports of Goods and Services	22525	25027	21210	22449	25090
减:商品和服务进口	Less: Imports of Goods and Services	12741	6577	5880	5440	6211
国内生产总值	Gross Domestic Product	123105	167072	170408	174610	183987
以色列	**Israel**					
按当年价格计算	In Current Prices					
政府消费	Government Final Consumption Expenditure	317	1020	1114	1212	1285
个人消费	Private Final Consumption Expenditure	588	2088	2271	2486	2658
总资本形成	Gross Capital Formation	266	775	769	879	871
商品和服务出口	Exports of Goods and Services	367	1072	1222	1490	1800
减:商品和服务进口	Less: Imports of Goods and Services	480	1456	1547	1893	2113
国内生产总值	Gross Domestic Product	1058	3500	3828	4174	4501
按1995年价格计算	At Constant Prices of 1995					
政府消费	Government Final Consumption Expenditure	686	843	866	890	901
个人消费	Private Final Consumption Expenditure	1074	1769	1838	1911	2038
总资本形成	Gross Capital Formation	362	683	632	700	668
商品和服务出口	Exports of Goods and Services	524	939	999	1099	1356
减:商品和服务进口	Less: Imports of Goods and Services	713	1353	1378	1579	1759
国内生产总值	Gross Domestic Product	1934	2881	2957	3022	3204
日　本	**Japan**					
按当年价格计算	In Current Prices					
政府消费	Government Final Consumption Expenditure	588089	792008	807345	827695	
个人消费	Private Final Consumption Expenditure	2341397	2871517	2869459	2885367	
总资本形成	Gross Capital Formation	1447934	1497515	1387104	1333315	
商品和服务出口	Exports of Goods and Services	458631	560736	550510	511435	
减:商品和服务进口	Less: Imports of Goods and Services	416899	503161	456070	432511	
国内生产总值	Gross Domestic Product	4419152	5218615	5158348	5125301	5217556
按1995年价格计算	At Constant Prices of 1995					
政府消费	Government Final Consumption Expenditure	636725	778372	793398	824799	
个人消费	Private Final Consumption Expenditure	2473437	2844394	2845964	2881072	
总资本形成	Gross Capital Formation	1469505	1522959	1431278	1409014	
商品和服务出口	Exports of Goods and Services	388181	535611	523124	530256	
减:商品和服务进口	Less: Imports of Goods and Services	325095	438513	408600	420761	
国内生产总值	Gross Domestic Product	4642753	5242823	5185164	5224380	5349766
哈萨克斯坦	**Kazakhstan**					
按当年价格计算	In Current Prices					
政府消费	Government Final Consumption Expenditure		2070	1869	2142	2912
个人消费	Private Final Consumption Expenditure		12465	13770	14615	16437
总资本形成	Gross Capital Formation		2608	2476	2934	3621
商品和服务出口	Exports of Goods and Services		5839	5259	8562	15279
减:商品和服务进口	Less: Imports of Goods and Services		6261	6042	8089	12289
国内生产总值	Gross Domestic Product	1	16721	17333	20165	25960

4-14 续表3 continued

单位：亿本币 (100 million local currency units)

国家（地区）	Country or Territory	1990	1997	1998	1999	2000
哈萨克斯坦（续）	**Kazakhstan (continued)**					
按1993年价格计算	At Constant Prices of 1993					
政府消费	Government Final Consumption Expenditure	559	327	278	299	341
个人消费	Private Final Consumption Expenditure	5162	2862	2983	2544	2545
总资本形成	Gross Capital Formation	3408	505	459	550	590
商品和服务出口	Exports of Goods and Services	2349	1703	1499	1689	2093
减：商品和服务进口	Less: Imports of Goods and Services	5147	1424	1321	1079	1197
国内生产总值	Gross Domestic Product	6331	3973	3898	4003	4387
韩 国	**Korea, Rep.**					
按现价计算	In Current Prices					
政府消费	Government Final Consumption Expenditure	187017	456597	487821	500894	528162
个人消费	Private Final Consumption Expenditure	947499	2570571	2417123	2707837	3016821
总资本形成	Gross Capital Formation	674255	1551773	940548	1287712	1482025
商品和服务出口	Exports of Goods and Services	520203	1574133	2209608	2043776	2325911
减：商品和服务进口	Less: Imports of Goods and Services	541006	1620310	1611435	1712777	2181953
国内生产总值	Gross Domestic Product	1787968	4532764	4443665	4827442	5170966
按1995年价格计算	At Constant Prices of 1995					
政府消费	Government Final Consumption Expenditure	298613	399842	398187	403285	408403
个人消费	Private Final Consumption Expenditure	1428572	2289206	2021120	2227752	2363595
总资本形成	Gross Capital Formation	937631	1410763	869373	1126052	1215670
商品和服务出口	Exports of Goods and Services	572245	1539309	1756405	2034435	2473032
减：商品和服务进口	Less: Imports of Goods and Services	602757	1409052	1097981	1414430	1698007
国内生产总值	Gross Domestic Product	2634304	4230068	3947104	4377094	4762693
马来西亚	**Malaysia**					
按当年价格计算	In Current Prices					
政府消费	Government Final Consumption Expenditure	164	303	277	335	362
个人消费	Private Final Consumption Expenditure	618	1284	1173	1251	1453
总资本形成	Gross Capital Formation	384	1205	760	665	871
商品和服务出口	Exports of Goods and Services	888	2629	3278	3654	4275
减：商品和服务进口	Less: Imports of Goods and Services	862	2603	2655	2901	3555
国内生产总值	Gross Domestic Product	1191	2818	2832	3003	3407
按1987年价格计算	At Constant Prices of 1987					
政府消费	Government Final Consumption Expenditure	142	220	277	322	341
个人消费	Private Final Consumption Expenditure	554	914	744	721	571
总资本形成	Gross Capital Formation	352	965	549	586	621
商品和服务出口	Exports of Goods and Services	768	1865	1874	2082	2628
减：商品和服务进口	Less: Imports of Goods and Services	755	1997	1622	1777	2067
国内生产总值	Gross Domestic Product	1060	1967	1822	1933	2094
蒙古	**Mongolia**					
按当年价格计算	In Current Prices					
政府消费	Government Final Consumption Expenditure	32	1347	1555	1676	2091
个人消费	Private Final Consumption Expenditure	57	4523	5378	6183	6924
总资本形成	Gross Capital Formation	37	2048	2346	2635	3136
商品和服务出口	Exports of Goods and Services	23	5354	4538	5661	6835
减：商品和服务进口	Less: Imports of Goods and Services	52	6190	5643	6901	8548
国内生产总值	Gross Domestic Product	98	7083	8174	9253	10438
按1998年价格计算	At Constant Prices of 1998					
政府消费	Government Final Consumption Expenditure			1555	1477	1568
个人消费	Private Final Consumption Expenditure			5378	5452	5192
总资本形成	Gross Capital Formation			2346	2262	2543
商品和服务出口	Exports of Goods and Services			4538	4751	5361
减：商品和服务进口	Less: Imports of Goods and Services			5643	5506	6134
国内生产总值	Gross Domestic Product	8559	7898	8174	8437	8530

4-14 续表4 continued

单位：亿本币 (100 million local currency units)

国家（地区）	Country or Territory	1990	1997	1998	1999	2000
缅 甸	**Myanmar**					
按当年价格计算	In Current Prices					
政府消费	Government Final Consumption Expenditure					
个人消费	Private Final Consumption Expenditure					
总资本形成	Gross Capital Formation	203	1296	1993	2900	
商品和服务出口	Exports of Goods and Services	40	89	77	94	
减:商品和服务进口	Less: Imports of Goods and Services	73	150	169	152	
国内生产总值	Gross Domestic Product	1519	11096	16098	21902	
按1985年价格计算	At Constant Prices of 1985					
政府消费	Government Final Consumption Expenditure					
个人消费	Private Final Consumption Expenditure					
总资本形成	Gross Capital Formation	82	209	249	282	
商品和服务出口	Exports of Goods and Services	40	68	79	98	
减:商品和服务进口	Less: Imports of Goods and Services	42	58	69	61	
国内生产总值	Gross Domestic Product	503	751	795	881	
巴基斯坦	**Pakistan**					
按当年价格计算	In Current Prices					
政府消费	Government Final Consumption Expenditure	1296	2888	3016	3044	3513
个人消费	Private Final Consumption Expenditure	6314	18830	20208	23217	24476
总资本形成	Gross Capital Formation	1621	4360	4753	4574	4968
商品和服务出口	Exports of Goods and Services	1330	3786	4292	4433	4944
减:商品和服务进口	Less: Imports of Goods and Services	2000	5581	5493	5884	6074
国内生产总值	Gross Domestic Product	8559	24283	26777	29384	31828
按1981年价格计算	At Constant Prices of 1981					
政府消费	Government Final Consumption Expenditure	659	659	704	656	702
个人消费	Private Final Consumption Expenditure	3343	4706	4779	5137	5181
总资本形成	Gross Capital Formation	888	1104	1137	1032	1075
商品和服务出口	Exports of Goods and Services	657	964	908	882	1024
减:商品和服务进口	Less: Imports of Goods and Services	806	1137	1073	1015	992
国内生产总值	Gross Domestic Product	4741	6296	6456	6692	6989
菲律宾	**Philippines**					
按当年价格计算	In Current Prices					
政府消费	Government Final Consumption Expenditure	1088	3199	3544	3892	4224
个人消费	Private Final Consumption Expenditure	7704	17564	19453	20247	20883
总资本形成	Gross Capital Formation	2602	6012	5421	5583	5893
商品和服务出口	Exports of Goods and Services	2964	11880	13899	15322	18594
减:商品和服务进口	Less: Imports of Goods and Services	3585	14389	15666	15274	16569
国内生产总值	Gross Domestic Product	10772	24267	26651	29769	33026
按1985年价格计算	At Constant Prices of 1985					
政府消费	Government Final Consumption Expenditure	570	717	703	750	742
个人消费	Private Final Consumption Expenditure	5367	6887	7360	7401	7493
总资本形成	Gross Capital Formation	1764	2351	1968	1929	1973
商品和服务出口	Exports of Goods and Services	2197	4653	3674	3808	4058
减:商品和服务进口	Less: Imports of Goods and Services	2691	5677	4842	4707	4716
国内生产总值	Gross Domestic Product	7207	8932	8880	9182	9550

4–14 续表5 continued

单位：亿本币 (100 million local currency units)

国家（地区）	Country or Territory	1990	1997	1998	1999	2000
新加坡	**Singapore**					
按当年价格计算	In Current Prices					
政府消费	Government Final Consumption Expenditure	68	132	139	140	166
个人消费	Private Final Consumption Expenditure	307	539	525	545	633
总资本形成	Gross Capital Formation	243	547	448	461	498
商品和服务出口	Exports of Goods and Services	1341	2320	2171	2366	2861
减:商品和服务进口	Less: Imports of Goods and Services	1295	2132	1898	2091	2568
国内生产总值	Gross Domestic Product	665	1405	1385	1421	1590
按1990年价格计算	At Constant Prices of 1990					
政府消费	Government Final Consumption Expenditure	68	118	127	134	152
个人消费	Private Final Consumption Expenditure	307	465	419	482	551
总资本形成	Gross Capital Formation	243	502	452	434	461
商品和服务出口	Exports of Goods and Services					
减:商品和服务进口	Less: Imports of Goods and Services					
国内生产总值	Gross Domestic Product	665	1201	1202	1273	1398
斯里兰卡	**Sri Lanka**					
按当年价格计算	In Current Prices					
政府消费	Government Final Consumption Expenditure	314	922	997	999	1308
个人消费	Private Final Consumption Expenditure	2461	6438	7236	7906	9092
总资本形成	Gross Capital Formation	726	2171	2559	3015	3511
商品和服务出口	Exports of Goods and Services	940	3253	3689	3927	4986
减:商品和服务进口	Less: Imports of Goods and Services	1223	3882	4301	4787	6341
国内生产总值	Gross Domestic Product	3218	8903	10180	11060	12555
按1996年价格计算	At Constant Prices of 1996					
政府消费	Government Final Consumption Expenditure	508	868	929	978	1217
个人消费	Private Final Consumption Expenditure	4077	5225	5592	5889	6147
总资本形成	Gross Capital Formation	1319	1931	2225	2367	2513
商品和服务出口	Exports of Goods and Services	1724	3000	3029	3150	3376
减:商品和服务进口	Less: Imports of Goods and Services	2133	3725	4153	4444	5018
国内生产总值	Gross Domestic Product	5690	8173	8557	8925	9461
泰　国	**Thailand**					
按当年价格计算	In Current Prices					
政府消费	Government Final Consumption Expenditure	2054	4790	5129	5234	4629
个人消费	Private Final Consumption Expenditure	12394	26142	24398	25887	29315
总资本形成	Gross Capital Formation	9030	15801	9407	9203	11107
商品和服务出口	Exports of Goods and Services	7453	22660	27177	26985	32850
减:商品和服务进口	Less: Imports of Goods and Services	9095	21990	19827	21156	28898
国内生产总值	Gross Domestic Product	21835	47402	46284	46154	49003
按1988年价格计算	At Constant Prices of 1988					
政府消费	Government Final Consumption Expenditure	1719	2542	2634	2658	2830
个人消费	Private Final Consumption Expenditure	10902	17246	15189	15584	15767
总资本形成	Gross Capital Formation	7805	10361	5146	5518	6246
商品和服务出口	Exports of Goods and Services	7096	14167	15094	16592	19141
减:商品和服务进口	Less: Imports of Goods and Services	8070	13570	10630	11759	14161
国内生产总值	Gross Domestic Product	19454	30745	27434	28592	29823

4-14 续表6 continued

单位：亿本币 (100 million local currency units)

国家（地区）	Country or Territory	1990	1997	1998	1999	2000
土耳其①	**Turkey ①**					
按当年价格计算	In Current Prices					
政府消费	Government Final Consumption Expenditure	4308	353510	663277	1176749	1741814
个人消费	Private Final Consumption Expenditure	27107	1973374	3482453	5048292	8658975
总资本形成	Gross Capital Formation	9568	724092	1262757	1799395	2979798
商品和服务出口	Exports of Goods and Services	5222	708836	1271330	1797207	3043973
减:商品和服务进口	Less: Imports of Goods and Services	6904	876223	1457322	2080116	3926316
国内生产总值	Gross Domestic Product	39301	2883588	5222495	7741527	12498240
按1994年价格计算	At Constant Prices of 1994					
政府消费	Government Final Consumption Expenditure	41094	52074	56162	59807	67200
个人消费	Private Final Consumption Expenditure	235812	317031	317370	305014	354283
总资本形成	Gross Capital Formation	90676	126889	125153	113218	124992
商品和服务出口	Exports of Goods and Services	57868	129348	144865	134660	148813
减:商品和服务进口	Less: Imports of Goods and Services	70706	148822	152296	146727	195694
国内生产总值	Gross Domestic Product	354743	476521	491254	465971	499594
越　南	**Viet Nam**					
按当年价格计算	In Current Prices					
政府消费	Government Final Consumption Expenditure	31640	255000	256480	282650	282650
个人消费	Private Final Consumption Expenditure	362827	2248950	2588450	2814370	3043630
总资本形成	Gross Capital Formation	54433	887540	1037600	1016580	1218570
商品和服务出口	Exports of Goods and Services	110840	1366120			
减:商品和服务进口	Less: Imports of Goods and Services	140190	1621380			
国内生产总值	Gross Domestic Product	419550	3136230	3614680	3999420	4441390
按1989年价格计算	At Constant Prices of 1989					
政府消费	Government Final Consumption Expenditure	24470	41163	42489	43551	
个人消费	Private Final Consumption Expenditure	248559	470070	475892	561378	
总资本形成	Gross Capital Formation	37940	184196	195782	189908	210608
商品和服务出口	Exports of Goods and Services	75660	396380	413424	506858	581873
减:商品和服务进口	Less: Imports of Goods and Services	91369	573900	579639	727447	838746
国内生产总值	Gross Domestic Product	295260	517909	547947	574249	605833
埃　及	**Egypt**					
按当年价格计算	In Current Prices					
政府消费	Government Final Consumption Expenditure	109	261	283	304	328
个人消费	Private Final Consumption Expenditure	698	1906	2086	2208	2455
总资本形成	Gross Capital Formation	277	557	717	772	804
商品和服务出口	Exports of Goods and Services	193	501	455	458	543
减:商品和服务进口	Less: Imports of Goods and Services	314	662	739	717	765
国内生产总值	Gross Domestic Product	961	2563	2802	3025	3365
按1992年价格计算	At Constant Prices of 1992					
政府消费	Government Final Consumption Expenditure	148	173	180	190	192
个人消费	Private Final Consumption Expenditure	952	1264	1332	1381	1435
总资本形成	Gross Capital Formation	330	356	436	466	475
商品和服务出口	Exports of Goods and Services	346	464	447	478	527
减:商品和服务进口	Less: Imports of Goods and Services	459	532	575	584	599
国内生产总值	Gross Domestic Product	1318	1725	1821	1931	2030

4-14 续表7 continued

单位：亿本币 (100 million local currency units)

国家（地区）	Country or Territory	1990	1997	1998	1999	2000
尼日利亚	**Nigeria**					
按当年价格计算	In Current Prices					
政府消费	Government Final Consumption Expenditure	393	2754	2737	4308	8576
个人消费	Private Final Consumption Expenditure	1448	19398	20014	21655	18986
总资本形成	Gross Capital Formation	384	5128	6821	7508	9502
商品和服务出口	Exports of Goods and Services	1132	13214	9483	11848	21864
减:商品和服务进口	Less: Imports of Goods and Services	751	11097	10768	13208	17147
国内生产总值	Gross Domestic Product	2606	29397	28287	32112	41782
按1987年价格计算	At Constant Prices of 1987					
政府消费	Government Final Consumption Expenditure	233	198	220	325	606
个人消费	Private Final Consumption Expenditure	856	919	860	728	351
总资本形成	Gross Capital Formation	223	420	441	626	875
商品和服务出口	Exports of Goods and Services	397	585	616	540	531
减:商品和服务进口	Less: Imports of Goods and Services	321	440	425	489	567
国内生产总值	Gross Domestic Product	1388	1681	1712	1731	1797
南　非	**South Africa**					
按当年价格计算	In Current Prices					
政府消费	Government Final Consumption Expenditure	570	1356	1468	1541	1606
个人消费	Private Final Consumption Expenditure	1819	4311	4657	5035	5558
总资本形成	Gross Capital Formation	343	1094	1140	1162	1313
商品和服务出口	Exports of Goods and Services	707	1684	1902	2059	2538
减:商品和服务进口	Less: Imports of Goods and Services	540	1607	1816	1840	2279
国内生产总值	Gross Domestic Product	2898	6837	7351	7956	8736
按1995年价格计算	At Constant Prices of 1995					
政府消费	Government Final Consumption Expenditure	1006	1100	1094	1073	1047
个人消费	Private Final Consumption Expenditure	3149	3699	3748	3790	3913
总资本形成	Gross Capital Formation	845	988	970	936	997
商品和服务出口	Exports of Goods and Services	1018	1451	1483	1501	1625
减:商品和服务进口	Less: Imports of Goods and Services	767	1387	1403	1299	1395
国内生产总值	Gross Domestic Product	5251	5851	5891	6002	6187
加拿大	**Canada**					
按当年价格计算	In Current Prices					
政府消费	Government Final Consumption Expenditure	1515	1712	1752	1794	
个人消费	Private Final Consumption Expenditure	3779	5001	5203	5457	
总资本形成	Gross Capital Formation	1383	1785	1798	1904	
商品和服务出口	Exports of Goods and Services	1744	3450	3714	4124	
减:商品和服务进口	Less: Imports of Goods and Services	1740	3306	3592	3846	
国内生产总值	Gross Domestic Product	6682	8642	8875	9433	10216
按1995年价格计算	At Constant Prices of 1995					
政府消费	Government Final Consumption Expenditure	1689	1679	1707	1729	
个人消费	Private Final Consumption Expenditure	4267	4850	4986	5158	
总资本形成	Gross Capital Formation	1385	1785	1798	1958	
商品和服务出口	Exports of Goods and Services	1991	3472	3777	4156	
减:商品和服务进口	Less: Imports of Goods and Services	2036	3361	3564	3898	
国内生产总值	Gross Domestic Product	7296	8425	8704	9103	9513

4–14 续表8 continued

单位：亿本币 (100 million local currency units)

国家（地区）	Country or Territory	1990	1997	1998	1999	2000
墨西哥	**Mexico**					
按当年价格计算	In Current Prices					
政府消费	Government Final Consumption Expenditure	619	3146	4000	5008	5965
个人消费	Private Final Consumption Expenditure	5141	20404	25934	30778	36693
总资本形成	Gross Capital Formation	1710	8210	9354	10777	12658
商品和服务出口	Exports of Goods and Services	1374	9639	11804	14143	17057
减:商品和服务进口	Less: Imports of Goods and Services	1456	9656	12628	14869	18050
国内生产总值	Gross Domestic Product	7389	31743	38464	45838	54324
按1993年价格计算	At Constant Prices of 1993					
政府消费	Government Final Consumption Expenditure	1260	1436	1469	1527	1580
个人消费	Private Final Consumption Expenditure	8123	9302	9806	10224	11191
总资本形成	Gross Capital Formation	2135	2978	3291	3426	3726
商品和服务出口	Exports of Goods and Services	1606	3845	4310	4846	5619
减:商品和服务进口	Less: Imports of Goods and Services	1716	3743	4362	4964	6025
国内生产总值	Gross Domestic Product	11408	13818	14514	15058	16091
美　国	**United States**					
按当年价格计算	In Current Prices					
政府消费	Government Final Consumption Expenditure	9788	12083	12480	13145	
个人消费	Private Final Consumption Expenditure	38315	55293	58509	62686	
总资本形成	Gross Capital Formation	10119	16080	17813	19076	
商品和服务出口	Exports of Goods and Services	5572	9667	9662	9905	
减:商品和服务进口	Less: Imports of Goods and Services	6286	10558	11175	12442	
国内生产总值	Gross Domestic Product	57508	82565	87288	92370	98374
按1995年价格计算	At Constant Prices of 1995					
政府消费	Government Final Consumption Expenditure	11298	11464	11651	11926	
个人消费	Private Final Consumption Expenditure	43739	53034	55566	58662	
总资本形成	Gross Capital Formation	10775	16136	18011	19202	
商品和服务出口	Exports of Goods and Services	5831	9944	10167	10465	
减:商品和服务进口	Less: Imports of Goods and Services	6438	11148	12470	13801	
国内生产总值	Gross Domestic Product	65205	79430	82925	86454	90085
阿根廷	**Argentina**					
按当年价格计算	In Current Prices					
政府消费	Government Final Consumption Expenditure	22	353	374	389	393
个人消费	Private Final Consumption Expenditure	532	2071	2094	1985	2021
总资本形成	Gross Capital Formation	96	567	596	506	454
商品和服务出口	Exports of Goods and Services	71	309	311	278	307
减:商品和服务进口	Less: Imports of Goods and Services	32	372	386	326	326
国内生产总值	Gross Domestic Product	689	2929	2989	2833	2850
按1993年价格计算	At Constant Prices of 1993					
政府消费	Government Final Consumption Expenditure		341	352	355	354
个人消费	Private Final Consumption Expenditure		1940	1999	1935	1959
总资本形成	Gross Capital Formation	230	570	608	530	485
商品和服务出口	Exports of Goods and Services	165	280	308	304	310
减:商品和服务进口	Less: Imports of Goods and Services	64	357	386	341	339
国内生产总值	Gross Domestic Product	1771	2774	2881	2783	2769

4-14 续表9 continued

单位：亿本币 (100 million local currency units)

国家（地区）	Country or Territory	1990	1997	1998	1999	2000
巴　西	**Brazil**					
按当年价格计算	In Current Prices					
政府消费	Government Final Consumption Expenditure	1571	1599	1812	1983	
个人消费	Private Final Consumption Expenditure		5492	5841	5944	6817
总资本形成	Gross Capital Formation		1872	1937	1960	2234
商品和服务出口	Exports of Goods and Services		655	669	1018	1185
减:商品和服务进口	Less: Imports of Goods and Services		883	908	1125	1322
国内生产总值	Gross Domestic Product		8707	9137	9609	10897
按1995年价格计算	At Constant Prices of 1995					
政府消费	Government Final Consumption Expenditure	1629	1501	1533	1391	1316
个人消费	Private Final Consumption Expenditure	2643	4029	3893	4132	4542
总资本形成	Gross Capital Formation	1117	1473	1456	1412	1483
商品和服务出口	Exports of Goods and Services	363	539	540	605	672
减:商品和服务进口	Less: Imports of Goods and Services	301	739	805	686	781
国内生产总值	Gross Domestic Product	5538	6852	6867	6921	7233
委内瑞拉	**Venezuela**					
按当年价格计算	In Current Prices					
政府消费	Government Final Consumption Expenditure	1920	28077	39576	47003	57669
个人消费	Private Final Consumption Expenditure	14150	285240	376849	432369	516678
总资本形成	Gross Capital Formation	2330	91215	114764	113277	143671
商品和服务出口	Exports of Goods and Services	8990	123125	104418	135460	240720
减:商品和服务进口	Less: Imports of Goods and Services	4600	94220	110782	102339	139496
国内生产总值	Gross Domestic Product	22790	433437	524825	625770	819242
按1984年价格计算	At Constant Prices of 1984					
政府消费	Government Final Consumption Expenditure	529	536	544	560	591
个人消费	Private Final Consumption Expenditure	2796	3172	3169	3034	3174
总资本形成	Gross Capital Formation	461	1072	1088	923	1016
商品和服务出口	Exports of Goods and Services	1547	2399	2499	2230	2360
减:商品和服务进口	Less: Imports of Goods and Services	550	1165	1274	1088	1300
国内生产总值	Gross Domestic Product	4783	6015	6026	5659	5841
白俄罗斯	**Belarus**					
按当年价格计算	In Current Prices					
政府消费	Government Final Consumption Expenditure		745	1395	5902	17802
个人消费	Private Final Consumption Expenditure		2151	4092	17920	54058
总资本形成	Gross Capital Formation		984	1876	7174	20796
商品和服务出口	Exports of Goods and Services		2196	4146	17915	61880
减:商品和服务进口	Less: Imports of Goods and Services		2408	4487	18650	63280
国内生产总值	Gross Domestic Product		3668	7022	30261	91256
按1990年价格计算	At Constant Prices of 1990					
政府消费	Government Final Consumption Expenditure					
个人消费	Private Final Consumption Expenditure					
总资本形成	Gross Capital Formation					
商品和服务出口	Exports of Goods and Services					
减:商品和服务进口	Less: Imports of Goods and Services					
国内生产总值	Gross Domestic Product					

4-14 续表10 continued

单位：亿本币 (100 million local currency units)

国家（地区）	Country or Territory	1990	1997	1998	1999	2000
保加利亚	**Bulgaria**					
按当年价格计算	In Current Prices					
政府消费	Government Final Consumption Expenditure		22	33	36	45
个人消费	Private Final Consumption Expenditure		120	153	166	182
总资本形成	Gross Capital Formation		19	36	43	42
商品和服务出口	Exports of Goods and Services		106	104	101	149
减:商品和服务进口	Less: Imports of Goods and Services		96	110	118	163
国内生产总值	Gross Domestic Product		171	216	228	255
按1990年价格计算	At Constant Prices of 1990					
政府消费	Government Final Consumption Expenditure					
个人消费	Private Final Consumption Expenditure					
总资本形成	Gross Capital Formation					
商品和服务出口	Exports of Goods and Services					
减:商品和服务进口	Less: Imports of Goods and Services					
国内生产总值	Gross Domestic Product					
捷克共和国	**Czech Republic**					
按当年价格计算	In Current Prices					
政府消费	Government Final Consumption Expenditure	1435	3325	3465	3719	3840
个人消费	Private Final Consumption Expenditure	3087	8999	9624	10174	10663
总资本形成	Gross Capital Formation	1575	5475	5543	5258	5815
商品和服务出口	Exports of Goods and Services	2831	9497	10760	11485	14003
减:商品和服务进口	Less: Imports of Goods and Services	2666	10497	11022	11763	14726
国内生产总值	Gross Domestic Product	6262	16799	18371	18873	19595
按1995年价格计算	At Constant Prices of 1995					
政府消费	Government Final Consumption Expenditure	3383	2724	2658	2656	2621
个人消费	Private Final Consumption Expenditure	7160	7755	7603	7746	7896
总资本形成	Gross Capital Formation	4092	4943	4831	4608	5083
商品和服务出口	Exports of Goods and Services	5240	8753	9551	10150	12052
减:商品和服务进口	Less: Imports of Goods and Services	5381	9881	10522	11093	13172
国内生产总值	Gross Domestic Product	14494	14293	14122	14067	14481
法　国	**France**					
按当年价格计算	In Current Prices					
政府消费	Government Final Consumption Expenditure	14737	19869	20076	20720	21457
个人消费	Private Final Consumption Expenditure	36645	45102	46971	48487	50452
总资本形成	Gross Capital Formation	15470	14646	16339	17201	18936
商品和服务出口	Exports of Goods and Services	14067	20931	22369	23080	26407
减:商品和服务进口	Less: Imports of Goods and Services	14710	18477	20097	20924	25106
国内生产总值	Gross Domestic Product	66209	82071	85658	88565	92147
按1995年价格计算	At Constant Prices of 1995					
政府消费	Government Final Consumption Expenditure	16497	19331	19307	19698	20127
个人消费	Private Final Consumption Expenditure	41521	43656	45132	46400	47590
总资本形成	Gross Capital Formation	15917	14489	16139	16955	18070
商品和服务出口	Exports of Goods and Services	13486	20185	21863	22737	25593
减:商品和服务进口	Less: Imports of Goods and Services	13886	17788	19852	20793	23750
国内生产总值	Gross Domestic Product	73536	79872	82589	84997	87631

4-14 续表11 continued

单位：亿本币 (100 million local currency units)

国家（地区）	Country or Territory	1990	1997	1998	1999	2000
德　国	**Germany**					
按当年价格计算	In Current Prices					
政府消费	Government Final Consumption Expenditure	5209	7133	7224	7380	7503
个人消费	Private Final Consumption Expenditure	15060	21123	21779	22411	23091
总资本形成	Gross Capital Formation	6114	7908	8265	8604	9014
商品和服务出口	Exports of Goods and Services	7853	10211	10924	11416	13262
减:商品和服务进口	Less: Imports of Goods and Services	6953	9710	10349	11040	13109
国内生产总值	Gross Domestic Product	27283	36665	37844	38772	39761
按1995年价格计算	At Constant Prices of 1995					
政府消费	Government Final Consumption Expenditure	6331	7041	7077	7067	7167
个人消费	Private Final Consumption Expenditure	17966	20372	20785	21321	21653
总资本形成	Gross Capital Formation	6955	7881	8271	8598	8893
商品和服务出口	Exports of Goods and Services	8331	10086	10790	11335	12837
减:商品和服务进口	Less: Imports of Goods and Services	7049	9384	10187	11013	12141
国内生产总值	Gross Domestic Product	32536	35996	36735	37307	38408
意大利①	**Italy ①**					
按当年价格计算	In Current Prices					
政府消费	Government Final Consumption Expenditure	26694	36097	37277	38820	40565
个人消费	Private Final Consumption Expenditure	75983	117091	123291	128856	136434
总资本形成	Gross Capital Formation	29352	37482	40092	42383	46166
商品和服务出口	Exports of Goods and Services	26077	52409	54806	54797	64006
减:商品和服务进口	Less: Imports of Goods and Services	26023	44364	47728	50360	61464
国内生产总值	Gross Domestic Product	132083	198717	207737	214496	225707
按1995年价格计算	At Constant Prices of 1995					
政府消费	Government Final Consumption Expenditure	32272	32306	32418	32892	33405
个人消费	Private Final Consumption Expenditure	100604	109722	113113	115755	119114
总资本形成	Gross Capital Formation	36397	35629	37664	40052	40513
商品和服务出口	Exports of Goods and Services	33875	51728	53578	53589	59073
减:商品和服务进口	Less: Imports of Goods and Services	35360	45042	49093	51581	55840
国内生产总值	Gross Domestic Product	167789	184343	187681	190706	196265
荷　兰	**Netherlands**					
按当年价格计算	In Current Prices					
政府消费	Government Final Consumption Expenditure	1262	1686	1782	1885	
个人消费	Private Final Consumption Expenditure	2627	3628	3844	4082	
总资本形成	Gross Capital Formation	1277	1585	1700	1792	
商品和服务出口	Exports of Goods and Services	3161	4497	4729	4931	
减:商品和服务进口	Less: Imports of Goods and Services	2948	4048	4295	4546	
国内生产总值	Gross Domestic Product	5379	7349	7762	8143	8725
按1995年价格计算	At Constant Prices of 1995					
政府消费	Government Final Consumption Expenditure	1449	1647	1701	1746	
个人消费	Private Final Consumption Expenditure	2963	3486	3630	3783	
总资本形成	Gross Capital Formation	1371	1531	1615	1680	
商品和服务出口	Exports of Goods and Services	3085	4361	4640	4857	
减:商品和服务进口	Less: Imports of Goods and Services	2866	3902	4202	4418	
国内生产总值	Gross Domestic Product	6002	7123	7384	7648	7915

4-14 续表12 continued

单位：亿本币 (100 million local currency units)

国家（地区）	Country or Territory	1990	1997	1998	1999	2000
波 兰	**Poland**					
按当年价格计算	In Current Prices					
政府消费	Government Final Consumption Expenditure	108	757	855	1015	1123
个人消费	Private Final Consumption Expenditure	269	3011	3521	3905	4390
总资本形成	Gross Capital Formation	144	1160	1450	1623	1817
商品和服务出口	Exports of Goods and Services	161	1204	1559	1608	1881
减:商品和服务进口	Less: Imports of Goods and Services	121	1408	1849	1999	2356
国内生产总值	Gross Domestic Product	560	4724	5536	6151	6856
按1990年价格计算	At Constant Prices of 1990					
政府消费	Government Final Consumption Expenditure	108	147	150	151	126
个人消费	Private Final Consumption Expenditure	269	412	440	468	480
总资本形成	Gross Capital Formation	144	220	250	265	276
商品和服务出口	Exports of Goods and Services	161	315	360	351	372
减:商品和服务进口	Less: Imports of Goods and Services	121	387	458	463	451
国内生产总值	Gross Domestic Product	560	707	741	771	802
罗马尼亚	**Romania**					
按当年价格计算	In Current Prices					
政府消费	Government Final Consumption Expenditure	1143	309998	527409	686873	996346
个人消费	Private Final Consumption Expenditure	5652	1876200	2819315	4014767	5883036
总资本形成	Gross Capital Formation	2595	521714	665432	926238	1548902
商品和服务出口	Exports of Goods and Services	1435	737957	871045	1566641	2712900
减:商品和服务进口	Less: Imports of Goods and Services	2246	916612	1171083	1800950	3175847
国内生产总值	Gross Domestic Product	8579	2529257	3711938	5393569	7965337
按1993年价格计算	At Constant Prices of 1993					
政府消费	Government Final Consumption Expenditure	21319	25767	26235	23777	24777
个人消费	Private Final Consumption Expenditure	159379	148353	150365	141809	145517
总资本形成	Gross Capital Formation	89562	49142	46335	43889	48658
商品和服务出口	Exports of Goods and Services	49126	72990	71735	79495	98469
减:商品和服务进口	Less: Imports of Goods and Services	70969	78407	87336	86372	111502
国内生产总值	Gross Domestic Product	248417	217845	207334	202598	205919
俄罗斯	**Russian Federation**					
按当年价格计算	In Current Prices					
政府消费	Government Final Consumption Expenditure	1	3376	4081	7931	11397
个人消费	Private Final Consumption Expenditure	3	15125	17670	24788	32235
总资本形成	Gross Capital Formation	2	5642	4416	7029	12119
商品和服务出口	Exports of Goods and Services	1	5963	8468	20862	32405
减:商品和服务进口	Less: Imports of Goods and Services	1	5321	7225	13041	17522
国内生产总值	Gross Domestic Product	6	24786	27410	47570	70634
按1997年价格计算	At Constant Prices of 1997					
政府消费	Government Final Consumption Expenditure	4774	3376	3396	3498	3554
个人消费	Private Final Consumption Expenditure	16346	15125	14581	13808	16138
总资本形成	Gross Capital Formation	27599	5642	3876	4237	5026
商品和服务出口	Exports of Goods and Services	9026	5963	5829	5726	5973
减:商品和服务进口	Less: Imports of Goods and Services	12870	5321	4495	3221	3784
国内生产总值	Gross Domestic Product	40937	24786	23571	24844	26906

4–14 续表13 continued

单位：亿本币 (100 million local currency units)

国家（地区）	Country or Territory	1990	1997	1998	1999	2000
西班牙	**Spain**					
按当年价格计算	In Current Prices					
政府消费	Government Final Consumption Expenditure	88268	144153	153322	162412	172183
个人消费	Private Final Consumption Expenditure	312804	486262	518235	555917	598864
总资本形成	Gross Capital Formation	140338	181794	203402	230919	260982
商品和服务出口	Exports of Goods and Services	84188	219899	239409	256148	301811
减:商品和服务进口	Less: Imports of Goods and Services	102145	211513	238914	268462	325113
国内生产总值	Gross Domestic Product	523453	820595	875454	936934	1008727
按1995年价格计算	At Constant Prices of 1995					
政府消费	Government Final Consumption Expenditure	115293	137088	142104	146265	150118
个人消费	Private Final Consumption Expenditure	413518	458677	479447	502002	521997
总资本形成	Gross Capital Formation	172193	173358	190817	208918	220094
商品和服务出口	Exports of Goods and Services	102025	209564	227045	242122	268158
减:商品和服务进口	Less: Imports of Goods and Services	121570	203123	230364	257724	284558
国内生产总值	Gross Domestic Product	681459	775564	809049	841583	875809
乌克兰	**Ukraine**					
按当年价格计算	In Current Prices					
政府消费	Government Final Consumption Expenditure		256	252	259	323
个人消费	Private Final Consumption Expenditure		506	583	746	1007
总资本形成	Gross Capital Formation		200	214	228	322
商品和服务出口	Exports of Goods and Services		379	430	701	1062
减:商品和服务进口	Less: Imports of Goods and Services		408	453	629	986
国内生产总值	Gross Domestic Product		934	1026	1304	1730
按1990年价格计算	At Constant Prices of 1990					
政府消费	Government Final Consumption Expenditure					
个人消费	Private Final Consumption Expenditure					
总资本形成	Gross Capital Formation					
商品和服务出口	Exports of Goods and Services					
减:商品和服务进口	Less: Imports of Goods and Services					
国内生产总值	Gross Domestic Product					
英　国	**United Kingdom**					
按当年价格计算	In Current Prices					
政府消费	Government Final Consumption Expenditure	1106	1484	1548	1650	1742
个人消费	Private Final Consumption Expenditure	3479	5179	5518	5850	6113
总资本形成	Gross Capital Formation	1124	1386	1530	1559	1673
商品和服务出口	Exports of Goods and Services	1335	2293	2255	2310	2543
减:商品和服务进口	Less: Imports of Goods and Services	1482	2288	2334	2459	2722
国内生产总值	Gross Domestic Product	5562	8054	8517	8910	9349

4-14 续表14 continued

单位：亿本币 (100 million local currency units)

国家（地区）	Country or Territory	1990	1997	1998	1999	2000
英 国(续)	**United Kingdom (continued)**					
按1995年价格计算	At Constant Prices of 1995					
政府消费	Government Final Consumption Expenditure	1336	1415	1431	1488	1522
个人消费	Private Final Consumption Expenditure	4284	4898	5095	5316	5513
总资本形成	Gross Capital Formation	1172	1350	1491	1510	1587
商品和服务出口	Exports of Goods and Services	1566	2363	2425	2521	2734
减:商品和服务进口	Less: Imports of Goods and Services	1764	2446	2662	2878	3154
国内生产总值	Gross Domestic Product	6595	7579	7779	7957	8202
澳大利亚	**Australia**					
按当年价格计算	In Current Prices					
政府消费	Government Final Consumption Expenditure	748	1013	1087	1178	
个人消费	Private Final Consumption Expenditure	2351	3350	3538	3761	
总资本形成	Gross Capital Formation	875	1331	1475	1532	
商品和服务出口	Exports of Goods and Services	663	1137	1118	1258	
减:商品和服务进口	Less: Imports of Goods and Services	669	1185	1265	1410	
国内生产总值	Gross Domestic Product	3967	5647	5954	6318	6729
按1995年价格计算	At Constant Prices of 1995					
政府消费	Government Final Consumption Expenditure	834	977	1025	1089	
个人消费	Private Final Consumption Expenditure	2585	3263	3447	3612	
总资本形成	Gross Capital Formation	911	1350	1451	1525	
商品和服务出口	Exports of Goods and Services	671	1135	1156	1265	
减:商品和服务进口	Less: Imports of Goods and Services	710	1217	1277	1440	
国内生产总值	Gross Domestic Product	4291	5507	5802	6051	6169
新西兰	**New Zealand**					
按当年价格计算	In Current Prices					
政府消费	Government Final Consumption Expenditure	123	148	151	164	
个人消费	Private Final Consumption Expenditure	458	619	643	667	
总资本形成	Gross Capital Formation	137	207	188	213	
商品和服务出口	Exports of Goods and Services	200	285	303	331	
减:商品和服务进口	Less: Imports of Goods and Services	194	278	297	339	
国内生产总值	Gross Domestic Product	722	980	989	1035	1098
按1995年价格计算	At Constant Prices of 1995					
政府消费	Government Final Consumption Expenditure	127	143	143	153	
个人消费	Private Final Consumption Expenditure	499	593	610	618	
总资本形成	Gross Capital Formation	149	220	207	245	
商品和服务出口	Exports of Goods and Services	204	296	302	321	
减:商品和服务进口	Less: Imports of Goods and Services	191	294	304	337	
国内生产总值	Gross Domestic Product	787	957	957	999	1024

注：①一百亿本币。

Note: ① Ten billion local currency units.

4-15 收入法国内生产总值

Gross Domestic Product by Income Approach

资料来源：OECD《OECD成员国国民核算统计年鉴》1989—2000；UN《国民经济核算年鉴》1996—1997；UN《亚太统计年鉴》2000。
Source: OECD"Naitonal Accounts of OECD Countries"1989-2000;UN"National Account"1996-1997,UN"Statistical yearbook for Asia and the Pacific"2000.

单位：亿本币 (100 million local currency units)

国家（地区）	Country or Territory	年份 Year	间接税减补贴 Taxes Less Subsidies on Production and Imports	固定资本折旧 Consumption of Fixed Capital	劳动者报酬 Compensation of Employees	经营盈余 Net Operating Surplus and Gross Mixed Income	统计误差 Statistical Discrepancy	国内生产总值 Gross Domestic Product
中国香港	Hong Kong, China	1994	624		5747	5559	-5	11926
孟加拉国	Bangladesh	1997	1312	1101				15409
印　度	India	1996	13	13				128
印度尼西亚	Indonesia	1990	134	98	1724 ①			1956
伊　朗	Iran	1996	-9	380				2327
以色列	Israel	1997	631	491	1897	555		3557
日　本	Japan	1999	389229		2772996	1925405 ②	37671	5118371
哈萨克斯坦	Kazakhstan	1996	1361	2032	5250	5516		14158
韩　国	Korea, Rep.	2000	698971		2247520	2224475 ②		5170966
蒙　古	Mongolia	1996	453	545	3017	1850		5865
缅　甸	Myanmar	1997	268	215	5067	5125		10675
巴基斯坦	Pakistan	1997	2262	1793	23540 ①			27595
菲律宾	Philippines	1997	2727	2080	6592	12838		24236
新加坡	Singapore	1997	147	182	611	497	-7	1430
斯里兰卡	Sri Lanka	1996	992	396	3482	2844		7714
泰　国	Thailand	1996	5590	5567	13091	21735		45983
土耳其	Turkey	1998	55054090		132970310	334225050②		522249450
埃　及	Egypt	1990	68		1033 ①			1101
尼日利亚	Nigeria	1994	58	186	810	8088		9143
南　非	South Africa	1997	653	793	3124	1378		5949
巴　西	Brazil	1995	964		5618 ①			6581
加拿大	Canada	2000	1303		5366	3741 ②	-5	10404
墨西哥	Mexico	1999	4065		14343	27430 ②		45838
美　国	United States	2000	7186		57204	35017 ②	-1304	98102
委内瑞拉	Venezuela	1996	17	18	60	186		281
白俄罗斯	Belarus	1996	272		820	750 ②		1842
保加利亚	Bulgaria	1995	1	1	4	4	-1	9
捷克共和国	Czech Republic	1999	1882		8736	8255 ②		18873
法　国	France	2000	13066		48119	30963 ②		92147
德　国	Germany	2000	4239		21328	14049 ②		39616
意大利	Italy	2000	3167340		9152160	10251160 ②		22570660
荷　兰	Netherlands	2000	992		4538	3308 ②		8839
波　兰	Poland	1998	880		2764	2508 ②		6151
俄罗斯	Russian Federation	1994	682	1236	2334	1858		6110
罗马尼亚	Romania	1997						2498
西班牙	Spain	2000	104193		506703	402040 ②		1012936
乌克兰	Ukraine	1997	207		440	278 ②		925
英　国	United Kingdom	2000	1302		5214	2915 ②	2	9434
澳大利亚	Australia	2000	828		3226	2646 ②		6700
新西兰	New Zealand	1998	136		445	477 ②		1059

注：①劳动者报酬包括经营盈余。②为总经营盈余，已包括固定资本折旧。
Note: ① Including gross operating surplus and gross mixed income. ② Data refer to gross operating surplus,including consumption of fixed capital.

4-16 按行业分类的资本形成总额

Gross Capital Formation by Kind of Activity

资料来源：联合国《国民经济核算年鉴》1996—1997年。

Source:UN"National Account"1996-1997.

单位：亿本币 (100 million local currency units)

国家（地区）	Country or Territory	年份 Year	价格 Prices	农业 Agriculture	矿业 Mining and Quarrying	制造业 Manufacturing	电、煤气、水 Electricity, Gas and Water	建筑业 Construction
印度	India	1996	按当年价格计算 (At Current Prices)	3190	790	9350	2410	400
			按1980年价格计算 (At 1980 Prices)	770	190	2630	620	120
印度尼西亚	Indonesia	1995	按当年价格计算 (At Current Prices)	21	21	92	32	4
			按1982年价格计算 (At 1982 Prices)	1	1	4	2	
韩国①	Korea, Rep. ①	1996	按当年价格计算 (At Current Prices)	98790	1950	385470	86010	31930
			按1990年价格计算 (At 1990 Prices)	62950	1510	302390	67150	23980
巴基斯坦①	Pakistan ①	1997	按当年价格计算 (At Current Prices)	282	154	840	502	151
			按1980年价格计算 (At 1980 Prices)	73	42	155	137	18
南非①②	South Africa ①②	1997	按当年价格计算 (At Current Prices)	38	92	275	93	11
			按1990年价格计算 (At 1990 Prices)	22	55	178	59	7
加拿大	Canada	1997	按当年价格计算 (At Current Prices)	36	195	233	87	23
墨西哥	Mexico	1996	按当年价格计算 (At Current Prices)	23	1	3557		2238
			按1993年价格计算 (At 1993 Prices)	7		1239		1138
美国	United States	1996	按当年价格计算 (At Current Prices)	376	261	1612	523	151
			按1992年价格计算 (At 1992 Prices)	329	240	1613	498	139
法国①	France ①	1997	按当年价格计算 (At Current Prices)	432	3	1934	488	249
			按1980年价格计算 (At 1980 Prices)	207	2	1000	255	133
德国①	Germany ①	1996	按当年价格计算 (At Current Prices)	122	28	1106	351	122
			按1991年价格计算 (At 1991 Prices)	110	26	1029	322	115
意大利①③④	Italy ①③④	1996	按当年价格计算 (At Current Prices)	208470				
			按1990年价格计算 (At 1990 Prices)	157960				
荷兰⑤	Netherlands ⑤	1995	按当年价格计算 (At Current Prices)	45	16	250		
			按1990年价格计算 (At 1990 Prices)	41	15	234		
英国	United Kingdom	1996	按当年价格计算 (At Current Prices)	12		156		10
			按1990年价格计算 (At 1990 Prices)	11		126		8

4-16 续表1 continued

单位：亿本币 (100 million local currency units)

国家（地区）	Country or Territory	年份 Year	价格 Prices	商业、饭店和旅馆业 Wholesale and Retail Trade, Restaurants and Hotels	交通、仓储和运输 Transport, Storage and Communi-cation	金融保险、不动产和工商服务业 Finance, Insurance, Real Estate and Business Services	社会团体和个人服务业 Commu-nity, Social and Personal Services	各行业合计 Total, Industries
印　度	India	1996	按当年价格计算 (At Current Prices)	1600	3560	4780	690	26780
			按1980年价格计算 (At 1980 Prices)	480	970	1080	160	7020
印度尼西亚	Indonesia	1995	按当年价格计算 (At Current Prices)		65	89	90	415
			按1982年价格计算 (At 1982 Prices)		3	7	5	23
韩　国①	Korea, Rep. ①	1996	按当年价格计算 (At Current Prices)	59550	129380	393180	36150	1222400
			按1990年价格计算 (At 1990 Prices)	42700	111820	271480	24050	908030
巴基斯坦①	Pakistan ①	1997	按当年价格计算 (At Current Prices)	56	618	559	259	3422
			按1980年价格计算 (At 1980 Prices)	15	160	152	70	823
南　非①②	South Africa ①②	1997	按当年价格计算 (At Current Prices)	77	86	241	119	1033
			按1990年价格计算 (At 1990 Prices)	46	51	136	66	618
加拿大	Canada	1997	按当年价格计算 (At Current Prices)	141	165	549	47	1476
墨西哥	Mexico	1996	按当年价格计算 (At Current Prices)				5	5824
			按1993年价格计算 (At 1993 Prices)				3	2387
美　国	United States	1996	按当年价格计算 (At Current Prices)	1431	1188	4583	682	11256
			按1992年价格计算 (At 1992 Prices)	1585	1157	4503	689	11183
法　国①	France ①	1997	按当年价格计算 (At Current Prices)	1181	1080	5769	584	1722
			按1980年价格计算 (At 1980 Prices)	623	581	3215	352	6367
德　国①	Germany ①	1996	按当年价格计算 (At Current Prices)	294		2471		6571
			按1991年价格计算 (At 1991 Prices)	272		2118		5958
意大利①③④	Italy ①③④	1996	按当年价格计算 (At Current Prices)					2947840
			按1990年价格计算 (At 1990 Prices)					2303940
荷　兰⑤	Netherlands ⑤	1995	按当年价格计算 (At Current Prices)	116	133	370	186	1115
			按1990年价格计算 (At 1990 Prices)	122	131	326	183	1042
英　国	United Kingdom	1996	按当年价格计算 (At Current Prices)	131	141	422	98	1116
			按1990年价格计算 (At 1990 Prices)	119	121	392	91	1008

4-16 续表2 continued

单位：亿本币 (100 million local currency units)

国家（地区）	Country or Territory	年份 Year	价格 Prices	政府服务 Producers of Government Services	私人非盈利组织 Private Non-Profit Institutions	统计误差 Statistical Discrepancy	资本形成总额 Gross Capital Formation
印　度	India	1996	按当年价格计算 (At Current Prices)	1850		6210	34850
			按1980年价格计算 (At 1980 Prices)	400		1710	9130
印度尼西亚	Indonesia	1995	按当年价格计算 (At Current Prices)				415
			按1982年价格计算 (At 1982 Prices)				23
韩　国①	Korea, Rep. ①	1996	按当年价格计算 (At Current Prices)	214490			1436890
			按1990年价格计算 (At 1990 Prices)	138380			1046410
巴基斯坦①	Pakistan ①	1997	按当年价格计算 (At Current Prices)	629			4050
			按1980年价格计算 (At 1980 Prices)	170			993
南　非①②	South Africa ①②	1997	按当年价格计算 (At Current Prices)				1033
			按1990年价格计算 (At 1990 Prices)				618
加拿大	Canada	1997	按当年价格计算 (At Current Prices)	182			1658
墨西哥	Mexico	1996	按当年价格计算 (At Current Prices)				5824
			按1993年价格计算 (At 1993 Prices)				2387
美　国	United States	1996	按当年价格计算 (At Current Prices)	1262	425	449	12943
			按1992年价格计算 (At 1992 Prices)	1183	419	431	12785
法　国①	France ①	1997	按当年价格计算 (At Current Prices)	2123	36	13881	
			按1980年价格计算 (At 1980 Prices)	1192	22	7580	
德　国①	Germany ①	1996	按当年价格计算 (At Current Prices)	789	90	-147	7303
			按1991年价格计算 (At 1991 Prices)	707	80	-133	
意大利①③④	Italy ①③④	1996	按当年价格计算 (At Current Prices)	243810			3191650
			按1990年价格计算 (At 1990 Prices)	192250			2496190
荷　兰⑤	Netherlands ⑤	1995	按当年价格计算 (At Current Prices)	155		-38	1115
			按1990年价格计算 (At 1990 Prices)	143		-38	1142
英　国	United Kingdom	1996	按当年价格计算 (At Current Prices)	60		57	1175
			按1990年价格计算 (At 1990 Prices)	60		56	1067

注：①为固定资本形成，不包括库存增加。②政府服务和私人非营利组织包括在社会团体和个人服务业内。③矿业包括在制造业中。④包括社会团体和个人服务业。⑤为家庭服务的私人非营利机构包括在各产业合计中。

Note: ① Data refer to "gross fixed capital formation" which does not "include changes in inventories". ② "Producers of government services" and "private non-profit institutions" are included in "community, social and personal services". ③ Mining and quarrying is included in manufacturing. ④ Including "community, social and personal services". ⑤ Item "private non-profit institutions serving households"is included in "total industries".

主要统计指标解释

增加值和国内生产总值 按生产者价格计算的各行业增加值＝总产出－按购买者价格计算的中间消耗的价值。全部国内生产者的总增加值(加上国内生产者在增加值中没有反映的进口关税和增值税，减去估算的银行服务费用)，同按支出法和收入法计算的国内生产总值相等。

国内生产总值可定义为国内经济最终消费总和，或国内经济最终收入总额。原则上讲，这三种方式应产生相同的结果，但在统计实践中，还是有一定差异。

国民生产总值(GNP) 为国内生产总值与国外净要素收入之和。1993年新SNA 定义为国民总收入(Gross National Income)。

按购买力平价法计算的人均国民生产总值 使用购买力平价而不是汇率作为转换因子，将各国国民生产总值换算成国际元的计算结果。国际元是使各国的国民生产总值在指定年具有同美元相同的购买力的计帐单位。

对GDP增长的贡献 "贡献"一词把增长率与GDP构成联系在一起。对GDP增长的贡献，即在GDP其他组成部分不变的情况下，因为该部分变化导致GDP产生多少变化(指增长率)。

政府消费支出 同一般政府为自己提供的服务相等，因为这些服务不出售，所体现的价值在国内生产总值中只能以政府消费形式反应。

个人消费支出 衡量所有常驻的非政府机构的最终消费支出。

资本形成总额 是库存增加额与固定资本形成总额之和。

劳动者报酬 包括国家非常住雇员的报酬，不包括临时在国外工作的常住职员的报酬。具体包括：(1)工资；(2)雇主的社会保障缴款；(3)雇主的个人养老金、保险金及类似的缴款。

经营盈余 在SNA生产帐户中为平衡项目，即扣除给雇员补偿、固定资本折旧、净间接税后的增加部分。

固定资本折旧 包括日用和磨损的折扣。包括可预见的无形磨损、固定资产在正常情况下可能发生的事故性毁坏(不能修复的)和目前更新成本。

间接税 是向生产成本或货物销售和服务征收的税。包括：(1)进、出口税；(2)国内消费税，营业税，娱乐税和交易税；(3)房地产税和土地税。

补贴 是政府经常项目中的拨款，给(1)私人企业和国营公司；(2)非合作性的国营公司(由于政府价格政策导致公司亏损时补偿性的赠与)。

Explanatory Notes on Main Statistical Indicators

Value Added and Gross Domestic Product: The value added of industries at producers prices is equal to the gross output of the industries at producers prices less the value of their intermediate consumption at purchasers prices.Value added for the total of all domestic producers plus import duties and value added of any domestic producer,and less imputed bank service charges(which are deducted in a single line)is equal to the gross domestic product may the defined alternatively as the sum of final expenditures in the domestic economy or as the sum of incomes received in the domestic economy. In principle,all three methodes should yield the same result but in statistical practice there are likely to be small discrepancies. Such statistical discrepancies are shown where they exist.

Gross National Product(GNP): GNP equals to gross domestic product plus net fator income from abroad. In 1993 new SNA,it is defined as the GNI(Gross National Income).

GNP Per Capita in International Dollars is converted at purchasing power parity(PPP) rates. PPP is definde as the number of units of a country's currency required to buy the same amounts of goods and services in the domestic market as $1 would buy in the United States.

Contribution to the Growth of GDP: The term "contribution"combines information about growh rates and percentage shares of GDP components. This form of presentation,sometimes refers to" as percentage pioints of GDP",shows by how much GDP would have changed if other GDP components were unchanged.

Government Final Consumption Expenditure is equal to the service produced by general government for its own use. Since these services are not sold,they are valued in the gross domestic product at their cost to the government.

Private Consumption Expenditure measures the final consumption expenditure of all resident non-government units.

Gross Capital Formation is the sum of the increase in stocks and gross fixed capital formation.

Compensation of Employees includes payments to nonresident employees working in the country but excludes payments to resident employees temporarily working abroad. Each component includes (a)wages and salaries,(b)employers contributions to social security schemes and (c)employers contributions to privates pension,insurance and similar schemes.

Operating Surplus is the balancing item in the SNA production account. For an individual establishment it is defined as the excess of value added over the sum of compension of employees,consumption of fixed capital, and net indirect taxes.

Consumption of Fixed Capital includes allowances for normal wear and tear,foreseen obsolescence and probable(normally expected)accidental damage to fixed capital not made good by repair,all current replacement cost.

Indirect Taxes are defined as taxes chargeable to the cost of production or sale of goods and service. They include (a)import and export duties,(b)excise,sales,entertainment and turnover taxes.(c)real state, and land taxes.

Subsidies are grants on current account by the government to (a) private enterprises and public corporations, or (b)unincorporated public enterprises when clearly intended to compensate for losses resulting from the price policies of government.

五 人　口

Population

5-1 年中人口数

Mid-year Population Estimates

资料来源：世界银行数据库。
Source: World Bank Database.
单位：万人 (10000 persons)

国家（地区）	Country or Territory	年中人口数 Mid-year Population Estimates				人口增长率（%） Population Growth Rates (%)	
		1990	1998	1999	2000	年均人口增长率（1991–2000年） Average Annual Population Growth Rates (1991-2000)	2000年增长率 Growth Rate in 2000
世界	**World**	**525219**	**589993**	**597896**	**605726**	**1.4**	**1.31**
低收入国家	**Low Income**	**201659**	**236838**	**241365**	**245978**	**2.0**	**1.91**
中等收入国家	**Middle Income**	**239387**	**264043**	**266854**	**269462**	**1.2**	**0.98**
高收入国家	**High Income**	**84173**	**89111**	**89676**	**90285**	**0.7**	**0.68**
中国	China	113519	124218	125360	126246	1.1	0.54
中国香港	Hong Kong,China	570	665	672	680	1.7	1.13
中国澳门	Macao,China	37	43	43	44	1.7	0.92
阿富汗	Afghanistan	1769	2505	2587	2655	4.1	2.60
阿尔巴尼亚	Albania	328	336	338	341	0.4	0.82
阿尔及利亚	Algeria	2502	2951	2995	3040	1.9	1.49
安哥拉	Angola	957	1240	1276	1313	3.2	2.87
安提瓜和巴布达	Antigua and Barbuda	6	7	7	7	0.6	0.84
阿根廷	Argentina	3253	3613	3658	3703	1.3	1.23
亚美尼亚	Armenia	355	380	380	380	0.7	0.05
澳大利亚	Australia	1707	1875	1897	1918	1.2	1.13
奥地利	Austria	773	808	809	811	0.5	0.22
阿塞拜疆	Azerbaijan	716	791	798	805	1.2	0.82
巴哈马	Bahamas	26	29	30	30	1.7	1.50
巴林	Bahrain	50	64	67	69	3.2	3.62
孟加拉国	Bangladesh	11003	12656	12879	13105	1.7	1.74
巴巴多斯	Barbados	26	27	27	27	0.3	0.35
白俄罗斯	Belarus	1019	1007	1004	1001	-0.2	-0.30
比利时	Belgium	997	1020	1023	1025	0.3	0.25
伯利兹	Belize	19	22	23	24	2.4	3.35
贝宁	Benin	471	595	611	627	2.9	2.62
不丹	Bhutan	60	76	78	81	2.9	2.93
玻利维亚	Bolivia	657	795	814	833	2.4	2.32
波斯尼亚和黑塞哥维那	Bosnia and Hercegovina	445	376	387	398	2.3	2.65
博茨瓦纳	Botswana	128	156	159	160	2.3	0.87
巴西	Brazil	14796	16605	16823	17041	1.4	1.29
文莱	Brunei Darussalam	26	32	33	34	2.7	2.43
保加利亚	Bulgaria	872	826	821	817	-0.7	-0.50
布基纳法索	Burkina Faso	888	1073	1100	1127	2.4	2.50
布隆迪	Burundi	546	655	668	681	2.2	1.91
柬埔寨	Cambodia	915	1150	1176	1202	2.7	2.23
喀麦隆	Cameroon	1161	1424	1456	1488	2.5	2.16
加拿大	Canada	2779	3025	3049	3075	1.0	0.84
佛得角	Cape Verde	34	42	43	44	2.6	3.04
中非共和国	Central African Rep.	295	360	367	372	2.3	1.37
乍得	Chad	575	728	749	769	2.9	2.75
智利	Chile	1310	1482	1502	1521	1.5	1.28
哥伦比亚	Colombia	3497	4080	4154	4230	1.9	1.81
科摩罗	Comoros	43	53	54	56	2.6	2.49
刚果(金)	Congo, Dem. Rep. of	3700	4818	4958	5095	3.2	2.73
刚果(布)	Congo, Republic of	223	285	293	302	3.0	2.83
哥斯达黎加	Costa Rica	305	365	373	381	2.2	2.12
科特迪瓦	Cote D'Ivoire	1180	1516	1559	1601	3.1	2.70
克罗地亚	Croatia	477	440	437	438	-0.9	0.13
古巴	Cuba	1063	1112	1116	1119	0.5	0.25
塞浦路斯	Cyprus	68	75	75	76	1.1	0.40
捷克共和国	Czech Republic	1036	1029	1028	1027	-0.1	-0.05
丹麦	Denmark	514	530	532	534	0.4	0.32

5-1 续表1 continued

单位：万人

(10000 persons)

国家（地区）	Country or Territory	年中人口数 Mid-year Population Estimates				人口增长率（%） Population Growth Rates (%)	
		1990	1998	1999	2000	年均人口增长率（1991-2000年） Average Annual Population Growth Rates (1991-2000)	2000年增长率 Growth Rate in 2000
吉布提	Djibouti	47	61	62	63	2.9	2.00
多米尼加	Dominican Republic	706	810	824	837	1.7	1.62
厄瓜多尔	Ecuador	1026	1218	1241	1265	2.1	1.87
埃及	Egypt	5244	6158	6277	6398	2.0	1.90
萨尔瓦多	El Salvador	511	604	615	628	2.1	1.97
赤道几内亚	Equatorial Guinea	35	43	45	46	2.6	2.65
厄里特尼亚	Eritrea	314	388	399	410	2.7	2.62
爱沙尼亚	Estonia	157	141	139	137	-1.4	-1.28
埃塞俄比亚	Ethiopia PDR	5118	6127	6278	6430	2.3	2.39
斐济	Fiji	74	79	80	81	1.0	1.35
芬兰	Finland	499	515	517	518	0.4	0.23
法国	France	5674	5840	5862	5889	0.4	0.46
法属波立尼西亚	French Polynesia	20	23	23	24	1.8	1.54
加蓬	Gabon	94	117	120	123	2.7	2.61
冈比亚	Gambia	93	122	126	130	3.4	3.14
格鲁吉亚	Georgia	546	544	502	502	-0.9	-
德国	Germany	7943	8205	8209	8215	0.3	0.08
加纳	Ghana	1514	1845	1887	1931	2.4	2.29
希腊	Greece	1016	1052	1054	1056	0.4	0.21
格林纳达	Grenada	9	10	10	10	0.5	1.03
关岛	Guam	13	15	15	15	1.4	1.65
危地马拉	Guatemala	875	1080	1109	1139	2.6	2.64
几内亚	Guinea	576	709	725	742	2.5	2.24
几内亚比绍	Guinea-Bissau	95	115	117	120	2.4	2.16
圭亚那	Guyana	73	75	76	76	0.4	0.61
海地	Haiti	647	765	780	796	2.1	1.98
洪都拉斯	Honduras	487	610	626	642	2.8	2.50
匈牙利	Hungary	1037	1011	1007	1002	-0.3	-0.46
冰岛	Iceland	25	27	28	28	1.0	1.25
印度	India	84952	97967	99752	101592	1.8	1.83
印度尼西亚	Indonesia	17823	20368	20702	21042	1.7	1.63
伊朗	Iran	5440	6185	6276	6366	1.6	1.42
伊拉克	Iraq	1808	2233	2280	2326	2.5	2.03
爱尔兰	Ireland	351	371	375	379	0.8	1.11
以色列	Israel	466	596	611	623	2.9	2.08
意大利	Italy	5672	5759	5765	5769	0.2	0.08
牙买加	Jamaica	240	258	259	263	0.9	1.65
日本	Japan	12354	12641	12665	12687	0.3	0.17
约旦	Jordan	317	460	474	489	4.3	3.05
哈萨克斯坦	Kazakhstan	1627	1507	1493	1487	-0.9	-0.39
肯尼亚	Kenya	2335	2873	2942	3009	2.5	2.27
吉里巴斯	Kiribati	7	9	9	9	2.3	2.57
朝鲜	Korea,Dem.People's Rep.	1996	2203	2217	2227	1.1	0.44
韩国	Korea, Republic of	4287	4643	4686	4728	1.0	0.89
科威特	Kuwait	213	187	192	198	-2.2	3.07
吉尔吉斯	Kyrgyzstan	440	480	486	492	1.1	1.03
老挝	Laos	413	504	516	528	2.4	2.33

5-1 续表2 continued

单位：万人 (10000 persons)

国家（地区）	Country or Territory	年中人口数 Mid-year Population Estimates 1990	1998	1999	2000	人口增长率（%） Population Growth Rates (%) 年均人口增长率(1991-2000年) Average Annual Population Growth Rates (1991-2000)	2000年增长率 Growth Rate in 2000
拉脱维亚	Latvia	267	245	241	237	-1.2	-1.59
黎 巴 嫩	Lebanon	364	421	427	433	1.7	1.32
莱 索 托	Lesotho	168	198	201	204	1.9	1.32
利比里亚	Liberia	244	296	304	313	2.5	2.78
利 比 亚	Libyan	431	506	517	529	2.0	2.26
立 陶 宛	Lithuania	372	370	370	370	-0.1	-0.11
卢 森 堡	Luxumburg	38	43	43	44	1.4	1.47
马 其 顿	Macedonia, FRY	190	202	202	203	0.7	0.69
马达加斯加	Madagascar	1163	1459	1505	1552	2.9	3.09
马 拉 维	Malawi	851	988	1010	1031	1.9	2.09
马来西亚	Malaysia	1820	2218	2271	2327	2.5	2.44
马尔代夫	Maldives	21	26	27	28	2.6	2.46
马　　里	Mali	846	1033	1058	1084	2.5	2.39
马 耳 他	Malta	36	39	39	39	0.8	0.51
毛里塔尼亚	Mauritania	199	249	258	267	2.9	3.39
毛里求斯	Mauritius	106	116	117	119	1.2	0.99
墨 西 哥	Mexico	8323	9523	9656	9797	1.6	1.44
密克罗尼西亚	Micronesia, Fed States of	10	11	12	12	2.1	1.79
摩尔多瓦	Moldova	436	430	429	428	-0.2	-0.19
蒙　　古	Mongolia	211	236	238	240	1.3	0.82
摩 洛 哥	Morocco	2404	2778	2824	2871	1.8	1.64
莫桑比克	Mozambique	1415	1697	1730	1769	2.2	2.24
缅　　甸	Myanmar	4052	4655	4718	4775	1.6	1.20
纳米比亚	Namibia	138	168	172	176	2.4	2.23
尼 泊 尔	Nepal	1814	2197	2250	2304	2.4	2.39
荷　　兰	Netherlands	1495	1570	1581	1592	0.6	0.72
荷属安的列斯	Netherlands Antilles	19	21	21	22	1.3	0.86
新喀里多尼亚	New Caledeonia	17	21	21	21	2.4	1.75
新 西 兰	New Zealand	344	379	381	383	1.1	0.53
尼加拉瓜	Nicaragua	382	481	494	507	2.8	2.60
尼 日 尔	Niger	771	1012	1048	1083	3.4	3.34
尼日利亚	Nigeria	9620	12082	12390	12691	2.8	2.40
挪　　威	Norway	424	443	446	449	0.6	0.69
阿　　曼	Oman	163	230	235	240	3.8	1.98
巴基斯坦	Pakistan	10798	13158	13479	13808	2.5	2.41
巴 拿 马	Panama	240	276	281	286	1.7	1.59
巴布亚新几内亚	Papua New Guinea	398	488	501	513	2.5	2.45
巴 拉 圭	Paraguay	422	522	536	550	2.6	2.53
秘　　鲁	Peru	2157	2480	2523	2566	1.7	1.69
菲 律 宾	Philippines	6104	7278	7419	7558	2.1	1.85
波　　兰	Poland	3812	3867	3865	3865	0.1	-0.01
葡 萄 牙	Portugal	990	997	999	1001	0.1	0.19
波多黎各	Puerto Rico	354	386	389	392	1.0	0.78
卡 塔 尔	Qatar	49	55	57	58	1.9	3.44
罗马尼亚	Romania	2321	2250	2246	2244	-0.3	-0.10
俄 罗 斯	Russian Federation	14829	14690	14631	14556	-0.2	-0.52
卢 旺 达	Rwanda	695	811	831	851	1.7	2.35
萨 摩 亚	Samoa	16	17	17	17	0.6	0.57

5-1 续表3 continued

单位：万人 (10000 persons)

国家（地区）	Country or Territory	年中人口数 Mid-year Population Estimates 1990	1998	1999	2000	人口增长率（%） Population Growth Rates (%) 年均人口增长率（1991-2000年） Average Annual Population Growth Rates (1991-2000)	2000年增长率 Growth Rate in 2000
圣多美和普林西比	Sao Tome and Principe	12	14	14	15	2.5	2.12
沙特阿拉伯	Saudi Arabia	1580	1969	2020	2072	2.7	2.57
塞内加尔	Senegal	733	903	929	953	2.6	2.59
塞舌尔	Seychelles	7	8	8	8	1.5	1.49
塞拉利昂	Sierra Leone	400	483	493	503	2.3	1.98
新加坡	Singapore	305	392	395	402	2.8	1.66
斯洛伐克	Slovak Republic	528	539	540	540	0.2	0.12
斯洛文尼亚	Slovenia	200	198	199	199	-0.1	0.13
所罗门群岛	Solomon Islands	32	42	43	45	3.4	3.42
索马里	Somalia	716	818	847	878	2.0	3.56
南非	South Africa	3520	4140	4211	4280	2.0	1.64
西班牙	Spain	3884	3937	3942	3947	0.2	0.12
斯里兰卡	Sri Lanka	1702	1877	1904	1936	1.3	1.65
圣基茨尼维斯	St. Kitts and Nevis	4	4	4	4	-0.2	0.29
圣卢西亚	St. Lucia	13	15	15	16	1.5	1.49
圣文森特	St. Vincent & Grens	11	11	11	12	0.7	0.80
苏丹	Sudan	2482	2998	3056	3110	2.3	1.73
苏里南	Suriname	40	41	41	42	0.4	0.59
斯威士兰	Swaziland	77	99	102	105	3.1	2.47
瑞典	Sweden	856	885	886	887	0.4	0.13
瑞士	Switzerland	671	711	714	718	0.7	0.56
叙利亚	Syrian Arab Republic	1212	1540	1579	1619	2.9	2.48
塔吉克斯坦	Tajikistan	530	613	616	617	1.5	0.23
坦桑尼亚	Tanzania	2547	3213	3292	3370	2.8	2.32
泰国	Thailand	5560	5979	6025	6073	0.9	0.80
多哥	Togo	345	426	439	453	2.7	3.10
汤加	Tonga	10	10	10	10	0.4	0.60
特立尼达和多巴哥	Trinidad And Tobago	122	129	129	130	0.7	0.64
突尼斯	Tunisia	815	933	946	956	1.6	1.13
土耳其	Turkey	5613	6339	6434	6529	1.5	1.47
土库曼斯坦	Turkmenistan	367	492	510	520	3.5	1.98
乌干达	Uganda	1633	2104	2162	2221	3.1	2.69
乌克兰	Ukraine	5189	5030	4991	4950	-0.5	-0.81
阿拉伯联合酋长国	United Arab Emirates	184	272	282	291	4.5	3.15
英国	United Kingdom	5756	5926	5950	5974	0.4	0.40
美国	United States	24944	27489	27823	28155	1.2	1.19
乌拉圭	Uruguay	311	329	331	334	0.7	0.72
乌兹别克斯坦	Uzbekistan	2051	2405	2440	2475	1.9	1.43
瓦努阿图	Vanuatu	15	19	19	20	2.9	2.05
委内瑞拉	Venezuela	1950	2324	2371	2417	2.1	1.93
越南	Viet Nam	6620	7652	7752	7852	1.7	1.29
美属维尔京群岛	Virgin Islands (US)	10	12	12	12	1.5	1.15
约旦河西岸和加沙地带	West Bank	197	273	284	297	4.1	4.27
也门	Yemen, Republic of	1188	1660	1705	1751	3.8	2.66
南斯拉夫	Yugoslavia, Fed. Rep.	1053	1062	1063	1064	0.1	0.07
赞比亚	Zambia	778	967	988	1009	2.6	2.08
津巴布韦	Zimbabwe	1024	1215	1239	1263	2.1	1.91

5-2 人口性别和年龄构成（2000年）

Gender and Age Composition of Population (2000)

资料来源：世界银行数据库。
Source: World Bank Database.

单位：万人 (10000 persons)

国家（地区）	Country or Territory	年龄构成 Age Composition 0-14岁 Age 0-14	男 Male	15-64岁 Age 15-64	男 Male	65岁以上 Age 65+	男 Male	负担系数② (%) Age Dependency Ratio② (%)
中国	China	28979	15370	88793	50941	8811	2025	47.97 ①
中国香港	Hong Kong, China	111	57	497	255	72	34	38.94
中国澳门	Macao, China	10	5	31	15	3	1	44.21
孟加拉国	Bangladesh	5072	2606	7624	3944	409	206	69.61
印度	India	34026	17589	62522	32411	5044	2392	63.12
印度尼西亚	Indonesia	6472	3291	13556	6805	1014	458	54.09
伊朗	Iran	2381	1224	3771	1933	214	102	62.69
以色列	Israel	176	90	386	192	61	26	59.35
日本	Japan	1866	957	8642	4344	2179	909	46.54
哈萨克斯坦	Kazakhstan	401	204	984	483	102	34	52.03
朝鲜	Korea, Dem. People's Rep.	590	302	1505	760	131	56	48.17
韩国	Korea, Rep.	985	521	3408	1729	334	129	39.37
马来西亚	Malaysia	793	408	1437	727	96	44	61.57
蒙古	Mongolia	84	43	146	73	9	4	62.71
缅甸	Myanmar	1581	799	2975	1474	219	101	48.85
巴基斯坦	Pakistan	5769	2973	7531	3873	508	253	81.71
菲律宾	Philippines	2837	1449	4454	2239	267	117	67.52
新加坡	Singapore	88	45	285	144	29	13	41.35
斯里兰卡	Sri Lanka	509	259	1306	674	121	61	48.31
泰国	Thailand	1619	818	4137	2046	317	140	44.30
土耳其	Turkey	1961	998	4192	2126	377	173	52.02
越南	Viet Nam	2620	1330	4812	2390	420	194	61.79
埃及	Egypt	2262	1157	3871	1965	265	116	64.07
尼日利亚	Nigeria	5718	2905	6586	3312	387	179	87.21
南非	South Africa	1456	731	2671	1319	153	58	58.94
加拿大	Canada	588	301	2099	1055	387	166	46.06
墨西哥	Mexico	3247	1656	6087	2983	463	208	60.54
美国	United States	6114	3130	18578	9316	3462	1437	50.97
阿根廷	Argentina	1026	521	2317	1148	359	147	59.50
巴西	Brazil	4908	2495	11257	5540	876	382	51.37
委内瑞拉	Venezuela	823	420	1487	747	108	49	62.28
白俄罗斯	Belarus	187	96	680	327	133	43	46.70
保加利亚	Bulgaria	129	66	556	275	132	56	46.50
捷克共和国	Czech Republic	169	86	717	359	142	55	43.30
法国	France	1103	565	3845	1922	941	382	52.34
德国	Germany	1276	656	5592	2851	1348	514	46.02
意大利	Italy	824	423	3903	1947	1043	428	47.17
荷兰	Netherlands	291	149	1083	551	217	89	46.97
波兰	Poland	740	380	2656	1320	469	179	45.79
罗马尼亚	Romania	409	209	1535	763	299	125	45.55
俄罗斯	Russian Federation	2613	1336	10124	4909	1818	571	43.60
西班牙	Spain	581	299	2697	1351	669	279	45.85
乌克兰	Ukraine	883	451	3383	1623	684	225	46.16
英国	United Kingdom	1133	581	3900	1968	941	391	53.17
南斯拉夫	Yugoslavia	213	110	711	359	139	60	51.40
澳大利亚	Australia	394	202	1290	650	235	103	48.29
新西兰	New Zealand	88	45	250	124	45	20	51.81

注：①世界银行统计数据。②指0-14岁和65岁及以上人口与15-64岁人口之比，用百分数表示。
① Data from World Bank. ② Dependency ratios are the ratio of dependents-people younger than 15 and older than 64-to the working-age population-those between ages 15-64.

5-3 人口出生率、死亡率和自然增长率

Birth Rate, Death Rate and Natural Growth Rate

资料来源：世界银行数据库。
Source: World Bank Database.
单位：‰ ‰

国家（地区）	Country or Territory	人口出生率 Birth Rate		人口死亡率 Death Rate		人口自然增长率 Natural Growth Rate	
		1990	2000	1990	2000	1990	2000
世　界	**World**	**25.5**	**21.5**	**9.2**	**9.1**	**16.4**	**12.4**
中　国	China	21.1	14.0	6.7	6.5	14.4	7.6
中国香港	Hong Kong, China	12.3	8.0	5.0	4.9	7.3	3.1
中国澳门	Macao, China	19.2	8.8	5.0	3.1	14.3	5.7
孟加拉国	Bangladesh	32.7	28.2	12.4	8.8	20.3	19.4
印　度	India	30.2	25.3	9.7	8.8	20.5	16.5
印度尼西亚	Indonesia	25.4	21.7	8.5	7.4	16.9	14.3
伊　朗	Iran	30.8	22.1	7.2	5.8	23.6	16.3
以色列	Israel	22.2	21.1	6.8	6.1	15.4	15.0
日　本	Japan	10.0	9.4	6.7	8.2	3.3	1.2
哈萨克斯坦	Kazakhstan	21.7	14.6	7.7	10.2	14.0	4.4
朝　鲜	Korea, Dem. People's	20.7	18.1	6.5	10.7	14.2	7.4
韩　国	Korea, Rep.	16.3	12.9	6.3	5.7	10.0	7.1
马来西亚	Malaysia	28.9	24.5	4.9	4.4	24.1	20.1
蒙　古	Mongolia	30.9	21.6	8.2	6.4	22.8	15.3
缅　甸	Myanmar	30.5	24.6	12.6	11.9	17.9	12.7
巴基斯坦	Pakistan	41.4	33.8	12.6	7.9	28.8	26.0
菲律宾	Philippines	32.4	26.8	6.7	5.3	25.8	21.5
新加坡	Singapore	18.4	11.8	4.8	3.9	13.6	7.9
斯里兰卡	Sri Lanka	21.2	17.5	6.1	5.9	15.1	11.6
泰　国	Thailand	20.9	17.1	6.0	7.2	14.9	9.9
土耳其	Turkey	24.8	20.5	7.4	6.5	17.4	14.0
越　南	Viet Nam	28.8	19.4	7.3	5.8	21.5	13.6
埃　及	Egypt	31.1	25.0	9.5	6.5	21.7	18.6
尼日利亚	Nigeria	43.8	39.6	14.6	16.2	29.2	23.4
南　非	South Africa	31.9	25.8	9.2	16.0	22.7	9.9
加拿大	Canada	15.0	10.9	7.3	7.5	7.7	3.4
墨西哥	Mexico	31.7	24.8	5.4	5.2	26.3	19.7
美　国	United States	16.7	14.8	8.6	8.8	8.1	6.0
阿根廷	Argentina	21.0	18.8	8.3	7.8	12.6	11.0
巴　西	Brazil	23.6	19.7	7.5	7.2	16.1	12.5
委内瑞拉	Venezuela	28.6	22.4	4.8	4.4	23.7	18.0
白俄罗斯	Belarus	13.9	9.4	10.7	14.1	3.2	-4.7
保加利亚	Bulgaria	12.1	9.0	12.4	14.1	-0.3	-5.1
捷克共和国	Czech Republic	12.7	8.8	12.5	10.6	0.2	-1.8
法　国	France	13.4	13.2	9.3	9.1	4.1	4.1
德　国	Germany	11.4	9.2	11.5	10.5	-0.1	-1.4
意大利	Italy	10.0	9.1	9.4	10.4	0.6	-1.4
荷　兰	Netherlands	13.2	13.0	8.6	9.1	4.6	3.9
波　兰	Poland	14.3	10.2	10.2	10.0	4.1	0.2
罗马尼亚	Romania	13.7	10.4	10.6	11.4	3.1	-1.0
俄罗斯	Russian Federation	13.4	8.8	11.2	14.9	2.2	-6.1
西班牙	Spain	10.3	9.9	8.5	9.0	1.8	0.9
乌克兰	Ukraine	12.7	8.7	12.1	14.8	0.6	-6.1
英　国	United Kingdom	13.9	11.5	11.1	10.8	2.8	0.7
南斯拉夫	Yugosalvia	14.9	12.3	9.3	11.1	5.6	1.2
澳大利亚	Australia	15.4	12.9	7.0	7.0	8.4	5.9
新西兰	New Zealand	17.4	15.2	8.1	7.2	9.3	8.1

5-4 生殖健康

Reproductive Health

资料来源：世界银行《世界发展指标》2002年。
Source: World Bank "World Development Indicators" 2002.

国家（地区）	Country or Territory	总和生育率 Total Fertility Rate	少女生育率①（‰） Adolescent Fertility Rate ①（‰）	避孕普及率②（‰） Contraceptive Prevalence Rate ②（‰）	产妇死亡率③（1/10000） Maternal MortalityRatio ③（1/10000）
		2000	2000	1990-2000	1990-1998
世　界	**World**	**2.7**	**69**		
中　国④	China ④	1.9	17	83	55
中国香港	Hong Kong, China	1.0	7		
孟加拉国	Bangladesh	3.1	142	54	440
印　度	India	3.1	104	52	410
印度尼西亚	Indonesia	2.5	60	57	450
伊　朗	Iran	2.6	45	73	37
以色列	Israel	2.8	19		5
日　本	Japan	1.4	4		8
哈萨克斯坦	Kazakhstan	2.0	40	66	70
朝　鲜	Korea, Dem. People's	2.1	2		110
韩　国	Korea, Rep.	1.4	4		20
马来西亚	Malaysia	3.0	25		39
蒙　古	Mongolia	2.6	58	60	150
缅　甸	Myanmar	3.0	29		230
巴基斯坦	Pakistan	4.7	64	28	
菲律宾	Philippines	3.4	33	47	170
新加坡	Singapore	1.5	9		6
斯里兰卡	Sri Lanka	2.1	20		60
泰　国	Thailand	1.9	65	72	44
土耳其	Turkey	2.4	60	64	130
越　南	Viet Nam	2.2	31	75	160
埃　及	Egypt	3.3	53	56	170
尼日利亚	Nigeria	5.3	128	15	700
南　非	South Africa	2.9	70	62	
加拿大	Canada	1.6	20		
墨西哥	Mexico	2.6	64	65	55
美　国	United States	2.1	48	64	8
阿根廷	Argentina	2.5	61		38
巴　西	Brazil	2.2	70	77	160
委内瑞拉	Venezuela	2.8	98		60
白俄罗斯	Belarus	1.3	28		28
保加利亚	Bulgaria	1.3	49		15
捷克共和国	Czech Republic	1.2	23	69	9
法　国	France	1.9	9	71	10
德　国	Germany	1.4	13		8
意大利	Italy	1.2	8		7
荷　兰	Netherlands	1.7	4	75	15
波　兰	Poland	1.4	21		8
罗马尼亚	Romania	1.3	36	48	41
俄罗斯	Russian Federation	1.2	46	34	50
西班牙	Spain	1.2	9		6
乌克兰	Ukraine	1.2	43	68	27
英　国	United Kingdom	1.7	28		7
南斯拉夫	Yugosalvia	1.7	32		10
澳大利亚	Australia	1.8	18		
新西兰	New Zealand	2.1	30		15

注：①指每千名15-19岁妇女中生育的妇女人数。②指15-49岁，本人或其性伙伴采取了避孕措施的妇女人数。③指每十万个活婴中，怀孕和生产时死亡的妇女人数。④世界银行统计数据。

Note: ① Adolescent fertility rate is the number of births per 10000 women ages 15-19. ② Contraceptive prevalence rate is the percent age of women who are practicing,or whose sexual partners are practicing, any form of contraception. It is usually measured for married women ages 15-49 only. ③ Maternal mortality ratio is the number of women who die during pregnancy and childbirth, per 100000 live births. ④ Data from World Bank.

5-5 婴儿死亡率和平均预期寿命

Infant Mortality Rate and Life Expectancy at Birth

资料来源：世界银行数据库。
Source: World Bank Database.

国家（地区）	Country or Territory	婴儿死亡率（‰）Infant Mortality Rate (‰)		平均预期寿命 （岁）Life Expectancy at Birth (years)	
		1990	2000	1990	2000
世　　界	**World**	**61.3**	**53.8**	**65.3**	**66.5**
中　　国	China	38.0 ①	32.0 ①	70.8	71.4
中国香港	Hong Kong,China	6.2	2.9	77.6	79.8
中国澳门	Macao,China	9.6	2.9	76.9	78.9
孟加拉国	Bangladesh	90.6	60.0	54.8	61.2
印　　度	India	80.0	69.2	59.1	62.8
印度尼西亚	Indonesia	60.0	40.9	61.7	66.0
伊　　朗	Iran	54.0	33.2	64.7	69.1
以 色 列	Israel	9.9	5.5	76.1	78.4
日　　本	Japan	4.6	3.8	78.8	80.7
哈萨克斯坦	Kazakhstan	26.3	21.1	68.3	65.5
朝　　鲜	Korea, Dem. People's	44.8	54.4	65.5	60.7
韩　　国	Korea, Rep.	12.2	8.2	70.3	73.2
马来西亚	Malaysia	15.8	7.9	70.5	72.5
蒙　　古	Mongolia	73.0	56.0	62.7	67.0
缅　　甸	Myanmar	100.4	89.0	54.7	56.1
巴基斯坦	Pakistan	110.4	83.3	59.1	63.0
菲 律 宾	Philippines	37.0	30.7	65.6	69.3
新 加 坡	Singapore	6.7	2.9	74.3	77.7
斯里兰卡	Sri Lanka	18.5	15.0	70.2	73.1
泰　　国	Thailand	37.0	27.9	68.5	68.8
土 耳 其	Turkey	58.0	34.5	66.1	69.7
越　　南	Viet Nam	40.0	27.5	64.8	69.1
埃　　及	Egypt	67.8	41.8	62.8	67.5
尼日利亚	Nigeria	86.4	84.4	49.1	46.8
南　　非	South Africa	55.0	62.8	61.9	47.8
加 拿 大	Canada	6.8	5.2	77.2	78.9
墨 西 哥	Mexico	36.4	29.2	70.8	73.0
美　　国	United States	9.4	7.1	75.2	77.1
阿 根 廷	Argentina	25.2	17.4	71.6	73.9
巴　　西	Brazil	47.8	31.7	65.6	68.1
委内瑞拉	Venezuela	24.6	19.4	71.2	73.3
白俄罗斯	Belarus	11.9	11.3	70.8	68.1
保加利亚	Bulgaria	14.8	13.3	71.4	71.5
捷克共和国	Czech Republic	10.8	4.1	71.7	74.8
法　　国	France	7.3	4.4	76.7	78.9
德　　国	Germany	7.0	4.5	75.1	77.4
意 大 利	Italy	8.2	5.4	77.1	78.7
荷　　兰	Netherlands	7.1	4.9	76.9	77.9
波　　兰	Poland	19.3	8.6	70.9	73.3
罗马尼亚	Romania	26.9	18.7	69.7	69.9
俄 罗 斯	Russian Federation	17.4	16.2	68.9	65.3
西 班 牙	Spain	7.6	3.9	76.7	78.2
乌 克 兰	Ukraine	12.9	12.8	70.1	68.3
英　　国	United Kingdom	7.9	5.6	75.6	77.3
南斯拉夫	Yugoslavia	22.8	13.0	71.6	72.5
澳大利亚	Australia	8.0	5.3	77.0	78.9
新 西 兰	New Zealand	8.3	5.9	75.3	78.2

注：①世界银行统计数据。
Note: ① Data from World Bank.

5-6 结婚率与离婚率

Marriage Rate and Divorce Rate

资料来源：联合国《人口统计年鉴》1999 年。
Source: UN"Demographic Yearbook"1999.
单位：‰ (‰)

国家（地区）	Country or Territory	结婚率 Marriage Rate				离婚率 Divorce Rate			
		1990	1997	1998	1999	1990	1997	1998	1999
中　国	China	8.4	7.4	7.1	7.0	1.4	1.9	1.9	1.9
中国香港	Hong Kong, China	8.2	5.8	4.7		1.0	1.6	2.0	2.0
中国澳门	Macao, China	5.4	4.0	3.4	3.1		0.7	0.6	0.7
孟加拉国	Bangladesh		9.5						
伊　朗	Iran	8.3	8.4			0.7	0.7		
以色列	Israel	6.8	6.5			1.4	1.6		
日　本	Japan	5.8	6.2	6.2		1.3	1.8	1.9	
哈萨克斯坦	Kazakhstan	9.9	6.5	6.4	5.7	2.6	2.3	2.4	
韩　国	Korea, Rep.	9.3	7.9	6.6		1.0	1.8	2.1	
蒙　古	Mongolia		6.1	5.8			0.4	0.4	
新加坡	Singapore	9.0	6.9	6.0	6.6	1.2	1.3	1.4	1.3
斯里兰卡	Sri Lanka	8.9							
泰　国	Thailand	7.5							
土耳其	Turkey	8.2	8.3	7.6		0.5	0.5	0.5	
埃　及	Egypt		8.2				1.2		
南　非	South Africa			3.5					
加拿大	Canada	7.1	5.1			2.9	2.3		
墨西哥	Mexico	7.5	7.5	7.5	7.4	0.5	0.4	0.5	
美　国	United States	9.8	8.9	8.3		4.7	4.3	4.2	
阿根廷	Argentina	5.7							
巴　西	Brazil	5.4				0.5			
委内瑞拉	Venezuela	5.5	3.8	3.7		1.1			
白俄罗斯	Belarus	9.7	6.8	7.0	7.2	3.4	4.6	4.6	4.7
保加利亚	Bulgaria	6.7	4.2	4.3	4.2	1.3	1.1	1.3	
捷克共和国	Czech Republic		5.6	5.3	5.2		3.2	3.1	2.3
法　国	France	5.1	4.9	4.8	4.8	1.9	2.0		
德　国	Germany	6.5	5.2	5.1	5.2		2.3		
意大利	Italy	5.4	4.7			0.5			
荷　兰	Netherlands	6.4	5.4	5.5	5.6	1.9	2.2	2.1	2.0
波　兰	Poland	7.2	5.3	5.4	5.7	1.1	1.1	1.2	1.1
罗马尼亚	Romania	8.3	6.5	6.5		1.4	1.5	1.8	
俄罗斯	Russian Federation	8.9	6.3	5.8	6.3	3.8	3.8	3.4	3.7
西班牙	Spain	5.6	5.0				0.9		
乌克兰	Ukraine	9.3	6.8	6.2		3.7	3.7	3.6	
英　国	United Kingdom	6.5	5.3	5.1		2.9			
南斯拉夫	Yugoslavia	6.2	5.3	5.0		1.0	0.8		
澳大利亚	Australia	6.9	5.8	5.9	6.0	2.5			
新西兰	New Zealand	6.9	5.3	5.3		2.7	2.6	2.7	

5-7 城市人口比重

Urban Population as Percentage of Total Population

资料来源：世界银行数据库。
Source: World Bank Database.
单位：%　　(%)

国家（地区）	Country or Territory	1990	1997	1998	1999	2000
世　界	**World**	**43.4**	**46.0**	**46.3**	**46.6**	**47.0**
中　国	China	26.4	29.9	30.4	30.9	36.2
中国香港	Hong Kong, China	99.9	100.0	100.0	100.0	100.0
中国澳门	Macao, China	98.7	98.8	98.8	98.8	98.8
孟加拉国	Bangladesh	19.3	22.9	23.4	24.0	24.5
印　度	India	25.5	27.4	27.8	28.1	28.4
印度尼西亚	Indonesia	30.6	37.7	38.8	39.8	40.9
伊　朗	Iran	56.3	60.0	60.6	61.1	61.6
以色列	Israel	90.3	90.9	91.0	91.1	91.2
日　本	Japan	77.4	78.4	78.5	78.7	78.8
哈萨克斯坦	Kazakhstan	57.0	56.4	56.4	56.4	56.4
朝　鲜	Korea, Dem. People's	58.4	59.5	59.8	60.0	60.2
韩　国	Korea, Rep.	73.8	79.7	80.4	81.2	81.9
马来西亚	Malaysia	49.8	55.2	55.9	56.7	57.4
蒙　古	Mongolia	58.0	58.2	58.4	58.5	58.6
缅　甸	Myanmar	24.6	26.6	26.9	27.3	27.7
巴基斯坦	Pakistan	31.9	35.4	35.9	36.5	37.0
菲律宾	Philippines	48.8	55.8	56.8	57.7	58.6
新加坡	Singapore	100.0	100.0	100.0	100.0	100.0
斯里兰卡	Sri Lanka	21.3	22.7	23.0	23.3	23.6
泰　国	Thailand	18.7	20.6	21.0	21.3	21.6
土耳其	Turkey	61.2	71.6	72.9	74.1	75.3
越　南	Viet Nam	19.7	21.6	22.6	23.5	24.0
埃　及	Egypt	44.1	44.7	44.9	45.0	45.2
尼日利亚	Nigeria	35.0	41.3	42.2	43.1	44.0
南　非	South Africa	48.8	54.0	54.4	54.7	55.0
加拿大	Canada	76.6	76.8	76.9	77.0	77.1
墨西哥	Mexico	72.5	73.8	74.0	74.2	74.4
美　国	United States	75.2	76.5	76.8	77.0	77.2
阿根廷	Argentina	86.5	88.6	88.9	89.1	89.4
巴　西	Brazil	74.7	79.5	80.1	80.7	81.3
委内瑞拉	Venezuela	84.0	86.4	86.8	87.1	87.4
白俄罗斯	Belarus	67.0	69.8	69.3	69.7	70.3
保加利亚	Bulgaria	66.5	68.6	69.0	69.3	69.6
捷克共和国	Czech Republic	74.8	74.6	74.6	74.7	74.7
法　国	France	74.0	75.1	75.2	75.4	75.6
德　国	Germany	85.3	86.9	87.1	87.3	87.5
意大利	Italy	66.7	66.8	66.8	66.9	67.0
荷　兰	Netherlands	88.7	89.2	89.2	89.3	89.4
波　兰	Poland	61.8	64.5	64.8	65.2	65.6
罗马尼亚	Romania	53.6	55.5	55.8	56.1	56.4
俄罗斯	Russian Federation	73.8	73.1	73.1	73.1	73.1
西班牙	Spain	75.4	76.9	77.2	77.4	77.6
乌克兰	Ukraine	66.9	67.7	67.9	67.9	68.0
英　国	United Kingdom	89.1	89.3	89.4	89.4	89.5
澳大利亚	Australia	85.1	84.7	84.7	84.7	84.7
新西兰	New Zealand	84.7	86.3	86.5	86.7	86.9

5-8 农业人口比重

Agriculture Population as Percentage of Total Population

资料来源：联合国粮农组织数据库。
Source: FAO Database.
单位：% (%)

国家（地区）	Country or Territory	1990	1997	1998	1999	2000
世界总计	**World**	**46.4**	**43.6**	**43.2**	**42.8**	**42.4**
亚　洲	**Asia**	**58.9**	**54.5**	**54.0**	**53.4**	**52.9**
中　国①	China ①	71.9	68.2	67.7	67.1	66.6
孟加拉国	Bangladesh	65.2	58.6	57.6	56.6	55.6
印　度	India	58.2	55.1	54.6	54.1	53.7
印度尼西亚	Indonesia	50.9	46.1	45.4	44.8	44.1
伊　朗	Iran	32.1	27.9	27.4	26.9	26.4
以色列	Israel	4.1	3.1	2.9	2.8	2.7
日　本	Japan	7.0	4.6	4.4	4.1	3.9
哈萨克斯坦	Kazakhstan		21.1	20.6	20.2	19.8
朝　鲜	Korea, Dem. People's	38.0	32.4	31.6	30.9	30.1
韩　国	Korea, Rep.	16.1	10.6	10.0	9.3	8.8
马来西亚	Malaysia	26.0	19.9	19.2	18.4	17.7
蒙　古	Mongolia	32.0	26.5	25.7	25.0	24.3
缅　甸	Myanmar	73.3	71.1	70.8	70.5	70.2
巴基斯坦	Pakistan	55.5	52.3	51.8	51.4	50.9
菲律宾	Philippines	45.6	41.2	40.6	40.0	39.3
新加坡	Singapore	0.4	0.2	0.2	0.2	0.1
斯里兰卡	Sri Lanka	49.2	47.2	46.9	46.6	46.3
泰　国	Thailand	56.9	51.4	50.6	49.8	49.0
土耳其	Turkey	37.3	32.6	32.0	31.4	30.7
越　南	Viet Nam	71.2	68.5	68.1	67.7	67.3
非　洲	**Africa**	**60.8**	**57.1**	**56.6**	**56.1**	**55.6**
埃　及	Egypt	43.9	38.8	38.1	37.4	36.6
尼日利亚	Nigeria	43.0	36.1	35.2	34.2	33.3
南　非	South Africa	19.6	15.7	15.2	14.7	14.2
北美洲	**North America**	**13.0**	**11.4**	**11.2**	**11.0**	**10.8**
加拿大	Canada	3.7	2.8	2.7	2.6	2.6
墨西哥	Mexico	30.3	25.5	24.8	24.2	23.6
美　国	United States	3.0	2.4	2.4	2.3	2.2
南美洲	**South America**	**23.6**	**19.7**	**19.2**	**18.7**	**18.2**
阿根廷	Argentina	12.4	11.3	11.2	11.1	10.1
巴　西	Brazil	23.0	18.3	17.6	17.1	16.5
委内瑞拉	Venezuela	14.0	10.7	10.3	9.9	9.5
欧　洲	**Europe**	**10.2**	**9.4**	**9.1**	**8.8**	**8.5**
白俄罗斯	Belarus		14.9	14.3	13.7	13.2
保加利亚	Bulgaria	14.3	9.2	8.6	8.1	7.6
捷克共和国	Czech Republic		9.0	8.7	8.4	8.2
法　国	France	5.5	3.9	3.7	3.5	3.4
德　国	Germany	4.0	2.9	2.8	2.6	2.5
意大利	Italy	8.6	6.2	5.9	5.6	5.3
荷　兰	Netherlands	4.6	3.7	3.6	3.5	3.4
波　兰	Poland	25.1	21.0	20.5	20.0	20.4
俄罗斯	Romania	22.1	16.0	15.3	14.6	13.9
罗马尼亚	Russian Federation		11.4	11.1	10.8	10.5
西班牙	Spain	11.8	8.5	8.1	7.7	7.3
英　国	United Kingdom	2.2	1.9	1.9	1.8	1.8
乌克兰	Ukraine		17.5	17.0	16.4	15.9
南斯拉夫	Yugoslavia		22.6	21.7	20.8	19.9
大洋洲	**Oceania**	**20.6**	**20.1**	**20.0**	**20.0**	**19.9**
澳大利亚	Australia	5.5	4.8	4.7	4.7	4.6
新西兰	New Zealand	10.1	9.2	9.0	8.9	[illegible]

注：①联合国粮农组织数据。
Note: ① Data from FAO.

主要统计指标解释

人口数 指某一时点（通常为年中和年末）、某地域范围内的具有同一特征的人的集合。本年鉴中国家和地区人口数据有人口普查数、根据抽样调查得出的估算数（针对缺少人口普查的地区）、人口普查中期、后期估算和从人口登记中得出的数据。

（粗）出生率 指在一定时期（通常为一年）内所出生的人数与年中人数之比，一般用千分率表示。为估计数。

（粗）死亡率 指在一定时期（通常为一年）内死亡人数与年中人数之比，一般用千分率表示。为估计数。

总和生育率 是一个妇女活到育龄期结束，并按普遍的特定年龄生育率生育孩子的话，她可能生育的孩子数量。

结婚率 指在一定时期（通常为一年）内平均每千人口中的结婚对数，一般用千分率表示。

离婚率 指在一定时期（通常为一年）内平均每千人口中的离婚对数，一般用千分率表示。

出生时的平均期望寿命 表示一批人出生后平均一生可能存活的年数。

Explanatory Notes on Main Statistical Indicators

Total Population, that is, at a certain point of time(end-year or mid-year), those pertaining to the size, geographical distribution and demographic characteristics of the population. Data for countries or areas include population census figures,estimates based on results of sample surverys(in the absence of a census),postcensal or intercensal estimates and those derived from continuous population registers.

Crude Birth Rate refers to the ratio of the number of births to the mid-year population during a certain periode of time(usually a year)which is often expressed in ‰.

Crude Death Rate refers to the ratio of the number of deaths to the mid-year population during a certain period of time(usually a year)which is often expressed in ‰.

Total Fertility Rate is the number of children that would be born to a woman if she were to live to the end of her childbearing years and bear children in accordance with current age-specific fertility rates.

Marriage Rate: Rates are the number of legal (recognized) marriages performed and registered per 1000 mid-year population which is often expressed in ‰.

Divorce Rate: Rates are the number of legal (recognized) divorce performed and registered per 1000 mid-year population which is often expressed in ‰.

Life Expectancy at Birth: Average number of years of life remaining to persons surviving to exact age,if subject to mortality conditions of the period indicated.

六 就业和工资

Employment and Wages

6-1 经济活动人口

Economically Active Population

资料来源：联合国粮农组织数据库。
Source: FAO Database.

单位：万人 (10 000 persons)

国家（地区）	Country or Territory	1990	1997	1998	1999	2000
世界总计	**World**	**249761**	**281889**	**286512**	**291143**	**294812**
亚　洲	**Asia**	**152679**	**176910**	**179941**	**182972**	**184627**
中　国①	China ①	64483	70580	71407	71983	73992
孟加拉国	Bangladesh	5360	6272	6458	6650	6961
印　度	India	35863	42034	42885	43733	44216
印度尼西亚	Indonesia	8016	9571	9808	10046	10256
伊　朗	Iran	1774	2117	2196	2274	2417
以色列	Israel	178	247	255	262	259
日　本	Japan	6413	6707	6744	6781	6837
哈萨克斯坦	Kazakhstan		791	791	792	800
朝　鲜	Korea, Dem. People's	1028	1192	1213	1234	1142
韩　国	Korea, Rep.	1963	2257	2301	2344	2397
马来西亚	Malaysia	726	880	902	924	943
蒙　古	Mongolia	102	126	130	134	130
缅　甸	Myanmar	2094	2469	2522	2577	2568
巴基斯坦	Pakistan	4003	5309	5489	5674	5208
菲律宾	Philippines	2403	2965	3045	3125	3136
新加坡	Singapore	154	173	175	176	201
斯里兰卡	Sri Lanka	708	781	796	811	854
泰　国	Thailand	3138	3551	3607	3662	3738
土耳其	Turkey	2429	2952	3034	3117	3121
越　南	Viet Nam	3358	3959	4032	4104	4088
非　洲	**Africa**	**26200**	**31446**	**32275**	**33115**	**34256**
埃　及	Egypt	1960	2400	2468	2538	2579
尼日利亚	Nigeria	3395	4204	4317	4431	4513
南　非	South Africa	1419	1576	1605	1633	1803
北美洲	**North America**	**19814**	**22273**	**22642**	**23012**	**23380**
加拿大	Canada	1465	1622	1642	1661	1656
墨西哥	Mexico	3066	3754	3859	3965	4072
美　国	United States	12835	13857	13997	14133	14511
南美洲	**South America**	**12078**	**14138**	**14447**	**14759**	**15073**
阿根廷	Argentina	1220	1410	1439	1469	1500
巴　西	Brazil	6554	7498	7634	7770	7925
委内瑞拉	Venezuela	727	905	933	960	988
欧　洲	**Europe**	**23367**	**35775**	**35868**	**35957**	**35959**
白俄罗斯	Belarus		545	544	543	541
保加利亚	Bulgaria	444	430	428	425	410
捷克共和国	Czech Republic		567	570	573	577
法　国	France	2470	2619	2639	2659	2684
德　国	Germany	3986	4062	4057	4051	4030
意大利	Italy	2443	2518	2524	2530	2544
荷　兰	Netherlands	690	723	726	729	736
波　兰	Poland	1873	1969	1980	1991	1998
罗马尼亚	Romania	1065	1073	1075	1077	1072
俄罗斯	Russian Federation		7833	7843	7852	7804
西班牙	Spain	1595	1707	1723	1738	1758
英　国	United Kingdom	2869	2929	2935	2942	2989
乌克兰	Ukraine		2587	2580	2573	2527
南斯拉夫	Yugoslavia		503	505	507	505
大洋洲	**Oceania**	**1278**	**1449**	**1472**	**1494**	**1517**
澳大利亚	Australia	840	928	940	952	977
新西兰	New Zealand	162	186	189	191	188

注：①联合国粮农组织数据。
Note: ① Data from FAO.

6-2 就业人数

Employment

资料来源：国际劳工组织《国际劳动统计年鉴》2001。
Source: International Labour Office"Yearbook of Labour Statistics"2001.

单位：万人 (10 000 persons)

国家（地区）	Country or Territory	1990	1997	1998	1999	2000
中　国	China	64749.0	69600.0	69957.0	70586.0	72085.0
中国香港	Hong Kong, China	271.2	319.2	315.0	313.3	321.4
孟加拉国①	Bangladesh ①	5015.9				
印　度①②	India ①②	2635.3	2824.5	2816.6		
印度尼西亚	Indonesia	7585.1 ②	8705.0	8767.4	8881.7	8982.4
以色列	Israel	149.2	204.0	207.2	213.7	222.1
日　本	Japan	6249.0	6557.0	6514.0	6462.0	6446.0
哈萨克斯坦	Kazakhstan		630.8	612.7		
韩　国	Korea Rep.	1808.5	2110.6	1999.4	2028.1	2106.1
马来西亚③	Malaysia ③	668.5	856.9	860.0	883.8	932.2
蒙　古	Mongolia			79.3		
缅　甸	Myanmar	1522.1	1796.4	1835.9		
巴基斯坦①	Pakistan ①	2979.7	3418.0	3593.4		
菲律宾	Philippines	2253.2	2788.8	2826.2	2776.2	2777.5
新加坡	Singapore	153.7	183.1	187.0	188.6	209.5
斯里兰卡①	Sri Lanka ①	596.4	556.9	594.6	615.9	630.8
泰　国④	Thailand ④	3084.2	3316.2	3213.8	3208.7	3300.1
土耳其⑤	Turkey ⑤	1994.6	2081.5	2195.8	2204.9	
越　南	Viet Nam	3028.6	3699.4			
埃　及③	Egypt ③	1436.1	1583.0	1618.3	1675.0	
加拿大	Canada	1316.5	1394.0	1432.6	1453.1	1491.0
墨西哥⑤	Mexico ⑤		3736.0	3861.8	3906.9	3898.4
美　国⑥	United States ⑥	11879.3	12955.8	13146.3	13344.8	13520.8
阿根廷①	Argentina ①	437.3	785.8	827.9	828.5	826.2
巴　西①	Brazil ①	6210.0	6933.2	6996.3	7167.6	
委内瑞拉	Venezuela	640.4	828.7	871.1	871.7	
白俄罗斯	Belarus	515.1	437.0	441.7	444.2	444.1
保加利亚	Bulgaria	409.7	315.7	315.3	307.2	
捷克共和国	Czech Republic		492.7	485.3	476.5	475.1
法　国	France		2222.4	2247.9	2267.2	2326.2
德　国	Germany		3580.5	3586.0	3640.2	3660.4
意大利	Italy	2145.4	2041.3	2061.8	2086.4	2122.5
荷　兰③	Netherlands ③	635.6	719.4	739.8	760.1	773.1
波　兰	Poland		1517.7	1535.4	1474.7	1452.6
罗马尼亚	Romania		1105.0	1084.5	1077.6	1076.4
俄罗斯⑦	Russian federation ⑦		6002.1	5786.0	6040.8	
西班牙⑥	Spain ⑥	1257.9	1276.5	1320.5	1381.7	
乌克兰⑧	Ukraine ⑧		2375.6	2299.8	2004.8	2042.0
英　国⑥	United Kingdom ⑥	2693.5	2681.4	2711.6	2744.2	
澳大利亚	Australia	783.7	838.7	855.3	874.7	901.0
新西兰	New Zealand	148.1	173.6	172.5	175.0	177.9

注：①10岁及以上人数。②指在10人及10人以上公共企业和私营非农企业就业人数。③15至64岁。④13岁及以上。⑤12岁及以上。⑥16岁及以上。⑦15岁至72岁。⑧15岁至70岁。

Note: ① Persons aged 10 years and over. ② Public sector and establishments of non-agricultural private sector with 10 or more persons employed. ③ Persons aged 15 to 64 years. ④ Persons aged 13 years and over. ⑤ Persons aged 12 years and over. ⑥ Persons aged 16 years and over. ⑦ Persons aged 15 to 72. ⑧ Persons aged 15 to 70.

6-3 按行业分类的就业人口

Employment by Economic Activity

资料来源：国际劳工组织《国际劳动统计年鉴》2001。
Source: International Labour Office"Yearbook of Labour Statistics"2001.

单位：万人 (10 000 persons)

国家（地区）	Country or Territory	1990	1997	1998	1999	2000
中　国	**China**					
农、林、牧、渔业	Farming, Forestry, Animal Husbandry and Fishery	34117.0	33095.0	33232.0	33493.0	33355.0
采掘业	Mining and Quarrying	882.0	868.0	721.0	667.0	597.0
制造业	Manufacturing	8624.0	9612.0	8319.0	8109.0	8043.0
电力、煤气及水的生产和供应业	Production and Supply of Electricity, Gas and Water	192.0	283.0	283.0	285.0	284.0
建筑业	Construction	2424.0	3449.0	3327.0	3412.0	3552.0
地质勘查、水利管理业	Geological Prospecting and Water Conservancy	197.0	129.0	116.0	111.0	110.0
交通运输、仓储和邮电通信业	Transport, Storage Post & Communications Services	1566.0	2062.0	2000.0	2022.0	2029.0
批发零售贸易和餐饮业	Wholesale and Retail Trade & Catering Services	2839.0	4795.0	4645.0	4751.0	4686.0
金融保险业	Financing and Insurance	218.0	308.0	314.0	328.0	327.0
房地产业	Real Estate	44.0	87.0	94.0	96.0	100.0
社会服务业	Social Services	594.0	810.0	868.0	923.0	921.0
卫生体育和社会福利业	Health Care, Sports & Social Welfare	536.0	471.0	478.0	482.0	488.0
教育、文化艺术和广播电影电视业	Education Culture and Arts, Radios, Film and Television	1457.0	1557.0	1573.0	1568.0	1565.0
科学研究和综合技术服务业	Scientific Research and Polytechnic Services	173.0	186.0	178.0	173.0	174.0
国家机关、政党机关和社会团体	Government Agencies,Party Agencies and Social Organisations	1079.0	1093.0	1097.0	1102.0	1104.0
其　他	Other	1798.0	4862.0	5118.0	4969.0	5643.0
合　计	Total	64749.0	69600.0	69957.0	70586.0	72085.0
中国香港	**Hong Kong, China**					
按第二版ISIC分类	ISIC - Rev. 2					
农业、狩猎业、林业和渔业	Agriculture, Hunting, Forestry and Fishing	2.3	1.1	0.9	0.9	0.9
采矿和采石业	Mining and Quarrying	0.1	0.1	-	-	-
制造业	Manufacturing	75.1	45.1	38.6	35.9	33.8
电、煤气和水	Electricity, Gas and Water	1.9	1.9	1.8	1.7	1.7
建筑业	Construction	22.6	30.8	31.0	28.9	30.3
批发、零售业、旅馆和饭店业	Wholesale and Retail Trade and Restaurants and Hotels	70.3	96.8	96.2	94.1	98.5
运输、仓储和通讯	Transport, Storage and Communication	26.8	35.0	35.3	34.3	35.9
金融保险、不动产和产业服务	Financing, Insurance, Real Estate and Business Services	20.9	40.5	41.2	43.8	44.9
社会和个人服务	Community, Social and Personal Services	51.2	68.0	70.1	73.6	75.4
行业不明确	Activities not Adequately Defined		68.0			
合　计	Total	271.2	319.2	315.0	313.3	321.4
印度尼西亚①	**Indonesia ①**					
按第二版ISIC分类	ISIC - Rev. 2					
农业、狩猎业、林业和渔业	Agriculture, Hunting, Forestry and Fishing	4237.8	3584.9	3941.5	3837.8	
采矿和采石业	Mining and Quarrying	52.8	89.7	67.5	72.6	
制造业	Manufacturing	769.3	1121.5	993.4	1151.6	
电、煤气和水	Electricity, Gas and Water	13.5	23.3	14.8	18.8	
建筑业	Construction	206.0	420.0	352.2	341.5	
批发、零售业、旅馆和饭店业	Wholesale and Retail Trade and Restaurants and Hotels	1106.7	1722.1	1681.5	1752.9	
运输、仓储和通讯	Transport, Storage and Communication	231.3	413.8	415.4	420.7	
金融保险、不动产和产业服务	Financing, Insurance, Real Estate and Business Severces	47.8	65.7	61.8	63.4	
社会和个人服务	Community, Social and Personal Services	907.0	1263.7	1239.4	1222.4	
行业不明确	Activities not Adequately Defined	12.8	0.3			
合　计	Total	7585.1	8705.0	8767.4	8881.7	8982.4

注：① 1990年为10岁及以上。
Note: ① Persons aged 10 years and over in 1990.

6-3 续表1 continued

单位：万人 (10 000 persons)

国家（地区）	Country or Territory	1990	1997	1998	1999	2000
以 色 列①	**Israel ①**					
按第二版ISIC分类	ISIC - Rev. 2					
农业、狩猎业、林业和渔业	Agricultur, Hunting, Forestry and Fishing	6.2				
采掘业	Mining and Quarrying	0.5				
制造业	Manufacturing	31.7				
电、煤气和水	Electricity, Gas and Water	1.7				
建筑业	Construction	7.6				
批发、零售业、旅馆和饭店业	Wholesale and Retail Trade and Restaurants and Hotels	21.6				
运输、仓储和通讯	Transport, Storage and Communication	9.3				
金融保险、不动产和产业服务	Financing, Insurance, Real Estate and Business Services	14.8				
社会和个人服务	Community, Social and Personal Services	54.9				
行业不明确	Activities not Adequately Defined	0.9				
合　计	Total	149.2				
按第三版ISIC分类	ISIC - Rev. 3					
农业、狩猎业和林业；渔业	Agriculture, Hunting and Forestry; Fishing		4.9	4.8	5.0	4.8
采矿业、采石业和制造业	Mining and Quarrying and Manufacturing		39.8	38.6	39.0	39.7
电、煤气和水供应	Electricity, Gas and Water		1.9	2.0	1.9	1.9
建筑业	Construction		14.6	13.1	12.0	11.6
批发、零售贸易；机动车及个人、家庭用品修理业	Wholesale and Retail Trade; Repair of Motor Vehicles, Motorcycles and Personal and Household Goods		26.3	27.2	28.2	29.6
旅馆和饭店业	Hotels and Restaurants		7.6	8.1	9.0	10.2
运输、仓储和通讯	Transport, Storage and Communications		12.4	12.2	13.6	14.5
金融媒介	Financial Intermediation		7.4	7.3	7.4	7.3
房地产、租赁及商业活动	Real Estate, Renting and Business Activities		20.4	21.7	22.5	25.9
公共管理和防卫；强制性社会保险	Public Administration and Defence; Compulsory Social Security		11.4	11.2	11.6	12.0
教育	Education		24.6	26.2	26.8	27.2
卫生和社会工作	Health and Social Work		18.4	20.3	21.2	21.4
社区、社会和私人其他服务活动	Other Community, Social and Personal Service Activities		9.6	9.9	9.9	10.6
有雇工的私人家庭	Private Households with Employed Persons		3.2	3.2	4.0	3.5
域外组织和机构	Extra-Territorial Organizations and Bodies		0.1	0.2	0.2	0.1
行业不明确者	Not Classifiable by Economic Activity		1.3	1.2	1.5	1.9
合　计	Total		204.0	207.2	213.7	222.1
日　　本	**Japan**					
按第二版ISIC分类	ISIC - Rev. 2					
农业、狩猎业、林业和渔业	Agricultur, Hunting, Forestry and Fishing	451.0	350.0	343.0	335.0	326.0
采矿和采石业	Mining and Quarrying	6.0	7.0	6.0	6.0	5.0
制造业	Manufacturing	1505.0	1442.0	1382.0	1345.0	1321.0
电、煤气和水	Electricity, Gas and Water	30.0	36.0	37.0	38.0	34.0
建筑业	Construction	588.0	685.0	662.0	657.0	653.0
批发、零售业、旅馆和饭店业②	Wholesale and Retail Trade and Restaurants and Hotels ②	1415.0	1475.0	1483.0	148.3	1474.0
运输、仓储和通讯	Transport, Storage and Communication	375.0	412.0	405.0	406.0	414.0
金融保险、不动产和产业服务	Financing, Insurance, Real Estate and Business Services	516.0	575.0	593.0	599.0	616.0
社会和个人服务③	Community, Social and Personal Services ③	1332.0	1542.0	1566.0	1552.0	1564.0

注：①包括东耶路撒冷地区。②不包括饭店业。③包括饭店业。

Note: ① Including workers from the Judea,Samaria and Gaza areas. ② Excluding hotels. ③ Including hotels.

6−3 续表 2 continued

单位：万人 (10 000 persons)

国家（地区）	Country or Territory	1990	1997	1998	1999	2000
日　　本(续)	**Japan (continued)**					
行业不明确	Activities not Adequately Defined	30.0	34.0	36.0	41.0	39.0
合　计	Total	6249.0	6557.0	6514.0	6462.0	6446.0
韩　　国	**Korea, Rep.**					
按第二版 ISIC 分类	ISIC - Rev. 2					
农业、狩猎业、林业和渔业	Agriculturing, Hunting, Forestry and Fishing	323.7|				
采矿和采石业	Mining and Quarrying	7.9|				
制造业	Manufacturing	491.1|				
电、煤气和水	Electricity, Gas and Water	7.0|				
建筑业	Construction	134.6|				
批发、零售业、旅馆和饭店业	Wholesale and Retail Trade and Restaurants and Hotels	39.5|				
运输、仓储和通讯	Transport, Storage and Communication	92.3|				
金融保险、不动产和产业服务	Financing, Insurance, Real Estate and Business Services	94.5|				
社会和个人服务	Community, Social and Personal Services	263.8|				
行业不明确	Activities not Adequately Defined					
合　计	Total	1808.5|				
按第三版 ISIC 分类	ISIC - Rev. 3					
农业、狩猎业和林业	Agriculturing, Hunting and Forestry		227.6	239.9	226.4	220.3
渔业	Fishing		10.9	8.2	8.5	8.5
采矿和采石业	Mining and Quarrying		2.6	2.1	2.0	1.8
制造业	Manufacturing		448.2	389.8	400.6	424.3
电、煤气和水供应	Electricity, Gas and Water		7.7	6.1	6.1	6.3
建筑业	Construction		200.4	157.8	147.6	158.1
批发、零售贸易；机动车及个人、家庭用品修理业	Wholesale and Retail Trade; Repair of Motor Vehicles, Motorcycles and Personal and Household Goods		391.5	381.8	390.4	380.5
旅馆和饭店业	Hotels and Restaurants		189.0	175.3	182.0	192.4
运输、仓储和通讯	Transport, Storage and Communication		116.2	116.9	120.2	126.5
金融媒介	Financial Intermediation		76.1	76.2	72.3	72.9
房地产、租赁及批发、零售业活动	Real Estate, Renting and Business Activities		113.9	109.4	120.2	135.6
公共管理和防卫；强制性社会保险	Public Administration and Defence; Compulsory Social Security		64.8	74.5	87.0	75.3
教育	Education		110.3	114.4	112.2	116.3
卫生和社会工作	Health and Social Work		32.8	36.0	38.0	41.2
社区、社会和私人其他服务活动	Other Community, Social and Personal Services Activities		94.4	88.8	92.6	124.6
有雇工的私人家庭	Private Households with Employed Persons		22.9	20.2	20.1	19.4
域外组织和机构	Extra-Territorial Organizations and Bodies		1.3	2.0	1.8	2.0
行业不明确者	Not Classifiable by Economic Activity					
合　计	Total		2110.6	1999.4	2028.1	2106.1
马来西亚①	**Malaysia ①**					
按第二版 ISIC 分类	ISIC - Rev. 2					
农业、狩猎业、林业和渔业	Agriculturing, Hunting, Forestry and Fishing	173.8	148.1	161.7	162.4	171.2
采矿和采石业	Mining and Quarrying	3.7	3.9	2.8	3.8	2.7
制造业	Manufacturing	133.3	200.3	190.8	199.1	212.6
电、煤气和水	Electricity, Gas and Water	4.7	5.1	5.0	5.0	4.8
建筑业	Construction	42.4	79.3	74.6	72.3	79.9

注：①15 至 64 岁。

Note: ① Persons aged 15 to 64 years.

6-3 续表 3 continued

单位：万人 (10 000 persons)

国家（地区）	Country or Territory	1990	1997	1998	1999	2000
马来西亚（续）	**Mylaysia(continued)**					
批发、零售业、旅馆和饭店业	Wholesale and Retail Trade and Restaurants and Hotels	121.8	157.8	161.6	166.1	179.0
运输、仓储和通讯	Transport, Storage and Communication	30.2	42.3	42.2	42.0	42.3
金融保险、不动产和产业服务	Financing, Insurance, Real Estate and Bussiness Services	25.8	44.7	42.6	46.6	46.2
社会和个人服务	Community, Social and Personal Services	132.9	175.5	178.8	186.5	193.5
行业不明确	Activities not Adequately Defined	-	-	-	-	-
合　计	Total	668.5	856.9	860.0	883.8	932.2
缅　甸	**Myanmar**					
按第二版 ISIC 分类	ISIC - Rev. 2					
农业、狩猎业、林业和渔业	Agriculture, Hunting, Forestry and Fishing	1061.4	1138.1	1150.7		
采矿和采石业	Mining and Quarrying	7.8	13.2	12.1		
制造业	Manufacturing	113.7	157.3	166.6		
电、煤气和水	Electricity, Gas and Water	1.7	2.1	4.8		
建筑业	Construction	17.4	37.8	40.0		
批发、零售业、旅馆和饭店业	Wholesale and Retail Trade and Restaurants and Hotels	140.9	174.6	178.1		
运输、仓储和通讯	Transport, Storage and Communication	38.5	47.0	49.5		
金融保险、不动产和产业服务	Financing, Insurance, Real Estate and Bussiness Services	45.5	57.7	59.7		
社会和个人服务①	Community, Social and Personal Services ①	95.6	168.6	174.4		
行业不明确	Activities not Adequately Defined					
合　计	Total	1522.1	1796.4	1835.9		
巴基斯坦②	**Pakistan ②**					
按第二版 ISIC 分类	ISIC - Rev. 2					
农业、狩猎业、林业和渔业	Agriculture, Hunting, Forestry and Fishing	1524.1	1509.1	1698.0		
采矿和采石业	Mining and Quarrying	4.4	3.5	6.9		
制造业	Manufacturing	378.4	379.3	357.9		
电、煤气和水	Electricity, Gas and Water	17.6	33.4	25.1		
建筑业	Construction	190.0	230.7	225.1		
批发、零售业、旅馆和饭店业	Wholesale and Retail Trade and Restaurants and Hotels	355.2	499.6	498.4		
运输、仓储和通讯	Transport, Storage and Communication	145.8	195.0	197.0		
金融保险、不动产和产业服务	Financing, Insurance, Real Estate and Bussiness Services	21.2	33.6	31.2		
社会和个人服务	Community, Social and Personal Services	339.4	532.4	552.3		
行业不明确	Activities not Adequately Defined	3.6	1.4	1.7		
合　计	Total	2979.7	3418.0	3593.4		
菲 律 宾	**Philippines**					
按第二版 ISIC 分类	ISIC - Rev. 2					
农业、狩猎业、林业和渔业	Agriculture, Hunting, Forestry and Fishing	1018.5	1126.0	1127.2	1050.3	1040.1
采矿和采石业	Mining and Quarrying	13.3	12.4	10.4	8.8	10.6
制造业	Manufacturing	218.8	275.5	268.7	279.6	279.2
电、煤气和水	Electricity, Gas and Water	9.1	13.9	14.0	14.1	11.6
建筑业	Construction	97.4	164.1	151.1	147.6	143.0
批发、零售业、旅馆和饭店业③	Wholesale and Retail Trade and Restaurants and Hotels ③	314.5	421.9	432.8	446.6	458.7
运输、仓储和通讯	Transport, Storage and Communication	113.7	176.9	188.5	196.8	202.4
金融保险、不动产和产业服务	Financing, Insurance, Real Estate and Bussiness Services	44.4	68.0	69.5	71.2	67.8
社会和个人服务③	Community, Social and Personal Services ③	422.0	529.6	563.1	560.3	563.6
行业不明确	Activities not Adequately Defined	1.5	0.5	0.8	0.9	0.4
合　计	Total	2253.2	2788.8	2826.2	2776.2	2777.5

注：①包括行业不明确者。②10 岁及以上。③旅馆、饭店业包括在社会和个人服务业内。

Note: ① Including activities not adequately defined. ② Persons aged 10 years and over. ③ Restaurants and Hotels includes in community, social and personal service.

6-3 续表4 continued

单位：万人 (10 000 persons)

国家（地区）	Country or Territory	1990	1997	1998	1999	2000
新 加 坡	**Singapore**					
按第三版ISIC分类	ISIC - Rev. 3					
农业、狩猎业和林业；渔业	Agriculture, Hunting and Forestry; Fishing		0.5	0.4	0.6	0.5
采矿和采石业	Mining and Quarrying		0.1	0.2	0.1	0.1
制造业	Manufacturing		41.4	40.4	39.6	43.5
电、煤气和水供应	Electricity, Gas and Water Supply		1.2	0.8	0.9	0.7
建筑业	Construction		12.6	13.1	13.1	27.4
批发、零售贸易；机动车及个人、家庭用品修理业	Wholesale and Retail Trade; Repair of Motor Vehicles, Motorcycles and Personal and Household Goods		29.5	28.1	27.9	28.7
饭店和餐饮业	Hotels and Restaurants		10.4	11.9	12.1	11.5
运输、仓储和通讯	Transport, Storage and Communications		21.0	20.6	20.4	19.7
金融媒介	Financial Intermediation		10.6	10.9	10.5	9.6
房地产、租赁及批发、零售业活动	Real Estate, Renting and Business Activities		16.7	18.4	19.7	22.6
公共管理和防卫；强制性社会保险	Public Administration and Defence; Compulsory Social Security		11.5	11.9	12.2	10.6
教育；卫生和社会工作	Education; Health and Social Work		13.8	13.8	14.2	12.7
社区、社会和私人其他服务活动；有雇工的私人家庭	Community, Social and Personal Services; Private Households with Employed Persons		13.5	16.2	17.2	21.7
域外组织和机构；行业不明确者	Extra-Territorial Organizations and Bodies		0.2	0.3	0.2	0.2
合 计	Total	153.7	183.1	187.0	188.6	209.5
斯里兰卡①	**Sri Lanka ①**					
按第二版ISIC分类	ISIC - Rev. 2					
农业、狩猎业、林业和渔业	Agriculture, Hunting, Forestry and Fishing	285.1	208.1	247.2		
采矿和采石业	Mining and Quarry	16.1	8.8	7.8		
制造业	Manufacturing	86.9	84.6	91.5		
电、煤气和水	Electricity, Gas and Water	1.3	4.8	3.5		
建筑业	Construction	18.3	32.6	30.9		
批发、零售业、旅馆和饭店业	Wholesale and Retail Trade and Restaurants and Hotels	51.1	75.9	59.4		
运输、仓储和通讯	Transport, Storage and Communication	24.7	25.2	26.8		
金融保险、不动产和产业服务	Financing, Insurance, Real Estate and Business Services	5.0	7.7	11.7		
社会和个人服务	Community, Social and Personal Services	98.0	89.9	100.7		
行业不明确	Activites not Adequately Defined	9.9	19.4	15.0		
合 计	Total	596.4	556.9	594.6		
泰 国②	**Thailand ②**					
按第二版ISIC分类	ISIC - Rev. 2					
农业、狩猎业、林业和渔业	Agriculture, Hunting, Forestry and Fishing	1972.6	1169.1	1647.2	1556.4	1609.6
采矿和采石业	Mining and Quarry	5.4	4.7	4.1	5.2	3.9
制造业	Manufacturing	313.3	429.2	418.9	439.5	478.5
电、煤气和水	Electricity, Gas and Water	10.9	17.8	17.7	15.8	17.3
建筑业	Construction	102.6	202.1	128.0	128.6	128.0
批发、零售业、旅馆和饭店业③	Wholesale and Retail Trade and Restaurants and Hotels ③	297.6	460.1	446.4	473.6	480.2
运输、仓储和通讯	Transport, Storage and Communication	73.3	98.0	92.3	98.9	95.1
金融保险、不动产和产业服务③	Financing, Insurance, Real Estate and Business Services ③					
社会和个人服务③	Community, Social and Personal Services ③	306.5	434.2	458.4	489.2	486.5
行业不明确	Activites not Adequately Defined	2.2	0.9	0.8	1.5	1.0
合 计	Total	3084.2	3316.2	3213.8	3208.7	3300.1

注：①10岁及以上，不包括北部省和东部省。②13岁及以上。③金融保险、不动产业包括在批发、零售业中；饭店和旅馆业包括在社会和个人服务业中。

Note: ① Persons aged 10 years and over,excl.Northern and Eastern provinces. ② Persons aged 13 years and over. ③ Financing, insurance and real estate includes in wholesale and retail trade, Restaurants and hotels includes in community, social and personal services.

6–3 续表 5 continued

单位：万人 (10 000 persons)

国家（地区）	Country or Territory	1990	1997	1998	1999	2000
土 耳 其①	**Turkey ①**					
按第二版 ISIC 分类	ISIC - Rev. 2					
农业、狩猎业、林业和渔业	Agriculture, Hunting, Forestry and Fishing	935.6	821.9	953.4	1009.6	
采矿和采石业	Mining and Quarry	21.4	17.6	17.1	13.4	
制造业	Manufacturing	295.8	360.2	330.0	311.7	
电、煤气和水	Electricity, Gas and Water	1.3	11.1	10.6	7.8	
建筑业	Construction	93.7	132.3	133.5	119.2	
批发、零售业、旅馆和饭店业	Wholesale and Retail Trade and Restaurants and Hotels	227.8	291.6	290.1	294.4	
运输、仓储和通讯	Transport, Storage and Communication	85.1	92.6	95.3	86.3	
金融保险、不动产和产业服务	Financing, Insurance, Real Estate and Business Services	43.6	51.6	51.6	52.0	
社会和个人服务	Community, Social and Personal Services	290.4	302.4	314.2	310.7	
行业不明确	Activites not Adequately Defined					
合　计	Total	1994.6	2081.5	2195.8	2204.9	
埃　　及②	**Egypt ②**					
按第二版 ISIC 分类	ISIC - Rev. 2					
农业、狩猎业、林业和渔业	Agriculture, Hunting, Forestry and Fishing	559.9				
采矿和采石业	Mining and Quarry	4.4				
制造业	Manufacturing	186.8				
电、煤气和水	Electricity, Gas and Water	10.3				
建筑业	Construction	95.5				
批发、零售业、旅馆和饭店业	Wholesale and Retail Trade and Restaurants and Hotels	138.1				
运输、仓储和通讯	Transport, Storage and Communication	91.3				
金融保险、不动产和产业服务	Financing, Insurance, Real Estate and Business Services	28				
社会和个人服务	Community, Social and Personal Services	318.3				
行业不明确	Activites not Adequately Defined	3.7				
合　计	Total	1436.1				
按第三版 ISIC 分类	ISIC - Rev. 3					
农业、狩猎业和林业	Agricuturing, Hunting and Forestry		486.0	472.3	468.4	
渔业	Fishing		9.1	10.0	12.3	
采矿和采石业	Mining and Quarrying		4.2	6.9	0.4	
制造业	Manufacturing		213.4	204.2	220.8	
电、煤气和水供应	Electricity, Gas and Water Supply		19.3	20.3	20.7	
建筑业	Construction		115.3	128.7	132.0	
批发、零售贸易；机动车及个人、家庭用品修理业	Wholesale and Retail Trade; Repai of Motor Vehicles, Motorcycles and Personal and Household Goods		174.6	195.0	202.0	
旅馆和饭店业	Hotels and Restaurants		21.7	27.7	30.0	
运输、仓储和通讯	Transport, Storage and Communication		92.3	95.4	106.0	
金融媒介	Financial Intermediation		18.0	17.4	18.5	
房地产、租赁及批发、零售业活动	Real Estate, Renting and Business Activities		20.7	26.6	27.3	
公共管理和防卫；强制性社会保险	Public Administration and Defence; Compulsory Social Security		156.5	162.9	163.2	
教育	Education		171.5	166.5	176.5	
卫生和社会工作	Health and Social Work		41.0	48.6	53.1	
社区、社会和私人其他服务活动	Other Community, Social and Personal Services Activities		30.4	31.6	35.7	
有雇工的私人家庭	Private Households with Employed Persons		4.0	4.0	3.8	
域外组织和机构	Extra-Territorial Organizations and Bodies					
行业不明确者	Not Classifiable by Economic Activity		5.0	0.1	0.1	
合　计	Total		1583.0	1618.3	1675.0	

注：①12 岁及以上。②15 至 64 岁。
Note: ① Persons aged 12 years and over. ② Persons aged 15 to 64 years.

6-3 续表6　continued

单位：万人　　　　　　　　　　　　　　　　　　　　　　　　　(10 000 persons)

国家（地区）	Country or Territory	1990	1997	1998	1999	2000
阿　根　廷①	**Argentina ①**					
按第三版ISIC分类	ISIC - Rev. 3					
农业、狩猎业和林业	Agricuturing, Hunting and Forestry		5.5	5.7	5.7	5.0
渔业	Fishing		0.7	0.6	0.5	0.6
采矿和采石业	Mining and Quarrying		2.2	1.9	1.5	1.6
制造业	Manufacturing		129.2	128.0	119.9	115.5
电、煤气和水供应	Electricity, Gas and Water Supply		6.2	5.6	5.1	4.8
建筑业	Construction		62.1	69.9	69.0	65.4
批发、零售贸易；机动车及个人、家庭用品修理业	Wholesale and Retail Trade; Repai of Motor Vehicles, Motorcycles and Personal and Household Goods		156.5	166.8	164.0	168.3
旅馆和饭店业	Hotels and Restaurants		21.0	23.0	23.6	25.5
运输、仓储和通讯	Transport, Storage and Communication		60.4	63.5	68.8	67.4
金融媒介	Financial Intermediation		19.5	20.2	20.1	20.7
房地产、租赁及批发、零售业活动	Real Estate, Renting and Business Activities		53.4	57.2	63.5	60.0
公共管理和防卫；强制性社会保险	Public Administration and Defence; Compulsory Social Security		58.5	65.4	64.3	63.4
教育	Education		53.3	60.4	60.7	62.6
卫生和社会工作	Health and Social Work		48.3	49.7	48.7	47.5
社区、社会和私人其他服务活动	Other Community, Social and Personal Services Activities		41.8	44.8	48.3	48.5
有雇工的私人家庭	Private Households with Employed Persons		62.6	62.2	63.9	65.5
域外组织和机构	Extra-Territorial Organizations and Bodies		0.1	0.2	0.2	0.3
行业不明确者	Not Classifiable by Economic Activity		4.6	3.0	2.7	3.7
合　计	Total	437.3	785.8	827.9	828.5	826.2
巴　　西①	**Brazil ①**					
按第二版ISIC分类	ISIC - Rev. 2					
农业、狩猎业、林业和渔业	Agriculture, Hunting, Forestry and Fishing	1418.1|	1677.1	1633.8	1737.2	
采矿和采石业②	Mining and Quarry ②	86.0|	77.4	86.2	78.3	
制造业	Manufacturing	941.0|	850.7	823.0	827.9	
电、煤气和水	Electricity, Gas and Water					
建筑业	Construction	382.3|	458.3	498.0	474.3	
批发、零售业、旅馆和饭店业③	Wholesale and Retail Trade and Restaurants and Hotels ③	797.6|	922.3	941.7	961.8	
运输、仓储和通讯③	Transport, Storage and Communication ③	244.0|	275.9	278.7	281.5	
金融保险、不动产和产业服务	Financing, Insurance, Real Estate and Business Services Community,	171.6|	127.8	130.9	134.4	
社会和个人服务③	Social and Personal Services ③	2169.4|	2543.6	2604.0	2672.1	
行业不明确	Activites not Adequately Defined					
合　计	Total	6210.0|	6933.2	6996.3	7167.6	
加　拿　大④	**Canada ④**					
按第三版ISIC分类	ISIC - Rev. 3					
农业、狩猎业和林业	Agriculture, Hunting, Forestry	49.8	48.5	50.0|	48.8	45.7
渔业	Fishing	4.1	3.5	3.4|	3.3	3.5
采矿和采石业	Mining and Quarrying	20.0	18.8	18.2|	15.6	16.3
制造业	Manufacturing	202.1	206.7	214.7|	221.7	228.0
电、煤气和水供应	Electricity, Gas and Water Supply	12.2	11.6	11.7|	11.6	11.6
建筑业	Construction	82.1	73.1	75.7|	76.9	80.9
批发、零售贸易；机动车及个人、家庭用品修理业	Wholesale and Retail Trade; Repai of Motor Vehicles, Motorcycles and Personal and Household Goods	238.3	240.0	245.3|	251.4	257.8

注：①10岁及以上。②包括电、煤气和水业。③旅馆和饭店业、仓储业包括在社会和个人服务业中。④不包括全职军人。

Note: ① Persons aged 10 years and over. ② Including electricity,gas and water. ③ Hotels,restaurants and storage includes in community, social and personal Services. ④ Excluding full-time members of the armed forces.

6-3 续表7 continued

单位：万人 (10 000 persons)

国家（地区）	Country or Territory	1990	1997	1998	1999	2000
加 拿 大①（续）	**Canada ① (continued)**					
旅馆和饭店业	Hotels and Restaurants	80.1	90.0	91.6	92.5	96.1
运输、仓储和通讯	Transport, Storage and Communications	97.5	106.0	108.1	110.4	114.5
金融媒介	Financial Intermediation	58.3	60.9	59.6	61.9	61.5
房地产、租赁及批发、零售业活动	Real Estate, Renting and Business	118.7	149.7	163.4	165.3	174.4
公共管理和防卫；强制性社会保险	Public Administration and Defence; Compulsory Social Security	81.7	79.0	78.8	77.2	75.9
教育	Education	83.4	93.8	94.3	98.3	97.5
卫生和社会工作	Health and Social Work	126.2	139.8	146.5	144.4	152.6
社区、社会和私人其他服务活动	Other Community, Social and Personal Service Activities	52.3	64.0	62.1	63.8	66.5
有雇工的私人家庭	Private Households with Employed Persons	9.6	8.6	9.2	9.8	8.0
域外组织和机构	Extra-Territorial Organizations and Bodies	0.2	-	0.2	0.2	0.3
合　计	Total	1316.5	1394.1	1432.6	1453.1	1491.0
墨 西 哥②	**Mexico ②**					
按第三版ISIC分类	ISIC - Rev. 3					
农业、狩猎业和林业	Agricuturing, Hunting and Forestry		882.1	764.2	804.9	690.2
渔业	Fishing		19.9	17.6	16.0	15.9
采矿和采石业	Mining and Quarrying		10.8	15.3	13.3	15.6
制造业	Manufacturing		626.5	698.4	734.5	754.7
电、煤气和水供应	Electricity, Gas and Water		18.8	18.3	19.3	18.9
建筑业	Construction		175.9	212.6	215.8	252.8
批发、零售贸易；机动车及个人、家庭用品修理业	Wholesale and Retail Trade; Repai of Motor Vehicles, Motorcycles and Personal and Household Goods		644.5	680.4	658.2	852.5
旅馆和饭店	Hotels and Restaurants		158.3	182.5	180.8	184.5
运输、仓储和通讯	Transport, Storage and Communication		152.0	169.3	173.9	173.1
金融媒介	Financial Intermediation		36.6	31.6	30.3	29.3
房地产、租赁及批发、零售业活动	Real Estate, Renting and Business Activities		114.6	115.6	115.7	117.8
公共管理和防卫；强制性社会保险	Public Administration and Defence; Compulsory Social Security		158.7	160.7	172.8	173.9
教育	Education		183.0	189.3	172.3	187.8
卫生和社会工作	Health and Social Work		96.1	101.0	102.5	106.3
社区、社会和私人其他服务活动	Other Community, Social and Personal Services Activities		288.9	311.0	309.5	132.3
有雇工的私人家庭	Private Households with Employed Persons		155.3	177.1	170.7	177.1
域外组织和机构	Extra-Territorial Organizations and Bodies		12.7	14.4	15.1	16.0
行业不明确者	Not Classifiable By Economic Activity		1.3	2.5	1.5	0.2
合　计	Total		3736.0	3861.8	3906.9	3998.4
美　国③	**United States ③**					
按第二版ISIC分类	ISIC - Rev. 2					
农业、狩猎业、林业和渔业	Agriculture, Hunting, Forestry and Fishing	339.4	353.8	350.9	341.6	345.7
采矿和采石业	Mining and Quarrying	72.4	63.4	62.0	56.5	52.1
制造业	Manufacturing	2134.6	2083.5	2073.3	2007.0	1994.0
电、煤气和水	Electricity, Gas and Water	158.2	149.3	149.6	146.8	144.7
建筑业	Construction	776.4	830.2	851.8	898.7	943.3
批发、零售业、旅馆和饭店业④	Wholesale and Retail Trade and Restaurants and Hotels ④	2462.2	2677.7	2720.3	2757.2	2783.2
运输、仓储和通讯	Transport, Storage and Communication	658.6	768.9	781.1	808.6	829.4
金融保险、不动产和产业服务	Financing, Insurance, Real Estate and Business Services	1342.2	1476.8	1545.2	1605.4	1651.5
社会和个人服务④	Community, Social and Personal Services ④	3935.2	4552.1	4612.1	4727.1	4777.0

注：①不包括全职军人。②12岁及以上。③16岁及以上。④旅馆业包括在社会和个人服务业内。
Note: ① Excluding full-time members of the armed forces. ② Persons aged 12 years and over. ③ Persons aged 16 years and over. ④ Hotels includes in community, social and personal services.

6-3 续表8 continued

单位：万人 (10 000 persons)

国家（地区）	Country or Territory	1990	1997	1998	1999	2000
美　　国①(续)	**United States ① (continued)**					
行业不明确	Activities not Adequately Defined					
合　计	Total	11879.3|	12955.8	13146.3	13348.8	13520.8
委内瑞拉	**Venezuela**					
按第二版ISIC分类	ISIC - Rev. 2					
农业、狩猎业、林业和渔业	Agriculture, Hunting, Forestry and Fishing	86.0	89.4			
采矿和采石业	Mining and Quarry	6.7	9.1			
制造业	Manufacturing	99.3	112.2			
电、煤气和水	Electricity, Gas and Water	6.4	6.6			
建筑业	Construction	49.3	69.4			
批发、零售业、旅馆和饭店业	Wholesale and Retail Trade and Restaurants and Hotels	134.9	198.6			
运输、仓储和通讯	Transport, Storage and Communication	39.0	53.4			
金融保险、不动产和产业服务	Financing, Insurance, Real Estate and Business Services	35.8	46.6			
社会和个人服务	Community, Social and Personal Services	182.4	241.2			
行业不明确	Activities not Adequately Defined	0.6	2.1			
合　计	Total	640.4	828.7	871.1		
保加利亚	**Bulgaria**					
按第二版ISIC分类	ISIC - Rev. 2					
农业、狩猎业、林业和渔业	Agriculture, Hunting, Forestry and Fishing	75.8|				
采矿和采石业	Mining and Quarry	11.4|				
制造业	Manufacturing	134.7|				
电、煤气和水	Electricity, Gas and Water	3.8|				
建筑业	Construction	31.2|				
批发、零售业、旅馆和饭店业	Wholesale and Retail Trade and Restaurants and Hotels	39.3|				
运输、仓储和通讯	Transport, Storage and Communication	28.6|				
金融保险、不动产和产业服务	Financing, Insurance, Real Estate and Business Services	6.0|				
社会和个人服务	Community, Social and Personal Services	79.0|				
合　计	Total	409.7|				
按第三版ISIC分类	ISIC - Rev. 3					
农业、狩猎业和林业；渔业	Agriculture, Hunting and Forestry; Fishing		80.0	82.5	81.8	
采矿和采石业	Mining and Quarrying		6.1	5.6	4.8	
制造业	Manufacturing		75.2	72.3	66.3	
电、煤气和水供应	Electricity, Gas and Water		5.9	5.8	5.8	
建筑业	Construction		13.9	12.9	12.4	
批发、零售贸易；机动车及个人、家庭用品修理业	Wholesale and Retail Trade; Repair of Motor Vehicles, Motorcycles and Personal and Household Goods		31.0	33.7	33.8	
旅馆和饭店业	Hotels and Restaurants		7.2	7.1	6.8	
运输、仓储和通讯	Transport, Storage and Communication		22.8	23.7	23.3	
金融媒介	Financial Intermediation		4.0	3.8	3.6	
房地产、租赁及批发、零售业活动	Real Estate, Renting and Business Activities		9.9	10.3	9.5	
公共管理和防卫；强制性社会保险	Public Administration and Defence; Compulsory Social Security		7.9	8.1	9.2	
教育	Education		24.3	23.3	23.2	
卫生和社会工作	Health and Social Work		17.8	16.7	16.5	
社区、社会和私人其他服务活动	Other Community, Social and Personal Services Activities		9.8	9.6	10.3	
合　计	Total		315.7	315.3	307.2	

注：①16岁及以上。
Note: ① Persons aged 16 years and over.

6-3 续表 9 continued

单位：万人 (10 000 persons)

国家（地区）	Country or Territory	1990	1997	1998	1999	2000
捷克共和国	**Czech Republic**					
按第三版 ISIC 分类	ISIC - Rev. 3					
农业、狩猎业和林业；渔业	Agriculturing, Hunting and Forestry; Fishing		28.0	25.6	24.2	23.7
采矿和采石业	Mining and Quarrying		8.8	8.4	7.5	6.8
制造业	Manufacturing		135.3	134.3	130.2	128.9
电、煤气和水供应	Electricity, Gas and Water		9.1	9.4	8.0	8.0
建筑业	Construction		48.7	45.1	44.4	44.2
批发、零售贸易；机动车及个人、家庭用品修理业	Wholesale and Retail Trade; Repair of Motor Vehicles, Motorcycles and Personal and Household Goods		65.4	65.5	63.7	61.5
旅馆和饭店业	Hotels and Restaurants		17.5	16.5	15.9	15.5
运输、仓储和通讯	Transport, Storage and Communication		37.6	37.9	37.0	37.3
金融媒介	Financial Intermediation		9.9	10.2	9.9	10.3
房地产、租赁及批发、零售业活动	Real Estate, Renting and Business Activities		25.1	24.9	26.2	26.6
公共管理和防卫；强制性社会保险	Public Administration and Defence; Compulsory Social Security		32.2	33.0	33.6	34.1
教育	Education		30.3	28.2	29.6	30.0
卫生和社会工作	Health and Social Work		27.7	26.5	28.7	29.4
社区、社会和私人其他服务活动	Other Community, Social and Personal Services Activities		16.7	19.3	16.9	18.4
有雇工的私人家庭	Private Households with Employed Persons		0.1	0.1	0.2	0.2
域外组织和机构	Extra-Territorial Organizations and Bodies		0.1	0.2	0.2	0.2
行业不明确者	Not Classifiable by Economic Activity		0.1	0.2	0.1	0.1
合　计	Total		492.7	485.3	476.5	475.1
法　　国①	**France ①**					
按第二版 ISIC 分类	ISIC - Rev. 2					
农业、狩猎业、林业和渔业	Agriculture, Hunting, Forestry and Fishing	124.8				
采矿和采石业	Mining and Quarry	8.3				
制造业	Manufacturing	470.6				
电、煤气和水	Electricity, Gas and Water	20.5				
建筑业	Construction	163.4				
批发、零售业、旅馆和饭店业	Wholesale and Retail Trade and Restaurants and Hotels	375.0				
运输、仓储和通讯	Transport, Storage and Communication	140.4				
金融保险、不动产和产业服务	Financing, Insurance, Real Estate and Business Services	228.4				
社会和个人服务	Community, Social and Personal Services	708.2				
行业不明确	Activities not Adequately Defined					
合　计	Total	2239.6				

注：①包括职业军人。
Note: ① Includes the professional soldier.

6-3 续表 10 continued

单位：万人 (10 000 persons)

国家（地区）	Country or Territory	1990	1997	1998	1999	2000
德　国	**Germany**					
按第三版 ISIC 分类	ISIC - Rev. 3					
农业、狩猎业和林业	Agriculturing, Hunting and Forestry		104.3	101.6	102.0	98.2
渔业	Fishing		0.6	0.8	0.6	0.6
采矿和采石业和采石业	Mining and Quarrying		20.2	18.2	16.1	15.2
制造业	Manufacturing		847.5	846.1	853.2	854.2
电、煤气和水供应	Electricity, Gas and Water		33.9	30.5	31.1	29.0
建筑业	Construction		327.1	318.3	314.6	311.8
批发、零售贸易；机动车及个人、家庭用品修理业	Wholesale and Retail Trade; Repair of Motor Vehicles, Motorcycles and Personal and Household Goods		511.1	515.4	520.8	519.0
旅馆和饭店业	Hotels and Restaurants		113.3	113.0	118.8	121.9
运输、仓储和通讯	Transport, Storage and Communication		194.1	192.0	195.3	200.8
金融媒介	Financial Intermediation		125.7	127.3	129.1	133.3
房地产、租赁及批发、零售业活动	Real Estate, Renting and Business Activities		247.5	258.1	273.8	292.3
公共管理和防卫；强制性社会保险	Public Administration and Defence; Compulsory Social Security		329.5	317.4	317.8	310.3
教育	Education		188.7	192.7	194.8	192.8
卫生和社会工作	Health and Social Work		343.7	353.4	366.5	369.6
社区、社会和私人其他服务活动	Other Community, Social and Personal Services Activities		177.2	182.6	187.9	194.4
有雇工的私人家庭	Private Households with Employed Persons		13.3	15.0	14.1	13.7
域外组织和机构	Extra-Territorial Organizations and Bodies		2.9	3.6	3.7	3.3
合　计	Total		3580.5	3586.0	3640.2	3660.4
意 大 利①	**Italy ①**					
按第二版 ISIC 分类	ISIC - Rev. 2					
农业、狩猎业、林业和渔业	Agriculture, Hunting, Forestry and Fishing	189.5ǀ				
采矿和采石业②	Mining and Quarry ②	22.9ǀ				
制造业	Manufacturing	475.7ǀ				
电、煤气和水	Electricity, Gas and Water					
建筑业	Construction	185.9ǀ				
批发、零售业、旅馆和饭店业	Wholesale and Retail Trade and Restaurants and Hotels	453.7ǀ				
运输、仓储和通讯	Transport, Storage and Communication	114.6ǀ				
金融保险、不动产和产业服务	Financing, Insurance, Real Estate and Business Services	89.5ǀ				
社会和个人服务	Community, Social and Personal Services	613.6ǀ				
行业不明确	Activities not Adequately Defined					
合　计	Total	2145.4ǀ				
按第三版 ISIC 分类	ISIC - Rev. 3					
农业、狩猎业和林业	Agriculturing, Hunting and Forestry		120.1	115.6	108.9	107.1
渔业	Fishing		4.4	4.5	4.5	4.9
采矿和采石业	Mining and Quarrying		6.7	7.4	7.0	6.4
制造业	Manufacturing		483.9	492.1	492.8	491.8
电、煤气和水供应	Electricity, Gas and Water		19.1	19.1	17.6	16.7
建筑业	Construction		156.4	154.4	157.5	161.8
批发、零售贸易；机动车及个人、家庭用品修理业	Wholesale and Retail Trade; Repair of Motor Vehicles, Motorcycles and Personal and Household Goods		323.4	326.6	330.8	337.7
旅馆和饭店业	Hotels and Restaurants		69.1	67.6	73.9	81.4
运输、仓储和通讯	Transport, Storage and Communication		109.9	109.7	113.3	119.0
金融媒介	Financial Intermediation		64.7	67.3	67.1	66.2

注：① 14岁及以上。②包括电、煤气和水业。
Note: ① Persons aged 14 years and over. ② Including electricity, gas and water.

6-3 续表 11　continued

单位：万人　　　　　　　　　　　　　　　　　　　　　　　　　　　　　　　　(10 000 persons)

国家（地区）	Country or Territory	1990	1997	1998	1999	2000
意 大 利①(续)	**Italy ① (continued)**					
房地产、租赁及批发、零售业活动	Real Estate, Renting and Business Activities		115.3	121.7	133.6	147.8
公共管理和防卫；强制性社会保险	Public Administration and Defence; Compulsory Social Security		192.4	193.9	194.3	194.2
教育	Education		143.0	142.6	144.5	146.7
卫生和社会工作	Health and Social Work		126.1	128.1	128.9	128.8
社区、社会和私人其他服务活动	Other Community, Social and Personal Services Activities		84.9	87.8	89.8	90.5
有雇工的私人家庭	Private Households with Employed Persons		20.2	21.5	20.1	19.6
域外组织和机构	Extra-Territorial Organizations and Bodies		1.7	1.8	1.7	2.0
合　计	Total		2041.3	2061.8	2086.4	2122.5
荷　　兰②	**Netherlands ②**					
按第二版 ISIC 分类	ISIC - Rev. 2					
农业、狩猎业、林业和渔业	Agriculture, Hunting, Forestry and Fishing	28.9|				
采矿和采石业	Mining and Quarry	1.1|				
制造业	Manufacturing	118.5|				
电、煤气和水	Electricity, Gas and Water	4.1|				
建筑业	Construction	40.9|				
批发、零售业、旅馆和饭店业	Wholesale and Retail Trade and Restaurants and Hotels	110.4|				
运输、仓储和通讯	Transport, Storage and Communication	38.2|				
金融保险、不动产和产业服务	Financing, Insurance, Real Estate and Business Services	64.6|				
社会和个人服务	Community, Social and Personal Services	222.9|				
行业不明确	Activities not Adequately Defined	5.8|				
合　计	Total	635.6|				
按第三版 ISIC 分类	ISIC - Rev. 3					
农业、狩猎业和林业	Agriculturing, Hunting and Forestry		25.4	23.6	22.7	24.4
渔业	Fishing		0.5	-	0.3	0.4
采矿和采石业	Mining and Quarrying		1.3	1.1	0.9	1.2
制造业	Manufacturing		110.3	110.4	111.1	112.1
电、煤气和水供应	Electricity, Gas and Water		4.2	4.7	3.7	3.5
建筑业	Construction		44.8	45.1	47.1	46.6
批发、零售贸易；机动车及个人、家庭用品修理业	Wholesale and Retail Trade; Repair of Motor Vehicles, Motorcycles and Personal and Household Goods		121.0	122.0	123.8	129.1
旅馆和饭店业	Hotels and Restaurants		25.2	26.7	28.1	28.9
运输、仓储和通讯	Transport, Storage and Communication		42.3	44.2	46.5	47.3
金融媒介	Financial Intermediation		25.2	26.4	28.8	27.6
房地产、租赁及批发、零售业活动	Real Estate, Renting and Business Activities		76.2	83.3	89.1	94.5
公共管理和防卫；强制性社会保险	Public Administration and Defence; Compulsory Social Security		52.9	52.5	51.7	48.8
教育	Education		42.6	46.5	48.1	45.8
卫生和社会工作	Health and Social Work		98.7	102.8	104.8	107.1
社区、社会和私人其他服务活动	Other Community, Social and Personal Services Activities		30.3	31.8	30.9	35.6
有雇工的私人家庭	Private Households with Employed Persons		2.4	2.2	1.7	0.5
本土以外的机构和组织	Extra-Territorial Organisation and Bodies		-	-	0.2	0.2
行业不明确	Not Classifiable by Economic Activity		15.8	16.1	20.5	19.7
合　计	Total		719.4	739.8	760.1	773.1
波　　兰	**Poland**					
按第三版 ISIC 分类	ISIC - Rev. 3					
农业、林业、狩猎业	Agriculturing, Hunting and Forestry		310.4	293.4	265.7	271.5
渔业	Fishing		1.3	1.2	1.0	1.1

注：① 14 岁及以上。② 15 至 64 岁。
Note: ① Persons aged 14 years and over. ② Persons aged 15 to 64 years.

6-3 续表 12 continued

单位：万人 (10 000 persons)

国家（地区）	Country or Territory	1990	1997	1998	1999	2000
波　　兰（续）	**Poland (continued)**					
采矿和采石业	Mining and Quarrying		38.8	38.1	31.5	29.3
制造业	Manufacturing		318.2	320.5	304.9	290.1
电、煤气、水供应	Electricity, Gas and Water		27.3	26.5	24.6	26.3
建筑业	Construction		100.3	107.1	101.2	102.4
批发零售贸易；机动车及个人、家用批发、零售品修理业	Wholesale and Retail Trade; Repair of Motor Vehicles, Motorcycles and Personal and Household Goods		199.2	211.7	209.5	204.3
旅馆和饭店业	Hotels and Restaurants	-	21.0	21.9	22.2	24.1
运输、仓储和通讯	Transport, Storage and Communication		93.6	95.8	89.5	89.3
金融媒介	Financial Intermediation		31.2	35.4	38.7	38.0
房地产业、租赁业及批发、零售业活动	Real Estate, Renting and Business Activities		44.0	46.4	50.6	53.1
公共管理、防卫；强制性社会保障	Public Administration and Defence; Compulsory Social Security		78.2	77.9	77.2	76.4
教育	Education		94.0	97.2	102.9	101.3
卫生和社会工作	Health and Social Work		105.7	105.6	102.8	93.8
社区、社会和私人服务业	Other Community, Social and Personal Services Activities		54.0	55.8	52.7	50.7
有雇工的私人家庭	Private Households with Employed Persons		0.8	0.8	0.5	0.8
域外组织和机构	Extra-Territorial Organizations and Bodies		-	0.1	-	-
行业不明确	Not Classifiable by Economic Activity		-	-	-	-
合　计	Total		1517.7	1535.4	1475.7	1452.6
罗马尼亚	**Romania**					
按第三版 ISIC 分类	ISIC - Rev. 3					
农业、狩猎业和林业	Agricuturing, Hunting and Forestry		430.2	433.5	449.2	459.9
渔业	Fishing		0.9	0.8	0.8	0.8
采矿和采石业	Mining and Quarrying		22.5	20.2	18.6	16.3
制造业	Manufacturing		244.4	231.4	216.5	205.4
电、煤气和水供应	Electricity, Gas and Water		23.4	23.5	22.4	19.6
建筑业	Construction		46.8	43.4	39.7	40.3
批发、零售贸易；机动车及个人、家用批发、零售品修理业	Wholesale and Retail Trade; Repair of Motor Vehicles, Motorcycles and Personal and Household Goods		88.3	92.6	92.6	92.8
旅馆和饭店业	Hotels and Restaurants		16.1	14.2	12.4	12.3
运输、仓储和通讯	Transport, Storage and Communication		55.9	52.9	50.0	51.1
金融媒介	Financial Intermediation		9.0	8.2	8.7	9.3
房地产、租赁及批发、零售业活动	Real Estate, Renting and Business Activities		16.8	15.4	14.1	13.2
公共管理和防卫；强制性社会保险	Public Administration and Defence; Compulsory Social Security		50.0	50.5	53.3	56.3
教育	Education		43.6	42.8	42.3	41.5
卫生和社会工作	Health and Social Work		35.9	33.5	34.1	34.6
社区、社会和私人其他服务活动	Other Community, Social and Personal Services Activities		21.3	21.8	23.0	23.0
合　计	Total		1105.0	1084.5	1077.6	1076.4
俄 罗 斯①	**Russian Federation ①**					
按第三版 ISIC 分类	ISIC - Rev. 3					
农业、狩猎业和林业	Agricuturing, Hunting and Forestry		708.8	650.2	698.7	
渔业	Fishing		20.8	15.4	15.8	
采矿和采石业	Mining and Quarrying		112.8	104.9	121.0	
制造业	Manufacturing		1157.7	1088.9	1151.4	
电、煤气和水供应	Electricity, Gas and Water		150.7	163.2	157.7	

注：① 15-72 岁。
Note: ① Persons aged 15 to 72 years.

6-3 续表 13　continued

单位：万人　　(10 000 persons)

国家（地区）	Country or Territory	1990	1997	1998	1999	2000
俄罗斯①(续)	**Russian Federation ① (continued)**					
建筑业	Construction		380.1	341.9	344.5	
批发、零售贸易；机动车及个人、家庭用品修理业	Wholesale and Retail Trade; Repair of Motor Vehicles, Motorcycles and Personal and Household Goods		713.9	702.6	720.8	
旅馆和饭店	Hotels and Restaurants		68.5	68.9	83.8	
运输、仓储和通讯	Transport, Storage and Communication		551.5	533.2	548.7	
金融媒介	Financial Intermediation		88.6	81.2	80.4	
房地产、租赁及批发、零售业活动	Real Estate, Renting and Business Activities		186.0	187.7	179.0	
公共管理和防卫；强制性社会保险	Public Administration and Defence; Compulsory Social Security		422.9	425.7	458.9	
教育	Education		568.7	562.1	588.3	
卫生和社会工作	Health and Social Work		417.6	413.4	433.3	
社区、社会和私人其他服务活动	Other Community, Social and Personal Services Activities		453.4	446.7	458.5	
合　计	Total		6002.1	5786.0	6040.8	
西班牙②	**Spain ②**					
按第二版 ISIC 分类	ISIC - Rev. 2					
农业、狩猎业、林业和渔业	Agriculture, Hunting, Forestry and Fishing	148.6				
采矿和采石业	Mining and Quarry	7.8				
制造业	Manufacturing	280.7				
电、煤气和水	Electricity, Gas and Water	9.4				
建筑业	Construction	122.0				
批发、零售业、旅馆和饭店业	Wholesale and Retail Trade and Restaurants and Hotels	254.0				
运输、仓储和通讯	Transport, Storage and Communication	72.7				
金融保险、不动产和产业服务	Financing, Insurance, Real Estate and Business Services	67.8				
社会和个人服务	Community, Social and Personal Services	295.0				
行业不明确	Activites not Adequately Defined					
合　计	Total	1257.9				
按第三版 ISIC 分类	ISIC - Rev. 3					
农业、狩猎业和林业	Agricuturing, Hunting and Forestry		101.1	100.5	95.9	
渔业	Fishing		5.6	5.5	5.6	
采矿和采石业	Mining and Quarrying		6.7	6.0	6.3	
制造业	Manufacturing		243.2	256.3	263.5	
电、煤气和水供应	Electricity, Gas and Water		8.2	8.5	8.6	
建筑业	Construction		124.3	130.7	146.4	
批发、零售贸易；机动车及个人、家庭用品修理业	Wholesale and Retail Trade; Repair of Motor Vehicles, Motorcycles and Personal and Household Goods		212.4	217.9	226.6	
饭店和餐馆	Hotels and Restaurants		78.0	79.8	84.9	
运输、仓储和通讯	Transport, Storage and Communication		75.4	77.2	80.6	
金融媒介	Financial Intermediation		33.5	33.3	36.3	
房地产、租赁及批发、零售业活动	Real Estate, Renting and Business Activities		79.2	85.9	93.1	
公共管理和防卫；强制性社会保险	Public Administration and Defence; Compulsory Social Security		82.2	82.6	88.8	
教育	Education		74.6	78.7	80.2	
卫生和社会工作	Health and Social Work		71.4	71.4	74.4	
社区、社会和私人其他服务活动	Other Community, Social and Personal Services Activities		46.8	49.7	51.6	
有雇工的私人家庭	Private Households with Employed Persons		33.6	26.2	39.0	
域外组织和机构	Extra-Territorial Organizations and Bodies		0.2	0.3	0.2	
合　计	Total		1276.5	1320.5	1381.7	

注：① 15-72 岁。② 16 岁及以上。
Note: ① Persons aged 15 to 72 years. ② Persons aged 16 years and over.

6-3 续表 14 continued

单位：万人 (10 000 persons)

国家（地区）	Country or Territory	1990	1997	1998	1999	2000
乌 克 兰	**Ukraine**					
按第二版 ISIC 分类	ISIC - Rev. 2					
农业、狩猎业、林业和渔业	Agriculture, Hunting, Forestry and Fishing	502.3	498.8	506.0	496.1	497.7
采矿和采石业	Mining and Quarry		73.0	68.7	63.9	61.8
制造业	Manufacturing		362.8	354.0	331.9	291.4
电、煤气和水	Electricity, Gas and Water					
建筑业	Construction	242.2	119.4	109.7	97.4	89.5
批发、零售业、旅馆和饭店业	Wholesale and Retail Trade and Restaurants and Hotels	186.7	158.9	151.4	160.4	140.6
运输、仓储和通讯	Transport, Storage and Communication	192.3	143.8	140.0	132.9	122.8
金融保险、不动产和产业服务	Financing, Insurance, Real Estate and Business Services	12.9	21.3	21.3	19.7	19.6
社会和个人服务	Community, Social and Personal Services					
行业不明确	Activites not Adequately Defined					
合　计	Total	2540.1	1983.5	1941.5	1879.0	1806.3
英　　国①	**United Kingdom ①**					
按第三版 ISIC 分类	ISIC - Rev. 3					
农业、狩猎业和林业	Agricuturing, Hunting and Forestry	55.4	47.9	44.6	40.9	
渔业	Fishing	1.9	1.5	1.9	1.6	
采矿和采石业	Mining and Quarrying	23.3	10.5	10.0	10.1	
制造业	Manufacturing	299.1	500.7	501.1	488.6	
电、煤气和水供应	Electricity, Gas and Water	33.3	18.0	18.1	18.8	
建筑业	Construction	214.1	187.4	190.7	192.9	
批发、零售贸易；机动车及个人、家庭用品修理业	Wholesale and Retail Trade; Repair of Motor Vehicles, Motorcycles and Personal and Household Goods	419.9	416.6	414.1	426.3	
饭店和餐馆	Hotels and Restaurants	118.5	123.9	124.4	116.5	
运输、仓储和通讯	Transport, Storage and Communication	170.3	171.9	176.9	181.3	
金融媒介	Financial Intermediation	116.8	118.7	119.8	117.2	
房地产、租赁及批发、零售业活动	Real Estate, Renting and Business Activities	215.6	264.6	279.1	299.3	
公共管理和防卫；强制性社会保险	Public Administration and Defence; Compulsory Social Security	162.5	159.5	157.5	163.7	
教育	Education	182.9	199.7	205.2	218.2	
卫生和社会工作	Health and Social Work	220.8	294.3	298.2	301.5	
社区、社会和私人其他服务活动	Other Community, Social and Personal Services Activities	116.4	138.6	146.1	144.0	
有雇工的私人家庭	Private Households with Employed Persons	20.6	15.9	14.5	13.8	
域外组织和机构	Extra-Territorial Organizations and Bodies	3.2	2.6	2.1	1.8	
行业不明确	Not Classifiable by Economic Activity	18.9	9.2	7.3	7.9	
合　计	Total	2693.5	2681.4	2711.6	2744.2	
澳大利亚	**Australia**					
按第三版 ISIC 分类	ISIC - Rev. 3					
农业、狩猎业和林业	Agricuturing, Hunting and Forestry	42.4	41.6	40.7	41.8	42.1
渔业	Fishing	1.4	1.4	1.3	1.4	1.8
采矿和采石业	Mining and Quarrying	8.9	7.5	7.7	7.0	6.8
制造业	Manufacturing	117.9	113.5	109.8	107.5	114.1
电、煤气和水供应	Electricity, Gas and Water	10.6	6.6	6.5	6.4	6.5
建筑业	Construction	59.3	58.0	62.2	66.3	70.1
批发、零售贸易；机动车及个人、家庭用品修理业	Wholesale and Retail Trade; Repair of Motor Vehicles, Motorcycles and Personal and Household Goods	162.6	172.0	177.5	184.1	177.9
饭店和餐馆	Hotels and Restaurants	31.8	40.4	40.8	41.9	45.7

注：① 16 岁及以上。

Note: ① Persons aged 16 years and over.

6-3 续表15 continued

单位：万人　　(10 000 persons)

国家（地区）	Country or Territory	1990	1997	1998	1999	2000
澳大利亚(续)	**Australia (continued)**					
运输、仓储和通讯	Transport, Storage and Communication	53.2	55.1	54.5	57.0	59.2
金融媒介	Financial Intermediation	36.7	31.6	32.3	31.5	33.6
房地产、租赁及批发、零售业活动	Real Estate, Renting and Business Activities	62.5	88.1	95.3	98.3	106.8
公共管理和防卫；强制性社会保险	Public Administration and Defence; Compulsory Social Security	44.3	44.7	42.8	45.1	45.7
教育	Education	52.8	57.8	59.3	61.4	61.2
卫生和社会工作	Health and Social Work	66.2	77.8	81.1	81.6	84.9
社区、社会和私人其他服务活动	Other Community, Social and Personal Services Activities	31.9	41.3	42.3	42.5	43.8
有雇工的私人家庭	Private Households with Employed Persons	1.2	1.1	1.1	1.0	0.7
域外组织和机构	Extra-Territorial Organizations and Bodies	0.1	0.1	0.1	0.1	0.2
合　计	Total	783.7	838.7	855.3	874.7	901.0
新 西 兰	**New Zealand**					
按第二版ISIC分类	ISIC - Rev. 2					
农业、狩猎业、林业和渔业	Agriculture, Hunting, Forestry and Fishing	15.7				
采矿和采石业	Mining and Quarrying	0.6				
制造业	Manufacturing	25.3				
电、煤气和水	Electricity, Gas and Water	1.4				
建筑业	Construction	9.2				
批发、零售业、旅馆和饭店业	Wholesale and Retail Trade and Restaurants and Hotels	31.2				
运输、仓储和通讯	Transport, Storage and Communication	9.3				
金融保险、不动产和产业服务	Financing, Insurance, Real Estate and Business Services	14.6				
社会和个人服务	Community, Social and Personal Services	40.4				
行业不明确	Activities not Adequately Defined	0.6				
合　计	Total	148.1				
按第三版ISIC分类	ISIC - Rev. 3					
农业、狩猎业和林业	Agriculturing, Hunting and Forestry		14.7	14.3	16.1	15.1
渔业	Fishing		0.3	0.4	0.4	0.4
采矿和采石业	Mining and Quarrying		0.5	0.4	0.4	0.4
制造业	Manufacturing		28.3	29.0	27.8	28.1
电、煤气和水供应	Electricity, Gas and Water		1.1	1.0	0.9	0.9
建筑业	Construction		11.5	11.1	11.0	11.8
批发、零售贸易；机动车及个人、家庭用品修理业	Wholesale and Retail Trade; Repair of Motor Vehicles, Motorcycles and Personal and Household Goods		28.7	28.2	28.5	29.6
饭店和餐馆	Hotels and Restaurants		8.9	8.9	8.7	9.3
运输、仓储和通讯	Transport, Storage and Communication		10.3	10.3	11.0	11.1
金融媒介	Financial Intermediation		6.0	5.4	5.4	5.5
房地产、租赁及批发、零售业活动	Real Estate, Renting and Business Activities		16.4	16.8	17.5	17.4
公共管理和防卫；强制性社会保险	Public Administration and Defence; Compulsory Social Security		9.8	9.7	9.9	9.1
教育	Education		13.2	12.7	12.5	13.0
卫生和社会工作	Health and Social Work		12.6	13.4	14.1	14.2
社区、社会和私人其他服务活动	Other Community, Social and Personal Services Activities		8.5	9.7	9.7	10.2
有雇工的私人家庭	Private Households with Employed Persons		2.3	0.8	0.8	0.9
域外组织和机构	Extra-Territorial Organizations and Bodies		0.1	0.1	0.1	0.1
行业不明确	Not Classifiable by Economic Activity		0.5	0.5	0.4	0.8
合　计	Total		173.6	172.5	175.0	177.9

6-4 失业人数

Unemployment

资料来源：国际劳工组织《国际劳动统计年鉴》2001。
Source: International Labour Office"Yearbook of Labour Statistics"2001.
单位：万人 (10 000 persons)

国家（地区）	Country or Territory	1990	1997	1998	1999	2000
中　　国①	China ①	383.2	570.0	571.0	575.0	595.0
中国香港	Hong Kong, China	3.7	7.3	15.5	20.9	16.8
孟加拉国②	Bangladesh ②	99.7				
印　　度③④	India ③④	3463.2	3914.0	4009.0	4037.1	
印度尼西亚②	Indonesia ②	195.2	419.7	506.2	603.0	587.2
以 色 列	Israel	15.8|	17.0|	19.3	20.9	21.4
日　　本	Japan	134.0	230.0	279.0	317.0	320.0
哈萨克斯坦	Kazakhstan		38.3	38.2	26.4	
韩　　国	Korea, Rep.	45.4	55.6	146.1	135.3	88.9
马来西亚⑤	Malaysia ⑤	31.5	21.5	28.4	31.4	29.4
蒙　　古(12)	Mongolia(12)			4.8		
缅　　甸⑥(12)	Myanmar ⑥ (12)	55.5	53.5	45.2	42.5	
巴基斯坦②	Pakistan ②	96.3	222.7	224.0		
菲 律 宾	Philippines	199.3	237.7	301.6	293.1	313.3
新 加 坡	Singapore	2.6	4.6	6.2	9.0	9.8
斯里兰卡②	Sri Lanka ②	100.5		70.1	61.3	54.6
泰　　国⑦	Thailand ⑦	71.0	29.3	113.8	98.6	81.3
土 耳 其⑧	Turkey ⑧	161.5	154.5	154.7	173.0	
埃　　及⑤	Egypt ⑤	134.6|	144.6	144.8	148.1	
南　　非(12)	South Africa(12)	11.1	31.0			
加 拿 大	Canada	116.4	141.4	130.5|	119.0	109.0
墨 西 哥⑧	Mexico ⑧		98.5	89.0	68.2	65.0
美　　国⑨	United States ⑨	704.7|	673.9	621.0	588.0	565.5
阿 根 廷②	Argentina ②	33.2|	137.5	121.9	136.0	146.1
巴　　西②	Brazil ②	236.7|	588.2	692.3	763.9	
委内瑞拉	Venezuela	74.3	106.1	109.3	152.6	
白俄罗斯(12)	Belarus(12)		12.6	10.6	9.5	9.6
保加利亚	Bulgaria		51.3	49.7	53.4	53.7
捷克共和国	Czech Republic		28.1	38.0	47.0	43.0
法　　国	France		310.5	300.7	301.4	259.0
德　　国	Germany		389.0	384.9	350.3	312.7
意 大 利	Italy	262.1|	268.8	274.5	266.9	249.5
荷　　兰⑤	Netherlands ⑤	51.6|	42.2	33.7	27.7	26.2
波　　兰	Poland		192.3	180.8	239.1	278.5
罗马尼亚	Romania		70.7	73.2	79.0	82.1
俄 罗 斯⑩	Russian Federation ⑩		805.8	887.6	932.3	
西 班 牙⑩	Spain ⑩	244.1	335.6	306.0	260.5	
乌 克 兰(11)	Ukraine(11)		233.0	293.7	269.9	270.8
英　　国⑨	United Kingdom ⑨	197.4	203.7	177.6	175.2	161.9
澳大利亚	Australia	58.5|	78.7	74.7	68.5	64.1
新 西 兰	New Zealand	12.5	12.3	13.9	12.8	11.3

注：①城镇登记失业人数。②10岁及以上。③14岁及以上。④申请工作者。⑤15至64岁。⑥18岁及以上。⑦13岁及以上。⑧12岁及以上。⑨16岁及以上。⑩15至72岁。(11)15至70岁。(12)登记失业人数。

Note: ① Registered unemployment persons in urban areas. ② Persons aged 10 years and over. ③ Persons aged 14 years and over. ④ Work applicants. ⑤ Persons aged 15 to 64 years. ⑥ Persons aged 18 years and over. ⑦ Persons aged 13 years and over. ⑧ Persons aged 12 years and over. ⑨ Persons aged 16 years and over. ⑩ Persons aged 15 to 72 years.(11)Persons aged 15 to 70 years.(12)Registered unemployment persons.

6-5 失业率

Unemployment Rate

资料来源：国际劳工组织《国际劳动统计年鉴》2001。
Source: International Labour Office"Yearbook of Labour Statistics"2001.
单位：%

(%)

国家（地区）	Country or Territory	1990	1997	1998	1999	2000
中　国①	China ①	2.5	3.1	3.1	3.1	3.1
中国香港	Hong Kong, China	1.3	2.2	4.7	6.3	5.0
阿塞拜疆	Azerbaijan		1.0	1.1	1.2	1.2
塞浦路斯	Cyprus	1.8 ③⑤	3.4 ③⑤	3.3 ③⑤	5.7	4.9
格鲁吉亚	Georgia			14.5	13.8	10.8
印度尼西亚	Indonesia		4.7	5.5		
以色列	Israel	9.6∣	7.7	8.5	8.9	8.8
日　本	Japan	2.1	3.4	4.1	4.7	4.7
哈萨克斯坦③	Kazakhstan ③		3.8	3.7	3.9	
韩　国	Korea, Rep.	2.4∣	2.6	6.8	6.3	4.1
马来西亚⑤	Malaysia ⑤	5.1	2.5	3.2	3.4	3.1
巴基斯坦④	Pakistan ④	3.1	6.1	5.9		
菲律宾	Philippines	8.1	7.9	9.6	9.6	10.1
新加坡	Singapore	1.7	2.4	3.2	4.6	4.4
斯里兰卡④	Sri Lanka ④	14.4	10.7	10.6	9.1	8.0
塔吉克斯坦③	Tajikistan ③		2.7			
泰　国⑥	Thailand ⑥	2.2	0.9	3.4	3.0	2.4
土耳其⑦	Turkey ⑦	7.5∣	6.9	6.2	7.3	
阿尔及利亚	Algeria	19.8	26.4			29.8
埃　及⑤	Egypt ⑤	8.6∣	8.4 (19)	8.2	8.1	
摩洛哥(20)	Morocco (20)	15.8	16.9	19.1	22.0	
南　非	South Africa		5.4			
阿根廷④(20)	Argentina ④(20)	7.3∣	14.9	12.8	14.1	15.0
巴哈马	Bahamas		9.8	7.7		
巴巴多斯	Barbados	15.0	14.5	12.3	10.5	
玻利维亚④(20)	Bolivia ④(20)	7.3∣	3.7		7.2	7.4
巴　西④	Brazil ④	3.7∣	7.8	9.0	9.6	
加拿大	Canada	8.1	9.2	8.3∣	7.6	6.8
哥伦比亚⑦	Colombia ⑦	10.2	12.1	15.0	20.1	20.5
哥斯达黎加⑦	Costa Rica ⑦	4.6	5.7	5.6	6.0	5.2
智　利	Chile	5.7∣	5.3	7.2	8.9	8.3
多米尼加②	Dominica ②	19.7∣	15.9			
厄瓜多尔④(20)	Ecuador ④(20)	6.1	9.2	11.5		
萨尔瓦多④	Salvador ④	10.0	8.0	7.3	7.0	
洪都拉斯④	Honduras ④	4.8	3.2	3.9	3.7	
牙买加②	Jamaica ②	15.7				
墨西哥⑦	Mexico ⑦		2.6	2.3	1.7	1.6
荷属安的列斯	Netherlands Antilles	17.0	15.3	16.6		14.0
尼加拉瓜④	Nicaragua ④	11.1	13.3	13.3	10.9	9.8
巴拿马	Panama		13.4	13.6	11.8	
巴拉圭④(20)	Paraguay ④(20)	6.6∣				
秘　鲁②(20)	Peru ②(20)		7.7	7.8	8.0	7.4
波多黎各⑧	Puerto Rico ⑧	14.1	13.5	13.3	11.8	10.1
苏里南②	Suriname ②	15.8	10.5	10.6	14.0	
特立尼达和多巴哥	Trinidad and Tobago	20.0	15.0	14.2	13.1	

6-5 续表 1 continued

单位：% (%)

国家（地区）	Country or Territory	1990	1997	1998	1999	2000
美 国(8)	United States (8)	5.6|	4.9	4.5	4.2	4.0
乌 拉 圭②⒇	Uruguay ②⒇	8.5|		10.1	11.3	13.6
委内瑞拉	Venezuela	10.4	11.4	11.2	14.9	
美属维尔京群岛③⑨	US Virgin Islands ③⑨	2.8	5.9			
阿尔巴尼亚	Albania	9.5	36.4			
奥 地 利	Austria	3.2	4.2	4.2	3.8	3.6
白俄罗斯	Belarus		2.8	2.3	2.1	2.1
比 利 时②	Belgium ②	7.2	8.9	9.1	8.6	7.0
保加利亚	Bulgaria		14.4	14.1	15.7	16.4
克罗地亚	Croatia		9.9	11.4	13.5	16.1
捷克共和国	Czech Republic		5.4	7.3	9.0	8.3
丹 麦⑩	Denmark ⑩		6.1	5.5		
爱沙尼亚⑿	Estonia ⑿	0.6 ⑾|	9.7	9.9	12.3	13.7
芬 兰⑿	Finland ⑿	3.1	12.5	11.3	10.1	9.7
法 国	France	8.9	12.3	11.8	11.7	10.0
德 国	Germany		9.8	9.7	8.8	7.9
希 腊	Greece	7 ②	10.3 ②|	10.8	11.7	11.1
匈 牙 利⑿	Hungary ⑿		8.7	7.8	7.0	6.4
冰 岛⒀	Iceland ⒀		3.9	2.7	2.0	2.3
爱 尔 兰	Ireland	12.9	10.3	7.8	5.7	
意 大 利	Italy	11.0 (2)|	11.5	11.7	11.4	10.5
拉脱维亚②	Latvia ②		14.4	13.8	14.5	14.6
立 陶 宛	Lithuania		14.1 ②	13.3 ②	14.1 ②|	15.4
卢 森 堡③⒁	Luxemburg ③⒁	1.3|	3.3	3.1	2.9	2.7
马 其 顿⒂	Macedonia ⒂	23.6				
马 尔 他(3)⒃	Malta (3)⒃	3.9	5.0	5.1	5.3	
荷 兰⑤	Netherlands ⑤	7.5|	5.5	4.4	3.5	3.3
挪 威⒀	Norway ⒀	5.2	4.0	3.2	3.2	3.4
波 兰	Poland		11.2	10.5	13.9	16.1
葡 萄 牙	Portugal	4.7 ④|	6.7 ④	5.0	4.4	4.0
罗马尼亚	Romania		6.0	6.3	6.8	7.1
俄 罗 斯⒄	Russian Federation ⒄		11.8	13.3	13.4	
圣马力诺	San Marino	5.5 ②|	4.4	4.1	3.0	
斯洛伐克	Slovakia		11.8	12.5	16.2	18.6
斯洛文尼亚	Slovenia		7.1	7.7	7.4	
西 班 牙⑧	Spain ⑧	16.3	20.8	18.8	15.9	
瑞 士	Switzerland		4.1	3.6	3.1	2.7
瑞 典⒁	Sweden ⒁	1.6|	8.0	6.5	5.6	4.7
乌 克 兰⒅	Ukraine ⒅		8.9	11.3	11.9	11.7
英 国⑧	United Kingdom ⑧	6.8	7.1	6.1	6.0	5.5
澳大利亚	Australia	6.9|	8.6	8.0	7.2	6.6
斐 济	Fiji	6.4				
关 岛⑧	Guam ⑧	2.8				
新 西 兰	New Zealand	7.8	6.6	7.5	6.8	6.0

注：①城镇登记失业率。②14岁及以上。③登记失业率。④10岁及以上。⑤15岁至64岁。⑥13岁及以上。⑦12岁及以上。⑧16岁及以上。⑨16至65岁。⑩15至66岁。⑾15至69岁。⑿15至74岁。⒀16至74岁。⒁16至64岁。⒂申请失业率。⒃16至61岁。⒄15至72岁。⒅15至70岁。⒆12岁至64岁。⒇城镇失业率。

Note: ① Registered unemployment rate in urban areas. ② Persons aged 14 years and over. ③ Registered unemployment rate. ④ Persons aged 10 years and over. ⑤ Persons aged 15 to 64 years. ⑥ Persons aged 13 years and over. ⑦ Persons aged 12 years and over. ⑧ Persons aged 16 years and over. ⑨ Persons aged 16 to 65 years. ⑩ Persons aged 15 to 66 years. ⑾ Persons aged 15 to 69 years. ⑿ Persons aged 15 to 74 years. ⒀ Persons aged 16 to 74 years. ⒁ Persons aged 16 to 64 years. ⒂ Work applicants rate. ⒃ Persons aged 16 to 61 years. ⒄ Persons aged 15 to 72 years. ⒅ Persons aged 15 to 70 years. ⒆ Persons aged 12 to 64 years. ⒇ Unemployment rate in urban areas.

6-6 非农部门就业人数、工资及平均每周工时数

Employment, Wages and Hours of Work per Week in Non-Agriculture

资料来源：国际劳工组织《国际劳动统计年鉴》2001。
Source: International Labour Office"Yearbook of Labour Statistics"2001.

国家（地区）	Country or Territory	非农部门雇员人数（万人）Employee in Non-Agriculture (10 000 persons)		非农部门雇员工资（本币）Wages in Non-Agriculture (local currency units)		非农部门雇员平均每周工时数 Hours of Work per Week in Non-Agriculture	
		1990	2000	1990	2000	1990	2000
中　　国	China	29792 ⑧	37795 ⑧	2140 ⑤⑨	9371 ⑤⑨		
中国香港	Hong Kong, China	268.8	320.5	5865.3 ②	397.5 ①	45.6	46.6
孟加拉国	Bangladesh	1685.6		55.9 ①		31.0	
印度尼西亚	Indonesia	3347.2 ⑥	1929.4(14)				
以 色 列	Israel	143.0	217.3	2299 ②	6791 ②	38.9	41.9
日　　本	Japan	5798.0	6120.0	370169.0 ②	302200.0 ②	46.1	39.7
哈萨克斯坦	Kazakhstan		477.3(15)	259 ②	10984 ② (14)	148.2 ②	35.8(14)
韩　　国	Korea, Rep.	1484.8	1885.8	642310 ②	1727300 ②	48.2	44.6
马来西亚	Malaysia	494.7 ⑦	761.0 ⑦	660 ②			
缅　　甸	Myanmar	460.7	685.2(15)				
巴基斯坦	Pakistan	1455.6 ⑥	1895.4(15)	1735 ②			
菲 律 宾	Philippines	1234.7	1737.4	50.53 ①		47.6	45.8
新 加 坡	Singapore		209.0	1527.8 ②	3063.0 ②	46.5	47.0
斯里兰卡	Sri Lanka	311.3	347.4(15)	9.23 ④	18.8 ① (14)		
泰　　国	Thailand	1111.6 ⑩	1690.6 ⑩	3737 ②	6972 ② (14)	49.1	50.0(14)
土 耳 其	Turkey	1059.0	1195.3(14)	28600 ①		48.8	45.9(14)
越　　南	Viet Nam	839.7					
埃　　及	Egypt	876.3	1206.6(14)	55.0 ③	113.0 ③ (15)	55.0	52.0(15)
加 拿 大	Canada	1262.6	1445.2	19.11 ④	25.9 ④ (14)	38.2	
墨 西 哥	Mexico		3208.2(10)	812.1 ②	2937.7 ②		43.8
美　　国	United States	11539.9	13175.1(12)	10.0 ④	13.8 ④	34.5	34.5
巴　　西	Brazil	4791.9	5430.4(14)	27610.0 ②	722.2 ② (14)		
委内瑞拉	Venezuela	554.4					
白俄罗斯	Belarus	404.0		265.0 ②			
保加利亚	Bulgaria	333.9	225.4(14)	352.3 ②	238.0 ②		
捷克共和国	Czech Republic		451.4	3241.0 ②	13491.0 ②		39.0(14)
德　　国	Germany		3562.2		14.6 ④	39.7	
意 大 利	Italy	1955.9	2015.4	100.0 ④	112.4 ④		39.1
荷　　兰	Netherlands	606.7 ⑦	748.7 ⑦	20.6 ④	33.2 ④ (14)	40.1	38.6(14)
波　　兰	Poland	1295.5	1181.1	1036000 ②	1923.8 ② (13)		40.8
罗马尼亚	Romania	768.6	616.5	3273.0 ②			37.9
俄 罗 斯	Russian Federation	6487.6(13)	5342.1(14)		1050.0 ② (15)		32.9
西 班 牙	Spain	1109.3		876.0 ④		36.7	
乌 克 兰	Ukraine	2037.8	1308.6	247.8 ②	230.1 ②		128.0 ②
英　　国	United Kingdom	2638.2(12)	2703.4(14)	6.4 ④	10.3 ④	40.5	44.3
澳大利亚	Australia	741.2	858.8	317.0 ③	479 ③	34.8	34.8
新 西 兰	New Zealand	132.5	162.8	14.05 ④	20.9 ④	38.8	38.2

注：①以日计。②以月计。③以周计。④以小时计。⑤以年计。⑥10岁及以上。⑦15到64岁。⑧除农、林、牧、渔之外的从业人员。⑨所有部门职工平均货币工资。⑩13岁及以上。(11)12岁及以上。(12)16岁及以上。(13)15到72岁。(14)1999年数据。(15)1998年数据。

Note: ① Per day. ② Per month. ③ Per week. ④ Per hour. ⑤ Per year. ⑥ Persons aged 10 years and over. ⑦ Persons aged 15 to 64 years. ⑧ All employment except faming,forestry,animal husbandry and fishery. ⑨ All departments staff average monetary wage. ⑩ Persons aged 13 years and over. (11) Persons aged 12 years and over. (12) Persons aged 16 years and over. (13) Persons aged 15 to 72 years. (14) Data refer to 1999. (15) Data refer to 1998.

6-7 制造业雇员工资及平均每周工时数

Wages and Hours of Work per Week in Manufacturing

资料来源：国际劳工组织《国际劳动统计年鉴》2001。
Source: International Labour Office"Yearbook of Labour Statistics"2001.

国家（地区）	Country or Territory	制造业雇员工资（本币） Wages in Manufacturing (Local Currency Units)		制造业雇员平均每周工时数 Hours of Work per Week in Manufacturing	
		1990	2000	1990	2000
中　　国	China	2073.0 ①	8750.0 ①		
中国香港	HongKong, China	179.5 ②	335.4 ②	44.2	45.2
孟加拉国	Bangladesh	55.9 ②		31.0	
以 色 列	Israel	2669.0 ③	8665.0 ③	38.9	42.6
日　　本	Japan	244600.0 ③	293100.0 ③	45.7	38.0
哈萨克斯坦	Kazakhstan	277.0 ③	13434.0 ③ (13)	167.5 ③	
韩　　国	Korea, Rep.	590800.0 ③	1601500.0 ③	49.8	49.3
巴基斯坦	Pakistan	1735.0 ③	2865.8 ③ (13)		
菲 律 宾④	Philippines ④	4108.0 ③	6900.0 ③ (13)	44.9	43.9
新 加 坡	Singapore	1395.0 ③	3036.0 ③	48.5	49.8
泰　　国	Thailand	3357.0 ③⑥	5907.0 ③⑥ (13)	48.3	50.1(13)
土 耳 其	Turkey	28600.0 ②		48.8	48.7(13)
埃　　及	Egypt	55.0 ④⑦	107.0 ④⑦ (14)	56.0	52.0(14)
加 拿 大	Canada	14.2 ⑤	17.2 ⑤ (13)	38.2(12)	38.7(13)
墨 西 哥	Mexico		2909.6 ③	44.9	44.4
美　　国	United States	10.8 ⑤⑧	14.4 ⑤⑧	40.8	41.6
巴　　西	Brazil	26076.0 ③		44.3	
白俄罗斯	Belarus	154100.0 ③			
保加利亚	Bulgaria	352.3 ③	228.0 ③		
捷克共和国	Czech Republic	3241.0 ③	10997.0 ③		41.0(13)
法　　国	France	45.5 ⑤		38.7	38.6
德　　国	Germany		27.8 ⑤	39.5	37.9
荷　　兰	Netherlands	21.5 ⑤	33.3(13) ⑤		38.6(13)
波　　兰	Poland		1660.9 ③ (13)		41.7
罗马尼亚	Romania	3400.0 ③	1712748.0 ③ (13)	143.0 ③	39.5
俄 罗 斯	Russian Federation		1026.0 ③ (13)		33.3(13)
西 班 牙	Spain	902.0 ⑤	1499.0 ⑤		36.1
乌 克 兰	Ukraine	263000.0 ③⑨	289.0 ③⑩		126.0 ③
英　　国	United Kingdom	6.1 ⑤ (11)	9.7 ⑤ (11)	42.3	41.3
澳大利亚	Australia	12.9 ⑤	17.4 ⑤ (14)	38.1	38.5
新 西 兰	New Zealand	13.3 ⑤	17 ⑤	40.7	41.0

注：①制造业职工平均工资。②以日计。③以月计。④10人及以上企业。⑤以小时计。⑥不包括公共企业。⑦以周计。⑧指私营部门的生产工人。⑨卢布。⑩格里弗那。(11)不包括北爱尔兰。(12)指计时付酬工人。(13)1999年数据。(14)1998年数据。

Note: ① Average wage of staff and workers by manufacturing. ② Per day. ③ Per month. ④ Establishments with 10 or more persons employed. ⑤ Per hour. ⑥ Exceluding.public entreprises. ⑦ Per week. ⑧ Private sector;production workers. ⑨ Roubles. ⑩ Hrivna. (11) Exceluding Northern Ireland. (12) Employees paid by hour. (13) Data refer to 1999. (14) Data refer to 1998.

6-8 劳动生产率

Productivity

资料来源：世界银行数据库。
Source: World Bank Database.

国家（地区）	Country or Territory	全员劳动生产率①（美元／人）Gross Productivity ① (USD/person)		制造业劳动生产率（美元／人）Value Added Per Worker in Manufacturing (USD/person)	
		1990	2000	1980-1984	1995-1999
中　　国②	China ②	528	1427	3061	2885
中国香港	Hong Kong, China	25761	45234	7886	32611
孟加拉国	Bangladesh	593	680	1820	1711
印　　度	India	879	1014	2108	3118
印度尼西亚	Indonesia	1462	1505	3807	5139
伊　　朗	Iran	7637	5331	17679	89787
以 色 列	Israel	28582	40852	23459	35526
日　　本	Japan	47593	70933	34456	92582
哈萨克斯坦	Kazakhstan	5263	2507		
韩　　国	Korea, Rep.	12867	18923	11617	40916
马来西亚	Malaysia	6173	9320	8454	12661
蒙　　古	Mongolia		806		
巴基斯坦	Pakistan	1040	1192	6214	
菲 律 宾	Philippines	1805	2345	5266	10781
新 加 坡	Singapore	23538	46216	16442	40674
斯里兰卡	Sri Lanka	1175	1919	2057	3405
泰　　国	Thailand	2692	3317	11072	19946
土 耳 其	Turkey	6203	6386	13994	32961
越　　南	Viet Nam	193	776		
埃　　及	Egypt	2355	4046	3691	5976
尼日利亚	Nigeria	740	817	20000	
南　　非	South Africa	8236	7413	12705	16612
加 拿 大	Canada	38955	41604	36903	60712
墨 西 哥	Mexico	8566	14238	17448	25931
美　　国	United States	45761	67975	47276	81353
阿 根 廷	Argentina	11585	19000	33694	37480
巴　　西	Brazil	7102	7471	43232	61595
委内瑞拉	Venezuela	6682	12194	37063	24867
白俄罗斯	Belarus	6653	5688		
保加利亚	Bulgaria	4673	2884		
捷克共和国	Czech Republic	6395	8798	5782	5094
法　　国	France	49232	48439	26751	61019
德　　国	Germany	42364	45819	34945	79616
意 大 利	Italy	45245	41740	24580	50760
荷　　兰	Netherlands	42807	49277	27491	56801
波　　兰	Poland	3148	7935	6242	7637
罗马尼亚	Romania	3597	3418		3482
俄 罗 斯	Russian Federation	7502	3231		
西 班 牙	Spain	32448	32027	18936	47016
乌 克 兰	Ukraine	3507	1266		
英　　国	United Kingdom	34551	47292	24716	55060
澳大利亚	Australia	36466	39846	27801	57857
新 西 兰	New Zealand	26030	26022	16835	32723

注：①为GDP除以劳动力总人数。②世界银行统计数据。
Note: ① GDP divided by total labor force. ② Data from World Bank.

6-9 罢工和停工（2000年）
Strikes and Lockouts (2000)

资料来源：国际劳工组织《国际劳动统计年鉴》2001。
Source: International Labour Office"Yearbook of Labour Statistics"2001.

国家（地区）	Country or Territory	罢工次数（次） Strikes and Lockouts (Number)	罢工人数（人） Workers Involved (Persons)	罢工工日数（天） Days not Worked (days)
中国香港①②	HongKong, China ①②	5	381 ⑩	934
韩　国	Korea, Rep.	250	177969 ⑩	1893563
马来西亚④	Malaysia ④	11	2969 ⑩	6068
巴基斯坦	Pakistan	4	225	667
菲律宾	Philippines	60 ③	21442 ③⑩	319233 ⑩
泰　国	Thailand	13	5969	225788
土耳其④	Turkey ④	52	18705	368475
埃　及	Egypt	6	1482	1377
加拿大⑤	Canada ⑤	376	143480 ⑩	1660830
墨西哥④	Mexico ④	26	9620 ⑩	389532
美　国⑥	United States ⑥	39	393700	20419400
德　国②(11)	Germany ② (11)		7428 ⑩	10776
意大利	Italy	966	687000	884100(13)
荷　兰	Netherlands	23	10256	9432
波　兰	Poland	44	7858	74266
罗马尼亚④	Romania ④	10	24964	565422
乌克兰	Ukraine	76	20649	280534
英　国①⑦	United Kingdom ①⑦	212	183200	498800
澳大利亚	Australia	698 ⑧	325400(12)	469100(12)
新西兰	New Zealand	21 ⑧⑨	2632(12)	11495

注：①10人以下或持续时间小于1天的停工，但累计超过100个工作日的停工也包括在内。②不包括公共部门。③不包括持续时间少于1天或1个轮班的停工。④仅指罢工。⑤指至少持续半天时间，误工10个工作日以上的罢工。⑥不包括涉及人数少于1000人，持续时间少于1天或1个轮班的停工。⑦不包括政治性罢工。⑧不包括持续时间少于半天的罢工。⑨包括局部罢工和关闭工厂停工。⑩不包括间接涉及的工人。(11)持续时间小于1天的停工，但累计超过100个工作日的停工也包括在内。(12)不包括少于10个工作日的停工。(13)每个工作日按7小时计算。

Note: ① Including stoppages involving fewer than 10 workers or lasting less than one day if 100 or more workdays not worked. ② Excluding public sector. ③ Excluding work stoppages lasting less than a full day or shift. ④ Strikes only. ⑤ Strikes lasting at least half a day with more than 10 days lost. ⑥ Excluding work stoppages involving fewer than 1000 workers and lasting less than a full day or shift. ⑦ Excluding political strikes. ⑧ Excluding work stoppages in which less than 10 workdays not worked. ⑨ Including partial strikes and lockouts. ⑩ Excluding workers indirectly involved.(11)Lasting less than one day if 100 or more workdays not worked.(12)Excluding work stoppages in which less than 10 workdays not worked.(13)Computed on the basis of a seven-hour working day.

主要统计指标解释

经济活动人口指在特定参考期内，所有为产品和服务生产提供了劳动力的人员，无论其性别如何。根据1993年版的国民帐户体系（SNA），生产包括：个人或集体提供或准备提供给除生产者自己之外的单位的所有产品和服务，包括在生产这些产品或服务过程中的消耗掉的产品或服务的生产；生产者所有留给自己最终使用的产品生产；由自有住房使用者提的住房服务的生产以及通过雇佣家庭有酬雇工而提供的家庭和个人服务的生产。

对于经济活动人口有用的量度有两种。一种是针对一个较长参考期（如一年）的经常活动人口，另一种是针对一个较短参考期（如一天或一周）的当前活动人口，或劳动力。

除非特别注明，本书中的经济活动人口、就业人口和失业人口均为15岁以上。

就业人员　为一定年龄以上，在参考期内（一周或一天）属于下列类型的所有人：

(1) 有酬的从业人员，包括两类：① 正在工作的人，指在参考期内做某些工作以得到现金或实物形式的薪金的人员；②有工作岗位但目前不工作的人，指已有现在的工作却在短期内暂时未上班，但同时也未辞职的人。

(2) 自营就业者，也包括两类：①正在工作，指在短期时间内以利润或家庭收入为目的，做某些工作得到现金或实物的人；②拥有企业而不工作的人，指自己拥有企业（如商业企业，农场，服务性的企业），在一定时期内暂不工作的人。

失业　适龄劳动人口中的失业者分为：

(1)没有工作，即没有得到有报酬的工作，又没有自营就业的人；

(2)目前有工作能力，即在调查期内可从事有酬工作和自营就业的人；

(3)正在寻找工作，在最近特定时期已采取具体步骤寻求有酬工作或自营就业的人。

失业率反映了失业的严重程度。这些失业率是参考期内（一般是特定的一天或一周）特定分组的失业人数和同一时间该组就业、失业人数之和相比得出的。对其他来源的失业人员比例的解释应考虑到其代表性。

非农业部门　涉及以下主要经济活动部门：矿业，制造业，电、煤气和水，建筑业，批发零售、仓储，饭店，交通、通信，金融、保险、房地产、产业服务，社区、社会和个人服务业。在某些情况下，仅用一些代表性的部门表示。

工资　为每隔一段固定时间以现金或以实物形式支付给雇员的报酬，包括对雇员工作时间、完成的工作量和带薪休假（如定期休假，法定假日）支付的劳动报酬。报酬扣除雇主为其雇员支付的社会保险和养老基金缴款，扣除雇员因此而得到的收益，还应扣除解雇和辞职时加发的工资。

收入　同雇员的总报酬相联系，即雇主付给的扣除各项费用(税收、雇员社会保险和养老基金的捐助，人寿保险费，工会费和其他义务费用)以前的总数。

罢工　是由于受一组或多组工人的影响，为了坚持或抵制某些要求，表达不满以及对其他工人的要求和不满表示支持而采取的暂时停止工作的行为。

停工　是一个或多个雇主为了坚持或抵制某些要求，表达不满以及对其他雇主的要求和不满表示支持而采取的暂时关闭一处或多处工作场所，或阻碍雇员正常工作的行为。

Explanatory Notes on Main Statistical Indicators

The Economically Active Population comprises all persons of either sex who furnish the supply of labour for the production of goods and services during a specified time-reference period. According to the 1993 version of the system of National Accounts,production includes all individual or collective goods or services that are supplied to units other than their producers,or intended to be so supplied,including the production of goods or services used up in the process of producing such goods or services;the production of all goods that are retained by their producers for their own final use; the production of housing sevices by owner-occupiers and of domestic and personal services produced by employing paid domestic staff.

Two useful measures of the economically active population are the usually active population measured in relation to a long reference period such as a year,and the currently active population,or, equivalently,the labour force measured in relation to a short reference period such as one day or one week.

Unless otherwise specified, in this yearbook, economically active population, employment population and unemployment population are all above 15 years old.

Employed comprise all persons above a specific age who during a specified brief period,either one week or one day,were in the following categories: (1)Paid employment: ① At work. Persons who,during the reference period performed some work for wage or salary,in cash or in kind; ② With a job but not at work.Persons who,having already worked in their present job,were temporarily not at work during the reference periode and had a formal attachment to their job.(2)Self-employment: ① At work.Person who during the reference period performed some work for profit or family gain,in cash or in kind; ② With an enterprise but not at work. Persons with an enterprise,which may be a business enterprise,a farm or a service undertaking,who were temporarily not at work during the reference period for any specific reason.

Unemployment comprise all persons above a specified age who during the reference period were: (1)Without work were not in paid cmployment or self-employment; (2)Currently available for work were availble for paid employment or self-employment during the reference period;(3)Seeking work had taken specific steps in a specified reference period to seek paid employment or self-employment.

Unemployment Rate is calculated by relating the number of persons in the given group who are unemployed during the reference period (usually a particular day or a given week) to the total of employed and unemployed persons in the group at the same date. The percentages for series from other suorces should be interpreted with due regard to the representativeness.

Non-agriculture Industries The indicator comprise mainly economically active industries as follows: mining and quarrying, manfacturing, electricity, gas and water, construction, wholesale and retail trade and restaurants and hotels, transport, storage and communication, financing, insurance, real estate and business severces, community, social and personal services. In some cares, these industries are shown in only some parts of the industries, i.e., representatives industries.

Wages The concept of earnings, as applied in wages statistics, relates to remuneration in cash and in kind paid to employees, as a rule at regular intervals,for time worked or work done together with remuneration for time not worked, such as for annual vacation, other paid leave or holiday. Earnings exclude employers' contribution in respect of their employees paid to social security and pension schemes and also the benefits received by employees under these schemes. Earnings also exclude severance and termination pay.

Remuneration Statistics of earnings should relate to employees' gross remuneration, i.e., the total before any deductions are made by the employer in respect of taxes, contribution of employees to scial security and pension schemes, life insurance premiums,union dues and other obligations of employees.

Strike A strike is a temporary work stoppage effected by one or more groups of workers with a view to enforcing demands or expressing grievance, or supporting other workers in their demands or grievances.

Lockout A lockout is a total or partial temporary closure of one or more places of employment, or the hindering of the normal work activities of employees, by one or more employers with a view to enforcing or resisting demands or expressing grievances, or supporting other employers in their demandes or grievances.

七 财政和金融

Government Finance and Banking

7-1 中央政府财政收入及预算盈余／赤字占国内生产总值比重
Central Government Revenue and Budgetary Surplus/Deficit as Percentage of GDP

资料来源：世界银行《世界发展指标》2002年。
Source: World Bank "World Development Indicators"2002.
单位：% (%)

国家（地区）	Country or Territory	中央政府财政收入占国内生产总值的比重① Central Government Revenue as Percentage of GDP ①			中央政府预算盈余／赤字占国内生产总值的比重② Central Government Budgetary Surplus/Deficit as percentage of GDP ②		
		1990	1999	2000	1990	1999	2000
世界总计	**World**	**22.5**			**-2.8**		
高收入国家	**High Income**	**23.7**			**-2.8**		
中等收入国家	**Middle Income**	**17.4**			**-2.5**		
低收入国家	**Low Income**	**15.4**	**15.0**		**-4.8**	**-3.8**	
中　　国	China	5.4	7.1	7.8	-0.1	2.1	1.6
孟加拉国	Bangladesh					-2.8	
印　　度	India	12.6	11.9	13.0	-7.6	-5.8	-5.4
印度尼西亚	Indonesia	18.8	17.9		0.4	-1.1	
伊　　朗	Iran	18.1	24.7	22.8	-1.8	-0.8	-0.6
以 色 列	Israel	39.4	41.5	43.3	-5.3	-2.1	0.9
日　　本	Japan	14.0			-1.5		
韩　　国	Korea, Rep.	17.5			-0.7		
马来西亚	Malaysia	26.4			-2.0		
蒙　　古	Mongolia		21.2	28.6		-10.8	-6.1
缅　　甸	Myanmar	10.5	5.6		-5.1	-1.4	
巴基斯坦	Pakistan	19.1	15.8	16.7	-5.4	-6.9	-5.4
菲 律 宾	Philippines	16.2	15.9	15.4	-3.5	-3.8	-4.1
新 加 坡	Singapore	26.9	27.1	26.2	10.8	7.0	10.1
斯里兰卡	Sri Lanka	21.0	17.7	16.8	-7.8	-6.9	-9.5
泰　　国	Thailand	18.5	16.0	16.0	4.6	-10.4	-3.1
土 耳 其	Turkey	13.7	25.5	28.0	-3.0	-13.0	-11.4
越　　南	Viet Nam		18.8	17.7		-1.6	-2.5
埃　　及	Egypt	23.0			-5.7		
南　　非	South Africa	26.3	28.2	27.3	-4.1	-2.0	-2.3
加 拿 大	Canada	21.6	22.2	22.0	-4.8	1.0	1.4
墨 西 哥	Mexico	15.3	13.8		-2.5	-1.6	
美　　国	United States	18.9	20.6	21.4	-3.8	1.3	2.3
阿 根 廷	Argentina				-0.4	-2.9	-2.3
巴　　西	Brazil	22.8			-5.8		
委内瑞拉	Venezuela	23.7	17.2	19.8		-2.4	-2.1
白俄罗斯	Belarus		28.7	28.7		-2.0	0.1
保加利亚	Bulgaria	47.1	34.6	36.8	-8.3	1.5	0.6
捷克共和国	Czech Republic		33.1	33.1		-1.6	-3.0
法　　国	France	39.7			-2.1		
德　　国	Germany	25.6			-1.4		
意 大 利	Italy	38.2	41.3		-10.2	-1.6	
荷　　兰	Netherlands	45.1			-4.3		
波　　兰	Poland		32.5	31.0		-0.8	0.3
罗马尼亚	Romania	34.4	30.6		0.9	-1.7	
俄 罗 斯	Russian Federation		21.1	25.4		-0.5	4.1
乌 克 兰	Ukraine		23.3	26.3		-2.1	-0.6
英　　国	United Kingdom	36.1	36.4		0.6	0.0	
澳大利亚	Australia	24.9	23.8		2.0	1.4	
新 西 兰	New Zealand	42.6	32.0	31.1	4.0	2.0	-0.4

注：①不包括捐赠。②包括捐赠。
Notes: ① Excluding grants. ② Including grants.

7-2 中央政府财政收入

Revenue of Central Government

国外资料来源：国际货币基金组织《政府财政统计年鉴》2001 年。
Source: IMF "Government Finance Statistics Yearbook"2001.

		印度 India 2000（亿卢比）(100 million Rupee)	印度尼西亚 Indonesia 1999（亿卢比）(100 million Rupiah)	日本 Japan 1993（亿日元）(100 million Yen)	韩国 Korea, Rep. 1997（亿韩圆）(100 million Won)
总收入及捐赠	**Total Revenue & Grants**	**28324**	**1986730**	**1033640**	**919790**
总收入	**Total Revenue**	**28251**	**1986730**	**998660**	**919790**
经常收入	Current Revenue	27177	1986110	992770	907400
税收收入	Tax Revenue	20029	1832810	838480	784340
公司、利润和资本所得税	Tax on Inc.,Profits, Cap.Gains	7163	1181640	361150	242920
社会保障缴款	Social Security Contributions		38510	264400	85060
雇员支付	Paid by Employees				41780
雇主支付	Paid by Employers				43280
工资税	Taxes on Payroll and Work Force				
财产税	Taxes on Properts	17	6140	40420	15900
货物和服务税	Dom. Taxes on Goods & Serv.	7459	554530	144090	306500
国际贸易税	Taxes-International Trade,Transac.	5357	50350	12430	57980
其他税	Other Taxes	33	1640	15990	75980
非税收收入	Nontax Revenue	7149	153300	154290	123060
资本收入	Capital Revenue	1074	620	5890	12390
捐赠	**Grants**	**73**		**34980**	

7-2续表1 continued

		巴基斯坦 Pakistan 2001（亿卢比）(100 million Rupee)	泰国 Thailand 2000（亿铢）(100 million Baht)	土耳其 Turkey 2000（亿里拉）(100 million Lira)	埃及 Egypt 1997（亿埃镑）(100 million Pound)
总收入及捐赠	**Total Revenue & Grants**	**6053**	**7911**	**354258000**	**742**
总收入	**Total Revenue**	**5579**	**7867**	**354258000**	**728**
经常收入	Current Revenue	5579	7817	349777000	673
税收收入	Tax Revenue	4395	6926	275289000	425
公司、利润和资本所得税	Tax on Inc.,Profits, Cap.Gains	1313	2354	103088000	146
社会保障缴款	Social Security Contributions		239		
雇员支付	Paid by Employees		111		
雇主支付	Paid by Employers		128		
工资税	Taxes on Payroll and Work Force				
财产税	Taxes on Properts	26	36	11072000	5
货物和服务税	Dom. Taxes on Goods & Serv.	2080	3390	143404000	116
国际贸易税	Taxes-International Trade,Transac.	646	872	4678000	85
其他税	Other Taxes	330	35	13047000	73
非税收收入	Nontax Revenue	1185	891	74488000	249
资本收入	Capital Revenue		50	4481000	55
捐赠	**Grants**	**473**	**43**		**14**

7–2 续表 2　continued

		南　非 South Africa 2000（亿兰特） (100 million Rand)	加 拿 大 Canada 2000（亿加元） (100 million Dollar)	墨 西 哥 Mexico 1999（亿比索） (100 million Peso)	美　国 United States 2000（亿美元） (100 million US Dollar)
总收入及捐赠	**Total Revenue & Grants**	**2402**	**2257**	**6344**	**21097**
总收入	**Total Revenue**	**2391**	**2251**	**6344**	**21097**
经常收入	Current Revenue	2384	2251	6341	21093
税收收入	Tax Revenue	2259	2056	5630	19777
公司、利润和资本所得税	Tax on Inc.,Profits, Cap.Gains	1259	1200	2315	12120
社会保障缴款	Social Security Contributions	44	462	690	6481
雇员支付	Paid by Employees	44	208		2912
雇主支付	Paid by Employers		239		3223
工资税	Taxes on Payroll and Work Force	13			
财产税	Taxes on Properts	40			290
货物和服务税	Dom. Taxes on Goods & Serv.	806	366	3666	671
国际贸易税	Taxes-International Trade,Transac.	73	28	273	215
其他税	Other Taxes	24		92	
非税收收入	Nontax Revenue	125	195	711	1315
资本收入	Capital Revenue	7	1	4	5
捐赠	**Grants**	**12**	**6**		

7–2 续表 3　continued

		阿 根 廷 Argentina 2000（亿比索） (100 million Peso)	巴　西 Brazil 1998（亿雷亚尔） (100 million Reai)	法　国 France 1997（亿法郎） (100 million Francs)	德　国 Germany 1998（亿马克） (100 million Mark)
总收入及捐赠	**Total Revenue & Grants**	**403**	**2372**	**34905**	**11945**
总收入	**Total Revenue**	**403**	**2371**	**34387**	**11881**
经常收入	Current Revenue	403	2272	33978	11829
税收收入	Tax Revenue	368	1886	31889	9935
公司、利润和资本所得税	Tax on Inc.,Profits, Cap.Gains	69	461	6649	1723
社会保障缴款	Social Security Contributions	94	775	14153	5654
雇员支付	Paid by Employees	11	155	4492	2498
雇主支付	Paid by Employers	83	618	8404	2778
工资税	Taxes on Payroll and Work Force		99	485	
财产税	Taxes on Properts	13	2	678	4
货物和服务税	Dom. Taxes on Goods & Serv.	172	483	9709	2381
国际贸易税	Taxes-International Trade,Transac.	20	66		
其他税	Other Taxes	-		215	
非税收收入	Nontax Revenue	35	386	2089	1894
资本收入	Capital Revenue	1	156	409	52
捐赠	**Grants**		**1**	**518**	**63**

7-2续表 4　continued

		意大利 Italy 1999（亿里拉）(100 million Lire)	荷兰 Netherlands 1997（亿荷兰盾）(100 million Guilder)	波兰 Poland 2000（亿兹罗提）(100 million Zloty)	罗马尼亚 Romania 1999（亿列伊）(100 million Lei)	俄罗斯 Russian Federation 2000（亿卢布）(100 million Ruble)
总收入及捐赠	**Total Revenue & Grants**	**8813880**	**3245**	**2143**	**1753700**	**18527**
总收入	**Total Revenue**	**8677880**	**3244**	**2139**	**1711350**	**18440**
经常收入	Current Revenue	8861050	3237	2127	1651850	17955
税收收入	Tax Revenue	8262890	3024	1919	1456840	15224
公司、利润和资本所得税	Tax on Inc.,Profits, Cap.Gains	3206500	805	402	263300	2080
社会保障缴款	Social Security Contributions	2678080	1333	649	562730	5200
雇员支付	Paid by Employees		1078	649	429710	
雇主支付	Paid by Employers		256		118730	
工资税	Taxes on Payroll and Work Force			14		
财产税	Taxes on Properts	144290	97	0	10	47
货物和服务税	Dom. Taxes on Goods & Serv.	2151390	736	803	538220	5570
国际贸易税	Taxes-International Trade,Transac.	930		51	81240	2308
其他税	Other Taxes	81700	54	-	11330	24
非税收收入	Nontax Revenue	152430	213	208	195010	2731
资本收入	Capital Revenue	10070	7	11	59500	485
捐赠	**Grants**	**136000**	**2**	**5**	**42350**	**87**

7-2续表 5　continued

		西班牙 Spain 1997（亿比塞塔）(100 million Peseta)	乌克兰 Ukraine 2000（亿格里夫尼亚）(100 million Hryvnia)	英国 United Kingdom 1999（亿英镑）(100 million Pound)	澳大利亚 Australia 1998（亿澳元）(100 million Dollar)
总收入及捐赠	**Total Revenue & Grants**	**240213**	**471**	**3283**	**1420**
总收入	**Total Revenue**	**236213**	**456**	**3251**	**1420**
经常收入	Current Revenue	235389	455	3246	1400
税收收入	Tax Revenue	220371	383	3087	1310
公司、利润和资本所得税	Tax on Inc.,Profits, Cap.Gains	70099	58	1291	954
社会保障缴款	Social Security Contributions	92089	143	553	708
雇员支付	Paid by Employees	15976	7	232	
雇主支付	Paid by Employers	63112	114	313	
工资税	Taxes on Payroll and Work Force		9		32
财产税	Taxes on Properts	453		235	-
货物和服务税	Dom. Taxes on Goods & Serv.	57721	154	1008	288
国际贸易税	Taxes-International Trade,Transac.	9	19		36
其他税	Other Taxes		¨C		
非税收收入	Nontax Revenue	15018	73	159	90
资本收入	Capital Revenue	824	¨C	5	21
捐赠	**Grants**	**4000**	**15**	**32**	

7-3 中央政府财政支出及盈余／赤字

Expenditure and Overall Surplus/Deficit of Central Government

国外资料来源：国际货币基金组织《政府财政统计年鉴》2001年。
Source: IMF "Government Finance Statistics Yearbook"2001.

		印度 India 2000（亿卢比）(100 million Rupee)	印度尼西亚 Indonesia 1999（亿卢比）(100 million Rupiah)	日本 Japan 1993（亿日元）(100 million Yen)	韩国 Korea, Rep. 1997（亿韩圆）(100 million Won)
总支出	**Total Expenditure**	**35472**	**2234620**	**1126550**	**790040**
一般公务支出	General Public Services	2238	114250	26920	39970
国防	Defence	5826	85760	46260	131600
公共秩序和安全	Public Order &Safety		44530	13940	47890
教育	Education	934	143500	67900	162030
卫生	Health	573	51860	18010	6160
社会福利	Social Security & Welfare		120060	414560	85270
住房和通讯	Housing & Commun. Amenities	1618	337870	155000	17820
文化、娱乐和宗教	Recr.,cultr.,Relig.,Affrs		33470	1590	6730
能源	Fuel and Energy		5650		5600
农业	Agriculture,Forestry,Fishing,Hunt	1877	86100	12280	62980
工业	Mining,Manufacture,& Construct	662	11440	18460	20310
交通运输	Transportation	667	50100	3340	82220
其他经济活动	Other Econo.Affairs. & Serv.	1914	55090	3570	15950
其他支出	Other Expenditure	19164	1094940	344720	105510
财政赤字	**Overall Deficit/Surplus**	**-11183**	**-126450**	**-73180**	**-57470**

7-3续表1 continued

		巴基斯坦 Pakistan 2001（亿卢比）(100 million Rupee)	泰国 Thailand 2000（亿铢）(100 million Baht)	土耳其 Turkey 2000（亿里拉）(100 million Lira)	埃及 Egypt 1997（亿埃镑）(100 million Pound)
总支出	**Total Expenditure**	**7426**	**8845**	**491342000**	**785**
一般公务支出	General Public Services		459	15946000	24
国防	Defence		736	37683000	74
公共秩序和安全	Public Order &Safety		543	20131000	38
教育	Education		1985	47337000	116
卫生	Health		740	1665000	26
社会福利	Social Security & Welfare		516	3413000	4
住房和通讯	Housing & Commun. Amenities		396	13208000	42
文化、娱乐和宗教	Recr.,cultr.,Relig.,Affrs		85	4531000	63
能源	Fuel and Energy		98	6209000	3
农业	Agriculture,Forestry,Fishing,Hunt		781	14316000	41
工业	Mining,Manufacture,& Construct		67	1663000	1
交通运输	Transportation		993	10424000	36
其他经济活动	Other Econo.Affairs. & Serv.		296	9976000	4
其他支出	Other Expenditure		1149	259123000	314
财政赤字	**Overall Deficit/Surplus**	**-1431**	**-1508**	**-142628000**	**-52**

7-3 续表 2　continued

		南　非 South Africa 2000 （亿兰特） (100 million Rand)	加 拿 大 Canada 2000 （亿加元） (100 million Dollar)	墨 西 哥 Mexico 1999 （亿比索） (100 million Peso)	美　国 United States 2000 （亿美元） (100 million US Dollar)
总支出	**Total Expenditure**	**2608**	**2110**	**7121**	**18807**
一般公务支出	General Public Services		150	376	1864
国防	Defence		119	233	2899
公共秩序和安全	Public Order &Safety		74	199	321
教育	Education		48	1819	335
卫生	Health		29	301	3856
社会福利	Social Security & Welfare		941	1508	5312
住房和通讯	Housing & Commun. Amenities		29	459	482
文化、娱乐和宗教	Recr.,cultr.,Relig.,Affrs		31	48	83
能源	Fuel and Energy		1	108	11
农业	Agriculture,Forestry,Fishing,Hunt		31	224	438
工业	Mining,Manufacture,& Construct		0	18	12
交通运输	Transportation		20	186	486
其他经济活动	Other Econo.Affairs. & Serv.		59	111	312
其他支出	Other Expenditure		577	2275	2393
财政赤字	**Overall Deficit/Surplus**	**-200**	**142**	**713**	**2306**

7-3 续表 3　continued

		阿 根 廷 Argentina 2000 （亿比索） (100 million Peso)	巴　西 Brazil 1998 （亿雷亚尔） (100 million Reai)	法　国 France 1997 （亿法郎） (100 million Francs)	德　国 Germany 1998 （亿马克） (100 million Mark)
总支出	**Total Expenditure**	**482**	**2450**	**33369**	**12132**
一般公务支出	General Public Services	44	347	2170	326
国防	Defence	19	85	1785	472
公共秩序和安全	Public Order &Safety	14	78	4202	42
教育	Education	30	150	2352	66
卫生	Health	9	152	7246	2292
社会福利	Social Security & Welfare	234	1158	12956	6070
住房和通讯	Housing & Commun. Amenities	10	16	382	57
文化、娱乐和宗教	Recr.,cultr.,Relig.,Affrs	1	2	205	13
能源	Fuel and Energy	3	8	70	13
农业	Agriculture,Forestry,Fishing,Hunt	3	61	91	33
工业	Mining,Manufacture,& Construct	1	3	73	128
交通运输	Transportation	13	30	352	367
其他经济活动	Other Econo.Affairs. & Serv.	4	16	2165	354
其他支出	Other Expenditure	98	350	3100	1900
财政赤字	**Overall Deficit/Surplus**	**96**	**-709**	**-2844**	**-351**

7-3 续表 4 continued

		意大利 Italy 1999 (亿里拉) (100 million Lire)	荷兰 Netherlands 1997 (亿荷兰盾) (100 million Guilder)	波兰 Poland 2000 (亿兹罗提) (100 million Zloty)	罗马尼亚 Romania 1999 (亿列伊) (100 million Lei)	俄罗斯 Russian Federation 2000 (亿卢布) (100 million Ruble)
总支出	**Total Expenditure**	**8997090**	**3376**	**2367**	**1913410**	**16724**
一般公务支出	General Public Services		217	96	78220	1272
国防	Defence		130	95	94480	2086
公共秩序和安全	Public Order &Safety		96	83	80380	898
教育	Education		337	112	188030	378
卫生	Health		499	37	259350	144
社会福利	Social Security & Welfare		1262	1193	570770	5296
住房和通讯	Housing & Commun. Amenities		51	27	19690	96
文化、娱乐和宗教	Recr.,cultr.,Relig.,Affrs		12	13	18630	115
能源	Fuel and Energy		5	16	35930	249
农业	Agriculture,Forestry,Fishing,Hunt		34	35	50560	218
工业	Mining,Manufacture,& Construct		11	12	5560	384
交通运输	Transportation		117	33	122870	565
其他经济活动	Other Econo.Affairs. & Serv.		40	10	14690	88
其他支出	Other Expenditure		567	645	374260	4935
财政赤字	**Overall Deficit/Surplus**	**-341300**	**-119**	**21**	**-92300**	**2867**

7-3 续表 5 continued

		西班牙 Spain 1997 (亿比塞塔) (100 million Peseta)	乌克兰 Ukraine 2000 (亿格里夫尼亚) (100 million Hryvnia)	英国 United Kingdom 1999 (亿英镑) (100 million Pound)	澳大利亚 Australia 1998 (亿澳元) (100 million Dollar)
总支出	**Total Expenditure**	**269144**	**481**	**3244**	**1409**
一般公务支出	General Public Services	6854	41	136	99
国防	Defence	8587	26	230	99
公共秩序和安全	Public Order &Safety	7935	25	113	12
教育	Education	9500	27	121	108
卫生	Health	15752	8	500	209
社会福利	Social Security & Welfare	106670	213	1184	500
住房和通讯	Housing & Commun. Amenities	1030	3	73	17
文化、娱乐和宗教	Recr.,cultr.,Relig.,Affrs	1414	4	9	14
能源	Fuel and Energy	274	19	4	10
农业	Agriculture,Forestry,Fishing,Hunt	1755	6	12	20
工业	Mining,Manufacture,& Construct	664	7	5	4
交通运输	Transportation	5676	6	28	20
其他经济活动	Other Econo.Affairs. & Serv.	4313	3	92	32
其他支出	Other Expenditure	98720	94	737	266
财政赤字	**Overall Deficit/Surplus**	**-23680**	**-11**	**3**	**164**

7-4 社会保障和福利

Social Security and Welfare

资料来源：世界银行《世界发展指标》2002年。
Source: World Bank "World Development Indicators"2002.

国家（地区）	Country or Territory	社会保障和福利支出占国内生产总值比重(%) Social Security and Welfare as Percentage of GDP			社会保障税占中央政府经常性收入比重(%) Social Security Taxes as Percentage of total Current Revenue	
		1970-1975年	1980-1985年	1994-2000年	1990年	1999年
世界总计	**World**				**4**	**6**
高收入国家	**High Income**				**17**	**20**
中等收入国家	**Middle Income**				**4**	**8**
印度尼西亚	Indonesia			1.1		2
伊　朗	Iran	1.5	2.6	3.9	8	8
以色列	Israel	11.5	11.0	12.5	9	14
韩　国	Korea, Rep.				5	9
马来西亚	Malaysia	0.7	1.0	1.4	1	1
蒙　古	Mongolia			7.2	14	20
巴基斯坦	Pakistan	0.3	0.9	0.2		
新加坡	Singapore	0.3	0.4	0.7		
斯里兰卡	Sri Lanka	6.1	3.0	2.9		
泰　国	Thailand	0.7	0.6	1.1		2
土耳其	Turkey	0.3	0.2	2.7		
埃　及	Egypt	4.7	5.2	0.1	15	0
南　非	South Africa		1.7	1.1	2	2
加拿大	Canada	7.4	8.2	9.2	16	20
墨西哥	Mexico	3.6	2.2	3.3	13	11
美　国	United States	7.5	6.8	5.4	35	32
阿根廷	Argentina		5.8	8.2	44	24
巴　西	Brazil		5.9	12.7	31	34
委内瑞拉	Venezuela	1.3	1.2	3.0	4	4
白俄罗斯	Belarus			11.0	32	34
保加利亚	Bulgaria			13.6	23	32
捷克共和国	Czech Republic			13.9		44
法　国	France	14.5	16.5		44	42
德　国	Germany	12.7	13.1	16.9	53	48
意大利	Italy	11.7	14.4		29	30
荷　兰	Netherlands				35	41
波　兰	Poland			17.4		29
罗马尼亚	Romania	6.1	6.9	10.6	23	34
俄罗斯	Russian Federation			7.5		32
西班牙	Spain	10.3	12.8	13.0	38	39
乌克兰	Ukraine			12.3		39
英　国	United Kingdom				17	17
澳大利亚	Australia	4.7	7.2	8.4		

7-5 公共养老金支出

Public Expenditure on Pensions

资料来源：世界银行《世界发展指标》2002年。
Source: World Bank "World Development Indicators"2002.

国家（地区）	Country or Territory	年份 Year	公共养老金支出占国内生产总值比重(%) Public Expenditure on Pensions as Percentage of GDP	年份 Year	人均养老金支出占人均收入比重 Average Public Expenditure on Pensions as Percentage of per Capita Income
中　国①	China ①	1996	2.7		
伊　朗	Iran	1994	1.5		
以色列	Israel	1996	5.9	1992	48.1
日　本	Japan	1997	6.9	1989	33.9
韩　国	Korea, Rep.	1997	1.3		
马来西亚	Malaysia	1999	6.5		
巴基斯坦	Pakistan	1993	0.9		
菲律宾	Philippines	1993	1.0		
新加坡	Singapore	1996	1.4		
斯里兰卡	Sri Lanka	1996	2.4		
土耳其	Turkey	1997	4.5	1993	112.7
越　南	Viet Nam	1998	1.6		
埃　及	Egypt	1994	2.5	1994	45.0
尼日利亚	Nigeria	1991	0.1	1991	40.5
加拿大	Canada	1997	5.4	1994	54.3
墨西哥	Mexico	1997	4.6		
美　国	United States	1997	7.5	1989	33.0
阿根廷	Argentina	1994	6.2		
巴　西	Brazil	1996	4.9		
委内瑞拉	Venezuela	1990	0.5		
白俄罗斯	Belarus	1997	7.7	1995	31.2
保加利亚	Bulgaria	1996	7.3	1995	39.3
捷克共和国	Czech Republic	1999	9.8	1996	37.0
法　国	France	1997	13.4		
德　国	Germany	1997	12.1	1995	62.8
意大利	Italy	1997	17.6		
荷　兰	Netherlands	1997	11.1	1989	48.5
波　兰	Poland	1997	15.5	1995	61.2
罗马尼亚	Romania	1996	5.1	1994	34.1
俄罗斯	Russian Federation	1996	5.7	1995	18.3
西班牙	Spain	1997	10.9	1995	54.1
乌克兰	Ukraine	1996	8.6	1995	30.9
英　国	United Kingdom	1997	10.3		
澳大利亚	Australia	1997	5.9	1989	37.3
新西兰	New Zealand	1997	6.5		

注：①中国数据来源于世界银行。
Note: ① The data of China are from World Bank.

7-6 货币供应量

Money Supply

资料来源:世界银行《世界发展指标》2002 年。
Source: World Bank "World Development Indicators"2002.
单位:亿本币
(100 million local currency unit)

国家(地区)	Country or Territory	1990	1998	1999	2000
中　　国	**China**				
广义货币	Quasi-Money and Money	15293.4	104498.5	119897.9	134610.3
货币	Money	6950.7	38953.7	45837.2	53147.2
准货币	Quasi-Money	8342.7	65544.8	74060.7	81463.1
中国香港	**Hong Kong, China**				
广义货币	Quasi-Money and Money		25346.4	27450.9	30011.5
货币	Money		1599.9	1846.2	1845.6
准货币	Quasi-Money		23746.5	25604.7	28165.9
孟加拉国	**Bangladesh**				
广义货币	Quasi-Money and Money	2345.9	5975.6	6898.9	8228.3
货币	Money	657.4	1639.7	1849.3	2189.5
准货币	Quasi-Money	1688.5	4335.9	5049.7	6038.8
印　　度	**India**				
广义货币	Quasi-Money and Money	24302.5	86667.6	101581.3	117036.0
货币	Money	8535.6	27034.9	31662.7	35060.6
准货币	Quasi-Money	15766.9	59632.7	69918.6	81975.4
印度尼西亚	**Indonesia**				
广义货币	Quasi-Money and Money	846295.0	5686510.0	6397890.0	7418237.0
货币	Money	238190.0	837010.0	1145620.0	1567847.0
准货币	Quasi-Money	608105.0	4849500.0	5252270.0	5850390.0
伊　　朗	**Iran**				
广义货币	Quasi-Money and Money	203920.0	1418828.0	1723866.0	2110536.0
货币	Money	97293.0	674444.0	819516.0	1021698.0
准货币	Quasi-Money	106627.0	744384.0	904350.0	1088838.0
以 色 列	**Israel**				
广义货币	Quasi-Money and Money	743.0	3516.4	4062.8	4388.6
货币	Money	70.2	251.5	302.6	310.3
准货币	Quasi-Money	672.8	3264.9	3760.1	4078.3
日　　本	**Japan**				
广义货币	Quasi-Money and Money	4950080.0	6022620.0	6228020.0	6296200.0
货币	Money	1196280.0	2144030.0	2395370.0	2478580.0
准货币	Quasi-Money	3753800.0	3878590.0	3832650.0	3817620.0
韩　　国	**Korea, Rep.**				
广义货币	Quasi-Money and Money	687075.0	2585383.0	3293174.0	4130489.0
货币	Money	159052.0	355825.0	443745.0	469970.0
准货币	Quasi-Money	528023.0	2229558.0	2849429.0	3660519.0
马来西亚	**Malaysia**				
广义货币	Quasi-Money and Money	766.6	2710.7	3168.5	3483.5
货币	Money	254.1	585.2	756.0	806.6
准货币	Quasi-Money	512.6	2125.4	2412.5	2676.9
蒙　　古	**Mongolia**				
广义货币	Quasi-Money and Money		1672.5	2201.7	2588.2
货币	Money		825.8	1148.3	1307.5
准货币	Quasi-Money		846.7	1053.4	1280.7

7－6续表1　continued

单位：亿本币　　(100 million local currency unit)

国家（地区）	Country or Territory	1990	1998	1999	2000
缅　　甸	**Myanmar**				
广义货币	Quasi-Money and Money	423.8	4334.5	5622.2	8005.4
货币	Money	305.9	2820.9	3457.7	4649.7
准货币	Quasi-Money	117.9	1513.6	2164.6	3355.7
巴基斯坦	**Pakistan**				
广义货币	Quasi-Money and Money	3349.9	12625.2	13169.9	14766.8
货币	Money	2546.2	7322.9	7953.7	8760.1
准货币	Quasi-Money	803.7	5302.3	5216.2	6006.6
菲 律 宾	**Philippines**				
广义货币	Quasi-Money and Money	3689.2	16342.0	19100.9	20652.1
货币	Money	929.4	2859.5	3955.6	3905.5
准货币	Quasi-Money	2759.8	13482.5	15145.3	16746.6
新 加 坡	**Singapore**				
广义货币	Quasi-Money and Money	618.5	1607.8	1744.7	1709.0
货币	Money	152.6	272.4	311.1	332.6
准货币	Quasi-Money	465.8	1335.5	1433.7	1376.4
斯里兰卡	**Sri Lanka**				
广义货币	Quasi-Money and Money	918.4	3162.1	4255.5	4801.6
货币	Money	396.0	962.7	1085.5	1184.8
准货币	Quasi-Money	522.4	2199.4	3169.9	3616.9
泰　　国	**Thailand**				
广义货币	Quasi-Money and Money	15291.2	47626.5	50187.8	51900.7
货币	Money	1954.1	4510.2	7396.6	6842.6
准货币	Quasi-Money	13337.0	43116.3	42791.2	45058.1
土 耳 其	**Turkey**				
广义货币	Quasi-Money and Money	938027.0	204729000.0	406041300.0	568305400.0
货币	Money	302367.0	24329690.0	43070950.0	66120720.0
准货币	Quasi-Money	635660.0	180399310.0	362970350.0	502184680.0
越　　南	**Vietnam**				
广义货币	Quasi-Money and Money		873956.1	1454699.0	1969944.0
货币	Money		452068.4	683601.4	909890.4
准货币	Quasi-Money		421887.6	771098.0	1060054.0
埃　　及	**Egypt**				
广义货币	Quasi-Money and Money	825.1	2213.7	2339.1	2610.0
货币	Money	262.1	585.8	590.7	621.9
准货币	Quasi-Money	563.0	1627.9	1748.4	1988.0
尼日利亚	**Nigeria**				
广义货币	Quasi-Money and Money	575.5	5256.4	6997.3	10360.8
货币	Money	345.4	3273.0	4008.3	6496.8
准货币	Quasi-Money	230.1	1983.4	2989.1	3864.0
南　　非	**South Africa**				
广义货币	Quasi-Money and Money	1559.3	4194.9	4652.4	4988.1
货币	Money	503.5	2135.3	2599.4	2661.9
准货币	Quasi-Money	1055.8	2059.6	2053.1	2326.3
加 拿 大	**Canada**				
广义货币	Quasi-Money and Money	3273.6	5599.9	5880.9	6705.9
货币	Money	970.6	1796.2	1999.5	2262.0
准货币	Quasi-Money	2303.0	3803.7	3881.5	4443.9
墨 西 哥	**Mexico**				
广义货币	Quasi-Money and Money	1602.3	10741.2	12004.5	11494.4
货币	Money	474.4	3081.4	3954.7	4507.4
准货币	Quasi-Money	1128.0	7659.9	8049.8	6987.0

7－6续表2 continued

单位：亿本币 (100 million local currency unit)

国家（地区）	Country or Territory	1990	1998	1999	2000
美　国	**United States**				
广义货币	Quasi-Money and Money	37674.0	52810.6	57121.2	61106.9
货币	Money	9250.6	13248.3	14620.9	14366.3
准货币	Quasi-Money	28423.4	39562.3	42500.3	46740.6
阿根廷	**Argentina**				
广义货币	Quasi-Money and Money	79.1	856.5	891.5	905.1
货币	Money	30.7	214.9	218.4	198.4
准货币	Quasi-Money	48.5	641.6	673.1	706.8
巴　西	**Brazil**				
广义货币	Quasi-Money and Money		2804.4	3011.4	3142.0
货币	Money		548.2	622.9	740.8
准货币	Quasi-Money		2256.2	2388.5	2401.2
委内瑞拉	**Venezuela**				
广义货币	Quasi-Money and Money	6848.1	96740.0	116730.2	143740.5
货币	Money	2145.1	51491.7	64126.4	80372.2
准货币	Quasi-Money	4703.0	45248.2	52603.8	63368.3
白俄罗斯	**Belarus**				
广义货币	Quasi-Money and Money		2172.5	5054.4	16137.1
货币	Money		809.3	2334.2	5084.3
准货币	Quasi-Money		1363.2	2720.3	11052.8
保加利亚	**Bulgaria**				
广义货币	Quasi-Money and Money		61.8	69.1	89.1
货币	Money		27.6	30.0	36.3
准货币	Quasi-Money		34.2	39.2	52.7
捷克共和国	**Czech Republic**				
广义货币	Quasi-Money and Money		12143.3	12462.0	14456.0
货币	Money		4040.0	4478.1	4989.6
准货币	Quasi-Money		8103.3	7983.9	9466.4
波　兰	**Poland**				
广义货币	Quasi-Money and Money	190.6	2207.8	2635.1	2945.0
货币	Money	94.3	716.7	882.0	825.7
准货币	Quasi-Money	96.3	1491.1	1753.1	2119.3
罗马尼亚	**Romania**				
广义货币	Quasi-Money and Money	5184.9	925299.0	1341143.0	1850601.0
货币	Money	2381.6	211153.0	284307.0	443204.0
准货币	Quasi-Money	2803.3	714146.0	1056836.0	1407397.0
俄罗斯	**Russian Federation**				
广义货币	Quasi-Money and Money		6286.4	9848.7	15599.6
货币	Money		3428.2	5267.7	8793.1
准货币	Quasi-Money		2858.3	4581.0	6806.5
乌克兰	**Ukraine**				
广义货币	Quasi-Money and Money		153.3	216.6	312.7
货币	Money		10.3	14.1	20.7
准货币	Quasi-Money		143.0	202.5	292.0
澳大利亚	**Australia**				
广义货币	Quasi-Money and Money	2187.6	3859.0	4310.0	4473.5
货币	Money	467.0	1147.9	1259.4	1377.2
准货币	Quasi-Money	1720.6	2711.1	3050.5	3096.3
新西兰	**New Zealand**				
广义货币	Quasi-Money and Money	563.1	911.4	956.9	978.6
货币	Money	95.0	123.8	146.5	155.7
准货币	Quasi-Money	468.1	787.6	810.4	823.0

7-7 年平均存款利率和贷款利率

Deposit Rates & Lending Rates

(Period Averages in Percent per Annum)

资料来源：世界银行《世界发展指标》2002年。

Source: World Bank "World Development Indicators"2002.

单位：% (%)

国家（地区）	Country or Territory	存款利率 Deposit Rates			贷款利率 Lending Rates		
		1990	2000	2001	1990	2000	2001
中　　国①	China ①	8.6	2.3	2.3	9.4	5.9	5.9
中国香港	Hong Kong China	6.7	4.8	2.4	10.0	9.5	5.1
孟加拉国	Bangladesh	12.0	8.6	8.5	16.0	15.5	15.8
印　　度	India				16.5	12.3	12.1
印度尼西亚	Indonesia	17.5	12.5	15.5	20.8	18.5	18.5
日　　本	Japan	3.6	0.1	0.1	7.0	2.1	2.0
韩　　国	Korea	10.0	7.9	5.8	10.0	8.5	7.7
马来西亚	Malaysia	5.9	3.4	3.4	7.2	6.8	6.7
蒙　　古	Mongolia	300.0	13.8	13.2		30.3	31.8
缅　　甸	Myanmar	5.9	9.8	9.5	8.0	15.3	15.0
菲 律 宾	Philippines	19.5	8.3	8.7	24.1	10.9	12.4
新 加 坡	Singapore	4.7	1.7	1.5	7.4	5.8	5.7
斯里兰卡	Sri Lanka	19.4	9.2	11.0	13.0	16.2	19.2
泰　　国	Thailand	12.3	3.3	2.5	14.4	7.8	7.3
土 耳 其	Turkey	47.5	47.2	74.7	35.5	25.2	22.5
越　　南	Viet Nam		3.7	5.3		10.6	9.4
埃　　及	Egypt	12.0	9.5	9.5	19.0	13.2	13.3
尼日利亚	Nigeria	19.8	11.7		25.3	21.3	
南　　非	South Africa	18.9	9.2	9.4	21.0	14.5	13.8
加 拿 大	Canada	12.8	5.7	3.9	14.1	7.3	5.8
墨 西 哥	Mexico	27.9	6.3	4.7		18.2	13.9
美　　国	United States	8.1	6.5	3.7	10.0	9.2	6.9
阿 根 廷	Argentina	1517.9	8.3	16.2		11.1	27.7
巴　　西	Brazil	9394.3	17.2	17.9		56.8	57.6
委内瑞拉	Venezuela	27.8	16.3	15.5			
白俄罗斯	Belarus		37.6	34.2		67.7	47.0
保加利亚	Bulgaria		3.1	2.9		11.5	11.1
捷克共和国	Czech Republic		3.4	3.0		7.2	7.1
法　　国	France	4.5	2.6	3.0	10.6	6.7	7.0
德　　国	Germany	7.1	3.4	3.6	11.6	9.6	10.0
意 大 利	Italy	6.8	1.8	2.0	14.1	6.3	6.5
荷　　兰	Netherlands	3.3	2.9	3.1	11.8	4.8	5.0
波　　兰	Poland	41.7	14.2	11.8	504.2	20.0	18.4
俄 罗 斯	Russia		6.5	4.9		24.4	17.9
西 班 牙	Spain	10.7	3.0	3.1	16.0	5.2	5.2
英　　国	United Kingdom	12.5			0.1	2.7	2.9
澳大利亚	Australia	13.7	4.1	3.3	18.2	8.8	8.1
新 西 兰	New Zealand	11.7	6.4	5.3	16.0	10.2	9.9

注：①来源于世界银行。

Note: ① Data from the World Bank.

7-8 国库券利率和政府债券收益率
Treasury Bill Rates & Government Bond Yields

资料来源：世界银行《世界发展指标》2002年。
Source: World Bank "World Development Indicators"2002.
单位：% (%)

国家（地区）	Country or Territory	国库券利率 Treasury Bill Rates			政府债券收益率 Government Bond Yields		
		1990	2000	2001	1990	2000	2001
中国香港	Hong Kong,China		5.7	1.7			
日　　本	Japan				7.4	1.7	
韩　　国	Korea				15.0	8.5	6.7
马来西亚	Malaysia	6.1	2.9	2.8		9.0	9.0
巴基斯坦	Pakistan		8.4	10.7	8.1		
菲 律 宾	Philippines	23.7	9.9	9.7			
新 加 坡	Singapore	1.6	2.5	0.9			
斯里兰卡	Sri Lanka	14.1	14.0	17.6			
泰　　国	Thailand				10.6	7.0	5.8
土 耳 其	Turkey	43.5	33.3	64.6			
越　　南	Viet Nam		5.4	5.5			
埃　　及	Egypt		9.1	7.2			
尼日利亚	Nigeria		15.5				
南　　非	South Africa	17.8	10.1	9.7	16.2	13.8	11.4
加 拿 大	Canada	12.8	5.5	3.8	10.9	5.9	5.8
墨 西 哥	Mexico	34.8	15.2	11.3			
美　　国	United States	7.5	5.8	3.5	8.6	6.0	5.0
巴　　西	Brazil		18.5	20.1			
委内瑞拉	Venezuela				20.1	21.0	22.1
保加利亚	Bulgaria		4.2	4.6		7.4	6.7
法　　国	France	10.2	4.2	4.3	9.9	5.5	5.0
德　　国	Germany	8.1	4.3	3.7	8.9	5.2	4.7
意 大 利	Italy	12.4	4.5	4.1	11.5	5.6	5.2
波　　兰	Poland		16.6				
罗马尼亚	Romania		51.9	42.2			
俄 罗 斯	Russia		12.1	12.5			
西 班 牙	Spain	14.2	4.6	3.9	14.7	5.4	4.9
英　　国	United Kingdom	14.1	5.8	4.8	11.1	4.7	4.8
澳大利亚	Australia	14.2	6.0	4.8	13.2	6.3	5.6
新 西 兰	New Zealand	13.8	6.4	5.6	12.5	6.8	6.1

7-9 货币汇率（年末中间价）

Exchange Rates (Mid-Point Prices in the Year-end)

资料来源：联合国数据库。
Sources: United Nations Datebase.
单位：1美元合本币数 (local currency per US dollar)

国家（地区）	Country or Territory	1990	1998	1999	2000
中　国	China	4.78	8.28	8.28	8.28
中国香港	Hong Kong,China		7.77	7.80	7.80
孟加拉国	Bangladesh	35.79	51.00	54.00	57.00
印　度	India	18.07	43.49	46.75	48.18
印度尼西亚	Indonesia	1901.00	7085.00	9595.00	10400.00
伊　朗	Iran	65.30	1752.29	2262.93	1750.95
以色列	Israel	2.05	4.15	4.04	4.42
日　本	Japan	134.40	102.20	114.90	131.80
马来西亚	Malaysia	2.70	3.80	3.80	3.80
缅　甸	Myanmar	6.08	6.27	6.60	6.85
韩　国	Korea, Republic of	716.40	1138.00	1264.50	1313.50
巴基斯坦	Pakistan	21.90	51.78	58.03	60.86
菲律宾	Philippines	28.00	40.31	50.00	51.40
新加坡	Singapore	1.74	1.67	1.73	1.85
斯里兰卡	Sri Lanka	40.24	72.17	82.56	93.16
泰　国	Thailand	25.29	37.47	42.27	44.22
土耳其	Turkey	2930.10	541400.00	673385.00	1450130.00
埃　及	Egypt	2.00	3.41	3.69	4.49
尼日利亚	Nigeria	9.00	97.95	109.55	
南　非	South Africa	2.56	6.15	7.57	12.13
加拿大	Canada	1.16	1.44	1.50	1.59
墨西哥	Mexico	2.95	9.51	9.57	9.14
阿根廷	Argentina	0.56	1.00	1.00	1.00
巴　西①	Brazil ①	64.39	1.79	1.96	2.32
委内瑞拉	Venezuela	50.38	648.25	699.75	763.00
捷克共和国	Czech Republic	28.00	35.98	37.81	36.26
法　国②	France ②	5.13	1.00	1.07	1.13
德　国②	Germany ②	1.49	1.00	1.07	1.13
意大利②	Italy ②	1130.20	1.00	1.07	1.13
荷　兰②	Netherlands ②	1.69	1.00	1.07	1.13
波　兰	Poland	0.95	4.15	4.14	3.99
罗马尼亚	Romania	34.71	18255.00	25926.00	31597.00
俄罗斯	Russian Federation		27.00	28.16	30.14
西班牙②	Spain ②	96.91	1.00	1.07	1.13
英　国	United Kingdom	0.52	0.62	0.67	0.69
南斯拉夫	Yugoslavia	10.66	11.18	70.00	68.26
澳大利亚	Australia	1.29	1.53	1.81	1.96
新西兰	New Zealand	1.70	1.92	2.27	2.41

注：①经过1986年、1989年、1990年和1993年四次货币改革，现行货币单位是1980年的27500万亿倍。按现行货币单位计算，1990年为百万美元折合本币数。②1999年1月1日欧元启动，此后为1美元兑欧元汇率。

Note: ① Current money unit is 27500 trillion times of that in 1980 through monetary reforms in 1986,1989,1990 and 1993,so the data for 1990 refer to local currency unit per million US dollars. ② The euro was launched on Jan.1,1999,so the data for 1999 and after refer to the euro per US dollar.

7-10 道琼斯世界股票指数①

Dow Jones World Stock Index by Country and Industry ①

资料来源：美国《美国统计摘要》2001年。
Source: United States "Statistical Abstract" 2001.

国家（地区）	Country or Territory	1995	1999	2000	国家（地区）	Country or Territory	1995	1999	2000
世界总计	**World Total**	**132.4**	**245.3**	**210.9**	**亚太地区**	**Asia/Pacific Area**	**118.5**	**133.3**	**93.0**
美　洲	**Americas**	**145.3**	**330.5**	**299.1**	澳大利亚	Australia	132.9	173.4	156.2
美　国	United States	147.5	341.6	306.9	中国香港	Hong kong, China	201.9	288.8	245.6
加拿大	Canada	112.9	223.4	225.4	印度尼西亚	Indonesia	174.7	71.7	31.2
墨西哥	Mexico	79.0	170.1	132.2	日　本	Japan	111.3	128.3	88.3
欧　洲	**Europe**	**131.0**	**269.2**	**241.1**	马来西亚	Malaysia	224.3	111.8	88.5
奥地利	Austria	103.5	101.9	86.1	新西兰	New Zealand	178.8	141.4	96.7
比利时	Belgium	144.0	228.8	196.7	新加坡	Singapore	187.8	177.3	135.3
丹　麦	Denmark	113.0	199.9	243.9	泰　国	Thailand	119.5	175.4	95.9
芬　兰	Finland	267.1	1814.0	1536.0	**（按行业分）**	**By Industry**			
法　国	France	117.9	274.5	252.6	基本原材料	Basic Materials	128.1	134.6	117.7
德　国	Germany	133.9	260.7	218.8	循环消费	Consumer, Cyclical	131.7	240.0	188.0
爱尔兰	Ireland	155.6	290.8	312.0	非循环消费	Consumer, Noncyclical	125.5	205.2	180.8
意大利	Italy	80.3	203.3	192.0	能　源	Energy	132.7	211.2	230.7
荷　兰	Netherlands	176.0	365.0	335.3	金　融	Financial	134.9	192.2	207.1
挪　威	Norway	129.8	163.6	167.4	医疗保健	Healthcare	133.3	254.0	329.8
西班牙	Spain	111.2	259.0	193.3	工　业	Industrial	124.0	199.3	167.1
瑞　典	Sweden	157.0	409.2	338.9	技　术	Technology	188.1	856.8	552.4
瑞　士	Switzerland	225.7	357.5	415.5	电　讯	Telecommunications	146.8	458.3	273.3
英　国	United Kingdom	122.5	234.0	199.8	公用事业	Utilities	118.8	133.6	156.0

注：①指数截止到12月31日。美国的股票指数以1982年6月30日为100；其它国家以1991年12月31日＝100。每股以美元计价。
Notes: ① Index figures shown are as of December 31.Indexes based on June 30,1982=100 for United States; December 31,1991=100 for other countries.Based on share prices denominated in U.S.dollars.

7-11 上市公司数和上市公司总市值占国内生产总值比重

Listed Domestic Companies and Capitalization of Listed Companies as Percentage of GDP

资料来源：世界银行《世界发展指标》2002年。
Source: World Bank "World Development Indicators"2002.

国家（地区）	Country or Territory	上市公司数（个） List Domestic Companies (number)		上市公司总市值占国内生产总值的比重(%) Market Capitalization of Listed Companies as Percentage of GDP(%)	
		1990	2000	1990	2000
中　国①	China ①		1086		53.8
中国香港	Hong Kong, China	284	779	111.5	383.3
孟加拉国	Bangladesh	134	221	1.1	2.5
印　度	India	2435	5937	12.2	32.4
印度尼西亚	Indonesia	125	290	7.1	17.5
伊　朗	Iran		295 ②		21.9 ②
以色列	Israel	216	654	6.3	58.1
日　本	Japan	2071	2561	95.6	65.2
韩　国	Korea, Rep.	669	704	43.8	32.5
马来西亚	Malaysia	282	795	110.4	130.4
蒙　古	Mongolia		418 ②		3.5 ②
巴基斯坦	Pakistan	487	762	7.1	10.7
菲律宾	Philippines	153	230	13.4	69.0
新加坡	Singapore	150	418	93.6	165.7
斯里兰卡	Sri Lanka	175	239	11.4	6.6
泰　国	Thailand	214	381	28.0	24.1
土耳其	Turkey	110	315	12.6	34.8
埃　及	Egypt	573	1076	4.1	29.1
尼日利亚	Nigeria	131	195	4.8	10.3
南　非	South Africa	732	616	122.8	162.8
加拿大	Canada	1144	3977	42.2	122.3
墨西哥	Mexico	199	179	12.5	21.8
美　国	United States	6599	7524	53.2	153.5
巴　西	Brazil	581	459	3.5	38.0
阿根廷	Argentina	179	127	2.3	58.3
委内瑞拉	Venezuela	76	85	17.2	6.7
保加利亚	Bulgaria		503		5.1
捷克共和国	Czech Republic		131		21.7
法　国	France	578	808	25.9	111.8
德　国	Germany	413	1022	21.0	67.8
意大利	Italy	220	291	13.5	71.5
荷　兰	Netherlands	260	234	40.6	175.6
波　兰	Poland		225		19.8
罗马尼亚	Romania		5555		2.9
俄罗斯	Russian Federation		249		15.5
乌克兰	Ukraine		139		5.9
英　国	United Kingdom	1701	1904	85.9	182.2
南斯拉夫	Yugoslavia				109.9 ②
澳大利亚	Australia	1089	1330	35.2	95.6
新西兰	New Zealand	171	144	20.5	37.3

注：①来源于世界银行。②1999年数据。
Note: ① The data from the World Bank. ② Data refer to 1999.

7-12 股票交易额占国内生产总值的比重及股票交易周转率

Stocks Traded Value as Percentage of GDP and Turnover Ratio of Stocks Traded

资料来源：世界银行《世界发展指标》2002 年。
Source: World Bank "World Development Indicators"2002.

国家（地区）	Country or Territory	股票交易额占国内生产总值的比重（%）Stocks Traded Value as Percentage of GDP (%)		股票交易周转率（%）Stocks Traded Turnover Ratio(%)	
		1990	2000	1990	2000
世界总计	**World**	**28.5**	**153.8**	**57.2**	**122.3**
中　国①	China ①		66.8		158.3
孟加拉国	Bangladesh	0.0	1.6	1.5	74.4
中国香港	Hong Kong, China	46.3	232.3	43.1	61.3
印　度	India	6.9	48.4	65.9	133.6
印度尼西亚	Indonesia	3.5	9.3	75.8	32.9
伊　朗	Iran		2.3 ②		12.4 ②
以 色 列	Israel	10.5	21.2	95.8	36.3
日　本	Japan	52.5	55.6	43.8	69.9
韩　国	Korea, Rep.	30.1	121.3	61.3	233.2
马来西亚	Malaysia	24.7	65.2	24.6	44.6
蒙　古	Mongolia		3.9 ②		7.3 ②
巴基斯坦	Pakistan	0.6	53.5	8.7	475.5
新 加 坡	Singapore	55.3	99.2		52.1
斯里兰卡	Sri Lanka	0.5	0.9	5.8	11.0
泰　国	Thailand	26.8	19.0	92.6	53.2
土 耳 其	Turkey	3.9	89.6	42.5	206.2
埃　及	Egypt	0.3	11.3		34.7
南　非	South Africa	7.3	61.6	0.9	7.3
尼日利亚	Nigeria	0.0	0.6		33.9
加 拿 大	Canada	12.4	92.3	26.7	77.3
墨 西 哥	Mexico	4.6	7.9	44.1	32.3
美　国	United States	30.5	323.9	53.4	200.8
阿 根 廷	Argentina	0.6	2.1	33.6	4.8
巴　西	Brazil	1.2	17.0	23.6	43.5
委内瑞拉	Venezuela	4.6	0.6	43.0	8.9
保加利亚	Bulgaria		0.5		9.2
捷克共和国	Czech Republic		13.0		60.3
法　国	France	9.6	83.7		74.1
德　国	Germany	29.7	64.3 ②	139.3	79.1
荷　兰	Netherlands	13.6	185.7	29.0	101.4
波　兰	Poland		9.3		49.9
罗马尼亚	Romania		0.6		23.1
俄 罗 斯	Russian Federation		8.1		36.9
西 班 牙	Spain	8.0	176.5		210.7
乌 克 兰	Ukraine		0.9		19.6
英　国	United Kingdom	28.2	129.7	33.4	66.6
南斯拉夫	Yugoslavia		0.1 ②		
澳大利亚	Australia	13.0	58.0	31.6	56.5
新 西 兰	New Zealand	4.5	21.6	17.3	45.9

注：①中国数来源于世界银行数据库。②1999 年数据。
Notes: ① Data of China are from the World Bank. ② Data refer to 1999.

主要统计指标解释

中央政府　是全国范围内代表中央政府行使领土管辖权的所有单位。

财政收入　包括除了捐赠之外的所有无须偿还的政府收入。

捐赠　从其他政府和国际组织得到的无报酬的、无须偿还的非强制性的收入。

财政支出　包括政府无须偿还的支出——不论是资本支出，还是经常项目支出；不论是有偿的，还是无偿的。

赤字／盈余＝财政总收入＋捐赠－（财政支出＋借款）－偿还款

货币供应量　货币(Money)指流通中现金和除中央政府以外的常住机构活期存款构成；准货币(Quasi-Money)指除中央政府以外的外汇现汇与期汇存款和外汇现汇储蓄与期汇存款之和，即由常住居民的现汇、储蓄、与外汇存款构成。货币(Money)通称为M1，而货币和准货币之和通称为广义货币，相当于M2。

上市公司总市值　所有上市股价×总股数。

上市公司　数是指年末国内公司在股票交易所上市公司的数量。不包括投资公司、共存基金或其它集体投资工具。

股票交易额　是指在一定时期内股票交易总额。

股票交易周转率　是指一定时期内股票交易总额除以该时期上市公司平均市值。

Explanatory Notes on Main Statistical Indicators

Central Government includes all units representing the territorial jurisdiction of the central authority throughout a country.

Revenue covers all nonrepayable government receipts other than grants.

Grants are defined as unrequited, nonrepayable, noncompulsory receipts from other governments or international organizations.

Expenditure covers all nonrepayable payments-whether capital or current,requited or not-by government.

Deficit or Surplus represents the total of revenue and grants minus the total of expenditure and lending minus repayments.

Money Supply equals the sum of currency outside deposit money banks and demand deposits other than those of the central government. Quasi-Money equals the sum of time & foreign currency outside banks and time, savings & foreige currency deposit,comprising time,savings, and foreign currency deposits of resident sectors other than central government.The data of Money is commonly called M1,while the sum of Money and Quasi-Money gives a broader measure of money which is commonly called M2.

Market Capitalization is the share price times the number of shares outstanding.

Listed Domestic Companies are the domestically incorporated companies listed on the country's stock exchanges at the end of the year.This indicator does not include investment companies,mutual funds,or other collective investment vehicles.

Stocks Traded refers to the total value of shares traded during the period.

Turnover Ratio is the total value of shares traded during the period divided by the average market capitalization for the period.

八 价格指数

Price Indices

8-1 国内生产总值缩减指数

Gross Domestic Product Deflator

资料来源：世界银行《世界发展指标》2002年。
Source: World Bank "World Development Indicators"2002.

单位：% (%)

国家（地区）	Country or Territory	基期 Base Year	1990	1998	1999	2000
中 国①	China ①	1990	100	186	182	184
中国香港	Hong Kong, China	1990	100	160	152	142
孟加拉国	Bangladesh	1996	78	109	114	116
印 度	India	1993	74	147	152	159
印度尼西亚	Indonesia	1993	80	254	292	325
伊 朗	Iran	1982	298	1922	2380	2910
以色列	Israel	1995	55	129	138	140
日 本	Japan	1995	95	99	98	98
韩 国	Korea, Rep.	1995	68	113	110	109
马来西亚	Malaysia	1987	112	155	155	163
蒙 古	Mongolia	1998	1	100	110	122
缅 甸	Myanmar	1985	302	2026	2485	
巴基斯坦	Pakistan	1981	181	415	439	455
菲律宾	Philippines	1985	149	300	324	346
新加坡	Singapore	1990	100	115	112	114
斯里兰卡	Sri Lanka	1996	57	119	124	133
泰 国	Thailand	1988	112	169	161	164
土耳其	Turkey	1994	11	1063	1661	2502
越 南	Viet Nam	1989	142	660	696	733
埃 及	Egypt	1992	73	154	157	166
尼日利亚	Nigeria	1987	188	1652	1855	2326
南 非	South Africa	1995	55	125	133	141
加拿大	Canada	1995	92	102	104	107
墨西哥	Mexico	1993	65	265	304	338
美 国	United States	1995	88	105	107	109
阿根廷	Argentina	1993	39	104	102	103
巴 西	Brazil	1995		133	139	151
委内瑞拉	Venezuela	1984	476	8710	11058	14026
白俄罗斯	Belarus	1990	100	20006690	83386540	237680600
保加利亚	Bulgaria	1990	100	62763	64699	68341
捷克共和国	Czech Republic	1995	43	130	134	135
法 国	France	1995	90	104	104	105
德 国	Germany	1995	84	103	104	104
意大利	Italy	1995	79	111	112	115
荷 兰	Netherlands	1995	90	105	106	110
波 兰	Poland	1990	100	747	797	855
罗马尼亚	Romania	1993	3	1790	2662	3868
俄罗斯	Russian Federation	1997		116	191	263
乌克兰	Ukraine	1990	100	14936240	19028760	23846890
英 国	United Kingdom	1995	84	109	112	114
南斯拉夫	Yugoslavia	2000		36	57	100
澳大利亚	Australia	1995	92	103	104	109
新西兰	New Zealand	1995	92	103	104	107

注：①中国数据来源于世界银行。
Note: ① The data of China are from World Bank.

8-2 生产者价格和批发价格指数

Producers' or Wholesale Price Indices

国外资料来源：联合国《统计月报》2002年2月。
Sources: United Nations "Monthly Bulletin of Statistics" February 2002.
单位：1990年=100 (1990=100)

国　家	Country or Territory	1995	1998	1999	2000
中　国①	**China ①**				
全部工业品	Total Industrial Products	115	96	98	103
生产资料	Means of Production	114	95	98	105
生活资料	Consumer Goods	102	97	96	98
中国香港	**Hong Kong, China**				
工业产品	Industrial Products		109	107	107
孟加拉国	**Bangladesh**				
按生产地组成分	by Origin of Supply				
国内供应	Domestic Supply	121	135	144	141
农业产品	Agricultural Products	119	133	146	142
工业产品	Industrial Products	125	137	128	138
按生产阶段分	by Stage of Processing				
原材料	Raw Materials	117		134	131
成　品	Finished Goods	130		126	
印　度	**India**				
按生产地组成分	by Origin of Supply				
国内供应	Domestic Supply	165	197	203	210
农业产品	Agricultural Products	173	225	237	249
工业产品②	Industrial Products ②	162	184	188	188
按生产阶段分	by Stage of Processing				
原材料	Raw Materials	170	210	219	223
印度尼西亚	**Indonesia**				
按生产地组成分	by Origin of Supply				
国内供应③	Domestic Supply ③	135	319	355	404
国内生产	Domestic Production	157	296	326	406
农业产品	Agricultural Products	186	393	533	604
工业产品	Industrial Products	146	258	325	344
进口产品③	Imported Goods ③	120	313	325	349
出口产品	Exported Goods	112	372	346	
以 色 列	**Israel**				
按生产地组成分	by Origin of Supply				
工业产品	Industrial Products	166	201	214	218
伊　朗	**Iran**				
按生产地组成分	by Origin of Supply				
国内供应	Domestic Supply	483	740	860	1013
国内生产	Domestic Production	423	749	868	1015
农业产品	Agricultural Products	409	690	822	943
工业产品	Industrial Products	415	536	663	882
进口产品	Imported Goods	477	798	910	1067
出口产品	Exported Goods	356	445	600	
按生产阶段分	by Stage of Processing				
原材料	Raw Materials	410	608	691	832

8-2续表1　continued

单位：1990年=100　　　　(1990=100)

国　　家	Country or Territory	1995	1998	1999	2000
日　　本	**Japan**				
按生产地组成分	by Origin of Supply				
国内供应	Domestic Supply	94	93	91	91
国内生产	Domestic Production	96	94	92	93
农业产品	Agricultural Products	90	85	88	86
工业产品	Industrial Products	96	94	92	93
进口产品	Imported Goods	104	92	93	102
出口产品	Exported Goods	108	94	93	
按生产阶段分	by Stage of Processing				
原材料	Raw Materials	80	83	78	89
半成品	Intermediate Goods	93	92	90	91
成　品	Finished Goods	96	95	93	
按最终用途分	By End-Use				
生产用原料	Producers'Goods	92	91	89	
消费品	Consumers'Goods	97	96	95	94
投资用品	Captital Goods	95	93	90	88
韩　　国	**Korea, Republic of**				
按生产地组成分	by Origin of Supply				
国内供应	Domestic Supply	117	141	107	140
农业产品	Agricultural Products	134	142	157	151
按生产阶段分	by Stage of Processing				
原材料	Raw Materials	118	169	157	192
半成品	Intermediate Goods	116	153	139	145
成　品	Finished Goods	118	143	142	
按最终用途分	By End-Use				
生产用原料	Producers' Goods	116	155	141	
消费品	Consumers' Goods	121	144	147	147
投资用品	Captital Goods	112	139	132	128
巴基斯坦	**Pakistan**				
按生产地组成分	by Origin of Supply				
国内供应	Domestic Supply		227	229	238
农业产品	Agricultural Products	184	236	237	241
工业产品	Industrial Products	165	195	201	204
按生产阶段分	by Stage of Processing				
原材料	Raw Materials	179	256	245	236
新 加 坡	**Singapore**				
按生产地组成分	by Origin of Supply				
国内供应	Domestic Supply	87	79	80	88
国内生产②	Domestic Production ②	81	67	67	72
进口商品	Imported Goods	91	83	85	92
出口商品	Exported Goods	81	73	73	
斯里兰卡	**Sri Lanka**				
按生产地组成分	by Origin of Supply				
国内供应	Domestic Supply	146	199	198	
国内生产	Domestic Production	151	188	194	
进口商品	Imported Goods	134	161	161	
出口商品	Exported Goods	148	247	237	
按最终用途分	By End-Use				
消费品	Consumers' Goods	138	203	203	

8-2续表2 continued

单位：1990年=100 (1990=100)

国 家	Country or Territory	1995	1998	1999	2000
泰 国	**Thailand**				
按生产地组成分	by Origin of Supply				
国内供应	Domestic Supply	119	147	138	157
农业产品	Agricultural Products	133	171	147	145
工业产品②	Industrial Products ②	117	139	136	141
出口商品	Exported Goods	131	158	139	
按生产阶段分	by Stage of Processing				
原材料	Raw Materials	134	173	138	139
半成品	Intermediate Goods	118	150	144	142
成 品	Finished Goods	121	165	156	
按最终用途分	By End-Use				
消费品	Consumers'Goods	123	160	148	151
土 耳 其	**Turkey**				
按生产地组成分	by Origin of Supply				
国内供应	Domestic Supply	1638	9000	13776	20861
农业产品	Agricultural Products	1638	10659	15117	
工业产品	Industrial Products	1611	8265	12991	
埃 及	**Egypt**				
按生产地组成分	by Origin of Supply				
国内供应	Domestic Supply	163	186	188	185
按生产阶段分	by Stage of Processing				
原材料	Raw Materials	113	133	132	129
半成品	Intermediate Goods	151	169	163	162
成 品	Finished Goods	154	178	180	
按最终用途分	By End-Use				
投资用品	Captital Goods	153	165	159	158
南 非	**South Africa**				
按生产地组成分	by Origin of Supply				
国内供应	Domestic Supply	152	181	190	209
国内生产	Domestic Production	157	188	197	212
农业产品	Agricultural Products	166	191	194	202
工业产品②	Industrial Products ②	156	188	195	210
进口商品	Imported Goods	134	153	164	189
加 拿 大	**Canada**				
按生产阶段分	by Stage of Processing				
原材料	Raw Materials	117	103	111	136
墨 西 哥⑤	**Mexico ⑤**				
按生产地组成分	by Origin of Supply				
国内供应	Domestic Supply	214	379	439	474
农业产品	Agricultural Products	206	349	434	514
出口商品	Exported Goods	213	317	372	
按生产阶段分	by Stage of Processing				
原材料	Raw Materials	211	358	400	447
按最终用途分	By End-Use				
消费品	Consumers' Goods	222	404	455	503
投资用品	Captital Goods	207	363	418	457

8-2续表3 continued

单位：1990年=100 (1990=100)

国　家	Country or Territory	1995	1998	1999	2000
美　国	**United States**				
按生产地组成分	by Origin of Supply				
国内供应	Domestic Supply	107	107	108	114
农业产品	Agricultural Products	96	93	88	89
工业产品	Industrial Products	109	108	109	116
按生产阶段分	by Stage of Processing				
原材料	Raw Materials	94	89	90	110
半成品	Intermediate Goods	109	107	108	113
成品	Finished Goods	107	110	112	
按最终用途分	By End-Use				
消费品	Consumers' Goods	106	109	111	202
投资用品	Captital Goods	111	112	112	113
阿 根 廷	**Argentina**				
按生产地组成分	by Origin of Supply				
国内供应	Domestic Supply	241	241	232	241
国内生产	Domestic Production	243	245	236	247
农业产品	Agricultural Products	245	237	189	184
工业产品②	Industrial Products ②	247	249	241	244
进口商品②	Imported Goods ②	211	187	177	177
巴　西④	**Brazil ④**				
按生产地组成分	by Origin of Supply				
国内供应	Domestic Supply	159	189	220	261
农业产品	Agricultural Products	163	215	252	306
工业产品	Industrial Products	155	175	203	237
按生产阶段分	by Stage of Processing				
原材料	Raw Materials	150	179	212	251
按最终用途分	By End-Use				
生产用原料	Producers' Goods	153	180	209	
消费品	Consumers' Goods	169	212	243	288
投资用品	Captital Goods	155	178	198	220
委内瑞拉	**Venezuela**				
按生产地组成分	by Origin of Supply				
国内供应	Domestic Supply	573	1846	2145	2427
国内生产	Domestic Production	597	1966	2313	2703
农业产品	Agricultural Products	500	1635	2265	3682
工业产品	Industrial Products	579	1863	2136	2438
进口商品	Imported Goods	514	1548	1727	1894
法　国	**France**				
按生产地组成分	by Origin of Supply				
农业产品	Agricultural Products	89	90	86	88
德　国⑥	**Germany ⑥**				
按生产地组成分	by Origin of Supply				
国内供应	Domestic Supply	104	103	102	106
进口商品	Imported Goods	97	97	97	108
出口商品	Exported Goods	103	105	104	

8-2续表4　continued

单位：1990年=100　　(1990=100)

国　家	Country or Territory	1995	1998	1999	2000
意 大 利	**Italy**				
按生产地组成分	by Origin of Supply				
国内供应	Domestic Supply	130	135		
农业产品	Agricultural Products	122			
工业产品	Industrial Products	130			
按最终用途分	By End-Use				
生产用原料	Producers'Goods	122	123		
消费品	Consumers'Goods	129	136		
投资用品	Captital Goods	130	139		
荷　兰	**Netherlands**				
按生产地组成分	by Origin of Supply				
国内生产	Domestic Supply				
工业产品	Industrial Products	100	102	102	110
进口商品	Imported Goods	98	102	106	132
出口商品	Exported Goods	100	100	100	
按生产阶段分	by Stage of Processing				
原材料	Raw Materials	100	99	99	111
半成品	Intermediate Goods	100	100	100	111
按最终用途分	By End-Use				
生产用原料	Producers'Goods	100	100	102	
消费品	Consumers'Goods	100	103	104	111
投资用品	Captital Goods	100	105	106	107
西 班 牙	**Spain**				
按生产地组成分	by Origin of Supply				
国内供应	Domestic Supply	118	120	121	
按最终用途分	By End-Use				
生产用原料	Producers' Goods	117	115	115	
消费品	Consumers' Goods	121	127	129	
投资用品	Captital Goods	113	118	119	
英　国	**United Kingdom**				
按生产地组成分	by Origin of Supply				
国内生产	Domestic Supply				
农业产品	Agricultural Products	130	90	86	84
工业产品②	Industrial Products ②	120	123	123	124
按生产阶段分	by Stage of Processing				
原材料	Raw Materials	103	85	87	97
成品	Finished Products	125	130	132	
澳大利亚	**Australia**				
按生产地组成分	by Origin of Supply				
国内生产	Domestic Supply				
工业产品②	Industrial Products ②	110	109	110	
出口商品	Exported Goods	101	101	97	
按生产阶段分	by Stage of Processing				
原材料	Raw Materials	106	102	104	
新 西 兰⑦	**New Zealand ⑦**				
按生产地组成分	by Origin of Supply				
农业产品	Agricultural Products	101	99	99	110
工业产品	Industrial Products	102	101	102	109

注：①中国指工业品出厂价格指数，并以上年为100。②仅包括制造业。③不包括电、气和水。④1994年=100。⑤墨西哥城。⑥1991年=100。⑦以1997年为100。

Notes: ① The Data of China refer to ex-factory price indices of industrial products,preceding year=100. ② Only including manufacturing industry. ③ Excluding electricity,gas and water. ④ 1994=100. ⑤ Data refer to Mexico city. ⑥ 1991=100. ⑦ 1997=100.

8-3 消费者价格指数

Consumer Price Indices

国外资料来源：联合国《统计月报》2002年4月。
Sources: United Nations "Monthly Bulletin of Statistics" April 2002.
单位：1990年=100 (1990=100)

国家或地区	Country or Territory	1990	1999	2000	2001
中　国①	**China ①**				
总指数	Total Index		99	100	101
食　品	Food		96	97	100
中国香港	**Hong Kong,China**				
总指数	Total Index		175	168	166
食　品	Food		161	158	156
孟加拉国②	**Bangladesh ②**				
总指数	Total Index		137		142
食　品	Food				145
印　度③	**India ③**				
总指数	Total Index	100	228	237	246
食　品	Food	100	233	237	242
印度尼西亚	**Indonesia**				
总指数	Total Index	100	335	348	
食　品	Food	100	447	426	
伊　朗	**Iran**				
总指数	Total Index	100	771		
食　品	Food	100	856		
以色列	**Israel**				
总指数	Total Index	100	246	249	251
食　品	Food	100	218	223	
日　本	**Japan**				
总指数	Total Index	100	109	109	108
食　品	Food	100	109	107	106
马来西亚	**Malaysia**				
总指数	Total Index	100	140	142	144
食　品	Food	100	158	161	163
缅　甸(仰光)	**Myanmar (Yangon)**				
总指数	Total Index	100	893		
食　品	Food	100	997		
韩　国	**Korea Rep.**				
总指数	Total Index	100	161	164	171
食　品	Food	100	169	170	176
巴基斯坦	**Pakistan**				
总指数	Total Index	100	231	241	
食　品	Food	100	238	246	
菲律宾	**Philippines**				
总指数	Total Index	100	218	227	241
食　品	Food	100	201	205	213
新加坡	**Singapore**				
总指数	Total Index	100	117	119	120
食　品	Food	100	116	116	117
斯里兰卡(科伦坡)	**Sri Lanka (Colombo)**				
总指数	Total Index	100	237	252	288
食　品	Food	100	247	258	297

8-3续表1　continued

单位：1990年=100　　　　(1990=100)

国家或地区	Country or Territory	1990	1999	2000	2001
泰　国(曼谷)	**Thailand (Bangkok)**				
总指数	Total Index	100	153	155	
食　品	Food	100	167	164	
土耳其②	**Turkey ②**				
总指数	Total Index	455	1918	2970	4586
食　品	Food	510			
越　南	**Viet Nam**				
总指数	Total Index		426	419	
食　品	Food				
埃　及	**Egypt**				
总指数	Total Index	100	218	224	
食　品	Food	100	203	209	
南　非	**South Africa**				
总指数	Total Index	100	224	236	249
食　品	Food	100	256	276	291
加拿大	**Canada**				
总指数	Total Index	100	119	122	125
食　品	Food	100	116	117	122
墨西哥	**Mexico**				
总指数	Total Index	100	492	539	573
食　品	Food	100	474	503	531
美　国	**United States**				
总指数	Total Index	100	123	132	136
食　品	Food	100	125	128	131
阿根廷	**Argentina**				
(布宜诺斯艾利斯)	**(Buenos Aires)**				
总指数	Total Index		406	402	398
食　品	Food		379	369	362
巴　西②	**Brazil ②**				
总指数	Total Index		222	238	254
食　品	Food		180	189	202
委内瑞拉	**Venezuela**				
总指数	Total Index	100	2986		
食　品	Food	100	2516		
白俄罗斯④	**Belarus ④**				
总指数	Total Index		4130518	11094570	
食　品	Food		5264124	13945718	
保加利亚⑤	**Bulgaria ⑤**				
总指数	Total Index		3125	3447	3701
食　品	Food		2724	3004	3199
捷克共和国	**Czech Repulic**				
总指数	Total Index		3371	151 ②	
食　品	Food		2581	132 ②	

8-3 续表 2 continued

单位：1990 年 =100 (1990=100)

国家或地区	Country or Territory	1990	1999	2000	2001
法　国	**France**				
总指数	Total Index	100	117	119	121
食　品	Food	100	111	114	119
德　国	**Germany**				
总指数	Total Index		120	123	126
食　品⑤	Food ⑤		102	101	112
意大利	**Italy**				
总指数	Total Index	100	140	144	148
食　品	Food	100	133	135	141
荷　兰⑥	**Netherlands ⑥**				
总指数	Total Index	100	124	127	133
食　品	Food	100	116	118	113
波　兰⑦	**Poland ⑦**				
总指数	Total Index		107	118	125
食　品	Food		102	112	117
罗马尼亚⑧	**Romania ⑧**				
总指数	Total Index		28394	41361	55617
食　品	Food		23789	34188	46391
西班牙	**Spain**				
总指数	Total Index	100	142	146	
食　品	Food	100	130	133	
英　国	**United Kingdom**				
总指数	Total Index	100	131	135	138
食　品	Food	100	120	120	124
俄罗斯⑧	**Russian Federation ⑧**				
总指数	Total Index		773814	934450	
食　品	Food		810254	952104	1148070
澳大利亚	**Australia**				
总指数	Total Index	100	119	124	130
食　品	Food	100	126	130	138
新西兰	**New Zealand**				
总指数	Total Index	100	116	119	122
食　品	Food	100	112	114	120

注：①上年为 100。② 1994 年为 100。③指产业工人。④ 1992 年为 100。⑤ 1995 年为 100。⑥ 1996 年= 100。⑦ 1998 年为 100。⑧ 1991 年为 100。

Notes: ① Preceding year=100. ② 1994=100. ③ Industrial workers. ④ 1992=100. ⑤ 1995=100. ⑥ 1996=100. ⑦ 1998=100. ⑧ 1991=100.

8-4 世界初级品和基本金属出口价格指数

Export Price Indices of Primary Commodities and Non-ferrous Base Metals

国外资料来源：联合国《统计月报》2002年4月。
Sources: United Nations "Monthly Bulletin of Statistics" April 2002.

单位：1980年=100 (1980=100)

地区／项目	Territory/ Item	1995	1999	2000	2001
初级品	**Primary Commodities**				
世界	**World Total**	**71**	**63**	**81**	**73**
发达国家	**Developed Economies**	**94**	**76**	**80**	**79**
发展中国家	**Developing Economies**	**61**	**57**	**82**	**70**
食品	**Food**				
世界	**World Total**	**90**	**74**	**69**	**69**
发达国家	**Developed Economies**	**96**	**80**	**75**	**77**
发展中国家	**Developing Economies**	**77**	**60**	**55**	**52**
肉类	**Meat**	**98**	**97**	**89**	**94**
牛肉	Beef	92	66	60	63
羊肉	Mutton	94	108	96	103
猪肉	Pork	111	127	119	129
家禽肉	Poultry	104	172	152	164
咸肉	Bacon	94	89	94	96
奶产品	**Dairy products**	**105**	**87**	**79**	**77**
牛奶	Milk	85	64	58	56
黄油	Butter	110	100	90	86
奶酪	Cheese	132	111	100	99
蛋	**Eggs**	**80**	**63**	**57**	**56**
谷物	**Cereals**	**84**	**65**	**63**	**65**
小麦	Wheat	94	64	67	72
稻谷	Rice	84	93	74	62
大麦	Barley	47	58	59	61
玉米	Maize	80	58	54	59
燕麦	Oats	71	54	54	56
蔬菜	**Vegetables**	**100**	**63**	**59**	**60**
土豆	Potatoes	74	50	41	46
木薯	Cassava	85	36	36	36
干菜豆	Beans	100	100	109	109
干豌豆	Peas	141	115	107	102
西红柿	Tomatoes	111	55	43	45
洋葱	Onions	100	36	34	33
饮品	**Beverage Crops**	**76**	**56**	**46**	**36**
咖啡	Coffee	83	53	44	30
可可	Cocoa	55	47	35	40
茶	Tea	67	88	84	70
水果	**Fruits**	**147**	**126**	**105**	**140**
柑橘类	Citrus fruits	143	132	93	134
柑橘	Oranges	149	147	97	155
柠檬	Lemons	147	118	99	100
葡萄柚	Grapefruit	90	54	53	51

8-4续表1 continued

单位：1990年=100 (1990=100)

地区／项目	Territary/ Item	1995	1999	2000	2001
食品(续)	**Food (continued)**				
水果(续)	**Fruits (continued)**				
其它水果	other fruits	151	119	116	146
香蕉	Bananas	111	111	122	162
苹果	Apples	190	128	111	129
动物饲料	**Animal Feed**	**83**	**64**	**73**	**70**
油粕	Oilseed cake	81	68	80	77
鱼饲料	Fishmeal	90	48	43	43
胡椒	**Pepper**	**143**	**289**	**249**	**120**
鱼	**Fishmeal**	**111**	**118**	**116**	**110**
糖	**Sugar**	**48**	**23**	**28**	**30**
葡萄酒	**Wine**	**173**	**156**	**138**	**134**
非食用农产品	**Agriculture Non-food**				
世界	**Total**	**106**	**73**	**72**	**66**
发达国家	**Developed Economies**	**105**	**75**	**77**	**70**
发展中国家	**Developing Economies**	**109**	**70**	**66**	**60**
油料、油及脂肪	**Oilseeds,oils and fats**	**95**	**74**	**66**	**62**
花生	Groundnuts	92	57	58	59
大豆	Soya beans	86	67	70	65
亚麻籽	linseeds	80	54	42	39
椰子仁干	Copra	97	102	68	45
豆油	Soya bean oil	107	72	57	59
棉籽油	Cottonseed oil	126	113	99	83
花生油	Ground nut oil	116	93	84	80
橄榄油	Olive oil	89	98	94	90
棕榈油	Palm oil	107	74	53	49
椰子油	Coconut oil	96	105	64	46
油棕油	Palm kernel oil	99	102	65	45
亚麻籽油	Linseed oil	139	111	81	74
葵花籽油	Sunflower oil	110	81	62	77
动物油脂	Animal fats	82	76	67	74
林产品	**Forest products**	**109**	**72**	**74**	**67**
木材	Lumber	103	73	69	67
木材制纸浆	Wood pulp	112	71	88	70
原木	Logs	115	71	62	64
纺织原料	**Textiles fibres**	**95**	**59**	**58**	**48**
羊毛	Wool	80	51	47	37
棉花	Cottonseed oil	103	61	62	51
黄麻	Jute	105	76	72	94
亚麻	Flax	113	105	99	93
西沙尔麻	Sisal	91	106	94	101
烟草	**Tobacco**	**132**	**141**	**141**	**141**
兽皮	**Hides and Skins**	**178**	**138**	**149**	**153**
天然橡胶	**Natural Rubber**	**112**	**44**	**48**	**41**

8-4续表2　continued

单位：1990年=100　　(1990=100)

地区／项目	Territiry/ Item	1995	1999	2000	2001
矿产品	**Minerals**				
世界	**World Total**	**58**	**57**	**87**	**76**
发达国家	**Developed Economies**	**79**	**69**	**92**	**92**
发展中国家	**Developing Economies**	**55**	**55**	**86**	**74**
铁矿石	**Iron ore**	**140**	**133**	**115**	**111**
铬矿	**Chrome ore**	**131**	**222**	**222**	**222**
锰矿	**Manganese ore**	**125**	**117**	**114**	**122**
燃料	**Fuels**	**56**	**55**	**86**	**75**
煤	Coal	110	86	74	83
原油	Crude Petroleum	54	54	86	72
天然气	Natural gas	75	53	114	132
原肥	**Crude Fertilizers**	**73**	**85**	**85**	**81**
基本金属	**Non-ferrous Base Metals**				
世界	**World Total**	**114**	**77**	**88**	**75**
发达国家	**Developed Economies**	**118**	**81**	**93**	**80**
发展中国家	**Developing Economies**	**104**	**67**	**77**	**65**
铜	Copper	135	75	86	75
镍	Nickel	156	116	153	95
铝	Aluminum	104	77	88	82
铅	Lead	69	55	50	51
锌	Zinc	156	164	166	125
锡	Tin	37	29	29	23
除原油以外的初级品	**Primary Commodities excluding Crude Petroleum**				
世界	**World Total**	**96**	**75**	**75**	**75**
发达国家	**Developed Economies**	**99**	**78**	**79**	**80**
发展中国家	**Developing Economies**	**90**	**67**	**65**	**62**
除原油以外的矿产品	**Minerals excluding Crude Petroleum**				
世界	**World Total**	**100**	**83**	**100**	**110**
发达国家	**Developed Economies**	**100**	**80**	**97**	**108**
发展中国家	**Developing Economies**	**103**	**94**	**111**	**116**

主要统计指标解释

国内生产总值缩减指数 衡量在一定时期内整体经济中价格年度变化情况的指标

生产者价格指数和批发价格指数 生产者价格指生产者从购买者那里可得到的某一单位货物和服务的价值，具体为总产出减去可扣减税，由购买者支付的税。它包括生产者单独要求购买者支付的运费。生产者或批发价格指数是用来衡量在第一阶段最重要的商业交易中各种项目价格变化的指标，这里可能有两种选择，但生产者价格指数受到重视，其理由是这个概念对于衡量用的权数和范围与国民经济核算和工业生产核算更为接近。在原则上，生产者价格指数应当包括服务业，但在实际计算时仅包括国内农业和工业部门。农业部门采用“出农场价格”，工业部门采用出厂价格。批发价格指数包括生产和流通各阶段的全部农业和工业产品的价格的混合，包括进口和进口税。该指标的优点在于能反映更广泛经济活动的变化情况，采用拉氏公式计算。

消费者价格指数 是反映报告经济体作为消费目的而获取，使用和支付的货物和服务 的价格总体水平随时间变化的指标。消费者价格指数作为一个系列，用来衡量报告经济体人口获取、使用和支付固定数量和特征的一揽子货物和服务消费品价格随时间变化的比例。每个总指数是通过将大量要素加总指数加权平均而得到，每个要素加总指数是基于某一地区或其居民从某一指定出处或其他消费源获取指定货物和服务的价格的抽样调查数而进行的估算。

世界初级品和基本金属出口价格指数 是单个商品价格指数加权平均数。单个商品价格指数基于重要商品各主要出口国家(地区)、该商品具有代表性等级商品价格指数的加权平均数，权数由1980年初级品的出口额决定，各指数以美元计价。这个指数使用各种不同类别的价格计算，出口离岸价格、进口到岸价格、批发价格、商品交换价格、生产者价格和拍卖价格。

Explanatory Notes on Main Statistical Indicators

Gross Demestic Product Deflatot Measures the average annual rate of price change in the economy as whole for the periods shown.

Producer's or Wholesale Price Induces The Amount receivable by the producer from the purchaser for a unit of a good or service produced as output minus any value-added tax, or similar deductible tax, invoiced to the purchaser. It includes any transport charges invoiced separately by the producer.Indices shown for producer or wholesale prices are designed to monitor changes in prices of items at the first import commercial transaction, where a choice is available, preference is given to the PPI because the concept, weighing pattern, and coverage are likely to be more consistent with national accounts and industrial production statisics.In principle, the PPI should include service industries, but in practice it is limited to the domestic agriculture and industrial sectors.the prices should be farm-gate prices for the agriculture and industrial goods at various stages of productionn and distribution, inclusive of imports and import duties, Preference is given to indices that provide broad coverage of the economy, and the indices are computed using the Laspeyres formula.

Consurner Price Indices Measures changes over time in the general level of prices of goods and services that a reference population acquires, uses or pays for consumption. A consumer prices index is estimated as a series of summary measures of the period-to-period proportional change in the prices of a fixed set of consumer goods and services of constant quantity and characteristics,acquired,used or paid for by the reference population.Each summary measure is constructed as a weighted average of a large number of elementary aggregate indices.Each of the elementary aggregate indices is estimated using a sample of prices for a defined set of goods and services obtained in, or by residents of,a specific region from a given set of outlets or other sources of consumption goods and services.

The Indices for Primary Commodities and Non-ferrous Base Metals and their sub-indices are weighted averages of prices indices of individual commodities,each of which is based on specific prices quotations for representative grades of that commodity in countries that are major traders of the commodity.The weights are determined by the patterns of primary commodities exports in the base year 1980.All indexes are calculated in terms of United States dollars.The indexes are calculated using various categories of prices such as export prices FOB,import prices CIF,wholesale prices,commodity exchange prices,producer's prices and auction prices.

九 住户收支和贫困

Household Income and Expenditure and Poverty

9-1 住户最终消费支出及增长率

Household Final Consumption Expenditure and Its Growth Rate

资料来源：世界银行数据库。
Source: World Bank Database.

国家（地区）	Country or Territory	住户最终消费支出（亿美元） Household Final ConsumptionExpenditure (current USD)		人均住户最终消费支出（1995年价格，美元） Household Final Consumption Expenditure per Capita (constant 1995 USD)		1991-2000年均住户最终消费支出增长率（%） Average Annual Growth Rate of Household Final Consumption Expenditure of 1991-2000 (%)	1991-2000年均人均住户最终消费支出增长率（%） Average Annual Growth Rate of Household Final Consumption Expenditure per Capita of 1991-2000 (%)
		1990	2000	1990	2000		
世　界	**World**	**156675.3**	**198917.0 ①**	**2980.8**	**3318.4 ①**	**2.7 ②**	**1.2 ②**
高收入国家（地区）	**High Income**	**127271.2**	**158684.0 ①**	**15103.5**	**17681.6 ①**	**2.5 ②**	**1.8 ②**
中等收入国家（地区）	**Middle Income**	**23394.6**	**34353.3**	**977.0**	**1271.1**	**3.9**	**2.7**
低收入国家（地区）	**Low Income**	**5723.3**	**7887.7**	**286.1**	**317.8**	**3.3**	**1.1**
中　国⑦	China ⑦	1970.9	4743.6	174.5	356.8	9.2	7.4
中国香港	Hong Kong, China	620.7	924.8	10880.7	13606.7	4.1	2.3
孟加拉国	Bangladesh	261.3	367.9	237.5	280.8	3.5	1.7
印　度	India	1959.6	2979.1	230.7	293.2	4.3	2.4
印度尼西亚	Indonesia	826.3	1498.2	469.8	712.0	6.1	4.2
伊　朗	Iran	503.8	696.0	773.2	949.3	3.3	2.1
以色列	Israel	356.8	676.8	7802.4	10683.9	6.6	3.2
日　本	Japan	26296.5	30630.3 ①	21283.7	24187.2 ①	1.7 ②	1.4 ②
哈萨克斯坦	Kazakhstan	256.8	126.6	1696.6	983.4	-6.8	-5.3
韩　国	Korea, Rep.	1852.2	3064.6	4375.1	6582.7	5.2	4.2
马来西亚	Malaysia	290.4	299.4	1579.2	1920.5 ⑤	0.3	2.5 ⑥
巴基斯坦	Pakistan	359.9	557.7	333.3	403.9	4.5	1.9
菲律宾	Philippines	464.5	648.6	767.8	873.8	3.4	1.3
新加坡	Singapore	246.5	441.8	8133.5	10925.7	6.0	3.0
斯里兰卡	Sri Lanka	71.9	108.4	422.4	559.8	4.2	2.9
泰　国	Thailand	631.7	913.5	1116.4	1479.9	3.8	2.9
土耳其	Turkey	1008.6	1515.4	1859.8	2286.7	4.2	2.1
越　南	Viet Nam	112.9	254.9 ①	170.5	255.1 ①	9.5 ②	4.6 ②
埃　及	Egypt	378.1	569.6	712.5	890.4	4.2	2.3
尼日利亚	Nigeria	215.6	88.4	243.5	75.7	-8.5	-11.0
南　非	South Africa	868.2	1078.7	2466.5	2520.3	2.2	0.2
加拿大	Canada	3109.0	3758.2 ①	11013.7	12310.0 ①	2.1 ②	1.2 ②
墨西哥	Mexico	1824.1	2512.9	2191.7	2565.0	3.3	1.6
美　国	United States	43739.0	58662.0 ①	17561.3	21037.2 ①	3.3 ②	2.0 ②
阿根廷	Argentina	1760.7 ③	2090.1	5201.8 ③	5644.1	2.5 ④	1.2 ④
巴　西	Brazil	2879.9	4949.9	1946.4	2904.8	5.6	4.1
委内瑞拉	Venezuela	476.1	540.5	2441.4	2236.4	1.3	-0.9
白俄罗斯	Belarus	176.4	166.1	1841.4	1866.9	-0.6	0.1
保加利亚	Bulgaria	127.2	88.5	1458.9	1084.2	-3.6	-2.9
捷克共和国	Czech Republic	269.8	297.6	2603.6	2896.4	1.0	1.1
法　国	France	8318.4	9534.3	14654.7	16193.5	1.4	1.0
德　国	Germany	12536.4	15109.0	15715.9	18392.0	1.9	1.6
意大利	Italy	6176.1	7312.4	10888.9	12675.3	1.7	1.5
荷　兰	Netherlands	1845.1	2356.2 ①	12362.0	14914.3 ①	2.8 ②	2.1 ②
波　兰	Poland	628.6	1122.6	1644.6	2896.7	6.0	5.8
罗马尼亚	Romania	259.2	236.6	1116.7	1054.7	-0.9	-0.6
俄罗斯	Russian Federation	2143.2	2115.9	1445.2	1453.7	-0.1	0.1
西班牙	Spain	3316.4	4186.4	8532.1	10607.9	2.4	2.2
乌克兰	Ukraine	497.1	251.2	958.1	507.4	-6.6	-6.2
英　国	United Kingdom	6761.3	8699.8	11730.6	14572.5	2.6	2.2
澳大利亚	Australia	1916.1	2677.5 ①	11209.5	13927.7 ①	3.8 ②	2.4 ②
新西兰	New Zealand	327.3	405.7 ①	9642.1	10846.9 ①	2.4 ②	1.3 ②

注：① 1999年数据。② 1991-1999年均增长率。③ 1993年数据。④ 1994-2000年均增长率。⑤ 1998年数据。⑥ 1991-1998年均增长率。⑦世界银行统计数据。

Note: ① Data refer to 1999. ② Average growth rate of 1991-1999. ③ Data refer to 1993. ④ Average growth rate of 1994-2000. ⑤ Data refer to 1998. ⑥ Average growth rate of 1991-1998. ⑦ Data from World Bank.

9-2 个人收入分配

Personal Income Distribution

资料来源：世界银行数据库。
Source: World Bank Database.

国家(地区)	Country or Territory	年份 Year	基尼系数 GINI Index	各组占全部收入或消费的比重(%) As Percentage of Total Income or Consumption (%)				
				最低的20% Lowest 20%	第二个20% Second 20%	第三个20% Third 20%	第四个20% Fourth 20%	最高的20% Highest 20%
中　　国①	China ①	1998	40.3	5.9	10.2	15.1	22.2	46.6
中国香港	Hong Kong, China	1996	52.2	4.4				57.1
孟加拉国	Bangladesh	1996	33.6	8.7	12.0	15.7	20.8	42.8
印　　度	India	1997	37.8	8.1	11.6	15.0	19.3	46.1
印度尼西亚	Indonesia	1999	31.7	9.0	12.5	16.1	21.3	41.1
以 色 列	Israel	1997	38.1	6.1	10.7	15.9	23.0	44.2
日　　本	Japan	1993	24.9	10.6	14.2	17.6	22.0	35.7
哈萨克斯坦	Kazakhstan	1996	35.4	6.7	11.5	16.4	23.1	42.3
韩　　国	Korea, Rep.	1993	31.6	7.5	12.9	17.4	22.9	39.3
马来西亚	Malaysia	1997	49.2	4.4	8.1	12.9	20.3	54.3
蒙　　古	Mongolia	1995	33.2	7.3	12.2	16.6	23.0	40.9
巴基斯坦	Pakistan	1997	31.2	9.5	12.9	16.0	20.5	41.1
菲 律 宾	Philippines	1997	46.2	5.4	8.8	13.2	20.3	52.3
斯里兰卡	Sri Lanka	1995	34.4	8.0	11.8	15.8	21.5	42.8
泰　　国	Thailand	1998	41.4	6.4	9.8	14.2	21.2	48.4
土 耳 其	Turkey	1994	41.5	5.8	10.2	14.8	21.6	47.7
越　　南	Viet Nam	1998	36.1	8.0	11.4	15.2	20.9	44.5
埃　　及	Egypt	1995	28.9	9.8	13.2	16.6	21.4	39.0
尼日利亚	Nigeria	1997	50.6	4.4	8.2	12.5	19.3	55.7
南　　非	South Africa	1994	59.3	2.9	5.5	9.2	17.7	64.8
加 拿 大	Canada	1994	31.5	7.5	12.9	17.2	23.0	39.3
墨 西 哥	Mexico	1998	53.1	3.5	7.3	12.1	19.7	57.4
美　　国	United States	1997	40.8	5.2	10.5	15.6	22.4	46.4
巴　　西	Brazil	1998	60.7	2.2	5.4	10.1	18.3	64.1
委内瑞拉	Venezuela	1998	49.5	3.0	8.2	13.8	21.8	53.2
白俄罗斯	Belarus	1998	21.7	11.4	15.2	18.2	21.9	33.3
保加利亚	Bulgaria	1997	26.4	10.1	13.9	17.4	21.9	36.8
捷克共和国	Czech Republic	1996	25.4	10.3	14.5	17.7	21.7	35.9
法　　国	France	1995	32.7	7.2	12.6	17.2	22.8	40.2
德　　国	Germany	1994	30.0	8.2	13.2	17.5	22.7	38.5
意 大 利	Italy	1995	27.3	8.7	14.0	18.1	22.9	36.3
荷　　兰	Netherlands	1994	32.6	7.3	12.7	17.2	22.8	40.1
波　　兰	Poland	1998	31.6	7.8	12.8	17.1	22.6	39.7
罗马尼亚	Romania	1998	31.1	8.0	13.1	17.2	22.3	39.5
俄 罗 斯	Russian Federation	1998	48.7	4.4	8.6	13.3	20.1	53.7
西 班 牙	Spain	1990	32.5	7.5	12.6	17.0	22.6	40.3
乌 克 兰	Ukraine	1999	29.0	8.8	13.3	17.4	22.7	37.8
英　　国	United Kingdom	1995	36.8	6.1	11.6	16.4	22.7	43.2
澳大利亚	Australia	1994	35.2	5.9	12.0	17.2	23.6	41.3

注：①世界银行统计数据。
Note: ① Data from World Bank.

9-3 贫困线和贫困人口比重

Poverty Line and Population below Poverty Lines

资料来源：世界银行《世界发展指标》2002 年。

Source: World Bank "World Development Indicator" 2002.

单位:% (%)

国家(地区)	Country or Territory	低于国家贫困线人口所占比重① Population below the Poverty Line ①				国际贫困线② International Poverty Line ②				
		调查年份 Survey Year	全国 National	乡村 Rural	城市 Urban	调查年份 Survey Year	日均1国际元以下人口所占比重 Population below PPP$1 a Day	日均2国际元以下人口所占比重 Population below PPP$2 a Day	日均1国际元以下人口贫困度 Poverty Gap at PPP$1 a Day	日均2国际元以下人口贫困度 Poverty Gap at PPP$2 a Day
中　国③	China ③	1998	4.6	4.6	<2.0	1999	18.8	4.4	52.6	20.9
孟加拉国	Bangladesh	1995-96	35.6	39.8	14.3	1996	29.1	5.9	77.8	31.8
印　度	India	1994	35.0	36.7	30.5	1997	44.2	12.0	86.2	41.4
印度尼西亚	Indonesia	1999	27.1			1999	7.7	1.0	55.3	16.5
哈萨克斯坦	Kazakhstan	1996	34.6	39.0	30.0	1996	<2.0	<0.5	15.3	3.9
韩　国	Korea, Rep.					1993	<2.0	<0.5	<2.0	<0.5
马来西亚	Malaysia	1989	15.5							
蒙　古	Mongolia	1995	36.3	33.1	38.5	1995	13.9	3.1	50.0	17.5
巴基斯坦	Pakistan	1991	34.0	36.9	28.0	1996	31.0	6.2	84.7	35.0
菲律宾	Philippines	1997	36.8	50.7	21.5					
斯里兰卡	Sri Lanka	1995-96	25.0			1995	6.6	1.0	45.4	13.5
泰　国	Thailand	1992	13.1	15.5	10.2	1998	<2.0	<0.5	28.2	7.1
土耳其	Turkey					1994	2.4	0.5	18.0	5.0
越　南	Viet Nam	1993	50.9	57.2	25.9					
埃　及	Egypt	1995-96	22.9	23.3	22.5	1995	3.1	<0.5	52.7	13.9
尼日利亚	Nigeria	1992-93	34.1	36.4	30.4	1997	70.2	34.9	90.8	59.0
南　非	South Africa					1993	11.5	1.8	35.8	13.4
墨西哥	Mexico	1988	10.1			1998	15.9	5.2	37.7	16.0
阿根廷	Argentina	1993	17.6							
巴　西	Brazil	1990	17.4	32.6	13.1	1998	11.6	3.9	26.5	11.6
委内瑞拉	Venezuela	1989	31.3			1998	23.0	10.8	47.0	23.0
白俄罗斯	Belarus	2000	41.9			1998	<2.0	<0.5	<2.0	<0.5
保加利亚	Bulgaria					1997	<2.0	<0.5	21.9	4.2
捷克共和国	Czech Republic					1996	<2.0	<0.5	<2.0	<0.5
波　兰	Poland	1993	23.8			1998	<2.0	<0.5	<2.0	<0.5
罗马尼亚	Romania	1994	21.5	27.9	20.4	1994	2.8	0.8	27.5	6.9
俄罗斯	Russian Federation	1994	30.9			1998	7.1	1.4	25.1	8.7
乌克兰	Ukraine	1995			31.7	1999	2.9	0.6	31.0	8.0

注：①即贫困率。乡村和城市贫困率分别为乡村和城市贫困线以下人口占乡村和城市人口比重。②为世界银行划分标准，即人均日消费支出不足1国际元和2国际元。国际元为按购买力平价法计算，1985年价格。贫困度指贫困线以下人口人均消费距贫困线的差距(即假定贫困线以上人口为零短缺时贫困人口的平均短缺程度)。③世界银行统计数据。

Note: ① Rural poverty rate is the percentage of the rural population living below the national rural povertay line. Urban poverty rate is the percentage of the urban population living below the national urban poverty line. ② Polulation below PPP$1 a day and PPP$2 a day are the percentages of the population living on less than PPP$1.08 a day and PPP$2.15 a day (equivalent to PPP$1 and PPP$2 in 1985 prices). Poverty gap is the mean shortfall below the poverty line (counting the nonpoor as having zero shortfall), expressed as a percentage of the poverty line. This measure reflects the depth of poverty as well as its incidence. ③ Data from World Bank.

9-4 贫困人口社会指标

Social Indicators of Poverty

资料来源：世界银行《世界发展指标》2002年。
Source: World Bank "World Development Indicator" 2002.

国家(地区)	Country or Territory	调查年份 Survey year	婴儿死亡率(‰) Infant Mortality Rate (per 1000 live births)		调查前五年由经过培训的专业医护人员接生所占比例(%) Delivery Attendance by a Medically Trained Person (five years prior to the survey, %)		5岁以内儿童营养不良发生率(%) Prevalence of Child Malnutrition (% of children under five)		总和生育率(每名妇女生育孩子数) Total Fertility Rate (births per woman)	
			最贫穷的20% Poorest Quintile	最富裕的20% Richest Quintile	最贫穷的20% Poorest Quintile	最富裕的20% Richest Quintile	最贫穷的20% Poorest Quintile	最富裕的20% Richest Quintile	最贫穷的20% Poorest Quintile	最富裕的20% Richest Quintile
孟加拉国	Bangladesh	1996-97	96	57	2	30	60	28	3.8	2.2
印　度	India	1992-93	109	44	12	79	60	34	4.1	2.1
印度尼西亚	Indonesia	1997	78	23	21	89			3.3	2.0
哈萨克斯坦	Kazakhstan	1995	35	29	99	100	11	3	3.2	1.3
巴基斯坦	Pakistan	1990-91	89	63	5	55	54	26	5.1	4.0
菲律宾	Philippines	1998	49	21	21	92			6.5	2.1
土耳其	Turkey	1993	100	25	43	99	22	3	3.7	1.5
越　南	Viet Nam	1997	43	17	49	99			3.1	1.6
埃　及	Egypt	1995-96	110	32	21	86	17	8	4.4	2.7
尼日利亚	Nigeria	1990	102	69	12	70	40	22	6.6	4.7
巴　西	Brazil	1996	83	29	72	99	12	3	4.8	1.7

9-5 住户收入及构成

Household Income and Its Structure

资料来源：日本《世界统计》2002 年。
Source: Japan "World Statistics" 2002.

国家（地区）	Country or Territory	年份 year	月平均收入（本币） Average Monthly Earning (LCU)	平均家庭成员数 Average Family Members	收入构成（%） Structure of Income (%)				
					工资和薪金收入 Wages and Salary	经营收入 Operating Income	财产收益 Property Income	转移收入 Transfer Income	其他收入 Others Income
中　国①	China ①	1986	75.8	3.8	81.2	2.4	0.6	9.8	5.9
孟加拉国	Bangladesh	1983~84		6.9	66.5		9.3		24.3
以色列	Israel	1986~87	594.0	3.5	57.5	12.6	14.5	10.9	4.6
日　本	Japan	1990	521757.0	3.7	94.0	1.0	0.3	3.8	0.8
韩　国	Korea, Rep.	1990	943272.0	4.0	85.8	2.6	2.7	3.0	5.9
巴基斯坦	Pakistan	1986~87	2062.0	6.5	21.9	54.7	12.6	1.7	9.2
菲律宾	Philippines	1988~89	8478.0	5.3	44.8	38.8	3.7	12.7	-
新加坡	Singapore	1987~88	501.7	4.4	77.4	15.9			6.7
斯里兰卡	Sri Lanka	1985~86	386.0	5.2	52.0		4.8	6.0	37.2
泰　国	Thailand	1988~89	4106.0	4.0	34.4	31.6	0.9	7.0	26.1
土耳其	Turkey	1987	64109.0	5.0	24.1	51.5	13.7	9.8	1.0
埃　及	Egypt	1980		5.0	54.5	8.0	36.0		1.5
尼日利亚	Nigeria	1985~86	53.0	4.9	30.2	46.3	8.2	0.9	14.5
加拿大	Canada	1986	1093.0	2.7	71.7	7.1	5.5	11.4	4.3
墨西哥	Mexico	1983~84	193553.0	5.1	49.0	21.0	3.1	5.6	21.3
美　国	United States	1989	2708.0	2.5	70.8	7.6	8.9	12.6	0.2
阿根廷	Argentina	1985~86	111.3	3.6	53.9	31.5	1.5	12.7	0.4
巴　西	Brazil	1987~88	9517.0	3.7	63.1	12.6	2.0	13.9	8.3
匈牙利	Hungary	1989	6495.0	2.8	59.4	4.4		28.4	7.8
原联邦德国	Former Federal Germany	1983	1419.0	2.4	58.1	9.1	9.7	21.7	1.4
荷　兰	Netherlands	1988	42100.0	2.5	61.9	7.5	3.3	26.4	0.9
波　兰	Poland	1990	554900.0	3.1	57.0	18.4		25.4	1.2
西班牙	Spain	1989	43949.0	3.5	52.4	13.6	12.6	20.6	0.9
英　国	United Kingdom	1989	1316.7	2.5	62.3	10.7	10.1	16.5	0.4
原苏联	Former Soviet Union	1989	150.0		73.3	6.5		12.4	7.8
澳大利亚	Australia	1988~89	994.2	2.8	72.3	9.2		10.1	8.5
新西兰	New Zealand	1989~90	1214.0	2.7	66.0	8.0	6.0	16.0	4.0

注：①为日本《世界统计》统计数据。
Note: ① Data from Japan "World Statistics".

9-6 住户最终消费支出构成

Composition of Household Final Consumption Expenditure

资料来源：韩国《韩国社会指标》2001 年。
Source: Republic of Korea "Social Indicators in Korea" 2001.
单位：% (%)

国家（地区）	Country or Territory	年份 year	食品、饮料和烟草 Food, Beverages and Tobacco	服装和鞋类 Clothing and Footware	住房、水、电力、气和其他燃料 Housing, Water, Electricity, Gas & Other Fuels	家具、家用设备及住房日常维护支出 Furnishings, Households Equipment & Routine Mainte-nance of the House	医疗保健 Health	交通和通讯 Transport and Communi-cations	教育、休闲与文化 Recreation, Culture & Education	饭店和旅馆 Restaurants & Hotels	其他 Others
韩　国	Korea, Rep.	2000	17.7	4.1	17.6	4.6	7.2	16.8	12.7	6.9	12.4
日　本	Japan	1999	18.4	6.3	24.9	4.8	3.2	12.4	11.9	7.4	10.9
加拿大	Canada	1999	13.9	5.5	23.8	6.4	3.7	17.4	11.6	7.5	10.1
墨西哥	Mexico	1999	27.4	3.8	13.7	8.1	4.2	18.8	6.1	8.0	9.9
美　国	Unitd States	1999	9.3	5.4	16.9	5.3	16.5	12.8	11.4	6.4	15.9
法　国	France	2000	17.6	5.0	23.8	6.3	3.6	17.3	9.5	7.4	9.4
意大利	Italy	2000	17.0	9.0	19.4	9.6	3.2	15.6	8.9	9.3	8.1
荷　兰	Netherlands	1999	14.8	6.2	20.8	7.4	4.0	15.6	11.7	5.9	13.6
西班牙	Spain	1999	18.7	6.5	14.5	6.1	3.4	15.4	10.2	18.6	6.5
英　国	United Kingdom	2000	17.4	6.1	18.3	6.2	1.2	16.7	13.4	7.7	13.0
澳大利亚	Australia	1999	15.8	4.0	19.8	5.8	3.6	14.2	14.1	7.9	14.8
新西兰	New Zealand	1999	14.6	4.0	19.7	10.9	8.0	13.8	10.2	7.8	10.8

9-7 电视机、有线电视用户及个人计算机普及率

Television Sets, Cable Television Subscribers and Personal Computers per 1000 People

资料来源：世界银行数据库。
Source: World Bank Database.
单位：每千人 (per 1000 people)

国家（地区）	Country or Territory	电视机 Television Sets		有线电视用户 Cable Television Subscribers		个人计算机 Personal Computers	
		1990	2000	1990	2000	1990	2000
世　　界	**World**	**185.0**	**253.9**		**68.6**	**25.1**	**78.3**
高收入国家（地区）	**High Income**	**569.4**	**640.9**	**114.1**	**173.8**	**115.1**	**392.7**
中等收入国家（地区）	**Middle Income**	**169.7**	**274.6**		**52.6**	**3.2**	**33.1**
低收入国家（地区）	**Low Income**	**41.7**	**91.3**				**5.1**
中　　国①	China ①	155.8	293.4	9.6	61.1	0.4	15.9
中国香港	Hong Kong, China	281.9	493.5		78.6	47.3	350.6
孟加拉国	Bangladesh	4.9	7.0				1.5
印　　度	India	31.9	78.0		38.5	0.3	4.5
印度尼西亚	Indonesia	61.3	149.5		0.2	1.1	9.9
伊　　朗	Iran	66.4	163.4				62.8
以 色 列	Israel	258.5	334.9		185.0	63.3	253.6
日　　本	Japan	610.8	724.9	54.7	147.4	59.9	315.2
哈萨克斯坦	Kazakhstan	216.0	241.0				
朝　　鲜	Korea, Dem. Rep.	16.2	54.1				
韩　　国	Korea, Rep.	209.9	364.3		177.4	37.2	237.9
马来西亚	Malaysia	148.6	167.6			8.4	103.1
蒙　　古	Mongolia	66.3	65.3				12.6
缅　　甸	Myanmar	2.8	7.2				1.1
巴基斯坦	Pakistan	25.8	131.0			1.3	4.2
菲 律 宾	Philippines	49.4	143.8		13.1	3.5	19.3
新 加 坡	Singapore	339.8	303.7		63.5	66.3	483.1
斯里兰卡	Sri Lanka	35.3	111.0		0.3	0.2	7.1
泰　　国	Thailand	108.2	283.8		2.5	4.2	24.3
土 耳 其	Turkey	230.0	449.0		13.4	5.3	38.1
越　　南	Viet Nam	39.3	184.8				8.8
埃　　及	Egypt	107.1	189.1				22.1
尼日利亚	Nigeria	36.4	67.6				6.6
南　　非	South Africa	104.3	127.0			7.0	61.8
加 拿 大	Canada	627.9		261.9	259.4	107.1	390.2
墨 西 哥	Mexico	149.5	283.2	7.4	23.1	8.2	50.6
美　　国	United States	772.2	854.1	219.5	252.1	216.8	585.2
阿 根 廷	Argentina	249.0				7.2	51.3
巴　　西	Brazil	212.8	342.6		13.7	3.1	44.1
委内瑞拉	Venezuela	164.1	185.0		40.2	10.3	45.5
白俄罗斯	Belarus	268.0	341.9		33.2		
保加利亚	Bulgaria	250.3	448.8		130.1		43.9
捷克共和国	Czech Republic	330.0	507.6		93.2	11.6	122.0
法　　国	France	539.1	628.3	9.1	45.2	70.5	304.3
德　　国	Germany	525.3	585.6	111.4	246.8	89.9	336.0
意 大 利	Italy	419.7	493.9		1.0	36.4	179.8
荷　　兰	Netherlands	481.6	537.9	291.8	387.8	93.6	394.1
波　　兰	Poland	265.0	399.8		92.6	7.9	68.9
罗马尼亚	Romania	193.9	380.7		157.7	2.2	31.9
俄 罗 斯	Russian Federation	365.1				3.4	42.9
西 班 牙	Spain	388.6	591.1	2.8	11.8	27.6	142.9
乌 克 兰	Ukraine	327.0	455.8		52.3	1.9	17.6
英　　国	United Kingdom	432.6	652.5	2.6	56.9	107.7	337.8
澳大利亚	Australia	521.5	737.5		68.0	149.8	464.6
新 西 兰	New Zealand	442.8	522.1		4.4 ②		360.2

注：①世界银行统计数据。②1999年数据。
Note: ① Data from World Bank. ② Data refer to 1999.

9-8 人均每天食物热值、蛋白质和脂肪含量

Calories, Proteins and Fat Per Capita Per Day

资料来源：联合国粮农组织数据库，《食物平衡表》1994-1996年。
Source: FAO Database, "Food Balance Sheet " 1994/1996.

国家(地区)	Country or Territory	食物热值(大卡) Calories Per Capita Per Day			蛋白质含量(克) Proteins Per Capita Per Day (G)			脂肪含量(克) Fat Per Capita Per Day(G)		
		1989-1991	1994-1996	2000	1989-1991	1994-1996	2000	1989-1991	1994-1996	2000
世　界	**World**	**2709 ②**	**2748 ③**	**2805**	**71.6 ②**	**73.7 ③**	**75.6**	**68.2 ②**	**70.8 ③**	**75.2**
发达国家	**Developed Countries**	**3319 ②**	**3186 ③**	**3260**	**102.9 ②**	**97.8 ③**	**98.6**	**121.9 ②**	**115.2 ③**	**119.5**
发展中国家	**Developing Countries**	**2517 ②**	**2619 ③**	**2679**	**61.7 ②**	**66.6 ③**	**69.2**	**51.2 ②**	**57.6 ③**	**62.8**
中　国①	China ①	2652	2766	3029	53.9	63.9	85.5	31.5	50.5	83.8
中国香港	Hong Kong, China	3240	3261	3102	88.1	92.9	96.0	104.5	139.7	130.8
孟加拉国	Bangladesh	2063	2063	2103	42.3	44.3	44.9	14.1	18.6	22.0
印　度	India	2337	2394	2428	50.8	56.8	57.1	32.7	39.7	47.9
印度尼西亚	Indonesia	2615	2880	2902	46.4	58.3	64.2	35.0	50.9	55.1
伊　朗	Iran	2712	2885	2913	68.9	71.7	78.1	62.9	63.3	59.2
以色列	Israel	3244	3254	3562	101.0	104.8	114.8	104.9	123.5	128.7
日　本	Japan	2899	2898	2762	86.8	94.6	91.8	68.9	79.7	83.1
朝　鲜	Korea, PDR	2794	2395	2185	80.8	87.1	62.3	38.3	46.9	34.1
韩　国	Korea, Rep.	3238	3302	3093	82.6	82.0	90.0	41.5	64.7	75.6
马来西亚	Malaysia	2751	2848	2919	58.0	64.2	75.1	77.4	94.3	87.2
蒙　古	Mongolia	2211	2011	1981	81.3	74.3	75.4	85.5	79.2	80.0
缅　甸	Myanmar	2572	2711	2842	59.8	63.8	74.0	35.3	41.3	45.4
巴基斯坦	Pakistan	2392	2393	2452	52.6	58.4	62.5	43.6	58.5	64.2
菲律宾	Philippines	2376	2366	2379	51.0	55.8	55.3	35.7	40.4	49.3
斯里兰卡	Sri Lanka	2220	2262	2405	45.1	46.2	54.1	47.3	44.8	46.3
泰　国	Thailand	2245	2330	2506	48.5	50.5	55.3	31.4	43.5	50.8
土耳其	Turkey	3555	3562	3416	96.8	101.7	97.7	80.9	94.4	90.2
越　南	Viet Nam	2202	2449	2583	47.1	50.4	61.8	19.9	27.3	40.4
埃　及	Egypt	3156	3277	3346	73.0	83.6	93.1	65.5	58.8	59.6
尼日利亚	Nigeria	2310	2553	2850	42.9	51.3	65.2	51.9	55.2	68.5
南　非	South Africa	2880	2881	2886	74.5	74.1	74.0	68.1	71.6	73.2
加拿大	Canada	3014	3104	3174	91.7	95.4	103.9	119.7	128.6	129.4
墨西哥	Mexico	3081	3137	3165	83.4	79.6	88.1	79.3	80.8	89.5
美　国	United States	3462	3624	3772	98.2	107.0	114.0	128.4	139.2	151.3
阿根廷	Argentina	2965	3118	3181	106.7	94.3	101.6	116.0	103.2	122.3
巴　西	Brazil	2774	2878	2985	62.2	66.4	79.9	65.1	80.9	88.5
委内瑞拉	Venezuela	2395	2398	2256	70.3	58.7	58.9	77.5	69.0	59.6
保加利亚	Bulgaria	3440	2827	2467	104.2	104.5	76.6	107.2	114.6	91.1
捷克共和国	Czech Republic	3519	3084	3104	99.0	102.0	89.7	122.7	130.7	115.2
法　国	France	3548	3550	3591	112.3	116.9	116.5	148.2	163.6	166.2
德　国	Germany	3396	3296	3451	95.1	99.1	94.7	136.0	142.6	152.3
意大利	Italy	3575	3476	3661	106.3	110.0	114.6	128.6	150.0	153.7
荷　兰	Netherlands	3262	3193	3294	93.3	94.9	109.3	130.2	138.0	144.7
波　兰	Poland	3365	3309	3376	111.1	101.9	99.0	116.8	114.1	114.1
罗马尼亚	Romania	2949	2927	3274	97.5	89.1	98.4	94.2	91.1	93.4
俄罗斯	Russian Federation	3248	2814	2917	102.9	104.6	86.0	94.3	100.2	77.4
西班牙	Spain	3281	3291	3352	95.3	104.3	110.2	112.5	138.4	150.4
英　国	United Kingdom	3206	3210	3334	88.1	92.2	98.4	135.0	135.3	144.6
南斯拉夫	Yugoslavia	3567	3040	2570	106.1	102.1	79.0	104.2	111.2	109.8
澳大利亚	Australia	3036	2975	3176	100.3	104.0	107.1	107.3	113.9	138.4
新西兰	New Zealand	3222	3411	3252	98.1	96.1	103.7	128.2	131.4	120.3

注：①联合国粮农组织统计数据。②1990年数据。③1995年数据。
Note: ① Data from FAO. ② Data refer to 1990. ③ Data refer to 1995.

9-9 人均食物供应量(2000年)

Food Supply per Capita (2000)

资料来源：联合国粮农组织数据库。
Source: FAO Database.
单位:千克 (kg)

国家(地区)	Country or Territory	谷物 Cereals-Excluding Beer	薯类 Starchy Roots	糖料作物 Sugarcrops	杂豆 Pulses	坚果 Treenuts	油料 Oilcrops	植物油 Vegetable Oils	蔬菜 Vegetables
世　界	**World**	**157.2**	**65.1**	**5.7**	**5.9**	**1.3**	**7.6**	**10.5**	**101.9**
发达国家	**Developed Countries**	**129.1**	**76.0**	**-**	**3.0**	**2.4**	**3.7**	**17.6**	**112.8**
发展中国家	**Developing Countries**	**165.0**	**62.0**	**7.3**	**6.7**	**1.0**	**8.6**	**8.6**	**98.8**
中　国①	China ①	190.1	74.6	0.1	1.5	0.9	10.8	7.7	204.2
中国香港	Hong Kong, China	101.3	20.9	0.4	1.0	4.9	4.5	14.5	84.9
孟加拉国	Bangladesh	177.3	20.0	3.4	3.7	0.2	0.3	4.7	12.1
印　度	India	158.6	25.9	13.4	11.2	0.9	6.4	8.4	62.5
印度尼西亚	Indonesia	204.8	69.1		3.8	0.6	34.6	9.5	27.6
伊　朗	Iran	188.9	44.4		6.4	6.1	0.6	8.5	131.3
以色列	Israel	151.2	41.3		5.6	4.8	7.9	24.6	239.4
日　本	Japan	116.7	35.0		2.0	1.5	9.6	13.5	111.6
韩　国	Korea, Rep.	163.2	18.7	-	1.7	2.3	10.5	11.7	232.2
马来西亚	Malaysia	148.4	23.7	3.7	1.7	0.9	16.2	14.7	28.0
蒙　古	Mongolia	753.4	42.9		3.3		-	43.0	16.6
巴基斯坦	Pakistan	155.4	13.8	59.9	6.4	0.7	0.8	10.3	34.3
菲律宾	Philippines	134.6	34.1	1.9	1.6	0.3	4.8	5.7	61.6
斯里兰卡	Sri Lanka	145.0	19.0	25.2	7.8	0.8	69.6	2.7	34.9
泰　国	Thailand	125.8	18.1	75.7	3.4	0.6	18.7	6.4	37.1
土耳其	Turkey	216.1	63.7		13.4	5.4	6.0	17.5	210.1
越　南	Viet Nam	185.4	37.8	17.4	2.8	0.5	3.7	2.6	74.9
埃　及	Egypt	241.3	24.2	24.9	8.0	0.3	7.8	6.5	190.3
尼日利亚	Nigeria	157.3	234.4	0.4	10.5	2.3	7.7	15.6	60.8
南　非	South Africa	182.9	28.0		3.2	0.3	0.9	12.6	41.7
加拿大	Canada	104.9	60.4		9.4	2.9	6.8	17.8	119.8
墨西哥	Mexico	178.1	17.1	0.5	10.4	1.2	2.7	10.6	56.2
美　国	United States	113.6	67.5		4.3	2.0	5.0	26.3	125.8
阿根廷	Argentina	129.3	56.8		1.1	0.5	1.4	16.7	76.3
巴　西	Brazil	106.1	61.5	5.9	17.2	0.3	13.6	13.5	38.9
委内瑞拉	Venezuela	109.5	35.8		5.8	0.2	0.4	11.8	48.3
白俄罗斯	Belarus	141.8	174.3		-	1.5	0.5	8.6	94.2
保加利亚	Bulgaria	104.4	32.2		2.0	1.0	2.8	12.9	140.1
捷克共和国	Czech Republic	105.5	79.6		1.4	1.4	2.5	17.4	76.2
法　国	France	115.4	67.4		2.1	3.9	2.8	16.9	131.3
德　国	Germany	97.2	79.8	-	1.2	4.7	3.2	20.7	73.9
意大利	Italy	160.3	40.7		5.8	6.5	3.1	26.8	185.6
荷　兰	Netherlands	74.1	85.3		1.6	5.1	3.4	16.4	83.7
波　兰	Poland	154.2	135.7		2.2	0.5	1.4	12.9	124.5
罗马尼亚	Romania	190.3	89.8		1.2	0.9	1.1	13.3	137.3
俄罗斯	Russian Federation	148.9	118.8		1.1	0.4	0.9	9.8	89.0
西班牙	Spain	100.4	85.0		5.9	6.9	5.3	27.6	157.1
乌克兰	Ukraine	156.7	134.4		2.4	1.0	0.3	8.8	100.1
英　国	United Kingdom	107.9	109.3		5.7	1.6	3.7	19.6	83.9
澳大利亚	Australia	84.5	53.6		4.7	3.8	4.5	21.0	98.9
新西兰	New Zealand	90.0	83.5		3.7	1.7	5.4	10.1	141.2

9–9 续表1 continued

单位:千克 (kg)

国家(地区)	Country or Territory	水果(不包括葡萄酒) Fruit - Excluding Wine	调味剂 Spices	含酒精饮品 Alcoholic Beverages	肉类 Meat	动物脂肪 Animal Fats	奶类－不包括黄油 Milk-excl. Butter	禽蛋 Eggs	鱼和海鲜 Fish, Seafood
世　　界	**World**	**59.8**	**0.8**	**32.1**	**38.1**	**3.3**	**78.3**	**8.1**	**16.0**
发达国家	**Developed Countries**	**86.1**	**0.5**	**83.8**	**77.1**	**8.4**	**197.4**	**12.4**	**23.5**
发展中国家	**Developing Countries**	**52.5**	**0.9**	**17.7**	**27.3**	**1.9**	**45.2**	**6.9**	**13.8**
中　　国①	China ①	42.8	0.3	24.5	49.8	2.4	9.3	16.2	24.9
中国香港	Hong Kong, China	85.4	0.7	23.5	114.6	9.4	68.0	11.4	56.6
孟加拉国	Bangladesh	9.3	1.2	-	3.1	0.2	13.5	1.0	10.9
印　　度	India	41.6	2.0	1.7	4.5	2.0	66.0	1.5	4.5
印度尼西亚	Indonesia	32.1	0.6	0.9	7.9	0.4	7.6	2.7	19.5
伊　　朗	Iran	138.1	0.1	-	21.6	2.3	53.2	6.3	4.3
以 色 列	Israel	136.2	0.3	16.4	71.7	5.7	206.4	10.5	21.0
日　　本	Japan	51.0	1.1	61.0	43.8	1.8	67.8	19.3	64.8
韩　　国	Korea, Rep.	68.5	0.5	63.2	46.1	2.8	27.3	9.5	51.4
马来西亚	Malaysia	50.1	1.5	4.6	51.1	1.5	52.7	14.4	57.9
蒙　　古	Mongolia	8.6	1.9	32.7	597.1	68.4	259.2	0.6	0.1
巴基斯坦	Pakistan	32.0	1.5	0.2	12.4	4.0	149.8	2.0	2.5
菲 律 宾	Philippines	98.8	0.4	15.3	26.8	2.6	22.6	6.2	29.6
斯里兰卡	Sri Lanka	40.7	3.7	1.2	5.3	0.4	40.9	2.4	21.1
泰　　国	Thailand	89.4	0.9	35.2	24.3	0.7	21.1	9.9	28.7
土 耳 其	Turkey	108.2	0.8	11.8	20.2	1.9	120.3	9.7	8.9
越　　南	Viet Nam	47.7	1.0	8.2	24.4	0.9	4.7	2.3	19.2
埃　　及	Egypt	91.7	0.9	1.2	23.4	2.4	49.9	2.2	12.8
尼日利亚	Nigeria	71.0	1.2	70.8	8.6	0.3	6.3	3.4	8.8
南　　非	South Africa	38.6	0.4	65.8	39.3	0.9	60.3	5.9	6.4
加 拿 大	Canada	125.1	0.6	100.2	99.8	16.4	214.9	11.2	24.5
墨 西 哥	Mexico	112.9	0.9	44.3	55.7	3.2	111.3	15.6	8.9
美　　国	United States	124.8	0.6	102.0	122.4	6.5	259.5	14.6	21.4
阿 根 廷	Argentina	103.7	0.3	67.2	98.0	4.0	218.0	7.6	8.2
巴　　西	Brazil	74.0	0.1	43.8	76.5	2.7	114.6	7.1	6.1
委内瑞拉	Venezuela	116.2	0.1	78.1	41.9	1.7	86.8	6.1	16.0
白俄罗斯	Belarus	25.0	0.2	37.2	58.3	8.5	186.1	12.6	6.4
保加利亚	Bulgaria	53.1	0.2	77.9	63.3	3.7	163.8	11.4	4.4
捷克共和国	Czech Republic	68.8	0.4	171.9	76.0	9.2	203.6	16.3	12.7
法　　国	France	94.5	0.2	100.1	99.9	19.0	258.6	16.0	31.2
德　　国	Germany	131.7	0.5	150.5	84.6	21.6	231.6	12.2	14.6
意 大 利	Italy	141.0	0.1	83.8	91.9	10.1	264.6	12.4	24.6
荷　　兰	Netherlands	127.4	1.6	101.6	91.2	9.7	368.3	19.7	20.6
波　　兰	Poland	46.1	0.2	79.3	69.6	13.8	190.1	10.5	12.2
罗马尼亚	Romania	54.6	1.5	78.5	47.3	4.0	188.9	10.3	2.4
俄 罗 斯	Russian Federation	37.3	0.1	47.7	40.0	6.5	152.3	12.7	19.9
西 班 牙	Spain	116.9	0.2	106.3	113.9	4.8	161.6	10.7	44.7
乌 克 兰	Ukraine	30.7	0.1	19.7	30.9	5.8	147.3	9.5	11.1
英　　国	United Kingdom	83.9	0.6	112.4	76.9	7.1	221.3	9.6	21.6
澳大利亚	Australia	91.9	0.2	115.7	110.4	6.4	259.9	6.0	21.6
新 西 兰	New Zealand	115.7	0.5	95.5	106.9	9.8	225.5	12.6	29.3

注:①联合国粮农组织数据。
Note: ① Data from FAO.

主要统计指标解释

住户最终消费支出(或称个人消费)　是指由家庭购买的包括耐用消费品(比如小汽车、洗衣机和家用电脑)在内的各种产品和服务的市场价值。它不包括购买的住房，但包括自有住房的虚拟房租。

基尼系数　反映个人或家庭收入分配（或消费）与完全平均收入分配之间差异程度的指标，介于“0”和“1”之间。“0”表示收入分配绝对平均，即每个家庭或每个人都得到同样份额的收入；“1”表示收入分配极端不平等，一个家庭或个人拥有全社会的收入。

人均食物热值、蛋白质含量、脂肪含量和人均食物供应量　前者为热值、蛋白质含量及脂肪含量形式表示报告期内(三年平均数)可供人类消费的人均食品供应量的估计数。热值以大卡(即千卡或卡路里)为单位，在千焦耳（1卡路里=4.19千焦耳）获得广泛的接受和理解之前，热值的传统单位(大卡)仍被暂时保留。人均供应量是由可供人类消费的总供应量（即“食用”）推算而来，即用在报告期内实际分享供应食物的总人口数去除食用总量，这里的人口数指某一国家当前地理区域内的实际现有人口数。换而言之，在报告期内，生活在国外的本国居民未包括在内，但生活在本国的外国人包括在内。关于暂时在国内和不在国内的情况，人口总数有必要进行调整，比如暂时迁移、外国游客以及由特殊计划支持的难民（如果不能将此计划所提供的总量考虑为进口的话）。几乎在所有的场合，所采用的人口数均为联合国人口司出版的年中人口估计数。因此，人均供应量仅表示平均可供总人口消费的供应量，而不必然表示实际个人消费的数量。尽管它被看作是人均消费量的近似值，重要得是，切记个人消费之间的差距是相当大的。

Explanatory Notes on Main Statistical Indicators

Household Final Consumption Expenditure (Private Consumption) is the market value of all goods and services, including durable products (such as cars, washing machines, and home computers), purchased by households. It excludes purchases of dwellings but includes imputed rent for owner-occupied dwellings. It also includes payments and fees to governments to obtain permits and licenses. Here, household consumption expenditure includes the expenditures of nonprofit institutions serving households, even when reported separately by the country.

Gini Index measures the extent to which the distribution of income (or, in some cases, consumption expenditure) among individuals or households within an economy deviates from a perfectly equal distribution. Thus a Gini index of zero represents perfect equality, while an index of 100 implies perfect inequality.

Calories, Poteins, Fat per Capita per Day and Food Supply per Capita The former three are the estimates of per capita food supplies available for human consumption during the reference period in terms of caloric value, potein and fat content. Colorie supplies are reported in kilcolaries. The traditional unit of calories is bing retained for the time being until the proposed kilojoule gains wider acceptance and understanding (1 colorie = 4.19 kilojoules). Per capita supplies in terms of product weight are derived from the total supplies avilable for human consumption (i.e. "Food") by dividing the quantities of food by the total population actually partaking of the food supplies during the reference period, i.e. the present in-area (de facto) populaion within the present geographical boundaries of the country. In other words, nationals living abroad during the reference period are excluded, but foreigners are made wherever possible for part-time presence or absence, such as temporary migrants, tourists and refugees supported by special schemes (if it has not been possible to allow for the amount porvided by such schemes under imports). In almost all cases, the population figures used are the mid-year estimates published by the United Nations Population Division.

十 农业

Agriculture

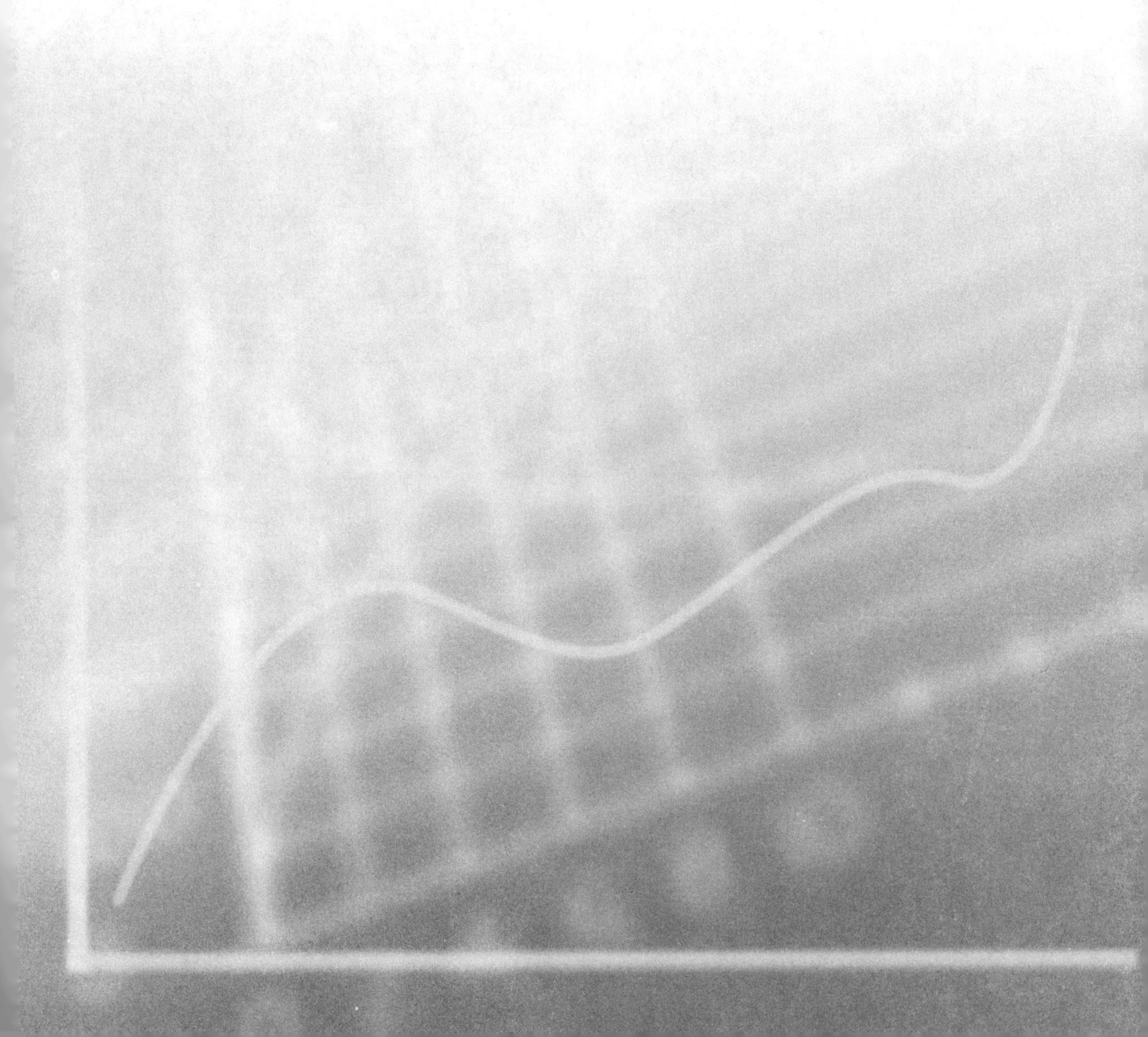

10-1 农业生产指数(2001年)

Agricultural Production Indices (2001)

资料来源：联合国粮农组织数据库。
Source: FAO Database.
1989-1991年＝100　　(1989-1991 = 100)

国家（地区）	Country or Territory	农业 Agriculture	种植业 Crops	畜业 Livestock	食品 Food	非食品 Non Food
世　界	**World**	**124.0**	**122.6**	**122.6**	**125.4**	**101.7**
发达国家	**Developed Countries**	**100.1**	**104.0**	**95.0**	**100.7**	**85.9**
发展中国家	**Developing Countries**	**143.8**	**133.8**	**146.5**	**165.4**	**109.1**
亚　洲	**Asia**	**149.0**	**135.6**	**180.4**	**151.1**	**121.5**
中　国①	China ①	200.1	159.6	273.1		
孟加拉国	Bangladesh	139.2	138.8	141.4	141.2	99.9
印　度	India	127.8	121.3	147.9	128.8	113.3
印度尼西亚	Indonesia	116.9	116.7	122.3	117.0	115.0
伊　朗	Iran	130.9	125.3	141.7	130.1	151.2
以色列	Israel	111.6	98.7	123.3	114.6	43.2
日　本	Japan	91.5	87.9	93.3	92.1	66.2
哈萨克斯坦	Kazakhstan	72.7	97.3	44.9	73.9	56.6
朝　鲜	Korea, Dem People's Rep	87.8	83.8	68.9	88.2	80.2
韩　国	Korea, Rep.	128.6	115.2	154.5	129.9	71.9
马来西亚	Malaysia	131.7	124.1	157.3	148.3	55.5
蒙　古	Mongolia	103.4	30.0	109.2	103.1	106.4
缅　甸	Myanmar	170.3	174.7	166.7	170.8	151.3
巴基斯坦	Pakistan	136.9	121.4	157.4	143.5	104.2
菲律宾	Philippines	133.7	124.1	169.7	136.2	79.8
新加坡	Singapore	39.4	48.2	39.5	39.4	
斯里兰卡	Sri Lanka	122.5	120.7	137.4	123.3	120.2
泰　国	Thailand	122.5	119.8	137.7	120.2	145.8
土耳其	Turkey	109.8	110.5	107.4	109.6	112.7
越　南	Viet Nam	164.9	169.3	155.9	154.8	471.9
非　洲	**Africa**	**130.0**	**131.8**	**126.0**	**131.2**	**113.6**
埃　及	Egypt	152.8	152.2	165.2	157.7	74.5
尼日利亚	Nigeria	156.8	161.1	127.4	157.4	129.0
南　非	South Africa	101.8	100.9	103.4	104.8	58.4
北美洲	**North America**	**121.7**	**117.0**	**125.4**	**122.1**	**112.5**
加拿大	Canada	118.0	107.0	129.0	118.5	96.4
墨西哥	Mexico	135.3	124.6	151.1	138.0	78.0
美　国	United States	121.7	119.0	122.4	121.8	118.9
南美洲	**South America**	**142.4**	**141.9**	**144.6**	**146.6**	**92.9**
阿根廷	Argentina	140.4	169.8	109.7	145.8	55.2
巴　西	Brazil	148.4	135.1	168.9	150.6	119.8
委内瑞拉	Venezuela	120.6	117.4	120.1	123.1	67.9
欧　洲	**Europe**	**87.6**	**96.2**	**81.9**	**87.8**	**70.8**
白俄罗斯	Belarus	60.6	92.7	56.7	60.8	49.1
保加利亚	Bulgaria	62.8	58.8	59.1	64.5	35.8
捷克共和国	Czech Republic	79.0	96.3	66.7	79.0	73.5
法　国	France	102.4	101.9	103.5	102.4	101.5
德　国	Germany	98.7	120.6	88.6	98.6	131.8
意大利	Italy	102.6	102.2	106.5	103.3	63.7
荷　兰	Netherlands	100.7	113.2	99.0	100.8	65.7
波　兰	Poland	85.8	88.9	80.8	86.4	28.7
罗马尼亚	Romania	98.9	97.4	89.2	100.1	54.6
俄罗斯	Russian Federation	65.4	89.6	52.6	66.3	22.7
西班牙	Spain	115.7	111.8	130.1	115.3	143.3
乌克兰	Ukraine	53.0	74.3	47.9	53.4	12.6
英　国	United Kingdom	89.1	88.2	92.1	89.4	73.0
大洋洲	**Oceania**	**128.8**	**155.8**	**118.6**	**140.4**	**85.0**
澳大利亚	Australia	131.3	163.6	116.5	145.2	85.8
新西兰	New Zealand	123.8	139.6	122.6	133.2	78.6

注：① 1990年为基期的总产值指数。
Note: ① Indices of gross output.1990=100.

10-2 人均农业生产指数(2001年)

Per Capital Agricultural Production Indices(2001)

资料来源：联合国粮农组织数据库。
Source: FAO Database.

1989-1991年＝100 (1989-1991 = 100)

国家（地区）	Country or Territory	农业 Agriculture	种植业 Crops	畜业 Livestock	食品 Food	非食品 Non Food
世界	**World**	**106.2**	**105.0**	**105.0**	**107.4**	**87.1**
发达国家	**Developed Countries**	**95.4**	**99.1**	**90.5**	**96.0**	**81.8**
发展中国家	**Developing Countries**	**119.4**	**111.1**	**121.7**	**137.4**	**90.6**
亚洲	**Asia**	**124.0**	**112.8**	**150.2**	**125.8**	**101.2**
中国①	China ①	155.5	132.8	202.1	160.8	94.9
孟加拉国	Bangladesh	109.1	108.8	110.8	110.7	78.3
印度	India	105.3	100.0	121.9	106.1	93.4
印度尼西亚	Indonesia	99.3	99.1	103.9	99.4	97.7
伊朗	Iran	107.2	102.6	115.9	106.5	123.7
以色列	Israel	81.7	72.2	90.4	83.9	31.5
日本	Japan	88.8	85.2	90.5	89.4	64.2
哈萨克斯坦	Kazakhstan	75.5	101.1	46.6	76.8	58.8
朝鲜	Korea, Dem People's Rep	78.1	74.6	61.3	78.5	71.4
韩国	Korea, Rep.	117.1	105.0	140.7	118.3	65.4
马来西亚	Malaysia	103.8	97.8	124.2	117.0	43.7
蒙古	Mongolia	89.4	25.9	94.6	89.2	92.1
缅甸	Myanmar	142.6	146.4	139.6	143.1	126.6
巴基斯坦	Pakistan	103.7	92.0	119.2	108.7	79.1
菲律宾	Philippines	105.8	98.2	134.4	107.8	63.1
新加坡	Singapore	28.9	35.2	28.9	28.9	
斯里兰卡	Sri Lanka	109.2	107.5	122.4	109.8	107.1
泰国	Thailand	105.5	103.1	118.6	103.5	125.6
土耳其	Turkey	91.1	91.7	89.1	90.9	93.4
越南	Viet Nam	137.6	141.3	130.1	129.1	394.6
非洲	**Africa**	**99.1**	**100.5**	**96.1**	**100.0**	**86.6**
埃及	Egypt	124.4	123.9	134.5	128.4	60.6
尼日利亚	Nigeria	115.4	118.6	93.6	115.8	95.1
南非	South Africa	84.5	83.8	85.9	87.0	48.5
北美洲	**North America**	**105.7**	**101.6**	**108.9**	**106.1**	**97.8**
加拿大	Canada	105.4	95.6	115.2	105.9	86.1
墨西哥	Mexico	112.2	103.4	125.4	114.5	64.7
美国	United States	108.4	106.0	109.1	108.6	106.1
南美洲	**South America**	**119.8**	**119.4**	**121.6**	**123.4**	**78.2**
阿根廷	Argentina	121.9	147.4	95.2	126.6	47.9
巴西	Brazil	127.2	115.7	144.9	129.1	102.7
委内瑞拉	Venezuela	95.5	92.9	95.0	97.4	53.7
欧洲	**Europe**	**87.0**	**95.6**	**81.4**	**87.2**	**70.4**
白俄罗斯	Belarus	61.2	93.7	57.3	61.4	49.6
保加利亚	Bulgaria	69.6	65.2	65.6	71.5	39.7
捷克共和国	Czech Republic	79.4	96.8	67.0	79.4	73.9
法国	France	97.7	97.2	98.8	97.7	96.8
德国	Germany	95.6	116.8	85.8	95.5	127.6
意大利	Italy	101.2	100.8	105.1	101.9	62.8
荷兰	Netherlands	94.5	106.3	92.9	94.7	61.7
波兰	Poland	84.8	87.8	79.8	85.4	28.3
罗马尼亚	Romania	102.4	100.8	92.4	103.7	56.5
俄罗斯	Russian Federation	67.0	91.8	53.8	67.9	23.3
西班牙	Spain	113.9	110.0	128.1	113.5	141.0
乌克兰	Ukraine	56.0	78.4	50.6	56.4	13.3
英国	United Kingdom	86.2	85.3	89.1	86.4	70.6
大洋洲	**Oceania**	**109.7**	**132.6**	**101.0**	**119.6**	**72.4**
澳大利亚	Australia	114.7	142.8	101.8	126.8	74.9
新西兰	New Zealand	109.3	123.4	108.3	117.6	69.4

注：① FAO统计数据。
Note: ① Data from FAO.

10-3 主要农作物收获面积（2001 年）

Total Harvest Areas of Farm Crops (2001)

资料来源：联合国粮农组织数据库。
Source: FAO Database.
单位：万公顷 (10 000 hectares)

国家（地区）	Country or Territory	谷物总计 Cereals, Total	稻谷 Rice, Paddy	小麦 Wheat	玉米 Maize	大豆 Soybeans
世　界	**World**	**66908.1**	**15154.1**	**21229.1**	**13759.7**	**7554.0**
发达国家	**Developed Countries**	**23637.6**	**396.9**	**11352.4**	**4714.4**	**3195.9**
发展中国家	**Developing Countries**	**43270.4**	**14757.2**	**9876.7**	**9045.3**	**4358.1**
亚　洲	**Asia**	**31400.3**	**13606.5**	**9355.2**	**4180.1**	**1660.2**
中　国①	China ①	8259.6	2881.2	2466.4	2428.2	948.2
孟加拉国	Bangladesh	1181.9	1090.0	83.0	0.2	
印　度	India	9948.1	4450.0	2496.3	655.2	600.0
印度尼西亚	Indonesia	1509.8	1179.3		330.5	72.3
伊　朗	Iran	775.2	48.0	600.0	16.0	9.0
以色列	Israel	9.4		7.5	0.7	
日　本	Japan	198.4	170.0	19.0	0.01	12.5
哈萨克斯坦	Kazakhstan	1319.5	7.1	1082.7	8.9	0.7
朝　鲜	Korea, Dem People's Rep	127.4	57.2	5.7	49.6	31.0
韩　国	Korea, Rep.	117.0	105.6	0.1	1.4	7.8
马来西亚	Malaysia	71.9	69.2		2.7	
蒙　古	Mongolia	19.7		19.5		
缅　甸	Myanmar	707.8	650.0	10.5	20.5	11.4
巴基斯坦	Pakistan	1216.3	225.0	812.5	93.0	0.8
菲律宾	Philippines	655.2	406.5		248.7	0.1
斯里兰卡	Sri Lanka	88.6	85.0		2.9	0.1
泰　国	Thailand	1109.8	980.0	0.1	118.4	23.0
土耳其	Turkey	1312.1	8.0	860.0	55.0	2.0
越　南	Viet Nam	822.4	750.0		72.3	13.0
非　洲	**Africa**	**9312.4**	**767.3**	**995.0**	**2537.2**	**101.3**
埃　及	Egypt	267.8	65.0	98.4	84.0	0.4
尼日利亚	Nigeria	1918.2	219.9	5.2	399.9	58.8
南　非	South Africa	461.6	0.1	86.0	350.0	12.9
北美洲	**North America**	**8706.9**	**197.4**	**3135.0**	**3828.7**	**3064.7**
加拿大	Canada	162.7		92.7	5.4	0.2
墨西哥	Mexico	1055.5	6.0	68.3	728.0	7.4
美　国	United States	5526.5	134.1	1968.9	2784.6	2954.2
南美洲	**South America**	**3625.2**	**509.4**	**982.8**	**1795.3**	**2613.5**
阿根廷	Argentina	1133.0	15.1	710.8	274.5	1031.8
巴　西	Brazil	205.9	0.2	124.9	50.0	0.7
委内瑞拉	Venezuela	75.1	14.0	0.1	45.0	0.5
欧　洲	**Europe**	**12234.0**	**59.7**	**5655.5**	**1407.7**	**108.9**
白俄罗斯	Belarus	259.5		50.0	0.2	
保加利亚	Bulgaria	1830.6		1097.1	119.1	101.0
捷克共和国	Czech Republic					
法　国	France	895.8	1.9	477.9	191.7	12.0
德　国	Germany	707.2		290.0	39.7	0.1
意大利	Italy	423.7	22.0	230.5	118.4	23.9
荷　兰	Netherlands	22.4		12.5	2.0	
波　兰	Poland	882.0		262.7	22.5	
罗马尼亚	Romania	617.3	0.3	250.0	310.0	3.8
俄罗斯	Russian Federation	3897.3	16.9	2092.0	56.6	40.8
西班牙	Spain	643.3	11.3	220.1	50.4	0.2
乌克兰	Ukraine	1423.0	1.9	688.0	119.0	7.0
英　国	United Kingdom	301.4		163.5		
南斯拉夫	Yugoslavia	242.7	0.4	86.3	138.2	9.0
大洋洲	**Oceania**	**1810.6**	**13.8**	**1258.2**	**10.6**	**5.5**
澳大利亚	Australia	1614.2	13.0	1100.0	8.5	5.5
新西兰	New Zealand	13.7		5.6	1.7	

10−3续表1 continued

单位：万公顷 (10 000 hectares)

国家（地区）	Country or Territory	根茎类作物 Roots and Tubers	花生 Groundnuts in Shell	油菜籽 Rapeseed	芝麻 Sesame Seed	纤维植物 Fibre Crops Primary
世　界	**World**	**5236.2**	**2553.8**	**2396.1**	**778.4**	**3747.0**
发达国家	**Developed Countries**	**1056.9**	**78.6**	**1059.8**		**987.7**
发展中国家	**Developing Countries**	**4179.3**	**2475.2**	**1336.3**	**778.3**	**2759.4**
亚　洲	**Asia**	**1807.9**	**1466.6**	**1326.1**	**475.3**	**2316.3**
中　国①	China ①	1054.0 ②	499.6	709.5	75.8	507.0 ②
孟加拉国	Bangladesh	28.4	3.5	34.7	8.0	48.7
印　度	India	174.6	820.0	462.6	218.0	985.0
印度尼西亚	Indonesia	157.6	65.1			20.3
伊　朗	Iran	15.0	0.2		3.9	21.5
以色列	Israel	1.2	0.4			1.3
日　本	Japan	17.3	1.2	0.1		0.0
哈萨克斯坦	Kazakhstan	16.4		0.7		18.5
朝　鲜	Korea, Dem People's Rep	22.5				3.8
韩　国	Korea, Rep.	3.7	0.5	0.1	4.4	
马来西亚	Malaysia	5.0	0.1			
蒙　古	Mongolia	0.9				1.0
缅　甸	Myanmar	4.7	58.6		131.1	28.4
巴基斯坦	Pakistan	12.5	8.2	27.7	10.1	293.0
菲律宾	Philippines	40.2	2.6			12.5
斯里兰卡	Sri Lanka	4.1	1.1		0.8	
泰　国	Thailand	116.8	8.6		6.3	7.5
土耳其	Turkey	21.1	3.4	0.01	6.5	68.0
越　南	Viet Nam	50.8	25.0		3.7	3.5
非　洲	**Africa**	**2004.5**	**966.6**	**4.4**	**279.3**	**502.0**
埃　及	Egypt	8.9	6.0		3.0	21.6
尼日利亚	Nigeria	687.3	266.8		15.1	53.9
南　非	South Africa	6.8	16.2			5.8
北美洲	**North America**	**121.7**	**73.3**	**443.0**	**15.9**	**585.9**
加拿大	Canada	5.4		34.4		0.5
墨西哥	Mexico	7.6	9.4	1.1	7.2	16.2
美　国	United States	54.0	56.7	59.0		558.9
南美洲	**South America**	**363.4**	**43.7**	**5.6**	**7.9**	**204.7**
阿根廷	Argentina	11.1	24.9	0.9		38.9
巴　西	Brazil	5.3	1.1			0.9
委内瑞拉	Venezuela	8.5	0.1		4.6	2.9
欧　洲	**Europe**	**911.9**	**112.0**	**466.8**		**94.3**
白俄罗斯	Belarus	72.5		15.0		7.5
保加利亚	Bulgaria	16.4		382.9		4.6
捷克共和国	Czech Republic					
法　国	France	16.2		109.2		6.3
德　国	Germany	28.0		114.0		
意大利	Italy	8.3		3.0		0.1
荷　兰	Netherlands	16.9		0.1		0.4
波　兰	Poland	119.4		44.3		0.4
罗马尼亚	Romania	28.0		6.0		0.4
俄罗斯	Russian Federation	333.5		16.5		13.5
西班牙	Spain	11.6		2.5		17.5
乌克兰	Ukraine	159.6		11.1		2.3
英　国	United Kingdom	16.6		45.1		1.8
南斯拉夫	Yugoslavia	10.4	0.02	0.6		
大洋洲	**Oceania**	**26.8**	**2.4**	**150.2**		**44.0**
澳大利亚	Australia	4.2	2.1	150.0		43.5
新西兰	New Zealand	1.1		0.2		0.6

10-3 续表 2　continued

单位：万公顷　　(10 000 hectares)

国家（地区）	Country or Territory	籽棉 Seed Cotton	麻及麻类纤维 Jute & Jute-like Fibres	甘蔗 Sugar Cane	甜菜 Sugar Beets	茶叶 Tea	水果（不包括瓜类） Fruit excl Melons
世　界	**World**	**3397.9**	**171.5**	**1924.5**	**597.9**	**228.9**	**4874.9**
发达国家	**Developed Countries**	**937.4**	**2.5**	**117.4**	**495.0**	**8.8**	**1227.8**
发展中国家	**Developing Countries**	**2460.5**	**169.0**	**1807.1**	**102.9**	**220.1**	**3647.1**
亚　洲	**Asia**	**2093.3**	**164.1**	**836.2**	**98.7**	**202.1**	**2228.1**
中　国①	China ①	481.0	51.8 ③	124.8	40.6	88.8	904.3
孟加拉国	Bangladesh	3.6	44.9	16.9		4.9	17.8
印　度	India	880.0	105.0	405.0		42.8	354.5
印度尼西亚	Indonesia	2.2	0.6	38.6		11.0	87.9
伊　朗	Iran	21.5		2.6	16.5	2.8	108.5
以色列	Israel	1.3					6.0
日　本	Japan	0.0		2.3	7.0	5.0	23.0
哈萨克斯坦	Kazakhstan	18.5			1.8		7.2
朝　鲜	Korea, Dem People's Rep	2.0					16.4
韩　国	Korea, Rep.					0.2	17.8
马来西亚	Malaysia			2.4		0.3	9.2
蒙　古	Mongolia						
缅　甸	Myanmar	24.0	4.4	13.3		6.7	28.6
巴基斯坦	Pakistan	292.7	0.3	96.1	0.6		56.3
菲律宾	Philippines	0.2		30.5			99.8
斯里兰卡	Sri Lanka			1.8		18.0	10.9
泰　国	Thailand	1.7	1.9	85.0		1.9	66.3
土耳其	Turkey	68.0			35.9	7.7	101.8
越　南	Viet Nam	2.0	0.6	30.3		8.0	44.3
非　洲	**Africa**	**465.6**	**2.3**	**139.4**	**11.8**	**21.5**	**856.8**
埃　及	Egypt	20.0	0.1	13.4	6.1		42.9
尼日利亚	Nigeria	53.8	0.1	2.4			155.6
南　非	South Africa	5.1	0.1	32.2		0.7	29.4
北美洲	**North America**	**568.9**	**1.4**	**285.2**	**51.8**	**0.1**	**340.2**
加拿大	Canada				7.8		8.3
墨西哥	Mexico	8.9		63.0			107.8
美　国	United States	558.9		41.7	50.3		133.3
南美洲	**South America**	**176.5**	**1.6**	**613.8**	**4.7**	**4.7**	**492.5**
阿根廷	Argentina	38.5		26.5		3.9	45.8
巴　西	Brazil	0.9			0.2		20.6
委内瑞拉	Venezuela	1.9		13.5			20.8
欧　洲	**Europe**	**50.1**	**2.2**	**0.1**	**430.9**	**0.2**	**916.1**
白俄罗斯	Belarus				5.2		10.4
保加利亚	Bulgaria				1.5		7.2
捷克共和国	Czech Republic						
法　国	France				42.8		105.0
德　国	Germany				44.9		36.1
意大利	Italy				24.6		128.6
荷　兰	Netherlands				11.0		2.5
波　兰	Poland				31.7		39.2
罗马尼亚	Romania				3.9		46.6
俄罗斯	Russian Federation		2.2		78.1	0.2	84.2
西班牙	Spain	8.8			11.4		175.0
乌克兰	Ukraine				85.3		57.3
英　国	United Kingdom				17.7		2.5
南斯拉夫	Yugoslavia	2.0					
大洋洲	**Oceania**	**43.5**		**49.8**		**0.4**	**41.2**
澳大利亚	Australia	43.5		41.1			23.0
新西兰	New Zealand						4.7

注：①指播种面积。②FAO统计数据。③黄红麻。

Note: ① Sown areas of farm crops. ② Data from FAO. ③ Jute and ambary hemp.

10-4 主要农产品产量(2001 年)

Total Production of Major Farm Crops (2001)

资料来源：联合国粮农组织数据库。
Source: FAO Database.
单位：万吨 (10 000 Mt)

国家（地区）	Country or Territory	谷物总计 Cereals, Total	稻谷 Rice, Paddy	小麦 Wheat	玉米 Maize	大豆 Soybeans
世　界	**World**	**207682.8**	**59283.1**	**57893.2**	**60521.3**	**17663.9**
发达国家	**Developed Countries**	**87753.0**	**2597.2**	**31924.9**	**33146.0**	**8333.8**
发展中国家	**Developing Countries**	**119929.9**	**56686.0**	**25968.2**	**27375.2**	**9330.0**
亚　洲	**Asia**	**98453.9**	**53984.2**	**23874.0**	**15805.0**	**2349.1**
中　国①	China ①	39648.2	17758.0	9387.3	11408.8	1540.6
孟加拉国	Bangladesh	4117.7	3911.2	200.0	0.2	
印　度	India	23061.1	13190.0	6845.8	1183.6	560.0
印度尼西亚	Indonesia	5521.7	5009.6		512.1	86.3
伊　朗	Iran	1190.9	220.0	750.0	80.0	14.0
以色列	Israel	27.2		16.0	8.7	
日　本	Japan	1227.0	1132.0	70.0	0.02	24.0
哈萨克斯坦	Kazakhstan	1635.3	30.0	1291.0	34.6	0.4
朝　鲜	Korea, Dem People's Rep	385.4	206.0	11.7	148.2	35.0
韩　国	Korea, Rep.	779.1	731.6	0.3	8.0	11.8
马来西亚	Malaysia	228.2	221.5		6.7	0.0001
蒙　古	Mongolia	16.0		15.8		
缅　甸	Myanmar	2123.0	2060.0	10.3	35.0	11.0
巴基斯坦	Pakistan	2782.1	675.0	1895.5	160.0	1.0
菲律宾	Philippines	1748.0	1295.5		452.5	0.1
斯里兰卡	Sri Lanka	290.4	286.8		3.1	0.1
泰　国	Thailand	3011.1	2520.0	0.1	467.3	32.5
土耳其	Turkey	2557.1	35.4	1600.0	210.0	5.5
越　南	Viet Nam	3404.3	3192.5		211.8	15.6
非　洲	**Africa**	**11650.3**	**1697.4**	**1795.6**	**4220.0**	**99.9**
埃　及	Egypt	1946.4	570.0	625.5	645.0	1.1
尼日利亚	Nigeria	2289.1	329.8	10.3	559.8	42.9
南　非	South Africa	960.3	0.3	213.2	710.0	19.3
北美洲	**North America**	**40501.1**	**1204.1**	**7784.9**	**27137.6**	**8089.9**
加拿大	Canada	4425.1		2128.2	817.1	204.0
墨西哥	Mexico	2973.7	25.9	327.8	1861.6	13.6
美　国	United States	32531.5	966.4	5327.8	24148.5	7866.8
南美洲	**South America**	**11507.6**	**1954.3**	**2363.1**	**6397.8**	**6905.8**
阿根廷	Argentina	3837.2	85.5	1772.3	1535.0	2673.7
巴　西	Brazil	5632.9	1020.7	320.3	4141.1	3767.5
委内瑞拉	Venezuela	228.1	69.0	0.1	120.0	1.0
欧　洲	**Europe**	**42758.8**	**317.1**	**20039.2**	**7296.8**	**208.7**
白俄罗斯	Belarus	482.3		75.0	1.3	
保加利亚	Bulgaria	523.8	0.7	380.0	52.0	0.4
捷克共和国	Czech Republic	743.2		454.6	35.0	0.2
法　国	France	6047.7	11.0	3169.5	1647.2	30.6
德　国	Germany	5005.6		2288.9	364.8	0.1
意大利	Italy	2006.7	122.2	650.3	1058.8	88.5
荷　兰	Netherlands	173.2		109.0	15.0	
波　兰	Poland	2723.1		939.3	137.5	
罗马尼亚	Romania	1655.0	0.7	700.0	750.0	7.0
俄罗斯	Russian Federation	8362.3	49.7	4687.1	83.1	26.2
西班牙	Spain	1818.7	88.8	501.9	510.8	0.5
乌克兰	Ukraine	3883.7	10.0	2133.3	330.0	7.3
英　国	United Kingdom	1898.3		1157.0		
南斯拉夫	Yugoslavia	914.4		294.9	582.8	23.0
大洋洲	**Oceania**	**3740.6**	**126.1**	**2412.4**	**60.8**	**10.5**
澳大利亚	Australia	3116.1	123.9	2000.0	42.0	10.5
新西兰	New Zealand	88.3		36.4	17.7	

10-4 续表 1 continued

单位：万吨 (10 000 Mt)

国家（地区）	Country or Territory	根茎类作物 Roots and Tubers	花生 Groundnuts in Shell	油菜籽 Rapeseed	芝麻 Sesame Seed	纤维植物 Fibre Crops Primary
世　　界	**World**	**67792.6**	**3509.6**	**3621.7**	**315.0**	**2583.8**
发达国家	**Developed Countries**	**17412.7**	**231.8**	**2003.2**	**0.02**	**810.3**
发展中国家	**Developing Countries**	**50380.0**	**3277.8**	**1618.4**	**315.0**	**1773.5**
亚　　洲	**Asia**	**29432.5**	**2340.0**	**1593.8**	**226.3**	**1603.4**
中　　国	China	18458.8 ①	1441.5	1133.1	80.4	590.4 ①
孟加拉国	Bangladesh	331.1	4.0	26.0	4.9	84.1
印　　度	India	3320.0	620.0	408.8	73.0	362.5
印度尼西亚	Indonesia	1919.4	100.0			9.9
伊　　朗	Iran, Islamic Rep.	300.0	0.3		2.7	15.1
以 色 列	Israel	39.3	3.0		0.004	1.6
日　　本	Japan	448.0	2.8	0.1		
哈萨克斯坦	Kazakhstan	160.0	0.1	0.3		13.0
朝　　鲜	Korea, Dem People's Rep	223.2				2.4
韩　　国	Korea, Rep.	100.3	1.3	0.2	3.1	0.03
马来西亚	Malaysia	45.9	0.5			
蒙　　古	Mongolia	6.4				
缅　　甸	Myanmar	47.3	73.1		42.6	9.3
巴基斯坦	Pakistan	213.5	9.4	26.2	5.1	183.1
菲 律 宾	Philippines	257.5	2.6			8.5
斯里兰卡	Sri Lanka	34.9	0.7		0.5	
泰　　国	Thailand	1849.2	13.5		3.9	9.3
土 耳 其	Turkey	535.1	8.0	0.03	2.3	87.7
越　　南	Viet Nam	397.6	37.5		1.7	8.0
非　　洲	**Africa**	**16571.9**	**861.5**	**11.8**	**73.9**	**184.6**
埃　　及	Egypt	215.7	18.7		3.7	22.6
尼日利亚	Nigeria	6657.8	290.1		6.9	14.6
南　　非	South Africa	160.7	26.7			3.0
北 美 洲	**North America**	**2972.7**	**217.0**	**598.5**	**9.1**	**463.4**
加 拿 大	Canada	403.0		506.2		5.5
墨 西 哥	Mexico	177.1	13.0	1.5	4.1	15.5
美　　国	United States	2082.8	192.3	90.8		437.3
南 美 洲	**South America**	**4879.6**	**85.5**	**11.9**	**5.7**	**159.6**
阿 根 廷	Argentina	255.5	56.3	1.7		14.8
巴　　西	Brazil	2759.5	19.8	4.3	1.6	115.8
委内瑞拉	Venezuela	110.0	0.2		3.5	1.4
欧　　洲	**Europe**	**13590.6**	**1.4**	**1215.2**	**0.01**	**97.0**
白俄罗斯	Belarus	870.0		5.8		3.5
保加利亚	Bulgaria	45.0	1.0			0.3
捷克共和国	Czech Republic	159.0		98.5		1.7
法　　国	France	653.6		290.6		7.5
德　　国	Germany	1090.3		416.8		
意 大 利	Italy	199.8		3.2		0.02
荷　　兰	Netherlands	770.0		0.2		2.6
波　　兰	Poland	2040.1		107.3		0.5
罗马尼亚	Romania	380.0		7.5		1.1
俄 罗 斯	Russian Federation	3450.0		11.2		10.0
西 班 牙	Spain	300.2	0.03	3.6		18.6
乌 克 兰	Ukraine	1350.0		12.4		1.3
英　　国	United Kingdom	664.1		115.9		2.8
南斯拉夫	Yugoslavia Fed Rep of	69.0	0.03	1.0		0.03
大 洋 洲	**Oceania**	**345.3**	**4.4**	**190.4**		**75.9**
澳大利亚	Australia	125.6	4.1	190.0		75.5
新 西 兰	New Zealand	51.6		0.4		0.3

10-4 续表2 continued

单位：万吨 (10 000 Mt)

国家（地区）	Country or Territory	籽棉 Seed Cotton	麻及麻类纤维 Jute & Jute-like Fibres	甘蔗 Sugar Cane	甜菜 Sugar Beets	茶叶 Tea	水果（不包括瓜类） Fruit excl Melons
世　界	**World**	**5972.6**	**306.5**	**125485.7**	**23424.5**	**306.0**	**46634.0**
发达国家	**Developed Countries**	**2090.4**	**6.8**	**8819.0**	**19366.4**	**13.3**	**12566.3**
发展中国家	**Developing Countries**	**3882.2**	**299.7**	**116666.7**	**4058.1**	**292.7**	**34067.7**
亚　洲	**Asia**	**3676.9**	**296.8**	**54700.1**	**3618.7**	**255.4**	**20005.1**
中　国	China	1596 ①	10.6 ②	7566.3	1088.9	70.2	6658.0
孟加拉国	Bangladesh	5.4	82.2	674.2		5.2	136.0
印　度	India	525.0	187.5	28600.0		85.5	4857.1
印度尼西亚	Indonesia	2.9	0.8	2350.0		17.2	787.0
伊　朗	Iran	50.3	0.001	210.0	430.0	6.0	1046.7
以色列	Israel	5.3					125.9
日　本	Japan			160.0	400.0	8.5	428.5
哈萨克斯坦	Kazakhstan	42.0			28.0		15.9
朝　鲜	Korea, Dem People's Rep	3.5					135.0
韩　国	Korea, Rep.					0.2	270.0
马来西亚	Malaysia			160.0		0.5	108.2
蒙　古	Mongolia						0.0
缅　甸	Myanmar	15.3	4.2	589.4		1.9	128.4
巴基斯坦	Pakistan	548.8	0.2	4360.6	15.9		481.7
菲律宾	Philippines	0.2		2823.8			1105.3
斯里兰卡	Sri Lanka			106.6		29.5	101.8
泰　国	Thailand	3.9	3.4	4907.0		0.6	755.7
土耳其	Turkey	190.9			1450.0	17.8	1066.0
越　南	Viet Nam	2.1	1.2	1508.9		7.7	408.6
非　洲	**Africa**	**425.6**	**2.0**	**8750.4**	**603.6**	**42.1**	**5837.9**
埃　及	Egypt	55.0	0.2	1562.0	290.0		728.2
尼日利亚	Nigeria	21.5	0.1	69.5			890.0
南　非	South Africa	6.7	0.1	2389.6		1.2	475.9
北美洲	**North America**	**1150.3**	**1.3**	**16405.6**	**2418.5**	**0.1**	**5661.4**
加拿大	Canada				82.1		78.5
墨西哥	Mexico	28.1		4950.0			1323.6
美　国	United States	1120.7		3157.1	2336.4		2986.3
南美洲	**South America**	**376.3**	**1.7**	**42130.3**	**317.2**	**7.0**	**6868.0**
阿根廷	Argentina	50.0		1500.0		5.0	778.1
巴　西	Brazil	3676.9	0.7	33913.6	3618.7	0.9	3173.2
委内瑞拉	Venezuela	1.0		885.7			301.9
欧　洲	**Europe**	**167.0**	**4.6**	**8.4**	**16466.5**	**0.5**	**7715.2**
白俄罗斯	Belarus				148.0		27.1
保加利亚	Bulgaria	0.9			2.8		70.3
捷克共和国	Czech Republic				351.8		42.9
法　国	France				2671.5		1116.9
德　国	Germany				2439.8		537.6
意大利	Italy				1156.9		1837.7
荷　兰	Netherlands				650.0		71.3
波　兰	Poland				1300.0		318.0
罗马尼亚	Romania	0.002			83.7		230.2
俄罗斯	Russian Federation		4.6		1453.9	0.5	344.5
西班牙	Spain	30.5		8.0	673.7		1483.5
乌克兰	Ukraine				1548.9		215.2
英　国	United Kingdom				818.0		31.8
南斯拉夫	Yugoslavia Fed Rep of				250.0		112.4
大洋洲	**Oceania**	**176.5**		**3490.9**		**1.0**	**546.4**
澳大利亚	Australia	176.5		3103.9			313.9
新西兰	New Zealand						95.5

注：① FAO 数据。② 黄红麻。
Note: ① Data from FAO. ② Jute and ambary hemp.

10-5 主要林产品产量(2001年)

Output of Major Forest Products (2001)

资料来源：联合国粮农组织数据库。
Source: FAO Database.
单位：吨 (Mt)

国家（地区）	Country or Territory	栗子 Chestnuts	榛子 Hazelnuts	天然树脂 Natural Gums	天然橡胶 Natural Rubber	桐籽 Tung Nuts	核桃 Walnuts
世　界	**World**	**970310**	**875375**	**23045**	**7001217**	**555150**	**1281422**
发达国家	**Developed Countries**	**159500**	**223190**				**563693**
发展中国家	**Developing Countries**	**810810**	**652185**	**23045**	**7001217**	**555150**	**717729**
亚　洲	**Asia**	**800500**	**672295**		**6391139**	**475000**	**693379**
中　国	China				475000	406000	279000
孟加拉国	Bangladesh				3000		
印　度	India				630405		31000
印度尼西亚	Indonesia				1650000		
伊　朗	Iran		11000				138000
日　本	Japan	27000					
朝　鲜	Korea, Dem People's Rep	8500					
韩　国	Korea, Rep.	90000					1079
马来西亚	Malaysia				700000		
缅　甸	Myanmar				35662		
巴基斯坦	Pakistan						18000
菲律宾	Philippines				73300		
斯里兰卡	Sri Lanka				87640		
泰　国	Thailand				2380000		
土耳其	Turkey	60000	630000				136000
越　南	Viet Nam				305000		
非　洲	**Africa**	**260**	**140**		**443400**	**4500**	**8000**
尼日利亚	Nigeria				107000		
北美洲	**North America**	**950**	**43540**	**22500**	**69950**		**272510**
墨西哥	Mexico			22500	22500		18500
美　国	United States		43540				254010
南美洲	**South America**	**36100**		**545**	**89428**	**75650**	**24450**
阿根廷	Argentina					33000	8900
巴　西	Brazil			45	73000	650	2650
欧　洲	**Europe**	**132500**	**159400**				**282998**
白俄罗斯	Belarus		1800				12000
保加利亚	Bulgaria	300					6000
捷克共和国	Czech Republic						6000
法　国	France	13000	5000				28000
德　国	Germany						14500
匈牙利	Hungary	1100	200				6500
意大利	Italy	50000	120000				12000
波　兰	Poland						1600
罗马尼亚	Romania	1000					30000
俄罗斯	Russian Federation	16000	2000				12000
西班牙	Spain	10000	26200				10000
乌克兰	Ukraine		50				52000
大洋洲	**Oceania**				**7300**		**85**
澳大利亚	Australia						85

10-6 牲畜饲养量(2001 年)

Number of Livestock (2001)

资料来源：联合国粮农组织数据库。
Source: FAO Database.
单位：万头（只） (10 000 heads)

国家（地区）	Country or Territory	牛 Cattle	水牛 Buffaloes	马 Horses	驴 Asses	骡子 Mules
世界	**World**	**135179.2**	**16572.4**	**5824.4**	**4282.2**	**1346.3**
发达国家	**Developed Countries**	**32576.0**	**59.2**	**1492.2**	**136.0**	**31.1**
发展中国家	**Developing Countries**	**102603.2**	**16513.2**	**4332.2**	**4146.2**	**1315.2**
亚洲	**Asia**	**47092.0**	**16089.2**	**1619.0**	**1884.3**	**533.2**
中国	China	12824.2		826.0	881.5	436.2
孟加拉国	Bangladesh	2390.0	83.0			
印度	India	21964.2	9413.2	80.0	100.0	20.0
印度尼西亚	Indonesia	1119.1	228.7	51.7		
伊朗	Iran	700.0	46.0	15.0	160.0	17.5
以色列	Israel	39.0		0.4	0.5	0.2
日本	Japan	453.0		2.5		
哈萨克斯坦	Kazakhstan	410.7	0.9	97.6	3.0	
朝鲜	Korea, Dem People's Rep	57.0		4.6		
韩国	Korea, Rep.	195.4		0.8	0.001	
马来西亚	Malaysia	72.3	15.5	0.5		
蒙古	Mongolia	247.7		275.0		
缅甸	Myanmar	1121.8	250.0	12.0		0.8
巴基斯坦	Pakistan	2240.0	2330.0	30.0	390.0	20.0
菲律宾	Philippines	249.5	306.6	23.0		
新加坡	Singapore	0.02	0.002			
斯里兰卡	Sri Lanka	156.0	69.0	0.2		
泰国	Thailand	630.0	190.0	1.6	0.003	0.003
土耳其	Turkey	1080.0	17.0	33.0	60.3	13.3
越南	Viet Nam	420.0	295.0	19.0		
非洲	**Africa**	**23004.7**	**343.0**	**487.9**	**1537.4**	**132.9**
埃及	Egypt	363.6	343.0	4.6	305.0	0.1
尼日利亚	Nigeria	1983.0		20.4	100.0	
南非	South Africa	1374.0		25.8	21.0	1.4
北美洲	**North America**	**16067.6**	**0.5**	**1413.8**	**376.8**	**376.4**
加拿大	Canada	1299.6		38.5		0.4
墨西哥	Mexico	3060.0		625.5	326.0	328.0
美国	United States	9727.7		530.0	5.2	2.8
南美洲	**South America**	**30856.9**	**115.1**	**1565.1**	**403.9**	**277.5**
阿根廷	Argentina	5016.7		360.0	9.5	18.0
巴西	Brazil	17178.6	115.0	585.0	125.0	140.0
委内瑞拉	Venezuela	1600.0		50.0	44.0	7.2
欧洲	**Europe**	**14385.8**	**24.6**	**701.0**	**78.9**	**26.3**
白俄罗斯	Belarus	422.1		22.1	0.9	
保加利亚	Bulgaria	64.0	0.9	14.0	19.6	1.6
捷克共和国	Czech Republic	158.2		2.4		
法国	France	2050.0		34.9	1.6	1.5
德国	Germany	1456.8		52.0		
意大利	Italy	721.1	19.0	28.5	2.3	1.0
荷兰	Netherlands	405.0		11.6		
波兰	Poland	572.3		55.0		
罗马尼亚	Romania	296.5		85.8	3.1	
俄罗斯	Russian Federation	2730.0	1.6	175.0	2.5	0.01
西班牙	Spain	616.4		24.8	14.0	11.5
乌克兰	Ukraine	991.4		67.5	1.2	
英国	United Kingdom	1060.0		18.4		
南斯拉夫	Yugoslavia	183.1	2.9	7.6		
大洋洲	**Oceania**	**3772.2**	**0.01**	**37.6**	**0.9**	
澳大利亚	Australia	2758.8		22.0	0.2	
新西兰	New Zealand	937.0		8.0		

10-6 续表 1 continued

单位：万头（只） (10 000 heads)

国家（地区） Country or Territory		山羊 Goats	绵羊 Sheep	猪 Pigs	骆驼 Camels
世 界	**World**	**70314.6**	**105618.4**	**92292.9**	**1933.4**
发达国家	**Developed Countries**	**2987.7**	**38096.9**	**28201.2**	**27.4**
发展中国家	**Developing Countries**	**67326.9**	**67521.5**	**64091.7**	**1906.0**
亚 洲	**Asia**	**46519.8**	**40658.4**	**55237.2**	**419.8**
中 国	China	16237.1	13589.3	45743.0	27.9
孟加拉国	Bangladesh	3410.0	113.2		
印 度	India	12350.0	5820.0	1750.0	103.0
印度尼西亚	Indonesia	1245.6	742.7	589.7	
伊 朗	Iran	2520.0	5300.0		14.5
以 色 列	Israel	6.8	38.9	15.0	0.5
日 本	Japan	3.1	1.1	978.5	
哈萨克斯坦	Kazakhstan	104.2	893.9	107.6	9.9
朝 鲜	Korea, Dem People's Rep	256.6	18.9	313.7	
韩 国	Korea, Rep.	43.0	0.1	872.0	
马来西亚	Malaysia	23.2	17.5	182.9	
蒙 古	Mongolia	1180.4	1566.7	1.6	36.0
缅 甸	Myanmar	143.9	40.3	413.9	
巴基斯坦	Pakistan	4910.0	2420.0		80.0
菲 律 宾	Philippines	695.0	3.0	1106.3	
新 加 坡	Singapore	0.03		19.0	
斯里兰卡	Sri Lanka	50.0	1.1	6.8	
泰 国	Thailand	13.2	4.3	830.0	
土 耳 其	Turkey	805.7	2943.5	0.5	0.1
越 南	Viet Nam	60.0		2020.0	
非 洲	**Africa**	**18352.5**	**25014.7**	**1846.7**	**1512.4**
埃 及	Egypt	352.7	454.5	3.0	12.0
尼日利亚	Nigeria	2430.0	2050.0	485.5	1.8
南 非	South Africa	655.0	2880.0	154.0	
北 美 洲	**North America**	**1368.8**	**1532.7**	**9744.5**	
加 拿 大	Canada	3.0	84.1	1260.0	
墨 西 哥	Mexico	910.0	615.0	1775.0	
美 国	United States	135.0	696.5	5913.8	
南 美 洲	**South America**	**2214.8**	**7531.2**	**5539.9**	
阿 根 廷	Argentina	350.0	1350.0	420.0	
巴 西	Brazil	870.0	1500.0	2942.4	
委内瑞拉	Venezuela	400.0	82.0	540.0	
欧 洲	**Europe**	**1790.4**	**14481.2**	**19415.3**	**1.2**
白俄罗斯	Belarus	6.1	13.0	343.1	
保加利亚	Bulgaria	97.0	228.6	114.4	
捷克共和国	Czech Republic	2.8	9.0	359.4	
法 国	France	120.0	1000.0	1463.5	
德 国	Germany	14.0	214.0	2576.7	
意 大 利	Italy	137.5	1108.9	832.9	
荷 兰	Netherlands	18.0	140.0	1282.2	
波 兰	Poland		33.7	1699.2	
罗马尼亚	Romania	57.4	780.0	507.6	
俄 罗 斯	Russian Federation	170.0	1400.0	1570.0	1.2
西 班 牙	Spain	283.0	2440.0	2334.8	
乌 克 兰	Ukraine	77.5	99.5	907.8	
英 国	United Kingdom		3669.7	584.5	
南斯拉夫	Yugoslavia	24.1	191.7	437.2	
大 洋 洲	**Oceania**	**68.4**	**16400.1**	**509.4**	
澳大利亚	Australia	20.0	12000.0	243.3	
新 西 兰	New Zealand	18.3	4398.7	35.4	

10-7 畜产品产量(2001年)

Output of Livestock Products (2001)

资料来源：联合国粮农组织数据库。

Source: FAO Database.

单位：万吨 (10 000 Mt)

国家（地区）	Country or Territory	肉类总产量 Meat, Total	牛肉 Beef and Buffalo Meat	羊肉 Sheep and Goat Meat	猪肉 Pigmeat	禽肉 Poultry Meat
世界	**World**	**23699.1**	**5981.9**	**1129.1**	**9118.8**	**7035.9**
发达国家	**Developed Countries**	**10525.5**	**2978.6**	**324.7**	**3757.0**	**3302.4**
发展中国家	**Developing Countries**	**13173.7**	**3003.3**	**804.5**	**5361.8**	**3733.4**
亚洲	**Asia**	**9469.8**	**1401.1**	**610.1**	**4993.8**	**2333.7**
中国	China	6333.9	548.8	292.7	4184.5	1328.7
孟加拉国	Bangladesh	42.8	17.6	13.2		11.2
印度	India	491.7	289.0	69.9	59.5	59.5
印度尼西亚	Indonesia	175.3	39.2	8.3	41.3	86.4
伊朗	Iran	149.0	24.3	38.2		86.0
以色列	Israel	37.1	5.4	0.6	1.1	29.9
日本	Japan	296.0	52.0	0.026	125.0	118.0
哈萨克斯坦	Kazakhstan	61.8	30.6	9.2	12.6	3.3
朝鲜	Korea, Dem People's Rep	21.0	2.1	1.2	14.5	3.1
韩国	Korea, Rep.	158.9	22.6	0.3	92.8	42.5
马来西亚	Malaysia	110.5	2.4	0.1	25.0	83.1
蒙古	Mongolia	27.9	11.5	12.1	0.1	0.002
缅甸	Myanmar	47.0	12.5	0.9	11.6	22.0
巴基斯坦	Pakistan	179.9	91.8	52.7		33.8
菲律宾	Philippines	197.6	25.5	3.4	106.4	61.0
新加坡	Singapore	12.0	0.004	0.02	5.0	7.0
斯里兰卡	Sri Lanka	9.7	2.9	0.2	0.2	6.5
泰国	Thailand	207.7	23.4	0.1	47.5	136.7
土耳其	Turkey	137.2	38.2	36.8	0.03	61.8
越南	Viet Nam	200.5	19.4	0.5	141.6	37.2
非洲	**Africa**	**1122.1**	**437.0**	**202.7**	**60.5**	**302.9**
埃及	Egypt	146.0	57.6	11.8	0.3	64.7
尼日利亚	Nigeria	89.4	29.8	24.6	7.8	17.2
南非	South Africa	156.0	56.8	15.4	11.6	70.5
北美洲	**North America**	**4890.6**	**1523.3**	**20.7**	**1196.7**	**2115.9**
加拿大	Canada	417.5	125.0	1.1	180.0	109.2
墨西哥	Mexico	467.5	142.8	7.5	114.4	194.5
美国	United States	3774.1	1198.0	10.3	869.0	1674.8
南美洲	**South America**	**2539.4**	**1181.3**	**33.1**	**313.0**	**991.3**
阿根廷	Argentina	399.5	264.0	5.9	21.4	97.1
巴西	Brazil	1516.1	667.1	10.7	196.8	639.5
委内瑞拉	Venezuela	104.1	36.5	0.8	11.8	55.0
欧洲	**Europe**	**5148.6**	**1173.8**	**139.0**	**2504.9**	**1209.3**
白俄罗斯	Belarus	63.9	29.5	0.2	26.5	7.1
保加利亚	Bulgaria	46.0	6.4	4.8	24.2	10.0
捷克共和国	Czech Republic	78.1	10.3	0.3	41.7	21.9
法国	France	634.1	157.1	14.3	225.5	207.7
德国	Germany	650.9	140.0	4.4	407.1	86.6
意大利	Italy	416.1	113.4	6.4	151.0	115.6
荷兰	Netherlands	282.6	47.5	1.9	157.5	75.6
波兰	Poland	261.6	30.0	0.1	167.0	62.0
罗马尼亚	Romania	118.1	17.5	5.9	63.5	29.5
俄罗斯	Russian Federation	451.8	191.6	12.4	162.0	77.8
西班牙	Spain	506.8	61.6	25.9	300.0	103.4
乌克兰	Ukraine	157.1	73.5	1.5	60.9	18.9
英国	United Kingdom	326.6	65.2	25.8	78.2	156.2
南斯拉夫	Yugoslavia	81.2	10.4	2.3	59.0	9.4
大洋洲	**Oceania**	**528.6**	**265.4**	**123.6**	**49.9**	**82.7**
澳大利亚	Australia	381.4	204.0	67.1	38.9	69.3
新西兰	New Zealand	134.7	59.0	56.4	4.6	11.8

10-7 续表1 continued

单位：万吨 (10 000 Mt)

国家（地区）	Country or Territory	蛋类 Eggs Primary	鸡蛋 Hen Eggs	奶类总产量 Milk, Total	牛奶 Cow Milk	羊毛 Wool, Greasy	蜂蜜 Honey	蜂蜡 Beeswax
世 界	**World**	**5659.4**	**5243.5**	**58465.1**	**49382.8**	**233.1**	**126.3**	**5.7**
发达国家	**Developed Countries**	**1848.8**	**1841.2**	**34756.9**	**34205.0**	**136.9**	**47.2**	**0.6**
发展中国家	**Developing Countries**	**3810.6**	**3402.4**	**23708.2**	**15177.8**	**96.2**	**79.1**	**5.1**
亚 洲	**Asia**	**3391.6**	**2988.4**	**17414.9**	**9667.4**	**71.8**	**46.5**	**2.6**
中 国	China	2336.7	1988.4	1122.9	1025.5	33.2	25.6	
孟加拉国	Bangladesh	15.9	13.3	211.2	76.3	0.1		
印 度	India	190.6	190.6	8397.0	3500.0	4.8	5.2	2.0
印度尼西亚	Indonesia	72.5	60.0	83.9	55.0	2.2		
伊 朗	Iran	60.0	60.0	484.0	400.0	7.4	2.6	
以 色 列	Israel	8.5	8.5	124.5	121.1	0.1	0.3	
日 本	Japan	252.6	252.6	845.0	845.0		0.3	
哈萨克斯坦	Kazakhstan	9.1	9.0	374.6	370.0	2.3	0.1	
朝 鲜	Korea, Dem People's Rep	12.0	12.0	9.0	9.0			
韩 国	Korea, Rep.	48.3	46.0	234.3	233.9		2.0	0.3
马来西亚	Malaysia	43.4	42.0	5.0	4.3			
蒙 古	Mongolia	0.04	0.04	44.2	38.5	2.2	0.002	
缅 甸	Myanmar	9.6	8.6	63.3	51.0		0.02	
巴基斯坦	Pakistan	34.7	34.0	2628.4	819.2	3.9	0.2	0.02
菲 律 宾	Philippines	51.4	44.5	1.1	1.1			
新 加 坡	Singapore	1.6	1.6					
斯里兰卡	Sri Lanka	5.2	5.2	29.5	22.1			
泰 国	Thailand	81.0	53.0	52.0	52.0		0.3	
土 耳 其	Turkey	71.5	71.5	967.6	860.0	4.4	7.1	0.4
越 南	Viet Nam	16.8	16.8	9.0	6.0		0.6	
非 洲	**Africa**	**207.7**	**207.0**	**2626.8**	**1864.5**	**21.2**	**14.5**	**1.4**
埃 及	Egypt	20.0	20.0	383.8	167.9	0.8	0.8	0.01
尼日利亚	Nigeria	43.5	43.5	38.6	38.6			
南 非	South Africa	31.8	31.8	266.7	266.7	5.3	0.1	
北 美 洲	**North America**	**781.3**	**781.2**	**9680.4**	**9663.8**	**2.7**	**20.5**	**0.5**
加 拿 大	Canada	36.3	36.3	817.0	817.0	0.2	3.2	
墨 西 哥	Mexico	188.2	188.2	964.1	950.1	0.4	5.6	0.2
美 国	United States	508.0	508.0	7502.5	7502.5	2.1	10.0	0.2
南 美 洲	**South America**	**292.2**	**287.7**	**4727.2**	**4705.5**	**16.8**	**13.1**	**0.8**
阿 根 廷	Argentina	32.5	32.5	960.0	960.0	5.8	9.0	0.5
巴 西	Brazil	158.3	153.8	2271.8	2258.0	1.5	2.0	0.2
委内瑞拉	Venezuela	18.0	18.0	140.0	140.0		0.03	0.01
欧 洲	**Europe**	**964.7**	**957.7**	**21553.6**	**21019.3**	**25.5**	**28.8**	**0.4**
白俄罗斯	Belarus	19.2	19.0	430.0	430.0		0.3	
保加利亚	Bulgaria	8.3	8.1	161.7	129.0	0.8	0.6	0.03
捷克共和国	Czech Republic	18.8	18.8	275.0	273.6		0.8	0.01
法 国	France	104.7	104.7	2560.0	2489.0	2.2	1.8	0.04
德 国	Germany	89.0	89.0	2832.2	2830.0	1.5	1.8	
意 大 利	Italy	70.7	70.7	1304.8	1190.0	1.1	1.0	0.01
荷 兰	Netherlands	65.8	65.8	1050.0	1050.0	0.2		
波 兰	Poland	42.8	42.8	1203.1	1203.0	0.1	0.9	
罗马尼亚	Romania	31.9	30.5	537.7	504.7	2.2	1.2	
俄 罗 斯	Russian Federation	195.6	194.5	3228.5	3198.0	3.8	5.0	
西 班 牙	Spain	56.4	56.0	692.0	629.4	3.1	3.2	0.2
乌 克 兰	Ukraine	53.4	52.5	1340.5	1320.0	0.4	5.2	
英 国	United Kingdom	64.5	62.9	1471.7	1471.7	4.7	0.3	
南斯拉夫	Yugoslavia	7.6	7.6	185.9	182.5	0.3	0.2	
大 洋 洲	**Oceania**	**21.9**	**21.6**	**2462.3**	**2462.3**	**95.0**	**2.9**	**0.1**
澳大利亚	Australia	14.9	14.9	1139.8	1139.8	70.0	1.9	0.0
新 西 兰	New Zealand	5.6	5.4	1316.2	1316.2	25.0	0.9	0.0

10-8 渔类捕获量（1999年）

Fishery Catch (1999)

资料来源：联合国粮农组织数据库。
Source: FAO Database.
单位：万吨 (10 000 Mt)

国家（地区）	Country or Territory	渔类总计 Total Fish Catch	海洋类 Total Marine Fish	淡水类 Freshwater Aquatic Products
世界	**World**	**12617.9**	**7109.9**	**5508.0**
发达国家	**Developed Countries**	**3204.5**	**2343.3**	**861.3**
发展中国家	**Developing Countries**	**9388.6**	**4742.0**	**4646.7**
亚洲	**Asia**	**7488.5**	**3137.7**	**4350.8**
中国	China	3601.8	2176.4	1425.4
孟加拉国	Bangladesh	154.4	16.8	137.7
印度	India	535.2	224.8	310.4
印度尼西亚	Indonesia	479.7	342.3	137.4
伊朗	Iran	41.9	23.8	18.1
以色列	Israel	2.5	0.8	1.7
日本	Japan	593.7	396.2	197.5
哈萨克斯坦	Kazakhstan	2.7	0.002	2.7
朝鲜	Korea, Dem People's Rep	27.9	16.4	11.5
韩国	Korea, Rep.	242.3	137.3	105.0
马来西亚	Malaysia	140.7	105.7	35.0
缅甸	Myanmar	94.6	69.6	25.0
巴基斯坦	Pakistan	67.5	43.2	24.3
菲律宾	Philippines	219.9	159.7	60.2
新加坡	Singapore	0.9	0.4	0.5
斯里兰卡	Sri Lanka	28.0	24.1	3.9
泰国	Thailand	360.8	234.0	126.7
土耳其	Turkey	63.8	55.5	8.3
越南	Viet Nam	179.5	77.7	101.8
非洲	**Africa**	**629.8**	**376.2**	**253.7**
埃及	Egypt	60.7	20.6	40.1
尼日利亚	Nigeria	47.7	28.1	19.6
南非	South Africa	59.2	57.7	1.6
北美洲	**North America**	**827.7**	**515.2**	**312.4**
加拿大	Canada	113.6	57.0	56.6
墨西哥	Mexico	125.1	88.2	36.8
美国	United States	522.8	333.0	189.9
南美洲	**South America**	**1703.1**	**1524.6**	**178.5**
阿根廷	Argentina	102.6	63.4	39.2
巴西	Brazil	77.5	42.0	35.5
委内瑞拉	Venezuela	42.3	31.5	10.7
欧洲	**Europe**	**1813.9**	**1429.8**	**384.1**
白俄罗斯	Belarus	0.6		
保加利亚	Bulgaria	1.8	0.4	1.4
捷克共和国	Czech Republic	2.3		
法国	France	84.6	49.9	34.7
德国	Germany	31.2	19.5	11.8
意大利	Italy	54.1	18.2	35.8
荷兰	Netherlands	62.3	44.7	17.7
波兰	Poland	26.9	19.2	7.7
罗马尼亚	Romania	1.7	0.2	1.4
俄罗斯	Russian Federation	421.0	346.7	74.2
西班牙	Spain	148.5	101.7	46.8
乌克兰	Ukraine	44.2	38.6	5.6
英国	United Kingdom	99.9	71.3	28.6
南斯拉夫	Yugoslavia	1.0	0.04	1.0
大洋洲	**Oceania**	**130.1**	**101.6**	**28.5**
澳大利亚	Australia	25.0	13.5	11.5
新西兰	New Zealand	68.6	55.3	13.3

10-9 农业机械拥有量(1999年)

Ownership of Agricultural Machinery (1999)

资料来源：联合国粮农组织数据库。
Source: FAO Database.

单位：万部 (10 000)

国家（地区）Country or Territory		农用拖拉机 Agriculture Tractors	收割－脱粒机 Harvesters-Threshers	挤奶机 Milking Machines
世　界	**World**	**2642.4**	**424.2**	**212.6**
发达国家	**Developed Countries**	**1963.3**	**309.4**	**203.3**
发展中国家	**Developing Countries**	**679.1**	**114.8**	**9.3**
亚　洲	**Asia**	**728.4**	**213.8**	**24.2**
中　国	China	78.4		
孟加拉国	Bangladesh	0.5		
印　度	India	152.0	0.4	
印度尼西亚	Indonesia	7.0	33.0	
伊　朗	Iran	23.1	0.5	
以色列	Israel	2.5	0.02	0.2
日　本	Japan	212.0	112.0	16.0
哈萨克斯坦	Kazakhstan	6.4	2.4	0.2
朝　鲜	Korea, Dem People's Rep	7.5		
韩　国	Korea, Rep.	17.6	8.4	
马来西亚	Malaysia	4.3		
蒙　古	Mongolia	0.7	0.2	
缅　甸	Myanmar	1.0	1.1	
巴基斯坦	Pakistan	32.1	0.2	
菲律宾	Philippines	1.2	0.1	
斯里兰卡	Sri Lanka	0.8	0.001	
泰　国	Thailand	22.0	7.0	0.1
土耳其	Turkey	90.5	1.3	7.5
越　南	Viet Nam	13.5	23.2	
非　洲	**Africa**	**52.8**	**3.8**	**0.05**
埃　及	Egypt	8.6	0.2	
尼日利亚	Nigeria	3.0		
南　非	South Africa	7.6	1.2	
北美洲	**North America**	**580.8**	**82.7**	**0.2**
加拿大	Canada	71.1	13.2	
墨西哥	Mexico	17.2	2.0	
美　国	United States	480.0	66.2	
南美洲	**South America**	**129.3**	**12.8**	**1.2**
阿根廷	Argentina	28.0	5.0	0.8
巴　西	Brazil	80.6	5.4	
委内瑞拉	Venezuela	4.9	0.6	
欧　洲	**Europe**	**1111.1**	**105.1**	**164.8**
白俄罗斯	Belarus	7.8	1.8	
保加利亚	Bulgaria	2.5	0.6	0.4
捷克共和国	Czech Republic	8.5	1.3	1.5
法　国	France	127.0	11.1	20.0
德　国	Germany	103.1	13.5	25.0
意大利	Italy	170.0	5.2	15.0
荷　兰	Netherlands	15.0	0.6	3.8
波　兰	Poland	130.6	9.7	29.4
罗马尼亚	Romania	16.8	3.1	
俄罗斯	Russian Federation	78.7	21.0	
西班牙	Spain	88.2	5.1	13.2
乌克兰	Ukraine	34.7	7.0	4.0
英　国	United Kingdom	50.0	4.7	15.7
南斯拉夫	Yugoslavia	42.6	0.4	
大洋洲	**Oceania**	**40.1**	**6.0**	**22.1**
澳大利亚	Australia	31.5	5.7	20.0
新西兰	New Zealand	7.6	0.3	2.0

10-10 化肥施用量(1999 年)

Consumption of Chemical Fertilizers (1999)

资料来源：联合国粮农组织数据库。
Source: FAO Database.
单位：万吨 (10 000 Mt)

国家（地区）	Country or Territory	化肥总计 Total Fertilizers	氮肥 Nitrogenous Fertilizers	磷肥 Phosphate Fertilizers	钾肥 Potash Fertilizers
世　界	**World**	**14136.0**	**8553.0**	**3315.0**	**2268.1**
发达国家	**Developed Countries**	**5267.1**	**2995.9**	**1141.9**	**1129.3**
发展中国家	**Developing Countries**	**8868.9**	**5557.1**	**2173.1**	**1138.8**
亚　洲	**Asia**	**7670.3**	**4993.3**	**1840.6**	**836.4**
中　国	China	4124.3	2180.9	697.8	365.6
孟加拉国	Bangladesh	130.0	100.6	16.2	13.2
印　度	India	1837.2	1188.6	475.3	173.3
印度尼西亚	Indonesia	265.9	195.9	30.0	40.0
伊　朗	Iran	112.8	68.8	28.5	15.5
以色列	Israel	12.5	6.5	2.3	3.7
日　本	Japan	143.7	48.0	56.9	38.9
哈萨克斯坦	Kazakhstan	3.2	2.8	0.2	0.2
朝　鲜	Korea, Dem People's Rep	19.8	13.0	3.9	2.9
韩　国	Korea, Rep.	87.2	45.1	18.8	23.3
马来西亚	Malaysia	152.1	46.4	26.4	79.4
蒙　古	Mongolia	0.3	0.3		
缅　甸	Myanmar	15.7	12.5	2.9	0.3
巴基斯坦	Pakistan	282.4	221.1	59.6	1.8
菲律宾	Philippines	74.2	48.1	14.0	12.1
新加坡	Singapore	0.4	0.2	0.1	0.1
斯里兰卡	Sri Lanka	25.9	16.4	3.4	6.2
泰　国	Thailand	180.2	107.1	45.5	27.6
土耳其	Turkey	220.3	148.4	63.8	8.1
越　南	Viet Nam	193.5	112.1	43.3	38.0
非　洲	**Africa**	**396.0**	**244.8**	**98.4**	**52.8**
埃　及	Egypt	118.8	100.3	14.0	4.5
尼日利亚	Nigeria	17.3	11.7	3.0	2.6
南　非	South Africa	80.4	41.8	22.7	15.9
北美洲	**North America**	**2526.6**	**1471.9**	**515.6**	**539.1**
加拿大	Canada	258.3	161.0	64.1	33.2
墨西哥	Mexico	181.5	130.0	34.9	16.6
美　国	United States	1986.8	1124.9	399.2	462.7
南美洲	**South America**	**861.2**	**311.4**	**278.2**	**271.6**
阿根廷	Argentina	82.3	45.7	34.0	2.6
巴　西	Brazil	585.6	167.2	193.6	224.9
委内瑞拉	Venezuela	22.7	14.1	4.4	4.2
欧　洲	**Europe**	**2382.1**	**1406.1**	**444.7**	**531.3**
白俄罗斯	Belarus	85.5	28.0	10.0	47.5
保加利亚	Bulgaria	12.3	11.1	0.6	0.6
捷克共和国	Czech Republic	26.9	21.0	3.5	2.4
法　国	France	475.3	257.1	96.6	121.6
德　国	Germany	303.4	201.4	42.0	59.9
意大利	Italy	177.2	86.6	51.4	39.2
荷　兰	Netherlands	47.5	34.3	5.9	7.3
波　兰	Poland	152.7	86.1	29.7	36.8
罗马尼亚	Romania	23.6	18.2	4.6	0.9
俄罗斯	Russian Federation	143.1	105.0	15.6	22.5
西班牙	Spain	231.4	118.0	64.3	49.1
乌克兰	Ukraine	41.8	32.7	6.2	2.8
英　国	United Kingdom	204.6	130.3	32.0	42.3
南斯拉夫	Yugoslavia	16.2	10.7	2.6	2.9
大洋洲	**Oceania**	**299.8**	**125.5**	**137.4**	**36.9**
澳大利亚	Australia	230.3	108.9	98.8	22.7
新西兰	New Zealand	66.9	15.6	38.0	13.3

10-11 农业集约化经营程度（1999年）

Intensivism Management in Agriculture (1999)

资料来源：联合国粮农组织数据库。
Source: FAO Database.

国家（地区）	Country or Territory	农业经济活动人口（万人） Population of Agriculture Economic Activity (10 000)	平均每个农业经济活动人口耕地面积（公顷／人） Cultivated Areas per Agriculture Economic Activity Population (Hectares)	平均每千公顷耕地上拖拉机使用量（台／千公顷） Tractors Used per Thousand Hectares Cultivated Areas (Numbers)	平均每千公顷耕地上收割机使用量（台／千公顷） Harvest Machines Used per Thousand Hectares Cultivated Areas (Numbers)	平均每千公顷耕地上化肥施用量（吨／千公顷） Consumption of chemical Fertilizers per Thousand Hectares Cultivated Areas (Tons)
世　界	**World**	**135697.1**	**1.0**	**19.3**	**3.1**	**103.2**
亚　洲	**Asia**	**103407.3**	**0.5**	**14.7**	**4.3**	**154.9**
中　国①	China ①	51019.1	0.2	6.4	1.6	332.2
孟加拉国	Bangladesh	3844.2	0.2	0.7		160.5
印　度	India	26058.0	0.6	9.4	0.03	113.6
印度尼西亚	Indonesia	4914.9	0.4	3.9	18.4	148.2
伊　朗	Iran	633.8	2.7	13.3	0.3	
日　本	Japan	292.2	1.5	470.8	248.7	319.1
韩　国	Korea, Rep.	249.3	0.7	103.7	49.4	513.2
马来西亚	Malaysia	179.0	1.0	23.8	0.0	835.9
蒙　古	Mongolia	31.7	4.2	5.3	1.2	2.1
缅　甸	Myanmar	1780.1	0.5	1.1	1.2	16.4
巴基斯坦	Pakistan	2406.4	0.9	15.1	0.1	133.0
菲律宾	Philippines	1227.9	0.5	2.1	0.1	133.6
斯里兰卡	Sri Lanka	384.2	0.2	9.1	0.01	294.5
泰　国	Thailand	2104.5	0.7	15.0	4.7	122.6
土耳其	Turkey	1431.6	1.7	37.5	0.5	91.2
越　南	Viet Nam	2725.2	0.2	23.5	40.3	336.5
非　洲	**Africa**	**19391.1**	**0.9**	**3.0**	**0.2**	**22.3**
埃　及	Egypt	853.7	0.3	30.3	0.8	419.1
尼日利亚	Nigeria	1503.1	1.9	1.1		6.1
南　非	South Africa	175.4	8.4	5.1	0.8	54.5
北美洲	**North America**	**2067.5**	**12.6**	**22.4**	**3.2**	**97.3**
加拿大	Canada	39.9	114.2	15.6	2.9	56.7
墨西哥	Mexico	874.3	2.8	6.9	0.8	73.2
美　国	United States	308.5	57.4	27.1	3.7	112.3
南美洲	**South America**	**2706.2**	**3.6**	**13.4**	**1.3**	
阿根廷	Argentina	146.6	17.1	11.2	2.0	32.9
巴　西	Brazil	1345.0	4.0	15.2	1.0	110.1
委内瑞拉	Venezuela	81.0	3.3	18.6	2.2	85.9
欧　洲	**Europe**	**3214.0**	**9.1**	**38.2**	**3.6**	**81.8**
保加利亚	Bulgaria	31.2	13.8	5.8	1.3	28.5
捷克共和国	Czech Republic	48.5	6.4	27.3	4.0	86.9
法　国	France	93.8	19.6	69.2	6.0	258.9
德　国	Germany	106.3	11.1	87.2	11.4	256.6
意大利	Italy	141.6	6.0	198.9	6.0	207.4
波　兰	Poland	441.7	3.2	92.8	6.9	108.5
俄罗斯	Russian Federation	842.5	14.8	6.3	1.7	11.4
罗马尼亚	Romania	169.8	5.5	18.0	3.4	25.3
英　国	United Kingdom	54.6	10.8	84.5	7.9	345.8
南斯拉夫	Yugoslavia	105.0	3.2	125.1	1.1	47.6
大洋洲	**Oceania**	**280.5**	**17.8**	**8.0**	**1.2**	**60.0**
澳大利亚	Australia	44.9	106.9	6.6	1.2	48.0
新西兰	New Zealand	17.0	9.1	48.9	2.0	430.2

注：①联合国粮农组织统计数据。
Note: ① Data is from FAO.

主要统计指标解释

联合国粮农组织农业生产指数 表明每年的农业生产总量与基期（1989–91年）相比的相对水平。它们是根据不同农产品扣除种子和饲料用量后的价格加权数量之和计算得出的，其中各种种子和饲料也采用同样的加权汇总办法。因此，最后形成的总量代表的是用于各种用途（种子和饲料除外）的可支配产量。

国家、地区和世界水平的指数用拉氏公式计算。各年份每种商品的生产量均以1989–91年的国际平均商品价格作为权数进行加总，然后将某年得到的加总量除以基期（1989–91年）三年的加总量的简单平均数，从而求得指数。

由于各个国家有关产量、范围、权数、参考时间等数据概念不同，所用的计算方法也不同，因此FAO的指数可能与各国计算的不完全一致。

谷物 谷物面积和产量数据仅指收获用作干粒粮食的作物，因此，收获后用作干草或未成熟时收割用作食物、饲料或青贮饲料或作牧草用的农作物除外。面积数据是指收获面积。有些国家仅报告播种或耕作面积，但是在正常年份，这些国家的播种或耕作面积和实际的收获面积没有什么大的差别，或者是因为全部播种面积实际都得以收获，或者是因为面积调查在收获季节前后进行。

块根和块茎总计 包括其他的块根作物，如箭叶黄体芋和竹芋。主要用作饲料的根用作物，如芜菁、甜菜和洋大头菜不包括在内。

油菜籽 瑞典的产量包括18%的水分含量，一些国家的数字，如印度和巴基斯坦也包括芥菜籽。

甘蔗和甜菜 甘蔗和甜菜的面积和产量数据一般包括所有的收获作物，已确定用于饲料而种植的作物除外。多数作物用于离心糖和非离心糖的生产，然而在一些国家里大量的甘蔗也被用作种子、饲料、新鲜消费、酒精生产和其他用途；一部分甜菜被用作饲料和生产酒精。

除瓜类外的水果总计 数据是指新鲜水果的总产量，无论它们最终是被当作食物或饲料直接消费，还是被加工成干果、果汁、果酱、酒精等各种产品。

许多国家没有水果，尤其是热带水果的统计数据，并且它们的数据常常缺乏一致性。一般来说，产量数据指主要用于销售的种植园作物和果园作物，一般不收集主要用于家庭消费的分散种植的果树的产量数据。一般国家统计机构不考虑来自野生植物的产量，特别是在某些国家有一定重要性的浆果。因此，各种水果和浆果的数据是相当不全面的，尤其是在除欧洲、北美、澳大利亚和新西兰以外的地区。表中所示的总数虽然仅指所列出的有限几个国家，仍可认为它们可靠地表明了对国际贸易的影响。无论如何，可以依据这些总数来了解这些作物的年度规模变化。

产量数据包括表中分别列出的水果和浆果的公布数据，也包括所有其他种类水果和浆果的数据。枣、大蕉和全部的葡萄也包括在水果总量数据中，但油橄榄除外。总量数据比那些单个商品公布的数据更全面，因为它们勿需分类说明便把对大多数无报告数字国家的估计量和有报告总数的国家的数据包括在同一个数字里。

烟叶 产量数字是指能够确定的农场销售重量，因此，对所得到的按干重表示的数据已按照约90比100的比例转换成农场销售重量。

茶 产量数字是指成品茶，然而，在印度尼西亚，所给产量的大约1/3是以新鲜茶叶的重量给出的。缅甸每年生产的约45000吨茶叶未被包括在内，因为大多数的这种作物被当作蔬菜消费掉。

黄麻纤维和同类纤维 黄麻纤维从黄麻和长蒴黄麻中得到，同类纤维包括许多黄麻纤维的替代品，主要是洋麻纤维和玫瑰茄纤维（木槿属）以及刚果黄麻纤维。

家畜数量 有关家畜数量的数据包括所有的家养动物，不管年龄、饲养地点和饲养目的。对没有报告数据的国家和报告数据不完整的国家作了估计。然而，在某些国家，有关鸡、鸭和火鸡的数据似乎不能代表这些家禽的总数。其他一些国家只对全部家禽给出一个数字，这些国家的数据列在“鸡”这一项下。

肉 数据仅指在一国境内屠宰的动物，而不管原产地；类似地，有关马肉、禽肉和总的肉类产量的数据，指在该国家屠宰的动物，而不管这些动物的原产地。

肉产品的国内产量概念各不相同。此处产量数据仅指原产于国内的动物，也就是说，它们包括出口活畜的肉当量，排除进口活畜的肉当量。

牛奶 关于牛奶产量的数据是指全部鲜奶的总产量，不包括被幼畜吸吮的奶，但包括用来饲喂家畜的奶。然而，奥地利、捷克共和国、意大利、斯洛伐克报告的产量中包括被幼畜吸吮的奶。澳大利亚的牛奶产量数据指结束于6月30日的一个年度的数据，新西兰的是指结束于5月31日的一个年度的数据，一些其他的次要生产国也以不同于日历年度的时间段报告数据。

蛋 有些国家没有有关蛋产量的统计数据，只得以母鸡或所有家禽的数量和报告的或推测的产蛋率来估计这些数据。

大多数有统计数字的国家按重量或产蛋总数来记录产量。在可能的地方，有关数量的数据已经运用官方的转换比率转换成重量数据。数据一般指农业和非农业方面的总产量，包括用于孵化的蛋。

蜂蜜 所提供的数据是不完整的，尤其是非洲和亚洲国家。

羊毛 羊毛产量统计数字一般以带脂羊毛给出，它包含了30–65%的杂质。为了便于数字比较，数据也按脱脂羊毛表示。

拖拉机 数据一般指的是农业中应用的所有轮胎式和履带式拖拉机，园艺用拖拉机除外。

收割—脱粒机 数据指的是收割和打谷可一次操作完成的自动机械。

挤奶机 数据指的是由几部分组成的机械的数量，每个都由一个提捅，一个搅拌器和四个奶杯等组成。

Explanatory Notes on Main Statistical Indicators

FAO Indices of Agricultural Production The FAO indices of agricultural production show the relative level of the aggregate volume of agricultural production for each year in comparison with the base period 1989-91. They are based on the sum of price-weighted quantities of different agricultural commodities produced after deductions of quantities used as seed and feed weighted in a similar manner. The resulting aggregate represents, therefore, disposable production for any use except as seed and feed.

All the indices at the country, regional and world levels are calculated by the Laspeyres formula. Production quantities of each commodity are weighted by 1989-91 average international commodity prices and summed for each year. To obtain the index, the aggregate for a given year is divided by the average aggregate for the base period 1989-91.

The FAO indices may differ from those produced by the countries themselves because of differences in concepts of production, coverage, weights, time reference of data and methods of calculation.

Cereals Area and production data on cereals relate to crops harvested for dry grain only. Cereal crops harvested for hay or harvested green for food, feed or silage or used for grazing are therefore excluded. Area data relate to harvested area. Some countries report sown or cultivated area only; however, in these countries the sown or cultivated area does not differ significantly in normal years from the area actually harvested, either because practically the whole area sown is harvested or because the area surveys are conducted around the harvest period.

Roots and Tubers, Total This includes other root crops such as yautia and arrowroot. Root crops grown principally for feed such as turnips, mangels and swedes are not included.

Rapeseed Sweden's production is given with an 18 percent water content. Figures for a few countries, such as India and Pakistan, also include mustard seed.

Sugar Cane and Sugar Beets Area and production data on sugar cane and sugar beets generally cover all crops harvested, except the crops grown explicitly for feed. Most of the crop is used for the production of centrifugal and noncentrifugal sugar; however, in several countries important quantities of sugar cane are used also for seed, feed, fresh consumption, the manufacture of alcohol and other uses; some sugar-beet production is used for feed and alcohol.

Fruit excl. Melons, Total Data refer to total production of fresh fruit, whether finally used for direct consumption for food or feed, or processed into different products: dry fruit, juice, jam, alcohol, etc.

Statistics on fruit, especially tropical fruit, are unavailable in many countries, and where reported they often lack uniformity. Generally, production data relate to plantation crops or orchard crops grown mainly for sale. Data on production from scattered trees used mainly for home consumption are not usually collected. Production from wild plants, particularly berries, which is of some importance in certain countries, is generally disregarded by national statistical services. Therefore, the data for the various fruits and berries are rather incomplete, particularly for regions other than Europe, North America, Australia and New Zealand. The totals shown - although relating to the limited number of countries listed - are nevertheless believed to give a reliable indication of these crops insofar as they influence international trade. The totals, in any case, provide an indication of annual changes in the size of the crops.

Production data include data published on individual fruits and berries shown separately, as well as data on all other kinds of fruits and berries. Dates, plantains and total grapes are also included in the total fruit figures, while olives are excluded. Total figures are more complete than those published for the single commodities because they include estimates for most of the non-reporting countries as well as data for countries reporting total production of fruits in a single figure without specification by kind.

Tea Production figures relate to made tea. For Indonesia, however, about one-third of the production shown is given in green-leaf weight. Myanmar each year produces about 45000 tonnes of tea leaves which are not included since most of the crop is consumed fresh as a vegetable.

Tobacco The production figures refer to farm sales weight as far as this could be determined. Data available on a dry weight basis have therefore been converted into farm sales weight at about 90 parts to 100.

Jute and Allied Flbres Jute fibres are obtained from Corchorus capsularis and Corchorus olitorius. Allied fibres include a number of jute substitutes, the main ones being kenaf or mesta and roselle (Hibiscus spp.) and Congo jute or paka (Urena lobata).

Livestock Numbers The data on livestock numbers are intended to cover all domestic animals irrespective of their age and the place or purpose of their breeding. Estimates have been made for non-reporting countries as well as for countries reporting incomplete data. However, in certain countries, data for chickens, ducks and turkeys do not yet seem to represent the total number of these birds. Certain other countries give a single figure for all poultry; data for these countries are shown under "Chickens".

Meat Data relate to animals slaughtered within national boundaries, irrespective of their origin. Similarly, the data on production of horse meat, poultry meat and total meat refer to animals slaughtered in the country concerned, regardless of the origin of the animal.

The concept of indigenous production of meat is different. Here, the production figures relate to indigenous animals, i.e. they include the meat equivalent of exported live animals and exclude the meat equivalent of imported live animals.

Cow Milk Data on cow milk production relate to total production of whole fresh milk, excluding the milk sucked by young animals but including amounts fed to livestock. However, Austria, the Czech Republic, Italy and Slovakia report production including milk sucked by young animals. Milk production data shown for Australia refer to years ending 30 June; and for New Zealand, to years ending 31 May. Also, a few other minor producing countries report data for periods other than the calendar year.

Eggs Some countries have no statistics on egg production, and estimates had to be derived from such related data as chicken or total poultry numbers and reported or assumed rates of egg laying.

Most of the countries that have statistics on egg production report either the total weight of eggs or the numbers of eggs produced; data on numbers have been converted into weight, using official conversion factors wherever possible. Data generally refer to total production, including eggs for hatching, in both agricultural and nonagricultural sectors.

Honey The data presented are incomplete, particularly with regard to African and Asian countries.

Wool Wool production statistics are generally given for greasy wool, which contains from 30 to 65 percent impurities. In order to make figures comparable, data are given also on a degreased (scoured) basis.

Tractors Data generally refer to total wheel and crawler tractors (excluding garden tractors) used in agriculture.

Harvester-Threshers Data refer to self-propelled machines that reap and thresh in one operation.

Milking Machines Data refer to the number of installations consisting of several units, each composed of a pail, a pulsator and four teat cups and liners.

十一 工业、能源和建筑业

Industry, Energy and Construction

11-1 按行业划分的工业生产指数

World Industrial Production Indices by Economic Activity

资料来源：联合国数据库。
Source: UN Database.
单位：% (%)

		权数(%) Weight (%)	1998	1999	2000	2001
世界	**World**					
工业	Industry	100.0	110.0	113.2	121.0	118.5
采掘业	Minging	7.4	105.1	103.0	106.7	107.4
煤炭	Coal	0.7	99.1	100.4	100.8	103.1
石油、天然气	Crude Petroleum and Natrual Gas	5.0	104.0	100.8	105.0	105.5
金属矿	Metals Ores	0.7	115.4	115.4	121.1	124.1
制造业	Manufacturing	82.6	110.7	114.4	123.0	119.8
食品、饮料、烟草	Food, Beverages Tobacco	10.3	103.5	104.9	106.9	106.8
纺织	Texitiles	2.4	96.6	94.9	95.2	90.3
服装、皮革、制鞋	Wearing Apparel,Leather and Footwear	2.7	91.6	88.0	85.6	81.0
木制品	Wood and Wood Products	1.9	101.8	103.4	104.1	98.8
造纸、出版、印刷及录音介质	Paper, Printing, Publishing and Recorded Media	7.1	105.0	99.1	108.3	106.6
化学、石油、塑料、橡胶制品	Chemicals,Petroleum,Plastic and Rubber Products	14.0	110.0	113.5	116.9	116.6
非金属矿制品	Non-Metallic Mineral Products	3.4	102.0	104.5	108.0	105.2
基本金属	Basic Metals	4.7	103.1	103.9	109.9	106.8
金属及机械制造	Fabricated Metal Products and Machinery, N.E.C.	11.7	106.5	106.7	113.2	110.1
办公机械、计算机，收音机电视及其他电子设备	Office, Computing,Radio, TV and Other Electrical Equipment	12.7	139.2	158.8	192.9	183.2
运输设备	Transport Equipment	8.0	113.8	119.2	124.5	123.3
电、煤气、水	Electricity, Gas and Water	10.0	107.4	110.8	114.8	115.7
发达国家	**Developed Country**					
工业	Industry	100.0	110.2	113.0	120.5	117.1
采掘业	Minging	4.6	102.3	99.9	102.1	102.1
煤炭	Coal	0.6	94.6	93.5	91.5	91.6
石油、天然气	Crude Petroleum and Natrual Gas	2.7	102.7	99.3	102.8	103.2
金属矿	Metals Ores	0.4	104.9	99.4	100.2	97.8
制造业	Manufacturing	84.9	111.2	114.4	122.6	118.6
食品、饮料、烟草	Food, Beverages Tobacco	9.5	102.7	103.9	105.8	105.3
纺织	Texitiles	1.8	96.0	92.4	90.8	84.9
服装、皮革、制鞋	Wearing Apparel,Leather and Footwear	2.4	89.3	84.9	80.1	75.2
木制品	Wood and Wood Products	2.0	103.3	105.7	106.4	100.6
造纸、出版、印刷及录音介质	Paper, Printing, Publishing and Recorded Media	8.1	104.9	98.0	107.3	103.9
化学、石油、塑料、橡胶制品	Chemicals,Petroleum,Plastic and Rubber Products	13.7	108.6	111.7	114.7	114.5
非金属矿制品	Non-Metallic Mineral Products	3.2	101.1	103.3	106.6	102.8
基本金属	Basic Metals	4.7	101.8	101.3	107.5	103.5
金属及机械制造	Fabricated Metal Products and Machinery, N.E.C.	12.7	108.0	107.4	112.6	108.9
办公机械、计算机，收音机电视及其他电子设备	Office, Computing,Radio, TV and Other Electrical Equipment	14.0	140.2	158.2	190.8	180.5
运输设备	Transport Equipment	8.7	114.4	119.1	122.9	120.9
电、煤气、水	Electricity, Gas and Water	10.5	105.4	108.2	111.6	111.6

11-1 续表 1 continued

单位：% (%)

		权数(%) Weight (%)	1998	1999	2000	2001
发展中国家	**Developing Country**					
工业	Industry	100.0	109.0	114.0	123.0	123.8
采掘业	Minging	18.3	107.9	106.0	111.3	112.8
煤炭	Coal	1.2	107.6	113.2	118.0	124.7
石油、天然气	Crude Petroleum and Natrual Gas	14.3	104.9	101.9	106.7	107.2
金属矿	Metals Ores	1.7	126.0	131.5	142.2	150.7
制造业	Manufacturing	73.7	108.4	114.8	125.0	125.2
食品、饮料、烟草	Food, Beverages Tobacco	13.3	105.6	107.9	110.3	111.3
纺织	Texitiles	4.8	97.7	98.6	102.1	98.4
服装、皮革、制鞋	Wearing Apparel,Leather and Footwear	3.6	97.8	96.5	100.4	96.8
木制品	Wood and Wood Products	1.5	93.8	90.2	91.3	88.4
造纸、出版、印刷及录音介质	Paper, Printing, Publishing and Recorded Media	3.2	105.7	110.5	118.5	133.5
化学、石油、塑料、橡胶制品	Chemicals,Petroleum,Plastic and Rubber Products	15.0	115.0	119.9	124.7	124.4
非金属矿制品	Non-Metallic Mineral Products	4.2	104.7	108.3	112.3	112.4
基本金属	Basic Metals	4.7	108.1	114.1	119.5	119.9
金属及机械制造	Fabricated Metal Products and Machinery, N.E.C.	7.9	97.2	102.1	117.5	117.6
办公机械、计算机，收音机电视及其他电子设备	Office, Computing,Radio, TV and Other Electrical Equipment	7.3	131.3	163.5	208.9	204.2
运输设备	Transport Equipment	5.2	110.0	119.6	134.9	138.8
电、煤气、水	Electricity, Gas and Water	8.0	117.7	124.4	131.5	136.8

11-2 按国别或地区划分的工业生产指数

Indices of Industrial Production by Country or Territory

资料来源：联合国《统计月报》2002年4月。
Source: UN "Monthly Bulletin of Statistics"April 2002.
单位：1995年=100 (1995=100)

国家（地区）	Country or Territory	1997	1998	1999	2000	2001
世　界	**World**	**108.2**	**109.9**	**113.6**	**120.9**	
中　国①	China ①	125.2	136.4	148.0	162.7	177.2
中国香港	Hong Kong,China	96.6	90.2	84.7	85.1	
孟加拉国②	Bangladesh ②	110.3	112.5	121.4	131.5	138.9
印　度③	India ③	113.1	117.8	125.6	132.0	135.5
日　本	Japan	106.0	99.0	99.9	105.5	97.8
马来西亚	Malaysia	122.8	114.0	124.3	148.0	142.1
韩　国	Korea, Rep.	113.6	106.2	131.9	154.0	156.7
蒙　古	Mongolia	101.9	106.2	106.7	108.9	121.9
巴基斯坦②	Pakistan ②	105.7	109.2	109.0	114.4	
新加坡④	Singapore ④	108.2	107.7	122.6	141.4	125.1
土耳其	Turkey	117.2	118.3	112.3	118.4	107.9
南　非	South Africa	104.4	101.7	101.3	104.5	106.5
加拿大	Canada	106.2	110.1	116.3	122.7	119.3
墨西哥⑤	Mexico ⑤	120.3	127.8	133.3	141.5	136.4
美　国	United States	111.8	117.6	121.9	127.4	122.5
阿根廷④	Argentina ④	116.3	118.7	108.8	107.5	
巴　西	Brazil	105.7	103.4	102.9	109.7	111.3
法　国	France	104.7	110.2	112.4	116.3	117.3
德　国	Germany	104.1	108.5	110.2	117.6	117.6
意大利	Italy	102.4	104.3	104.4	107.7	107.0
捷克共和国	Czech Republic	106.5	108.2	104.8	110.4	
罗马尼亚	Romania	98.7	81.9	77.7	83.2	90.3
英　国	United Kingdom	102.4	103.3	104.1	106.0	103.6
南斯拉夫	Yugoslavia	117.2	121.2	91.7	102.2	
澳大利亚②	Australia ②	104.9	108.3	111.8	117.1	119.1
新西兰	New Zealand	104.0	105.1	100.8	104.1	106.8

注：①工业增加值指数。②7月1日开始的12个月的平均数。③4月1日开始的12个月的平均数。④制造业生产指数。⑤包括建筑业。

Note: ① Indice of industrial value added. ② Average of 12 monthly ending 30 June of the year stated. ③ Average of 12 monthly ending 1 April of the year stated. ④ Manufaturing production indices. ⑤ Including construction.

11-3 制造业主要指标

Main Indicators of Manufacturing

资料来源：联合国工发组织《国际工业统计年鉴》2002年。
Source: United Nations Industrial Development Organization "International Yearbook of Industrial Statistics" 2002.

国家（地区）	Country or Territory	年份 Year	机构数（个） Number of Establishments(numbers)	雇员数（人） Number of Employees(person)	雇员工资和薪金（亿本币） Wages and Salaries Paid to Employees(100 million local currency units)	产值（亿本币） Output in Producers Prices(100 million local currency units)
中国香港	Hong Kong,China	1999	20383	204200	334	2121
中国澳门	Macao,China	1999	1227	40177	21	136
孟加拉国	Bangladesh	1999	28968	1892100	410	5658
印度	India	1998	124098	8469700	4528	76118
印度尼西亚	Indonesia	1999	22070	4216900	282203	4882116
伊朗	Iran	1996	14263	832300	71569	686172
以色列	Israel	1998	9292	340800	386	1576
日本	Japan	1999	345401	9283000	425880	2913870
韩国	Korea, Republic of	1999	91156	24323	389997	4797330
蒙古	Mongolia	1999	1023	28106	158	1596
菲律宾	Philippines	1999	15678	1145200	1071	16433
新加坡	Singapore	1999	3953	340585	113	1340
斯里兰卡	Sri Lanka	1998	12266	470662	243	3101
泰国	Thailand	1998	20441	1984300	1945	28562
尼日利亚	Nigeria	1996	3814	490867	141	4167
加拿大	Canada	1998	32153	1874	721	5054
墨西哥	Mexico	1999		1454700	954	13593
美国	United States	1999	488277 ①	17343000 ②	5430 ②	35730 ②
阿根廷	Argentina	1997		807821	100	1036
巴西	Brazil	1998	125387	4689200	483	3687
委内瑞拉	Venezuela	1998	11113	449253	10161	227938
保加利亚	Bulgaria	1999	24671	615829	15	125
捷克共和国	Czech Republic	1999	136194	1255000	1790	15891
法国	France	1998	21792	2733000	4827	34399
德国	Germany	1999	38205	6402500	4304	21369
意大利	Italy	1998	563893	4034200	1486320	13627730
荷兰	Netherlands	1999			547	3906
波兰	Poland	1999	367500	2609000	517	3748
罗马尼亚	Romania	1999	42006	1659900	276588	
俄罗斯	Russia	1999	126196			17117
西班牙	Spain	1999	164083	2422700	75463	586388
乌克兰	Ukraine	1999	90170	3096000	70	741
英国	United Kingdom	1999	170196		774	4254
南斯拉夫	Yugoslavia	1999	26197	665400	90	1209
澳大利亚	Australia	1997	55373	945386	326	2083

11-3 续表1 continued

国家（地区）	Country or Territory	年份 Year	生产者价格增加值（亿本币） Value Added in Producers' Prices (100 million local currency units)	固定资本形成（亿本币） Fixed Capital Formation (100 million local currency units)	制造业生产指数（1990年=100） Index Numbers of Industrial Production(1990=100)	
					1998	1999
中国香港	Hong Kong,China	1999	658	53		
中国澳门	Macao,China	1999	35	3		
孟加拉国	Bangladesh	1999	2042	161	181	187
印度	India	1998	14313	6672	160	171
印度尼西亚	Indonesia	1999	1799717	1973172	137	139
伊朗	Iran	1996	281400		180	
以色列	Israel	1998	584	102	158	161
日本	Japan	1999	1078240	110850	94	94
韩国	Korea, Rep.	1999	2009350	482180	159	199
蒙古	Mongolia	1999	479	2027	30	29
菲律宾	Philippines	1998	6706	865		
新加坡	Singapore	1999	452	78	159	181
斯里兰卡	Sri Lanka	1998	1389	110	131	
泰国	Thailand	1998	6471	1542	146	164
尼日利亚	Nigeria	1996	1714	233		
加拿大	Canada	1998	1863		124	132
墨西哥	Mexico	1999	5028	710	139	144
美国	United States	1999	17040 ②	1276 ②	140	147
阿根廷	Argentina	1997	344		149	136
巴西	Brazil	1998	1666		113	111
委内瑞拉	Venezuela	1998	115264	47027		
保加利亚	Bulgaria	1999	34	8		
捷克共和国	Czech Republic	1999	4234	1362	68	66
法国	France	1998	9839	1346	111	114
德国	Germany	1999	6939			
意大利	Italy	1998	371444	672890	111	110
荷兰	Netherlands	1999	1134	173	115	118
波兰	Poland	1999	1129	284	178	188
罗马尼亚	Romania	1999			52	49
俄罗斯	Russia	1999	6543			
西班牙	Spain	1999	174561	31019	117	120
乌克兰	Ukraine	1999		7		
英国	United Kingdom	1999	1491	205	105	105
南斯拉夫	Yugoslavia	1999	476	33	48	37
澳大利亚	Australia	1997			111	115

注：①1992年数据。②1995年数据。

Note: ① Data refer to 1992. ② Data refer to 1995.

11-4 制造业增加值构成

Composition of Value Added in Manufacturing

资料来源：世界银行《世界发展指标》。
Source :World Bank "World Development Indicators".
单位：%

(%)

国家（地区）	Country or Territory	食品、饮料和烟草 Food, Beverage and Tobacco		纺织和服装 Textiles and Clothing		机器和运输设备 Machinery and Transport Equipment	
		1990	1999	1990	1999	1990	1999
中　国①	China ①	15	16	15	12	24	28
中国香港	Hong Kong,China	8	11	36	21	21	24
孟加拉国	Bangladesh	24		38		7	
印　度	India	12	11	15	10	25	24
印度尼西亚	Indonesia	27	16	15	18	12	20
以色列	Israel	14	12	9	9	32	32
日　本	Japan	9	11	5	4	40	40
韩　国	Korea, Rep.	11	8	12	8	32	45
马来西亚	Malaysia	13	9	6	5	31	43
蒙　古	Mongolia	33	23 ②	37	63 ②	1	
巴基斯坦	Pakistan	24	23	27	26	9	13
菲律宾	Philippines	39	33	11	9	13	15
新加坡	Singapore	4	4	3	1	53	60
斯里兰卡	Sri Lanka	50	39 ②	24	29 ②	4	4 ②
泰　国	Thailand	24		30		19	
土耳其	Turkey	16	13	15	17	16	18
埃　及	Egypt	19	18	15	12	9	13
南　非	South Africa	14	15	8	7	18	20
加拿大	Canada	15	13	6	4	26	33
墨西哥	Mexico	22	21	5	3	24	30
美　国	United States	12	9	5	3	31	46
阿根廷	Argentina	20	30	10	7	13	15
巴　西	Brazil	14	17 ②	12	7 ②	27	27 ②
委内瑞拉	Venezuela	17	28	5	5	5	10
法　国	France	13	14 ②	6	5 ②	31	30 ②
意大利	Italy	8	9	13	13	34	30
荷　兰	Netherlands	21	24	3	2	25	26
波　兰	Poland	21	28	9	6	26	23
罗马尼亚	Romania	19		18		14	
西班牙	Spain	18	17 ②	8	7 ②	25	23 ②
英　国	United Kingdom	13	12	5	5	32	29
澳大利亚	Australia	18		6		20	
新西兰	New Zealand	28	31	8		13	14

11-4 续表 1　continued

单位：%　　(%)

国家（地区）	Country or Territory	化工 Chemicals 1990	化工 Chemicals 1999	其他 Other Manufacturing 1990	其他 Other Manufacturing 1999
中国①	China ①	13	11	34	32
中国香港	Hong Kong,China	2	3	33	40
孟加拉国	Bangladesh	17		14	
印度	India	14	20	34	35
印度尼西亚	Indonesia	9	9	37	36
以色列	Israel	9	5	37	42
日本	Japan	10	10	37	35
韩国	Korea, Rep.	9	10	36	29
马来西亚	Malaysia	11	8	39	35
蒙古	Mongolia	1	1 ②	27	12 ②
巴基斯坦	Pakistan	15	16	25	22
菲律宾	Philippines	12	13	26	29
新加坡	Singapore	10	11	29	25
斯里兰卡	Sri Lanka	4	6 ②	17	22 ②
泰国	Thailand	2		26	
土耳其	Turkey	10	10	43	42
埃及	Egypt	14	14	43	43
南非	South Africa	9	10	50	48
加拿大	Canada	10	9	44	41
墨西哥	Mexico	18	18	32	28
美国	United States	12	10	40	32
阿根廷	Argentina	12	12	46	36
巴西	Brazil			48	49 ②
委内瑞拉	Venezuela	9	12	64	45
法国	France	9	9 ②	41	42 ②
意大利	Italy	7	10	38	38
荷兰	Netherlands	16	13	35	34
波兰	Poland	7	6	37	36
罗马尼亚	Romania	4		45	
西班牙	Spain	10	10 ②	39	43 ②
英国	United Kingdom	11	11	38	43
澳大利亚	Australia	7		49	
新西兰	New Zealand		13	44	43

注：①世界银行统计数据。②1995年数据。
Note: ① Data frome World Bank. ② Data of 1995.

11-5 能源平衡表

Production, Trade and Consumption of Commercial Energy

资料来源：联合国《能源统计年鉴》1998年。
Source:UN "Energy Statisticas Yearbook"1998.
单位:标准煤万吨

(10000 TCE)

国家(地区)	Country or Territory	年份 Year	一次能源生产量 Primary Energy Production 总计 Total	固体 Solids	液体 Liquids	气体 Gas	电能 Electricity	库存变化 Changes in Stocks	进口 Imports	出口 Exports
世界总计	**World**	**1990**	**1149119**	**326131**	**459073**	**258680**	**105235**	**15088**	**355757**	**352904**
		1995	**1220132**	**327539**	**477666**	**291564**	**123363**	**1933**	**437186**	**433489**
		1996	**1253509**	**332841**	**486768**	**306789**	**127110**	**137**	**452412**	**452040**
		1997	**1270931**	**335113**	**501645**	**307455**	**126718**	**6708**	**479872**	**471432**
		1998	**1274560**	**324861**	**510734**	**309959**	**129008**	**7354**	**486422**	**487205**
亚洲	**Asia**	**1990**	**325057**	**108370**	**168171**	**31225**	**17291**	**6601**	**104198**	**135714**
		1995	**419436**	**143355**	**195847**	**56396**	**23839**	**1185**	**141642**	**162758**
		1996	**432930**	**148055**	**198936**	**61099**	**24840**	**-70**	**152242**	**166611**
		1997	**442172**	**147020**	**206780**	**62525**	**25847**	**2826**	**161725**	**173992**
		1998	**446572**	**138606**	**216903**	**63830**	**27233**	**105**	**157151**	**183157**
中国①	China ①	1990	103922	77110	19745	2078	4988	-322	131	588
		1995	124013	97098	21441	2653	2822	718	5073	6320
		1996	127961	99686	22483	2973	2819	-643	6223	6652
		1997	127233	97961	22970	3356	2947	1490	9061	7352
		1998	118727	89196	23007	3441	3083	-991	7838	6892
孟加拉国	Bangladesh	1990	554		18	526	11	-21	340	
		1995	910		1	904	5	-3	400	
		1996	955		10	936	9	-39	389	
		1997	935		7	920	9	-4	468	
		1998	1014		5	998	11	36	434	
印度	India	1990	24536	17219	4883	1326	1109	118	4457	62
		1995	31416	22734	5035	2451	1196	-153	7390	9
		1996	34307	24393	5233	3484	1197	-147	8703	85
		1997	34473	25307	5368	2497	1301	67	9206	127
		1998	35657	25449	5332	3399	1476	141	10100	176
印度尼西亚	Indonesia	1990	22270	733	13271	8003	264	754	1299	10485
		1995	27275	4152	14380	8338	406	320	2155	13635
		1996	29942	4734	14620	10178	410	-140	2590	14514
		1997	30573	5207	14768	10178	420	-162	2986	15508
		1998	30097	6032	13549	10022	494	950	2577	15779
伊朗	Iran	1990	26430	130	23008	3217	75	1109	1058	16277
		1995	32024	114	26681	5139	90	38	422	18839
		1996	32414	121	26824	5379	91	292	346	18741
		1997	33146	102	26360	6599	85	1484	352	17104
		1998	33473	117	26613	6657	86	1648	469	16792
以色列	Israel	1990	6		2	4		-77	1640	146
		1995	19	15	1	3	0	-15	2589	269
		1996	16	13	1	2	0	-115	2423	266
		1997	17	15		2	0	36	2822	352
		1998	16	14		2	0	-36	3002	411
日本	Japan	1990	9997	727	79	286	8905	209	50702	1142
		1995	13278	520	103	309	12347	42	56008	1367
		1996	13743	538	96	312	12793	477	57371	1216
		1997	14343	355	100	319	13569	513	57878	1340
		1998	14779	305	94	322	14059	-658	55372	1065
哈萨克斯坦	Kazakhstan	1995	9062	5235	2963	761	103		1697	3199
		1996	9192	4823	3440	839	90		1038	3887
		1997	9427	4573	3731	1044	80		967	4156
		1998	9257	4401	3758	1022	76		1002	4598
马来西亚	Malaysia	1990	6117	11	4343	1714	49	14	1350	4882
		1995	9828	11	5074	4667	76	14	1448	5070
		1996	9813	8	5045	4696	63	82	1649	5256
		1997	10359	10	4970	5313	66	100	1864	5511
		1998	10303	35	5100	5109	59	125	1643	5652
蒙古	Mongolia	1990	307	307					107	21
		1995	247	247					70	10
		1996	261	261					62	11
		1997	241	241					68	10
		1998	233	233					67	1
缅甸	Myanmar	1990	267	5	118	130	15	0	19	2
		1995	287	4	69	194	20	-23	95	
		1996	292	4	58	210	20	-35	98	
		1997	310	4	57	227	22	-42	134	
		1998	290	4	56	219	12	2	176	
朝鲜	Korea, Dem People's Rep.	1990	8120			390		922	51	
		1995	8943	8660			283		790	41
		1996	8847	8570			277		777	40
		1997	8245	7987			258		724	37
		1998	7833	7588			245		688	35

11-5 续表 1 continued

单位:标准煤万吨 (10000 TCE)

国家(地区)	Country or Territory	年份 Year	国际运输燃料 Bunkers 空运 Air	海运 Sea	未分类 Unallocated	人均消费量(千克) Consumption per Capita(kilograms per capita)	能源消费量 Consumption 总计 Total	固体 Solids	液体 Liquids	气体 Gas	电能 Electricity
世界总计	**World**	**1990**	**5324**	**13752**	**31345**	**205**	**1086462**	**323854**	**401079**	**256318**	**105213**
		1995	**7502**	**17282**	**44487**	**204**	**1152626**	**329614**	**409303**	**290380**	**123328**
		1996	**7916**	**17786**	**47350**	**207**	**1190692**	**339529**	**418073**	**305984**	**127105**
		1997	**8223**	**18306**	**53288**	**205**	**1192847**	**333985**	**423428**	**308788**	**126646**
		1998	**8396**	**18941**	**52361**	**201**	**1186725**	**326357**	**424969**	**306443**	**128956**
亚洲	**Asia**	**1990**	**1202**	**4349**	**15475**	**84**	**265914**	**121467**	**95048**	**32117**	**17282**
		1995	**2259**	**5575**	**23278**	**107**	**366023**	**158968**	**127094**	**56068**	**23894**
		1996	**2430**	**5810**	**25479**	**111**	**384911**	**165563**	**133002**	**61434**	**24912**
		1997	**2492**	**6297**	**28924**	**110**	**389367**	**162929**	**135589**	**64963**	**25887**
		1998	**2385**	**6722**	**28797**	**106**	**382558**	**155717**	**133736**	**65757**	**27347**
中国①	China ①	1990					98703	75212	16385	2073	5034
		1995		151	4307	98	117590	93977	18210	2649	2755
		1996		140	5398	101	122636	97712	19412	2738	2775
		1997		141	6506	99	120806	94021	20937	2989	2860
		1998		295	6445	91	113923	86549	21333	2994	3047
孟加拉国	Bangladesh	1990	1	1	65	8	849	40	272	526	11
		1995		2	95	10	1216	46	262	904	5
		1996		2	111	11	1270	26	300	936	9
		1997		1	89	11	1317	46	342	920	9
		1998		1	32	11	1380	12	359	998	11
印度	India	1990	93	33	1766	32	26921	17938	6532	1326	1126
		1995	95		2856	39	35998	23707	8626	2451	1215
		1996	96		2885	42	40091	25502	9890	3484	1215
		1997	97		2739	42	40650	26708	10126	2497	1320
		1998	97		3076	43	42267	26913	10460	3399	1495
印度尼西亚	Indonesia	1990	34	29	3109	50	9158	296	4311	4287	264
		1995	74	23	4297	56	11083	1932	5241	3505	406
		1996	88	24	4510	68	13535	1584	5717	5824	410
		1997	92	25	4570	67	13525	1043	6380	5683	420
		1998	103	26	4366	56	11449	1412	6115	3428	494
伊朗	Iran	1990	1	51	747	160	9303	175	6035	3018	75
		1995	1	121	1258	196	12190	155	6807	5139	90
		1996	1	79	1215	214	12433	153	6810	5379	91
		1997	1	62	1051	217	13796	137	6923	6652	85
		1998	1	99	1105		14298	154	7150	6907	86
以色列	Israel	1990	51	25	46	312	1455	370	1085	4	-5
		1995	1	30	143	392	2180	716	1473	3	-11
		1996	1	13	126	376	2148	794	1364	2	-12
		1997	1	26	178	384	2248	879	1381	2	-14
		1998	1	22	202	404	2419	942	1487	2	-13
日本	Japan	1990	82	748	2099	457	56419	11483	29163	6869	8905
		1995	795	890	2338	509	63853	12499	30748	8259	12347
		1996	844	619	2436	521	65522	12856	30972	8900	12793
		1997	898	741	2962	519	65768	13222	29888	9088	13569
		1998	880	861	2091	522	65966	12960	29490	9458	14059
哈萨克斯坦	Kazakhstan	1995	51		296	437	7212	4062	1356	1602	193
		1996	49		170	373	6125	3622	1087	1245	171
		1997	31		699	336	5508	3108	1145	1117	138
		1998	36		306	326	5321	3035	1045	1118	122
马来西亚	Malaysia	1990		13	-107	149	2666	204	1940	474	48
		1995		36	322	290	5835	239	2607	2914	76
		1996		23	468	274	5633	292	2764	2514	63
		1997		22	473	292	6117	275	2965	2811	66
		1998		58	556	260	5555	265	2685	2547	59
蒙古	Mongolia	1990				180	392	286	104		3
		1995				125	307	253	49		5
		1996				125	313	253	55		5
		1997				118	299	241	54		4
		1998				116	299	237	58		4
缅甸	Myanmar	1990			50	6	235	6	85	130	15
		1995	1	-	13	9	391	5	172	194	20
		1996	2	1	10	10	413	5	179	210	20
		1997	2	1	19	11	465	5	212	227	22
		1998	2	-	19	10	443	5	208	219	12
朝鲜	Korea, Dem People's Rep.	1990			-30	432	9411	8357	664		390
		1995			-96	440	9788	8875	630		283
		1996			-100	428	9684	8783	624		277
		1997			-93	393	9025	8186	581		258
		1998			-88	367	8574	7777	552		245

11-5 续表 2 continued

单位:标准煤万吨 (10000 TCE)

国家(地区)	Country or Territory	年份 Year	一次能源生产量 Primary Energy Production 总计 Total	固体 Solids	液体 Liquids	气体 Gas	电能 Electricity	库存变化 Changes in Stocks	进口 Imports	出口 Exports
韩国	Korea, Rep.	1990	3150	1107			2043	-35	10257	486
		1995	2929	368			2561	306	20157	2024
		1996	3132	318			2814	284	22639	2529
		1997	3224	290			2934	333	25676	3767
		1998	3692	280			3411	178	23904	4838
巴基斯坦	Pakistan	1990	2263	212	388	1444	219	47	1374	39
		1995	2900	206	395	2000	300		1911	44
		1996	3097	246	423	2125	303		2154	41
		1997	3159	240	425	2224	269		2114	67
		1998	3136	213	413	2225	285		2251	32
菲律宾	Philippines	1990	864	84	35		745	46	1963	59
		1995	919	89	19		811	93	2861	49
		1996	951	75	7		870	199	3129	89
		1997	995	73	6		916	6	3381	84
		1998	1011	68	6	-	937	-	3270	24
新加坡	Singapore	1990						87	8577	4713
		1995						-685	10915	5937
		1996						-653	11963	6143
		1997						-719	12221	5896
		1998						-1397	11974	6006
斯里兰卡	Sri Lanka	1990	39				39	4	271	14
		1995	56				56	-2	355	14
		1996	40				40	-2	414	11
		1997	42				42	4	432	11
		1998	48				48	2	440	3
泰国	Thailand	1990	1699	463	403	771	61	12	2688	106
		1995	3119	1158	526	1352	83	-91	4806	161
		1996	3567	1350	603	1533	90	171	5944	612
		1997	4194	1470	723	1913	89	33	5897	810
		1998	4067	1267	752	1984	64	-151	5201	721
土耳其	Turkey	1990	2534	1682	530	28	294	-113	4131	302
		1995	2691	1718	502	24	448	162	5513	220
		1996	2800	1765	500	27	508	81	6128	179
		1997	2898	1872	493	33	500	-61	6363	143
		1998	3134	2070	461	74	530	-19	6539	242
越南	Viet Nam	1990	914	463	385	0	66	-27	433	458
		1995	2129	835	1089	1	205	77	704	1376
		1996	2465	982	1258	1	224	70	833	1609
		1997	2803	1139	1442	2	221	235	878	1723
		1998	3170	1167	1786	2	215	288	997	2052
非洲	**Africa**	**1990**	**70344**	**13949**	**46157**	**9218**	**1021**	**312**	**7237**	**46083**
		1995	**79325**	**16418**	**49722**	**12031**	**1154**	**1055**	**8063**	**50175**
		1996	**81263**	**16352**	**50722**	**12976**	**1214**	**1117**	**7958**	**51786**
		1997	**84907**	**17378**	**51898**	**14348**	**1284**	**909**	**7847**	**54719**
		1998	**86545**	**17717**	**52763**	**14658**	**1406**	**1135**	**8268**	**55862**
埃及	Egypt	1990	7552		6527	903	123	71	227	3502
		1995	8624		6681	1807	136	1252	153	2245
		1996	8549		6490	1922	137	1094	285	1973
		1997	8483		6355	1983	144	911	267	1906
		1998	7960		6168	1645	147	1171	313	1374
尼日利亚	Nigeria	1990	12914	9	12332	534	39	-457	254	11207
		1995	13884	14	13169	634	66		320	12005
		1996	14069	14	13262	727	66		320	12248
		1997	14241	14	13381	779	67		318	12685
		1998	14714	6	13856	786	67		272	12828
南非	South Africa	1990	13651	13329			322	-	2246	4279
		1995	17435	15721	1039	245	430	-204	2385	6017
		1996	17468	15710	1056	245	457		2146	6091
		1997	18506	16740	1058	219	490		1920	6561
		1998	18882	17130	1043	184	525		2368	6760
北美洲	**North America**	**1990**	**297979**	**83021**	**96388**	**84095**	**34475**	**5851**	**77851**	**43517**
		1995	**316140**	**81905**	**97451**	**94589**	**42195**	**-1579**	**93099**	**50651**
		1996	**321823**	**84283**	**96507**	**98200**	**42833**	**-982**	**98244**	**52605**
		1997	**325703**	**86497**	**99230**	**99720**	**40256**	**2835**	**105373**	**54836**
		1998	**323722**	**87526**	**97016**	**98188**	**40992**	**5635**	**111202**	**56324**

11-5 续表 3 continued

单位:标准煤万吨 (10000 TCE)

国家(地区)	Country or Territory	年份 Year	国际运输燃料 Bunkers 空运 Air	国际运输燃料 Bunkers 海运 Sea	未分类 Unallocated	人均消费量(千克) Consumption per Capita(kilograms per capita)	能源消费量 Consumption 总计 Total	固体 Solids	液体 Liquids	气体 Gas	电能 Electricity
韩国	Korea, Rep.	1990	77	234	748	278	11912	3549	5888	432	2043
		1995	98	675	1476	412	18507	4343	10287	1316	2561
		1996	108	770	1959	444	20122	4703	10899	1706	2814
		1997	109	855	2797	460	21040	4966	11061	2080	2934
		1998	74	890	2862	407	18754	5137	8259	1947	3411
巴基斯坦	Pakistan	1990	15	5	86	29	3446	318	1466	1444	219
		1995	20	2	121	34	4624	314	2010	2000	300
		1996	18	2	129	36	5066	353	2285	2125	303
		1997	19	3	102	35	5082	323	2265	2224	269
		1998	20	2	101	35	5232	308	2413	2225	285
菲律宾	Philippines	1990	54	10	173	40	2484	216	1524		745
		1995	63	15	325	47	3235	277	2148		811
		1996	75	23	208	50	3485	399	2217		870
		1997	90	18	420	53	3758	509	2333		916
		1998	64	25	274	53	3894	513	2444		937
新加坡	Singapore	1990	100	1025	796	685	1856	3	1853		
		1995	129	1621	1001	877	2912	3	2909		
		1996	170	2029	1026	963	3249		3249		
		1997	147	2303	1057	1032	3537		3537		
		1998	147	2446	1146	1043	3626		3626		
斯里兰卡	Sri Lanka	1990	8	55	9	13	218	-	180		39
		1995	11	48	23	18	316	-	261		56
		1996	14	54	18	20	359	-	319		40
		1997	15	39	15	21	390	-	348		42
		1998	13	37	20	23	415	4	363		48
泰国	Thailand	1990			88	75	4181	487	2854	771	69
		1995			382	128	7473	1381	4650	1352	90
		1996			445	140	8294	1675	4986	1533	99
		1997			560	146	8689	1717	4963	1913	97
		1998			739	132	7959	1440	4451	1987	82
土耳其	Turkey	1990		17	570	105	5879	2256	2885	453	285
		1995	38	27	395	120	7362	2349	3655	919	439
		1996	47	18	459	131	8146	2712	3818	1109	507
		1997	64	23	530	135	8562	3012	3699	1324	527
		1998	71	23	626	135	8730	3214	3529	1420	567
越南	Viet Nam	1990			-	14	916	417	433	-	66
		1995			-	19	1380	473	702	1	205
		1996			-	22	1620	556	839	1	224
		1997			-	23	1723	617	883	2	221
		1998			-	24	1828	616	995	2	215
非洲	**Africa**	**1990**	**327**	**569**	**2102**	**45**	**28189**	**10115**	**12054**	**5015**	**1005**
		1995	**360**	**994**	**3182**	**45**	**31623**	**10892**	**12539**	**7055**	**1137**
		1996	**390**	**1068**	**2359**	**46**	**32500**	**10871**	**12866**	**7586**	**1177**
		1997	**375**	**1035**	**2429**	**46**	**33288**	**11415**	**12845**	**7789**	**1240**
		1998	**333**	**951**	**2569**	**45**	**33962**	**11554**	**13405**	**7664**	**1339**
埃及	Egypt	1990	21	215	309	65	3660	122	2513	903	123
		1995	37	355	310	74	4578	92	2545	1804	136
		1996	52	437	343	78	4936	129	2748	1922	137
		1997	44	430	346	79	5112	107	2878	1983	144
		1998	48	318	306	77	5057	95	3169	1645	147
尼日利亚	Nigeria	1990	52	57	9	21	2301	6	1722	534	38
		1995	52	54	447	17	1646	15	930	634	66
		1996	54	54	294	17	1740	15	932	727	66
		1997	53	53	-14	17	1783	15	922	779	67
		1998	54	51	159	18	1894	7	1035	786	67
南非	South Africa	1990			102	273	11516	9069	2141		306
		1995		328	655	301	13024	9801	2584	245	395
		1996		329	199	295	12995	9744	2618	245	389
		1997		316	228	297	13320	10316	2378	219	408
		1998		334	542	299	13615	10481	2451	184	499
北美洲	**North America**	**1990**	**211**	**3100**	**3548**	**753**	**319603**	**70801**	**132065**	**82260**	**34477**
		1995	**215**	**4723**	**8062**	**761**	**347167**	**72948**	**135649**	**96364**	**42205**
		1996	**253**	**4481**	**8663**	**769**	**355047**	**76311**	**137722**	**98175**	**42840**
		1997	**261**	**3956**	**11091**	**767**	**358096**	**77072**	**141077**	**99688**	**40259**
		1998	**251**	**3982**	**9874**	**760**	**358857**	**79145**	**143175**	**95535**	**41003**

11-5 续表 4 continued

单位:标准煤万吨 (10000 TCE)

国家(地区)	Country or Territory	年份 Year	一次能源生产量 Primary Energy Production 总计 Total	固体 Solids	液体 Liquids	气体 Gas	电能 Electricity	库存变化 Changes in Stocks	进口 Imports	出口 Exports
加拿大	Canada	1990	38664	5278	12994	14037	6355	683	6203	15070
		1995	50618	5557	16106	21181	7774	-409	5968	22971
		1996	51561	5675	16172	21887	7828	6	6807	23933
		1997	53153	5872	17615	22280	7386	296	7869	24947
		1998	51558	5564	16345	22905	6745	286	8326	26373
墨西哥	Mexico	1990	26194	556	21352	3259	1027	46	844	10200
		1995	26833	410	22923	2029	1470	-54	1299	10933
		1996	28753	450	23679	3237	1387	60	1325	12006
		1997	30473	460	25008	3616	1389	48	2166	13494
		1998	31482	500	25445	4191	1346	-68	2454	13694
美国	United States	1990	230894	77187	60775	66101	26832	5004	60871	12967
		1995	236148	75937	57143	70474	32594	-1061	75556	11789
		1996	238788	78158	55351	72053	33226	-1061	79525	11536
		1997	239325	80166	55341	72735	31083	2499	84617	11421
		1998	237748	81463	53853	69955	32478	5336	88675	10836
南美洲	**South America**	**1990**	**46653**	**2700**	**31579**	**7679**	**4695**	**445**	**8250**	**20467**
		1995	**61450**	**3285**	**40885**	**11338**	**5942**	**-85**	**10637**	**29348**
		1996	**66007**	**3552**	**45294**	**11099**	**6063**	**904**	**11587**	**32398**
		1997	**70367**	**4029**	**47877**	**11950**	**6511**	**-136**	**12193**	**35942**
		1998	**71731**	**4345**	**48611**	**12151**	**6624**	**200**	**12690**	**36381**
阿根廷	Argentina	1990	6935	23	3713	2706	493	-24	403	650
		1995	9568	26	5323	3625	595	-2	880	2477
		1996	10069	26	5962	3521	560	-10	698	2780
		1997	11142	21	6333	4145	643	34	647	3068
		1998	11135	24	6247	4259	604	45	783	3201
巴西	Brazil	1990	8042	292	4615	514	2622	257	5833	551
		1995	9330	330	5126	657	3217	-354	6565	381
		1996	10171	305	5770	737	3359	139	7411	246
		1997	10968	358	6242	818	3549	30	7482	261
		1998	12133	350	7219	858	3705	75	7291	567
委内瑞拉	Venezuela	1990	20466	219	16530	3263	454	109	69	13594
		1995	28518	406	21929	5549	633	41	12	18861
		1996	30979	364	24846	5230	539	645	11	21026
		1997	32927	514	26293	5416	704	-82	67	23448
		1998	32478	745	25564	5456	722	-31	163	22891
欧洲	**Europe**	**1990**	**151137**	**54949**	**30673**	**29194**	**36321**	**669**	**152757**	**57911**
		1995	**314308**	**63502**	**88749**	**112628**	**49428**	**1038**	**179658**	**124317**
		1996	**321644**	**61200**	**90439**	**118643**	**51361**	**-721**	**187839**	**132107**
		1997	**316546**	**59460**	**90959**	**114109**	**52018**	**-11**	**188060**	**134452**
		1998	**312950**	**54617**	**90157**	**116249**	**51928**	**526**	**192456**	**136321**
保加利亚	Bulgaria	1990	1358	780	9	2	568	-148	2666	128
		1995	1417	735	6	6	671	30	2209	288
		1996	1388	670	5	5	709	69	2168	260
		1997	1344	639	4	5	697	-2	1810	271
		1998	1388	710	5	4	670	9	1684	236
捷克共和国	Czech Republic	1995	4447	3912	21	31	483	-35	2590	1244
		1996	4491	3933	22	29	508	91	2871	1213
		1997	4338	3798	23	26	490	82	2792	1132
		1998	4110	3544	26	27	514	32	2801	1131
法国②	France ②	1990	14233	1114	486	264	12369	293	19446	2530
		1995	16822	864	533	443	14981	29	19776	2857
		1996	17280	766	472	382	15660	-262	21408	3243
		1997	16996	643	457	338	15558	99	21135	3383
		1998	16503	541	409	292	15261	-170	22692	3696
德国	Germany	1990	18422	10349	513	1863	5697	-143	23104	2381
		1995	19924	11192	418	2278	6035	-295	30609	2882
		1996	19709	10501	411	2477	6321	-499	32778	3074
		1997	19466	10020	401	2450	6595	219	32647	3082
		1998	18230	9145	419	2408	6258	-101	33198	3069
意大利③	Italy ③	1990	3760	40	667	2227	826	202	21560	2685
		1995	4293	13	749	2595	938	44	21824	2304
		1996	4428	10	779	2597	1041	278	21947	2514
		1997	4412	3	850	2505	1054	-142	22312	2815
		1998	4345	6	804	2471	1064	-54	23389	3037

11-5 续表 5 continued

单位:标准煤万吨 (10000 TCE)

国家（地区） Country or Territory	年份 Year	国际运输燃料 Bunkers		未分类 Unallocated	人均消费量(千克) Consumption per Capita(kilograms per capita)	能源消费量 Consumption				
		空运 Air	海运 Sea			总计 Total	固体 Solids	液体 Liquids	气体 Gas	电能 Electricity
加拿大 Canada	1990	133	91	-299	1096	29188	3358	10814	8666	6350
	1995	121	90	928	1110	32885	3352	11125	11078	7331
	1996	142	91	523	1124	33673	3443	11252	11613	7365
	1997	139	78	626	1155	34937	3665	12630	11696	6947
	1998	133	166	-1042	1111	33968	3821	12582	11156	6408
墨西哥 Mexico	1990	11	6	991	187	15785	572	10882	3321	1010
	1995		88	1270	174	15895	580	11627	2228	1460
	1996		82	1323	179	16607	663	11258	3299	1388
	1997		114	1489	186	17494	691	11693	3708	1403
	1998		112	1432	196	18765	705	12355	4342	1364
美国 United States	1990		2683	2425	1075	268687	66811	105453	69567	26856
	1995		4193	4922	1093	291861	68947	107712	82146	33056
	1996		3946	5927	1106	297968	72133	109911	82231	33694
	1997		3400	7986	1099	298635	72644	111301	83188	31502
	1998		3333	8223	1090	298696	74553	112444	78890	32808
南美洲 South America	**1990**	**134**	**360**	**2193**	**107**	**31304**	**2480**	**16459**	**7687**	**4678**
	1995	**112**	**361**	**2378**	**125**	**39972**	**2801**	**19897**	**11332**	**5942**
	1996	**128**	**403**	**3136**	**125**	**40626**	**2969**	**20561**	**11035**	**6060**
	1997	**140**	**455**	**3168**	**130**	**42991**	**3132**	**21506**	**11840**	**6513**
	1998	**159**	**442**	**3407**	**131**	**43832**	**3132**	**22020**	**12088**	**6593**
阿根廷 Argentina	1990		105	482	190	6125	116	2509	2997	504
	1995		68	267	220	7638	140	2970	3907	621
	1996		83	638	207	7276	117	2777	3780	602
	1997		101	806	218	7780	105	2714	4255	707
	1998	-	100	819	215	7753	118	2758	4207	670
巴西 Brazil	1990	67	79	1224	79	11698	1333	6923	515	2927
	1995	97	167	1060	91	14544	1673	8563	657	3652
	1996	111	192	1294	97	15600	1766	9288	737	3809
	1997	123	245	1293	101	16498	1796	9838	818	4047
	1998	138	243	1360	103	17042	1759	10234	858	4190
委内瑞拉 Venezuela	1990	53	114	191	335	6476	46	2713	3263	454
	1995		10	481	418	9136	12	2942	5549	633
	1996		10	625	389	8685	13	2903	5230	539
	1997		11	467	402	9149	16	3013	5416	704
	1998		9	460	401	9313	143	3001	5456	713
欧洲 Europe	**1990**	**3106**	**5188**	**2366**	**406**	**234606**	**67173**	**85297**	**45372**	**36764**
	1995	**4142**	**5416**	**7735**	**483**	**351318**	**77621**	**108063**	**116289**	**49345**
	1996	**4275**	**5813**	**7736**	**495**	**360272**	**76909**	**107661**	**124386**	**51316**
	1997	**4501**	**6359**	**7415**	**483**	**351890**	**72263**	**106606**	**121077**	**51945**
	1998	**4783**	**6656**	**7408**	**480**	**349712**	**69153**	**106787**	**121923**	**51849**
保加利亚 Bulgaria	1990		47	248	417	3749	1297	1067	771	614
	1995		39	186	363	3082	1031	728	655	669
	1996		34	156	360	3038	971	622	742	703
	1997		1	128	328	2756	1012	504	587	653
	1998		10	132	322	2684	1027	536	497	625
捷克共和国 Czech Republic	1995	27		226	540	5576	3180	868	1040	488
	1996	19		238	562	5801	3195	901	1197	508
	1997	18		184	555	5715	3143	879	1217	476
	1998	17		185	540	5547	2916	928	1220	483
法国② France ②	1990	551	365	483	519	29457	2871	10949	3828	11807
	1995	554	364	1143	545	31650	2322	10278	4928	14122
	1996	591	393	1280	574	33443	2393	10672	5565	14813
	1997	607	428	1256	553	32359	2110	10390	5106	14753
	1998	647	414	983	573	33625	2458	10901	5713	14553
德国 Germany	1990	560	294	159	624	38275	10789	14123	7662	5701
	1995	800	294	802	564	46049	13016	16468	10470	6094
	1996	839	292	752	586	48031	12947	16991	11836	6256
	1997	866	309	897	570	46739	12326	16643	11204	6566
	1998	891	239	1193	563	46082	11978	16390	11464	6250
意大利③ Italy ③	1990	269	407	-617	388	22373	1929	12894	6298	1252
	1995	347	347	-522	411	23597	1764	13348	7088	1398
	1996	376	328	-192	402	23071	1613	12645	7312	1501
	1997	389	342	-485	415	23806	1604	13133	7538	1531
	1998	413	376	76	416	23886	1604	12602	8115	1565

11-5 续表 6 continued

单位:标准煤万吨 (10000 TCE)

国家(地区)	Country or Territory	年份 Year	一次能源生产量 Primary Energy Production 总计 Total	固体 Solids	液体 Liquids	气体 Gas	电能 Electricity	库存变化 Changes in Stocks	进口 Imports	出口 Exports
荷兰	Netherlands	1990			573	8669	132	-105	13383	10982
		1995	10233		506	9572	155	-222	13617	11440
		1996	11426		444	10821	161	29	14318	12459
		1997	10126		428	9601	97	158	15124	11972
		1998	9672		391	9130	151	-63	15512	12176
波兰	Poland	1990	13655	13256	24	334	41	165	3421	2808
		1995	13512	12925	42	498	48	-170	3469	3143
		1996	13652	13044	45	515	48	62	3930	2824
		1997	13613	13016	41	509	47	581	4251	3008
		1998	11837	11216	51	516	53	-81	4363	2931
罗马尼亚	Romania	1990	5682	1142	1133	3273	135	65	3945	1254
		1995	4317	1052	996	2064	205	3	2754	670
		1996	4269	1076	982	1966	245	-9	2676	544
		1997	3975	890	967	1701	416	156	2511	410
		1998	3654	692	939	1593	430	-64	2115	475
俄罗斯	Russian Federation	1995	140150	15761	43600	74903	5887	1915	3529	50823
		1996	139656	15306	42798	75542	6009	48	3204	52994
		1997	136505	14609	43423	72474	6000	-1836	3307	54154
		1998	137763	13812	43071	75057	5824	374	3221	54980
西班牙	Spain	1990	4452	1744	167	202	2338	50	9782	1441
		1995	3930	1362	134	60	2374	207	11544	894
		1996	4125	1336	114	67	2608	-87	11361	788
		1997	3958	1328	96	25	2509	-207	12137	776
		1998	4041	1248	125	16	2652	283	13402	972
乌克兰	Ukraine	1995	12076	6316	580	2418	2760		13148	548
		1996	11678	5573	586	2451	3069		13112	749
		1997	11742	5659	591	2414	3078		11284	708
		1998	11618	5674	557	2392	2995		10238	642
英国	United Kingdom	1990	30080	7928	13127	6496	2529	31	11578	10397
		1995	37493	4696	19001	10403	3393	-677	10041	14706
		1996	39246	4321	18953	12384	3588	-337	10386	14566
		1997	39270	4174	18744	12624	3728	380	10524	14793
		1998	40038	3565	19343	13311	3819	205	10708	15343
南斯拉夫	Yugoslavia	1990	3653	2415	526	293	419	113	2733	123
		1995	1622	1218	152	114	138		84	
		1996	1545	1170	147	86	142		516	-
		1997	1604	1238	140	89	137		643	-
		1998	1718	1343	131	94	151		573	3
大洋洲	**Oceania**	**1990**	**22717**	**14470**	**4222**	**3334**	**692**	**465**	**2930**	**10275**
		1995	**29473**	**19074**	**5011**	**4582**	**806**	**317**	**4088**	**16240**
		1996	**29843**	**19400**	**4870**	**4773**	**800**	**-112**	**4543**	**16533**
		1997	**31236**	**20729**	**4902**	**4803**	**802**	**284**	**4675**	**17492**
		1998	**33041**	**22050**	**5283**	**4882**	**825**	**-248**	**4656**	**19160**
澳大利亚	Australia	1990	21130	14277	3950	2721	183	492	1924	10030
		1995	27029	18795	4066	3968	200	344	2813	15261
		1996	27380	19114	3995	4073	198	-80	3210	15622
		1997	28666	20459	3938	4057	212	302	3321	16557
		1998	30617	21787	4405	4224	201	-240	3237	18257
新西兰	New Zealand	1990	1570	193	272	613	492	-22	506	230
		1995	1700	279	231	603	587	-27	656	251
		1996	1861	286	303	689	582	-32	713	327
		1997	1973	270	398	735	571	-18	733	357
		1998	1836	264	321	647	605	-8	804	334

11–5 续表 7 continued

单位：标准煤万吨 (10000 TCE)

国家(地区)	Country or Territory	年份 Year	国际运输燃料 Bunkers 空运 Air	海运 Sea	未分类 Unallocated	人均消费量(千克) Consumption per Capita (kilograms per capita)	能源消费量 Consumption 总计 Total	固体 Solids	液体 Liquids	气体 Gas	电能 Electricity
荷兰	Netherlands	1990	209	1579	-796	729	10888	1527	4224	4892	245
		1995	362	1635	-948	749	11583	1290	4612	5387	295
		1996	386	1664	-1317	806	12523	1320	4995	5917	291
		1997	419	1765	-904	758	11841	1271	4726	5592	252
		1998	456	1778	-1067	759	11905	1268	4808	5532	296
波兰	Poland	1990		62	333	359	13708	10785	1624	1272	28
		1995	53	28	52	359	13875	10245	2203	1414	13
		1996	55	32	112	375	14498	10588	2385	1516	10
		1997	37	22	73	366	14143	10135	2493	1495	20
		1998	28	113	79	339	13130	9150	2459	1510	11
罗马尼亚	Romania	1990		-	313	345	7994	1766	1871	4105	252
		1995	26		406	262	5966	1439	1569	2749	209
		1996	2		396	266	6013	1413	1571	2774	255
		1997	18		322	247	5580	1306	1578	2277	419
		1998	15		255	226	5088	1046	1475	2132	435
俄罗斯	Russian Federation	1995			3473	591	87523	15702	17402	48773	5645
		1996			2997	587	86820	16102	15947	49002	5769
		1997			2911	573	84583	14599	15454	48773	5757
		1998			2646	563	82984	13730	14975	48677	5602
西班牙	Spain	1990	161	559	486	296	11537	2818	5597	789	2333
		1995	291	463	1087	317	12531	2711	6165	1225	2430
		1996	307	675	1133	320	12669	2620	6058	1371	2621
		1997	332	833	1061	336	13300	2567	6468	1795	2471
		1998	350	877	925	354	14036	2465	7034	1843	2694
乌克兰	Ukraine	1995	131		292	472	24252	7502	3157	10871	2723
		1996	110		156	464	23775	6451	2456	11824	3044
		1997	94		147	432	22077	6216	2256	10529	3076
		1998	98		149	412	20968	6244	2294	9443	2986
英国	United Kingdom	1990	606	363	-482	534	30742	9056	11549	7461	2676
		1995	664	353	809	541	31680	6946	10617	10523	3594
		1996	679	382	892	570	33452	6386	10873	12400	3793
		1997	727	423	756	557	32715	5702	10627	12453	3932
		1998	805	441	731	566	33221	5479	10743	13027	3973
南斯拉夫	Yugoslavia	1995	6		51	156	1649	1224	147	140	138
		1996	8		116	183	1938	1177	263	357	142
		1997	14		100	201	2132	1244	397	354	137
		1998	14		129	202	2145	1348	314	335	147
大洋洲	**Oceania**	**1990**	**345**	**177**	**-554**	**560**	**14939**	**5612**	**5675**	**2961**	**692**
		1995	**416**	**212**	**-147**	**589**	**16524**	**6386**	**6061**	**3272**	**806**
		1996	**441**	**211**	**-23**	**609**	**17336**	**6907**	**6261**	**3368**	**800**
		1997	**455**	**204**	**262**	**597**	**17215**	**7175**	**5806**	**3431**	**802**
		1998	**485**	**188**	**307**	**610**	**17804**	**7657**	**5846**	**3476**	**825**
澳大利亚	Australia	1990	200	94	-476	744	12715	5433	4752	2348	183
		1995	269	122	-114	778	13960	6186	4916	2658	200
		1996	290	124	-5	807	14638	6692	5080	2668	198
		1997	300	115	279	787	14434	6949	4589	2685	212
		1998	332	101	328	814	15076	7456	4601	2818	201
新西兰	New Zealand	1990	64	46	-78	541	1835	160	570	613	492
		1995	74	50	-34	556	2041	181	671	603	587
		1996	77	48	-19	584	2174	195	707	689	582
		1997	81	50	-19	600	2256	207	742	735	571
		1998	80	48	-21	581	2207	182	774	647	605

注：①为联合国统计数据。②包括摩纳哥。③包括圣马力诺。

Note: ① Data from United Nations. ② Incl.Monaco. ③ Incl.San Marino.

11-6 能源利用效率和传统燃料消费

Energy Efficiency and Traditional Fuel Use

资料来源：世界银行数据库。
Source: World Bank Database.

国家（地区）	Country or Territory	单位能源生产的GDP（国际元／千克标准油）GDP per Unit of Energy Use (PPP$ per kg of oil equivalent)		传统燃料占能源消费总量的比重(%) Traditional Fuel Use as Percentage of Total Consumption of Energy(%)	
		1990	1999	1990	1999
中国①	China ①	0.8	4.2	8.4	5.7
中国香港	Hong Kong, China	6.4	8.4	0.9	0.7
孟加拉国	Bangladesh	5.7	10.8	81.3	46.0
印度	India	1.9	4.7	31.5	20.7
印度尼西亚	Indonesia	2.2	4.4	51.5	29.3
以色列	Israel	3.6	6.1		
日本	Japan	3.4	6.3	0.1	1.6
哈萨克斯坦	Kazakhstan		2.1		0.2
朝鲜	Korea Dem. People's Rep.			3.1	1.4
韩国	Korea, Rep.	2.8	4.1	4.0	2.4
马来西亚	Malaysia	2.7	4.3	15.7	5.5
蒙古	Mongolia			14.4	4.3
缅甸	Myanmar			69.3	60.5
巴基斯坦	Pakistan	2.2	4.2	24.4	29.5
菲律宾	Philippines	5.6	6.9	37.0	26.9
新加坡	Singapore	2.4	3.6	0.4	
斯里兰卡	Sri Lanka	3.5	8.1	53.5	46.5
泰国	Thailand	3.0	5.2	40.3	24.6
土耳其	Turkey	3.6	5.9	20.5	3.1
越南	Vietnam		4.1	49.1	37.8
埃及	Egypt	3.5	4.9	4.7	3.2
尼日利亚	Nigeria	0.8	1.2	66.8	67.8
南非	South Africa	2.7	3.5	4.9	43.4
加拿大	Canada	1.5	3.3	0.4	4.7
墨西哥	Mexico	3.1	5.4	5.0	4.5
美国	United States	1.6	3.9	1.3	3.8
阿根廷	Argentina	4.7	7.1	5.9	4.0
巴西	Brazil	4.4	6.7	35.5	28.7
委内瑞拉	Venezuela	1.7	2.5	0.9	0.7
白俄罗斯	Belarus	5.7	10.8	81.3	46.0
保加利亚	Bulgaria	0.9	2.3	0.5	1.3
捷克共和国	Czech Republic		3.5	0.6	1.6
法国	France	2.9	5.3	1.3	5.7
德国	Germany	2.3	5.8	0.3	1.3
意大利	Italy	3.9	7.7	0.8	1.0
荷兰	Netherlands	2.2	5.2		1.1
波兰	Poland		3.5	0.4	0.8
罗马尼亚	Romania	1.6	3.8	1.3	5.7
俄罗斯	Russian Federation		1.9		0.8
西班牙	Spain	3.8	6.1	0.4	1.3
乌克兰	Ukraine		1.2		0.5
英国	United Kingdom	2.5	5.8	0.0	3.3
南斯拉夫	Yugoslavia				1.5
澳大利亚	Australia	2.1	4.4	3.8	4.4
新西兰	New Zealand	2.9	4.0	0.2	0.8

注：①世界银行统计数据。
Note: ① Data from World Bank.

11-7 电力装机容量

Net Installed Capacity of Electricity Generating Plants

资料来源：联合国《能源年鉴》1998年。
Source:UN "Energy Statistics Yearbook"1998.
单位:万千瓦 (10000 kilowatts)

国家(地区)	Country or Territory	年份 Year	总装机容量 Self-producers and Public Utilities 总计 Total	热电 Thermal	水电 Hydro	核电 Nuclear	地热 Geothermal	发电厂自用装机容量 Self-producers 总计 Total	热电 Thermal	水电 Hydro	核电 Nuclear	地热 Geothermal
世界总计	**World**	**1990**	**276179**	**177906**	**64418**	**33030**	**825**	**20750**	**18256**	**2088**	**96**	**311**
		1995	**306384**	**199082**	**71097**	**35067**	**1138**	**23483**	**20706**	**2331**	**70**	**376**
		1996	**313225**	**204388**	**71802**	**35624**	**1412**	**25096**	**22361**	**2295**	**70**	**370**
		1997	**319900**	**209628**	**72608**	**36136**	**1528**	**25896**	**23146**	**2317**	**70**	**364**
		1998	**324232**	**212290**	**73746**	**36522**	**1673**	**26551**	**24046**	**2365**	**70**	**370**
亚洲	**Asia**	**1990**	**61265**	**43589**	**12927**	**4611**	**139**	**5155**	**4879**	**256**	**17**	**4**
		1995	**85640**	**61876**	**17490**	**6046**	**228**	**6835**	**6519**	**278**	**17**	**22**
		1996	**89465**	**64800**	**17935**	**6243**	**488**	**6916**	**6605**	**283**	**17**	**12**
		1997	**93612**	**98280**	**18249**	**6567**	**516**	**7475**	**7163**	**285**	**17**	**11**
		1998	**96392**	**70435**	**18566**	**6848**	**543**	**8223**	**7898**	**298**	**17**	**11**
孟加拉国	Bangladesh	1990	252	229	23			17	17			
		1995	328	305	23			38	38			
		1996	330	307	23			39	39			
		1997	331	308	23			40	40			
		1998	349	326	23			40	40			
印度	India	1990	7470	5435	1876	157	3	861	861	-		
		1995	9508	7166	2099	223	21	1179	1162	-		17
		1996	9790	7604	2166	223	97	1210	1204	-		7
		1997	10196	7681	2190	223	103	1287	1281	-		7
		1998	10745	8170	2245	223	109	1420	1413	-		7
印度尼西亚	Indonesia	1990	1292	963	315		14	380	275	105		
		1995	1915	1550	334		31	417	300	117		
		1996	1956	1589	336		31	423	305	118		
		1997	2134	1740	364		31	430	311	120		
		1998	2287	1816	434		36	449	316	134		
伊朗	Iran	1990	1795	1600	195			315	315			
		1995	2657	2462	195			466	466			
		1996	2708	2511	197			466	466			
		1997	2945	2745	200			619	619			
		1998	3063	2863	200			619	619			
以色列	Israel	1990	414	414	1			8	8	1		
		1995	693	692	1			8	8	1		
		1996	774	774	1			8	8	1		
		1997	781	780	1			8	8	1		
		1998	786	786	1			8	8	1		
日本	Japan	1990	19476	12502	3783	3165	27	1969	1811	138	17	4
		1995	22700	14167	4346	4136	52	2405	2246	137	17	5
		1996	23374	14607	4441	4271	54	2440	2283	135	17	5
		1997	24245	15220	4446	4525	54	2585	2428	136	17	4
		1998	24526	15350	4486	4637	54	2656	2500	136	17	4
哈萨克斯坦	Kazakhstan	1995	1896	1675	214	7		258	248	10		
		1996	1896	1676	214	7		258	248	10		
		1997	1896	1676	214	7		258	248	10		
		1998	1896	1676	214	7		258	248	10		
马来西亚	Malaysia	1990	504	358	146			54	48	6		
		1995	1060	884	176			56	50	6		
		1996	1180	994	186			56	50	6		
		1997	1284	1088	196			56	50	6		
		1998	1360	1150	210			438	434	4		
蒙古	Mongolia	1990	90	90				13	13			
		1995	90	90				13	13			
		1996	90	90				13	13			
		1997	90	90				13	13			
		1998	90	90				13	13			
缅甸	Myanmar	1990	199	110	84	26		29	29			
		1995	132	101	32			34	34			
		1996	139	107	33			36	36			
		1997	140	108	34			37	37			
		1998	140	106	34			37	37			
朝鲜	Korea, Dem People's Rep.	1990	950	450	500							
		1995	950	450	500							
		1996	950	450	500							
		1997	950	450	500							
		1998	950	450	500							

11-7 续表 1 continued

单位：万千瓦 (10000 kilowatts)

国家（地区）	Country or Territory	年份 Year	总装机容量 Self-producers and Public Utilities 总计 Total	热电 Thermal	水电 Hydro	核电 Nuclear	地热 Geothermal	发电厂自用装机容量 Self-producers 总计 Total	热电 Thermal	水电 Hydro	核电 Nuclear	地热 Geothermal
韩国	Korea, Rep.	1990	2308	1312	234	762		205	205			
		1995	3536	2365	309	862		317	317			
		1996	3924	2653	309	962		352	352			
		1997	4533	3190	312	1032		429	429			
		1998	4798	3284	313	1202		458	458			
巴基斯坦	Pakistan	1990	935	631	290	14		132	132			
		1995	1210	714	483	14						
		1996	1297	801	483	14						
		1997	1469	973	483	14						
		1998	1566	1070	483	14						
菲律宾	Philippines	1990	702	398	215		89	56	55	2		
		1995	831	463	252		116	54	53	2		
		1996	1052	483	272		297	55	53	2		
		1997	1115	503	292		320	55	53	2		
		1998	1160	524	302		335	55	54	2		
新加坡	Singapore	1990	340	340								
		1995	451	451								
		1996	560	560								
		1997	564	564								
		1998	567	567								
斯里兰卡	Sri Lanka	1990	129	27	102							
		1995	153	40	114			15	15			
		1996	158	44	114			15	15			
		1997	185	71	114			15	15			
		1998	175	61	114			9	9			
泰国	Thailand	1990	972	745	227			100	100			
		1995	1754	1481	274			263	263			
		1996	1851	1560	291			200	200			
		1997	2036	1744	292			255	255			
		1998	2150	1858	292			308	308			
土耳其	Turkey	1990	1632	954	677		2	119	118	1		
		1995	2095	1107	986		2	135	134	1		
		1996	2125	1130	994		2	143	142	1		
		1997	2189	1177	1010		2	178	176	1		
		1998	2335	1302	1037		2	231	229	1		
越南	Viet Nam	1990	213	140	68		5					
		1995	450	155	288		7					
		1996	459	157	295		7					
		1997	464	157	300		7					
		1998	498	202	289		7					
非洲	**Africa**	**1990**	**7420**	**5348**	**1880**	**184**	**8**	**438**	**358**	**80**		
		1995	**9324**	**7056**	**2079**	**184**	**5**	**415**	**338**	**77**		
		1996	**9396**	**7125**	**2083**	**184**	**5**	**415**	**338**	**77**		
		1997	**9450**	**7154**	**2108**	**184**	**5**	**415**	**338**	**77**		
		1998	**9574**	**7270**	**2113**	**184**	**7**	**416**	**339**	**77**		
埃及	Egytp	1990	1145	871	275			28	28			
		1995	1586	1314	272			30	30			
		1996	1662	1390	272			30	30			
		1997	1678	1397	281			30	30			
		1998	1750	1472	278			30	30			
尼日利亚	Nigeria	1990	457	327	130			4	4			
		1995	588	354	234			4	4			
		1996	588	354	234			4	4			
		1997	588	354	234			4	4			
		1998	588	354	234			4	4			
南非	South Africa	1990	2673	2430	59	184		110	109	1		
		1995	3590	3339	67	184		111	110	1		
		1996	3590	3339	67	184		111	110	1		
		1997	3590	3339	67	184		111	110	1		
		1998	3590	3339	67	184		111	110	1		
北美洲	**North America**	**1990**	**88351**	**60191**	**16244**	**11386**	**530**	**5443**	**4576**	**585**	**2**	**280**
		1995	**94539**	**64342**	**17854**	**11726**	**617**	**7222**	**6077**	**803**		**338**
		1996	**96076**	**65938**	**17676**	**11852**	**611**	**8589**	**7484**	**766**		**339**
		1997	**97217**	**66989**	**17877**	**11746**	**604**	**8680**	**7582**	**766**		**332**
		1998	**97538**	**67139**	**18022**	**11767**	**611**	**8725**	**7624**	**768**		**333**

11-7 续表 2 continued

单位:万千瓦 (10000 kilowatts)

国家(地区)	Country or Territory	年份 Year	总装机容量 Self-producers and Public Utilities 总计 Total	热电 Thermal	水电 Hydro	核电 Nuclear	地热 Geothermal	发电厂自用装机容量 Self-producers 总计 Total	热电 Thermal	水电 Hydro	核电 Nuclear	地热 Geothermal
加拿大	Canada	1990	10414	3120	5938	1354	2	613	184	429		
		1995	11664	3484	6537	1640	4	693	241	452		
		1996	11361	3131	6588	1638	4	676	264	412		
		1997	11398	3164	6590	1640	5	677	265	412		
		1998	11504	3164	6696	1640	5	677	265	412		
墨西哥	Mexico	1990	2848	1923	788	68	70	318	311	7		
		1995	4426	3214	1001	135	76	318	311	7		
		1996	4426	3214	1001	135	76	319	311	7		
		1997	4634	3403	1020	135	76	319	311	7		
		1998	4562	3331	1020	135	76	319	311	7		
美国	United States	1990	73333	53691	9236	9964	441	4287	3858	148	2	280
		1995	76488	56017	10006	9952	513	5933	5256	340		337
		1996	78317	57969	9766	10078	504	7319	6640	342		337
		1997	79166	58754	9943	9972	497	7402	6738	335		329
		1998	78284	58849	9943	9993	499	7420	6754	335		331
南美洲	**South America**	**1990**	**11666**	**3268**	**8230**	**168**		**969**	**828**	**140**		
		1995	**13236**	**3669**	**9400**	**168**		**933**	**792**	**142**		
		1996	**13735**	**3790**	**9777**	**168**		**937**	**789**	**148**		
		1997	**14373**	**4170**	**10036**	**168**		**943**	**790**	**153**		
		1998	**14985**	**4496**	**10322**	**168**		**961**	**808**	**153**		
阿根廷	Argentina	1990	1721	957	662	102		180	178	2		
		1995	2014	1088	824	102		162	160	2		
		1996	2087	1107	878	102		163	161	2		
		1997	2179	1159	918	102		164	162	2		
		1998	2303	1267	935	102		175	173	2		
巴西	Brazil	1990	5305	684	4556	66		329	267	62		
		1995	5904	707	5131	66		352	290	62		
		1996	6119	707	5346	66		361	290	69		
		1997	6297	743	5489	66		382	290	90		
		1998	6521	779	5676	66		390	300	90		
委内瑞拉	Venezuela	1990	1852	852	1000			120	120			
		1995	1998	930	1068			120	120			
		1996	1998	930	1068			120	120			
		1997	2128	978	1150			125	125			
		1998	2128	978	1150			125	125			
欧洲	**Europe**	**1990**	**68608**	**38179**	**17415**	**12894**	**120**	**5907**	**4849**	**954**	**77**	**27**
		1995	**98731**	**58543**	**22989**	**16943**	**256**	**7852**	**6755**	**1030**	**54**	**14**
		1996	**99638**	**59140**	**23044**	**17177**	**277**	**8009**	**6918**	**1020**	**54**	**17**
		1997	**100334**	**59440**	**23051**	**17471**	**371**	**8153**	**7046**	**1034**	**54**	**19**
		1998	**100828**	**59355**	**23437**	**17555**	**481**	**8296**	**7151**	**1068**	**54**	**23**
保加利亚	Bulgaria	1990	1113	640	197	276		104	104			
		1995	1209	715	140	354		75	75			
		1996	1209	715	140	354		75	75			
		1997	1209	715	140	354		75	75			
		1998	1209	715	140	354		76	75	-		
捷克共和国	Czech Republic	1995	1385	1070	140	176		164	161	3		
		1996	1385	1070	140	176		164	161	3		
		1997	1385	1070	140	176		164	161	3		
		1998	1385	1070	140	176		164	161	3		
法国①	France ①	1990	10341	2267	2475	5575	24	823	651	172		
		1995	10782	2387	2515	5852	28	820	632	188		
		1996	10962	2416	2520	5997	29	840	648	193		
		1997	11242	2417	2509	6288	29	840	648	193		
		1998	11244	2417	2510	6288	30	840	648	193		
德国	Germany	1990	9975	6950	710	2315		1375	1300	60	15	
		1995	11543	8336	888	2283	36	1538	1470	53	15	-
		1996	11544	8337	888	2284	36	1539	1471	53	15	-
		1997	11544	8337	888	2284	36	1539	1471	53	15	-
		1998	11544	8337	888	2284	36	1539	1471	53	15	-
意大利②	Italy ②	1990	5655	3728	1877		50	742	569	173		
		1995	6582	4548	1984		49	873	691	182		
		1996	6815	4775	1988		52	976	792	184		
		1997	6824	4784	1988		52	985	801	184		
		1998	6842	4784	2006		52	985	801	184		

11-7 续表 3 continued

单位:万千瓦 (10000 kilowatts)

国家(地区)	Country or Territory	年份 Year	总装机容量 Self-producers and Public Utilities 总计 Total	热电 Thermal	水电 Hydro	核电 Nuclear	地热 Geother-mal	发电厂自用装机容量 Self-producers 总计 Total	热电 Thermal	水电 Hydro	核电 Nuclear	地热 Geother-mal
荷兰	Netherlands	1990	1744	1685	4	51	5	224	224			
		1995	1901	1821	4	51	26	255	252			3
		1996	1901	1821	4	51	26	255	252			3
		1997	2007	1932	4	45	26	221	272			3
		1998	2016	1931	4	45	37	279	275			4
波兰	Poland	1990	3070	2885	185			317	317			
		1995	2947	2742	205			224	223	-		
		1996	2947	2742	205			224	223	-		
		1997	2947	2742	205			224	223	-		
		1998	2947	2742	205			224	223	-		
罗马尼亚	Romania	1990	2248	1681	567		-	183	179	3		-
		1995	2228	1628	600	71		139	136	2		
		1996	2286	1611	604	71		126	122	3		
		1997	2284	1606	607	71		125	122	3		
		1998	2256	1577	608	71		131	128	3		
俄罗斯	Russian Federation	1995	21086	14584	4376	2124	1	1292	1280	12		
		1996	21086	14584	4376	2124	1	1292	1280	12		
		1997	21096	14594	4376	2124	1	1292	1280	12		
		1998	21096	14594	4376	2124	1	1292	1280	12		
西班牙	Spain	1990	4341	2021	1623	697		132	75	57		
		1995	4578	2188	1678	707	5	222	194	28		
		1996	4685	2273	1689	709	14	251	223	28		
		1997	4868	2419	1676	725	48	341	313	28		
		1998	5008	2524	1668	730	86	436	413	23		
乌克兰	Ukraine	1995	5424	3672	471	1282		423	422	1		
		1996	5401	3649	471	1282		430	429	1		
		1997	5387	3635	471	1282		426	425	1		
		1998	5387	3635	471	1282		426	425	1		
英国	United Kingdom	1990	7301	5748	172	1135	1	369	299	8	62	
		1995	7020	5313	422	1276	10	430	371	11	39	9
		1996	7327	5599	425	1292	13	453	388	14	39	11
		1997	7260	5524	423	1298	15	465	399	14	39	14
		1998	7341	5566	426	1333	15	501	434	14	39	14
南斯拉夫	Yugoslavia	1995	1178	797	381			36	36			
		1996	1178	797	381			36	36			
		1997	1178	797	381			36	36			
		1998	1178	797	381			36	36			
大洋洲	**Oceania**	**1990**	**4500**	**3248**	**1226**		**26**	**189**	**187**	**2**		
		1995	**4915**	**3596**	**1287**		**32**	**229**	**225**	**2**		**2**
		1996	**4915**	**3596**	**1287**		**32**	**229**	**225**	**2**		**2**
		1997	**4915**	**3596**	**1287**		**32**	**229**	**225**	**2**		**2**
		1998	**4915**	**3596**	**1287**		**32**	**229**	**225**	**2**		**2**
澳大利亚	Australia	1990	3601	2874	727			158	157	1		
		1995	3969	3222	747		-	158	157	1		
		1996	3969	3222	747		-	158	157	1		
		1997	3969	3222	747		-	158	157	1		
		1998	3969	3222	747		-	158	157	1		
新西兰	New Zealand	1990	750	259	465		26					
		1995	796	259	505		32	40	38			2
		1996	796	259	505		32	40	38			2
		1997	796	259	505		32	40	38			2
		1998	796	259	505		32	40	38			2

注:①为联合国统计数据。②包括摩纳哥。③包括圣马力诺。

Note: ① Data from United Nations. ② Including Monaco. ③ Including San Marino.

11-8 主要工业产品产量

Output of Major Industrial Products

资料来源：UN《统计月报》2002 年 3 月、4 月；《工业产品统计年鉴》1998 年；联合国粮农组织数据库。
Source: UN"Monthly Bulletin of Statistics"March and April 2002;"Industrial Commodity Statistics Yearbook"1998;FAO Database.

国家（地区）	Country or Territory	钢（万吨）Steel(10000 metric tons)	
		1990	2000
世界总计	**World**	**77294**	**72143 ④**
中国	China	6635	12850
印度	India	1303	1855 ④
日本	Japan	11033	10644
韩国	Korea, Rep.	2312	4657
南非	South Africa	863	849 ⑥
加拿大	Canada	2168	1580 ⑥
墨西哥	Mexico	822	1139
美国	United States	8972	10740 ⑤
阿根廷	Argentina	362	415 ④
巴西	Brazil	2058	2496 ⑤
委内瑞拉	Venezuela	318	370 ⑥
保加利亚	Bulgaria	218	235 ⑥
俄罗斯	Russian Federation		4367 ⑥
奥地利	Austria	455	572
捷克共和国	Czech Republic		562 ⑤
比利时	Belgium	1146	1162
丹麦	Denmark	61	79 ④
芬兰	Finland	286	409
法国	France	1920	2100
德国	Germany		4402 ⑤
匈牙利	Hungary	281	197
意大利	Italy	2545	2642
荷兰	Netherlands	541	566
波兰	Poland	1362	884 ⑤
罗马尼亚	Romania	622	478
西班牙	Spain	1271	1589
瑞典	Sweden	445	523
土耳其	Turkey	941	1360
英国	United Kingdom	4616	1399
澳大利亚	Australia	668	674

国家（地区）	Country or Territory	煤炭（万吨）① Coal(10000 metric tons) ①	
		1990	2000
世界总计	**World**	**470651**	**493020 ④**
中国	China	107988	99800
印度	India	2168	33257
印度尼西亚②	Indonesia ②	733	7682
日本②	Japan ②	826	314
韩国	Korea, Republic of	1954	415
马来西亚②	Malaysia ②		38
巴基斯坦②	Pakistan ②	275	314
菲律宾②	Philippines ②	124	136
摩洛哥②	Morocco ②		2
南非②	South Africa ②	17478	22087
加拿大	Canada	6833	2817
墨西哥②	Mexico ②		737
美国	United States of America	93625	97397
阿根廷②	Argentina ②	26	34 ⑤
巴西	Brazil	460	428 ⑤
委内瑞拉②	Venezuela ②	218	659 ⑤
奥地利③	Austria ③		126
保加利亚②	Bulgaria ②	3167	2696
捷克共和国	Czech Republic		6499
哈萨克斯坦	Kazakhstan		7558
法国	France	1280	347
德国	Germany		20496
匈牙利③	Hungary ③	1758	1384
波兰	Poland	21526	16254
罗马尼亚	Romania	3734	2898
西班牙②	Spain ②	3581	1330
土耳其	Turkey	4660	6606
俄罗斯	Russia Federation		25790
英国②	United Kingdom ②	8930	1399
澳大利亚②	Australia ②		30350

11-8 续表 1 continued

国家（地区） Country or Territory		原油（万吨） Crude Oil (10000 metric tons) 1990	2000	国家（地区） Country or Territory		发电量（亿千瓦小时）⑦ Electricity (100million kwh) ⑦ 1990	2000
世界总计	**World**	**301120**	**493020 ④**	**世界总计**	**World**	**117088**	**148326 ④**
中国	China	13831	16300	中国	China	6212	13556
印度	India	3331	3242	印度⑧	India ⑧	2643	5007
印度尼西亚	Indonesia	7152	6977	日本	Japan	8573	9407
伊朗	Iran	15708	18571	韩国⑧	Korea,Rep. ⑧	1077	2664
伊拉克	Iraq	10050	12526	缅甸⑧	Myanmar ⑧	25	50
日本	Japan	53	62	巴基斯坦⑧	Pakistan ⑧	381	563
哈萨克斯坦	Kazakhstan		3064	菲律宾	Philippines	263	452
科威特	Kuwait	5954	11970	泰国	Thailand	441	671
马来西亚	Malaysia	3002	3248	南非	South Africa	1654	2107
沙特阿拉伯	Saudi Arabia	32038	40432	加拿大	Canada	4820	5827
阿联酋	United Arab Emirates	10196	10285	墨西哥	Mexico	1224	1819
阿尔及利亚	Algeria	3702	3870	美国	United States	30117	37999
埃及	Egypt	4403	3788 ⑤	阿根廷①	Argentina ①	470	827
利比亚	Liberia	6716	6851	巴西	Brazil	2228	3323 ⑤
尼日利亚	Nigeria	8634	10022	奥地利	Austria	504	618
加拿大	Canada	7622	9856	比利时	Belgium	706	839
墨西哥	Mexico	13247	16258	保加利亚	Bulgaria	421	409
美国	United States	37103	29492	捷克共和国	Czech Republic		736
阿根廷	Argentina	2478	3934	芬兰	Finland	544	676
巴西	Brazil	3161	6162	法国	France	4201	5070
哥伦比亚	Colombia		3433	德国	Germany		5517 ⑤
委内瑞拉	Venezuela	11201	14471	匈牙利	Hungary	283	343
法国	France	302	148	意大利	Italy	2169	2758
德国	Germany		312	荷兰	Netherlands	719	896
匈牙利	Hungary	198	78	波兰	Poland	1363	1416
意大利	Italy	464	413	罗马尼亚	Romania	641	516
荷兰	Netherlands	353	144	西班牙	Spain	1518	2067
挪威	Norway	7967	15863	瑞典	Sweden	1464	1419
罗马尼亚	Romania	793	604	土耳其	Turkey	575	1247
土耳其	Turkey	290	292	俄罗斯	Russian Federation		8774
俄罗斯	Russian Federation		32300	英国	United Kingdom	3190	3418
英国	United Kingdom	8801	11844	南斯拉夫	Yugoslavia	825	344
南斯拉夫	Yugoslavia	356	80	澳大利亚	Australia	1551	1885
澳大利亚	Australia	2749	2405	新西兰	New Zealand	302	350

11-8 续表 2 continued

国家（地区）	Country or Territory	水泥产量（万吨） Cement(10000 metric tons) 1990	2000	国家（地区）	Country or Territory	化肥产量（万吨） Chemical Fertilizer (10000 metric tons) 1990	2000
世界总计	**World**	**114125**	**150228 ④**	**世界总计**	**World**	**12475**	**14186**
中国	China	20971	59700	中国	China	1232	3186
中国香港	Hong Kong, China	180	128	孟加拉国	Bangladesh	19	119
孟加拉国⑨	Bangladesh ⑨	34	110	印度	India	302	1468
印度	India	4572	10208	印度尼西亚	Indonesia	118	305
印度尼西亚	Indonesia	1478	2749	伊朗	Iran	10	87
以色列	Israel	287	592 ⑥	以色列	Israel	92	214
日本	Japan	8444	8028	日本	Japan	185	100
韩国	Korea, Rep.	3391	5142	哈萨克斯坦	Kazakhstan		1
马来西亚	Malaysia	588	1145	马来西亚	Malaysia	4	57
缅甸	Myanmar	42	40	缅甸	Myanmar	6	7
巴基斯坦⑨	Pakistan ⑨	749	911	朝鲜	Korea,Dem,Rep	68	10
菲律宾	Philippines	636	1255 ⑤	韩国	Korea, Rep.	118	89
新加坡	Singapore	185		巴基斯坦	Pakistan	64	230
斯里兰卡	Sri Lanka	58	115 ⑤	菲律宾	Philippines	7	22
泰国	Thailand	1804	2550	斯里兰卡	Sri Lanka	1	1
土耳其	Turkey	2464	3604	越南	Viet Nam	4	23
埃及	Egypt	1411	2414	埃及	Egypt	51	146
南非	South Africa	656	858	尼日利亚	Nigeria	1	9 ⑤
加拿大	Canada	1108	1261	南非	South Africa	92	51
墨西哥	Mexico	2450	3388	加拿大	Canada	982	1300
美国	United States	7094	10766	墨西哥	Mexico	94	113
阿根廷	Argentina	361	598	美国	United States	2338	1647
巴西	Brazil	749	3956	阿根廷	Argentina	3	9
保加利亚	Bulgaria	472	221	巴西	Brazil	197	262
法国	France	2651	424 ⑤	捷克共和国	Czech Republic		33
德国	Germany		3800	法国①	France ①	492	162
匈牙利	Hungary	394	335	德国①	Germany ①	956	432
意大利	Italy	4055	3600	意大利①	Italy ①	188	54
荷兰	Netherlands	371	330 ⑥	荷兰①	Netherlands ①	195	116
波兰	Poland	1252	1481	波兰	Poland	213	192
罗马尼亚	Romania	947	800	罗马尼亚	Romania	239	97
西班牙	Spain	2809	3000	俄罗斯	Russian Federation		1150
俄罗斯	Russian Federation		3232	西班牙①	Spain ①	215	146
英国	United Kingdom	1474	1253	英国	United Kingdom	180	103
南斯拉夫	Yugoslavia	796	212	南斯拉夫	Yugoslavia		10
澳大利亚⑨	Australia ⑨	707	745	澳大利亚	Australia	104	82

11-8 续表 3 continued

国家（地区）	Country or Territory	棉布产量（万平方米） Woven Cotton Fabrics (10000 m^2)		国家（地区）	Country or Territory	汽车产量（万辆） Motor Vehicles (10000 vehicles)	
		1990	2000			1990	2000
中　国(11)	China(11)	1888000	1392200	**世界总计**	**World**	**4835**	**5072**
印　度	India	1517700	1967040	中　国	China	51	207
缅　甸(11)	Myanmar(11)	4700		印　度	India	36	107
日　本	Japan	176500	66360	日　本	Japan	1349	1019
韩　国	Korea, Rep.	62000	25440	韩　国	Korea, Rep.	132	311
巴基斯坦	Pakistan	29500	46800	加拿大	Canada	193	163 ④
埃　及	Egypt	60300		墨西哥	Mexico	82	184
南　非	South Africa	17500	22440 ⑤	美　国	United States	978	1211 ④
美　国	United States	373200		阿根廷	Argentina	10	35
捷克共和国	Czech Republic		27240 ⑤	巴　西	Brazil	91	170
波　兰(11)	Poland(11)	47400	17520 ⑤	捷克共和国	Czech Republic	24	265 ④
土耳其(11)	Turkey(11)	71500	47400	法　国	France	377	295 ④
匈牙利	Hungary	20600	3600	德　国	Germany	498	580 ④
罗马尼亚	Romania	53600	1680	意大利	Italy	212	169 ④
俄罗斯	Russian Federation		181920	荷　兰	Netherlands	15	27 ④
奥地利(11)	Austria(11)	10800	5640	波　兰	Poland	33	59
比利时(12)	Belgium(12)	39900		罗马尼亚	Romania		7
法　国(12)	France(12)	8	9 ⑤	西班牙	Spain	205	283 ④
德　国(12)	Germany(12)		152	瑞　典	Sweden	41	
意大利	Italy	178000		俄罗斯	Russian Federation		115
英　国(11)	United Kingdom(11)	19800		英　国	United Kingdom	157	181
澳大利亚	Australia	3800		澳大利亚	Australia	38	38 ④

11–8 续表 4 continued

国家（地区）	Country or Territory	家用电视机产量(万台) Television Sets (10000) 1990	1998
世界总计	**World**	**12731**	**12934**
中国	China	2685	3936
中国香港	Hong Kong, China	118	
孟加拉国	Bangladesh	14	9⑥
印度	India	132	246
印度尼西亚	Indonesia	67	
伊朗	Iran	60	75⑥
日本	Japan	1513	657
韩国	Korea, Rep.	324	1276
马来西亚	Malaysia	1620	804
巴基斯坦	Pakistan	20	11
泰国	Thailand	235	
土耳其	Turkey	199	580
埃及	Egypt	33	11⑥
南非	South Africa	37	
突尼斯	Tunisia	12	9
墨西哥	Mexico	63	
美国	United States	1398	1024
阿根廷	Argentina	31	160⑥
巴西	Brazil	320	571
白俄罗斯	Belarus		47
保加利亚	Bulgaria	22	-
捷克共和国	Czech Republic		57
法国	France	284	
德国	Germany		127
意大利	Italy	231	166
波兰	Poland	75	444
罗马尼亚	Romania	40	13
俄罗斯	Russian Federation	1054	33
西班牙	Spain	247	

国家（地区）	Country or Territory	新闻纸（万吨） Newsprint (10000 metric tons) 1990	2000
世界总计	**World**	**3020**	**3770④**
中国(13)	China(13)	48	145
孟加拉国	Bangladesh	5	1
印度	India	31	59
印度尼西亚	Indonesia	16	53⑤
日本	Japan	348	342
韩国	Korea, Rep.	52	182
土耳其	Turkey	15	13
南非	South Africa	36	33⑤
加拿大	Canada	907	922
墨西哥	Mexico	40	58
美国	United States	600	668
阿根廷	Argentina	21	17
巴西	Brazil	25	27
智利	Chile	17	20⑤
奥地利	Austria	33	39⑤
芬兰	Finland	143	139
法国	France	42	95⑤
德国	Germany		164⑤
意大利	Italy	23	18⑤
挪威	Norway		87⑤
波兰	Poland	3	21
罗马尼亚	Romania	7	5
俄罗斯	Russian Federation		162⑤
西班牙	Spain	17	24⑤
瑞典	Sweden	227	254
乌克兰	Ukraine		1⑤
英国	United Kingdom	70	107
澳大利亚	Australia	37	39
新西兰	New Zealand	30	38⑤

11-8 续表 5 continued

国家（地区）	Country or Territory	家用冰箱（万台） Refrigerators for Household Use(10000 units)	
		1990	1998
世界总计	**World**	**5245**	**6598**
中国	China	463	1279
印度	India	122	190
印度尼西亚	Indonesia	20	57 [6]
日本	Japan	505	485
韩国	Korea, Rep.	283	379
马来西亚	Malaysia	21	21
泰国	Thailand	86	163
土耳其	Turkey	99	199
阿尔及利亚	Algeria	39	22
埃及	Egypt	25	
南非	South Africa	35	39 [6]
墨西哥	Mexico	40	199
美国	United States	702	1262
阿根廷	Argentina	27	41 [6]
巴西	Brazil	244	303
白俄罗斯	Belarus		80
保加利亚	Bulgaria	8	6
丹麦	Denmark	28	27
法国	France	17	
匈牙利	Hungary	44	71
意大利	Italy	420	628
波兰	Poland	60	71
罗马尼亚	Romania	39	37
西班牙	Spain	129	242
瑞典	Sweden	58	55
俄罗斯	Russian Federation		96
英国	United Kingdom	131	110
乌克兰	Ukraine		39
澳大利亚	Australia	33	

国家（地区）	Country or Territory	天然气(万亿焦耳) Natural Gas (terajoule)	
		1990	2000
世界总计	**World**	**7477200**	**9854900** [4]
中国(14)	China(14)	153	272
印度	India	38900	113740
印度尼西亚	Indonesia	234500	321248
哈萨克斯坦	Kazakhstan		39191
马来西亚	Malaysia	50200	176609
沙特阿拉伯	Saudi Arabia	119500	126408 [5]
泰国	Thailand	22600	78775
加拿大	Canada	411400	692947
墨西哥	Mexico	95500	214633
美国	United States	1825500	2072233
阿根廷	Argentina	79300	181278
玻利维亚	Bolivia	10100	13405
巴西	Brazil	15100	58104
奥地利	Austria	4500	7140
丹麦	Denmark	12200	30857
法国	France	7700	6701
德国	Germany		71036
匈牙利	Hungary	1600	12541
爱尔兰	Ireland	8800	4564
意大利	Italy	65300	65147
荷兰	Netherlands	254100	214787
挪威	Norway		215262
波兰	Poland	10000	15593
罗马尼亚	Romania	95900	45905
俄罗斯	Russian Federation		2277655
乌克兰	Ukraine		61421 [5]
英国	United Kingdom	190400	453078
澳大利亚	Australia	79700	115921 [5]
新西兰	New Zealand	18000	24433

11-8 续表6 continued

国家 （地区）	Country or Territory	轮胎（万条） Tires(10000 units)	
		1990	2000
世界总计	**World**	**85677**	**95436**
中国	China	7946	12158
印度	India	846	1166
日本	Japan	15323	16446
韩国	Korea, Rep.	2813	7097
土耳其	Turkey	475	1442
南非	South Africa	748	864
美国	United States	21066	27677
俄罗斯	Russian Federation		2779
法国	France	5454	6772
德国	Germany		6313
意大利	Italy	3077	3157
英国	United Kingdom	2938	2512

注：①煤炭产量包括硬煤和褐煤产量。②仅指硬煤产量。③仅指褐煤产量。④1998年数据。⑤1999年数据。⑥1997年数据。⑦包括电力企业和自备电厂的发电量。⑧不包括电力企业和自备电厂的发电量。⑨当年6月30日为止的一年。⑩包括氮肥、磷肥和钾肥。(11)万米。(12)万吨。(13)联合国统计数据。(14)亿立方米。

Note: ① Coal production and lignite production. ② Coal production only. ③ Lignite production only. ④ Data of 1998. ⑤ Data of 1999. ⑥ Data of 1997. ⑦ Total gross generation of electricity,including generation by industrial establishments generating primarily for own use. ⑧ Excluding generation by industrial establishments generation primarily for own use.
⑨ Averages of twelve months ending 30 June of year stated. ⑩ Including nitrogen fertilizers,phosphate and potash fertilizer.
(11)10000 metres. (12)10000 metric tons. (13)Data from UN.(14)100 million cu.m.

11-9 竣工住宅

Construction of New Building

资料来源：联合国《统计月报》2002年2月。
Source: United Nations "Monthdy Bulletin of Statistics" Feburary 2002.

国家（地区）	Country or Territory	单位(unit)		1997	1998	1999	2000
中国	China	万平方米	10000sq.m	33458	38083	45757	49668
中国香港①②	Hong Kong, China ①②	万平方米	10000sq.m	71	88	130	106
以色列③	Israel ③	万平方米	10000sq.m	875	719		644
日本④⑤	Japan ④⑤	万平方米	10000sq.m	13075	12048	12540	12708
韩国⑤⑥	Korea, Rep. ⑤⑥	万平方米	10000sq.m	6419	3115	1981	4128
新加坡④	Singapore ④	万平方米	10000sq.m			173	172
南非①④	South Africa ①④	套	Number			58308	47304
美国⑦	United States ⑦	套	Number	1476000	1620000	1668000	1596000
丹麦④	Denmark ④	万平方米	10000sq.m	234	252	246	218
芬兰④	Finland ④	套	Number	26196	29844	28944	31140
法国⑤⑥⑧	France ⑤⑥⑧	套	Number	270084 ⑦	380820	293352	353256
德国⑤⑥	Germany ⑤⑥	套	Number	570600	500688	472644	423060
荷兰⑤⑦	Netherlands ⑤⑦	套	Number	98004	85872	83400	
罗马尼亚	Romania	套	Number	5220			2724
西班牙④⑤	Spain ④⑤	套	Number	30935	37049		
瑞典④	Sweden ④	套	Number	12996	11496	11712	12996
土耳其④	Turkey ④	万平方米	10000sq.m		2621		2904
俄罗斯④	Russian Federation ④	万平方米	10000sq.m	3260			3030
英国④⑨	United Kingdom ④⑨	套	Number	177996			
南斯拉夫④⑤	Yugoslavia ④⑤	套	Number			2952	6180
澳大利亚④	Australia ④	套	Number	126564	136836	100200	110088
新西兰⑥	New Zealand ⑥	万平方米	10000sq.m	382	325	430	349

注：①私人建筑。②使用面积。③包括管辖的犹太人居住区。④完工数。⑤包括修复和改建。⑥批准开工数。⑦开工数。
⑧不包括不含厨房的一居室。⑨不包括北爱尔兰。

Note: ① Private construction. ② Usable floor space. ③ Buildings constructed in Jewish localities in the adm,inistered territories are included. ④ Construction completed. ⑤ Including restoration and conversion. ⑥ Construction authorized. ⑦ Construction started. ⑧ Excluding single rooms without kitchens. ⑨ Excluding Northern Ireland.

11-10 住宅及设备普及率

Dwellings and Dwelling Facilities

资料来源：日本《世界统计》2002 年。
Source: Japan"World statistics"2002.

国家(地区) Country or Territory		年份 Year	住宅 Dwellings			住宅设备普及率(%) Dwelling Facilities(%)			
			住宅总计（万套）Total Dwell-ings(10000 numbers)	自有住宅比例（%）Proportion of Owned Houses(%)	平均每户居室数（间）Dwelling Rooms per Dwelling	自来水 Running Water	浴盆和淋浴 Bath	抽水马桶 Flush Toilet	集中供暖 Central Heating
亚　洲	**Asia**								
以色列	Israel	1990			4.4				
		1996			4.4				
日　本	Japan	1993	4077.3	59.8	4.9		93.5		
		1998	4392.2	60.3	4.8		95.4	75.6	3.9
土耳其	Turkey	1990						83.0	
北美洲	**North America**								
加拿大	Canada	1990	1001.3			96.0	94.0		94.6
		1993	1050.4						
美　国	United States	1991	10459.2	64.7		99.3	99.1	98.1	83.0
		1997	10919.1	65.8		99.2	99.5	99.5	87.8
欧　洲	**Europe**								
奥地利	Austria	1990	292.3		4.5	98.8	90.8	94.4	61.2
		1998	319.1	55.7	4.2	99.7	96.6	95.5	72.2
比利时	Belgium	1990	388.2	64.5	5.7	99.6	87.7	91.9	60.1
		1996	397.4		5.7				
保加利亚	Bulgaria	1990	338.7		2.5	80.4		48.8	16.8
		1998	343.8	92.6	2.7	83.6		57.9	17.1
丹　麦	Denmark	1990	237.5			97.5	89.1	96.6	95.3
		1998	247.6	51.3			92.9	97.7	97.8
芬　兰	Finland	1990	221.0		3.8	95.3	87.7	92.9	99.9
		1998	245.0	61.2	3.7	96.7	90.9	94.9	91.5
法　国	France	1990	2649.4			99.7	92.4		77.4
		1998	2874.9	53.1		99.9	97.0	97.3	81.8
德　国	Germany	1997	3705.0	37.8	4.4				86.9
匈牙利	Hungary	1990	385.3	70.8	3.6	83.6	78.3	74.1	41.2
		1998	404.8	89.3	4.2	84.7	80.1	76.0	48.2
爱尔兰	Ireland	1990	102.6	79.3	5.6	96.0	91.0		50.0
		1998	121.2	80.0	5.0	97.0	94.0	96.0	59.0
意大利	Italy	1997			3.9				
卢森堡	Luxembourg	1997			4.7				
荷　兰	Netherlands	1990	589.2		3.6	100.0	94.4		78.0
		1998	652.2	47.0	3.8				
挪　威	Norway	1990	175.1	78.2	4.6		95.8	96.1	12.8
		1998	190.1		5.1				
波　兰	Poland	1990	1102.2		4.2	84.8	72.4	73.6	62.6
		1998	1168.8	61.3	4.3	90.6	79.4	79.4	78.7
罗马尼亚	Romania	1990	800.6	72.4	2.5	58.9	51.6	44.9	42.2
		1998	786.1		4.1				
俄罗斯	Russian Federation	1990	242.5		4.1	60.4	53.5		59.9
		1997	271.5			68.4	59.4	63.7	66.0
西班牙	Spain	1991	1173.6	78.3					
		1998				5.1			
瑞　典	Sweden	1990	404.4	38.5	4.2	100.0			100.0
		1998			3.7				
瑞　士	Switzerland	1990	314.0	27.7	3.7				
		1998	350.8		4.2				
英　国	United Kingdom	1990	2338.3	65.9	4.6		99.5		80.0
		1996	2459.8		5.0				

主要统计指标解释

工业生产指数 按国际标准产业分类的大类，包括矿业，制造业，电力、煤气、水，不包括建筑业，工业生产指数体现按美元不变价计算的增加值的变化趋势，采用拉氏公式计算，基期为1995年。

机构数 这里所用的“机构”的概念大部分情况下指的是“经济活动单位”，即能够单独核算的、在一个地点经营的、主要从事一种经济活动的单位。

从业人员数 指所有在企业中工作的人，包括企业主本人、合伙人、不领工资的家庭成员和所有雇员，但不包括家务劳动者。

雇员工资 指在统计期间内支付给雇员的各种形式的报酬，包括工资、奖金、由企业直接支付的津贴、实物工资等，不包括企业为雇员支付的社会保险缴款。

产值 指企业的工业活动所产出的价值。

增加值 在国民核算中为平衡项，等于总产出减去中间消耗。

固定资本形成 指期间内所购买或自建的固定资产减去相应的卖出的固定资产的价值。

一次能源生产量 固体能源指硬煤、褐煤、泥炭和油岩；液体能源指原油和液化天然气；气体能源指天然气；电能指水电、核电、地热发电、潮汐发电和太阳能发电。

库存变化、进口和出口 包括所有的一次能源和商业能源。

国际运输燃料 指供给国际运输的飞机或轮船的燃料，空运燃料包括航空汽油和喷气发动机燃料，海运燃料包括硬煤、柴油等。

能源消费量 固体能源消费量指一次形式的固体燃料消费、二次形式的燃料的净进口和库存变化；液体能源消费量指各种形式的液体能源的消费；气体能源消费量指天然气的消费、煤气的净进口和库存变化。电能消费指一次形式的电能的消费和电能的净进口。

消费量＝产量＋进口－出口－国际运输燃料－库存变化

统计误差 在“能源平衡表”中的“统计误差”一项是为了使能源的生产和消费总量平衡，它一般是由于排除非能源用石油和无法取得的库存数据引起的。

Explanatory Notes on Main Statistical Indicators

The Indices of Industrial Production are classified according to tabulation categories,division and combination of division of the revised version of the international Standard Industrial Classification of All Economic Activities(ISIC) for mining,manufacturing and electricity,gas and water,excluding construction. The indices indicate trends in value added in constant US dollars.Each series is compiled by use of the Laspeyres.The weight base year is 1995.

Etablishment is ideally a unit that engages,under a single ownership or control,in one,or predominantly one,kind of activity at a single location.

The Number of Person Engaged is defined as the total number of persons who worked in or for the establishment during the refence year.Howerver,home workers are excluded.

Wages and Salaries include all payments in cash or in kind made to employees during the refernce year in relation to work done for the establishment.Payments including:direct wages and salaries;bonuses and gratuities;housing allowances and family allowances paid directy by the employer; and payments in kind.

Output: The measure of output normally used in the tables is the census concept that covers only activities of an industrial nature.

Value Added The measure of value added normally used in the tables is the census concept,which is defined as the value of census output less the value of census input.

Gross Fixed Capital Formation Estimates refer to the value of purchases and ownaccount construction of fixed assets during the reference year less the value of correponding sales.

Primary Energy Production Including in the production of commercial primary energy for solids are hard coal,lignite,peat and oil shale;liquids are comprised of crude petroleum and natural gas liquids;gas comprises natural gas and natural gas liquids;electricity is comprised of primary electricity generation from hydro,nuclear,geothermal,wind,tide wave and solar sources.

Changes in Stocks, Imports and Exports refer to all primary and secondary forms of commercial energy.

Bunkers Airs bunkers refer to bunkers of aviation gasolence and jet fuel.Sea bunkers refer to bunkers of hard coal,gas-diesel oil and residual fuel oil.

Energy Cunsumption Including in the consumption of commercial energy for solids are consumption of primary forms of solid fuels,net imports and changes in stocks of secondary fuels;liquids are comprised of consumption of energy petoleum products including feedstocks,natural gasolene, condensate, refinery gas and input of crude peroleum to thermal power plants; gases including the consumption of natural gas,net imports and changes in stocks of gasworks and coke-oven gas; and Electricity is comprised of production of primary electricity and net imports of electricity.

Comsumption=Production+Imports-Exports-Bunkers-Changes in stocks

Unallocated An unallocated has been created in order to balance out the difference between the results of the above formula for consumption and the total consumption .This inequality occurs primarily because of the exclusion of non-energy petroleum products as well as inadequate or unavailable stock data.

十二　运输和通讯

Transportation and Communication

12-1 公路货物周转量

Freight Ton-km of Road

资料来源：世界银行数据库。
Sources: World Bank Database.
单位：亿吨公里 (100 million ton-km)

国家（地区）	Country or Territory	1990	1997	1998	1999	2000
中国	China	3358.1	5271.5	5483.4	5724.3	6129.4
印度	India		7.9	8.7	9.6	
日本	Japan	2744.4	3062.6	3006.7	3071.5	
哈萨克斯坦	Kazakhstan	447.8	64.8	46.4	45.1	
韩国	Korea, Rep.	318.4	745.0			
蒙古	Mongolia	18.7	1.3	1.2	1.2	1.3
巴基斯坦	Pakistan	3.5	841.7	902.7	968.0	
斯里兰卡	Sri Lanka		0.3 ①			
土耳其	Turkey		1397.9	1522.1	1509.7	
埃及	Egypt	314.0	315.0 ①			
加拿大	Canada	547.0	722.4	766.9		825.0
墨西哥	Mexico	1088.8	1540.8	1790.9	1979.6	
美国	United States	10731.0	15344.3			
白俄罗斯	Belarus		90.7	97.5	92.3	89.8
保加利亚	Bulgaria	138.2	4.8	3.1	1.7	
捷克共和国	Czech Republic		406.4	339.1	369.6	390.4
法国	France	1905.0	2372.0	2454.0		
德国	Germany	1828.0	2031.2	2104.0	2269.8	
匈牙利	Hungary	18.4	0.1	0.1	0.1	
意大利	Italy	1779.0	2072.0	2198.0		
荷兰	Netherlands	318.0	216.0	292.0	327.0	
波兰	Poland	498.0	955.0	695.4	704.5	728.4
罗马尼亚	Romania	138.0	224.0 ①	157.9	134.6	
俄罗斯	Russian Federation		1.4	1.2	1.3	1.4
乌克兰	Ukraine	796.7	205.3	182.7	182.1	
英国	United Kingdom	1330.0	1571.0	1595.0	1507.0	
澳大利亚	Australia	914.0				

注：①1996年数据。
Note: ① Data refer to 1996.

12-2　铁路货物和旅客周转量

Freight Ton-km and Passenger-km of Railway

资料来源：世界银行数据库。
Sources: World Bank Database

国家（地区）	Country or Territory	铁路货物周转量(吨公里／百万 PPP 美元 GDP) Railways,Freight(ton-km per PPP $ million of GDP)			铁路旅客周转量(人公里／百万 PPP 美元 GDP) Railways, Passenger (passenger-km per PPP $ million of GDP)	
		1990	1999	2000	1990	1999
中　　国②	China ②	669743	275451	279058	165763	82693
孟加拉国	Bangladesh	5892	4973 ①		41414	
印　　度	India	198276	133868		245812	195355 ①
印度尼西亚	Indonesia	9170	8680 ①		26599	28490 ①
伊　　朗	Iran	42852	40278		21574	
以 色 列	Israel	16529	9947		2686	
日　　本	Japan	10750	6890		96568	
哈萨克斯坦	Kazakhstan	4105094	1220045		190197	
韩　　国	Korea, Rep.	35892	19313 ①		78073	46461 ①
马来西亚	Malaysia	16283	4926		21224	8221 ①
蒙　　古	Mongolia	1339419	853765		149460	
巴基斯坦	Pakistan	37913	17886		135602	81899 ①
菲 律 宾	Philippines	59	4 ①		1669	915 ①
斯里兰卡	Sri Lanka	4727	1766		80361	
泰　　国	Thailand	15434	7919		54066	26781
土 耳 其	Turkey	29093	19907	21437	23569	14726 ①
越　　南	Vietnam		9625			18843 ①
埃　　及	Egypt	21490	16048		264215	317220
尼日利亚	Nigeria	3200	508		17010	
南　　非	South Africa	349018			46203	
加 拿 大	Canada	401899	355836 ①		2255	
墨 西 哥	Mexico	68555	61135 ①		10005	
美　　国	United States	346714			1662	
阿 根 廷	Argentina	30497			42171	28665 ①
巴　　西	Brazil	49875			3869	
委内瑞拉	Venezuela		405			
白俄罗斯	Belarus	1052080	438067		230431	202577 ①
保加利亚	Bulgaria	279621	124163		153580	96104
捷克共和国	Czech Republic		120760			53029 ①
法　　国	France	49707	39454		62298	50392 ①
德　　国	Germany		36487			31471 ①
匈 牙 利	Hungary	169464	57454		114926	94085 ①
意 大 利	Italy	19634	16640		45831	38135 ①
荷　　兰	Netherlands	11796	9206		42351	
波　　兰	Poland	385373	168556	155724	223152	77593
罗马尼亚	Romania	337833	114669	124652	210987	97692 ①
俄 罗 斯	Russian Federation	1688114	1074834		182599	129048
乌 克 兰	Ukraine	1405633	897860		233779	296128 ①
英　　国	United Kingdom	16624	13331		34378	
澳大利亚	Australia	73287			14513	
新 西 兰	New Zealand	56275	50069	53041		

注：① 1998 年数据。②世界银行统计数据。
Note: ① Data refer to 1998. ② Data from World Bank.

12-3 国际海运装货量和卸货量

International Maritime Goods Loaded and Unloaded

资料来源：联合国数据库。
Sources: United Nations Database.
单位:万吨 (10 000Mt)

国家（地区）	Country or Territory	国际海运装货量 International Maritime Goods Loaded			国际海运卸货量 International Maritime Goods Unloaded		
		1990	1999	2000	1990	1999	2000
中国	China		105162 ②	125603 ②			
中国香港	Hong Kong, China	2692	6253	6770	6272	10631	10693
孟加拉国	Bangladesh		53		78	361	
印度尼西亚	Indonesia		24000 ③			6496 ③	
伊朗	Iran		3215	3065		3740	4486
以色列	Israel	952	1288	1576	1182	2092	2222
日本	Japan	10117	12455	13010	85393	75446	80654
韩国	Korea, Rep.		14730	15078		38488	41882
马来西亚	Malaysia	2245	3976	4255	3516	5485	5653
缅甸	Myanmar	70	365	320	73	401	546
巴基斯坦	Pakistan	569	641	617	2366	3101	3080
菲律宾	Philippines	1693			3799		
新加坡	Singapore	9787	32604 ②	32618 ②	12746		
斯里兰卡	Sri Lanka	503	929		805	1770	
泰国	Thailand	2720			4296		
土耳其	Turkey	7601	3733	2548	6612	5808	7792
埃及	Egypt	1036	1501 ③		2155	2204 ③	
南非	South Africa		12599	13361		2168	2598
墨西哥	Mexico	15881	11476	10711	5383	4410	4982
美国	United States	44646	33780		59429	75946	
阿根廷	Argentina	4420	6937 ①④		704	1953 ①④	1550 ④
法国	France	7417	6470		21245	18950	
德国	Germany		7457	9032		13886	15221
意大利	Italy	5020			27203		
荷兰	Netherlands	11021	9192	9940	33751	30523	32507
波兰	Poland	3688	3336	3152	1500	1586	1582
罗马尼亚	Romania	1457	1438	1265	4040	1110	1283
俄罗斯	Russian Federation		709	828		74	84
西班牙	Spain	4840	5682	5627	14624	16985 ①	19343
乌克兰	Ukraine		7700			712	
英国	United Kingdom	14926			20411		
南斯拉夫	Yugoslavia	1049	36	19	1907	97	113
澳大利亚	Australia		43882	48750		6961	5418
新西兰	New Zealand	1464	2064	2214	998	1331	1379

注：① 1998 年数字。②包括装货量和卸货量。③不包括包装物的重量。包括船储。④不包括再出口，不包括包装物的重量。
Note: ① Data refer to 1998. ② Including both goods loaded and unloaded. ③ Excluding packing.Including ships stores. ④ Excluding re-exports. Excluding packing.

12-4 空运货物和旅客周转量

Freight and Passengers Carried by Air

资料来源：世界银行数据库，联合国数据库。
Sources: World Bank Database;UN Database.

国家（地区）	Country or Territory	空运货物周转量(亿吨公里) Air Transport, Freight (100 million ton-km)			空运旅客周转量（亿人公里） Air Transport,Passengers Carried (100 million passenger kilometres)		
		1990	1999	2000	1990	1999	2000
中国	China	8.18	42.34	50.27	231	857	971
中国香港	Hong Kong, China		45.46	48.41			
孟加拉国	Bangladesh	0.70	1.43	1.94		35	40
印度	India	6.63	5.31	5.45	165	242	259
印度尼西亚	Indonesia	4.59	3.62	4.23	139	142 ①	151
伊朗	Iran	1.14	1.07	0.71		72	
以色列	Israel	8.32	10.34	8.86			
日本	Japan	50.69	82.26	85.49	614	1628	
哈萨克斯坦	Kazakhstan		0.10	0.12			
朝鲜	Korea, Dem People's Rep	0.03	0.02	0.02			
韩国	Korea, Rep.	24.59	80.98	77.74	187	561	628
马来西亚	Malaysia	5.74	14.25	18.64	119	337	379
蒙古	Mongolia		0.08	0.08			
缅甸	Myanmar	0.01	0.06	0.07			
巴基斯坦	Pakistan	4.21	3.32	3.39	94	105	120
菲律宾	Philippines	3.16	2.41	2.41	104		
新加坡	Singapore	16.53	54.51	60.05	316	644	718
斯里兰卡	Sri Lanka	0.93	1.79	2.56	34	52	68
泰国	Thailand	6.61	16.71	17.13	198	383	422
土耳其	Turkey	1.01	3.13	3.75			
越南	Vietnam	0.01	0.99	1.16			
埃及	Egypt	1.44	2.70	2.78	60	96	
尼日利亚	Nigeria	0.24	0.10	0.10			
南非	South Africa	1.79	6.88	6.88			
加拿大	Canada	13.85	18.82	18.06	461	653 ②	690 ②
墨西哥	Mexico	1.43	3.17	3.18	184		
美国	United States	147.91	272.92	301.31	6255	10393	11101
阿根廷	Argentina	2.14	2.41	2.95	84	96 ④	111 ④
巴西	Brazil	10.82	14.63	15.23	278	293 ⑤	
委内瑞拉	Venezuela	1.13	0.68	0.33			
白俄罗斯	Belarus		0.02	0.02			
保加利亚	Bulgaria	0.08	0.12	0.06		15	8
捷克共和国	Czech Republic	0.15	0.26	0.32	20	29	33
法国	France	39.96	49.68	52.27	434	837 ⑥	918 ⑥
德国	Germany	39.94	66.11	71.28	421	873	952
意大利	Italy	11.71	16.15	17.48	228		
荷兰	Netherlands	21.29	40.53	42.54	284	585 ③	607 ③
波兰	Poland	0.49	0.80	0.76	35		48
罗马尼亚	Romania	0.13	0.12	0.12	18	18	21
俄罗斯	Russian Federation		8.72	10.41		235	429
乌克兰	Ukraine		0.13	0.11		11 ①	14
英国	United Kingdom	38.25	49.25	51.61	817	1573	
澳大利亚	Australia	12.22	16.93	18.60	277		
新西兰	New Zealand	3.25	8.56	8.17	106		

注：①1998年数据。②仅指 Air Canada 和 Canadian 航空公司。③仅指 KLM 航空公司。④仅指 Aerolineas Argentinas 航空公司。⑤包括 Varig，Transbrasil 和 Vasp 航空公司。⑥仅指 Air France 航空公司。

Note: ① Data refer to 1998. ② Air Canada and Canadian only. ③ KLM only. ④ Aerolineas Argentinas only. ⑤ Including Varig, Transbrasil and Vasp. ⑥ Air France only.

12-5 机动车使用量

Vehicles in Use

资料来源：国际公路协会《世界公路统计》2002 年。
Source:International Road Federation "World Road Statistics"2002.

国家（地区）	Country or Territory	年份 Year	汽车总计（万辆） Total (10 000)				公路牵引车（万辆） Road Tractors (10 000)
				乘用车（万辆） Passenger Cars (10 000)	大轿车（万辆） Buses & Coaches (10 000)	卡车和货车（万辆） Lorries & Vans (10 000)	
中国	China	2000	1576.1	853.7		716.3	
中国香港	Hong Kong, China	1999	52.5	39.0	1.9	11.6	1.5
印度	India	1998	812.0	505.6	53.5	252.9	231.0
印度尼西亚	Indonesia	1998	499.3	277.3	62.8	159.3	
伊朗	Iran	1998			5.2	17.8	
以色列	Israel	2000	175.0	142.2	1.8	31.0	0.4
日本	Japan	2000	7265.3	6243.8	23.5	1997.9	13.4
哈萨克斯坦	Kazakhstan	2000	127.9	100.0	4.6	23.3	
韩国	Korea, Rep.	2000	1204.0	808.4	142.8	252.9	2.0
马来西亚	Malaysia	2000	492.7	421.3	4.9	66.5	31.6
蒙古	Mongolia	2000	7.5	4.4	0.6	2.5	0.8
缅甸	Myanmar	1996	6.9	2.7		4.2	
巴基斯坦	Pakistan	1999	114.3	66.9	16.2	31.2	52.0
菲律宾	Philippines	2000	243.8	76.8	142.2	24.8	2.7
新加坡	Singapore	1999	52.4	38.3	1.2	13.0	
斯里兰卡	Sri Lanka	1999	69.6	21.9	6.3	32.4	12.4
泰国	Thailand	1996	623.4	166.1	172.1	285.3	
土耳其	Turkey	1999	547.9	407.3	33.4	107.2	
埃及	Egypt	1996	178.7	135.4	3.8	39.7	6.1
尼日利亚	Nigeria	1996	270.1	88.5	90.3	91.3	
南非	South Africa	1999	603.6	396.6	16.5	190.5	17.9
加拿大	Canada	1998	1758.1	1388.7	6.8	362.6	
墨西哥	Mexico	2000	1548.7	1044.3	11.2	793.2	
美国	United States	1999	21477.5	13243.2	72.9	8161.4	153.4
阿根廷	Argentina	1998	654.4	504.8	4.3	145.3	
巴西	Brazil	2000	2897.5	2324.2	42.7	530.6	
委内瑞拉	Venezuela	1996	195.4	152.0		43.4	
白俄罗斯	Belarus	2000	145.7	144.8	0.8		1.9
保加利亚	Bulgaria	2000	222.2	190.8	4.2	27.1	2.1
捷克共和国	Czech Republic	2000	373.3	343.9	1.8	27.6	2.3
法国	France	2000	3381.3	2806.0	8.0	567.3	21.7
德国	Germany	1999	4487.4	4232.4	8.5	246.6	191.6
意大利	Italy	1999	3514.3	3141.7	8.7	363.9	10.5
荷兰	Netherlands	1999	674.6	605.1	1.1	68.4	5.1
波兰	Poland	2000	1185.7	999.1	8.2	178.3	9.7
罗马尼亚	Romania	2000	359.0	312.9	4.8	41.3	3.5
俄罗斯	Russian Federation	2000	2539.4	2035.3	64.0	440.1	
西班牙	Spain	1998	1954.5	1610.0	5.2	339.3	
乌克兰	Ukraine	2000		525.0			
英国	United Kingdom	1999	2315.9	2278.5	8.4	29.0	
南斯拉夫	Yugoslavia	1999	173.4	159.3	1.1	13.0	32.6
澳大利亚	Australia	1998	1173.8	956.1	6.4	211.3	6.2
新西兰	New Zealand	2000	267.5	222.2	1.4	44.0	2.6

12-5 续表 1 continued

国家（地区）	Country or Territory	年份 Year	摩托车和机动脚踏两用车（万辆） Motorcycles & Mopeds (10 000)	每千人拥有汽车数量（辆／千人） Total Vehicles per 1000 Inhabitants	每千人拥有乘用车（辆／千人） Passenger Cars per 1000 Inhabitants	每公里道路汽车数量（辆／公里） Total Vehicles per km of Road
中国	China	2000	3317.1	12.4	6.7	11.2
中国香港	Hong Kong, China	1999	3.3	76.7	57.0	278.5
印度	India	1998	2834.2	8.1	5.1	
印度尼西亚	Indonesia	1998	1265.2			
伊朗	Iran	1998				
以色列	Israel	2000	7.7	274.8	233.3	107.5
日本	Japan	2000	1397.4	572.4	413.2	
哈萨克斯坦	Kazakhstan	2000	11.3	86.0	67.0	15.7
韩国	Korea, Rep.	2000		255.1	171.0	
马来西亚	Malaysia	2000	535.7			
蒙古	Mongolia	2000	2.4	30.9	18.3	1.5
缅甸	Myanmar	1996		1.4	0.6	2.4
巴基斯坦	Pakistan	1999	198.7	8.5	5.0	4.5
菲律宾	Philippines	2000	123.6	32.0	10.0	12.0
新加坡	Singapore	1999	13.3			
斯里兰卡	Sri Lanka	1999	79.5	36.5	11.5	7.2
泰国	Thailand	1996	1023.9	103.0	27.4	96.5
土耳其	Turkey	1999	97.6	85.0	63.3	14.2
埃及	Egypt	1996	41.8	29.7	22.5	27.9
尼日利亚	Nigeria	1996	44.2	26.2	8.6	13.9
南非	South Africa	1999	15.8			
加拿大	Canada	1998	33.4	580.0	458.0	19.5
墨西哥	Mexico	2000		158.9	107.1	
美国	United States	1999	411.1	779.4	480.6	34.1
阿根廷	Argentina	1998		181.1	139.7	37.1
巴西	Brazil	2000	473.2			
委内瑞拉	Venezuela	1996		89.1	69.3	23.2
白俄罗斯	Belarus	2000	52.4		145.0	
保加利亚	Bulgaria	2000	51.9	273.0	234.0	60.0
捷克共和国	Czech Republic	2000	74.8	364.0	335.0	67.0
法国	France	2000		575.0	477.0	38.0
德国	Germany	1999			516.0	
意大利	Italy	1999	722.5	605.9	541.7	73.6
荷兰	Netherlands	1999	38.8	428.0	384.0	57.9
波兰	Poland	2000	80.3	306.7	258.5	31.9
罗马尼亚	Romania	2000	31.6	160.0	139.0	18.1
俄罗斯	Russian Federation	2000		176.1	132.4	48.0
西班牙	Spain	1998	359.3		408.0	
乌克兰	Ukraine	2000	225.2		104.0	
英国	United Kingdom	1999	16.8			62.3
南斯拉夫	Yugoslavia	1999	3.6	163.0	15.0	39.0
澳大利亚	Australia	1998	32.9			
新西兰	New Zealand	2000	7.9	696.0	578.0	

12-6　汽车燃料消费

Consumption of Motor Fuels

资料来源：国际公路协会《世界公路统计》2002 年。
Source:International Road Federation "World Road Statistics"2002.

国家（地区）	Country or Territory	年份 Year	汽油 Petrol 总消费量（万吨） Total Consumption (10000 tons)	用于公路汽车消费的比例（%） Percentage of Consumption Used in Road Vehicles (%)	普通级别每升最低价格（1/100 特别提款权） Minimum Price per Litre Ordinary Grade (1/100 SDR)	汽油税率（%） Percentage of Taxation Content of Consumption (%)
中国香港	Hong Kong, China	1999	37.3	100.0	98	61.2
伊　　朗	Iran	1996	904.2			
以 色 列	Israel	2000	198.5	100.0	78	63.6
日　　本	Japan	1997	4073.9	99.7	53	60.9
韩　　国	Korea, Rep.	1998	720.9	94.5	61	59.4
蒙　　古	Mongolia	2000	20.2		25	32.3
巴基斯坦	Pakistan	1999	134.8		41	
菲 律 宾	Philippines	1998	869.0		18	
中国台湾	Taiwan,China	1998	1366.1	58.2	16	
泰　　国	Thailand	1996	386.0			
土 耳 其	Turkey	1999	460.7	99.0	71	71.0
喀 麦 隆	Cameroon	1996	426.0			
佛 得 角	Cape Verde	1996	744.0			
乍　　得	Chad	1996	527.0			
尼日利亚	Nigeria	1996	366.0		40	
南　　非	South Africa	1999	1086.1	100.0	32	42.6
加 拿 大	Canada	2000	3833.6			
墨 西 哥	Mexico	1996	2070.0			
美　　国	United States	1997	3499.0	96.7	23	32.0
阿 根 廷	Argentina	1999	520.9		59	52.7
巴　　西	Brazil	1999	7973.0			
哥伦比亚	Colombia	1999	670.5			
厄瓜多尔	Ecuador	1999	1061.8	97.0	17	10.5
白俄罗斯	Belarus	2000	95.8	96.8		
法　　国	France	2000	1381.3	98.0	81	73.0
德　　国	Germany	1999	2910.0 ①		50	67.0
意 大 利	Italy	1999	1810.0	100.0	83	64.0
哈萨克斯坦	Kazakhstan	2000	244.1	92.1	29	20.0
荷　　兰	Netherlands	1999	414.0	96.0	90	55.0
波　　兰	Romania	1999	105.4		41	
俄 罗 斯	Russian Federation	1999	1493.6	62.9		
瑞　　典	Sweden	2000	537.3		77	67.0
乌 克 兰	Ukraine	2000	294.1	46.9		
英　　国	United Kingdom	1999	2158.0	99.0	60	82.0
南斯拉夫	Yugoslavia	1998	80.6	98.0		
澳大利亚	Australia	1996	1730.0			
新 西 兰	New Zealand	1996	209.0	95.0		

12-6 续表1 continued

国家（地区）	Country or Territory	年份 Year	柴油 Diesel			
			总消费量（万吨） Total Consumption (10000 tons)	用于公路汽车消费的比例（%） Percentage of Consumption Used in Road Vehicles (%)	每升最低价格(1/100特别提款权) Minimum Price per Litter (1/100 SDR)	柴油税率 (%) Percentage of Taxation Content of Consumption (%)
中国香港	Hong Kong, China	1999	810.4	10.1	95	33.4
伊朗	Iran	1996	1700.0			
以色列	Israel	2000	219.0	94.6	42	20.7
日本	Japan	1997	3691.5	95.0	43	45.2
韩国	Korea, Rep.	1998	1600.9	53.9	28	35.3
蒙古	Mongolia	2000	46.7		21	18.1
巴基斯坦	Pakistan	1999			14	
菲律宾	Philippines	1998	1583.2	1.6	14	
中国台湾	Taiwan,China	1998	357.0	26.0	11	
泰国	Thailand	1996	905.0			
土耳其	Turkey	1999	1008.0	64.0	53	63.0
喀麦隆	Cameroon	1996	267.0			
佛得角	Cape Verde	1996	3660.0			
乍得	Chad	1996	2490.0			
尼日利亚	Nigeria	1996	217.0		40	
南非	South Africa	1999	599.3	75.0	25	46.0
加拿大	Canada	2000	2337.6			
墨西哥	Mexico	1996	1090.0			
美国	United States	1997	9651.4		23	36.0
阿根廷	Argentina	1999	1166.3		31	0.12
巴西	Brazil	2000	2665.2	80.1		
哥伦比亚	Colombia	1999	310.9			
厄瓜多尔	Ecuador	1999	1381.8	88.0	15	10.5
白俄罗斯	Belarus	2000	167.3	40.8		
法国	France	2000	2730.7	98.0	59	50.0
德国	Germany	1999	2680.0 ①		37	63.0
意大利	Italy	1999	1800.0	100.0	70	54.0
哈萨克斯坦	Kazakhstan	2000	256.1	40.5		20.0
荷兰	Netherlands	1999	672.6	98.0	65	64.0
波兰	Romania	1999	114.3		28	
俄罗斯	Russian Federation	1999	2177.0	38.3		
瑞典	Sweden	2000	351.3		68	55.0
乌克兰	Ukraine	2000	488.3	42.7		
英国	United Kingdom	1999	1656.0	92.0	62	83.0
南斯拉夫	Yugoslavia	1998	120.6	68.0		55.0
澳大利亚	Australia	1996	977.0			
新西兰	New Zealand	1996	155.0	57.0		

注：① 1996 年数据。
Note: ① Data refer to 1996.

12-7　商船吨位

Merchandise Shipping Fleet

资料来源：联合国《统计年鉴》1998年。
Sources: United Nation "Statistaical Yearbook" 1998.
单位：万吨　(10 000Mt)

国家（地区）	Country or Territory	1990	1997	1998	1999	2000
世界总计	**World**	**42363**	**50787**	**52220**	**53189**	**54361**
中　　国①	China ①	1390	1699	1634	1650	1632
中国香港	Hong Kong, China	657	786	577	617	
孟加拉国	Bangladesh	46	44	42	41	38
印　　度	India	648	713	693	678	692
印度尼西亚	Indonesia	218	297	320	325	324
伊　　朗	Iran	474	357	355	335	355
以色列	Israel	53	68	79	75	73
日　　本	Japan	2708	1920	1852	1778	1706
马来西亚	Malaysia	172	418	484	521	525
缅　　甸	Myanmar	83	69	57	49	54
朝　　鲜	Korea, Dem People's Rep	44	69	67	63	66
韩　　国	Korea, Rep.	778	756	743	569	574
巴基斯坦	Pakistan	35	44	44	40	31
菲律宾	Philippines	852	903	885	851	765
新加坡	Singapore	793	1645	1888	2037	2178
斯里兰卡	Sri Lanka	35	24	22	19	20
泰　　国	Thailand	62	204	216	200	196
土耳其	Turkey	372	643	657	625	633
越　　南	Viet Nam	47	81	77	78	87
埃　　及	Egypt	126	123	129	137	137
利比里亚	Liberia	5470	5999	6006	6049	5411
尼日利亚	Nigeria	50	45	45	45	43
南　　非	South Africa	35	37	38	38	38
加拿大	Canada	274	241	253	250	250
墨西哥	Mexico	132	113	115	109	92
巴拿马	Panama	3930	8213	9113	9822	10525
美　　国	United States	1974	1203	1179	1185	1203
阿根廷	Argentina	189	59	58	50	48
巴　　西	Brazil	602	453	437	417	393
委内瑞拉	Venezuela	94	70	71	67	66
保加利亚	Bulgaria	136	115	113	109	104
捷克共和国	Czech Republic		8	2		
法　　国	France	372	429	457	474	477
德　　国	Germany		584	695	808	651
意大利	Italy	799	659	619	682	805
荷　　兰	Netherlands	333	400	388	426	481
挪　　威	Norway	2343	2181	2284	2314	2345
波　　兰	Poland	337	229	188	142	132
罗马尼亚	Romania	401	257	235	209	122
俄罗斯	Russian Federation		1376	1228	1109	1065
西班牙	Spain	381	168	169	184	190
英　　国	United Kingdom	489	387	349	409	433
南斯拉夫	Yugoslavia		0.2	0.2	0.5	0.4
澳大利亚	Australia	251	272	261	219	208
新西兰	New Zealand	25	39	37	34	27

注：①联合国统计数据。
Note: ① Data from UN.

12-8 公路线路长度

Length of Road

资料来源：国际公路协会《世界公路统计》2002 年。
Source:International Road Federation "World Road Statistics"2002.

国家（地区）	Country or Territory	年份 Year	公路网长度合计(公里) Total Road Network (km)	高速公路 (公里) Motorways (km)	公路，主路或国道 (公里) Highways, Main or National Roads(km)	次级公路或地区级公路 (公里) Secondary or Regional Roads(km)
中国①	China ①	2000	1402698	16314	20088	152672
孟加拉国	Bangladesh	1999	207486		19775	17297
中国香港	Hong Kong, China	1999	1831			
印度	India	1999	3319644			
印度尼西亚	Indonesia	1999	342700			
伊朗	Iran	1998	167157	890	24940	68238
以色列	Israel	2000	16281	56	5322	
日本	Japan	1999	1161894	6455	53685	127916
哈萨克斯坦	Kazakhstan	2000	81331		22063	59268
朝鲜	Korea, DPR	1999	31200			
韩国	Korea, Republic of	1999	86990	1996	12447	17155
马来西亚	Malaysia	1999	65877		16206	31777
蒙古	Mongolia	2000	49250		11063	38187
缅甸	Myanmar	1996	28200			
巴基斯坦	Pakistan	1999	254410	339	6587	211846
菲律宾	Philippines	2000	201994		30013	49992
新加坡	Singapore	1999	3066	150	569	358
斯里兰卡	Sri Lanka	1999	96695		11462	10404
泰国	Thailand	1999	64600			
土耳其	Turkey	1999	385960	1749	31388	29535
越南	Viet Nam	1999	93300			
埃及	Egypt	1999	64000			
尼日利亚	Nigeria	1999	194394	1194		
南非	South Africa	2000	362099	2032		
加拿大	Canada	1999	901903			
墨西哥	Mexico	1999	329532	6429	41765	62344
美国	United States	1999	6304193	89232	1885465	4329496
阿根廷	Argentina	1999	215471	734	38407	176330
巴西	Brazil	2000	1724929		94754	1630175
委内瑞拉	Venezuela	1999	96155			
白俄罗斯	Belarus	2000	74385		15345	59040
保加利亚	Bulgaria	2000	37286	324	3011	3818
捷克共和国	Czech Republic	2000	55408	499	6031	14688
法国	France	2000	894000	11500	27500	355000
德国	Germany	1999	230735	11515	41321	86823
意大利	Italy	1999	479688	6621	46009	114909
荷兰	Netherlands	1999	116500	2235	6650	57500
波兰	Poland	2000	364656	358	17709	28381
罗马尼亚	Romania	2000	198603	113	14711	63791
俄罗斯	Russian Federation	2000	532393		45978	486415
西班牙	Spain	1999	663795	10317	24124	139656
乌克兰	Ukraine	2000	169491		13081	156410
英国	United Kingdom	1999	371913	3358	48194	113105
南斯拉夫	Yugoslavia	2000	49805	560	6308	12682
澳大利亚	Australia	1999	811603	18619	107234	685748
新西兰	New Zealand	2000	92053	190	10570	16009

12-8 续表1 continued

国家（地区）	Country or Territory	年份 Year	公路网长度合计(公里) Total Road Network(km) 其他道路 (公里) Other Roads (km)	有路面公路所占比重(%) Paved (%)	公路密度 (公里/平方公里) Density of Total Network (km/km2)
中国①	China ①	2000	1213624		0.15
孟加拉国	Bangladesh	1999	170413	9.5	1.41
中国香港	Hong Kong, China	1999		100.0	
印度	India	1999		45.7	
印度尼西亚	Indonesia	1999		46.3	
伊朗	Iran	1998	73089	56.3	0.103
以色列	Israel	2000	10903	100.0	0.79
日本	Japan	1999	973838	46.0	3.07
哈萨克斯坦	Kazakhstan	2000		94.7	
朝鲜	Korea, DPR	1999		6.4	
韩国	Korea, Republic of	1999	55392	74.5	0.88
马来西亚	Malaysia	1999	17894	75.8	0.20
蒙古	Mongolia	2000		3.5	0.04
缅甸	Myanmar	1996		12.2	0.05
巴基斯坦	Pakistan	1999	35638	43.0	0.32
菲律宾	Philippines	2000	121989	21.0	0.60
新加坡	Singapore	1999	1989	100.0	
斯里兰卡	Sri Lanka	1999	74828	95.0	1.47
泰国	Thailand	1999		97.5	0.13
土耳其	Turkey	1999	323288	34.0	0.50
越南	Viet Nam	1999		25.1	0.33
埃及	Egypt	1999		78.1	0.07
尼日利亚	Nigeria	1999		30.9	0.21
南非	South Africa	2000		20.3	0.30
加拿大	Canada	1999			
墨西哥	Mexico	1999	218994	32.8	0.17
美国	United States	1999		58.8	0.65
阿根廷	Argentina	1999		29.4	0.08
巴西	Brazil	2000		5.5	0.20
委内瑞拉	Venezuela	1999		33.6	
白俄罗斯	Belarus	2000		89.0	0.36
澳大利亚	Australia	1999			
保加利亚	Bulgaria	2000	30133	94.0	0.34
捷克共和国	Czech Republic	2000	34190	100.0	0.70
法国	France	2000	500000	100.0	1.62
德国	Germany	1999	91076		
意大利	Italy	1999	312149	100.0	1.59
荷兰	Netherlands	1999	59400	90.0	4.00
新西兰	New Zealand	2000	65283	62.8	
波兰	Poland	2000	318208	68.3	1.17
罗马尼亚	Romania	2000	119988	49.5	0.83
俄罗斯	Russian Federation	2000			0.31
西班牙	Spain	1999	489698	99.0	1.31
乌克兰	Ukraine	2000		96.7	0.28
英国	United Kingdom	1999	207256	100.0	1.62
南斯拉夫	Yugoslavia	2000	30815	62.3	0.49

注：①世界公路协会统计数据。
Note: ① Data from IRF.

12-9 公路交通事故

Road Accidents

资料来源：国际公路协会《世界公路统计》2002 年。
Source:International Road Federation "World Road Statistics"2002.

国家（地区）	Country or Territory	年份 Year	事故发生数量 Total Number of 事故发生数 Accidents (Number)	事故中受伤数 Injuries (Number)	事故中死亡人数 Deaths (Number)
中　国①	China ①	1999	412860	286280	83529
中国香港	Hong Kong, China	1999	14714	19422	217
孟加拉国	Bangladesh	1999	6205	5777	3598
印　度	India	1998	298052	296719	62721
伊　朗	Iran	1999	16858	26930	2313
以色列	Israel	2000	19925	40278	461
日　本	Japan	1999	850363	1050397	9006
韩　国	Korea, Rep.	2000	290481	426984	10236
马来西亚	Malaysia	2000	50194	44165	6029
蒙　古	Mongolia	2000	5991	3548	338
巴基斯坦	Pakistan	1997	12336	11186	5127
菲律宾	Philippines	2000	14196	3902	859
斯里兰卡	Sri Lanka	1999		17174	2121
土耳其	Turkey	1999	66763	113656	4606
南　非	South Africa	1998	80622	120604	9068
尼日利亚	Nigeria	1996	16793	21654	6364
加拿大	Canada	1999	151099	222275	2969
美　国	United States	1999	2054000	3236000	41611
巴　西	Brazil	1998	120442	31492	5305
委内瑞拉	Venezuela	1996	28198	2439	2900
白俄罗斯	Belarus	2000	6410	6494	1594
保加利亚	Bulgaria	2000	6886	8030	1012
捷克共和国	Czech Republic	2000	25445	32439	1486
法　国	France	2000	121200	162117	7543
德　国	Germany	1999	395689	521127	7772
意大利	Italy	1999	219032	316698	6633
荷　兰	Netherlands	1999		12388	1090
波　兰	Poland	2000	57391	71638	6294
罗马尼亚	Romania	2000	7555	6315	2499
俄罗斯	Russian Federation	2000	157596	179401	29594
西班牙	Spain	1999	97811	148632	5738
乌克兰	Ukraine	2000	33339	36636	5185
英　国	United Kingdom	1999	235000	317000	3423
澳大利亚	Australia	2000			1824
新西兰	New Zealand	2000	7830	10962	462

12－9 续表1 continued

国家（地区）	Country or Territory	年份 Year	事故发生情况 Accidents			伤亡发生的环境 Percentage of Injury Accidents	
			每百万公里车程事故发生数（件） Injury Accidents (per 100 million vehicle-km)	每百万公里车程受伤人数（人） Persons Injured (per 100 million vehiclekm) Vehicles (%)	每百万公里车程死亡人数（人） Persons Killed (per 100 million vehicle-km)	在建地段 In Built-up Areas (%)	夜间 At Night (%)
中　　国①	China ①	1999					
中国香港	Hong Kong, China	1999	133.00	176.00	2.00	60.9	30.6
孟加拉国	Bangladesh	1999					
印　　度	India	1998					
伊　　朗	Iran	1999					
以 色 列	Israel	2000	54.60	110.00	1.30	74.5	34.9
日　　本	Japan	1999				73.3	30.6
韩　　国	Korea, Rep.	2000					
马来西亚	Malaysia	2000					
蒙　　古	Mongolia	2000	81.30	89.70	22.30	50.3	34.0
巴基斯坦	Pakistan	1997					
菲 律 宾	Philippines	2000					
斯里兰卡	Sri Lanka	1999					
土 耳 其	Turkey	1999	133.88	227.92	9.24	67.0	
南　　非	South Africa	1998		99.64	6.97	80.3	37.0
尼日利亚	Nigeria	1996					
加 拿 大	Canada	1999		120.90	1.60	71.0	
美　　国	United States	1999	47.00	74.00	0.95		
巴　　西	Brazil	1998					
委内瑞拉	Venezuela	1996					
白俄罗斯	Belarus	2000					
保加利亚	Bulgaria	2000				72.5	22.0
捷克共和国	Czech Republic	2000				64.6	
法　　国	France	2000	23.17	31.00	1.44	67.0	33.0
德　　国	Germany	1999	61.83	81.43	1.27	63.7	23.2
意 大 利	Italy	1999					
荷　　兰	Netherlands	1999		9.40	0.90	55.9	
波　　兰	Poland	2000				72.0	27.4
罗马尼亚	Romania	2000	18.9	15.8	6.3	88.2	25.2
俄 罗 斯	Russian Federation	2000					
西 班 牙	Spain	1999	48.00	73.00	2.80		
乌 克 兰	Ukraine	2000				75.9	46.6
英　　国	United Kingdom	1999					
澳大利亚	Australia	2000					
新 西 兰	New Zealand	2000	21.00	29.50	1.20	58.0	28.0

注：①世界公路协会统计数据。
Note: ① Data from IRF.

12-10 公路税收收入

Annual Receipts from Road User Taxation

资料来源：国际公路协会《世界公路统计》2002年。
Source:International Road Federation "World Road Statistics"2002.
单位：万特别提款权 (10 000 SDRs)

国家（地区）	Country or Territory	年份 Year	公路使用税总计 Total Road User Taxation	购置税 Taxes on Acquisition	所有权税 Taxes on Ownership	使用税 Taxes on Use
中国香港	Hong Kong, China	1999		22400	22900	38400
印　度	India	1996	21000	5000	3000	14000
日　本	Japan	1998	4877700	409800	1769300	2701700
韩　国	Korea, Rep.	1998				
蒙　古	Mongolia	2000	140		140	2
缅　甸	Netherlands	1999	600800	161800	192500	276000
新加坡	Singapore	1996	140000	95000	40000	
斯里兰卡	Sri Lanka	1996	29000	7000	3000	20000
墨西哥	Mexico	1997	619700	3600	48100	488000
美　国	United States	1997	6682300	124000	1692400	4350800
法　国	France	2000	4200000	500000	570000	2800000
德　国	Germany	1999			515600	
意大利	Italy	1999	3812200	530600	389700	593300
荷　兰	New Zealand	2000			6360	18850
罗马尼亚	Romania	2000	19050			100
俄罗斯	Russian Federation	1996	53900	15	92	1600
西班牙	Spain	1997	1021200	305300	98600	617500
乌克兰	Ukraine	2000	19700		5820	6350
英　国	United Kingdom	1999	3010400	441000	398600	1831700
南斯拉夫	Yugoslavia	1996	38400			14900
澳大利亚	Australia	1996	1350000		310500	1012500

12–10 续表 1 continued

单位：万特别提款权 (10 000 SDRs)

国家（地区）	Country or Territory	年份 Year	公路使用税总计 Total Road User Taxation 通行税 Tolls	其他特殊税 Other Special Taxes	公路税收占 GDP 比重 Total Road User Taxation as % of GDP (%)	公路税收占政府财政收入比重 Total Road User Taxation as % of Total Government Revenue (%)
中国香港	Hong Kong, China	1999		2230		
印度	India	1996				
日本	Japan	1998			153	910
韩国	Korea, Rep.	1998	74300			
蒙古	Mongolia	2000			14	
缅甸	Netherlands	1999			220	220
新加坡	Singapore	1996		6000	160	460
斯里兰卡	Sri Lanka	1996		700	210	1120
墨西哥	Mexico	1997	29200	50800	54	
美国	United States	1997			111	348
法国	France	2000	380000		420	1810
德国	Germany	1999				
意大利	Italy	1999	44800	2179000		
荷兰	New Zealand	2000		14110		
罗马尼亚	Romania	2000	40			
俄罗斯	Russian Federation	1996	46600	5610	20	130
西班牙	Spain	1997			270	1500
乌克兰	Ukraine	2000		7490	76	
英国	United Kingdom	1999		339200	420	1060
南斯拉夫	Yugoslavia	1996	20900	2470	240	500
澳大利亚	Australia	1996	13500	13500		

12-11 公路支出

Road Expenditure

资料来源：国际公路协会《世界公路统计》2002 年。
Source:International Road Federation "World Road Statistics"2002.
单位：万特别提款权 (10 000 SDRs)

国家（地区）	Country or Territory	年份 Year	支出总计 Grand Total of All Expenses	公路支出构成－按行政管理级别分 Road Expenditure-Administration Levels		
				中央政府 Central Gov't	地区政府 Regional Gov't (%)	地方政府 Local Gov't
中　　国①	China ①	2000		1631400	2008800	15267200
中国香港	Hong Kong, China	1999				
印　　度	India	1998		1990	6770	
日　　本	Japan	1996	6433200	1990700	2620000	4442500
蒙　　古	Mongolia	2000	492			
巴基斯坦	Pakistan	1996	39000	13000	24000	2000
菲 律 宾	Philippines	1998	26300			
新 加 坡	Singapore	1999	11100			
斯里兰卡	Sri Lanka	1999	7170			
土 耳 其	Turkey	1999	87100			
加 拿 大	Canada	2000		15000		
美　　国	United States	1997	7516400	97300	4558100	2861000
阿 根 廷	Argentina	1998		40900	75900	
巴　　西	Brazil	1996	59000	49000		
白俄罗斯	Belarus	2000	18560			
捷克共和国	Czech Republic	2000	159500	159500		
法　　国	France	2000	1090000			
德　　国	Germany	1996	1501400	414400	234300	763000
意 大 利	Italy	1996	913200	446400	120400	346400
荷　　兰	Netherlands	1999	97000	91200	15800	
波　　兰	Poland	2000	128400	61400	21300	45700
罗马尼亚	Romania	2000				
西 班 牙	Spain	1999	389700	161600	92300	38900
乌 克 兰	Ukraine	2000	19960	5700		9080
英　　国	United Kingdom	1999	477800	175500		302400
澳大利亚	Australia	1999		81500		
新 西 兰	New Zealand	2000		35700		

12-11 续表 1 continued

单位：万特别提款权 (10 000 SDRs)

国家（地区）	Country or Territory	年份 Year	公路支出构成－按支出性质分 Road Expenditure-By Nature 管理、调查及其它 Administration, Research and Other	维护 Maintenance	新建 New Construction
中　　国①	China ①	2000	121362400	140269800	
中国香港	Hong Kong, China	1999	600	9030	27900
印　　度	India	1998			
日　　本	Japan	1996	401100	1186000	5111000
蒙　　古	Mongolia	2000	321	70	101
巴基斯坦	Pakistan	1996	2000	9000	29000
菲 律 宾	Philippines	1998		6420	19900
新 加 坡	Singapore	1999		3140	7970
斯里兰卡	Sri Lanka	1999	14	312	6850
土 耳 其	Turkey	1999	25000	9220	53100
加 拿 大	Canada	2000			
美　　国	United States	1997	598600	1950100	3625100
阿 根 廷	Argentina	1998			
巴　　西	Brazil	1996	46000	5000	9000
白俄罗斯	Belarus	2000			1710
捷克共和国	Czech Republic	2000		80100	79300
法　　国	France	2000			
德　　国	Germany	1996	89600		954000
意 大 利	Italy	1996	248000	415000	797000
荷　　兰	Netherlands	1999		52300	37500
波　　兰	Poland	2000	9000	80900	38500
罗马尼亚	Romania	2000	12		
西 班 牙	Spain	1999		82000	210900
乌 克 兰	Ukraine	2000	530	14780	4880
英　　国	United Kingdom	1999			
澳大利亚	Australia	1999			
新 西 兰	New Zealand	2000			

注：①世界公路协会统计数据。
Note: ① Data from IRF.

12-12 电话主线和移动电话普及率

Telephone Mainlines and Mobile Phones

资料来源：世界银行数据库。
Sources: World Bank Database.

国家（地区）	Country or Territory	电话主线（条／千人） Telephone Mainlines (per 1 000 people)			移动电话(部／千人) Mobile Phones (per 1 000 people)		
		1990	1999	2000	1990	1999	2000
世　界	**World**	**99.6**	**151.8**	**163.1**	**2.1**	**82.2**	**123.1**
高收入国家	**High Income**	**465.0**	**585.3**	**604.0**	**12.8**	**377.7**	**532.2**
中等收入国家	**Middle Income**	**46.0**	**121.6**	**139.2**	**0.2**	**54.6**	**92.5**
低收入国家	**Low Income**	**10.5**	**24.0**	**23.4**	**0.01**	**2.8**	**5.4**
中　国	China	10.8 ①	139.7 ①	202.0 ①	0.4	37.2	38.5
中国香港	Hong Kong, China	450.1	580.4	583.1	24.4	641.4	809.2
孟加拉国	Bangladesh	2.2	3.4	3.5		1.2	1.5
印　度	India	5.9	26.5	32.0		1.9	3.5
印度尼西亚	Indonesia	5.9	29.0	31.4	0.1	10.6	17.3
伊　朗	Iran	40.3	133.4	149.0		7.8	15.1
伊拉克	Iraq	39.3	30.0	29.4		0.0	
以色列	Israel	343.2	471.3	481.8	3.2	471.8	701.8
日　本	Japan	441.1	556.8	585.7	7.0	448.8	526.2
哈萨克斯坦	Kazakhstan	79.9	108.1	113.0		3.0	12.2
朝　鲜	Korea, Dem People's Rep	38.3	46.4	45.7		0.0	0.0
韩　国	Korea, Rep.	309.6	437.8	463.6	1.9	500.3	566.9
马来西亚	Malaysia	89.2	202.9	199.1	4.9	137.0	213.2
蒙　古	Mongolia	32.0	44.0	55.6		14.7	45.3
缅　甸	Myanmar	1.6	5.5	5.5		0.3	0.3
巴基斯坦	Pakistan	7.5	22.1	21.6	0.02	2.1	2.5
菲律宾	Philippines	10.0	38.8	40.0		38.3	84.4
新加坡	Singapore	349.4	481.9	484.4	17.1	418.8	683.8
斯里兰卡	Sri Lanka	7.1	36.0	40.5	0.1	13.8	22.7
泰　国	Thailand	24.2	86.9	92.2	1.2	39.0	50.4
土耳其	Turkey	121.4	278.4	279.9	0.6	125.2	245.6
越　南	Vietnam	1.4	26.7	31.8		4.2	9.9
埃　及	Egypt	30.1	75.0	86.3	0.1	7.7	21.4
尼日利亚	Nigeria	3.0	3.7	4.3		0.2	0.3
南　非	South Africa	93.4	127.5	113.5	0.2	122.4	190.2
加拿大	Canada	564.9	657.5	676.5	21.6	226.6	284.6
墨西哥	Mexico	64.8	112.2	124.7	0.8	79.4	142.4
美　国	United States	544.5	672.9	699.7	21.1	315.5	397.9
阿根廷	Argentina	93.0	201.1	213.1	0.4	121.2	163.4
巴　西	Brazil	65.0	148.7	181.7	0.005	89.5	136.3
委内瑞拉	Venezuela	76.2	107.5	107.8	0.4	159.7	217.5
白俄罗斯	Belarus	153.4	256.7	268.8		2.3	4.8
保加利亚	Bulgaria	241.9	342.2	350.3		42.3	89.7
捷克共和国	Czech Republic	157.5	370.8	377.9		189.5	424.2
法　国	France	495.2	581.7	579.2	5.0	365.6	493.3
德　国	Germany	440.8	586.7	610.5	3.8	285.4	586.0
意大利	Italy	387.6	462.1	473.8	4.6	528.3	737.3
荷　兰	Netherlands	464.1	605.7	617.9	5.3	425.2	669.9
波　兰	Poland	86.3	262.6	282.3		102.1	174.0
罗马尼亚	Romania	101.9	166.9	174.6		60.5	111.9
俄罗斯	Russian Federation	139.9	210.2	218.2		9.3	22.2
乌克兰	Ukraine	135.5	198.8			4.3	16.2
英　国	United Kingdom	440.7	574.7	588.5	19.4	456.9	727.0
澳大利亚	Australia	456.3	515.3	524.6	10.8	333.5	446.9
新西兰	New Zealand	433.6	495.7	499.8	16.0	366.1	563.3

注：①电话机数。
Note: ① Telephone number.

12-13 国际互联网用户及网站普及率

Internet Users and Web Sites

资料来源：世界银行数据库。
Sources: World Bank Database.

国家（地区）	Country or Territory	互联网用户数(万人) Internet Users (10 000 persons)			国际互联网站普及率（个／万人） Web Sites (per 10 000 persons)		
		1995	1999	2000	1995	1999	2000.7
世界	**World**	**3429.8**	**24195.9**	**36647.0**	**16.8**	**94.4**	**152.5**
高收入国家	**High Income**	**3157.0**	**19026.1**	**26982.1**			
中等收入国家	**Middle Income**	**239.8**	**4691.9**	**8731.1**			
低收入国家	**Low Income**	**33.0**	**477.8**	**933.7**			
中国	China	62.0①②	400.0①	2650.0①		0.5	0.7
中国香港	Hong Kong, China	20.0	243.0	260.1	28.7	146.1	182.9
孟加拉国	Bangladesh		5.0	10.0			
印度	India	25.0	280.0	500.0		0.2	0.3
印度尼西亚	Indonesia	5.0	90.0	200.0	0.1	0.8	1.2
伊朗	Iran	0.3	10.0	25.0			
以色列	Israel	5.0	80.0	127.0	49.8	187.0	260.6
日本	Japan	200.0	2706.0	4708.0	21.5	163.7	269.3
哈萨克斯坦	Kazakhstan	0.2	7.0	10.0	0.1	1.5	2.8
韩国	Korea, Rep.	36.6	1086.0	1904.0	6.5	55.5	100.7
马来西亚	Malaysia	4.0	250.0	370.0	2.0	23.5	27.6
蒙古	Mongolia	0.02	1.2	3.0		0.1③	0.7
缅甸	Myanmar		0.1	0.7			
巴基斯坦	Pakistan	0.02	8.0	13.4		0.2	0.4
菲律宾	Philippines	2.0	132.0	200.0	0.3	1.3	2.2
新加坡	Singapore	10.0	95.0	120.0	65.7	266.7	385.7
斯里兰卡	Sri Lanka	0.1	6.5	12.2		0.5	0.9
泰国	Thailand	5.5	130.0	230.0	0.7	4.6	8.8
土耳其	Turkey	5.0	150.0	200.0	0.9	8.1	16.6
越南	Vietnam		10.0	20.0			
埃及	Egypt	2.0	20.0	45.0	0.1	0.3	0.9
尼日利亚	Nigeria		10.0	20.0			
南非	South Africa	46.0	182.0	240.0	12.3	33.4	43.1
加拿大	Canada	122.0	1100.0	1270.0	127.0	424.5	590.4
墨西哥	Mexico	9.4	182.2	271.2	1.5	23.2	50.6
美国	United States	2000.0	7410.0	9535.4	228.7	1479.7	2419.9
阿根廷	Argentina	3.0	50.0	250.0	1.5	27.8	47.3
巴西	Brazil	17.0	350.0	500.0	1.3	18.5	39.0
委内瑞拉	Venezuela	2.7	52.5	95.0	0.5	4.0	6.5
白俄罗斯	Belarus	0.03	5.0	18.0		0.8	1.1
保加利亚	Bulgaria	1.0	23.5	43.0	1.3	11.9	18.8
捷克共和国	Czech Republic	15.0	70.0	100.0	21.2	85.6	134.4
法国	France	95.0	537.0	850.0	26.1	111.5	167.1
德国	Germany	150.0	1440.0	2400.0	58.1	173.8	233.3
匈牙利	Hungary	7.0	60.0	148.0			
意大利	Italy	30.0	820.0	1320.0	13.2	68.3	273.0
荷兰	Netherlands	60.0	300.0	390.0	111.1	403.4	679.8
波兰	Poland	25.0	210.0	280.0	6.0	40.9	67.1
罗马尼亚	Romania	1.7	60.0	80.0	0.8	9.0	13.2
俄罗斯	Russian Federation	22.0	150.0	310.0	1.5	13.1	19.5
西班牙	Spain	15.0	283.0	538.8	13.1	76.7	136.5
乌克兰	Ukraine	2.2	20.0	30.0	0.5	4.6	6.6
英国	United Kingdom	110.0	1250.0	1800.0	75.0	268.8	348.3
南斯拉夫	Yugoslavia		8.0	40.0			
澳大利亚	Australia	50.0	560.0	660.0	171.4	478.5	683.3
新西兰	New Zealand	18.0	70.0	83.0	146.7	477.7	807.9

注：①中国互联网信息中心数据。②1997年数据。③1998年数据。
Note: ① Data from China Internet Information Center. ② Data refer to 1997. ③ Data refer to 1998.

主要统计指标解释

航空货物周转量 指承载的每个航班的货物、快递和邮包重量之和乘以飞机从起飞到降落的飞行距离。该指标按航空承运商登记国统计。

航空旅客 指承载的国内或国际旅客人数。该指标按航空承运商登记国统计。

移动电话 指手提式电话用户。利用蜂窝技术，这些用户被接入公共交换电话网的自动公共移动电话服务系统。

电话主线 是指将客户的设备接入公共交换电话网的电话线。

公路货物周转量 指利用公路交通工具进行货物运输。用重量乘以里程，以亿吨公里来衡量。

互联网用户 指进入国际互联网的人数。

特别提款权(SDRs) 国际货币基金组织创设的一种储备资产和记帐单位。它是基金组织分配给会员国的用来补充它们已有的储备资产。它代表持有者拥有无限制条件地获取其他储备资产，特别是外汇的权利。国际货币基金组织不可以分配给自己SDRs，而只可以通过各种金融交易和操作接受成员国的SDRs。SDRs在金融交易和操作的应用相当广泛，包括换取其它成员国的资金、结算金融义务、作为捐赠或贷款延期等，而且现货交易和期货交易也可用此结算。特别提款权每天的实际值是由基金组织根据"一篮子"货币按照给定的权数来决定的。

Explanatory Notes on Main Statistical Indicators

Air Freight is the sum of the metric tons of freight, express, and diplomatic bags carried on each flight stage (the operation of an aircraft from takeoff to its next landing) multiplied by the stage distance of air carriers registered in the country.

Air Transport, Passengers Carried Air passengers carried include both domestic and international aircraft passengers of air carriers registered in the country.

Mobile Phones Mobile phones refers to users of portable telephones subscribing to an automatic public mobile telephone service using cellular technology that provides access to the public switched telephone network.

Telephone Mainlines Telephone mainlines are telephone lines connecting a customer's equipment to the public switched telephone network.

Roads, Goods Transported Goods transported by road are the volume of goods transported by road vehicles, measured in 100 millions of metric tons times kilometers traveled.

Internet Users are people with access to the worldwide network.

Special Drawing Rights (SDRs) International reserve assets created by the International Monetary Fund and allocated to its members to supplement existing reserve assets. They represent each holder's assured and unconditional right to obtain other reserve assets, especially foreign exchange. IMF cannot allocate SDRs to itself but receives them from members through various financial transactions and operations. The SDR can be used for a wide range of transactions and operations, including the acquisition of other members' currencies, the settlement of financial obligations, the making of donations, and the extension of loans. Forward as well as spot transactions may be conducted in SDRs. The SDR is the unit of account for the Fund. The value of the SDR is determined daily by IMF on the basis of a basket of currencies with each currency assigned a weight in the determination of that value.

十三 对外贸易和旅游

External Trade and Tourism

13-1 世界货物贸易总额

World Imports and Exports

资料来源：国际货币基金组织数据库。
Sources: International Monetary Fund Database.

单位：亿美元 (USD 100 million)

年份 Year	世界 World	工业国家 Industrial Countries	发展中国家 Developing Countries
出口 Exports			
1980	19459	12651	6808
1981	19497	12439	7058
1982	18006	11773	6233
1983	17568	11627	5941
1984	18642	12405	6237
1985	18878	12820	6058
1986	20581	14850	5731
1987	24312	17362	6950
1988	27795	19865	7930
1989	30241	21279	8962
1990	34386	24541	9845
1991	35303	25022	10281
1992	37579	26509	11070
1993	37658	25965	11693
1994	42817	29141	13676
1995	51230	34698	16532
1996	53440	35642	17798
1997	55296	36433	18863
1998	54423	36706	17717
1999	56305	37405	18900
2000	63356	39954	23402
2001	60321	38389	21933
进口 Imports			
1980	20156	14004	6152
1981	19971	13288	6683
1982	18797	12494	6303
1983	18180	12248	5932
1984	19387	13402	5985
1985	19654	13747	5907
1986	21443	15468	5975
1987	25133	18299	6834
1988	28785	20693	8092
1989	31151	22397	8754
1990	35321	25753	9567
1991	36435	25931	10503
1992	38724	27069	11655
1993	38223	25596	12628
1994	43448	29020	14428
1995	51902	34320	17582
1996	54438	35533	18905
1997	56260	36319	19941
1998	55464	37272	18193
1999	57739	39238	18501
2000	65214	43241	21973
2001		41263	

13-2 货物出口总额

Merchandise Exports

资料来源：国际货币基金组织数据库。
Sources: International Monetary Fund Database.

单位：亿美元 (USD 100 million)

国家（地区）	Country or Territory	1990	1998	1999	2000	2001
世　界	**World**	**34386**	**54423**	**56305**	**63356**	**60321**
工业国家	**Industrial Countries**	**24541**	**36706**	**37405**	**39954**	**38389**
发展中国家	**Developing Countries**	**9845**	**17717**	**18900**	**23402**	**21933**
中　国	China	621	1837	1949	2492	2662
中国香港	Hong Kong, China	822	1740	1739	2019	1899
孟加拉国	Bangladesh	17	38	39	47	50
印　度	India	180	334	357	424	436
印度尼西亚	Indonesia	257	488	487	621	
伊　朗	Iran	193	131	210	283	
以色列	Israel	116	230	258	314	290
日　本	Japan	2876	3879	4194	4792	4035
哈萨克斯坦	Kazakhstan		54	56	91	86
韩　国	Korea, Rep.	650	1323	1437	1723	1504
马来西亚	Malaysia	295	733	845	981	
蒙　古	Mongolia	7	3	2		
缅　甸	Myanmar	3	11	11	16	23
巴基斯坦	Pakistan	56	85	85	90	92
菲律宾	Philippines	81	294	366	398	321
新加坡	Singapore	527	1099	1147	1378	1218
斯里兰卡	Sri Lanka	19	48	46	54	48
泰　国	Thailand	231	545	584	691	651
埃　及	Egypt	50	31	36	47	41
尼日利亚	Nigeria	136	99	139	210	
南　非	South Africa	236	264	267	300	293
阿根廷	Argentina	124	264	233	264	267
巴　西	Brazil	314	511	480	551	582
委内瑞拉	Venezuela	175	172	202	318	274
加拿大	Canada	1276	2143	2384	2766	2599
墨西哥	Mexico	407	1175	1364	1664	1585
美　国	United States	3936	6821	7021	7811	7308
白俄罗斯	Belarus		71	59	73	75
保加利亚	Bulgaria	48	42	40	48	51
捷克共和国	Czech Republic		264	262	290	
法　国	France	2166	3056	3008	2988	2941
德　国	Germany	4101	5434	5429	5496	5705
意大利	Italy	1705	2457	2352	2383	
荷　兰	Netherlands	1318	2014	2002	2088	2161
波　兰	Poland	136	272	274	317	361
罗马尼亚	Romania	58	83	85	104	114
俄罗斯	Russian Federation		749	757	1056	1031
西班牙	Spain	555	1092	1100	1133	1152
乌克兰	Ukraine		126	116		
英　国	United Kingdom	1853	2718	2682	2816	2673
澳大利亚	Australia	398	559	561	639	634
新西兰	New Zealand	94	121	125	133	137

13-3 货物进口总额

Merchandise Imports

资料来源：国际货币基金组织数据库。
Sources: International Monetary Fund Database.

单位：亿美元 (USD 100 million)

国家（地区）	Country or Territory	1990	1998	1999	2000	2001
世　界	**World**	35321	55464	57739	65214	
工业国家	**Industrial Countries**	25753	37272	39238	43241	41263
发展中国家	**Developing Countries**	9567	18193	18501	21973	
中　国	China	534	1402	1657	2251	2436
中国香港	Hong Kong, China	825	1845	1795	2128	2011
孟加拉国	Bangladesh	36	70	77	84	84
印　度	India	236	430	470	513	496
印度尼西亚	Indonesia	218	273	240	335	
伊　朗	Iran	203	143	127	143	
以色列	Israel	168	293	332	314	355
日　本	Japan	2354	2805	3113	3795	3491
哈萨克斯坦	Kazakhstan		43	37	51	64
韩　国	Korea, Rep.	698	933	1198	1605	1411
马来西亚	Malaysia	293	583	650	822	
蒙　古	Mongolia	9	5	4		
缅　甸	Myanmar	3	27	23	24	28
巴基斯坦	Pakistan	74	93	103	113	102
菲律宾	Philippines	130	315	326	338	314
新加坡	Singapore	608	1047	1111	1345	1160
斯里兰卡	Sri Lanka	27	59	60	72	59
泰　国	Thailand	330	430	503	619	621
埃　及	Egypt	168	162	160	140	128
尼日利亚	Nigeria	56	92	86	87	
南　非	South Africa	184	292	267	297	284
阿根廷	Argentina	41	314	255	252	203
巴　西	Brazil	225	606	517	585	
委内瑞拉	Venezuela	73	158	141	162	180
加拿大	Canada	1232	2061	2202	2448	2273
墨西哥	Mexico	435	1309	1486	1827	
美　国	United States	5170	9444	10594	12593	11802
白俄罗斯	Belarus		85	67	86	80
保加利亚	Bulgaria	47	49	55	65	72
捷克共和国	Czech Republic		303	295	339	
法　国	France	2344	2884	2899	3010	2925
德　国	Germany	3462	4714	4735	4978	4863
意大利	Italy	1820	2184	2203	2366	
荷　兰	Netherlands	1265	1877	1903	1975	1944
波　兰	Poland	84	465	459	489	503
罗马尼亚	Romania	98	118	104	131	156
俄罗斯	Russian Federation		638	436	491	590
西班牙	Spain	876	1331	1444	1529	1536
乌克兰	Ukraine		147	118		
英　国	United Kingdom	2244	3140	3180	3344	3210
澳大利亚	Australia	420	646	692	715	639
新西兰	New Zealand	95	125	143	139	133

13-4 出口和进口单位价格指数

Indices of Export Unit Value and Import Unit Value

资料来源：国际货币基金组织数据库。
Sources: International Monetary Fund Database.
单位：1995年=100　　(1995=100)

国家（地区）	Country or Territory	出口单位价格 Export Unit Values/Export Prices			进口单位价格 Import Unit Values/Import Prices		
		1999	2000	2001	1999	2000	2001
世　　界	**World**	**85.8**	**85.8**		**85.1**	**86.2**	**83.3**
工业国家	**Industrial Countries**	**85.7**	**83.4**	**81.7**	**85.6**	**86.1**	**83.0**
发展中国家	**Developing Countries**	**86.4**	**93.6**		**83.2**	**86.6**	**84.0**
中国香港	Hong Kong, China	91.5	90.9	88.5	89.7	90.0	86.9
印　　度	India	94.0	93.0		96.6	100.1	
以色列	Israel	97.3	97.3	93.9	87.0	89.7	88.4
日　　本	Japan	85.2	89.2	83.6	83.8	92.6	86.3
韩　　国	Korea, Rep.	61.5	61.8		74.5	85.7	
巴基斯坦	Pakistan	93.3	86.7	79.4	42.0	46.4	42.3
菲律宾	Philippines	86.0	71.6	59.3	67.6	57.6	48.1
新加坡	Singapore	80.2	83.4	77.2	81.2	87.0	84.0
斯里兰卡	Sri Lanka	101.4	101.6	94.3			
泰　　国	Thailand	87.7	85.9	84.7	95.3	100.2	108.7
巴　　西	Brazil	90.7	97.2	92.2	111.5	116.4	116.1
加拿大	Canada	93.0	100.6	96.5	95.7	98.0	93.9
美　　国	United States	94.7	96.2	95.4	93.4	99.4	95.9
法　　国	France	81.6	71.7		82.4	75.5	
德　　国	Germany	75.1	67.3		75.4	72.4	
意大利	Italy	94.6	86.5		87.6	86.4	
荷　　兰	Netherlands	77.9	75.6		80.9	78.0	
波　　兰	Poland	85.8	79.6	81.2	91.3	85.9	88.4
西班牙	Spain	82.6	75.8	75.6	81.0	79.1	76.4
英　　国	United Kingdom	92.1	89.2	85.0	88.9	86.5	82.0
澳大利亚	Australia	82.7	86.0	84.4	87.2	85.6	80.7
新西兰	New Zealand	80.6	81.2		82.4	82.4	

13-5 出口和进口数量指数

Indices of Export Quantum and Import Quantum

资料来源：联合国数据库。
Sources: UN Datâbase.
单位：1990年=100 (1990=100)

国家（地区）	Country or Territory	出口数量指数 Export Quantum/Export Prices			进口数量指数 Import Quantum/Import Prices		
		1999	2000	2001	1999	2000	2001
世界	**World**	**171**	**184**		**175**	**192**	
发达国家	**Developed Countries**	**163**	**180**	**178**	**170**	**189**	**191**
发展中国家	**Developing Countries**	**197**	**196**		**193**	**200**	
中国香港	Hong Kong, China	218	255		222	262	
以色列	Israel	204	256		226	257	
日本	Japan	118	129		150	166	
韩国	Korea, Rep.	326	394		213	253	
巴基斯坦	Pakistan	134	153		140	147	
菲律宾	Philippines	186	214		137	144	
新加坡	Singapore	261	302	288	194	220	196
斯里兰卡	Sri Lanka	173	205		218	247	
泰国	Thailand	284	346	327	124	150	134
阿根廷	Argentina	202	221		733	794	
巴西	Brazil	137	146	163	150	163	164
加拿大	Canada	210	229	229	207	226	226
美国	United States	176	183		203	238	
法国	France	166	185		152	168	
意大利	Italy	149	165	145	157		
荷兰	Netherlands	179	194		179	189	
波兰	Poland	183	226		492	526	
英国	United Kingdom	155	173	175	159	178	182
澳大利亚	Australia	189	196		201	223	
新西兰	New Zealand	149	157		161	157	

13-6 货物和服务进出口占国内生产总值的比重

Export and Import of Goods and Services as Percentage of GDP

资料来源：世界银行数据库。
Sources: World Bank Database.
单位：%　　(%)

国家（地区）	Country or Territory	出口 Imports			进口 Exports		
		1990	1999	2000	1990	1999	2000
世　界	**World**	**20.0**	**23.2**		**19.8**	**22.7**	
高收入国家	**High Income**	**19.8**	**21.9**		**19.7**	**21.8**	
中等收入国家	**Middle Income**	**21.3**	**28.7**	**31.6**	**20.4**	**26.3**	**28.9**
低收入国家	**Low Income**	**17.4**	**24.2**	**27.9**	**20.2**	**25.4**	**28.0**
中　国①	China ①	17.5	22.0	25.9	14.3	19.1	23.2
中国香港	Hong Kong, China	134.3	133.4	150.0	125.8	128.0	145.3
孟加拉国	Bangladesh	6.2	13.2	14.0	13.6	18.7	19.2
印　度	India	7.3	12.0	14.0	9.9	15.1	16.6
印度尼西亚	Indonesia	25.3	35.2	38.5	23.7	27.2	30.7
伊　朗	Iran	22.0	22.7	34.8	23.5	18.1	20.7
以色列	Israel	34.7	35.7	40.0	45.4	45.3	46.9
日　本	Japan	10.4	10.0		9.4	8.4	
哈萨克斯坦	Kazakhstan		42.5	58.9		40.1	47.3
韩　国	Korea, Rep.	29.1	42.3	45.0	30.3	35.5	42.2
马来西亚	Malaysia	74.5	121.7	125.5	72.4	96.6	104.4
蒙　古	Mongolia	24.0	61.2	65.5	52.9	74.6	81.9
缅　甸	Myanmar	2.6	0.4		4.8	0.7	
巴基斯坦	Pakistan	15.5	15.1	15.5	23.4	20.0	19.1
菲律宾	Philippines	27.5	51.5	56.3	33.3	51.3	50.2
新加坡	Singapore	201.8	166.5	179.9	194.9	147.1	161.4
斯里兰卡	Sri Lanka	29.2	35.5	39.7	38.0	43.3	50.5
泰　国	Thailand	34.1	58.5	67.0	41.7	45.8	59.0
埃　及	Egypt	20.0	15.1	16.1	32.7	23.7	22.7
尼日利亚	Nigeria	43.4	36.9	52.3	28.8	41.1	41.0
南　非	South Africa	24.4	25.9	29.1	18.6	23.1	26.1
阿根廷	Argentina	10.4	9.8	10.8	4.6	11.5	11.4
巴　西	Brazil	8.2	10.6	10.9	7.0	11.7	12.1
委内瑞拉	Venezuela	39.4	21.6	29.4	20.2	16.4	17.0
加拿大	Canada	26.1	43.7		26.0	40.8	
墨西哥	Mexico	18.6	30.9	31.4	19.7	32.4	33.2
美　国	United States	9.7	10.7		10.9	13.5	
白俄罗斯	Belarus	46.0	59.2	67.8	43.6	61.6	69.3
保加利亚	Bulgaria	33.1	44.1	58.5	36.7	51.9	64.1
捷克共和国	Czech Republic	45.2	60.9	71.5	42.6	62.3	75.2
法　国	France	21.2	26.1	28.7	22.2	23.6	27.2
德　国	Germany	28.8	29.4	33.4	25.5	28.5	33.0
意大利	Italy	19.7	25.5	28.4	19.7	23.5	27.2
荷　兰	Netherlands	58.8	60.6		54.8	55.8	
波　兰	Poland	28.6	26.1	27.4	21.5	32.5	34.4
罗马尼亚	Romania	16.7	29.0	34.1	26.2	33.4	39.9
俄罗斯	Russian Federation	18.2	43.9	45.9	17.9	27.4	24.8
乌克兰	Ukraine	27.6	53.7	61.4	28.7	48.2	57.0
英　国	United Kingdom	24.0	25.9	27.2	26.6	27.6	29.1
澳大利亚	Australia	16.7	19.9		16.9	22.3	
新西兰	New Zealand	27.6	31.9		26.9	32.8	

注：①世界银行数据。
Note: ① Data from World Bank.

13-7 出口商品构成（2000年）

Exports by Commodity Groups(2000)

资料来源：世界银行数据库。
Sources: World Bank Database.

单位：%　　　(%)

国家（地区）	Country or Territory	农业原材料 Agricultural Raw Materials	食品 Food	燃料 Fuel	矿物和金属 Ores and Metals	制成品 Manufactures
世　界	**World**	**1.8**	**6.8**	**8.0**	**2.8**	**77.8**
高收入国家	**High Income**	**1.7**	**6.3**	**4.4**	**2.4**	**82.3**
中等收入国家	**Middle Income**	**2.1**	**8.2**	**20.5**	**4.4**	**62.7**
低收入国家①	**Low Income ①**	**3.7**	**17.1**	**20.9**	**3.3**	**53.3**
中　国②	China ②	1.1	5.4	3.1	1.9	88.2
中国香港	Hong Kong, China	0.4	1.6	0.5	1.9	95.3
印　度①	India ①	1.4	14.5	0.2	2.5	79.2
印度尼西亚	Indonesia	3.6	8.9	25.4	4.9	57.1
伊　朗	Iran	0.4	2.9	88.5	0.8	7.3
以色列	Israel	1.1	2.6	0.7	1.3	94.1
日　本	Japan	0.5	0.5	0.4	1.3	93.9
哈萨克斯坦	Kazakhstan	1.3	6.8	53.9	18.1	19.8
韩　国	Korea, Rep.	1.0	1.6	5.5	1.3	90.7
马来西亚	Malaysia	2.6	5.5	9.6	1.0	80.4
巴基斯坦	Pakistan	3.0	10.5	1.4	0.2	84.7
菲律宾	Philippines	0.6	4.8	1.3	1.6	91.7
新加坡	Singapore	0.5	2.2	9.7	1.1	85.6
斯里兰卡①	Sri Lanka ①	2.0	21.1		0.2	75.4
泰　国	Thailand	3.3	14.4	3.0	1.3	75.6
土耳其	Turkey	1.1	12.8	1.1	2.6	81.2
埃　及①	Egypt ①	7.9	8.9	36.9	4.4	37.1
尼日利亚	Nigeria	0.01	0.1	99.6	0.01	0.2
南　非	South Africa	3.4	8.5	10.1	10.8	54.3
加拿大	Canada	6.2	6.4	13.2	4.4	63.8
墨西哥	Mexico	0.6	4.9	9.7	1.3	83.5
美　国	United States	2.3	7.4	1.9	1.9	83.1
阿根廷	Argentina	1.7	43.6	17.8	3.3	32.2
巴　西	Brazil	4.7	23.3	1.6	9.8	58.5
委内瑞拉	Venezuela	0.2	1.5	86.1	3.0	9.1
白俄罗斯	Belarus	3.6	6.8	19.8	0.8	66.5
保加利亚	Bulgaria	2.7	9.8	11.7	12.7	56.8
捷克共和国	Czech Republic	2.4	4.1	3.0	2.0	88.3
法　国	France	1.1	11.0	2.8	1.9	81.1
德　国	Germany	0.9	4.2	1.5	2.5	85.3
意大利	Italy	0.7	6.1	2.0	1.4	88.5
荷　兰	Netherlands	3.2	15.0	9.8	2.2	69.6
波　兰	Poland	1.8	7.9	5.0	4.9	80.3
罗马尼亚	Romania	4.9	3.1	7.2	6.9	77.3
俄罗斯	Russian Federation	3.1	1.2	51.3	9.3	22.1
西班牙	Spain	1.3	13.5	3.6	2.2	77.7
英　国	United Kingdom	0.5	5.5	8.6	2.4	82.2
澳大利亚	Australia	5.7	20.7	21.9	16.6	29.5
新西兰	New Zealand	14.2	46.0	2.0	4.9	28.4

注：①1999年数据。②世界银行数据。
Note: ① Data refer to 1999. ② Data from World Bank.

13-8 进口商品构成 (2000年)

Imports by Commodity Groups (2000)

资料来源：世界银行数据库。
Sources: World Bank Database.

单位：% (%)

国家（地区）	Country or Territory	农业原材料 Agricultural Raw Materials	食品 Food	燃料 Fuel	矿物和金属 Ores and Metals	制成品 Manufactures
世界	**World**	**2.0**	**7.0**	**10.2**	**3.2**	**74.5**
高收入国家	**High Income**	**1.9**	**6.8**	**9.8**	**3.1**	**75.4**
中等收入国家	**Middle Income**	**2.5**	**7.4**	**11.2**	**3.5**	**72.1**
低收入国家①	**Low Income ①**	**4.5**	**14.2**	**19.5**	**3.5**	**57.5**
中国②	China ②	4.7	4.0	9.2	5.6	75.7
中国香港	Hong Kong, China	1.2	4.3	2.1	1.8	90.5
印度①	India ①	3.4	7.2	30.8	5.5	50.7
印度尼西亚	Indonesia	7.1	10.0	18.4	3.3	61.2
伊朗	Iran	2.6	19.0	2.4	2.3	73.3
以色列	Israel	1.0	5.4	9.8	2.0	81.4
日本	Japan	3.1	12.8	20.4	5.6	56.7
哈萨克斯坦	Kazakhstan	0.9	9.2	11.5	3.1	75.1
韩国	Korea, Rep.	3.2	4.9	23.9	5.7	62.2
马来西亚	Malaysia	1.3	4.4	4.9	3.0	84.8
巴基斯坦	Pakistan	3.3	14.1	33.3	2.2	46.8
菲律宾	Philippines	1.5	7.7	12.1	2.7	75.9
新加坡	Singapore	0.4	3.2	12.1	1.6	81.8
斯里兰卡①	Sri Lanka ①	1.2	15.3	5.8	1.1	75.6
泰国	Thailand	3.0	4.4	12.4	3.1	76.6
土耳其	Turkey	3.7	3.9	13.9	4.0	70.5
埃及①	Egypt ①	4.4	22.8	6.1	3.0	59.0
尼日利亚	Nigeria	0.9	20.2	0.5	2.4	75.9
南非	South Africa	1.5	4.7	14.4	1.5	69.7
加拿大	Canada	1.3	5.0	5.2	2.3	84.1
墨西哥	Mexico	1.4	4.7	2.9	2.1	86.5
美国	United States	1.4	4.1	11.1	2.2	77.2
阿根廷	Argentina	1.5	4.9	3.7	2.0	87.4
巴西	Brazil	2.0	6.8	15.1	3.1	72.9
委内瑞拉	Venezuela	1.8	11.7	3.6	1.7	81.1
白俄罗斯	Belarus	2.3	12.1	30.5	3.6	49.9
保加利亚	Bulgaria	1.3	5.2	4.7	5.7	58.9
捷克共和国	Czech Republic	2.1	4.9	9.6	3.7	79.7
法国	France	1.9	7.9	9.9	3.0	77.3
德国	Germany	1.7	6.6	8.6	3.5	68.7
意大利	Italy	4.1	8.6	9.9	4.5	69.1
荷兰	Netherlands	2.0	9.8	11.2	2.8	74.2
波兰	Poland	2.0	6.1	10.8	2.8	78.3
罗马尼亚	Romania	1.4	7.0	12.1	3.5	75.6
俄罗斯	Russian Federation	1.6	15.1	3.3	2.6	42.2
西班牙	Spain	2.0	9.2	12.2	3.2	73.1
英国	United Kingdom	1.7	7.9	4.5	2.8	82.3
澳大利亚	Australia	1.4	4.6	8.4	1.2	83.8
新西兰	New Zealand	0.9	7.7	10.4	2.1	78.7

注：①1999年数据。②世界银行数据。
Note: ① Data refer to 1999. ② Data from World Bank.

13-9 农产品进出口额

Imports and Exports of Agriculture Products

资料来源：联合国粮农组织数据库。
Sources: FAO Database.
单位：亿美元 (USD 100 million)

国家（地区）	Country or Territory	进口额 Imports			出口额 Exports		
		1999	2000	2001	1999	2000	2001
世界	**World**	**3531.5**	**4418.1**	**4475.0**	**3262.4**	**4168.0**	**4105.5**
发达国家	**Developed Countries**	**2666.5**	**3167.9**	**3026.2**	**2366.2**	**2946.2**	**2910.1**
发展中国家	**Developing Countries**	**865.0**	**1250.2**	**1448.8**	**896.2**	**1221.8**	**1195.4**
中国	China	97.9	128.6	153.5	102.1	117.8	130.8
中国香港	Hong Kong, China	68.2	84.4	84.9	36.1	37.2	44.7
孟加拉国	Bangladesh	7.7	19.7	14.3	1.6	1.3	1.0
印度	India	10.8	39.7	28.7	30.7	46.4	49.5
印度尼西亚	Indonesia	15.9	47.4	40.5	28.0	51.4	49.5
伊朗	Iran, Islamic Rep.	26.8	26.7	26.4	4.6	11.1	8.7
以色列	Israel	12.0	18.4	18.1	12.9	12.0	9.1
日本	Japan	286.6	352.8	361.5	11.7	16.6	15.6
哈萨克斯坦	Kazakhstan		3.6	4.4		5.1	7.0
朝鲜	Korea, Dem People's Rep	2.5	3.3	4.2	0.6	0.3	0.4
韩国	Korea, Rep.	64.6	73.2	83.0	11.5	16.9	15.3
马来西亚	Malaysia	21.4	37.3	30.7	43.6	71.2	43.5
蒙古	Mongolia	0.7	0.6	0.9	1.6	0.9	0.9
缅甸	Myanmar	1.2	2.8	1.1	1.9	2.6	0.8
巴基斯坦	Pakistan	14.0	23.7	17.2	9.9	11.9	10.7
菲律宾	Philippines	13.6	26.5	26.3	12.3	13.6	15.4
新加坡	Singapore	35.2	42.0	40.9	25.5	29.7	28.1
斯里兰卡	Sri Lanka	4.9	7.7	7.7	7.5	9.5	10.0
泰国	Thailand	16.0	23.2	26.1	53.9	71.6	72.7
土耳其	Turkey	22.6	26.5	32.3	31.2	42.1	36.2
越南	Viet Nam	2.4	11.0	13.5	7.5	24.5	21.8
埃及	Egypt	30.8	35.1	36.1	4.3	5.9	5.0
尼日利亚	Nigeria	5.6	14.0	12.8	2.3	4.9	3.6
南非	South Africa	9.9	13.6	14.3	19.2	21.9	22.1
加拿大	Canada	71.0	108.5	114.4	91.8	146.8	156.8
墨西哥	Mexico	49.9	87.5	95.6	29.4	69.9	76.2
美国	United States	270.9	432.5	449.5	452.1	526.9	564.8
阿根廷	Argentina	2.3	13.3	13.4	69.8	108.9	107.8
巴西	Brazil	22.7	41.1	42.8	87.6	138.2	127.6
委内瑞拉	Venezuela	8.0	14.3	17.1	3.1	4.1	3.1
白俄罗斯	Belarus		8.4	8.4		4.4	4.4
保加利亚	Bulgaria	6.5	3.7	3.9	18.2	6.4	5.3
捷克共和国	Czech Republic		18.4	17.9		11.6	12.5
法国	France	226.1	252.4	232.2	334.3	368.1	333.9
德国	Germany	386.5	372.2	344.9	203.7	236.1	241.5
匈牙利	Hungary	7.4	9.9	10.3	23.2	22.6	21.8
意大利	Italy	236.5	220.1	216.1	111.3	159.2	156.0
荷兰	Netherlands	179.6	201.2	162.2	309.3	343.9	278.8
波兰	Poland	9.9	32.9	30.5	16.3	24.8	23.9
罗马尼亚	Romania	13.7	8.4	9.5	0.9	4.9	3.6
俄罗斯	Russian Federation		79.1	72.3		6.1	10.8
西班牙	Spain	80.4	118.6	105.4	78.3	140.3	140.0
乌克兰	Ukraine		8.7	9.4		19.6	18.9
英国	United Kingdom	229.5	284.5	258.8	127.7	157.3	166.8
澳大利亚	Australia	17.2	30.8	29.9	117.5	146.1	147.0
新西兰	New Zealand	6.7	11.2	11.0	47.8	53.9	59.6

13-10 主要国家(地区)出口去向构成(2000年)

Exports by Destination(2000)

资料来源：UNCTAD 数据库。
Source:UNCTAD Database.
单位：%

(%)

国家（地区）	Country or Territory	世界 World	发达国家 Developed Countries						东欧国家 Countries in Eastern Europe
				欧洲 Europe	欧盟 European Union	美国和加拿大 United States and Canada	日本 Japan	其他 other	
中　　国①	China ①	100	60.2	15.1	14.6	28.5	14.3	2.3	1.2
中国香港	Hong Kong, China	100	46.8	15.3	14.5	23.8	5.6	2.1	0.5
孟加拉国	Bangladesh	100	76.4	39.4	38.8	35.2	1.3	0.4	0.5
印　　度	India	100	58.2	24.6	23.7	24.7	5.3	3.5	2.4
印度尼西亚	Indonesia	100	54.8	14.2	13.9	15.9	21.7	3.0	0.9
伊　　朗	Iran	100	56.3	31.7	31.3	1.1	20.7	2.8	0.7
以 色 列	Israel	100	73.9	28.9	27.4	40.5	2.7	1.8	2.1
日　　本	Japan	100	51.2	17.1	16.3	31.4		2.8	0.5
哈萨克斯坦	Kazakhstan	100	39.3	33.0	32.8	5.0	1.2	0.1	31.4
朝　　鲜	Korea, DPR	100	36.2	11.0	10.9	0.0	24.5	0.7	3.6
韩　　国	Korea, Rep.	100	52.3	14.4	13.0	24.3	11.2	2.4	1.3
马来西亚	Malaysia	100	52.3	13.9	13.6	22.9	12.5	3.0	0.3
蒙　　古	Mongolia	100	38.2	9.6	9.3	26.9	1.6	0.0	9.6
缅　　甸	Myanmar	100	49.0	16.3	16.2	26.2	5.9	0.5	0.2
巴基斯坦	Pakistan	100	59.5	27.6	27.0	26.9	2.6	2.4	0.5
菲 律 宾	Philippines	100	64.2	16.6	16.5	32.0	14.6	1.0	0.3
新 加 坡	Singapore	100	41.9	13.8	13.3	17.6	7.4	3.1	0.3
斯里兰卡	Sri Lanka	100	77.0	30.1	29.4	37.6	3.7	5.5	2.0
泰　　国	Thailand	100	60.5	17.6	16.7	23.7	15.7	3.5	0.5
土 耳 其	Turkey	100	67.5	52.8	51.3	11.4	0.5	2.8	3.9
越　　南	Vietnam	100	63.0	27.1	26.2	7.3	18.3	10.3	2.2
埃　　及	Egypt	100	65.0	43.0	42.8	15.4	2.4	4.3	0.9
尼日利亚	Nigeria	100	76.7	27.2	26.0	47.6	1.1	0.8	0.2
南　　非	South Africa	100	51.0	30.1	29.4	11.6	7.1	2.3	0.5
加 拿 大	Canada	100	94.8	4.8	4.5	87.4	2.2	0.5	0.1
墨 西 哥	Mexico	100	94.1	3.6	3.3	88.8	1.4	0.3	0.2
美　　国	United States	100	57.0	22.8	21.3	22.6	8.4	3.3	0.7
阿 根 廷	Argentina	100	33.4	17.8	17.4	12.2	1.5	2.0	0.7
巴　　西	Brazil	100	54.6	25.0	23.6	23.7	4.5	1.4	1.6
委内瑞拉	Venezuela	100	72.3	7.9	7.8	63.4	1.0	0.1	0.2
白俄罗斯	Belarus	100	13.5	11.0	10.9	1.9	0.1	0.6	74.8
保加利亚	Bulgaria	100	52.5	46.7	45.6	4.6	0.4	0.8	8.5
捷克共和国	Czech Republic	100	72.0	67.2	65.3	4.0	0.5	0.4	21.0
法　　国	France	100	77.6	65.4	61.2	9.5	1.6	1.2	3.1
德　　国	Germany	100	76.4	61.4	56.2	11.0	2.2	1.8	9.3
意 大 利	Italy	100	73.7	58.8	54.9	11.3	1.7	2.0	6.2
荷　　兰	Netherlands	100	87.7	80.9	78.5	4.8	0.9	1.1	3.3
波　　兰	Poland	100	75.5	70.9	68.9	4.1	0.2	0.3	17.0
罗马尼亚	Romania	100	67.6	61.3	60.1	5.1	0.4	0.8	9.4
俄 罗 斯	Russian Federation	100	52.1	40.5	35.8	7.8	2.7	1.1	27.1
西 班 牙	Spain	100	78.8	71.0	69.1	5.5	1.0	1.3	2.9
乌 克 兰	Ukraine	100	28.8	20.0	19.4	6.7	0.9	1.2	37.4
英　　国	United Kingdom	100	77.4	54.0	51.1	18.0	2.1	3.3	2.5
澳大利亚	Australia	100	48.9	10.8	10.5	11.1	19.8	7.2	0.4
新 西 兰	New Zealand	100	65.6	15.0	14.6	16.3	13.7	20.6	0.5

单位：%　　　　　　　　　　　　　　　　　　　　　　　　　　　　(%)

国家（地区）	Country or Territory	发展中国家 Developing Countries						未分类 Unallocated
			美洲 America	非洲 Africa	西亚 West Asia	石油输出国组织国家 OPEC	其他亚洲地区 Other Asia	
中　　国①	China ①	38.6	2.2	1.2	2.0	2.5	33.1	
中国香港	Hong Kong, China	49.5	2.4	0.6	1.2	1.5	45.2	3.3
孟加拉国	Bangladesh	8.8	0.4	0.7	2.5	2.0	5.2	14.3
印　　度	India	36.6	2.7	4.2	8.0	7.6	21.5	2.9
印度尼西亚	Indonesia	43.7	1.6	1.3	2.9	2.6	37.7	0.6
伊　　朗	Iran	38.7	0.4	1.0	6.2	3.4	31.0	4.4
以 色 列	Israel	18.9	3.0	1.0	2.0	0.2	12.6	5.1
日　　本	Japan	48.2	4.0	0.7	2.1	3.3	41.2	0.1
哈萨克斯坦	Kazakhstan	26.3	2.2	0.6	8.0	2.4	15.4	3.0
朝　　鲜	Korea, DPR	60.1	15.8	3.4	11.6	7.9	29.1	0.1
韩　　国	Korea, Rep.	46.4	5.6	2.2	3.9	5.5	34.4	
马来西亚	Malaysia	43.4	1.5	0.6	1.9	3.2	39.2	4.0
蒙　　古	Mongolia	50.2	0.1	0.0	0.2	0.0	49.9	2.0
缅　　甸	Myanmar	48.3	1.6	10.4	0.9	1.4	35.4	2.4
巴基斯坦	Pakistan	39.9	2.1	4.1	12.8	12.0	21.0	
菲 律 宾	Philippines	25.7	1.2	0.1	0.3	0.7	24.0	9.7
新 加 坡	Singapore	57.8	1.9	0.9	1.6	1.5	52.5	
斯里兰卡	Sri Lanka	16.3	1.7	1.5	5.3	3.9	7.6	4.7
泰　　国	Thailand	39.0	1.6	1.4	2.5	4.3	33.5	0.0
土 耳 其	Turkey	20.0	1.1	6.4	6.6	6.8	5.7	8.7
越　　南	Vietnam	25.9	0.6	0.6	0.4	4.2	24.2	8.9
埃　　及	Egypt	22.7	1.0	3.3	8.8	5.2	9.1	11.4
尼日利亚	Nigeria	22.1	5.5	7.3	0.0	0.4	9.1	1.1
南　　非	South Africa	24.7	1.6	11.4	1.8	2.0	9.7	23.8
加 拿 大	Canada	5.0	1.5	0.3	0.4	0.8	2.7	
墨 西 哥	Mexico	5.6	4.7	0.1	0.1	0.5	0.8	0.1
美　　国	United States	42.1	21.7	1.0	2.1	2.6	17.2	0.2
阿 根 廷	Argentina	64.5	48.4	3.8	2.7	3.4	9.5	1.4
巴　　西	Brazil	38.0	25.8	1.9	2.8	4.1	7.3	5.8
委内瑞拉	Venezuela	26.3	25.0	0.7	0.0	0.0	0.6	1.1
白俄罗斯	Belarus	11.7	2.0	3.1	0.6	1.1	5.2	
保加利亚	Bulgaria	29.8	0.9	1.6	12.7	1.5	3.3	9.3
捷克共和国	Czech Republic	6.6	0.6	1.0	1.4	0.9	1.9	0.4
法　　国	France	18.2	3.2	5.4	3.4	3.0	5.4	1.2
德　　国	Germany	14.0	2.6	1.2	3.1	1.9	6.4	0.3
意 大 利	Italy	19.6	4.0	3.2	4.5	3.3	5.7	0.5
荷　　兰	Netherlands	7.4	1.1	1.1	1.8	1.3	3.0	1.7
波　　兰	Poland	7.1	1.1	1.5	0.9	0.8	2.2	0.4
罗马尼亚	Romania	20.3	1.0	3.8	8.3	2.3	5.9	2.7
俄 罗 斯	Russian Federation	20.6	1.1	1.0	6.0	1.2	12.0	0.2
西 班 牙	Spain	16.0	6.2	3.1	3.5	2.5	2.7	2.3
乌 克 兰	Ukraine	31.7	2.2	5.5	9.1	4.7	13.9	2.1
英　　国	United Kingdom	15.7	2.1	2.0	3.8	3.1	7.5	4.4
澳大利亚	Australia	43.0	1.3	1.2	4.6	6.5	33.8	7.6
新 西 兰	New Zealand	31.9	3.3	1.3	2.5	4.7	22.3	2.1

注：①联合国贸易与发展会议数据。
Note: ① Data from UNCTAD.

13-11 主要国家(地区)进口来源构成(2000年)

Imports by Origin(2000)

资料来源：UNCTAD 数据库。
Source:UNCTAD Database.
单位：%　　(%)

国家（地区）	Country or Territory	世界 World	发达国家 Developed Countries						东欧国家 Countries in Eastern Europe
				欧洲 Europe	欧盟 European Union	美国和加拿大 United States and Canada	日本 Japan	其他 other	
中国①	China ①	100.0	41.4	12.8	12.0	9.7	16.3	2.7	2.9
中国香港	Hong Kong, China	100.0	30.4	9.3	8.1	7.5	12.0	1.6	0.3
孟加拉国	Bangladesh	100.0	27.3	11.7	9.9	3.8	9.3	2.5	0.8
印度	India	100.0	47.0	27.7	26.8	8.6	5.7	4.9	3.7
印度尼西亚	Indonesia	100.0	48.2	12.4	11.9	8.5	21.7	5.6	0.5
伊朗	Iran	100.0	51.1	39.0	36.8	3.7	4.7	3.7	7.1
以色列	Israel	100.0	75.5	49.0	43.3	22.0	3.4	1.2	3.6
日本	Japan	100.0	40.4	13.6	12.4	21.5	–	5.3	1.4
哈萨克斯坦	Kazakhstan	100.0	26.0	21.8	21.5	2.7	1.3	0.3	46.5
朝鲜	Korea, DPR	100.0	29.2	12.6	12.2	1.3	14.6	0.7	4.9
韩国	Korea, Rep.	100.0	60.4	12.2	11.0	20.8	22.1	5.3	1.1
马来西亚	Malaysia	100.0	49.5	11.7	10.5	15.6	19.7	2.4	0.5
蒙古	Mongolia	100.0	23.3	12.4	11.8	3.4	7.2	0.3	39.4
缅甸	Myanmar	100.0	15.8	5.2	4.9	0.8	8.8	1.0	0.5
巴基斯坦	Pakistan	100.0	32.9	17.4	14.8	6.8	5.6	3.1	1.2
菲律宾	Philippines	100.0	54.9	10.2	9.6	20.8	21.0	2.9	1.1
新加坡	Singapore	100.0	48.4	13.3	11.4	15.4	17.3	2.4	0.6
斯里兰卡	Sri Lanka	100.0	42.8	20.7	20.1	3.2	7.3	11.6	0.3
泰国	Thailand	100.0	53.3	12.1	10.9	12.3	25.9	3.0	0.7
土耳其	Turkey	100.0	68.0	55.7	53.6	8.2	2.6	1.4	9.9
越南	Vietnam	100.0	27.2	8.3	7.8	2.6	14.0	2.3	2.0
埃及	Egypt	100.0	62.2	37.7	36.2	18.4	3.8	2.3	5.7
尼日利亚	Nigeria	100.0	61.9	47.0	45.7	8.7	3.5	1.6	3.3
南非	South Africa	100.0	69.0	45.1	42.7	12.5	7.3	4.0	0.4
加拿大	Canada	100.0	82.0	12.1	10.4	14.4	4.7	0.9	0.5
墨西哥	Mexico	100.0	87.2	9.1	8.5	74.0	3.7	0.4	0.3
美国	United States	100.0	52.1	19.4	18.0	18.5	12.1	2.1	1.3
阿根廷	Argentina	100.0	48.2	24.9	23.6	19.4	2.8	1.1	1.0
巴西	Brazil	100.0	58.9	26.8	24.6	25.4	5.2	1.6	2.0
委内瑞拉	Venezuela	100.0	66.0	21.2	20.3	40.7	3.4	0.7	0.7
白俄罗斯	Belarus	100.0	13.5	12.9	12.7	0.4	0.0	0.1	81.8
保加利亚	Bulgaria	100.0	49.5	44.9	43.5	3.2	1.0	0.3	36.4
捷克共和国	Czech Republic	100.0	73.4	69.4	67.0	2.6	1.0	0.4	17.9
法国	France	100.0	80.4	69.3	64.4	8.0	2.4	0.7	3.1
德国	Germany	100.0	72.7	57.6	52.1	9.0	4.9	1.2	10.7
意大利	Italy	100.0	70.5	60.0	56.3	6.0	2.5	2.0	7.4
荷兰	Netherlands	100.0	70.2	53.6	51.2	10.7	4.6	1.3	3.9
波兰	Poland	100.0	71.3	67.8	65.5	1.8	1.1	0.6	17.0
罗马尼亚	Romania	100.0	67.5	63.5	62.2	2.5	0.3	1.3	16.9
俄罗斯	Russian Federation	100.0	45.6	34.2	32.9	8.6	1.7	1.1	29.1
西班牙	Spain	100.0	74.8	66.4	64.7	5.0	2.3	1.1	3.0
乌克兰	Ukraine	100.0	29.9	26.9	25.7	1.7	0.4	0.8	51.4
英国	United Kingdom	100.0	76.2	56.0	49.9	13.7	4.4	2.1	2.7
澳大利亚	Australia	100.0	61.9	22.3	21.1	21.6	13.1	4.9	0.3
新西兰	New Zealand	100.0	70.9	18.3	17.4	18.9	11.2	22.5	0.3

13-11 续表1 continued

单位：% (%)

国家（地区）	Country or Territory	发展中国家 Developing Countries	美洲 America	非洲 Africa	西亚 West Asia	石油输出国组织国家 OPEC	其他亚洲地区 Other Asia	未分类 Unallocated
中国①	China ①	53.9	1.8	1.2	2.5	3.2	48.4	1.8
中国香港	Hong Kong, China	61.2	0.6	0.1	0.5	1.2	60.0	8.1
孟加拉国	Bangladesh	50.7	1.5	0.9	5.7	7.3	42.5	21.2
印度	India	47.4	2.8	5.9	13.3	15.6	25.4	1.9
印度尼西亚	Indonesia	49.3	1.4	0.8	3.1	3.2	43.6	2.0
伊朗	Iran	40.0	5.4	1.1	9.8	7.0	23.4	1.9
以色列	Israel	13.5	1.1	0.3	1.7	0.1	10.4	7.3
日本	Japan	58.2	3.2	0.5	12.2	15.9	42.1	0.0
哈萨克斯坦	Kazakhstan	25.8	0.9	0.1	2.5	0.7	22.2	1.6
朝鲜	Korea, DPR	64.9	8.8	0.2	1.3	1.4	54.6	1.0
韩国	Korea, Rep.	38.5	2.0	1.7	9.9	12.2	24.8	0.0
马来西亚	Malaysia	43.5	0.7	0.2	1.6	3.9	40.9	6.5
蒙古	Mongolia	36.4	0.0	0.0	0.0	0.2	36.4	0.8
缅甸	Myanmar	78.7	0.0	0.1	0.2	9.4	78.4	5.0
巴基斯坦	Pakistan	65.9	1.2	2.6	38.5	37.7	23.4	0.0
菲律宾	Philippines	37.7	0.7	0.2	6.4	8.2	30.2	6.2
新加坡	Singapore	50.8	0.8	0.4	7.9	7.4	41.4	0.2
斯里兰卡	Sri Lanka	48.8	1.4	0.2	6.2	7.2	41.1	8.0
泰国	Thailand	46.1	1.3	0.6	9.2	9.3	34.9	0.0
土耳其	Turkey	18.4	1.3	3.6	3.7	6.1	9.5	3.7
越南	Vietnam	55.6	0.4	0.1	0.2	3.2	54.9	15.2
埃及	Egypt	24.3	2.7	1.4	7.2	6.3	12.5	7.8
尼日利亚	Nigeria	32.2	4.0	3.8	0.4	2.5	23.9	2.5
南非	South Africa	27.7	3.2	3.6	5.7	6.4	15.1	2.9
加拿大	Canada	15.5	5.0	0.6	0.6	1.7	9.2	2.0
墨西哥	Mexico	10.8	3.2	0.4	0.2	0.8	7.1	1.8
美国	United States	46.5	17.0	1.9	2.4	5.5	25.1	0.1
阿根廷	Argentina	48.2	34.8	0.5	0.3	1.2	12.5	2.6
巴西	Brazil	38.0	21.2	4.6	2.1	8.9	10.0	1.1
委内瑞拉	Venezuela	32.1	25.4	0.3	0.0	0.3	6.3	1.2
白俄罗斯	Belarus	4.7	0.8	0.4	0.0	0.4	3.0	0.0
保加利亚	Bulgaria	11.8	2.9	0.7	3.7	0.7	3.2	2.3
捷克共和国	Czech Republic	6.1	0.6	0.6	0.4	0.6	4.7	1.9
法国	France	16.2	2.3	3.7	3.0	3.6	6.8	0.4
德国	Germany	16.5	1.9	1.6	1.9	1.9	10.3	0.1
意大利	Italy	22.1	2.5	6.8	3.9	8.1	7.5	0.0
荷兰	Netherlands	21.3	3.1	1.8	3.4	4.6	12.8	4.6
波兰	Poland	10.5	1.2	0.7	0.5	0.6	7.5	1.1
罗马尼亚	Romania	13.1	1.6	0.6	2.3	0.5	7.9	2.5
俄罗斯	Russian Federation	25.1	3.5	0.9	1.4	0.6	18.6	0.2
西班牙	Spain	22.2	4.2	7.2	3.3	8.5	7.3	0.0
乌克兰	Ukraine	18.2	1.4	1.5	1.7	0.3	13.2	0.6
英国	United Kingdom	17.2	1.7	1.2	1.6	1.6	12.5	3.8
澳大利亚	Australia	33.7	1.2	0.2	2.6	4.8	28.0	4.1
新西兰	New Zealand	28.2	1.7	1.2	5.6	6.1	19.2	0.5

注：①联合国贸易与发展会议数据。
Note: ① Data from UNCTAD.

13-12 世界主要商品出口额（1999 年）

Main Commodity Exports of the World(1999)

商品组代码及含义	Group Code and Description	发展中国家 Developing Countries			发达国家 Developed Countries		
		出口额（万美元） Exports (10 000 USD)	占该地区全部商品出口比重（%） As Percentage of the Area Total	占世界比重（%） As Percentage of the World	出口额（万美元） Exports (10 000 USD)	占该地区全部商品出口比重（%） As Percentage of the Area Total	占世界比重（%） As Percentage of the World
标准国际贸易分类	SITC						
001 活动物，主要用于食品	Live animals chiefly for food	159251	0.11	18.5	663525	0.18	77.1
011 肉及可食的内脏，新鲜、急冻或冷藏	Meat and edible meat offals, fresh, chilled or frozen	497929	0.33	13.9	2969122	0.81	82.7
012 其他肉及可食的内脏，新鲜、急冻或冷藏	Meat and edible meat offals (except poultry liver), salted, in brine, dried or smoked	2442	0.00	1.6	152156	0.04	98.2
014 其他肉及可食的内脏，新鲜、加工的或腌制的	Meat and edible meat offals, prepared or preserved	146245	0.10	26.1	377496	0.10	67.5
022 奶及奶油	Milk and cream	104491	0.07	8.4	1092438	0.30	88.1
023 黄油	Butter	8142	0.01	2.7	278558	0.08	92.6
024 乳酪（芝士）及凝乳	Cheese and curd	23326	0.02	2.2	990234	0.27	95.1
025 蛋或蛋黄，鲜的，干的或腌的	Eggs and yolks, fresh, dried or otherwise preserved, sweetened or not	21908	0.01	16.7	100987	0.03	77.2
034 鱼，新鲜(活或死)、急冻或冷藏	Fish, fresh (live or dead), chilled or frozen	744812	0.50	35.9	1286805	0.35	62.0
035 鱼，干的、腌的或熏的	Fish, dried, salted or in brine; smoked fish	43253	0.03	17.1	206174	0.06	81.3
036 甲壳类或软体类，鲜的，急冻或冷藏	Crustaceans and molluscs, fresh, chilled, frozen, salted, in brine or dried	992197	0.66	65.5	515623	0.14	34.0
037 鱼，甲壳类或软体类，加工的或腌的	Fish, crustaceans and molluscs, prepared or preserved, n.e.s.	529866	0.35	57.5	368006	0.10	40.0
041 小麦（包括裂壳小麦）及混合麦，未碾磨	Wheat (including spelt) and meslin, unmilled	160239	0.11	11.0	1198187	0.33	82.2
042 稻谷	Rice	501199	0.33	69.5	218173	0.06	30.3
043 大麦，未碾磨	Barley, unmilled	8481	0.01	3.5	214952	0.06	87.5
044 玉米，未碾磨	Maize (corn), unmilled	152607	0.10	17.5	693023	0.19	79.3
045 谷物，未碾磨（小麦、米、大麦及玉蜀黍除外）	Cereals, unmilled (other than wheat, rice, barley and maize)	12453	0.01	9.0	116007	0.03	83.9
046 精制面粉	Meal and flour of wheat and flour of meslin	43330	0.03	23.2	133583	0.04	71.4
047 其他谷物粗粉及幼粉	Other cereal meals and flours	11358	0.01	24.0	31149	0.01	65.8
048 谷物制品和果菜淀粉	Cereal preparations and preparations of flour or starch of fruits or vegetables	257801	0.17	14.3	1505177	0.41	83.6
054 蔬菜，新鲜、急冻、冷藏或经简单保藏；根、茎及其他可食的蔬菜产品，新鲜或干的	Vegetables, fresh, chilled, frozen or simply preserved; roots, tubers	727066	0.48	29.8	1660579	0.45	68.0
056 蔬菜，根块类，加工的或腌制的	Vegetables, roots and tubers, prepared or preserved, n.e.s.	210456	0.14	34.2	379182	0.10	61.6
057 水果和坚果（不包括油坚果），新的或干的	Fruit and nuts (not including oil nuts), fresh or dried	1160096	0.77	41.7	1594638	0.43	57.3
058 水果，腌的或水果制品	Fruit, preserved, and fruit preparations	510244	0.34	39.5	716395	0.19	55.4
061 糖、糖蜜及蜜糖	Sugar and honey	664157	0.44	58.8	422501	0.11	37.4
062 离心糖和其它糖制品	Sugar confectionery and other sugar preparations	104743	0.07	26.7	264799	0.07	67.5
071 咖啡及咖啡代替品	Coffee and coffee substitutes	984658	0.66	75.7	296124	0.08	22.8
072 可可	Cocoa	351032	0.23	66.8	164850	0.04	31.4
073 巧克力及其他含可可的配制服食品	Chocolate and other food preparations containing cocoa	57211	0.04	8.0	622863	0.17	87.5
074 茶	Tea and mat	233378	0.16	83.1	44474	0.01	15.8
075 香料	Spices	195784	0.13	77.7	52306	0.01	20.8
081 动物饲料（不包括未碾磨谷物）	Feeding stuff for animals (not including unmilled cereals)	632946	0.42	33.6	1220847	0.33	64.8
091 人造牛油及松脆油脂	Margarine and shortening	53666	0.04	30.2	113423	0.03	63.8
098 其它可食用品	Edible products and preparations, n.e.s.	265122	0.18	17.6	1201840	0.33	79.8
111 无酒精饮料，未列明在其他编号	Non-alcoholic beverages, n.e.s.	104938	0.07	20.3	400628	0.11	77.5
112 酒精饮料	Alcoholic beverages	295141	0.20	10.0	2604296	0.71	88.0

13–12 续表1 continued

商品组代码及含义	Group Code and Description	发展中国家 Developing Countries 出口额（万美元） Exports (10 000 USD)	占该地区全部商品出口比重(%) As Percent-age of the Area Total	占世界比重（%） As Percent-age of the World	发达国家 Developed Countries 出口额（万美元） Exports (10 000 USD)	占该地区全部商品出口比重(%) As Percent-age of the Area Total	占世界比重（%） As Percent-age of the World
121 未制成的烟草；烟草废料	Tobacco, unmanufactured; tobacco refuse	366722	0.24	58.2	254370	0.07	40.4
122 制成的烟草（无论是否含烟草代替品）	Tobacco, manufactured	302007	0.20	19.3	1214071	0.33	77.7
211 未处理的兽皮（毛皮除外）	Hides and skins (except fur skins), raw	47282	0.03	12.6	301921	0.08	80.5
212 毛皮，未处理（包括适合毛皮商使用的头、尾、爪及其他块或片）	Fur skins, raw (including astrakhan, caracul and similar skins)	3940	0.00	4.2	85182	0.02	91.5
222 油子及含油果实，用作榨取“软性”的定性植物油（幼粉及粗粉除外）	Oil-seeds and oleaginous fruit, whole or broken (excluding flours and meals)	386351	0.26	30.7	797057	0.22	63.4
223 油子及含油果实，完整或破碎，用作榨取其他定性植物油（包括油子及含油果实的幼粉及粗粉）	Oil-seeds and oleaginous fruit, whole or broken (non-defatted flours and meals)	26167	0.02	32.3	49692	0.01	61.4
232 天然橡胶和天然胶	Natural rubber latex; natural rubber and similar natural gums	324849	0.22	95.2	15886	0.00	4.7
233 合成橡胶；再生橡胶；非硬质橡胶的废料、削皮及碎料	Synthetic rubber latex; synthetic rubber and reclaimed rubber; waste and scrap	96134	0.06	18.1	397557	0.11	74.9
244 天然软木，未处理及废料（包括块状或片状天然软木）	Cork, natural, raw and waste (including in blocks or sheets)	2115	0.00	12.0	15557	0.00	88.0
245 薪柴（木废料除外）及木炭	Fuel wood (excluding wood waste) and wood charcoal	13325	0.01	47.7	7314	0.00	26.2
246 木片或木粒及木废料	Pulpwood (including chips and wood waste)	39598	0.03	21.8	135645	0.04	74.7
247 原木或略成方形	Other wood in the rough or roughly squared	249707	0.17	32.6	333141	0.09	43.5
248 经简单加工的木及铁路枕木	Wood, simply worked, and railway sleepers of wood	430108	0.29	17.4	1806727	0.49	72.9
251 浆及纸废料	Pulp and waste paper	305768	0.20	18.1	1312945	0.36	77.7
261 丝	Silk	32223	0.02	39.6	3673	0.00	4.5
263 棉	Cotton	549271	0.37	67.2	264690	0.07	32.4
264 黄麻及其他纺织用韧皮纤维，未列明在其他编号，未处理或经加工但未纺制	Jute and other textile bast fibres, n.e.s., raw or processed	6863	0.00	92.0	593	0.00	7.9
265 植物纺织纤维(棉及黄麻除外)，未处理或经加工但未纺制	Vegetable textile fibres and waste of such fibres	12288	0.01	24.4	35424	0.01	70.5
266 适合纺织用的合成纤维	Synthetic fibres suitable for spinning	193715	0.13	47.2	201007	0.05	49.0
267 其他适合作纺织用的人造纤维及人造纤维废料	Other man-made fibres suitable for spinning and waste	29886	0.02	14.4	173876	0.05	83.8
268 羊毛及其他动物毛(包括羊毛条)	Wool and other animal hair (excluding wool tops)	64222	0.04	21.5	231362	0.06	77.6
269 旧衣服及其他旧纺织品；碎织物	Old clothing and other old textile articles; rags	33649	0.02	22.6	110810	0.03	74.4
271 肥料，天然的	Fertilizers, crude	146287	0.10	79.7	19381	0.01	10.6
273 石、沙及砾石	Stone, sand and gravel	96879	0.06	26.1	264052	0.07	71.2
274 硫磺及未焙烧的黄铁矿	Sulphur and unroasted iron pyrites	13349	0.01	22.9	35639	0.01	61.1
277 天然磨料，未列明在其他编号（包括工业用钻石）	Natural abrasives, n.e.s. (including industrial diamonds)	30202	0.02	35.7	53807	0.01	63.5
278 其他未加工的矿	Other crude minerals	191779	0.13	27.7	457848	0.12	66.1
281 铁矿砂及其精矿	Iron ore and concentrates	369759	0.25	45.6	399591	0.11	49.3
282 铁废料及碎料；再熔钢铁锭	Waste and scrap metal of iron or steel	63533	0.04	10.7	399142	0.11	67.2
286 铀或钍矿砂及其精矿	Ores and concentrates of uranium and thorium	18965	0.01	44.0	22611	0.01	52.5
287 贱金属矿砂及其精矿，未列明在其他编号	Ores and concentrates of base metals, n.e.s.	800444	0.53	48.8	799921	0.22	48.7
288 非亚铁贱金属废料及碎料，未列明在其他编号	Non-ferrous base metal waste and scrap, n.e.s.	175265	0.12	23.1	491821	0.13	64.9
289 贵金属矿砂及其精矿；贵金属（黄金除外）废料、碎料及碎屑	Ores and concentrates of precious metals; waste and scrap	93931	0.06	37.4	151491	0.04	60.4

13–12 续表 2 continued

商品组代码及含义	Group Code and Description	发展中国家 Developing Countries 出口额（万美元） Exports (10 000 USD)	占该地区全部商品出口比重（%） As Percentage of the Area Total	占世界比重（%） As Percentage of the World	发达国家 Developed Countries 出口额（万美元） Exports (10 000 USD)	占该地区全部商品出口比重（%） As Percentage of the Area Total	占世界比重（%） As Percentage of the World
291 未加工的动物材料，未列明在其他编号	Crude animal materials, n.e.s.	125176	0.08	38.8	182326	0.05	56.5
292 未加工的植物材料，未列明在其他编号	Crude vegetable materials, n.e.s.	365782	0.24	24.6	1100375	0.30	74.1
322 煤砖、褐煤及泥煤	Coal, lignite and peat	366066	0.24	21.9	1124563	0.31	67.3
323 煤饼	Briquettes; coke and semi-coke of coal, lignite or peat	62845	0.04	34.6	69930	0.02	38.5
333 石油原油及从沥青矿物提取的原油	Petroleum oils, crude, and crude oils obtained from bituminous minerals	18643071	12.42	78.4	3766383	1.02	15.8
334 石油制品，精制	Petroleum products, refined	4905499	3.27	48.6	4355063	1.18	43.1
335 石油产品渣滓，未列明在其他编号及有关物质	Residual petroleum products, n.e.s., and related	336959	0.22	42.1	430643	0.12	53.8
341 气，天然的和人造的	Gas, natural and manufactured	1952153	1.30	38.1	1979830	0.54	38.7
351 电流	Electric current	88674	0.06	11.0	627482	0.17	77.6
411 动物油及脂肪	Animal oils and fats	17569	0.01	12.1	125412	0.03	86.5
423 不挥发蔬菜油	Fixed vegetable oils, soft, crude, refined or purified	414328	0.28	39.9	582133	0.16	56.0
424 其它不挥发蔬菜油	Other fixed vegetable oils, fluid or solid, crude, refined or purified	731228	0.49	83.0	148995	0.04	16.9
431 经处理的动物或植物脂肪及油；加工的和蜡	Animal and vegetable oils and fats, processed and waxes	163980	0.11	47.0	180312	0.05	51.7
511 烃类，未列明在其他编号及其卤化、硫化、硝化或亚硝化衍生物	Hydrocarbons, n.e.s., and their halogenated or derivatives	425829	0.28	25.2	1201991	0.33	71.1
512 乙醇、酚、酚醇及其卤化、硫化、硝化或亚硝化衍生物	Alcohols, phenols, phenol-alcohols, and their derivatives	322538	0.21	27.4	817092	0.22	69.3
513 羧酸及其酐、卤化物、过氧化物及过氧酸；这些产品的卤化、硫化、硝化或亚硝化衍生物	Carboxylic acids, and their anhydrides, halides, and derivatives	331222	0.22	23.2	1064316	0.29	74.4
514 氮基化合物	Nitrogen-function compounds	351947	0.23	11.2	2750139	0.75	87.5
515 有机—无机化合物、杂环化合物	Organo-inorganic and heterocyclic compounds	265147	0.18	9.1	2594705	0.71	89.1
516 其他有机化学品	Other organic chemicals	255112	0.17	20.6	961905	0.26	77.7
522 无机化学元素，氧化物及卤化盐	Inorganic chemical elements, oxides and halogen salts	490084	0.33	31.3	926814	0.25	59.1
523 无机酸的金属盐及过氧盐	Other inorganic chemicals	250114	0.17	23.2	775459	0.21	71.8
524 其他无机化学品；贵金属的有机及无机化合物	Radioactive and associated materials	47275	0.03	10.9	360616	0.10	82.8
531 合成有机色料及天然染料，及以其为主的制品	Synthetic organic dyestuffs, etc., natural indigo and colour lakes	202259	0.13	22.7	673438	0.18	75.6
532 染料及鞣料提炼物，及合成鞣料物质	Dyeing and tanning extracts; synthetic tanning materials	24281	0.02	28.5	60457	0.02	71.0
533 颜料、油漆、清漆及有关物质	Pigments, paints, varnishes and related materials	302538	0.20	13.5	1885321	0.51	84.2
541 医疗及药用产品	Medicinal and pharmaceutical products	800910	0.53	7.7	9478402	2.58	91.2
551 精油，芳香及芬芳材料	Essential oils, perfume and flavour materials	88994	0.06	11.2	699963	0.19	88.2
553 香水、化妆品或梳洗用品	Perfumery, cosmetics and toilet preparations	240796	0.16	10.9	1915790	0.52	87.0
554 肥皂、清洁及磨光用品	Soap, cleansing and polishing preparations	231919	0.15	18.0	1005841	0.27	78.1
562 肥料（第 272 组内的货物除外）	Fertilizers, manufactured	312290	0.21	20.4	890284	0.24	58.2
572 初级形状的苯乙烯聚合物	Explosives and pyrotechnic products	41119	0.03	36.8	62114	0.02	55.6
582 板、片、膜、箔及带，塑胶制品	Condensation, polycondensation and polyaddition products	494978	0.33	18.2	2197952	0.60	80.8
583 聚合和共聚合制品	Polymerization and copolymerization products	1496409	1.00	20.1	5751287	1.56	77.3
584 再生纤维素	Regenerated cellulose; cellulose nitrate and other cellulose esters	24187	0.02	10.7	198814	0.05	87.9
585 其它人造树脂和塑料	Other artificial resins and plastic materials	8396	0.01	14.3	50447	0.01	85.6

13-12 续表3 continued

商品组代码及含义	Group Code and Description	发展中国家 Developing Countries 出口额(万美元) Exports (10 000 USD)	占该地区全部商品出口比重(%) As Percentage of the Area Total	占世界比重(%) As Percentage of the World	发达国家 Developed Countries 出口额(万美元) Exports (10 000 USD)	占该地区全部商品出口比重(%) As Percentage of the Area Total	占世界比重(%) As Percentage of the World
591 消毒剂、杀虫剂、杀鼠剂、杀菌剂、除草剂	Disinfectants, insecticides, fungicides, weedkillers	188244	0.13	17.0	910010	0.25	82.1
592 淀粉、菊粉及小麦麸质(面筋)；硬朊物质；胶浆	Starches, inulin and wheat gluten, albuminoidal substances	121226	0.08	14.5	682511	0.19	81.6
598 杂项化学产品，未列明在其他编号	Miscellaneous chemical products, n.e.s.	443001	0.30	11.2	3469749	0.94	87.6
611 皮革	Leather	534196	0.36	42.4	685577	0.19	54.4
612 皮革或合成皮革的制成品，未列明在其他编号；鞍具及马具	Manufactures of leather or of composition leather, n.e.s.	273747	0.18	44.8	262073	0.07	42.9
613 毛皮，经鞣制或处理，未并合或经并合(无加其他材料)	Fur skins, tanned or dressed, pieces or cuttings of fur skin	17738	0.01	22.0	56581	0.02	70.3
621 橡胶材料(例如橡胶糊、板、片、杆、线、管)	Materials of rubber (pastes, plates, sheets)	93071	0.06	13.0	589367	0.16	82.3
625 橡胶轮胎，可互换的胎面、轮胎衬带及内胎，合各类车辆使用	Rubber tyres, tyre cases, for wheels of all kinds	569801	0.38	22.2	1863653	0.51	72.7
628 其它橡胶制品	Articles of rubber, n.e.s.	169534	0.11	16.1	847444	0.23	80.3
633 软木制成品	Cork manufactures	4093	0.00	3.4	115147	0.03	96.2
634 饰面板、胶合板、碎料板、及其他木料，经加工，未列明在其他编号	Veneers, plywood, improved or reconstituted wood	551253	0.37	37.5	801240	0.22	54.5
635 木制成品，未列明在其他编号	Wood manufactures, n.e.s.	438046	0.29	26.4	1052270	0.29	63.4
641 纸及纸板	Paper and paperboard	721981	0.48	10.1	6195369	1.68	86.8
642 纸及纸板，切成一定尺寸或形状	Paper and paperboard, cut to size or shape	446121	0.30	18.8	1839188	0.50	77.6
651 纺织纱	Textile yarn	1326421	0.88	44.4	1543170	0.42	51.6
652 棉织物，梭织(窄条或特种织物除外)	Cotton fabrics, woven	955515	0.64	49.7	916441	0.25	47.6
653 人造纺织原料的梭织物	Fabrics, woven, of man-made fibres	1396706	0.93	50.3	1336963	0.36	48.1
654 其他纺织物，梭织	Textile fabrics, woven, other than cotton man-made fibres	197154	0.13	23.2	607459	0.17	71.6
655 针织或钩织物	Knitted or crocheted fabrics	707818	0.47	55.9	545887	0.15	43.1
656 网眼薄纱、花边、刺绣品、丝带、边条料及其他细物品	Tulle, lace, embroidery, and small wares	199418	0.13	41.5	274851	0.07	57.2
657 特种纱、特种纺织物及有关产品	Special textile fabrics and related products	608946	0.41	31.0	1303536	0.35	66.3
658 完全或主要用纺织原料制的制成品，未列明在其他编号	Made-up articles, wholly or chiefly of textile materials	907580	0.60	58.2	552364	0.15	35.4
659 铺地制成品	Floor coverings	332101	0.22	35.5	587909	0.16	62.8
661 石灰、水泥、及装配式建筑材料(玻璃及黏土材料除外)	Lime, cement, and fabricated construction materials	389042	0.26	36.1	628335	0.17	58.2
662 黏土建筑材料及耐火建筑材料	Clay construction materials and refractory construction materials	149693	0.10	14.4	848566	0.23	81.8
663 矿物制成品，未列明在其他编号	Mineral manufactures, n.e.s.	161280	0.11	12.1	1128764	0.31	84.4
664 玻璃	Glass	296916	0.20	17.0	1385228	0.38	79.3
665 玻璃制成品	Glassware	200841	0.13	20.6	674842	0.18	69.1
666 陶器	Pottery	212885	0.14	42.2	258487	0.07	51.3
667 珍珠、宝石及半宝石，未加工或经加工	Pearls, precious and semi-precious stones, unworked or worked	1029587	0.69	25.0	3088650	0.84	74.8
671 生铁、镜铁、海绵铁、铁或钢颗粒及粉末及铁合金	Pig iron, spiegeleisen, sponge iron, iron or steel	346095	0.23	39.8	347945	0.09	40.1
672 铁或钢，成锭或其他初级形状；铁或钢的半制成品	Ingots and other primary forms, of iron or steel	556872	0.37	23.2	1227694	0.33	51.1
673 平板轧材，铁或非合金钢制，未经包、镀或涂层	Iron and steel bars, rods, angles, shapes and sections	432833	0.29	19.7	1431335	0.39	65.1
674 铁或非合金钢平板轧材，经包、镀或涂层	Universals, plates and sheets, of iron or steel	937546	0.62	20.2	3285794	0.89	70.7
675 合金钢平板轧材	Hoop and strip, of iron or steel, hot-rolled or cold-rolled	8327	0.01	100.0	0	0.00	0.0
676 铁及钢棒、杆、角材、型材及节材	Rails and railway track construction material	5793	0.00	3.9	86386	0.02	57.7

13-12 续表4 continued

商品组代码及含义		Group Code and Description	发展中国家 Developing Countries 出口额（万美元） Exports (10 000 USD)	占该地区全部商品出口比重（%） As Percent-age of the Area Total	占世界比重（%） As Percent-age of the World	发达国家 Developed Countries 出口额（万美元） Exports (10 000 USD)	占该地区全部商品出口比重（%） As Percent-age of the Area Total	占世界比重（%） As Percent-age of the World
677	路轨及铁路用建造材料，铁或钢制	Iron or steel wire, whether or not coated	84209	0.06	23.2	245806	0.07	67.6
678	铁线或钢线	Tubes, pipes and fittings, of iron or steel	371073	0.25	17.0	1629831	0.44	74.8
679	管、筒及空心型材，及管或筒装设，铁或钢制	Iron and steel castings, forgings and stampings; rough	122683	0.08	27.1	279258	0.08	61.7
681	银、白金及其他白金族金属	Silver, platinum and other metals of the platinum group	151245	0.10	14.8	849056	0.23	83.0
682	铜	Copper	1126761	0.75	41.3	1401510	0.38	51.3
683	镍	Nickel	32081	0.02	6.2	361231	0.10	69.8
684	铝	Aluminium	766216	0.51	17.9	2968637	0.81	69.3
685	铅	Lead	53896	0.04	28.6	90885	0.02	48.2
686	锌	Zinc	168030	0.11	35.2	278240	0.08	58.3
687	锡	Tin	122047	0.08	80.2	28861	0.01	19.0
688	铀235U，钍和合金	Uranium depleted in 235 U, thorium and alloys	15	0.00	1.2	1190	0.00	98.5
689	冶金用的杂项非铁贱金属，及金属陶瓷	Miscellaneous non-ferrous base metals employed in metallurgy	83957	0.06	25.4	215806	0.06	65.3
691	结构物及结构物部件，铁、钢或铝制	Structures and parts of structures; iron, steel and aluminium	246864	0.16	16.9	1022926	0.28	69.9
692	储存或运输用的金属容器	Metal containers for storage and transport	117913	0.08	16.4	522834	0.14	72.8
693	线材产品（绝缘电线除外）及围离格栅	Wire products and fencing grills	128817	0.09	23.3	310052	0.08	56.0
694	钉、螺丝钉、螺丝帽、螺丝栓、铆钉及类似物，铁、钢、铜或铝制	Nails, screws, nuts and bolts of iron, steel or copper	292550	0.19	25.2	794539	0.22	68.4
695	手用或机用工具	Tools for use in hand or in machines	360583	0.24	17.9	1467567	0.40	73.0
696	刃具	Cutlery	159415	0.11	35.7	276024	0.08	61.8
697	贱金属制的家用设备，未列明在其他	Household equipment of base metal, n.e.s.	406613	0.27	39.7	553541	0.15	54.0
699	贱金属制成品，未列明在其他	Manufactures of base metal, n.e.s.	971673	0.65	20.6	3362358	0.91	71.2
711	水蒸汽或其他蒸汽发动锅炉，过热热水锅炉，及与其一起使用的辅助装置；及其零件	Steam and other vapour generating boilers, and parts	36769	0.02	13.5	213802	0.06	78.5
712	水蒸汽涡轮机及其他蒸汽涡轮机，及其零件	Steam and other vapour power units, steam engines	14681	0.01	6.0	206286	0.06	84.7
713	活塞内燃引擎，及其零件	Internal combustion piston engines, and parts	695246	0.46	10.6	5502923	1.50	83.9
714	引擎及马达，非电力	Engines and motors, non-electric	187464	0.12	4.1	4248382	1.15	93.9
716	旋转式电力装置及其零件	Rotating electric plant and parts	755418	0.50	27.8	1859974	0.51	68.4
718	其他动力发动机械及其零件	Other power generating machinery and parts	20804	0.01	4.0	418167	0.11	81.4
721	农业机械（拖拉机除外）及其零件	Agricultural machinery and parts	54349	0.04	4.9	1005841	0.27	91.0
722	拖拉机(744 14及744 15条目内的除外)	Tractors fitted or not with power take-offs	34397	0.02	4.2	731633	0.20	90.3
723	土木工程及建筑用装置及设备	Civil engineering and contractors plant and parts	273445	0.18	11.2	2116798	0.58	86.9
724	纺织及皮革用机械，及其零件	Textile and leather machinery and parts	269310	0.18	15.4	1440224	0.39	82.5
725	纸厂及纸浆厂机械、切纸机及其他制造纸品的机械；该等机械的零件	Paper and pulp mill machinery, machinery for manufacture of paper	36566	0.02	5.6	600952	0.16	92.6
726	印刷及书本订装机械；及其零件	Printing and bookbinding machinery, and parts	44181	0.03	3.2	1335309	0.36	96.0
727	食品加工机器（家用的除外）	Food processing machines and parts	33984	0.02	5.8	526279	0.14	90.3
728	其他特种工业专用机器及设备，及其零件	Machinery and equipment specialized for particular industries	574842	0.38	9.3	5521627	1.50	89.1
736	金属工具母机或金属碳化物	Machine tools for working metal or metal carbides, and parts	290079	0.19	10.2	2472706	0.67	86.7

13−12 续表 5 continued

商品组代码及含义	Group Code and Description	发展中国家 Developing Countries 出口额（万美元） Exports (10 000 USD)	占该地区全部商品出口比重（%） As Percentage of the Area Total	占世界比重（%） As Percentage of the World	发达国家 Developed Countries 出口额（万美元） Exports (10 000 USD)	占该地区全部商品出口比重（%） As Percentage of the Area Total	占世界比重（%） As Percentage of the World
737 金工机械（工作母机除外），及其零件	Metalworking machinery, and parts	67815	0.05	7.6	791726	0.22	88.6
741 加热及冷却设备及其零件	Heating and cooling equipment, and parts	672267	0.45	17.3	3124073	0.85	80.5
742 液体泵，无论是否装有计量装置；液体提升机；该等泵及液提升机的零件	Pumps for liquids, liquid elevators, and parts	143719	0.10	7.6	1692519	0.46	89.4
743 泵（液体泵除外），空气或其他气体压缩机及风扇；离心机；过滤或净化器具；及其零件	Pumps, compressors, fans and blowers	411791	0.27	11.4	3150106	0.86	87.1
744 机械搬运设备，及其零件	Mechanical handling equipment, and parts	345231	0.23	9.9	3033997	0.82	87.1
745 其他非电动机械、工具及机械器具，及其零件	Other non-electrical machinery, tools, apparatus, and parts	178071	0.12	7.9	2049298	0.56	90.6
749 机械的非电力零件及附件	Non-electric accessories of machinery	853461	0.57	13.8	5165120	1.40	83.4
751 办公室机过滤器	Office machines	316531	0.21	24.5	968725	0.26	75.1
752 自动资料处理机及其部件	Automatic data processing machines and units thereof	6650791	4.43	38.9	10170076	2.76	59.5
759 只适宜或主要用于第 751 及 752 纸机器的零件及附件	Parts of and accessories suitable for 751, 752	5444450	3.63	43.8	6839241	1.86	55.0
761 电视接收机	Television receivers	1162062	0.77	51.8	972320	0.26	43.3
762 无线广播接收机	Radio-broadcast receivers	842427	0.56	59.3	550281	0.15	38.7
763 声音收录或重播机；录像及声音收录或重播	Gramophones, dictating and sound recorders	782842	0.52	36.7	1261331	0.34	59.1
764 电讯设备及零件	Telecommunications equipment, and parts	4022626	2.68	25.3	11683250	3.17	73.5
771 电力机械，及其零件	Electric power machinery, and parts thereof	1093623	0.73	39.6	1598702	0.43	57.8
772 电力器具，开关或保护电路或作连接电路用	Electrical apparatus such as switches, relays, fuses and plugs	2012515	1.34	25.9	5555257	1.51	71.6
773 分布电力设备，未列明在其他	Equipment for distributing electricity	1234775	0.82	36.5	1885747	0.51	55.8
774 供内科、外科、牙科或兽医科学用的电诊断器具及辐射线器具	Electric and radiological apparatus, for medical purposes	64637	0.04	4.7	1297902	0.35	94.8
775 家用型，电动及非电动设备，未列明在其他编号	Household type, electrical and non-electrical equipment	1055947	0.70	31.4	2191122	0.60	65.1
776 热离子管、冷阴极管或光阴极管及其零件	Thermionic, cold and photo-cathode valves, tubes, and parts	9496209	6.33	45.1	11473096	3.12	54.5
778 电动机械及器具，未列明在其他	Electrical machinery and apparatus, n.e.s.	2086668	1.39	24.8	6020435	1.64	71.6
781 汽车及其他主要用作载客的汽车（公共运输车辆除外），包括旅行汽车及跑车	Passenger motor cars, for transport of passengers and goods	2700272	1.80	9.3	25744725	7.00	88.5
782 运货汽车及特殊用途汽车	Motor vehicles for transport of goods materials	779561	0.52	14.5	4495262	1.22	83.4
783 陆路汽车，未列明在其他编号	Road motor vehicles, n.e.s.	241900	0.16	13.6	1496087	0.41	84.3
784 第 722、781、782 及 783 组内汽车零件及附件	Parts and accessories of 722, 781, 782, 783	1421524	0.95	10.7	11525250	3.13	86.6
785 电单车（包括机动和脚踏两用车）及脚踏车，无论是否装有马达；伤残人仕用车	Motorcycles, motor scooters and invalid carriages	589911	0.39	31.8	1242198	0.34	67.0
786 拖车及半拖车；其他车辆，非机械推动	Trailers and other vehicles, not motorized	292524	0.19	28.4	675447	0.18	65.6
791 铁路车辆（包括气垫火车）及有关设备	Railway vehicles and associated equipment	77874	0.05	8.6	715154	0.19	78.7
792 航空器及有关设备；太空船（包括人造卫星）及太空船发射工具；及其零件	Aircraft and associated equipment, and parts	611955	0.41	5.6	10199558	2.77	93.6
793 船、艇（包括气垫船）及浮动结构物	Ships, boats and floating structures	1251311	0.83	30.8	2579893	0.70	63.4

13-12 续表6 continued

商品组代码及含义	Group Code and Description	发展中国家 Developing Countries 出口额（万美元） Exports (10 000 USD)	占该地区全部商品出口比重（%） As Percentage of the Area Total	占世界比重（%） As Percentage of the World	发达国家 Developed Countries 出口额（万美元） Exports (10 000 USD)	占该地区全部商品出口比重（%） As Percentage of the Area Total	占世界比重（%） As Percentage of the World
812 卫生、管道及发热装备及装配，未列明在其他编号	Sanitary, plumbing, heating and lighting fixtures	398735	0.27	24.7	1148636	0.31	71.1
821 家具及其零件	Furniture and parts thereof	1379022	0.92	23.7	3980360	1.08	68.5
831 皮箱、旅行袋、化妆袋、钱包及类似容器	Travel goods, handbags, briefcases, purses and sheaths	596463	0.40	55.6	459852	0.12	42.9
842 男装或针织衫	Outergarments, men's, of textile fabrics	1811308	1.21	58.6	1036465	0.28	33.5
843 女装或针织衫	Outergarments, women's, of textile fabrics	2362936	1.57	57.3	1438255	0.39	34.9
844 内衣、睡衣及类似织物制成品	Undergarments of textile fabrics	909599	0.61	68.2	374571	0.10	28.1
845 织物服装，无论是否针织	Outergarments and other articles, knitted	2506512	1.67	61.3	1462877	0.40	35.8
846 织物制的衣服配件，无论是否针织	Undergarments, knitted or crocheted	1713057	1.14	57.8	1140487	0.31	38.5
847 衣服配件	Clothing accessories of textile fabrics	379524	0.25	48.6	381628	0.10	48.9
848 服装及衣服配件，织物制的除外；各种材料制的帽子头饰	Articles of apparel and clothing accessories, non textile	699434	0.47	64.3	364264	0.10	33.5
851 鞋履	Footwear	1617786	1.08	47.0	1672576	0.45	48.6
871 光学仪器及器具，未列明在其他	Optical instruments and apparatus	583345	0.39	34.0	1118041	0.30	65.1
872 仪器及用具，供内科、外科、牙科或兽医用	Medical instruments and appliances	284139	0.19	12.6	1944815	0.53	86.4
873 计量器及计数器，未列明在其他	Meters and counters, n.e.s.	52597	0.04	19.8	205318	0.06	77.5
874 量度 、检验 、分析及控制的仪器及器具	Measuring, checking, analysing instruments	527481	0.35	8.4	5675876	1.54	90.1
881 摄影器具及设备，未列明在其他编号	Photographic apparatus and equipment, n.e.s.	364931	0.24	27.8	944530	0.26	71.9
882 摄影或电影摄影用品	Photographic and cinematographic supplies	185487	0.12	11.3	1451982	0.39	88.3
883 电影软片，经曝光及显影，无论是否附有声带或只具声带	Cinematograph film, exposed and developed, negative or positive	13767	0.01	32.1	28945	0.01	67.5
884 光学货品，未列明在其他编号	Optical goods, n.e.s.	167856	0.11	20.3	648126	0.18	78.3
885 钟表	Watches and clocks	398836	0.27	28.6	993058	0.27	71.1
892 印刷品	Printed matter	327899	0.22	12.6	2161305	0.59	83.2
893 塑胶制成品，未列明在58项	Articles of materials described in division 58	1329755	0.89	23.0	4305024	1.17	74.4
894 婴儿车、玩具、游戏及运动货品	Baby carriages and toys	1409908	0.94	41.0	1957048	0.53	57.0
895 办公室及文具用品，未列明在其他编号	Office and stationery supplies, n.e.s.	200575	0.13	26.8	536552	0.15	71.8
896 艺术品、珍藏品及古董	Works of art, collectors' pieces and antiques	19234	0.01	3.0	604063	0.16	94.8
897 首饰、金器及银器，及其他宝石或半宝石制成品	Jewellery, goldsmiths and other articles of precious materials	791618	0.53	39.1	1225506	0.33	60.5
898 乐器及其零件及附件	Musical instruments, parts and accessories	712082	0.47	21.4	2581152	0.70	77.4
899 杂项制品，未列明在其他编号	Other miscellaneous manufactured articles	635976	0.42	32.4	1291517	0.35	65.8
911 无须按产品类型而分类的邮包	Postal packages not classified to kind	6	0.00	100.0	0	0.00	0.0
931 无须按产品类型而分类的特别交易及货物	Special transactions and commodities, not classified to kind	3209754	2.14	19.3	11982939	3.26	72.1
941 其他动物，活的，包括动物园的动物	Animals, live, n.e.s., including zoo-animals	15873	0.01	39.7	21795	0.01	54.5
951 军车，战斗车和弹药车	Armoured fighting vehicles, arms of war and ammunition	13586	0.01	2.7	429418	0.12	85.2
961 钱币(金币除外)，非法定货币	Coins (other than gold), not being legal tender	1374	0.00	20.0	4418	0.00	64.3
971 非货币、黄金（金矿砂及精矿除外）	Gold, non-monetary	920170	0.61	41.6	1289822	0.35	58.3

13-13 按项目划分的服务出口额

Exports of Services by Sector

资料来源：联合国贸易和发展会议数据库。
Source:UNCTAD Database.
单位：亿美元 (USD 100 million)

国家（地区）	Country or Territory	年份 Year	服务总额 Total Services	交通运输 Transport	旅游 Travel	通讯 Communi-cations	建筑 Construction	计算机和信息服务 Computer and Information Services
中国①	China ①	1999	237.78	24.19	140.98	5.90	9.85	2.65
中国香港	Hong Kong,China	2000	420.65					
孟加拉国	Bangladesh	1999	7.80	0.94	0.50	0.46		0.02
印度	India	1999	144.43	18.77	30.10			
印度尼西亚	Indonesia	1999	45.79		43.53	0.80		
伊朗	Iran	1998	13.15	4.19	0.12			
以色列	Israel	1999	103.26	22.63	29.74	1.70	1.62	
日本	Japan	2000	692.38	255.99	33.73	8.22	58.49	15.69
哈萨克斯坦	Kazakhstan	2000	11.35	5.43	3.56	0.34	0.01	0.01
韩国	Korea, Rep.	1999	265.29	114.66	68.41	4.00	0.10	0.04
马来西亚	Malaysia	1999	119.20	24.92	35.88			
蒙古	Mongolia	1999	0.76	0.29	0.36	0.08		
缅甸	Myanmar	2000	4.21	0.73	1.80	0.00		
巴基斯坦	Pakistan	1997	16.25	8.25	1.03	2.82		0.02
菲律宾	Philippines	1999	48.02	5.75	25.53	4.24	0.58	0.57
新加坡	Singapore	1999	236.93	45.81	51.83			
斯里兰卡	Sri Lanka	1999	9.62	4.01	2.73			
泰国	Thailand	2000	129.22	25.48	72.85	1.32	2.35	
土耳其	Turkey	2000	194.84	29.55	76.36		10.32	
埃及	Egypt	1999	94.94	26.58	39.03	2.35	1.16	0.09
尼日利亚	Nigeria	1999	9.80	1.18	0.54			
南非	South Africa	2000	50.88	11.82	27.07	0.57		
加拿大	Canada	2000	378.79	71.96	106.12	12.98	1.78	11.74
墨西哥	Mexico	1999	117.33	13.43	72.23	11.68		
美国	United States	2000	2938.41	511.60	1005.32	41.33	42.76	43.00
阿根廷	Argentina	2000	45.36	9.97	29.44	1.11		0.50
巴西	Brazil	2000	93.82	12.94	18.11	0.36	0.96	0.32
委内瑞拉	Venezuela	2000	12.01	3.49	6.18	0.09		
白俄罗斯	Belarus	2000	9.93	6.41	0.19	0.50	0.42	0.05
保加利亚	Bulgaria	1999	17.86	5.21	9.30	0.29	0.35	
捷克共和国	Czech Republic	1999	69.29	15.46	30.33	1.00	2.33	0.65
法国	France	2000	782.66	173.92	300.66	10.82	28.81	8.26
德国	Germany	1999	830.65	200.62	166.94	17.62	44.13	27.26
意大利	Italy	2000	572.61	88.63	274.31	12.74	13.46	4.48
荷兰	Netherlands	1999	538.89	212.55	70.02	13.47	29.88	11.19
波兰	Poland	1999	84.62	24.19	31.73	3.76	3.33	0.31
罗马尼亚	Romania	1999	13.65	5.34	2.52	0.92	0.33	0.24
俄罗斯	Russian Federation	2000	96.34	32.61	38.40	3.85	1.66	0.22
西班牙	Spain	2000	533.82	77.53	309.49	6.68	5.14	20.41
乌克兰	Ukraine	2000	38.00	29.20	3.94	0.89	0.38	0.06
英国	United Kingdom	2000	1016.60	182.21	216.50	22.70	1.35	34.22
前南斯拉夫	Yugoslavia (former)	1991	24.65	15.47	4.68			
澳大利亚	Australia	1999	172.93	42.96	80.15	8.34	0.14	4.24
新西兰	New Zealand	2000	42.95	12.28	22.17	1.82	0.06	0.78

13-13 续表 1 continued

单位：亿美元 (USD 100 million)

国家（地区）	Country or Territory	年份 Year	金融和保险服务 Financial and Insurance Services	其他商业服务 Other Business	版税和许可证费用 Royalties and License Fees	个人、文化和休闲服务 Personal, Cultural and Recreational Services	政府服务及其他 Government Services n.i.e.
中　　国①	China ①	1999	3.70	48.86	0.75	0.07	0.83
中国香港	Hong Kong, China	2000					
孟加拉国	Bangladesh	1999	0.20	0.53	0.001	0.005	5.14
印　　度	India	1999	2.42	87.88	0.23		5.03
印度尼西亚	Indonesia	1999					1.46
伊　　朗	Iran	1998	0.67	4.04			4.13
以 色 列	Israel	1999	0.18	43.83	2.58		0.98
日　　本	Japan	2000	30.39	177.09	102.27	1.16	9.35
哈萨克斯坦	Kazakhstan	2000	0.15	0.38		0.002	1.48
韩　　国	Korea, Rep.	1999	5.26	60.35	4.55	0.29	7.63
马来西亚	Malaysia	1999		57.19			1.20
蒙　　古	Mongolia	1999	0.003		0.01		0.03
缅　　甸	Myanmar	2000		1.53	0.001		0.14
巴基斯坦	Pakistan	1997	0.41	1.69	0.02	0.22	1.79
菲 律 宾	Philippines	1999	1.18	9.29	0.06	0.58	0.24
新 加 坡	Singapore	1999	4.86	133.61			0.81
斯里兰卡	Sri Lanka	1999	0.37	2.26			0.25
泰　　国	Thailand	2000	0.82	25.49	0.09		0.83
土 耳 其	Turkey	2000	4.42	45.78		25.89	2.52
埃　　及	Egypt	1999	1.72	21.18	0.47	0.19	2.18
尼日利亚	Nigeria	1999	0.08	8.00			
南　　非	South Africa	2000	4.51	4.72	0.62		1.58
加 拿 大	Canada	2000	39.13	102.67	14.13	11.39	6.90
墨 西 哥	Mexico	1999	10.72	5.49	0.42	2.08	1.28
美　　国	United States	2000	205.11	457.35	379.55	59.64	192.75
阿 根 廷	Argentina	2000	0.18	1.31	0.13	1.12	1.60
巴　　西	Brazil	2000	6.87	47.01	1.26	0.63	5.36
委内瑞拉	Venezuela	2000		0.26			1.99
白俄罗斯	Belarus	2000	0.06	2.17	0.01	0.02	0.12
保加利亚	Bulgaria	1999	0.26	2.15			0.29
捷克共和国	Czech Republic	1999	2.93	12.53	0.43	2.44	1.21
法　　国	France	2000	25.79	193.07	18.35	14.68	8.32
德　　国	Germany	1999	65.36	240.06	30.17	1.28	37.22
意 大 利	Italy	2000	24.45	137.89	5.63	5.44	5.58
荷　　兰	Netherlands	1999	8.36	152.57	23.91	5.34	11.60
波　　兰	Poland	1999	7.25	12.88	0.25	0.60	0.32
罗马尼亚	Romania	1999	0.56	2.80	0.04	0.65	0.25
俄 罗 斯	Russian Federation	2000	1.35	17.34	0.91		
西 班 牙	Spain	2000	20.96	80.82	4.03	5.36	3.40
乌 克 兰	Ukraine	2000	0.26	3.23	0.01	0.03	
英　　国	United Kingdom	2000	169.87	280.31	72.17	19.42	17.85
前南斯拉夫	Yugoslavia (former)	1991	0.87	3.63			
澳大利亚	Australia	1999	9.97	17.55	3.43	2.66	3.49
新 西 兰	New Zealand	2000	0.56	3.76	0.50	0.45	0.56

注：①联合国贸易与发展会议数据。
Note: ① Data from UNCTAD.

13-14　国际旅游收支

International Tourism, Expenditures and Receipts

资料来源：世界银行数据库。
Sources:World Bank Database.
单位：亿美元　　(USD 100 million)

国家（地区）	Country or Territory	国际旅游支出 International Tourism,Expenditures			国际旅游收入 International Tourism,Receipts		
		1990	1999	2000	1990	1999	2000
世界	**World**	**2682.7**	**4170.8**		**2650.6**	**4548.7**	**4758.2**
高收入国家	**High Income**	**2283.6**	**3386.4**		**2109.7**	**3273.6**	**3370.1**
中等收入国家	**Middle Income**	**319.6**	**675.5**		**455.6**	**1131.5**	**1231.2**
低收入国家	**Low Income**		**109.4**		**78.3**	**142.7**	
中国②	China ②	4.7	108.6		22.2	141.0	162.2
中国香港	Hong Kong, China				50.3	72.1	78.9
孟加拉国	Bangladesh	0.8	2.1		0.1	0.5	0.6
印度	India	3.9	20.1		15.1	30.1	33.0
印度尼西亚	Indonesia	8.4	23.5		21.1	47.1	57.5
伊朗	Iran	3.4	9.2		0.6	6.6	8.5
以色列	Israel	14.4	25.7		14.0	29.7	31.0
日本	Japan	249.3	328.1		35.8	34.3	33.7
哈萨克斯坦	Kazakhstan		3.9			3.6	
韩国	Korea, Rep.	31.7	39.8	63.8	35.6	68.0	66.1
马来西亚	Malaysia	14.5	19.7		16.7	35.4	45.6
蒙古	Mongolia	0.0	0.4		0.1	0.3	
缅甸	Myanmar	0.2	0.2		0.1	0.4	
巴基斯坦	Pakistan	4.4	1.8		1.6	0.8	0.9
菲律宾	Philippines	1.1	13.1		13.1	25.3	
新加坡	Singapore	18.9	27.5		49.4	59.7	63.7
斯里兰卡	Sri Lanka	0.7	2.2		1.3	2.8	2.5
泰国	Thailand	8.5	18.4	20.7	43.3	67.0	71.2
土耳其	Turkey	5.2	14.7		32.3	52.0	76.4
埃及	Egypt	1.3	10.8		11.0	39.0	43.5
尼日利亚	Nigeria	5.8	6.2		0.3	1.4 ①	
南非	South Africa	11.2	18.1		9.9	25.3	
加拿大	Canada	109.3	113.5		63.4	101.7	107.7
墨西哥	Mexico	55.2	45.4	55.0	54.7	72.2	83.0
美国	United States	373.5	593.5		430.1	748.8	851.5
阿根廷	Argentina	15.1	41.1		11.3	28.1	29.0
巴西	Brazil	15.6	30.9	38.9	14.4	39.9	42.3
委内瑞拉	Venezuela	10.2	16.5		5.0	6.6	
白俄罗斯	Belarus		1.2			0.1	0.2
保加利亚	Bulgaria	1.9	5.2		3.2	9.3	10.7
捷克共和国	Czech Republic	4.6	14.7		4.2	30.4	28.7
法国	France	124.2	186.3		201.8	315.1	299.0
德国	Germany	337.7	485.0		142.9	167.3	178.1
意大利	Italy	103.0	169.1		164.6	283.6	274.4
荷兰	Netherlands	73.8	113.7		41.6	70.9	69.5
波兰	Poland	4.2	36.0		3.6	61.0	61.0
罗马尼亚	Romania	1.0	4.0		1.1	2.5	3.6
俄罗斯	Russian Federation		74.3			75.1	
西班牙	Spain	42.5	55.2		185.9	324.0	310.0
乌克兰	Ukraine		17.7			21.2	
英国	United Kingdom	175.6	356.3		137.6	202.2	195.4
南斯拉夫	Yugoslavia				4.2	0.2	
澳大利亚	Australia	45.4	57.9		40.9	80.2	84.4
新西兰	New Zealand	9.6	14.9		10.3	20.8	20.7

注：①1998年数据。②国际旅游支出为世界银行数据。
Note: ① Data refer to 1998. ② International tourism expenditures data from World Bank.

13-15 国际旅游人数

International Tourism,Number of Arrivals and Departures

资料来源：世界银行数据库。
Sources:World Bank Database.

单位：万人 (10000 people)

国家（地区）	Country or Territory	国外游客到达人数 Number of Arrivals			出国旅游人数 Number of Departures		
		1990	1999	2000	1990	1999	2000
世界	**World**	**46358**	**65289**	**70185**	**50875**	**64480**	
高收入国家	**High Income**	**31102**	**41154**	**43544**	**27440**	**32863**	
中等收入国家	**Middle Income**	**13586**	**21214**	**23540**	**15041**	**24032**	
低收入国家	**Low Income**	**1296**	**2568**				
中国	China		7280	8344		923 ②	1047 ②
中国香港	Hong Kong, China	658	1133	1306	204	418	
孟加拉国	Bangladesh	12	17	20	39	110	
印度	India	171	248	264	228	381 ①	
印度尼西亚	Indonesia	218	473	506	69		
伊朗	Iran	15	132	170	79	145 ①	
以色列	Israel	106	231	240	88	320	
日本	Japan	324	444	476	1100	1636	
哈萨克斯坦	Kazakhstan	12	13 ①				
韩国	Korea, Rep.	296	466	532	156	434	551
马来西亚	Malaysia	745	793	1022	1492	2607	
蒙古	Mongolia	15	16	16			
缅甸	Myanmar	2	20	21			
巴基斯坦	Pakistan	42	43	54			
菲律宾	Philippines	103	217		114	176	
新加坡	Singapore	484	626		124	397	
斯里兰卡	Sri Lanka	30	44	40	30	50	52
泰国	Thailand	530	865	951	88	169	191
土耳其	Turkey	480	689	959	292	476	
埃及	Egypt	241	449	512	201	289	
尼日利亚	Nigeria	19	78	81	6		
南非	South Africa	103	603	600	62	336 ①	
加拿大	Canada	1521	1947	2042	2042	1837	
墨西哥	Mexico	1718	1904	2064	736	1035	1108
美国	United States	3936	4849	5089	4462	5839	
阿根廷	Argentina	193	290	299	240	479	
巴西	Brazil	109	511	531	119	268	
委内瑞拉	Venezuela	53	59	47	31	89	
白俄罗斯	Belarus		36 ①				
保加利亚	Bulgaria	159	247	279	240	259 ①	
捷克共和国	Czech Republic	728	561	570	351	3998	
法国	France	5250	7304	7550	1943	1671	
德国	Germany	1705	1712	1898	5626	7340	
意大利	Italy	2668	3652	4118	1615	1896	
荷兰	Netherlands	580	988	1020	900	1418	
波兰	Poland	340	1795	1740	2213	5510	
罗马尼亚	Romania	301	321	327	1125	627	
俄罗斯	Russian Federation		1850	2117		1263	1837
西班牙	Spain	3409	4678	4820	1070	479 ①	
乌克兰	Ukraine		423			740	
英国	United Kingdom	1801	2540	2519	3115	5388	
南斯拉夫	Yugoslavia	119	15				
澳大利亚	Australia	222	446	495	217	321	
新西兰	New Zealand	98	161	179	72	119	

注：①1998年数据。②国内居民出境总人数。
Note: ① Data refer to 1998. ② Data refer to number of domestic residents outbound.

主要统计指标解释

出口 即货物离开一国的统计疆界。在通常的贸易体系中，一国的统计疆界与它的经济领土是一致的。在特殊的贸易体系中，一国的统计疆界只包括一部分经济领土，一般这部分与货物自由贸易区是一致的。自由贸易地区是一国经济疆界的一部分，在此间货物可以无进口税限制地流通。

进口 货物进入一国统计疆界。

数量指数 基于诸如数量或权数这样的货物单位的指数。

服务贸易 服务指无形商品的经济产出。它有可能是在同一时间生产、转让和消费。IMF《国际收支手册（1993年）》中定义了该项目，但报告经济体之间各不相同。

Explanatory Notes on Main Statistical Indicators

Exports Goods leaving the statistical territory of a country. In the general trade system, the definition of the statistical territory of a country coincides with its economic territory. In the special trade system, the definition of the statistical territory comprises only a particular part of the economic territory, mainly that part which coincides with the free circulation area for goods. The free circulation area is a part of the economic territory of a country within which goods may be disposed of without customs restrictions.

Imports Goods entering the statistical territory of a country.

Quantum Index An index based on quantity units of goods such as number or weight.

Service Exports(Imports) Services (previously no factor services) refer to economic output of intangible commodities that may be produced, transferred, and consumed at the same time. International transactions in services are defined by the IMF's Balance of Payments Manual (1993), but definitions may nevertheless vary among reporting economies.

十四 国际收支和外债

Balance of Payments and External Debts

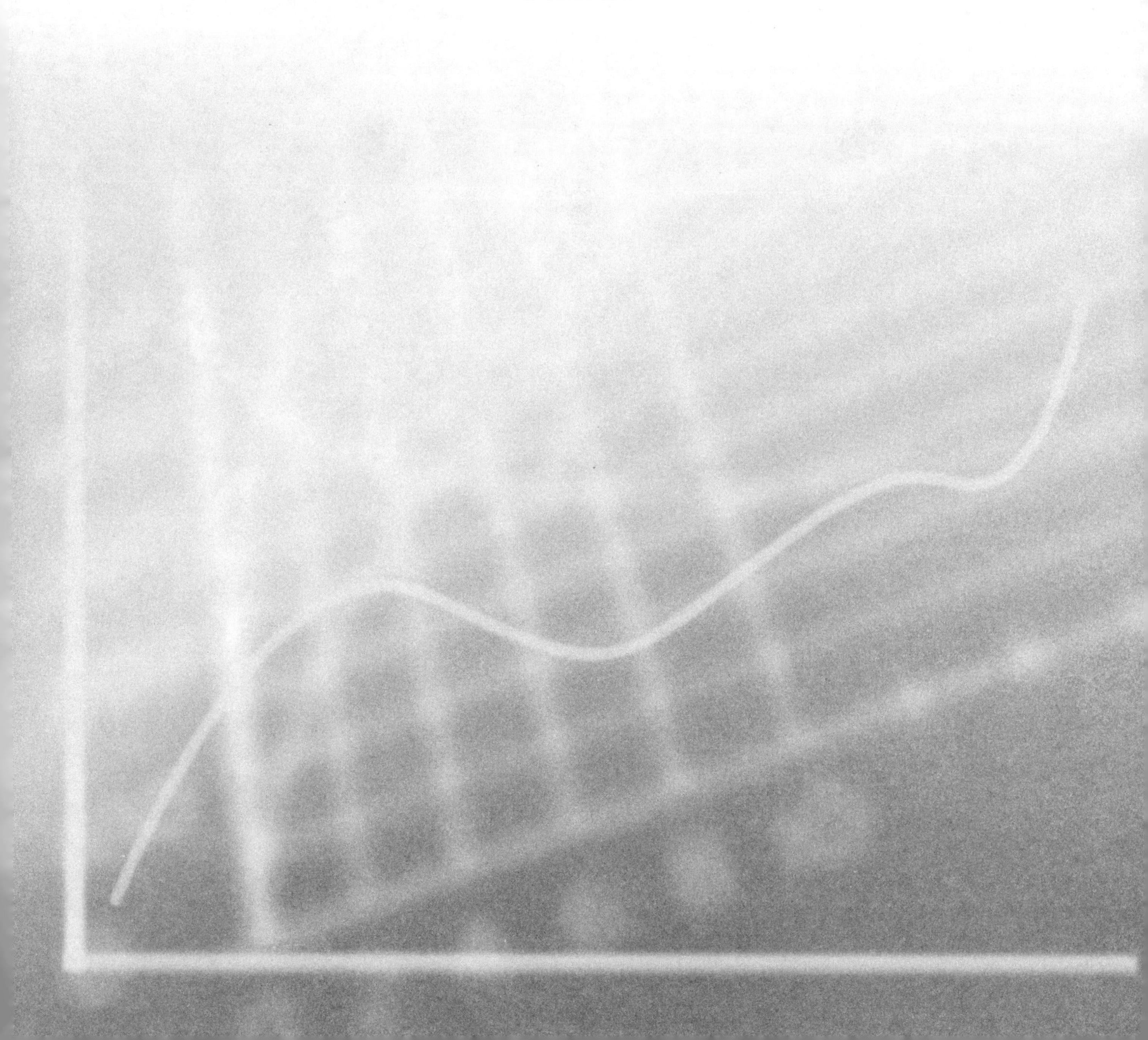

14-1 世界国际收支

Summary of International Transactions

资料来源：IMF《国际收支》统计年鉴，2000年。
Sources: IMF"Balance of Payments Statistics Yearbook",2000.
单位：亿美元 (USD 100 million)

		1990	1997	1998	1999	2000
经常帐户	**Current Account(net)**	**-128**	**374**	**-439**	**-928**	**-1275**
货物	Goods	16	1150	764	467	164
贷方	Credits	3435	55459	54271	56095	63093
借方	Debits	3419	54308	53507	55628	62929
服务	Services	-45	17	-19	-69	-211
贷方	Credits	861	13618	13757	14026	14762
借方	Debits	906	13601	13775	14094	14973
收入	Income	-67	-551	-934	-1019	-915
贷方	Credits	839	12376	13207	13531	15570
借方	Debits	906	12926	17141	14550	16486
经常转移	Current Transfers	-32	-243	-250	-307	-313
贷方	Credits	250	3567	3723	3810	3709
借方	Debits	282	3810	3973	4117	4022
资本帐户	**Capital Account(net)**	**12**	**57**	**-141**	**-166**	**216**
金融帐户	**Financial Account**	**102**	**1317**	**586**	**1398**	**1991**
直接投资	Direct Investment	-34	186	-9	576	1105
国外	Abroad	-235	-4437	-6774	-9997	-11907
在报告经济体内	In Reporting Economy	201	4622	6765	10573	13012
证券投资	Portfolio Investment	64	2863	-559	3159	2553
资产	Assets	-186	-7349	-10586	-13179	-13052
负债	Liabilities	251	10211	10027	16338	15605
金融衍生工具	Financial Derivatives		-62	-94	193	-80
资产	Assets		377	776	991	1203
负债	Liabilities		-440	-870	-788	-1283
其他投资	Other Investment	165	-627	1682	-1018	110
资产	Assets	-581	-13349	-3414	-5442	-12800
负债	Liabilities	745	12723	5096	4424	12910
储备	Reserves	-93	-1043	-433	-1	
净误差与遗漏	**Net Errors and Omissions**	**14**	**-1747**	**-6**	**-**	

14-2 分国别（地区）的国际收支（2000年）

国外资料来源：国际货币基金组织数据库。
Source:International Monetary Fund Database.
单位:亿美元

国家（地区）	Country or Territory	经常帐户 Current Account, n.i.e.	货物 Goods 出口 Exports f.o.b.	进口 Imports f.o.b.	差额 Trade Balance	服务 贷方 Credit
中国	China	205.2	2491.3	-2146.6	344.7	304.3
中国香港	Hong Kong, China	88.4	2027.0	-2108.9	-81.9	413.3
孟加拉国	Bangladesh	-3.1	64.0	-80.5	-16.5	8.2
印度	India	-42.0	431.3	-553.2	-121.9	183.3
印度尼西亚	Indonesia	79.9	654.1	-403.7	250.4	52.1
伊朗	Iran	126.5	283.5	-152.1	131.4	13.8
以色列	Israel	-14.2	308.4	-341.9	-33.5	143.4
日本	Japan	1168.8	4595.1	-3428.0	1167.2	692.4
哈萨克斯坦	Kazakhstan	7.4	96.2	-68.5	27.7	11.4
韩国	Korea, Rep.	122.4	1759.5	-1590.8	168.7	305.3
马来西亚	Malaysia	84.1	984.3	-775.8	208.5	137.8
缅甸	Myanmar	-2.4	16.2	-21.3	-5.2	5.3
巴基斯坦	Pakistan	-1.0	87.4	-99.0	-11.6	13.8
菲律宾	Philippines	90.8	373.0	-303.8	69.2	41.7
新加坡	Singapore	218.0	1389.3	-1275.3	114.0	270.4
斯里兰卡	Sri Lanka	-10.4	54.4	-64.8	-10.4	9.4
泰国	Thailand	93.1	678.9	-561.9	117.0	138.7
土耳其	Turkey	-98.2	316.6	-540.4	-223.8	194.8
越南	Vietnam	9.6	144.5	-140.7	3.8	27.0
埃及	Egypt	-9.7	70.6	-153.8	-83.2	98.0
南非	South Africa	-4.7	314.3	-272.0	42.3	50.9
加拿大	Canada	180.1	2844.5	-2446.1	398.3	372.5
美国	United States	-4446.9	7748.6	-12244.3	-4495.7	2908.8
墨西哥	Mexico	-181.6	1664.6	-1744.6	-80.0	137.6
阿根廷	Argentina	-89.7	264.1	-238.5	25.6	45.4
巴西	Brazil	-246.3	550.9	-557.8	-7.0	93.8
委内瑞拉	Venezuela	131.1	330.4	-154.9	175.4	12.4
白俄罗斯	Belarus	-2.3	69.3	-78.4	-9.1	9.9
保加利亚	Bulgaria	-7.0	48.2	-60.0	-11.8	21.8
捷克共和国	Czech Republic	-22.4	290.2	-321.1	-31.0	67.3
法国	France	204.3	2955.3	-2944.0	11.3	817.4
德国	Germany	-187.1	5491.7	-4918.7	572.9	838.9
匈牙利	Hungary	-14.9	253.7	-274.7	-21.1	62.5
意大利	Italy	-56.7	2387.4	-2280.2	107.2	561.2
荷兰	Netherlands	123.5	2081.3	-1868.5	212.8	534.1
波兰	Poland	-100.0	359.0	-482.1	-123.1	103.9
罗马尼亚	Romania	-13.6	103.7	-120.5	-16.8	17.7
俄罗斯	Russian Federation	463.2	1055.7	-448.6	607.0	96.3
西班牙	Spain	-172.6	1150.8	-1478.4	-327.5	533.8
乌克兰	Ukraine	14.8	157.2	-149.4	7.8	38.0
英国	United Kingdom	-255.9	2846.0	-3300.3	-454.3	1172.0
澳大利亚	Australia	-153.3	640.4	-687.5	-47.1	183.7
新西兰	New Zealand	-27.3	134.8	-128.5	6.4	43.3

Balance of Payments by Country(Territory)(2000)

(USD 100 million)

Services	货物和服务：差额	收入 Income		货物、服务和收入差额	经常转移 Current Transfers	
借方 Debit	Balance on Goods & Services	贷方 Credit	借方 Debit	Balance on Gds, Serv. & Inc.	贷方 Credit	借方 Debit
-360.3	288.7	125.5	-272.2	142.1	68.6	-5.5
-254.2	77.2	534.9	-507.0	105.1	5.4	-22.1
-16.2	-24.6	0.8	-3.4	-27.3	24.3	-0.1
-199.1	-137.8	22.8	-61.6	-176.5	135.0	-0.5
-150.1	152.4	24.6	-115.3	61.7	18.2	0.0
-23.0	122.2	4.0	-6.0	120.2	5.4	0.8
-123.5	-13.5	42.4	-109.1	-80.2	75.3	-9.3
-1168.6	690.9	2069.4	-1493.1	1267.1	73.8	-172.1
-21.6	17.4	1.4	-13.3	5.4	2.9	-0.9
-334.2	139.8	63.8	-88.0	115.6	65.0	-58.2
-167.3	179.0	21.0	-96.1	103.9	7.2	-27.0
-5.1	-5.0	0.3	-0.7	-5.4	3.0	0.0
-22.5	-20.3	1.2	-23.3	-42.5	41.9	-0.4
-60.8	50.0	78.0	-41.6	86.5	5.5	-1.2
-214.1	170.3	152.5	-91.3	231.6	1.3	-14.9
-16.2	-17.3	1.5	-4.5	-20.3	11.7	-1.8
-154.6	101.1	42.3	-56.2	87.3	9.5	-3.7
-81.5	-110.4	28.4	-68.4	-150.4	53.2	-0.9
-32.5	-1.8	1.9	-7.8	-7.7	17.3	0.0
-75.1	-60.3	18.7	-9.8	-51.4	42.2	-0.5
-56.2	37.0	21.8	-54.3	4.6	1.1	-10.3
-417.7	353.1	285.0	-467.7	170.4	40.7	-31.0
-2170.7	-3757.6	3529.0	-3676.8	-3905.4	102.4	-643.9
-174.4	-116.8	60.5	-195.1	-251.5	70.2	-0.3
-88.7	-17.8	74.0	-148.8	-92.6	6.4	-3.5
-169.6	-82.7	36.2	-215.0	-261.5	18.3	-3.1
-42.6	145.3	29.2	-41.2	133.2	2.2	-4.3
-4.3	-3.5	0.3	-0.7	-3.9	1.8	-0.2
-16.7	-6.7	3.2	-6.4	-9.9	3.5	-0.6
-54.1	-17.8	18.2	-25.7	-25.3	7.2	-4.3
-626.3	202.4	713.6	-576.5	339.5	173.5	-308.7
-1340.2	71.6	971.6	-981.5	61.7	158.1	-406.9
-44.8	-3.3	9.4	-25.2	-19.0	7.0	-2.9
-561.7	106.6	386.7	-506.8	-13.4	157.9	-201.2
-536.2	210.7	407.2	-431.9	186.0	43.7	-106.1
-90.0	-109.2	22.5	-37.1	-123.8	30.1	-6.3
-20.2	-19.4	3.3	-6.1	-22.2	10.8	-2.2
-173.5	529.8	47.5	-114.9	462.5	8.1	-7.4
-311.5	-105.2	149.2	-232.3	-188.3	116.2	-100.5
-31.7	14.1	1.4	-10.9	4.6	11.4	-1.2
-962.7	-245.0	2035.9	-1906.6	-115.7	198.0	-338.3
-180.0	-43.4	85.9	-195.3	-152.8	26.2	-26.7
-45.1	4.5	5.9	-40.2	-29.8	6.5	-4.0

14−2 续表1 continued

单位:亿美元

国家（地区）	Country or Territory	资本帐户 Capital Account, n.i.e.	贷方 Credit	借方 Debit	金融帐户 Financial Account, n.i.e.	直接投资 FDI 国外 Direct Investment Abroad	在报告经济体内 Dir. Invest. in Rep. Econ., n.i.e.
中国	China	-0.4	0.0	-0.4	19.6	-9.2	384.0
中国香港	Hong Kong, China	-15.5	0.6	-16.0	41.7	-593.4	618.8
孟加拉国	Bangladesh	2.5	2.5	0.0	-2.6		2.8
印度	India	0.0	0.0	0.0	96.2	-3.4	23.2
印度尼西亚	Indonesia	0.0	0.0	0.0	-79.0	-1.5	-45.5
伊朗	Iran	0.0	0.0	0.0	-101.9	0.0	0.4
以色列	Israel	12.1	12.1	0.0	6.6	-28.0	43.9
日本	Japan	-92.6	7.8	-100.4	-755.4	-315.3	82.3
哈萨克斯坦	Kazakhstan	-2.9	0.7	-3.6	13.2	0.0	12.5
韩国	Korea, Rep.	-6.2	1.0	-7.1	127.3	-50.0	92.8
马来西亚	Malaysia		0.0		-62.8	-20.3	37.9
缅甸	Myanmar			0.0	1.6	0.0	2.5
巴基斯坦	Pakistan		0.0		-31.1	-0.1	3.1
菲律宾	Philippines	0.4	0.7	-0.4	-67.9	1.0	20.3
新加坡	Singapore	-1.6	0.0	-1.6	-114.0	-42.8	63.9
斯里兰卡	Sri Lanka	0.5	0.6	-0.1	5.7		1.7
泰国	Thailand				-104.4	0.2	33.7
土耳其	Turkey			0.0	94.5	-8.7	9.8
越南	Vietnam	0.0	0.0	0.0	-3.2	0.0	13.0
埃及	Egypt	0.0	0.0	0.0	-16.5	-0.5	12.4
南非	South Africa	-0.5	0.2	-0.7	-15.4	-5.8	9.6
加拿大	Canada	35.5	40.4	-5.0	-100.9	-439.6	627.6
美国	United States	6.8	6.8	0.0	4435.8	-1524.4	2876.8
墨西哥	Mexico	0.0	0.0	0.0	223.3	0.0	132.9
阿根廷	Argentina	0.9	1.0	-0.2	81.1	-11.1	116.7
巴西	Brazil	2.7	3.0	-0.3	293.7	-22.8	327.8
委内瑞拉	Venezuela	0.0	0.0	0.0	-27.8	-1.1	44.6
白俄罗斯	Belarus	0.4	1.1	-0.7	1.7	0.0	0.9
保加利亚	Bulgaria	0.3	0.3		8.8	0.0	10.0
捷克共和国	Czech Republic	-0.1	0.1	-0.1	33.6	-1.2	45.8
法国	France	13.9	19.2	-5.3	-302.8	-1694.8	431.7
德国	Germany	138.5	170.6	-32.1	132.0	-520.5	1891.8
匈牙利	Hungary	2.7	4.6	-1.9	23.6	-5.3	16.9
意大利	Italy	28.8	41.7	-13.0	75.1	-120.7	131.7
荷兰	Netherlands	6.5	29.0	-22.5	6.9	-708.9	523.1
波兰	Poland	0.3	1.1	-0.8	102.0	-0.2	93.4
罗马尼亚	Romania	0.4	0.4	0.0	19.4	0.1	10.3
俄罗斯	Russian Federation	106.8	115.4	-8.7	-338.0	-32.1	27.1
西班牙	Spain	48.3	58.0	-9.8	170.3	-528.3	360.2
乌克兰	Ukraine	-0.1		-0.1	-4.2	0.0	6.0
英国	United Kingdom	29.8	42.4	-12.6	299.3	-2662.2	1199.3
澳大利亚	Australia	6.1	14.1	-7.9	139.6	-49.3	106.5
新西兰	New Zealand	-1.8	2.4	-4.2	33.4	-9.6	32.1

(USD 100 million)

证券投资 Portfolio Investment						金融衍生工具 Financial Derivatives	
资产 Assets	股本证券 Equity Securities	债务证券 Debt Securities	负债 Liabilities	股本证券 Equity Securities	债务证券 Debt Securities	资产 Assets	负债 Liabilities
-113.1			73.2			0.0	0.0
-220.2	-176.1	-44.2	465.1	469.8	-4.7	84.1	-81.8
		0.0	0.0	0.0	0.0	0.0	0.0
0.0	0.0	0.0	16.2	16.2	0.0	0.0	0.0
0.0	0.0	0.0	-19.1	-10.2	-8.9	0.0	0.0
0.0	0.0	0.0	0.0	0.0	0.0	0.0	0.0
-28.8	-16.2	-12.6	33.2	33.6	-0.4	0.0	0.0
-833.6	-197.2	-636.4	473.9	-12.9	486.7	-30.0	11.0
-0.9	0.0	-0.9	0.2	0.1	0.1	0.0	0.0
-5.2	-4.8	-0.4	127.0	130.9	-4.0	5.3	-7.1
0.0	0.0	0.0	-24.7	0.0		0.0	0.0
0.0	0.0	0.0	0.0	0.0	0.0	0.0	0.0
0.0	0.0	0.0	-4.5	0.4	-4.9	0.0	0.0
-8.1	-0.4	-7.7	5.8	-1.8	7.6	0.0	0.0
-117.8	-94.3	-23.4	-20.8	-20.8	0.0	0.0	0.0
0.2	0.0	0.2	-0.6		-0.6	0.0	0.0
-1.6	-1.5	-0.1	-5.5	9.0	-14.5	0.0	0.0
-5.9	0.9	-6.8	16.2	6.4	9.8	0.0	0.0
0.0	0.0	0.0	0.0	0.0	0.0	0.0	0.0
0.0	0.0		2.7	2.7		0.0	0.0
-36.7	-30.2	-6.5	18.1	41.7	-23.6	-1.4	0.0
-421.4	-393.7	-27.7	136.8	242.7	-105.8	0.0	0.0
-1249.4	-997.4	-252.0	4745.9	1938.5	2807.4	0.0	0.0
12.9	0.0	12.9	-22.2	4.5	-26.7	0.0	0.0
-10.6	-14.6	4.0	-13.3	-32.3	19.0	0.0	0.0
-17.0	-19.5	2.6	86.5	30.8	55.7	3.9	-5.8
-9.1	-0.9	-8.2	-15.1	-4.6	-10.5	0.0	0.0
0.1	0.0	0.1	0.5	0.0	0.5	0.0	0.0
-0.6	-0.1	-0.5	-1.1	0.0	-1.2	0.0	
-22.4	-11.7	-10.7	4.8	6.2	-1.4	-1.3	0.9
-968.0	-319.1	-648.9	1329.6	493.6	836.0	0.0	41.4
-1975.2	-1313.5	-661.7	364.6	-305.1	669.7		-35.3
-3.1	-1.5	-1.6	-2.2	-4.5	2.3	7.5	-6.6
-802.6	-770.4	-32.2	570.2	-24.3	594.5	7.4	15.9
-662.8	-223.6	-439.2	731.0	253.4	477.6	845.3	-889.1
-0.9	-0.2	-0.7	34.2	4.5	29.8	2.7	
0.3	0.3	0.0	0.7	0.6	0.2	0.0	0.0
-3.8	-0.1	-3.7	-128.1	1.5	-129.6	0.0	0.0
-594.0	-364.8	-229.2	568.0	187.1	381.0		20.2
0.0	0.0	0.0	-2.0	-1.9	0.0	0.0	0.0
-963.7	-284.0	-679.7	2577.7	1791.7	786.0	0.0	22.6
-48.1	-39.7	-8.4	148.5	-7.1	155.6	-8.9	3.7
-21.8	-16.7	-5.2	22.6	-5.0	27.6	0.0	0.0

14–2 续表2 continued

单位:亿美元

国家（地区）	Country or Territory	金融帐户					
		其他投资：资产 Other Investment Assets	货币当局 Monetary Authorities	各级政府 General Government	银行 Banks	其他部门 Other Sectors	其他投资：债务 Other Investment Liab., n.i.e.
中国	China	-438.6	-72.6		-214.3	-151.7	123.3
中国香港	Hong Kong, China	182.8		0.0	238.6	-55.8	-413.8
孟加拉国	Bangladesh	-12.5			-3.2	-9.3	7.1
印度	India	-11.4	-4.7	-0.2	-16.9	10.4	71.5
印度尼西亚	Indonesia	0.0	0.0	0.0	0.0	0.0	-12.9
伊朗	Iran	-82.6		-59.3	-17.8	-5.4	-19.7
以色列	Israel	-31.5		-1.4	-12.1	-18.0	17.8
日本	Japan	-41.5		-18.9	365.1	-387.7	-102.1
哈萨克斯坦	Kazakhstan	1.4	0.0		1.5	-0.1	0.0
韩国	Korea, Rep.	-22.9	-0.4	-1.5	-12.2	-8.7	-12.7
马来西亚	Malaysia	-55.7					
缅甸	Myanmar			0.0	0.0		-0.9
巴基斯坦	Pakistan	-4.4		-0.2	-0.2	-4.0	-25.1
菲律宾	Philippines	-152.9		0.0	22.9	-175.8	66.1
新加坡	Singapore	-52.9		0.8	13.2	-66.9	56.4
斯里兰卡	Sri Lanka	-2.4		0.0	-2.4	0.0	6.8
泰国	Thailand	-22.0			-21.9	-0.1	-109.2
土耳其	Turkey	-21.4			-18.0	-3.4	104.5
越南	Vietnam	-20.9	0.0	0.0	-20.9	0.0	4.8
埃及	Egypt	-29.9	-0.2		2.6	-32.3	-1.1
南非	South Africa	-11.4	0.0	-2.8	-2.4	-6.1	12.2
加拿大	Canada	-9.1	0.0	-2.5	-60.4	53.9	4.7
美国	United States	-3032.7	0.0	-9.4	-1384.9	-1638.4	2619.6
墨西哥	Mexico	62.5	0.0	22.8	-18.0	57.8	37.3
阿根廷	Argentina	-21.8		9.2	-23.5	-7.6	21.3
巴西	Brazil	-29.9	0.9	1.9	14.4	-47.2	-48.9
委内瑞拉	Venezuela	-49.2	0.0	-2.0	-0.5	-46.8	2.0
白俄罗斯	Belarus	0.4	0.0		0.1	0.4	-0.3
保加利亚	Bulgaria	-1.4	0.0	-0.1	-5.0	3.7	2.0
捷克共和国	Czech Republic	9.8	0.0	0.8	10.1	-1.0	-3.0
法国	France	9.6	-60.0	6.8	66.4	-3.7	547.7
德国	Germany	-748.3	393.7	-181.3	-919.9	-40.8	1154.9
匈牙利	Hungary	-9.1	-0.1	0.6	7.6	-17.2	25.4
意大利	Italy	2.4	30.3	-6.5	23.9	-45.3	270.8
荷兰	Netherlands	-331.7	-28.8	1.4	-181.3	-123.0	500.0
波兰	Poland	-38.7	0.0	-0.5	-30.2	-8.1	11.4
罗马尼亚	Romania	-4.1	0.0	-0.8	-3.5	0.3	12.1
俄罗斯	Russian Federation	-170.3	0.0	-16.2	-33.3	-120.8	-30.9
西班牙	Spain	-169.2	-78.4	-2.7	-61.0	-27.1	513.3
乌克兰	Ukraine	-4.5	-0.2	10.0	-0.6	-13.7	-3.7
英国	United Kingdom	-4131.4	0.0	-14.1	-2938.1	-1179.2	4256.9
澳大利亚	Australia	-41.9	1.3	-0.2	-11.8	-31.2	29.1
新西兰	New Zealand	-8.4	0.0				18.5

(USD 100 million)

Financial Account, n.i.e.									
货币当局 Monetary Authorities	政府 General Government	银行 Banks	其他部门 Other Sectors	储备及相关项目 Reserves and Related Items	储备资产 Reserve Assets	基金信贷和贷款的使用 Use of Fund Credit and Loans	特殊融资 Exceptional Financing	净误差与遗漏 Net Errors and Omissions	国际收支总盈余 Overall Balance
	31.5	-82.8	174.6	-106.9	-106.9		0.0	-117.5	106.9
0.0	0.0	-442.6	28.8	-100.4	-100.4	0.0	0.0	-14.2	100.4
0.4	5.4	1.1	0.3	0.3	1.2	-0.9		2.8	-0.3
2.7	-4.2	14.0	59.0	-60.9	-60.4	-0.5		6.7	60.9
0.0	20.9	-14.2	-19.6	-37.3	-48.6	11.2	0.0	36.4	37.3
-14.1	-6.2		0.6	-10.8	-10.8	0.0	0.0	-13.7	10.8
	2.5	16.6	-1.3	10.7	-6.2		16.9	-15.2	-10.7
0.0	-9.3	282.2	-374.9	-489.6	-489.6	0.0	0.0	168.7	489.6
0.0	0.9	1.7	-2.5	-5.7	-1.3	-4.4	0.0	-12.1	5.7
0.3	1.1	-45.4	31.3	-237.9	-237.9		0.0	-5.6	237.9
				10.1	10.1		0.0	-31.4	-10.1
0.1	-1.1	0.0	0.0	0.2	0.2			0.6	-0.2
-1.7	-7.3	-11.6	-4.6	26.2	0.0	-1.0	27.2	5.8	-26.2
2.3	-0.1	-7.9	71.9	3.8	0.7	3.0		-27.0	-3.8
		74.2	-17.9	-68.1	-68.1	0.0	0.0	-34.3	68.1
0.8	1.7	2.6	1.8	3.6	4.5	-0.9		0.6	-3.6
0.4	0.9	-48.0	-62.6	18.1	16.1	-1.9	3.9	-6.8	-18.1
7.1	1.2	37.4	58.9	29.3	-3.8	33.2		-25.6	-29.3
0.0	0.0	0.0	4.8	-1.1	-0.9	-0.2	0.0	-5.3	1.1
-0.1	-11.1	-1.3	11.4	20.3	13.1		7.2	5.9	-20.3
-4.1	0.1	11.9	4.4	-4.0	-4.0		0.0	24.6	4.0
0.0	-3.5	-15.3	23.5	-37.2	-37.2			-77.5	37.2
-68.0	-5.5	937.5	1755.6	-3.0	-3.0	0.0	0.0	7.3	3.0
	-29.0	-11.7	77.9	-71.5	-28.6	-42.9		29.8	71.5
-0.2	4.4	9.0	8.1	11.8	4.0	7.7		-4.0	-11.8
-2.0	15.4	17.2	-79.5	-79.8	22.6	-68.0	-34.5	29.7	79.8
0.1	-1.9	2.4	1.4	-58.2	-53.2	-5.1	0.0	-45.0	58.2
-0.2	-0.4	0.0	0.3	-1.8	-0.8	-0.6	-0.4	2.0	1.8
	-2.2	1.1	3.1	-1.4	-4.1	1.4	1.4	-0.7	1.4
0.0	-0.5	-9.7	7.2	-8.4	-8.4		0.0	-2.7	8.4
-233.9	21.8	564.1	195.6	24.3	24.3	0.0	0.0	60.3	-24.3
3.7	5.2	1125.5	20.5	52.2	52.2	0.0	0.0	-135.6	-52.2
6.1	-2.2	4.0	17.5	-10.5	-10.5		0.0	-0.8	10.5
-6.9	-35.5	248.8	64.4	-32.5	-32.5		0.0	-14.7	32.5
0.1	3.3	184.3	312.3	-2.2	-2.2	0.0	0.0	-134.7	2.2
-13.9	-2.9	-4.8	33.0	-6.3	-6.3			4.0	6.3
-0.1	6.8	-0.7	6.2	-9.1	-9.3	0.2		2.9	9.1
1.6	-28.8	5.6	-9.4	-139.2	-160.1	-29.0	49.9	-92.7	139.2
-1.4	11.1	361.1	142.4	28.8	28.8		0.0	-74.8	-28.8
0.0	-11.3	1.1	6.5	-9.0	-4.0	-6.0	1.0	-1.5	9.0
0.0	0.0	3089.0	1168.0	-53.0	-53.0	0.0	0.0	-20.2	53.0
-0.7	0.8	43.2	-14.2	13.6	13.6		0.0	-6.1	-13.6
				1.4	1.4			-5.6	-1.4

14-3 外国直接投资

Foreign Direct Investment

资料来源：联合国贸易和发展会议《世界投资报告》2001。
Sources:UNCTAD "World Investment Report",2001.

单位：亿美元 (USD 100 million)

国家（地区）	Country or Territory	外来直接投资 FDI Inflows			对外直接投资 FDI Outflows		
		1995	1999	2000	1995	1999	2000
世界	**World**	**3310.7**	**10750.5**	**12707.6**	**3552.8**	**10057.8**	**11499.0**
发达国家	**Developed countries**	**2034.6**	**8298.2**	**10051.8**	**3058.5**	**9456.9**	**10463.4**
发展中国家	**Developing countries**	**1133.4**	**2220.1**	**2401.7**	**489.9**	**579.8**	**995.5**
中国	China	375.2	403.2	407.2	20.0 ②	17.8 ②	23.2 ②
中国香港	Hong Kong, China	62.1 ①	245.9	644.5	250.0 ①	193.4	630.4
孟加拉国	Bangladesh	–	1.8	1.7 ①	–	0.2	0.2
印度	India	21.4	21.5	23.2	1.2	0.8	3.4
印度尼西亚	Indonesia	43.5	-27.5	-45.5	13.2	0.7	1.5
伊朗	Iran	0.2	0.3 ①	0.4 ①	–	0.3 ①	0.4
以色列	Israel	13.5	23.6	53.5 ①	7.3	10.3	26.9
日本	Japan	0.4	127.4	81.9	225.1	227.4	328.9
哈萨克斯坦	Kazakhstan	9.6	15.9	12.5		–	–
朝鲜	Korea, Dem people's Rep.	–	-0.2	1.1 ①			
韩国	Korea, Rep.	17.8	106.0	101.9	35.5	25.5	37.0
马来西亚	Malaysia	58.2	35.3	55.4	24.9	16.4	29.2
蒙古	Mongolia	0.1	0.3	0.3 ①	–	–	–
缅甸	Myanmar	2.8	2.5	2.4	-0.4	0.6	0.3
巴基斯坦	Pakistan	7.2	5.3	3.1		-0.2	-0.1
菲律宾	Philippines	14.6	7.4	14.9	1.0	1.3	1.0
新加坡	Singapore	87.9	72.0	63.9	34.4	40.1	42.8
斯里兰卡	Sri Lanka	0.7	1.8	2.2	0.1	0.1	–
泰国	Thailand	20.0	35.6	24.5	8.4	3.4	0.6
土耳其	Turkey	8.9	7.8	9.8	1.1	6.5	8.7
越南	Viet Nam	23.4	19.9	20.8			
埃及	Egypt	6.0	10.7	12.4	0.9	0.4	0.5
尼日利亚	Nigeria	10.8	10.1	10.0 ①	1.0	0.9	0.9 ①
南非	South Africa	12.4	15.0	8.8	25.0	19.5	5.6
加拿大	Canada	92.6	251.5	633.4	114.6	184.2	440.5
墨西哥	Mexico	95.3	119.2	131.6	-2.6	12.1 ①	16.0 ①
美国	United States	587.7	2949.8	2811.2	920.7	1425.5	1392.6
阿根廷	Argentina	56.1	241.5	111.5	15.0	12.5	9.1
巴西	Brazil	54.8	313.6	335.5	11.6	13.8	29.8
委内瑞拉	Venezuela	9.9	31.9	41.1	0.9	5.2	3.2
白俄罗斯	Belarus	0.2	4.4	0.9	0.1		
保加利亚	Bulgaria	0.9	8.2	10.0	-0.1	0.2	–
捷克共和国	Czech Republic	25.6	63.2	46.0	0.4	0.9	1.2
法国	France	236.8	470.7	441.5	157.6	1206.2	1724.8
德国	Germany	120.3	559.4	1760.6	390.5	1098.0	485.6
意大利	Italy	48.4	67.5	113.8	70.2	67.5	121.0
荷兰	Netherlands	123.2	425.8	550.1	202.0	612.6	730.5
波兰	Poland	36.6	72.7	100.0	0.4	0.3	1.3
罗马尼亚	Romania	4.2	10.4	10.0	–	0.2	-0.1
俄罗斯	Russian Federation	20.2	33.1	27.0	3.6	19.6	30.5
西班牙	Spain	61.6	157.6	366.2	40.8	420.8	537.2
乌克兰	Ukraine	2.7	5.0	6.0	0.1	0.1	0.0
英国	United Kingdom	199.7	829.4	1304.3	435.6	2058.0	2497.9
南斯拉夫	Yugoslavia	0.5	1.2	0.3			
澳大利亚	Australia	119.7	63.6	116.8	32.8	-29.1	52.3
新西兰	New Zealand	36.6	14.1	14.8 ①	-3.4	8.0	13.4 ①

注：①估计数。②联合国贸易与发展会议数据。
Note: ① Estimates. ② Data from UNCTAD.

14-4 国际储备与黄金储备

Total International Reserves and Gold Reserves

资料来源：国际货币基金组织数据库。
Sources:IMF Database.

国家（地区）	Country or Territory	国际储备（不包括黄金，亿美元） Total Reserves Minus Gold(100 millions)			黄金储备(万盎司) Gold (10000 Fine Troy Ounces)		
		1990	2000	2001	1990	2000	2001
世界	**World**	**9324.2**	**20120.3**	**21208.7**	**93959.0**	**95064.0**	**94143.0**
发达国家	**Developed Countries**	**5891.1**	**8464.7**	**8546.3**	**79581.0**	**79597.0**	**78355.0**
发展中国家	**Developing Countries**	**3433.1**	**11655.6**	**12662.4**	**14378.0**	**15467.0**	**15788.0**
中国	China	157.8 ①	2157.2 ①	2666.3 ①	1267.0	1267.0	1267.0
中国香港	Hong Kong, China	245.7	1075.4	1111.6	22.8	6.7	6.7
孟加拉国	Bangladesh	6.3	14.9	12.8	8.0	10.9	11.1
印度	India	15.2	379.0	458.7	1069.2	1150.2	1150.2
印度尼西亚	Indonesia	74.6	285.0	272.5	311.1	310.1	310.1
伊朗	Iran				434.3		
以色列	Israel	62.8	232.8	233.8	83.9		
日本	Japan	785.0	3549.0	3951.5	2422.8	2454.7	2460.2
韩国	Korea, Rep.	147.9	961.3	1027.5	32.0	43.9	44.2
哈萨克斯坦	Kazakhstan		15.9	20.0		184.0	184.0
马来西亚	Malaysia	97.5	295.2	304.7	235.0	117.0	117.0
蒙古	Mongolia		1.8	2.1	3.7	8.5	18.4
缅甸	Myanmar	3.1	2.2		25.1	23.1	
巴基斯坦	Pakistan	3.0	15.1	36.4	194.9	209.1	209.1
菲律宾	Philippines	9.2	130.5	134.4	288.8	722.8	798.0
新加坡	Singapore	277.5	801.3	753.8			
斯里兰卡	Sri Lanka	4.2	10.4	12.9	6.3	62.6	62.6
泰国	Thailand	133.1	320.2	323.5	247.6	236.7	248.0
土耳其	Turkey	60.5	224.9	188.8	409.5	373.9	373.3
越南	Viet Nam		34.2	36.7			
埃及	Egypt	26.8	131.2	129.3	243.2	243.2	243.2
南非	South Africa	10.1	60.8	60.5	409.0	590.0	572.0
尼日利亚	Nigeria	38.6			68.7		
加拿大	Canada	178.5	319.2	339.6	1476.4	118.4	105.2
美国	United States	722.6	566.0	576.3	26191.0	26161.1	26200.0
墨西哥	Mexico	98.6	355.1	447.4	91.9	24.9	23.1
阿根廷	Argentina	45.9	251.5	145.5	423.3	1.9	0.9
巴西	Brazil	74.4	324.9	357.4	456.9	189.3	46.0
委内瑞拉	Venezuela	83.2	130.9	92.4	1146.0	1024.0	1094.0
白俄罗斯	Belarus		3.5				
保加利亚	Bulgaria		33.4	33.9		103.1	103.1
捷克共和国	Czech Republic		130.2	143.4		44.6	44.4
法国	France	367.8	370.4	317.5	8185.3	9724.5	9725.0
德国	Germany	679.0	568.9		9518.2	11151.9	11113.2
意大利	Italy	629.3	255.7		6667.1	7882.9	7882.9
荷兰	Netherlands	174.8	96.4	90.3	4394.2	2931.5	2843.8
波兰	Poland	44.9	265.6	256.5	47.2	330.6	330.8
罗马尼亚	Romania	5.2	39.2	54.4	220.8	337.4	338.2
俄罗斯	Russian Federation		242.6	325.4		1235.9	1359.9
西班牙	Spain	512.3	309.9	295.8	1561.1	1682.9	1682.9
乌克兰	Ukraine		13.5	29.6		45.4	48.3
英国	United Kingdom	358.5	438.9	372.8	1894.1	1567.4	1142.2
澳大利亚	Australia	162.6	181.2	179.6	793.3	256.3	256.3
新西兰	New Zealand	41.3	33.3	30.1	0.1		

注：①外汇储备。
Note: ① Foreign exchange reserves.

14-5 主要国家外债及其构成(2000年)

External Debts by Type (2000)

资料来源：世界银行数据库。
Sources: World Bank Database.

单位：亿美元 (USD 100 million)

国家（地区）	Country or Territory	外债总额 External Debt Total	长期外债 Long-term Debt	短期外债 Short-term Debt	私人非担保外债 Private Nonguaranteed	政府及政府担保外债 Public and Publicly Guaranteed Debt
中等收入国家	**Middle Income**	**19414**	**15766**	**3648**	**4990**	**10776**
低收入国家	**Low Income**	**5492**	**4698**	**795**	**582**	**4115**
中国	China	1457	1327	131	279 ①	1047 ①
孟加拉国	Bangladesh	156	151	5		151
印度	India	991	956	35	93	863
印度尼西亚	Indonesia	1418	1083	335	392	692
伊朗	Iran	80	43	37	5	38
哈萨克斯坦	Kazakhstan	67	61	5	25	36
韩国	Korea, Rep.	1344	881	463	412	469
马来西亚	Malaysia	418	372	46	181	191
蒙古	Mongolia	9	8	1		8
缅甸	Myanmar	60	54	7		54
巴基斯坦	Pakistan	321	290	30	19	271
菲律宾	Philippines	501	421	80	87	334
斯里兰卡	Sri Lanka	91	82	9	2	80
泰国	Thailand	797	614	179	323	294
土耳其	Turkey	1162	831	331	278	553
越南	Vietnam	128	115	12		115
埃及	Egypt	290	249	41	6	243
尼日利亚	Nigeria	341	330	12	2	327
南非	South Africa	249	153	96	62	91
墨西哥	Mexico	1503	1314	189	498	815
阿根廷	Argentina	1462	1128	334	262	866
巴西	Brazil	2380	2052	327	1126	926
委内瑞拉	Venezuela	382	362	20	86	276
白俄罗斯	Belarus	9	7	2		7
保加利亚	Bulgaria	100	83	17	8	75
捷克共和国	Czech Republic	213	123	90	42	81
波兰	Poland	636	565	71	257	308
罗马尼亚	Romania	102	94	8	30	64
俄罗斯	Russian Federation	1603	1332	271	217	1114
乌克兰	Ukraine	122	96	25	15	81
南斯拉夫	Yugoslavia F.R.	120	67	53	6	61

注：①世界银行数据。
Note: ① Data from World Bank.

14-6 外债风险指标（2000年）

Risk Indicators on Foreign Debts (2000)

资料来源：世界银行数据库。
Sources: World Bank Database.

单位：% (%)

国家（地区）	Country or Territory	政府及政府担保外债占中央政府经常性财政收入比重 PPG Debt Service as % of Central Government Current Revenue	债务率 Present Value of Debt as % of Exports of Good s and Services	负债率 Present Value of Debt as % of GNP	短期外债比重 Short-term Debt as % of Total External Debt	偿债率 Total Debt Service as % of Exports of Goods and Services	外债本息占GNP比重 Total Debt Service as % of GNP
中等收入国家	**Middle income**				**16.7**	**18.5**	**6.6**
低收入国家	**Low income**				**10.2**	**15.7**	**4.9**
中国	China	22.0 ①②	52.1	13.5	29.7	9.2	2.0 ②
孟加拉国	Bangladesh	14.5 ①	110.6	20.4	1.9	9.1	1.7
印度	India	13.6	91.2	15.6	3.5	12.5	2.1
印度尼西亚	Indonesia	36.6 ①	181.8	94.6	16.0	25.3	13.2
伊朗	Iran	4.4	24.6	7.0	46.2	11.4	3.3
哈萨克斯坦	Kazakhstan	20.1	61.1	39.2	8.0	16.8	10.8
韩国	Korea, Rep.		60.6	28.2	30.1	10.9	5.1
马来西亚	Malaysia		37.9	52.0	11.1	5.3	7.2
蒙古	Mongolia	7.7	90.6	59.3	1.6	4.7	3.1
缅甸	Myanmar	0.5 ①	235.2		11.3	4.7	
巴基斯坦	Pakistan	18.0	249.3	44.6	4.7	26.8	4.8
菲律宾	Philippines	36.9	102.8	64.0	11.9	13.6	8.5
斯里兰卡	Sri Lanka	21.6	91.0	43.6	7.8	9.6	4.6
泰国	Thailand	23.5	89.0	63.5	18.7	16.3	11.6
土耳其	Turkey	18.0	195.8	56.9	24.9	36.1	10.5
越南	Vietnam	22.0	64.4	35.5	7.2	7.5	4.2
埃及	Egypt		106.5	23.0	14.2	8.4	1.8
尼日利亚	Nigeria		117.0	74.1	3.5	4.3	2.7
南非	South Africa	6.3	61.4	19.4	38.4	10.0	3.1
墨西哥	Mexico	24.2 ①	81.4	28.1	12.6	30.2	10.4
阿根廷	Argentina	41.1	404.2	55.9	19.4	71.3	9.9
巴西	Brazil		323.5	39.3	13.0	90.7	11.0
委内瑞拉	Venezuela	18.2	103.9	32.5	4.6	15.7	4.9
白俄罗斯	Belarus	5.5	9.9	2.7	5.1	2.9	0.8
保加利亚	Bulgaria	15.8	131.3	82.4	4.2	16.2	10.2
捷克共和国	Czech Republic	15.6	57.0	42.8	42.3	12.7	9.5
波兰	Poland	6.9	118.2	37.1	11.2	20.9	6.6
匈牙利	Hungary	20.4	85.4	63.2	14.1	24.4	18.0
罗马尼亚	Romania	16.8 ①	80.3	27.5	3.5	18.8	6.4
俄罗斯	Russian Federation	7.8	127.9	61.7	9.7	10.1	4.9
乌克兰	Ukraine	21.0	58.5	37.3	3.7	18.6	11.9

注：①1999年数据。②世界银行数据
Note: ① Data refer to 1999. ② Data from World Bank.

主要统计指标解释

国际储备 一国当局可以使用和控制的外部资产，它可直接用来弥补国际收支不平衡或间接用来平衡国际收支。

黄金储备（货币黄金） 一国当局拥有的、作为储备资产的黄金。参见国际储备。

外债总计 指欠非本地居民的，可用外币、货物或服务偿还的债务。它包括长期公共债务、公共担保债务和私人非担保长期债务、IMF货款和短期外债。

长期债务 指初始到期日或宽限期在一年以上的债务。它包括三项：公共债务、公共担保债务和私人非担保债务。用现价美元表示。

短期债务 包括初始到期日为一年及一年期以下的债务和长期债务到期未付的利息。用现价美元表示。

Explanatory Notes on Main Statistical Indicators

International Reserves External assets that is readily available to and controlled by the authorities for direct financing of payments imbalances and for indirect regulation of the magnitude of such imbalances.

Gold Reserves (Monetary Gold) Gold owned by the authorities and held as a reserve asset. See also international reserves

External Debt Total Total external debt is debt owed to nonresidents repayable in foreign currency, goods, or services. Total external debt is the sum of public, publicly guaranteed, and private nonguaranteed long-term debt, use of IMF credit, and short-term debt.

Long-term Debt Long-term debt is debt that has an original or extended maturity of more than one year. It has three components: public, publicly guaranteed, and private nonguaranteed debt. Data are in current U.S. dollars.

Short-term Debt includes all debt having an original maturity of one year or less and interest in arrears on long-term debt. Data are in current U.S. dollars.

十五　教育、科技、文化、卫生和军事

Education, Science and Technology, Culture, Health and Military

15-1 人文发展指数（2000年）

Human Development Index(2000)

资料来源：联合国开发计划署《人文发展报告》2002年。
Sources: UNDP"Human Development Report"2002.

国家（地区） Country or Territory		出生时的预期寿命（岁） Life Expectancy at Birth(years)(2000)	成人识字率(%) Adult Literacy Rate(% age 15 and above)(2000)	初等、中等和高等教育入学率(%) Combined Primary,Secondary and Tertiary Gross Enrolment Ratio (1999)	人均实际国内生产总值(购买力平价法) GDP per Capita (PPP US$)(2000)
世界	**World**	**66.9**		**65**	**7446**
高收入国家	**High income**	**77.4**		**91**	**24973**
中等收入国家	**Middle income**	**67.1**	**78.9**	**67**	**4141**
低收入国家	**Low income**	**52.9**	**49.7**	**38**	**1251**
挪威	Norway	78.5	②	97	29918
瑞典	Sweden	79.7	②	101	24277
加拿大	Canada	78.8	②	97	27840
比利时	Belgium	78.4	②	109	27178
澳大利亚	Australia	78.9	②	116	25693
美国	United States	77.0	②	95	34142
冰岛	Iceland	79.2	②	89	29581
荷兰	Netherlands	78.1	②	102	25657
日本	Japan	81.0	②	82	26755
芬兰	Finland	77.6	②	103	24996
瑞士	Switzerland	78.9	②	84	28769
法国	France	78.6	②	94	24223
英国	United Kingdom	77.7	②	106	23509
丹麦	Denmark	76.2	②	97	27627
奥地利	Austria	78.1	②	90	26765
卢森堡	Luxembourg	77.4	②	72	50061
德国	Germany	77.7	②	94	25103
爱尔兰	Ireland	76.6	②	91	29866
新西兰	New Zealand	77.6	②	99	20070
意大利	Italy	78.5	98.4	84	23626
西班牙	Spain	78.5	97.6	95	19472
以色列	Israel	78.7	94.6	83	20131
中国香港	Hong Kong,China	79.5	93.5	63	25153
希腊	Greece	78.2	97.2	81	16501
新加坡	Singapore	77.6	92.3	75	23356
塞浦路斯	Cyprus	78.0	97.1	68	20824
韩国	Korea,Rep.of	74.9	97.8	90	17380
葡萄牙	Portugal	75.7	92.2	96	17290
斯洛文尼亚	Slovenia	75.5	99.6	83	17367
马耳他	Malta	78.0	92.0	80	17273
巴巴多斯	Barbados	76.8	98.0	77	15494
文莱	Brunei Darussalam	75.9	91.5	76	16779
捷克共和国	Czech Republic	74.9	②	70	13991
阿根廷	Argentina	73.4	96.8	83	12377
匈牙利	Hungary	71.3	99.3	81	12416
斯洛伐克	Slovakia	73.3	100.0	76	11243
波兰	Poland	73.3	99.7	84	9051
智利	Chile	75.3	95.8	78	9417
巴林	Bahrain	73.3	87.6	80	15084
乌拉圭	Uruguay	74.4	97.7	79	9035

15-1 续表1 continued

国家（地区） Country or Territory		预期寿命指数 Life Expectancy Index	教育指数 Education Index	国内生产总值指数 GDP Index	人文发展指数 Human Development Index(HDI)2000	人文发展指数与人均国内生产总值位次之差① GDP per Capita (PPP$)Rank Minus HDI Rank①
世　　界	**World**	**0.70**	**0.75**	**0.72**	**0.722**	
高收入国家	**High income**	**0.87**	**0.96**	**0.92**	**0.918**	
中等收入国家	**Middle income**	**0.70**	**0.75**	**0.62**	**0.691**	
低收入国家	**Low income**	**0.46**	**0.46**	**0.42**	**0.448**	
挪　　威	Norway	0.89	0.98	0.95	0.942	2
瑞　　典	Sweden	0.91	0.99	0.92	0.941	15
加 拿 大	Canada	0.90	0.98	0.94	0.940	4
比 利 时	Belgium	0.89	0.99	0.94	0.939	5
澳大利亚	Australia	0.90	0.99	0.93	0.939	7
美　　国	United States	0.87	0.98	0.97	0.939	-4
冰　　岛	Iceland	0.90	0.96	0.95	0.936	-2
荷　　兰	Netherlands	0.89	0.99	0.93	0.935	5
日　　本	Japan	0.93	0.93	0.93	0.933	2
芬　　兰	Finland	0.88	0.99	0.92	0.930	6
瑞　　士	Switzerland	0.90	0.94	0.94	0.928	-5
法　　国	France	0.89	0.97	0.92	0.928	6
英　　国	United Kingdom	0.88	0.99	0.91	0.928	7
丹　　麦	Denmark	0.85	0.98	0.94	0.926	-6
奥 地 利	Austria	0.89	0.96	0.93	0.926	-5
卢 森 堡	Luxembourg	0.87	0.90	1.00	0.925	-15
德　　国	Germany	0.88	0.97	0.92	0.925	-2
爱 尔 兰	Ireland	0.86	0.96	0.95	0.925	-14
新 西 兰	New Zealand	0.88	0.99	0.88	0.917	5
意 大 利	Italy	0.89	0.94	0.91	0.913	-1
西 班 牙	Spain	0.89	0.97	0.88	0.913	4
以 色 列	Israel	0.90	0.91	0.89	0.896	1
中国香港	Hong Kong,China	0.91	0.83	0.92	0.888	-9
希　　腊	Greece	0.89	0.92	0.85	0.885	10
新 加 坡	Singapore	0.88	0.87	0.91	0.885	-4
塞浦路斯	Cyprus	0.88	0.88	0.89	0.883	-4
韩　　国	Korea,Rep.of	0.83	0.95	0.86	0.882	1
葡 萄 牙	Portugal	0.84	0.94	0.86	0.879	0
斯洛文尼亚	Slovenia	0.88	0.88	0.86	0.875	1
马 耳 他	Malta	0.88	0.88	0.86	0.875	1
巴巴多斯	Barbados	0.86	0.91	0.84	0.871	5
文　　莱	Brunei Darussalam	0.85	0.86	0.86	0.856	1
捷克共和国	Czech Republic	0.83	0.89	0.82	0.849	6
阿 根 廷	Argentina	0.81	0.92	0.80	0.844	10
匈 牙 利	Hungary	0.77	0.93	0.80	0.835	8
斯洛伐克	Slovakia	0.80	0.91	0.79	0.835	10
波　　兰	Poland	0.81	0.94	0.75	0.833	16
智　　利	Chile	0.84	0.90	0.76	0.831	12
巴　　林	Bahrain	0.81	0.85	0.84	0.831	-2
乌 拉 圭	Uruguay	0.82	0.92	0.75	0.831	14

15–1 续表 2 continued

国家（地区）	Country or Territory	出生时的预期寿命（岁）Life Expectancy at Birth(years)(2000)	成人识字率(%) Adult Literacy Rate(% age 15 and above)(2000)	初等、中等和高等教育入学率(%) Combined Primary,Secondary and Tertiary Gross Enrolment Ratio (1999)	人均实际国内生产总值(购买力平价法) GDP per Capita (PPP US$)(2000)
巴哈马	Bahamas	69.2	95.4	74	17012
爱沙尼亚	Estonia	70.6	99.8	86	10066
哥斯达黎加	Costa Rica	76.4	95.6	67	8650
圣基茨和尼维斯	Saint Kitts and Nevis	70.0	97.8	70	12510
科威特	Kuwait	76.2	82.0	59	15799
阿联酋	United Arab Emirates	75.0	76.3	68	17935
塞舌尔	Seychelles	72.7	88.0		12508
克罗地亚	Croatia	73.8	98.3	68	8091
立陶宛	Lithuania	72.1	99.6	80	7106
特立尼达和多巴哥	Trinidad and Tobago	74.3	93.8	65	8964
卡塔尔	Qatar	69.6	81.2	75	18789
安提瓜和巴布达	Antigua and Barbuda	73.9	86.6	69	10541
拉脱维亚	Lavia	70.4	99.8	82	7045
墨西哥	Mexico	72.6	91.4	71	9023
古巴	Cuba	76.0	96.7	76	7544
白俄罗斯	Belaus	68.5	99.6	77	6000
巴拿马	Panama	74.0	91.9	74	5606
伯利兹	Belize	74.0	93.2	73	9068
马来西亚	Malaysia	72.5	87.5	66	8377
俄罗斯	Russian Federation	66.1	99.6	78	5880
多米尼加	Dominica	72.9	96.4	65	5710
保加利亚	Bulgaria	70.8	98.4	72	6423
罗马尼亚	Romania	69.8	98.1	69	7570
利比亚	Libyn Arab Jamahiriya	70.5	80.0	92	5086
马其顿	Macedonia,TFYR	73.1	94.0	70	5703
圣卢西亚	Saint Lucia	73.4	90.2	70	10017
毛里求斯	Mauritius	71.3	84.5	63	6248
哥伦比亚	Colombia	71.2	91.7	73	5794
委内瑞拉	Venezuela	72.9	92.6	65	6402
泰国	Thailand	70.2	95.5	60	11367
沙特阿拉伯	Saudi Arabia	71.6	76.3	61	4668
斐济	Fiji	69.1	92.9	83	7625
巴西	Brazil	67.7	85.2	80	3799
苏里南	Suriname	70.6	94.0	82	4308
黎巴嫩	Lebanon	73.1	86.0	78	2559
亚美尼亚	Armenia	72.9	98.4	80	3971
菲律宾	Philippines	69.3	95.3	82	13356
阿曼	Oman	71.0	71.7	58	5871
哈萨克斯坦	Kazakhstan	64.6	98.0	77	3816
乌克兰	Ukraine	68.1	99.6	77	2664
格鲁吉亚	Georgia	73.2	100.0	70	4799
秘鲁	Peru	68.8	89.9	80	7580
格林纳达	Grenada	65.3	94.4	65	4485
马尔代夫	Maldives	66.5	96.7	77	6974
土耳其	Turkey	69.8	85.1	62	3639

15-1 续表3 continued

国家（地区）	Country or Territory	预期寿命指数 Life Expectancy Index	教育指数 Education Index	国内生产总值指数 GDP Index	人文发展指数 Human Development Index(HDI)2000	人文发展指数与人均国内生产总值位次之差① GDP per Capita (PPP$)Rank Minus HDI Rank①
巴哈马	Bahamas	0.74	0.88	0.86	0.826	-9
爱沙尼亚	Estonia	0.76	0.95	0.77	0.826	6
哥斯达黎加	Costa Rica	0.86	0.86	0.74	0.820	14
圣基茨和尼维斯	Saint Kitts and Nevis	0.75	0.89	0.81	0.814	-3
科威特	Kuwait	0.85	0.74	0.84	0.813	-10
阿联酋	United Arab Emirates	0.83	0.74	0.87	0.812	-19
塞舌尔	Seychelles	0.80	0.83	0.81	0.811	-5
克罗地亚	Croatia	0.81	0.88	0.73	0.809	11
立陶宛	Lithuania	0.78	0.93	0.71	0.808	16
特立尼达和多巴哥	Trinidad and Tobago	0.82	0.84	0.75	0.805	6
卡塔尔	Qatar	0.74	0.79	0.87	0.803	-25
安提瓜和巴布达	Antigua and Barbuda	0.82	0.81	0.78	0.800	-5
拉脱维亚	Lavia	0.76	0.93	0.71	0.800	13
墨西哥	Mexico	0.79	0.84	0.75	0.796	1
古巴	Cuba	0.85	0.90	0.64	0.795	35
白俄罗斯	Belaus	0.73	0.92	0.72	0.788	7
巴拿马	Panama	0.82	0.86	0.68	0.787	18
伯利兹	Belize	0.82	0.86	0.67	0.784	24
马来西亚	Malaysia	0.79	0.80	0.75	0.782	-7
俄罗斯	Russian Federation	0.68	0.92	0.74	0.781	-2
多米尼加	Dominica	0.80	0.86	0.68	0.779	16
保加利亚	Bulgaria	0.76	0.90	0.68	0.779	18
罗马尼亚	Romania	0.75	0.88	0.69	0.775	6
利比亚	Libyn Arab Jamahiriya	0.76	0.84	0.72	0.773	-2
马其顿	Macedonia,TFYR	0.80	0.86	0.66	0.772	20
圣卢西亚	Saint Lucia	0.81	0.83	0.67	0.772	15
毛里求斯	Mauritius	0.77	0.77	0.77	0.772	-18
哥伦比亚	Colombia	0.77	0.85	0.69	0.772	4
委内瑞拉	Venezuela	0.80	0.83	0.68	0.770	10
泰国	Thailand	0.75	0.84	0.69	0.762	0
沙特阿拉伯	Saudi Arabia	0.78	0.71	0.79	0.759	-26
斐济	Fiji	0.73	0.90	0.64	0.758	17
巴西	Brazil	0.71	0.83	0.72	0.757	-13
苏里南	Suriname	0.76	0.90	0.61	0.756	29
黎巴嫩	Lebanon	0.80	0.83	0.63	0.755	20
亚美尼亚	Armenia	0.80	0.92	0.54	0.754	41
菲律宾	Philippines	0.74	0.91	0.61	0.754	20
阿曼	Oman	0.77	0.67	0.82	0.751	-38
哈萨克斯坦	Kazakhstan	0.66	0.91	0.68	0.750	-1
乌克兰	Ukraine	0.72	0.92	0.61	0.748	22
格鲁吉亚	Georgia	0.80	0.89	0.55	0.748	34
秘鲁	Peru	0.73	0.87	0.65	0.747	6
格林纳达	Grenada	0.67	0.85	0.72	0.747	-22
马尔代夫	Maldives	0.69	0.90	0.63	0.743	9
土耳其	Turkey	0.75	0.77	0.71	0.742	-18

15-1 续表 4 continued

国家（地区）	Country or Territory	出生时的预期寿命（岁）Life Expectancy at Birth(years)(2000)	成人识字率(%) Adult Literacy Rate(% age 15 and above)(2000)	初等、中等和高等教育入学率(%) Combined Primary,Secondary and Tertiary Gross Enrolment Ratio (1999)	人均实际国内生产总值(购买力平价法) GDP per Capita (PPP US$)(2000)
牙买加	Jamaica	75.3	86.9	62	3639
土库曼斯坦	Turkmenistan	66.2	98.0	81	3956
阿塞拜疆	Azerbaijan	71.6	97.0	71	2936
斯里兰卡	Sri Lanka	72.1	91.6	70	3530
巴拉圭	Paraguay	70.1	93.3	64	4426
圣文森特	St.Vincent&the Grenadines	69.6	88.9		5555
阿尔巴尼亚	Albania	73.2	84.7	71	3506
厄瓜多尔	Ecuador	70.0	91.6	77	3203
多米尼加共和国	Dominican Republic	67.1	83.6	72	6033
乌兹别克斯坦	Uzbekistan	69.0	99.2	76	2441
中国①	China	70.5	84.1	73	3976
突尼斯	Tunisia	70.2	71.0	74	6363
伊朗	Iran,Islamic Rep.of	68.9	76.3	73	5884
约旦	Jordan	70.3	89.7	55	3966
佛得角	Cape Verde	69.7	73.8	77	4863
西萨摩亚	Samoa(Western)	69.2	80.2	65	5041
吉尔吉斯斯坦	Kyrgyzstan	67.8	97.0	68	2711
圭亚那	guyana	63.0	98.5	66	3963
萨尔瓦多	El Salvador	69.7	78.7	63	4497
摩尔多瓦	Moldova,Rep.of	66.6	98.9	72	2109
阿尔及利亚	Algeria	69.6	66.7	72	5308
南非	South Africa	52.1	85.3	93	9401
叙利亚	Syrian Arab Republic	71.2	74.4	63	3556
越南	Viet Nam	68.2	93.4	67	1996
印度尼西亚	Indonesia	66.2	86.9	65	3043
赤道几内亚	Equatorial guinea	51.0	83.2	64	15073
塔吉克斯坦	Tajikistan	67.6	99.2	67	1152
蒙古	Mongolia	62.9	98.9	58	1783
玻利维亚	Bolivia	62.4	85.5	70	2424
埃及	Egypt	67.3	55.3	76	3635
洪都拉斯	Honduras	65.7	74.6	61	2453
加蓬	Gabon	52.7	71.0	86	6237
尼加拉瓜	Nicaragua	68.4	66.5	63	2366
圣多美和普林西比	Sao Tome and Principe	65.1	83.1	58	1792
危地马拉	Guatemala	64.8	68.6	49	3821
所罗门群岛	Solomon Islands	68.3	76.6	50	1648
纳米比亚	Namibia	44.7	82.0	78	6431
摩洛哥	Morocco	67.6	48.9	52	3546
印度	India	63.3	57.2	55	2358
斯威士兰	Swaziland	44.4	79.6	72	4492
博茨瓦纳	Botswana	40.3	77.2	70	7184
缅甸	Myanmar	56.0	84.7	55	1027
津巴布韦	Zimbabwe	42.9	88.7	65	2635
加纳	Ghana	56.8	71.5	42	1964

15-1 续表 5 continued

国家（地区）	Country or Territory	预期寿命指数 Life Expectancy Index	教育指数 Education Index	国内生产总值指数 GDP Index	人文发展指数 Human Development Index(HDI)2000	人文发展指数与人均国内生产总值位次之差① GDP per Capita (PPP$)Rank Minus HDI Rank ①
牙买加	Jamaica	0.84	0.79	0.60	0.742	18
土库曼斯坦	Turkmenistan	0.69	0.92	0.61	0.741	13
阿塞拜疆	Azerbaijan	0.78	0.88	0.56	0.741	24
斯里兰卡	Sri Lanka	0.79	0.84	0.59	0.741	19
巴拉圭	Paraguay	0.75	0.83	0.63	0.740	4
圣文森特	St.Vincent&the Grenadines	0.74	0.79	0.67	0.733	-8
阿尔巴尼亚	Albania	0.80	0.80	0.59	0.733	17
厄瓜多尔	Ecuador	0.75	0.87	0.58	0.732	17
多米尼加共和国	Dominican Republic	0.70	0.80	0.68	0.727	-20
乌兹别克斯坦	Uzbekistan	0.73	0.91	0.53	0.727	24
中国①	China	0.76	0.80	0.61	0.726	0
突尼斯	Tunisia	0.75	0.72	0.69	0.722	-26
伊朗	Iran,Islamic Rep.of	0.73	0.75	0.68	0.721	-22
约旦	Jordan	0.76	0.78	0.61	0.717	-1
佛得角	Cape Verde	0.75	0.75	0.65	0.715	-13
西萨摩亚	Samoa(Western)	0.74	0.75	0.65	0.715	-15
吉尔吉斯斯坦	Kyrgyzstan	0.71	0.75	0.55	0.712	12
圭亚那	guyana	0.63	0.87	0.61	0.708	-4
萨尔瓦多	El Salvador	0.75	0.88	0.64	0.706	-13
摩尔多瓦	Moldova,Rep.of	0.69	0.74	0.51	0.701	21
阿尔及利亚	Algeria	0.74	0.69	0.66	0.697	-22
南非	South Africa	0.45	0.88	0.76	0.695	-56
叙利亚	Syrian Arab Republic	0.77	0.71	0.60	0.691	-2
越南	Viet Nam	0.72	0.84	0.50	0.688	19
印度尼西亚	Indonesia	0.69	0.79	0.57	0.684	1
赤道几内亚	Equatorial guinea	0.43	0.77	0.84	0.679	-73
塔吉克斯坦	Tajikistan	0.71	0.88	0.41	0.667	39
蒙古	Mongolia	0.63	0.85	0.48	0.655	21
玻利维亚	Bolivia	0.62	0.80	0.53	0.653	6
埃及	Egypt	0.70	0.62	0.60	0.642	-10
洪都拉斯	Honduras	0.68	0.70	0.53	0.638	2
加蓬	Gabon	0.46	0.76	0.69	0.637	-44
尼加拉瓜	Nicaragua	0.72	0.65	0.53	0.635	4
圣多美和普林西比	Sao Tome and Principe	0.67	0.75	0.48	0.632	14
危地马拉	Guatemala	0.66	0.62	0.61	0.631	-19
所罗门群岛	Solomon Islands	0.72	0.68	0.47	0.622	17
纳米比亚	Namibia	0.33	0.81	0.69	0.610	-54
摩洛哥	Morocco	0.71	0.50	0.60	0.602	-16
印度	India	0.64	0.57	0.53	0.577	-1
斯威士兰	Swaziland	0.32	0.77	0.64	0.577	-33
博茨瓦纳	Botswana	0.25	0.75	0.71	0.572	-62
缅甸	Myanmar	0.52	0.75	0.39	0.552	25
津巴布韦	Zimbabwe	0.30	0.81	0.55	0.551	-12
加纳	Ghana	0.53	0.62	0.50	0.548	1

15-1 续表6 continued

国家（地区）	Country or Territory	出生时的预期寿命（岁）Life Expectancy at Birth(years)(2000)	成人识字率(%) Adult Literacy Rate(% age 15 and above)(2000)	初等、中等和高等教育入学率(%) Combined Primary,Secondary and Tertiary Gross Enrolment Ratio (1999)	人均实际国内生产总值(购买力平价法) GDP per Capita (PPP US$)(2000)
柬埔寨	Cambodia	56.4	67.8	62	1446
瓦努阿图	Vanuatu	68.0	34.0		2802
莱索托	Lesotho	45.7	83.4	61	2031
巴布亚新几内亚	Papua New Guinea	56.7	63.9	38	2280
肯尼亚	Kenya	50.8	82.4	51	1022
喀麦隆	Cameroon	50.0	75.8	43	1703
刚果	Congo	51.3	80.7	63	825
科摩罗	Comoros	59.8	55.9	35	1588
巴基斯坦	Pakistan	60.0	43.2	40	1928
苏丹	Sudan	56.0	57.8	34	1797
不丹	Bhutan	62.0	47.0	33	1412
多哥	Togo	51.8	57.1	62	1442
尼泊尔	Nepal	58.6	41.8	60	1327
老挝	Lao People's Dem.Rep.	53.5	48.7	58	1575
也门	Yemen	60.6	46.3	51	893
孟加拉国	Bangladesh	59.4	41.3	37	1602
海地	Haiti	52.6	49.8	52	1467
马达加斯加	Madagascar	52.6	66.5	44	840
尼日利亚	Nigeria	51.7	63.9	45	896
吉布提	Djibouti	43.1	64.6	22	2377
乌干达	Uganda	44.0	67.1	45	1208
坦桑尼亚	Tanzania,U.Rep.of	51.1	75.1	32	523
毛里塔尼亚	Mauritania	51.5	40.2	40	1677
赞比亚	Zambia	41.4	78.1	49	780
塞内加尔	Senegal	53.3	37.3	36	1510
刚果(布)	Congo,Dem.Rep.of the	51.3	61.4	31	765
科特迪瓦	Cote d'Ivoire	47.8	46.8	38	1630
厄立特里亚	Eritrea	52.0	55.7	26	837
贝宁	Benin	53.8	37.4	45	990
几内亚	guinea	47.5	41.0	28	1982
冈比亚	Gambia	46.2	36.6	45	1649
安哥拉	Angola	45.2	42.0	23	2187
卢旺达	Rwanda	40.2	66.8	40	943
马拉维	Malawi	40.0	60.1	73	615
马里	Mali	51.5	41.5	28	797
中非共和国	Central African Republic	44.3	46.7	24	1172
乍得	Chad	45.7	42.6	31	871
几内亚比绍	Guinea-Bissau	44.8	38.5	37	755
埃塞俄比亚	Ethiopia	43.9	39.1	27	668
布基纳法索	Burkina Faso	46.7	23.9	23	976
莫桑比克	Mozambique	39.3	44.0	23	854
布隆迪	Burundi	40.6	48.0	18	591
尼日尔	Niger	45.2	15.9	16	746
塞拉利昂	Sierra Leone	38.9	36.0	27	490

15-1 续表 7 continued

国家（地区）	Country or Territory	预期寿命指数 Life Expectancy Index	教育指数 Education Index	国内生产总值指数 GDP Index	人文发展指数 Human Development Index(HDI)2000	人文发展指数与人均国内生产总值位次之差① GDP per Capita (PPP$)Rank Minus HDI Rank ①
柬埔寨	Cambodia	0.52	0.66	0.45	0.543	15
瓦努阿图	Vanuatu	0.72	0.35	0.56	0.542	-18
莱索托	Lesotho	0.34	0.76	0.50	0.535	-5
巴布亚新几内亚	Papua New Guinea	0.53	0.55	0.52	0.535	-9
肯尼亚	Kenya	0.43	0.72	0.39	0.513	19
喀麦隆	Cameroon	0.42	0.65	0.47	0.512	0
刚果	Congo	0.44	0.75	0.35	0.512	27
科摩罗	Comoros	0.58	0.49	0.46	0.511	4
巴基斯坦	Pakistan	0.58	0.42	0.49	0.499	-7
苏丹	Sudan	0.52	0.50	0.48	0.499	-7
不丹	Bhutan	0.62	0.42	0.44	0.494	7
多哥	Togo	0.45	0.59	0.45	0.493	5
尼泊尔	Nepal	0.56	0.48	0.43	0.490	6
老挝	Lao People's Dem.Rep.	0.47	0.52	0.46	0.485	-1
也门	Yemen	0.59	0.48	0.37	0.479	14
孟加拉国	Bangladesh	0.57	0.40	0.46	0.478	-5
海地	Haiti	0.46	0.50	0.45	0.471	-2
马达加斯加	Madagascar	0.46	0.59	0.36	0.469	14
尼日利亚	Nigeria	0.44	0.58	0.37	0.462	9
吉布提	Djibouti	0.30	0.50	0.53	0.445	-28
乌干达	Uganda	0.32	0.60	0.42	0.444	-1
坦桑尼亚	Tanzania,U.Rep.of	0.43	0.61	0.28	0.440	21
毛里塔尼亚	Mauritania	0.44	0.40	0.47	0.438	-16
赞比亚	Zambia	0.27	0.68	0.34	0.433	12
塞内加尔	Senegal	0.47	0.37	0.45	0.431	-11
刚果(布)	Congo,Dem.Rep.of the	0.44	0.51	0.34	0.431	11
科特迪瓦	Cote d'Ivoire	0.38	0.44	0.47	0.428	-17
厄立特里亚	Eritrea	0.45	0.46	0.35	0.421	5
贝宁	Benin	0.48	0.40	0.38	0.420	-4
几内亚	guinea	0.38	0.37	0.50	0.414	-30
冈比亚	Gambia	0.35	0.39	0.47	0.405	-23
安哥拉	Angola	0.34	0.36	0.51	0.403	-36
卢旺达	Rwanda	0.25	0.58	0.37	0.403	-6
马拉维	Malawi	0.25	0.65	0.30	0.400	7
马里	Mali	0.44	0.37	0.35	0.386	0
中非共和国	Central African Republic	0.32	0.39	0.41	0.375	-15
乍得	Chad	0.35	0.39	0.36	0.365	-7
几内亚比绍	Guinea-Bissau	0.33	0.38	0.34	0.349	0
埃塞俄比亚	Ethiopia	0.31	0.35	0.32	0.327	1
布基纳法索	Burkina Faso	0.36	0.23	0.38	0.325	-14
莫桑比克	Mozambique	0.24	0.37	0.36	0.322	-10
布隆迪	Burundi	0.26	0.38	0.30	0.313	0
尼日尔	Niger	0.34	0.16	0.34	0.277	-4
塞拉利昂	Sierra Leone	0.23	0.33	0.27	0.275	0

注:正值表示人文发展指数排序比实际人均国内生产总值(购买力平价方法计算，单位:国际元）排名位次靠前，负值则表示相反。①中国为联合国开发计划署统计数字。②为计算人文发展指数，此指标值采用99%。

Note:Positive figure indicates that the HDI rank is higher than the GDP per capita(PPP US$)rank,a negative the opposite. ① The data of China are from UNDP. ② For purpose of calculating the HDI,a value of 99% was applied.

15-2　15岁及以上成人文盲率

Adult Illiteracy Rate(As % of People Ages 15 and Above)

资料来源：世界银行《世界发展指标》2002年

Sources:World Bank "World Development Indicators"2002.

单位：%　　(%)

国家（地区）	Country or Territory	总计 Total		男性 Male		女性 Female	
		1990	2000	1990	2000	1990	2000
中国	China	15.9	6.7				
中国香港	Hong Kong, China	10.0	6.5	4.7	3.5	15.6	9.8
孟加拉国	Bangladesh	65.0	58.7	53.7	47.7	76.9	70.1
印度	India	50.7	42.8	38.1	31.6	64.1	54.6
印度尼西亚	Indonesia	20.4	13.1	13.2	8.2	27.4	18.0
伊朗	Iran	36.5	23.7	27.5	16.8	45.6	30.7
以色列	Israel	9.2	5.4	5.5	3.2	12.8	7.6
韩国	Korea, Rep.	4.1	2.2	1.6	0.9	6.6	3.6
马来西亚	Malaysia	19.2	12.5	13.1	8.6	25.5	16.6
蒙古	Mongolia	1.8	1.1	1.1	0.9	2.5	1.2
缅甸	Myanmar	19.3	15.3	12.6	11.1	25.7	19.5
巴基斯坦	Pakistan	64.6	56.8	50.7	42.5	79.9	72.1
菲律宾	Philippines	7.6	4.7	7.1	4.5	8.1	4.9
新加坡	Singapore	11.1	7.7	5.5	3.7	16.7	11.6
斯里兰卡	Sri Lanka	11.3	8.4	7.1	5.6	15.3	11.0
泰国	Thailand	7.6	4.5	4.6	2.9	10.5	6.1
土耳其	Turkey	22.1	14.9	10.8	6.5	33.5	23.5
越南	Viet Nam	9.5	6.6	5.5	4.5	13.1	8.6
埃及	Egypt	52.9	44.7	39.6	33.4	66.4	56.2
尼日利亚	Nigeria	51.4	36.1	40.4	27.6	61.9	44.3
南非	South Africa	18.8	14.7	17.8	14.0	19.7	15.4
墨西哥	Mexico	12.1	8.6	9.2	6.6	15.0	10.5
阿根廷	Argentina	4.3	3.2	4.1	3.2	4.4	3.2
巴西	Brazil	19.1	14.8	18.4	14.9	19.8	14.6
委内瑞拉	Venezuela	11.0	7.4	9.9	6.9	12.2	7.9
白俄罗斯	Belarus	0.7	0.4	0.3	0.3	1.0	0.6
保加利亚	Bulgaria	2.8	1.6	1.7	1.0	3.8	2.1
意大利	Italy	2.3	1.6	1.7	1.1	2.9	2.0
波兰	Poland	0.4	0.3	0.4	0.3	0.5	0.3
罗马尼亚	Romania	3.0	1.9	1.4	1.0	4.4	2.7
俄罗斯	Russian Federation	0.8	0.4	0.4	0.3	1.1	0.6
西班牙	Spain	3.7	2.4	2.2	1.4	5.2	3.2
乌克兰	Ukraine	0.6	0.4	0.3	0.3	0.8	0.5

15-3 大中小学生入学率

Tertiary , Secondary and Primary School Enrollment Ratio

资料来源：世界银行《世界发展指标》2002 年
Sources:World Bank “World Development Indicators”2002.
单位：%

(%)

国家（地区）	Country or Territory	大学生粗入学率 Tertiary,Gross		中学生净入学率 Secondary,Net		小学生净入学率 Primary,Net	
		1990	1998	1990	1998	1990	1998
中国	China	2.9 ④	6.2 ④		73.6 ④	97.8	98.9
中国香港	Hong Kong, China	19.1	27.4 ①		69 ③		
孟加拉国	Bangladesh	4.2	4.8	18.0		64.0	103.9
印度	India	6.1	7.2 ①				
印度尼西亚	Indonesia	9.2	11.3 ①	37.9		97.5	
伊朗	Iran	10.0	18.3 ①		80.8		
以色列	Israel	33.5	48.6		93.7		95.3
日本	Japan	29.6	43.9	96.8	50.3	99.7	101.6
朝鲜	Korea, Dem. Rep.				79.2		
韩国	Korea, Rep.	38.6	67.7 ①	85.8	96.9	103.7	92.9 ①
马来西亚	Malaysia	7.3	11.4		94.2		98.3
蒙古	Mongolia	14.0	24.8		87.8		85.3
缅甸	Myanmar	4.1	6.2 ①				
巴基斯坦	Pakistan	2.9	3.5		38.8		
菲律宾	Philippines	28.2	27.8		58.8 ③		
新加坡	Singapore	18.6	43.8				
斯里兰卡	Sri Lanka	4.6	5.3 ①		84.6		101.7
泰国	Thailand	16.7	30.1 ①		88.3		76.9
土耳其	Turkey	13.1	14.0	41.4	51.3 ②	89.4	100.4
越南	Viet Nam	1.9	10.7		54.2 ①		97.4
埃及	Egypt	15.8	38.8		67.5 ②		92.4
尼日利亚	Nigeria	4.2	4.0		92.9		
南非	South Africa	13.2	17.2		56.1		102.5 ①
加拿大	Canada	94.7	58.3	88.7	52.6	96.9	96.4
墨西哥	Mexico	14.5	18.4	44.8	51.2 ③	100.3	102.4
美国	United States	75.2	77.0	85.8	92.6	96.0	95.4
阿根廷	Argentina	38.8	46.9				106.8
巴西	Brazil	11.2	13.6	15.5		86.4	98.5
委内瑞拉	Venezuela	29.0	28.2	18.6	22.3 ②	88.1	83.8 ②
白俄罗斯	Belarus	47.6	45.2				
保加利亚	Bulgaria	31.1	42.7	63.3	80.3 ①	86.1	93.4
捷克共和国	Czech Republic	16.0	26.1		75.5		89.8
法国	France	39.6	50.8		94.8 ②	100.9	99.9
德国	Germany	33.9	46.0		88.4 ②		86.9
意大利	Italy	32.1	47.3				100.9
荷兰	Netherlands	39.8	49.0	83.6	91.6	95.3	100.1
波兰	Poland	21.7	44.3	75.8		96.6	96.5 ②
罗马尼亚	Romania	9.7	24.4		55.2		94.5
俄罗斯	Russian Federation	52.1	40.7				
西班牙	Spain	36.7	55.7			103.2	105.0
乌克兰	Ukraine	46.6	42.1		93.7		
英国	United Kingdom	30.2	58.1	79.1	90.2	97.0	101.5
南斯拉夫	Yugoslavia	18.2	24.2	62.2		69.4	
澳大利亚	Australia	35.5	79.8	78.6	48.8	99.2	94.8 ①
新西兰	New Zealand	39.7	62.6	85.0	90.3 ①	101.3	100.2 ①

注：①1997 年数据。②1996 年数据。③1995 年数据。④来源于世界银行。
Note: ① The data refer to 1997. ② The data refer to 1996. ③ The data refer to 1995. ④ Data from World Bank.

15-4 研究与发展经费支出和公共教育经费支出占国内(民)生产总值的比重

Research and Development Expenditure and Public Spending on Education as Percentage of GDP(GNP)

资料来源：世界银行《世界发展指标》2002 年

Sources:World Bank “World Development Indicators”2002.

国家（地区）	Country or Territory	研究与发展经费支出占国民生产总值的比重(%) Research and Development Expenditure (% of GNP)			公共教育经费支出占国内生产总值的比重 Public Spending on Education, Total (% of GDP)		
		1990	1995	1999	1990	1995	1998
中　　国①	China ①		0.6	0.8	2.3 ⑤	2.2 ⑤	2.3 ④⑤
中国香港	Hong Kong, China			0.3	2.8	2.9	
孟加拉国	Bangladesh				1.5		2.4 ④
印　　度	India	0.7	0.6	0.6 ④	3.6	3.1	2.9 ④
印度尼西亚	Indonesia				1.0	1.3	1.4
伊　　朗	Iran				4.1	4.1	4.6
以 色 列	Israel	2.2	2.2	3.7	6.3		7.7
日　　本	Japan		2.9	2.8 ③			3.5
韩　　国	Korea, Rep.	1.9	2.5	2.7 ③	3.4	3.4	4.1
马来西亚	Malaysia			0.4 ②	5.1	4.4	4.6 ③
蒙　　古	Mongolia			0.1	12.3	6.3	6.2 ③
巴基斯坦	Pakistan				2.6	2.8	2.7 ③
菲 律 宾	Philippines				2.9	3.0	3.2
新 加 坡	Singapore		1.1		3.1	3.1	
斯里兰卡	Sri Lanka				2.7	3.0	3.4 ④
泰　　国	Thailand		0.1	0.1 ③	3.5	4.0	4.7
土 耳 其	Turkey	0.3	0.4	0.5 ③	2.2	2.3	
越　　南	Viet Nam				2.0	2.9	2.8 ③
埃　　及	Egypt			1.9	3.9	4.7	
尼日利亚	Nigeria				0.9	0.6	
南　　非	South Africa				5.9	5.9	6.1
加 拿 大	Canada	1.5	1.7	1.7 ②	6.5		5.6
墨 西 哥	Mexico		0.3	0.4 ③	3.6		
美　　国	United States		2.5		5.1		5.0
阿 根 廷	Argentina		0.4	0.5		3.6	3.7 ④
巴　　西	Brazil		0.9	0.8 ④		5.0	4.6
委内瑞拉	Venezuela	0.5		0.3	3.0		
白俄罗斯	Belarus		1.1	0.6 ③	4.8	5.5	5.6
保加利亚	Bulgaria	2.6	0.6		5.2	3.8	3.4
捷克共和国	Czech Republic		1.0	1.3 ②		5.2	4.2
法　　国	France	2.4	2.3	2.2 ③	5.3	6.0	5.9
德　　国	Germany		2.3	2.3 ②		4.7	4.6
意 大 利	Italy	1.3	1.1		3.1	4.6	4.7
荷　　兰	Netherlands		2.0	2.0 ③	5.7	5.0	4.9
波　　兰	Poland		0.7	0.7 ③		4.8	5.4
罗马尼亚	Romania				2.8		4.4
俄 罗 斯	Russian Federation		0.8	1.1		3.6	
西 班 牙	Spain	0.8	0.8		4.2	4.7	4.5
乌 克 兰	Ukraine		1.2	1.0	5.1	7.2	4.4
英　　国	United Kingdom	2.2	2.0	1.8 ③	4.8	5.2	4.7
南斯拉夫	Yugoslavia			1.3 ②		4.3	4.2
澳大利亚	Australia	1.3		1.7 ④	4.9	5.1	4.8
新 西 兰	New Zealand		1.0	1.2 ③	6.2	7.1	7.2

注：①研究与试验发展经费支出占国内生产总值的比重。②1998 年数字。③1997 年数字。④1996 年数字。⑤来源于世界银行。

Note: ① The data refer to the proportion of research and development expenses to GDP. ② Refer to 1998. ③ Refer to 1997. ④ Refer to 1996. ⑤ The data from the World Bank.

15-5 每百万人拥有科学家和工程师人数及研究与发展技术人员数

Scientists, Engineers and Technicians in R&D (Per Million People)

资料来源：世界银行《世界发展指标》2002年
Sources:World Bank "World Development Indicators"2002.

单位：人 (number)

国家（地区） Country or Territory		年份	每百万人拥有科学家和工程师人数 Scientists and Engineers in R&D (per million people)	年份	每百万人拥有技术人员数 Technicians in R&D (per million people)
中国①	China ①	1996	459	1996	187
印度	India	1996	158	1996	115
以色列	Israel	1997	1570	1997	518
日本	Japan	1997	4960	1997	663
韩国	Korea, Rep.	1999	2139	1997	524
马来西亚	Malaysia	1998	154	1998	43
蒙古	Mongolia	1999	468	1999	92
巴基斯坦	Pakistan	1997	78	1997	14
新加坡	Singapore	1995	2182	1995	283
斯里兰卡	Sri Lanka	1996	188	1996	45
泰国	Thailand	1996	102	1997	75
土耳其	Turkey	1997	303	1997	38
埃及	Egypt	1990	469	1990	327
加拿大	Canada	1995	3309	1990	1004
墨西哥	Mexico	1995	213	1995	73
美国	United States	1997	4103		
阿根廷	Argentina	1999	711	1999	156
巴西	Brazil	1995	168	1995	58
委内瑞拉	Venezuela	2000	194		
白俄罗斯	Belarus	1996	2296	1996	271
保加利亚	Bulgaria	1999	1289	1999	466
捷克共和国	Czech Republic	1999	1317	1998	682
法国	France	1998	2686	1990	2980
意大利	Italy	1997	1322	1997	806
德国	Germany	1997	2873	1997	1362
荷兰	Netherlands	1998	2490	1997	1464
波兰	Poland	1999	1460	1997	463
俄罗斯	Russian Federation	1999	3394	1999	550
西班牙	Spain	1999	1562	1997	456
乌克兰	Ukraine	2000	2121	2000	595
英国	United Kingdom	1998	2678		
南斯拉夫	Yugoslavia	1999	2389	1995	515
澳大利亚	Australia	1998	3320	1990	933
新西兰	New Zealand	1997	2197	1997	732

注：①中国数据来源于世界银行。
Note: ① The data for China are from World Bank.

15-6 高技术出口额占制成品出口额比重

High-technology Exports as Percentage of Manufactured Exports

资料来源：世界银行《世界发展指标》2002 年
Sources:World Bank "World Development Indicators"2002.

单位：% (%)

国家（地区）	Country or Territory	1990	1999	2000
世界	**World**	**17.2**	**22.7**	**20.0**
高收入国家	**High Income**	**18.0**	**23.9**	**22.1**
中等收入国家	**Middle Income**		**19.7**	**16.1**
低收入国家	**Low Income**		**7.0**	
中国①	China ①		16.8	18.6
中国香港	HongKong, China		20.9	23.3
孟加拉国	Bangladesh	0.1		
印度	India	2.4	4.3	
印度尼西亚	Indonesia	1.2	10.2	16.2
伊朗	Iran		0.5	1.9
以色列	Israel	10.4	19.1	25.1
日本	Japan	23.8	26.3	28.3
韩国	Korea, Rep.	17.8	31.9	34.8
马来西亚	Malaysia	38.2	58.9	
巴基斯坦	Pakistan	0.1	0.3	0.4
菲律宾	Philippines		58.6	
新加坡	Singapore	40.0	61.0	63.0
斯里兰卡	Sri Lanka	0.5	3.2	
泰国	Thailand	21.0	32.0	
土耳其	Turkey	1.0	4.0	5.0
埃及	Egypt		0.2	
尼日利亚	Nigeria		13.4	
南非	South Africa	0.1	8.0	1.0
加拿大	Canada	13.7	14.8	18.6
墨西哥	Mexico	8.3	20.7	22.4
美国	United States	33.0	34.0	34.0
阿根廷	Argentina		7.8	9.0
巴西	Brazil	7.1	13.0	18.6
委内瑞拉	Venezuela	4.0	3.0	3.0
白俄罗斯	Belarus		3.5	3.7
捷克共和国	Czech Republic		8.3	8.1
法国	France	16.1	22.9	24.3
意大利	Italy	7.5	8.1	9.2
德国	Germany	11.1	15.9	17.7
荷兰	Netherlands	16.4	32.9	35.4
波兰	Poland		2.6	3.3
罗马尼亚	Romania	2.5	3.1	5.5
俄罗斯	Russian Federation		14.9	13.5
西班牙	Spain	6.4	7.6	7.6
英国	United Kingdom	23.6	29.8	32.0
南斯拉夫	Yugoslavia, Fed. Rep.	3.0		
澳大利亚	Australia	12.0	11.0	15.2
新西兰	New Zealand	4.4	15.1	10.2

注：①中国数据来源于世界银行。
Note: ① The data for China are from World Bank.

15-7 专利权申请文件数量

Patent Applications

资料来源：世界银行《世界发展指标》2002 年
Sources:World Bank “World Development Indicators”2002.

单位：件 (number)

国家（地区）	Country or Territory	居民 Residents			非居民 Non-residents		
		1997	1998	1999	1997	1998	1999
世界总计	**World**	**798007**	**785229**	**810407**	**3602785**	**5034563**	**6177807**
高收入国家	**High Income**	**648093**	**679830**	**713112**	**2163581**	**2872216**	**3256586**
中等收入国家	**Middle Income**	**133202**	**96199**	**90268**	**783291**	**1090844**	**1578263**
低收入国家	**Low Income**	**16712**	**9200**	**7027**	**655913**	**1071503**	**1342958**
中国①	China ①	12786	14004	146	48596	68285	52202
中国香港	Hong Kong, China	26	128	42	2359	14539	5998
孟加拉国	Bangladesh		32			184	
印度	India	10155	2111	14		7997	38348
印度尼西亚	Indonesia				4517	32910	42503
伊朗	Iran	418	337	366		159	177
以色列	Israel				28548	39742	46686
日本	Japan	351487	360338	361094	66487	77037	81151
朝鲜	Korea, Dem. Rep.				25467	33918	40391
韩国	Korea, Rep.	92798	50714	56214	37184	71036	76913
马来西亚	Malaysia	179			6272		
蒙古	Mongolia	186	148		26197	35006	41240
新加坡	Singapore	8188	311	374	29467	44637	51121
斯里兰卡	Sri Lanka	81			26322	34974	41263
泰国	Thailand	238	477		5205	4594	
土耳其	Turkey	233	231	325	27985	37155	43508
越南	Viet Nam	30		37	27410	35748	42175
埃及	Egypt		494	536		1139	1146
南非	South Africa			116		8	26354
加拿大	Canada	4192	4841	5197	50254	60841	64580
墨西哥	Mexico	429	472	468	35503	44249	49532
美国	United States	125808	141342	156393	110884	121445	138313
阿根廷	Argentina	824	861	899	5035	5459	5558
巴西	Brazil	36	2535	1957	31947	48331	50338
委内瑞拉	Venezuela	201			2323		
白俄罗斯	Belarus	755	919	1002	25280	34350	40790
保加利亚	Bulgaria	400	281	302	27600	36294	42650
捷克共和国	Czech Republic	601	641	618	29976	38555	44691
法国	France	18669	20298	20998	93962	109717	117457
德国	Germany	62052	67790	74232	113543	134981	146529
荷兰	Netherlands	5227	5751	6395	85402	109325	117118
波兰	Poland	2401	2410	2286	30137	38942	45194
罗马尼亚	Romania	1709	1308	1069	27346	36518	90235
俄罗斯	Russian Federation	15277	16630	20131	32943	41902	47745
乌克兰	Ukraine	4692	5327	5415	28036	36623	42858
英国	United Kingdom	26591	28889	31326	121618	147298	161549
南斯拉夫	Yugoslavia	522	526	340	16499	34015	41744
澳大利亚	Australia	8937	9097	9537	39274	48609	53818
新西兰	New Zealand	1735	1353	1650	33402	38381	45990

注：①中国数据来源于世界银行。
Note: ① The data for China are from World Bank.

15-8 享有卫生设施人口占总人口比重

Percentage of Population with Access to Improved Sanitation Facilities

资料来源：世界银行《世界发展指标》2002 年

Sources:World Bank “World Development Indicators”2002.

单位：% (%)

国家（地区）	Country or Territory	占总人口的比重 Total		占城市人口的比重 Urban Population		占农村人口的比重 Rural Population	
		1990	2000	1990	2000	1990	2000
世界总计	**World**	**48**	**56**	**78**	**84**	**29**	**35**
中国①	China ①	29	38	57	68	18	24
孟加拉国	Bangladesh	37	53	78	82	27	44
印度	India	21	31	58	73	8	14
印度尼西亚	Indonesia	54	66	76	87	44	52
伊朗	Iran	81	81	86	86	74	74
韩国	Korea, Rep.		63		76		
马来西亚	Malaysia						98
蒙古	Mongolia		30		46		2
缅甸	Myanmar	45	46	65	65	38	39
巴基斯坦	Pakistan	34	61	78	94	13	42
菲律宾	Philippines	74	83	85	92	64	71
新加坡	Singapore	100	100	100	100		
斯里兰卡	Sri Lanka	82	83	93	91	79	83
泰国	Thailand	86	96	97	97	83	96
土耳其	Turkey	87	91	98	98	70	70
越南	Viet Nam	73	73	86	86	70	70
埃及	Egypt	87	94	96	98	80	91
尼日利亚	Nigeria	60	63	77	85	51	45
南非	South Africa		86		99		73
加拿大	Canada	100	100	100	100	99	99
墨西哥	Mexico	69	73	85	87	28	32
美国	United States	100	100	100	100	100	100
阿根廷	Argentina		85		89		48
巴西	Brazil	72	77	84	85	37	40
委内瑞拉	Venezuela		74		75		69
荷兰	Netherlands	100	100	100	100	100	100
罗马尼亚	Romania		53		86		10
英国	United Kingdom	100	100	100	100	100	100
澳大利亚	Australia	100	100	100	100	100	100

注：①来源于世界银行。

Note: ① The data from World Bank.

15-9 人均医疗支出及医疗支出占国内生产总值比重

Health Expenditure per Capita and Health Expenditure as Percentage of GDP

资料来源：世界银行《世界发展指标》2002 年

Sources:World Bank "World Development Indicators"2002.

国家（地区）	Country or Territory	医疗支出占国内生产总值的比重(%) Health Expenditure, Total (% of GDP)			人均医疗支出(现价美元) Health Expenditure per Capita (current US$)		
		1990	1998	1999	1990	1998	1999
世界总计	**World**	**4.0**			**359**	**597**	
高收入国家	**High Income**	**8.7**	**10.0**	**11.0**	**1818**	**2681**	**3091**
中等收入国家	**Middle Income**	**5.1**	**5.7**		**68**	**114**	
低收入国家	**Low Income**	**3.6**	**4.2** ①		**19**	**21** ②	
中国③	China ③	3.5	4.8	5.1	12	37	40
中国香港	Hong Kong, China	3.7			481		
孟加拉国	Bangladesh	2.8	3.6		7	12	
印度	India	4.2			17		
印度尼西亚	Indonesia	1.6	1.6		10	8	
伊朗	Iran	4.2	4.2		410	128	
以色列	Israel	7.6	9.5		859	1607	
日本	Japan	5.9	7.2		1460	2243	
韩国	Korea, Rep.	4.8	5.1	5.4	281	351	470
马来西亚	Malaysia	2.5	2.5		59	81	
蒙古	Mongolia	7.2					
缅甸	Myanmar	2.6	1.8		15	97	
巴基斯坦	Pakistan	4.4	4.0		16	18	
菲律宾	Philippines	2.9	3.6	3.6	21	32	37
新加坡	Singapore	3.3	3.2		394	678	
斯里兰卡	Sri Lanka	3.3	3.1	3.5	16	26	29
泰国	Thailand	5.5	6.0		84	112	
土耳其	Turkey	3.6	4.8		98	153	
越南	Viet Nam	2.9	4.8		3	17	
埃及	Egypt	4.3			51		
尼日利亚	Nigeria	2.7	2.8		9	30	
南非	South Africa		7.2			230	
加拿大	Canada	9.0	9.3	9.3	1863	1846	1939
墨西哥	Mexico	4.4	5.3		138	236	
美国	United States	11.9	12.9	12.9	2738	4095	4271
阿根廷	Argentina	10.5	8.1	8.4	458	667	654
巴西	Brazil	6.6	6.5		206	308	
委内瑞拉	Venezuela	3.5	4.2		88	171	
白俄罗斯	Belarus		5.6			85	
保加利亚	Bulgaria	4.1	3.8	4.1	97	56	62
捷克共和国	Czech Republic	5.0	7.1	7.2		392	380
法国	France	8.6	9.4	9.3	1844	2324	2288
意大利	Italy	8.1	8.2	8.2	1650	1701	1676
德国	Germany	7.8	10.3	10.5	1567	2697	2697
荷兰	Netherlands	8.5	8.7	8.7	1672	2169	2173
波兰	Poland	5.3	6.4	6.2	82	264	248
罗马尼亚	Romania	5.1	4.6		85	86	
西班牙	Spain	6.6	7.0		876	1043	
乌克兰	Ukraine		5.1	4.4		42	28
英国	United Kingdom	6.0	6.8	6.9	1032	1625	1675
澳大利亚	Australia	7.9	8.6		1430	1714	
新西兰	New Zealand	7.0	8.1	8.1	881	1133	1163

注：①1997 年数据。②1995 年数据。③中国数据来源于世界银行。

Note: ① Refer to 1997. ② Refer to 1995. ③ The data of China are from World Bank.

15-10 每千人口医生数和病床数

Physician and Hospital Bed per 1000 People

资料来源：世界银行《世界发展指标》2002 年
Sources:World Bank “World Development Indicators”2002.

国家（地区）	Country or Territory	每千人口医生数(人) Physicians (per 1000 people)			每千人口床位数(张) Hospital beds (per 1000 people)		
		1990	1998	1999	1990	1998	1999
世界总计	**World**	**1.6**			**4.0**		
高收入国家	**High Income**	**2.5**	**2.8**		**8.1**	**7.5**	
中等收入国家	**Middle Income**	**1.6**	**1.9**		**3.4**	**3.4①**	
中国②	China②	1.5	1.6	1.7	2.3	2.3	2.4
中国香港	Hong Kong, China	1.3③					
孟加拉国	Bangladesh	0.2	0.2①		0.3		
印度尼西亚	Indonesia	0.1			0.7		
伊朗	Iran		0.9④		1.4	1.6④	
以色列	Israel		3.9		6.2	6③	
日本	Japan	1.7	1.9		16.0	16.5	16.4
韩国	Korea, Rep.	0.8	1.3	1.3	3.1	5.1	5.5
马来西亚	Malaysia	0.4	0.7①		2.1	2④	
蒙古	Mongolia	2.5	2.4				
缅甸	Myanmar	0.1	0.3③	0.3	0.6		
巴基斯坦	Pakistan	0.5	0.6①		0.6		
菲律宾	Philippines	0.1	1.2④		1.4		
新加坡	Singapore	1.3	1.6		3.6		
斯里兰卡	Sri Lanka			0.4	2.7		
泰国	Thailand	0.2	0.4④		1.6	2③	
土耳其	Turkey	0.9	1.2	1.2	2.1	2.5	2.6
越南	Viet Nam	0.4	0.5		3.8	1.7①	
埃及	Egypt	0.8	1.6①		2.1	2.1①	
尼日利亚	Nigeria				1.7		
南非	South Africa		0.6④				
加拿大	Canada	2.1	2.1	2.1	6.3	4.1	
墨西哥	Mexico	1.1	1.6	1.7	0.8	1.1	1.1
美国	United States	2.4	2.7		4.9	3.7	3.6
阿根廷	Argentina	2.7	2.7③		4.6	3.3④	
巴西	Brazil	1.4	1.3④		3.3	3.1④	
委内瑞拉	Venezuela	1.6	2.4①		2.7	1.5④	
白俄罗斯	Belarus	3.9	4.4		13.2	12.2④	
保加利亚	Bulgaria	3.3	3.5	3.5	10.1	8.6①	
捷克共和国	Czech Republic	2.8	3.0	3.0	11.3	8.9	8.7
法国	France	2.6	3.0		9.7	8.5	
意大利	Italy	4.7	5.8	5.9	7.2	5.5	
德国	Germany	3.1	3.5		10.4	9.3	
荷兰	Netherlands	2.5	2.9	3.1	11.5	11.3	11.3
波兰	Poland	2.1	2.3	2.3	5.7	5.3	5.1
罗马尼亚	Romania		1.8		8.9	7.6④	
俄罗斯	Russian Federation	4.1	4.2		13.0	12.1①	
西班牙	Spain	3.8	2.9	3.1	4.3	3.9④	
乌克兰	Ukraine	4.3	3.0		12.9	11.8③	
英国	United Kingdom	1.4	1.7	1.8	5.9	4.2	4.1
南斯拉夫	Yugoslavia	2.0	2③		5.9	5.3③	
澳大利亚	Australia	2.5③	2.5		8.7③	8.5	
新西兰	New Zealand	1.9	2.2	2.3	8.5	6.2	

注：①1997 年数字。②来源于世界银行。③1995 年数据。④1996 年数据。
Note: ① Refer to 1997. ② The data from World Bank. ③ Refer to 1995. ④ Refer to 1996.

15-11 军事支出占中央政府支出和国内生产总值比重

Military Expenditure as Percentage of Central Government Expenditure & Gross Domestic Product

资料来源：世界银行《世界发展指标》2002年

Sources:World Bank "World Development Indicators"2002.

国家（地区）	Country or Territory	军事支出占中央政府支出的比重 Military Expenditure (% of Central Government Expenditure)		军事支出占国内生产总值的比重 Military Expenditure (% of GDP)	
		1990	1998	1998	1999
世界总计	**World**	**13.7**	**10.0**	**3.4**	**2.3**
高收入国家	**High Income**	**13.1**	**9.1**	**3.4**	**2.3**
中等收入国家	**Middle Income**	**18.7**	**15.8**	**3.7**	**2.7**
低收入国家	**Low Income**	**15.2**	**13.8**	**3.0**	**2.5**
中国①	China ①	32.3	22.2	3.5	2.3
孟加拉国	Bangladesh		10.1	1.2	1.3
印度	India	13.2	14.6	2.7	2.5
印度尼西亚	Indonesia	7.8	5.3	1.5	1.1
伊朗	Iran	30.2	11.2	6.0	2.9
以色列	Israel	24.8	18.5	13.2	8.8
日本	Japan	6.0	6.1	1.0	1.0
朝鲜	Korea, Dem. Rep.				18.8
韩国	Korea, Rep.	22.3	11.0	4.2	2.9
马来西亚	Malaysia	9.0	9.3	2.7	2.3
蒙古	Mongolia	11.7	5.9	8.6	2.1
缅甸	Myanmar				7.8
巴基斯坦	Pakistan	29.1	27.9	7.1	5.9
菲律宾	Philippines	10.7	7.3	2.2	1.4
新加坡	Singapore	23.6	20.5	5.0	4.8
斯里兰卡	Sri Lanka		18.4		4.7
土耳其	Turkey	20.3	13.9	3.5	5.3
越南	Viet Nam			7.9	
埃及	Egypt	10.1		3.3	2.7
尼日利亚	Nigeria	7.6	8.1	2.0	1.6
南非	South Africa	12.6	5.0	4.0	1.5
加拿大	Canada	7.0	5.9	1.9	1.4
墨西哥	Mexico	2.6		0.5	0.6
美国	United States	23.5	15.7	5.2	3.0
阿根廷	Argentina	16.7	9.1	1.9	1.6
巴西	Brazil	4.6		1.8	1.9
委内瑞拉	Venezuela	8.4	7.1	2.1	1.4
白俄罗斯	Belarus		4.1		1.3
保加利亚	Bulgaria		8.7		3.0
捷克共和国	Czech Republic		6.3		2.3
法国	France	8.4	5.9	3.5	2.7
德国	Germany	9.4	4.7	2.8	1.6
意大利	Italy	4.4	4.7	2.2	2.0
荷兰	Netherlands	5.1	5.9	2.5	1.8
波兰	Poland		6.1	4.8	2.1
罗马尼亚	Romania	10.3	4.7	3.5	1.6
俄罗斯	Russian Federation		22.4		5.6
西班牙	Spain	5.4	6.1	1.8	1.3
乌克兰	Ukraine		8.2		3.0
英国	United Kingdom	11.2	6.9	4.0	2.5
澳大利亚	Australia	9.3	7.6	2.2	1.8
南斯拉夫	Yugoslavia	55.0		4.0	5.0
新西兰	New Zealand	5.0	3.5	2.1	1.2

注：①来源于世界银行数据库。

Note: ① The data from World Bank.

15-12 军事人员数及军事人员数占劳动力总数比重

Military Personnel & Military Personnel as Percentage of Total Labor Force

资料来源：世界银行《世界发展指标》2002年
Sources:World Bank "World Development Indicators"2002.

国家（地区）	Country or Territory	军事人员数(万人) Military Personnel(10000 people)		军事人员数占劳动力总数的比重（%） Military Personnel (% of Total Labor Force)	
		1990	1999	1990	1999
世界总计	**World**	**2391.8**	**2119.8**	**1.0**	**0.7**
高收入国家	**High Income**	**622.6**	**472.4**	**1.5**	**1.0**
中等收入国家	**Middle Income**	**1141.1**	**1022.0**	**1.0**	**0.7**
低收入国家	**Low Income**	**628.1**	**625.4**	**0.8**	**0.6**
中国①	China ①	350.0	240.0	0.5	0.3
孟加拉国	Bangladesh	10.3	11.0	0.2	0.2
印度	India	126.0	130.0	0.3	0.3
印度尼西亚	Indonesia	28.3	29.6	0.4	0.3
伊朗	Iran	44.0	46.0	2.8	2.4
以色列	Israel	19.0	17.3	10.3	6.6
日本	Japan	25.0	24.0	0.4	0.4
朝鲜	Korea, Dem. Rep.	120.0	100.0	11.7	8.6
韩国	Korea, Rep.	65.0	66.5	3.3	2.8
马来西亚	Malaysia	13.0	9.5	1.8	1.0
蒙古	Mongolia	3.2	2.0	3.3	1.7
缅甸	Myanmar	23.0	34.5	1.1	1.4
巴基斯坦	Pakistan	55.0	59.0	1.4	1.2
菲律宾	Philippines	10.9	10.7	0.4	0.3
新加坡	Singapore	5.6	6.0	3.6	3.0
斯里兰卡	Sri Lanka	2.2	11.0	0.3	1.3
土耳其	Turkey	76.9	78.9	3.2	2.6
越南	Viet Nam	105.0	48.5	3.1	1.2
埃及	Egypt	43.4	43.0	2.4	1.8
尼日利亚	Nigeria	9.4	7.7	0.2	0.2
南非	South Africa	8.5	6.8	0.6	0.4
加拿大	Canada	8.7	6.0	0.6	0.4
墨西哥	Mexico	17.5	25.5	0.6	0.6
美国	United States	218.0	149.0	1.7	1.0
阿根廷	Argentina	8.5	7.3	0.7	0.5
巴西	Brazil	29.5	30.0	0.5	0.4
委内瑞拉	Venezuela	7.5	7.5	1.0	0.8
白俄罗斯	Belarus		6.5		1.2
保加利亚	Bulgaria	12.9	7.0	2.9	1.7
捷克共和国	Czech Republic		5.4		0.9
法国	France	55.0	42.1	2.2	1.6
德国	Germany	54.5	33.1	1.4	0.8
意大利	Italy	49.3	39.1	2.0	1.5
荷兰	Netherlands	10.4	5.4	1.5	0.7
波兰	Poland	31.3	18.7	1.7	0.9
罗马尼亚	Romania	12.6	17.0	1.2	1.6
俄罗斯	Russian Federation		90.0		1.2
西班牙	Spain	26.3	15.5	1.7	0.9
乌克兰	Ukraine		34.0		1.3
英国	United Kingdom	30.8	21.8	1.1	0.7
澳大利亚	Australia	6.8	5.5	0.8	0.6
南斯拉夫	Yugoslavia	18.0	10.5	3.7	2.1
新西兰	New Zealand	1.1	1.0	0.7	0.5

注：①来源于世界银行数据库。
Note: ① The data from World Bank.

主要统计指标解释

人文发展指数　是人类发展的一项综合指标，它代表了人类发展的三个方面指标的加权平均指数：寿命(出生时人口的预期寿命)，知识(成人识字率和平均受教育年限)以及收入(购买力平价计算的人均国内生产总值)。

成人文盲率　是指15岁以上人口中有一定理解、阅读、使用文字能力的人口占总人口的百分比。

粗入学率　是指已入学人数(无论年龄多大) 与适龄入学人数之比。

净入学率　是指官方入学年龄（国家教育制度制定的年龄）儿童中已入学人数与相应官方学龄人口数之比。

研究与发展经费支出　是经常性和资本性支出，目的在于增进知识存量的创造性、系统性活动。具体包括基础研究、应用研究和目的在于寻求新型设计，产品和工艺的科学实验活动。

研究与开发技术人员　是指专门从事研究与开发活动，在知识或技术某一分支领域接受过职业或技术培训的人员。

高技术产品出口　是指研究与开发密集的产品出口。它包括以下一些高技术产品，如航空宇宙、计算机、医药、科学仪器和电气设备等。

军事人员数　指有效服役期内的军人，包括具有正规装备和组织，并进行正常训练的准军事人员数，不包括预备役部队。

Explanatory Notes on Main Statistical Indicators

The HDI is a summary measure of human development.It measures the average achievements in a country in three basic dimensions of human development: life expectancy at birth, adult literacy rate and the combined primary,secondary and tertiary gross enrolment ratio and income,as measured by GDP per capita (PPP US$).

Adult Illiteracy Rate is the percentage of people ages 15 and above who cannot, with understanding, read and write a short, simple statement on their everyday life.

Gross Enrollment Ratio is the ratio of total enrollment, regardless of age, to the population of the age group. Net enrollment ratio is the ratio of the number of children of official school age (as defined by the national education system) who are enrolled in school to the population of the corresponding official school age.

Expenditures for Research and Development are current and capital expenditures (including overhead) on creative, systematic activity intended to increase the stock of knowledge. Included are fundamental and applied research and experimental development work leading to new devices, products, or processes.

Technicians in R&D are people engaged in professional R&D activity who have received vocational or technical training in any branch of knowledge or technology.

High-technology Exports are products with high R&D intensity. They include high-technology products such as in aerospace, computers, pharmaceuticals, scientific instruments, and electrical machinery.

Military Personnel refer to active duty military personnel, including paramilitary forces if those forces resemble regular units in their organization, equipment, training, or mission, not including reservist.

十六　世界最大500家企业主要指标

Main Indicators of the 500 Largest Companies in the World

16-1 2001年按国家和地区汇总的世界最大500家企业资料
The Data of the Largest 500 Companies in the World Aggregated by Country or Territory

资料来源：美国《财富》杂志2002年7月22日。
Source: United States "Fortune" July 22, 2002.

国家（地区）	Country or Territory	企业数 Number of Companies	营业额(亿美元) Revenues (USD 100 million)	利润额(亿美元) Profits (USD 100 million)
中国	China	11	2605.4	121.8
印度	India	1	209.2	5.9
日本	Japan	88	24573.3	-336.1
韩国	Korea, Rep.	12	2703.1	72.2
马来西亚	Malaysia	1	176.8	38.3
新加坡	Singapore	1	131.0	-1.5
中国台湾省	Taiwan, China	2	223.7	5.0
加拿大	Canada	16	2160.0	-171.9
墨西哥	Mexico	2	512.9	-28.9
美国	United States	197	58856.1	2172.0
巴西	Brazil	4	614.3	53.8
委内瑞拉	Venezuela	1	462.5	36.6
比利时	Belgium	3	567.3	20.3
比利时／荷兰	Belgium/Netherlands	1	405.3	23.3
丹麦	Denmark	1	109.1	10.5
芬兰	Finland	2	400.3	28.0
法国	France	37	9964.1	55.9
德国	Germany	35	12101.2	195.4
意大利	Italy	8	2523.0	104.0
卢森堡	Luxemburg	2	242.0	-5.7
荷兰	Netherlands	9	3123.3	29.2
挪威	Norway	2	432.8	28.0
俄罗斯	Russian Federation	2	322.5	21.1
西班牙	Spain	5	1351.1	89.2
瑞典	Sweden	5	820.1	4.2
瑞士	Switzerland	11	3233.7	130.1
英国	United Kingdom	33	8616.5	196.5
英国／荷兰	United Kingdom/Netherlands	2	1813.4	125.0
澳大利亚	Australia	6	845.5	47.3
合计	**Totals**	**500**	**140099.6**	**3060.9**

16-2 2001年按营业额排序的世界最大500家企业

资料来源：美国《财富》杂志2002年7月22日。
Source: United States "Fortune" July 22, 2002.

位次 Rank 2001	2000	企业名称	Company Name	国家（地区）	Country or Territory	营业额(百万美元) Revenues (USD mil.)	比上年增长% % Change from 2000
1	2	沃尔玛商店	Wal-Mart Stores	美国	United States	219812.0	13.7
2	1	埃克森－美孚石油	Exxon Mobil	美国	United States	191581.0	-8.9
3	3	通用汽车	General Motors	美国	United States	177260.0	-4.0
4	7	英国石油公司	BP	英国	United States	174218.0	17.7
5	4	福特汽车	Ford Motor	美国	United States	162412.0	-10.1
6	16	安然公司	Enron	美国	United States	138718.0	37.6
7	5	戴姆勒－克莱斯勒	DaimlerChrysler	德国	Germany	136897.3	-8.8
8	6	荷兰皇家壳牌石油集团	Royal Dutch/Shell Group	英国／荷兰	U.K./Netherlands	135211.0	-9.3
9	8	通用电气	General Electric	美国	United States	125913.0	-3.0
10	10	丰田汽车	Toyota Motor	日本	Japan	120814.4	-0.5
11	12	花旗银行集团	Citigroup	美国	United States	112022.0	0.2
12	9	三菱商事	Mitsubishi	日本	Japan	105813.9	-16.4
13	11	三井物产	Mitsui	日本	Japan	101205.6	-14.2
14	60	雪弗龙德士古公司	ChevronTexaco	美国	United States	99699.0	107.4
15	14	托塔尔菲纳埃尔夫公司	Total Fina Elf	法国	France	94311.9	-10.9
16	15	日本电报电话公司	Nippon Telegraph & Telephone	日本	Japan	93424.8	-9.5
17	13	伊藤忠商事	Itochu	日本	Japan	91176.6	-16.9
18	25	安联保险	Allianz	德国	Germany	85929.2	21.0
19	19	国际商用机器	Intl. Business Machines	美国	United States	85866.0	-2.9
20	24	荷兰国际集团	ING Group	荷兰	Netherlands	82999.1	16.6
21	21	大众汽车	Volkswagen	德国	Germany	79287.3	0.6
22	23	西门子	Siemens	德国	Germany	77358.9	3.3
23	18	住友商事	Sumitomo	日本	Japan	77140.1	-15.4
24	34	菲利普·莫里斯	Philip Morris	美国	United States	72944.0	15.3
25	20	丸红	Marubeni	日本	Japan	71756.6	-15.9
26	32	维里森通讯	Verizon Communications	美国	United States	67190.0	3.8
27	29	德意志银行	Deutsche Bank	德国	Germany	66839.9	-0.4
28	27	费巴集团	E. ON	德国	Germany	66453.0	-2.9
29	33	美国邮政总局	U.S. Postal Service	美国	United States	65834.0	2.0
30	17	安盛公司	AXA	法国	France	65579.9	-24.8
31	38	瑞士信贷银行	Credit Suisse	瑞士	Switzerland	64204.5	8.2
32	22	日立	Hitachi	日本	Japan	63931.2	-16.0
33	28	日本生命保险公司	Nippon Life Insurance	日本	Japan	63827.2	-6.2
34	65	美国国际集团	American Intl. Group	美国	United States	62402.0	35.7
35	37	家乐福	Carrefour	法国	France	62224.6	3.9
36	382	美国电力	American Electric Power	美国	United States	61257.0	347.3
37	30	索尼	Sony	日本	Japan	60608.0	-8.4
38	58	皇家AHOLD公司	Royal Ahold	荷兰	Netherlands	59633.9	23.0
39	53	杜克能源	Duke Energy	美国	United States	59503.0	20.7
40	31	美国电话电报	AT&T	美国	United States	59142.0	-10.4
41	40	本田汽车	Honda Motor	日本	Japan	58882.0	0.7
42	50	波音	Boeing	美国	United States	58198.0	13.4
43	216	埃尔帕索能源公司	El Paso	美国	United States	57475.0	161.8
44	42	巴黎国民银行	BNP Paribas	法国	France	55044.4	-4.5
45	26	松下电器工业	Matsushita Electric Industrial	日本	Japan	54997.1	-20.8
46	66	家居百货	Home Depot	美国	United States	53553.0	17.1
47	41	美洲银行集团	Bank of America Corp.	美国	United States	52641.0	-8.8
48	35	商联保险	Aviva	英国	United Kingdom	52317.6	-14.9
49	47	菲亚特	Fiat	意大利	Italy	51944.2	-2.3
50	46	忠利保险公司	Assicurazioni Generali	意大利	Italy	51394.3	-3.6

The 500 Largest Companies in the World Sorted by Revenue

利润额(百万美元) Profits (USD mil.)	比上年增长% % Change from 2000	资产额(百万美元) Assets (USD mil.)	股东产权权益(百万美元) Stockholders' Equity (USD mil.)	雇员人数(人) Employees (persons)
6671.0	6.0	83375.0	35102.0	1383000
15320.0	-13.5	143174.0	73161.0	97900
601.0	-86.5	323969.0	19707.0	365000
8010.0	-32.5	141158.0	74367.0	110150
-5453.0	-257.3	276543.0	7786.0	352748
				15388
-592.8	-108.1	184671.4	34727.9	372470
10852.0	-14.7	111543.0	56160.0	91000
13684.0	7.5	495023.0	54824.0	310000
4925.1	15.5	150064.0	55268.4	246702
14126.0	4.5	1051450.0	81247.0	268000
481.7	-42.2	61455.1	7761.1	43000
442.8	-5.1	50313.5	6903.5	36116
3288.0	-36.6	77572.0	33958.0	67569
6857.7	7.5	78886.7	30212.0	122025
-6495.5	-254.8	157550.7	44563.7	213000
241.5	-62.1	35856.7	3000.4	36529
1453.4	-54.5	839551.1	28192.6	179946
7723.0	-4.6	88313.0	23614.0	319876
4098.7	-63.0	627816.0	19155.4	113143
2610.4	37.7	92975.9	21364.4	322070
1856.6	-78.3	82070.2	21685.5	484000
361.6	-0.9	36613.0	4907.1	30264
8560.0	0.6	84968.0	19620.0	175000
-931.1	-784.6	36259.3	1991.1	31000
389.0	-96.7	170795.0	32539.0	247000
149.5	-96.7	817556.3	35786.6	94782
1834.0	-44.4	88187.5	21780.2	151953
-1680.0		59091.0	-2326.0	891005
465.7	-87.1	432362.2	22063.3	90151
940.5	-72.6	615860.4	21562.4	79699
-3869.5	-509.9	74814.6	17385.6	321517
2227.9	-17.6	343374.7	21656.5	72895
5363.0	-4.8	492982.0	52150.0	81000
1133.5	15.1	38704.7	6220.5	382821
970.8	263.6	47281.0	8229.0	27726
122.4	-19.2	61762.6	17885.0	168000
997.2	-3.3	28702.3	5246.2	270739
1898.0	6.9	48375.0	12689.0	24000
7715.0	65.2	165282.0	51680.0	117800
2900.8	38.1	52369.0	19420.6	120600
2827.0	32.8	48343.0	10825.0	188000
93.0	-85.7	48171.0	9356.0	14180
3598.1	-5.6	734817.9	21912.0	85194
-3447.0	-1018.4	57547.7	24469.4	267196
3044.0	17.9	26394.0	18082.0	256300
6792.0	-9.6	621764.0	48520.0	142670
47.5		273954.3	17278.4	68107
-398.5	-164.9	89703.8	10835.8	208744
985.1	-25.0	204466.5	8561.6	58445

16-2 续表 1 continued

位次 Rank 2001	2000	企业名称	Company Name	国家（地区）	Country or Territory	营业额(百万美元) Revenues (USD mil.)	比上年增长 % % Change from 2000
51	91	威望迪环球	Vivendi Universal	法国	France	51365.7	33.0
52	71	范尼美集团	Fannie Mae	美国	United States	50803.0	15.2
53	78	莱茵集团	Rwe	德国	Germany	50663.8	19.2
54	36	摩根大通集团	J.P. Morgan Chase	美国	United States	50429.0	-16.0
55	59	雀巢	Nestle	瑞士	Switzerland	50192.4	4.1
56	54	克罗格公司	Kroger	美国	United States	50098.0	2.2
57	82	麦克逊公司	McKesson	美国	United States	50006.0	19.0
58	43	日产汽车	Nissan Motor	日本	Japan	49555.2	-10.0
59	63	瑞士联合银行	UBS	瑞士	Switzerland	48503.4	2.5
60	77	中国国家电力公司	State Power	中国	China	48374.5	12.5
61	132	卡地纳健康	Cardinal Health	美国	United States	47947.6	60.5
62	88	默克公司	Merck	美国	United States	47715.7	18.2
63	61	州立农业保险公司	State Farm Insurance	美国	United States	46705.2	-2.4
64	57	汇丰银行控股公司	HSBC Holding	英国	United Kingdom	46424.0	-4.5
65	86	标致	Peugeot	法国	France	46264.1	13.3
66	45	委内瑞拉石油	PDVSA	委内瑞拉	Venezuela	46250.0	-13.8
67	140		Reliant Energy	美国	United States	46225.8	57.6
68	72	联合利华	Unilever	英国／荷兰	U.K./Netherlands	46130.6	4.9
69	49	西南贝尔通讯公司	SBC Communications	美国	United States	45908.0	-10.8
70	56	惠普	Hewlett-Packard	美国	United States	45226.0	-7.3
71	69	埃尼公司	ENI	意大利	Italy	44636.9	-1.1
72	75	梅特罗	Metro	德国	Germany	44346.8	2.2
73	67	摩根斯坦利添惠	Morgan Stanley	美国	United States	43727.0	-3.7
74	39	岩井商事	Nissho Iwai	日本	Japan	43703.2	-25.4
75	94	德国电信	Deutsche Telekom	德国	Germany	43260.6	14.3
76	64	第一相互生命保险公司	Dai-ichi Mutual Life Insurance	日本	Japan	43145.2	-7.1
77	44	东芝	Toshiba	日本	Japan	43139.4	-19.9
78	139	戴基纳	Dynegy	美国	United States	42242.0	43.5
79	87	慕尼黑再保险集团	Munich Re Group	德国	Germany	41894.0	3.0
80	62	东京电力	Tokyo Electric Power	日本	Japan	41752.2	-12.2
81	83	中国石油天然气集团	China National Petroleum	中国	China	41499.1	-0.4
82	48	瑞穗控股公司	Mizuho Holdings	日本	Japan	41445.1	-20.4
83	85	西尔斯·罗巴克	Sears Roebuck	美国	United States	41078.0	0.3
84	55	日本电气	NEC	日本	Japan	40796.0	-16.6
85	73	福特斯	Fortis	比利时／荷兰	Belgium/Netherlands	40528.8	-7.5
86	68	中国石化集团公司	Sinopec	中国	China	40388.0	-8.5
87	147		Aquila	美国	United States	40376.8	39.4
88	52	富士通	Fujitsu	日本	Japan	40043.9	-19.3
89	101	塔吉特公司	Target	美国	United States	39888.0	8.1
90	74	荷兰公司	ABN AMRO Holding	荷兰	Netherlands	39702.7	-8.5
91	117	抵押银行	HypoVereinsbank	德国	Germany	39405.4	22.6
92	81	墨西哥石油公司	Pemex	墨西哥	Mexico	39400.0	-6.6
93	89	宝洁	Procter & Gamble	美国	United States	39244.0	-1.8
94	80	雷普索尔公司	Repsol YPF	西班牙	Spain	39091.1	-7.5
95	70	美林公司	Merrill Lynch	美国	United States	38793.0	-13.5
96	97	苏黎世金融服务公司	Zurich Financial Services	瑞士	Switzerland	38650.0	3.3
97	127	法国电信	France Télécom	法国	France	38529.6	23.8
98	92	美国在线时代华纳	AOL Time Warner	美国	United States	38234.0	
99	118	苏黎士里昂水务公司	Suez	瑞士	Switzerland	37932.5	18.6
100	102	艾伯森公司	Albertson's	美国	United States	37931.0	3.2

利润额(百万美元) Profits (USD mil.)	比上年增长% % Change from 2000	资产额(百万美元) Assets (USD mil.)	股东产权权益(百万美元) Stockholders' Equity (USD mil.)	雇员人数(人) Employees (persons)
-12176.1	-673.1	123763.1	32719.3	381000
5894.1	32.5	799791.0	18118.0	4500
1128.4	-7.1	74011.4	6197.7	169979
1694.0	-70.4	693575.0	41099.0	95812
3959.2	16.0	56487.4	20269.2	229765
1042.5	18.9	19154.7	3502.1	288000
418.6		13324.0	3940.1	24000
2977.2	-0.6	54437.9	12229.3	125100
2947.0	-36.1	754861.8	26218.2	69985
981.7	10.1	162666.5	53443.3	1162645
857.4	26.1	14462.4	5437.1	48900
7281.8	6.7	44006.7	16050.1	78000
-4995.7	-1324.1	116905.5	38105.3	79214
5406.0	-18.5	695877.0	45979.0	170000
1514.3	24.9	49700.4	9154.8	192500
3657.0	-49.3	57542.0	37098.0	46425
980.6	119.1	30680.5	6858.2	16563
1645.9	61.2	47153.0	6406.2	279000
7242.0	-9.1	96322.0	32491.0	193420
408.0	-89.0	32584.0	13953.0	86200
6941.0	30.1	55858.2	24470.0	70948
402.1	21.2	19873.0	3712.8	186814
3521.0	-35.5	482628.0	20716.0	61319
9.5	-94.8	22315.2	805.3	17720
-3093.0	-156.5	146520.9	54307.2	257000
87.4	-74.0	225331.9	7593.0	57731
-2031.5	-333.6	40802.3	5321.7	176398
648.0	29.5	24874.0	4719.0	6139
223.9	-86.2	179902.6	17234.9	38317
1613.3	-14.2	109996.8	16463.3	53704
5021.3	-13.6	82952.5	50930.6	1167129
-7806.0	-508.5	1141667.4	35699.0	34120
735.0	-45.3	44317.0	6119.0	310000
-2495.4	-587.4	37807.6	4262.3	141909
2326.7	-9.0	430021.4	12326.7	65912
297.9	-58.6	67816.1	22767.5	937300
279.4	35.1	11948.3	2551.6	7377
-3059.4	-4069.8	34675.8	6441.7	170000
1368.0	8.2	24154.0	7860.0	223550
2892.5	25.3	531873.4	10494.8	111710
840.0	-15.8	648339.9	22357.2	69520
-3520.0		61100.0	13900.0	138701
2922.0	-17.5	34387.0	12010.0	106000
917.9	-59.1	45799.7	12944.2	35142
573.0	-84.9	419419.0	20008.0	57400
-387.0	-116.6	231605.0	17742.0	76630
-7414.7	-319.2	113395.6	18775.2	206200
-4921.0		208559.0	152071.0	89285
1868.6	5.3	79671.5	12818.8	188050
501.0	-34.5	15967.0	5915.0	220000

16-2 续表2 continued

位次 Rank 2001	2000	企业名称	Company Name	国家（地区）	Country or Territory	营业额(百万美元) Revenues (USD mil.)	比上年增长% % Change from 2000
101	109	伯克希尔－哈撒韦公司	Berkshire Hathaway	美国	United States	37668.0	10.9
102	124	法国电气	Electricite De France	法国	France	36461.0	14.7
103	148	特科国际	Tyco International	美国	United States	36388.5	18.6
104	100	凯马特	Kmart	美国	United States	36151.0	-2.4
105	92	三星电子公司	Samsung Electronics	韩国	Korea, Rep.	35968.9	-6.6
106	76	保诚	Prudential	英国	United Kingdom	35821.2	-16.9
107	108	农业信贷银行	Crédit Agricole	法国	France	35668.5	2.80
108	131	弗雷德马克	Freddie Mac	美国	United States	35523.0	18.4
109	90	世界通讯	WorldCom	美国	United States	35179.0	-10.0
110	106	美国马拉松石油公司	Marathon Oil	美国	United States	35041.0	-1.5
111	116	COSTW WHOLESALE	Costco Wholesale	美国	United States	34797.0	8.2
112	114	宝马汽车(BMW)	BMW	德国	Germany	34443.5	0.1
113	119	塞夫韦公司	Safeway	美国	United States	34301.0	7.3
114	126	特斯科公司	Tesco	英国	United Kingdom	33915.5	8.4
115	136	苏格兰皇家银行	Royal Bank of Scotland	英国	United Kingdom	33830.9	13.6
116	104	蒂森·克虏伯公司	Thyssen Krupp	德国	Germany	33796.0	-6.0
117	79	康柏电脑公司	Compaq Computer	美国	United States	33554.0	-20.8
118	105	三星	Samsung	韩国	Korea, Rep.	33212.0	-7.6
119	248	朝日生命相互保险公司	Asahi Mutual Life Insurance	日本	Japan	33142.8	68.0
120	123	鲜京公司	SK	韩国	Korea, Rep.	33007.8	3.7
121	142	强生公司	Johnson & Johnson	美国	United States	33004.0	13.3
122	115	大陆石油	Conoco	美国	United States	32795.0	0.9
123	212	沃达丰	Vodafone	英国	United Kingdom	32713.3	47.4
124	113	彭尼公司	J.C. Penney	美国	United States	32557.0	-1.2
125	99	雷诺公司	Renault	法国	France	32552.2	-12.3
126	96	住友生命保险公司	Sumitomo Life Insurance	日本	Japan	32548.5	-13.3
127	138	辉瑞公司	Pfizer	美国	United States	32259.0	9.1
128	120	大都会人寿保险公司	MetLife	美国	United States	31928.0	-0.1
129		迈朗公司	Mirant	美国	United States	31502.0	
130	125	德国邮政	Deutsche Post	德国	Germany	31302.1	-0.1
131	122	戴尔计算机	Dell Computer	美国	United States	31168.0	-2.3
132	112	高盛集团	Goldman Sachs Group	美国	United States	31138.0	-5.6
133	149	现代汽车	Hyundai Motor	韩国	Korea, Rep.	30863.6	7.3
134	135	联合包裹运输公司	United Parcel Service	美国	United States	30646.0	2.9
135	145	罗伯特－博施有限公司	Robert Bosch	德国	Germany	30472.9	4.8
136	121	桑坦德集团	Santander Central Hispano Group	西班牙	Spain	30421.8	-4.7
137	308	三井住友银行	Sumitomo Mitsui Banking	日本	Japan	30228.6	88.4
138	95	摩托罗拉公司	Motorola	美国	United States	30004.0	-20.2
139	128	英国电信	BT	英国	United Kingdom	29958.2	-2.7
140	159	葛兰素史克	GlaxoSmithKline	英国	United Kingdom	29506.3	7.6
141	98	三菱电机	Mitsubishi Electric	日本	Japan	29183.2	-21.9
142	111	巴斯夫	BASF	德国	Germany	29103.3	-12.4
143	107	皇家飞利浦电子	Royal Philips Electronics	荷兰	Netherlands	28959.5	-17.2
144	144	好事达保险	Allstate	美国	United States	28865.0	-0.9
145	156	好利获得公司	Olivetti	意大利	Italy	28670.2	3.0
146	151	全球保险集团	Aegon	荷兰	Netherlands	28561.9	0.5
147	154	诺基亚	Nokia	芬兰	Finland	27931.4	-0.5
148	215	德州公用	TXU	美国	United States	27927.0	26.9
149	164	联合技术公司	United Technologies	美国	United States	27897.0	4.9
150	330		HBOS	英国	United Kingdom	27838.7	81.7

利润额(百万美元) Profits (USD mil.)	比上年增长 % % Change from 2000	资产额(百万美元) Assets (USD mil.)	股东产权权益(百万美元) Stockholders' Equity (USD mil.)	雇员人数(人) Employees (persons)
795.0	-76.1	162752.0	57950.0	110000
753.1	-28.6	120716.2	12207.8	162491
3970.6	-12.2	111287.3	31737.4	242500
-2418.0		14298.0	3459.0	234000
2366.0	-55.4	39676.1	14838.1	64273
560.2	-46.3	228160.4	5748.8	23047
1037.0	-59.3	501535.0	25275.8	102259
4147.0	62.8	617340.0	15373.0	3826
		103914.0	57930.0	85000
157.0	-61.8	16129.0	4940.0	30671
602.1	-4.6	10089.8	4882.9	64500
1671.0	49.6	45639.4	9589.3	97275
1253.9	14.8	17462.6	5889.6	193000
1190.1	4.1	19173.7	7821.7	171794
3813.4	33.3	536722.5	40197.9	99400
591.3	16.1	31554.7	8001.4	193516
-785.0	-238.0	23689.0	11117.0	70950
32.1	-51.7	9464.7	2430.9	4164
-1210.8	-268.4	58129.8	2094.5	27062
120.2	-22.5	31265.9	3646.6	22000
5668.0	18.1	38488.0	24233.0	101800
1589.0	-16.5	27904.0	6610.0	20000
-23133.4		231968.7	185935.2	177545
98.0		18048.0	6129.0	246000
860.6	-13.3	45061.6	8978.5	140417
625.4	-43.1	174166.6	2353.1	53821
7788.0	109.0	39153.0	18293.0	90000
473.0	-50.4	256898.0	16062.0	46154
568.0		22754.0	5498.0	10000
1417.6	1.4	139521.7	4766.1	283330
1246.0	-42.8	13535.0	4694.0	34600
2310.0	-24.7	312218.0	18231.0	22677
892.3	67.2	30355.6	6833.7	94000
2399.0	-18.2	24636.0	10248.0	370000
544.5	-55.5	24737.1	7386.5	220999
2674.5	7.2	318874.5	20039.3	114927
-3710.0	-938.2	814908.5	21976.0	25027
-3937.0	-398.7	33398.0	13691.0	111000
1424.8		39406.2	-509.8	108600
4454.2	-30.2	31897.8	10940.2	107470
-623.6	-155.3	30613.5	4087.3	116192
5246.0	357.9	32832.4	15280.6	92545
-2331.9	-126.3	34238.2	16430.0	188643
1158.0	-47.6	109175.0	17196.0	40800
-2767.1		83896.8	11333.5	116020
2146.5	12.4	235111.7	13615.5	25663
1970.1	-45.9	19968.3	10867.0	53849
677.0	-26.1	42275.0	7956.0	18000
1938.0	7.2	26969.0	8369.0	152000
2413.6	36.3	454482.6	16690.4	55413

16-2 续表3 continued

位次 Rank		企业名称	Company Name	国家（地区）	Country or Territory	营业额(百万美元) Revenues (USD mil.)	比上年增长% % Change from 2000
2001	2000						
151	168	西班牙电话	Telefónica	西班牙	Spain	27807.5	5.6
152	199	陶氏化学公司	Dow Chemical	美国	United States	27805.0	20.8
153	277	欧洲航空防御及航天公司	EADS	荷兰	Netherlands	27579.5	53.6
154	178	巴克莱银行	Barclays	英国	United Kingdom	27569.4	9.9
155	163	圣戈班公司	Saint-Gobain	法国	France	27214.1	2.2
156	175	康尼格拉	ConAgra	美国	United States	27194.2	7.1
157	165	宝德信金融集团	Prudential Financial	美国	United States	27177.0	2.4
158	150	拜尔	Bayer	德国	Germany	27111.2	-5.3
159	234	百事公司	PepsiCo	美国	United States	26935.0	31.8
160	157	富国	Wells Fargo	美国	United States	26891.0	-2.5
161	152	伊藤洋华堂	Ito-Yokado	日本	Japan	26822.5	-5.5
162	110	英特尔公司	Intel	美国	United States	26539.0	-21.3
163	153	国际造纸公司	International Paper	美国	United States	26363.0	-6.4
164	189	挪威国家石油公司	Statoil	挪威	Norway	26285.9	11.2
165		三菱东京金融集团	Mitsubishi Tokyo Financial Group	日本	Japan	26091.0	
166	142	德尔福	Delphi	美国	United States	26088.0	-10.5
167	190	斯普林特公司	Sprint	美国	United States	26071.0	10.4
168	342	德国德众银行	DZ Bank	德国	Germany	25987.3	75.4
169	196	国家电力公司	Enel	意大利	Italy	25773.3	11.4
170	219	纽约人寿保险公司	New York Life Insurance	美国	United States	25678.2	19.7
171	137	三菱汽车	Mitsubishi Motors	日本	Japan	25598.0	-13.6
172	141	杜邦	DuPont de Nemours (E.I.)	美国	United States	25370.0	-13.1
173	211	佐治亚－太平洋公司	Georgia-Pacific	美国	United States	25309.0	13.9
174		日联银行	UFJ Holdings	日本	Japan	25299.9	
175	201	微软	Microsoft	美国	United States	25296.0	10.2
176	134	明治相互生命保险公司	Meiji Life Insurance	日本	Japan	25295.5	-15.1
177	174	沃尔特·迪斯尼公司	Walt Disney	美国	United States	25269.0	-0.5
178	161	安泰	Aetna	美国	United States	25190.8	-6.1
179	129	英格雷姆麦克罗	Ingram Micro	美国	United States	25186.9	-18.0
180	84	朗讯科技	Lucent Technologies	美国	United States	25132.0	-39.3
181	202	皮诺春天集团	Groupe Pinault-Printemps	法国	France	24893.5	8.8
182	176	洛克希德－马丁公司	Lockheed Martin	美国	United States	24793.0	-2.1
183	223	沃尔格林公司	Walgreen	美国	United States	24623.0	16.1
184	173	桑斯博里	J. Sainsbury	英国	United Kingdom	24575.4	-3.7
185	160	巴西石油公司	Petrobrás	巴西	Brazil	24549.0	-8.9
186	177	第一银行	Bank One Corp.	美国	United States	24527.0	-2.5
187	93	美国教师退休基金会	TIAA-CREF	美国	United States	24230.6	-36.3
188	221	菲利普斯石油公司	Phillips Petroleum	美国	United States	24189.0	14.0
189	170	贝尔南方	BellSouth	美国	United States	24130.0	-7.7
190	171	佳能公司	Canon	日本	Japan	23936.0	-7.2
191	185	兴业银行	Société Générale	法国	France	23924.1	-1.2
192	214	毕尔巴鄂比斯开银行	Banco Bilbao Vizcaya Argentaria	西班牙	Spain	23848.0	8.2
193	226	德国商业银行	Commerzbank	德国	Germany	23778.1	13.1
194	200	阿西布朗勃法瑞	ABB	瑞士	Switzerland	23726.0	3.3
195	180	霍尼韦尔国际公司	Honeywell Intl.	美国	United States	23652.0	-5.5
196	179		AEON	日本	Japan	23620.9	-5.8
197	155	日本三菱石油公司	Nippon Mitsubishi Oil	日本	Japan	23520.6	-16.0
198	225	联合健康集团	UnitedHealth Group	美国	United States	23454.0	11.0
199	218	欧尚	Groupe Auchan	法国	France	23449.5	8.0
200	245	维亚康姆	Viacom	美国	United States	23222.8	15.9

利润额(百万美元) Profits (USD mil.)	比上年增长% % Change from 2000	资产额(百万美元) Assets (USD mil.)	股东产权权益(百万美元) Stockholders' Equity (USD mil.)	雇员人数(人) Employees (persons)
1886.6	-18.5	76940.9	23012.7	161527
-385.0	-125.1	35515.0	9993.0	52689
1228.6		43374.3	8794.2	102967
3549.9	-5.3	519064.2	21114.8	77100
1015.5	-27.6	28618.2	10617.6	173329
638.0	54.5	16480.8	3983.2	89000
-154.0	-138.7	293000.0	20400.0	60000
864.2	-48.5	32978.4	15066.8	116900
2662.0	21.9	21695.0	8648.0	143000
3423.0	-15.0	307569.0	27214.0	119714
421.1	-5.8	17783.5	8423.8	97532
1291.0	-87.7	44385.0	35830.0	83400
-1204.0	-947.9	37158.0	10291.0	100000
1918.1	48.7	22264.2	5772.3	16686
-1218.2		750713.5	25083.3	22261
-370.0	-134.8	18602.0	2312.0	195000
-1401.0	-1606.5	45793.0	12616.0	83700
54.6	11.5	324668.6	3243.6	26651
3784.4	87.7	53342.9	18694.2	72661
1086.0	-9.9	109961.3	7855.2	7400
90.0		21839.7	2042.2	64000
4339.0	87.5	40319.0	14452.0	79084
-407.0	-180.6	26364.0	4905.0	75000
-9816.5		601895.1	19623.1	24195
7346.0	-22.0	59257.0	47289.0	47600
117.7	-86.5	129552.3	4749.9	38446
-158.0	-117.2	43699.0	22672.0	114000
-279.6	-320.0	43255.1	9890.3	35700
6.7	-97.0	5302.0	1867.3	14000
-16198.0	-1428.8	33664.0	11023.0	77000
674.0	-4.9	31144.4	5068.1	115935
-1046.0		27564.0	6443.0	125000
885.6	14.0	8833.8	5207.2	106000
521.2	34.5	15765.0	6903.5	108500
3491.0	-34.6	36864.0	13247.0	38463
2638.0		268954.0	20226.0	73519
585.2	-52.1	274389.9	8651.1	6385
1661.0	-10.8	35217.0	14340.0	38700
2570.0	-39.1	52046.0	18597.0	87875
1379.4	10.9	21705.5	11128.2	93620
1928.9	-22.6	456313.2	14023.3	86574
2116.1	2.6	275343.0	15579.7	95588
91.3	-92.6	446352.6	10470.7	39481
-691.0	-147.9	32344.0	2014.0	156865
-99.0	-106.0	24226.0	9170.0	115000
168.2	99.8	15304.9	2599.6	41624
192.0	-28.7	25990.9	6972.7	14368
913.0	24.0	12486.0	3891.0	30000
295.5	4.5	15384.7	3496.5	136000
-223.5		90809.9	62716.8	91400

16-2 续表 4 continued

位次 Rank		企业名称	Company Name	国家(地区)	Country or Territory	营业额(百万美元)	
2001	2000					Revenues (USD mil.)	比上年增长 % % Change from 2000
201	191	西德意志银行	Westdeutsche Landesbank	德国	Germany	23139.1	-1.7
202	244	乐喜金星电子公司	LG Electronics	韩国	Korea, Rep.	23136.9	15.2
203	169	太平洋天然气和电气公司	PG&E Corp.	美国	United States	22959.0	-12.5
204	158	三菱重工	Mitsubishi Heavy Industries	日本	Japan	22905.0	-16.8
205	197	美国铝公司	Alcoa	美国	United States	22859.0	-1.0
206	192	劳埃德集团	Lloyds TSB Group	英国	United Kingdom	22822.8	-3.0
207	146	阿尔卡泰尔公司	Alcatel	法国	France	22703.5	-21.8
208	232		KDDI	日本	Japan	22663.6	10.5
209	188	美国运通公司	American Express	美国	United States	22582.0	-4.6
210	133	爱立信公司	L.M. Ericsson	瑞典	Sweden	22416.3	-24.9
211	184		Wachovia Corp.	美国	United States	22396.0	-7.6
212	166	莱曼兄弟公司	Lehman Brothers Hldgs.	美国	United States	22392.0	-15.3
213	256	思科系统	Cisco Systems	美国	United States	22293.0	17.8
214	228	中国电信公司	China Telecommunications	中国	China	22272.2	7.0
215	243		CVS	美国	United States	22241.4	10.7
216	257	劳氏	Lowe's	美国	United States	22111.1	17.7
217	253	西斯科	Sysco	美国	United States	21784.5	12.9
218	220	布里斯托尔－迈尔斯施贵宝公司	Bristol-Myers Squibb	美国	United States	21717.0	1.8
219	103	现代公司	Hyundai	韩国	Korea, Rep.	21701.5	-39.8
220	296	三井相互人寿保险公司	Mitsui Mutual Life Insurance	日本	Japan	21655.7	30.3
221	255	电子数据系统公司	Electronic Data Systems	美国	United States	21543.0	12.0
222	172	皇家和太阳联盟公司	Royal & Sun Alliance	英国	United Kingdom	21525.2	-15.8
223	210		TUI	德国	Germany	21252.6	-4.6
224	186	关西电力公司	Kansai Electric Power	日本	Japan	21206.5	-11.5
225	242	拉博银行	Rabobank	荷兰	Netherlands	21140.9	5.1
226	209	印度石油公司	Indian Oil	印度	India	20915.5	-6.1
227	195	超价商店	Supervalu	美国	United States	20908.5	-9.9
228	208	阿尔斯通	Alstom	法国	France	20734.1	-7.0
229	181	新日本制铁	Nippon Steel	日本	Japan	20645.0	-17.0
230	231	安万特	Aventis	法国	France	20543.6	-0.3
231	262	FONCIERE EURIS	Fonciére Euris	法国	France	20489.9	11.1
232	240	卡特彼勒公司	Caterpillar	美国	United States	20450.0	1.1
233	198	东日本铁路	East Japan Railway	日本	Japan	20341.0	-11.7
234	241	日本邮政业务公司	Japan Postal Service	日本	Japan	20281.2	0.6
235	258	瑞士再保险公司	Swiss Reinsurance	瑞士	Switzerland	20210.2	8.1
236	280		Gazprom	俄罗斯	Russian Fed.	20148.4	13.9
237	162	大荣	Daiei	日本	Japan	20113.0	-24.6
238	205	法国国家人寿保险公司	CNP Assurances	法国	France	20098.8	-11.0
239	233	可口可乐公司	Coca-Cola	美国	United States	20092.0	-1.8
240	405	阿彻－丹尼尔斯－米德兰公司	Archer Daniels Midland	美国	United States	20051.4	55.7
241	207	全美汽车租赁	AutoNation	美国	United States	19989.3	-10.5
242	206		IntesaBci	意大利	Italy	19946.4	-11.4
243	213	中国工商银行	Industrial & Commercial Bank of China	中国	China	19827.8	-10.2
244	297	奎斯特电信	Qwest Communications	美国	United States	19743.0	18.9
245	293	DELHAIZE"LELION"公司	Delhaize 'Le Lion'	比利时	Belgium	19629.3	14.3
246	268	联邦捷运公司	FedEx	美国	United States	19629.0	7.5
247	329		Best Buy	美国	United States	19597.0	27.9
248	193	LG 国际公司	LG International	韩国	Korea, Rep.	19515.9	-16.8
249	471	麻省相互人寿保险公司	Mass. Mutual Life Ins.	美国	United States	19339.6	71.5
250	273	法玛西亚	Pharmacia	美国	United States	19299.0	4.4

利润额(百万美元) Profits (USD mil.)	比上年增长 % % Change from 2000	资产额(百万美元) Assets (USD mil.)	股东产权权益(百万美元) Stockholders' Equity (USD mil.)	雇员人数(人) Employees (persons)
168.2	-62.2	384559.4	7888.9	14674
795.6	123.6	20083.7	2944.9	64000
1099.0		35862.0	4322.0	22619
211.5		29541.1	9678.3	62753
908.0	-38.8	28355.0	10614.0	129000
3600.3	-12.8	344257.0	15660.0	81400
-4444.4	-463.2	32542.1	8574.3	99314
103.8	-14.5	24170.3	6466.8	13575
1311.0	-53.3	151100.0	12037.0	84417
-2056.0	-189.7	23838.1	6538.5	85200
1619.0	1659.8	330452.0	28455.0	84046
1255.0	-29.3	247816.0	8459.0	13100
1014.0	-137.7	35238.0	27120.0	38000
699.1	-23.3	71812.9	37029.8	566587
413.2	-44.6	8628.2	4566.9	110000
1023.3	26.3	13736.2	6674.4	108000
596.9	34.0	5468.5	2147.5	43000
5245.0	11.3	27057.0	10736.0	46000
-186.1		1020.8	73.6	4458
466.9	13.8	62443.9	1503.1	18034
1363.0	19.2	16353.0	6446.0	143000
-1781.4		98124.0	6942.2	50923
309.9	-3.1	14801.2	2699.9	69550
1027.2	-7.5	56645.3	11926.8	37911
		323755.0	14773.9	58120
588.7	-1.2	11820.1	3179.6	37887
205.5	150.8	5824.8	1916.7	57800
-123.2	-166.6	24604.4	1528.8	118995
-227.1	-194.8	30411.2	6844.5	50900
1347.7		34932.7	10703.1	91729
49.3	-27.0	16028.4	605.5	113447
805.0	-23.6	30657.0	5611.0	72004
380.3	-39.2	52983.7	7022.6	80200
-90.4		101983.4	36064.7	142923
-97.8	-105.6	102529.7	13610.8	8623
		49226.6	27093.3	306300
-2676.3	-737.4	19119.3	-2222.5	28697
523.2	21.3	129385.9	3916.9	2735
3969.0	82.3	22417.0	11366.0	3800
383.3	27.4	14339.9	6331.7	22834
232.3	-29.6	8065.4	3827.9	31000
831.2	-38.3	280374.9	12618.0	70182
740.0	17.4	524244.7	23107.6	429709
-4010.0		73671.0	36668.0	61306
133.8	-9.9	10760.8	3308.6	146785
584.4	-15.1	13340.0	5900.4	176960
570.0	44.0	7375.0	2521.0	72000
25.7	-9.8	2457.9	349.1	1300
852.1	5.0	87808.6	5149.1	10929
1501.0	109.3	22377.0	12390.0	59600

16-2 续表5 continued

位次 Rank 2001	2000	企业名称	Company Name	国家(地区)	Country or Territory	营业额(百万美元) Revenues (USD mil.)	比上年增长% % Change from 2000
251	399	富士胶卷公司	Fuji Photo Film	日本	Japan	19203.4	47.7
252	271	日本电装公司	Denso	日本	Japan	19203.1	5.4
253	204	佛雷特波士顿银行	FleetBoston	美国	United States	19190.0	-15.1
254	246	信诺公司	Cigna	美国	United States	19115.0	-4.4
255	203	东绵	Tomen	日本	Japan	19073.1	-16.2
256	320		Dexia Group	比利时	Belgium	19049.9	21.4
257	224	诺华	Novartis	瑞士	Switerland	18985.8	-10.5
258	239	美利坚公司	AMR	美国	United States	18963.0	-6.3
259	227	里昂信贷银行	Crédit Lyonnais	法国	France	18847.5	-9.8
260	229	洛斯公司	Loews	美国	United States	18799.1	-9.1
261	369	旭电	Solectron	美国	United States	18692.3	32.2
262	306	迪阿吉奥	Diageo	英国	United Kingdom	18604.8	15.7
263	130	北电网络	Nortel Networks	加拿大	Canada	18507.0	-38.9
264	287	约翰逊控制器公司	Johnson Controls	美国	United States	18427.2	7.7
265	264	标准人寿保险公司	Standard Life Assurance	英国	United Kingdom	18415.7	0.3
266	281	布伊格公司	Bouygues	法国	France	18333.5	4.1
267	368	沃尔沃公司	Volvo	瑞典	Sweden	18301.3	29.0
268	319	太阳微系统公司	Sun Microsystems	美国	United States	18250.0	16.1
269	282	弗朗茨－哈尼尔有限公司	Franz Haniel	德国	Germany	18212.9	5.2
270	335	英国煤气	Centrica	英国	United Kingdom	18161.2	20.6
271	261	英美烟草公司	British American Tobacco	英国	United Kingdom	18143.9	-1.7
272	283		Almanij	比利时	Belgium	18054.7	4.3
273	250	丰田通商	Toyota Tsusho	日本	Japan	18040.2	-7.5
274	265	法国国营铁路公司	SNCF	法国	France	18025.5	-1.7
275	295		HCA	美国	United States	17953.0	7.7
276	299	贝特尔斯曼公司	Bertelsmann	德国	Germany	17886.9	8.0
277	251	中国银行	Bank Of China	中国	China	17869.3	-8.3
278		威斯蒂安	Visteon	美国	United States	17843.0	
279	237	中部电力公司	Chubu Electric Power	日本	Japan	17826.1	-12.5
280	247	阿比国民银行	Abbey National	英国	United Kingdom	17798.3	-10.4
281	338		BHP Billiton	澳大利亚	Australia	17789.0	19.4
282	236	萨拉·李公司	Sara Lee	美国	United States	17747.0	-13.1
283	316	华盛顿共同公司	Washington Mutual	美国	United States	17692.0	12.2
284	254	国营石油公司	Petronas	马来西亚	Malaysia	17679.3	-8.4
285	260	布里奇斯通轮胎公司	Bridgestone	日本	Japan	17566.3	-5.7
286	222	三星人寿保险公司	Samsung Life Insurance	韩国	Korea, Rep.	17503.3	-17.5
287	336	中国移动通信	China Mobile Communications	中国	China	17405.9	15.7
288	289	罗氏制药	Roche Group	瑞士	Switerland	17282.1	1.8
289	362	鲜京环球	SK Global	韩国	Korea, Rep.	17214.3	19.7
290	235	技术数据	Tech Data	美国	United States	17197.5	-15.8
291	278	挪威水利发电公司	Norsk Hydro	挪威	Norway	16998.7	-4.6
292	263	联合百货公司	Federated Dept. Stores	美国	United States	16895.0	-8.2
293	238	三洋电气公司	Sanyo Electric	日本	Japan	16892.0	-16.7
294	298	巴登－符腾堡州立银行	Landesbank Baden-Wurttemberg	德国	Germany	16876.7	1.9
295	266	雷声公司	Raytheon	美国	United States	16867.0	-7.9
296	270	马自达汽车公司	Mazda Motor	日本	Japan	16754.3	-8.1
297			Groupe Caisse d'epargne	法国	France	16693.0	5.2
298	292	安田相互人寿保险公司	Yasuda Mutual Life Insurance	日本	Japan	16574.7	-2.1
299	327	加拿大皇家银行	Royal Bank of Canada	加拿大	Canada	16535.9	7.0
300	259	施乐公司	Xerox	美国	United States	16502.0	-11.8

利润额(百万美元) Profits (USD mil.)	比上年增长% % Change from 2000	资产额(百万美元) Assets (USD mil.)	股东产权权益(百万美元) Stockholders' Equity (USD mil.)	雇员人数(人) Employees (persons)
650.5	-39.0	22230.6	12812.1	72569
578.3	5.2	17814.3	10723.2	86639
931.0	-72.8	203638.0	17608.0	55909
989.0	0.2	91589.0	5055.0	44600
37.7	-58.7	10927.3	35.2	9207
1277.0	38.0	312835.6	7423.0	21460
4162.4	-2.5	40224.7	25444.2	71116
-1762.0	-316.7	32841.0	5373.0	123732
727.1	12.2	180179.5	7307.3	41349
-589.1	-131.4	75251.1	9649.3	27820
-123.5	-124.8	12930.4	5150.7	57000
1779.1	14.4	24797.5	7294.9	65317
-27302.0		21137.0	4824.0	52600
478.3	1.2	9911.5	2985.4	112000
		114538.9		13112
308.1	-20.8	20043.1	4220.3	125034
-141.8	-127.6	24874.2	8120.8	70921
927.0	-50.0	18181.0	10586.0	43700
270.0	-34.5	8563.1	2539.7	38118
465.2	-6.8	10470.1	2186.0	31550
1454.5	43.2	25076.4	6918.9	59670
617.7	-51.2	230874.7	6271.5	51189
70.2	-4.9	6957.0	1136.9	9772
-125.4	-176.6	35989.6	3753.8	220700
1051.0	379.9	17645.0	4927.0	174000
701.7	63.2	14858.0	2222.2	82162
955.4	72.7	406157.5	26389.9	201590
-118.0		11078.0	3291.0	56300
882.6	3.7	48554.3	9267.1	23616
1837.6	-11.2	312772.5	11717.4	27634
1529.0	49.4	28028.0	11340.0	58953
2266.0	85.4	10167.0	1122.0	141500
3114.0	64.0	242506.0	14063.0	39465
3833.8	-11.6	37928.2	17025.2	25733
143.2	-13.0	18646.1	6372.1	104700
484.0	129.2	48396.4	4035.3	6550
2608.8	25.8	38940.0	23391.9	87107
2190.9	-57.2	45344.8	17450.5	63717
-94.5	-359.4	8889.8	1674.0	3842
110.8	-37.8	3458.3	1259.9	8600
877.8	-44.7	22066.5	8338.7	36867
-276.0		15044.0	5564.0	115000
13.8	-96.4	20746.8	4543.5	80500
409.3	-1.8	267128.4	7986.6	10393
-763.0	-641.1	26636.0	11290.0	87200
70.6		13090.0	1304.1	39192
707.4	11.4	307228.0	7537.9	43110
216.5	-61.4	73906.0	1916.7	21489
1581.4	5.6	228462.4	11474.4	57568
-293.0		28000.0	3148.0	79000

16-2 续表 6 continued

位次 Rank		企业名称	Company Name	国家(地区)	Country or Territory	营业额(百万美元)	
2001	2000					Revenues (USD mil.)	比上年增长 % % Change from 2000
301	274	阿斯特拉捷利康	AstraZeneca	英国	United Kingdom	16480.0	-9.0
302	284	鹿岛公司	Kajima	日本	Japan	16477.9	-4.6
303	350	澳大利亚国民银行	National Australia Bank	澳大利亚	Australia	16450.1	12.2
304		美国银行	U.S. Bancorp	美国	United States	16443.0	135.0
305	217	日绵	Nichimen	日本	Japan	16437.0	-24.9
306	285	汤普森－拉莫－伍尔德里奇公司	TRW	美国	United States	16383.0	-4.9
307	230	日本烟草公司	Japan Tobacco	日本	Japan	16330.9	-20.8
308	386		Vinci	法国	France	16290.9	19.6
309	379	雅培制药公司	Abbott Laboratories	美国	United States	16285.2	18.5
310	290	西北相互人寿保险公司	Northwestern Mutual	美国	United States	16211.8	-4.5
311	276	中国化工进出口总公司	Sinochem	中国	China	16164.4	-10.4
312	279	东京海上火灾保险公司	Tokio Marine & Fire Insurance	日本	Japan	16155.5	-9.0
313	315		Adecco	瑞士	Switzerland	16146.7	2.4
314	269	翠丰集团	Kingfisher	英国	United Kingdom	16142.1	-11.5
315	252	联合航空公司	UAL	美国	United States	16138.0	-16.6
316	294		3M	美国	United States	16079.0	-3.9
317	442		Skanska	瑞典	Sweden	15947.6	35.3
318	337	乔治韦斯顿公司	George Weston	加拿大	Canada	15923.3	5.8
319	452	AMERISOURCE BERGEN	AmerisourceBergen	美国	United States	15822.6	36.3
320	318	巴伐利亚州立银行	Bayerische Landesbank	德国	Germany	15794.9	0.3
321	345	意大利联合信贷银行	UniCredito Italiano	意大利	Italy	15791.0	6.9
322	347	可口可乐企业	Coca-Cola Enterprises	美国	United States	15700.0	6.4
323	267	日本出光兴产石油公司	Idemitsu Kosan	日本	Japan	15679.3	-14.4
324	300	韩国电力公司	Korea Electric Power	韩国	Korea, Rep.	15674.4	-5.3
325	259	弗莱明公司	Fleming	美国	United States	15627.7	8.2
326	323	埃默森电器公司	Emerson Electric	美国	United States	15479.6	-0.4
327	301		Onex	加拿大	Canada	15369.3	-6.9
328	351	PUBLIX 超级市场	Publix Super Markets	美国	United States	15284.2	4.9
329	343	法国邮政局	La Poste	法国	France	15248.5	3.0
330		三井住友保险公司	Mitsui Sumitomo Insurance	日本	Japan	15205.6	69.9
331	332	来德爱	Rite Aid	美国	United States	15171.1	-0.8
332	348	哈特福德金融服务公司	Hartford Fin. Services	美国	United States	15147.0	3.0
333			Exelon	美国	United States	15140.0	101.9
334	346	全国保险公司	Nationwide	美国	United States	15118.3	2.4
335	453		Xcel Energy	美国	United States	15028.2	29.6
336	349		Valero Energy	美国	United States	14988.3	2.2
337	370	巴西银行	Banco Bradesco	巴西	Brazil	14953.2	6.9
338	374	汉莎集团	Lufthansa Group	德国	Germany	14945.8	6.4
339	339	加拿大贝尔电子	BCE	加拿大	Canada	14873.4	19.8
340	366	麦当劳公司	McDonald's	美国	United States	14870.0	4.4
341	341		Anglo American	英国	United Kingdom	14786.0	-0.3
342	353	米其林公司	Michelin	法国	France	14566.4	-0.2
343	352	曼恩公司	Man Group	德国	Germany	14551.6	-0.4
344	309	惠好公司	Weyerhaeuser	美国	United States	14545.0	-9.0
345	376	金伯利－克拉克有限公司	Kimberly-Clark	美国	United States	14524.4	3.9
346	272	夏普公司	Sharp	日本	Japan	14426.1	-20.8
347	372	卡尔斯泰公司	KarstadtQuelle	德国	Germany	14388.1	2.2
348	303	电通公司	Dentsu	日本	Japan	14311.2	-12.8
349	302	利保相互保险集团	Liberty Mutual Group	美国	United States	14256.0	-13.3
350	314	三菱化学工业公司	Mitsubishi Chemical	日本	Japan	14238.5	-9.9

利润额(百万美元) Profits (USD mil.)	比上年增长% % Change from 2000	资产额(百万美元) Assets (USD mil.)	股东产权权益(百万美元) Stockholders' Equity (USD mil.)	雇员人数(人) Employees (persons)
2967.0	16.9	17985.0	9786.0	52600
-329.1	-492.3	16800.8	1359.8	17646
1087.8	-44.9	184924.5	11591.8	44983
1706.5	32.9	171390.0	16461.0	49955
10.7		10596.0	615.2	20117
68.0	-84.5	14444.0	2186.0	93700
294.7	-25.4	23111.2	12171.0	39387
406.1	46.6	18076.9	2112.6	130000
1550.4	-44.4	23296.4	9059.4	71426
649.6	-64.5	98391.4	6891.8	4112
82.2	-10.9	4601.1	1251.5	7665
328.5	-13.1	64776.8	13647.5	14181
-253.0		5615.3	1076.3	30000
-357.4	-157.2	10170.4	3494.6	88416
-2145.0	-4390.0	25197.0	3033.0	84000
1430.0	-19.8	14606.0	6086.0	71669
2.1	-99.7	8873.8	1703.7	79924
375.8	16.0	10196.9	2271.5	139000
123.8	25.0	10291.2	2838.6	12950
219.6	-56.5	290104.9	7319.7	9218
1302.1	1.3	185542.2	8489.7	63576
-321.0	-236.0	23719.0	2820.0	72000
53.8	-73.8	18720.0	2135.3	8600
1267.0	-3.4	52788.2	25120.3	16634
23.3		3654.7	498.2	23000
1031.8	-27.5	15046.4	6114.0	124500
515.3	307.1	13074.2	1390.1	87300
530.4	0.0	4405.8	2762.6	91150
-85.1	-166.1	43270.1	1451.3	313854
151.8	8.7	55259.6	9581.7	16121
-827.7		6479.2	9.6	75000
507.0	-47.9	181238.0	9013.0	27400
1428.0	143.7	34821.0	8230.0	29000
65.5	-84.1	122008.5	9508.8	33565
795.0	50.9	28735.1	6194.5	16595
563.6	66.2	14377.1	4202.6	22452
922.7	-3.0	47658.9	4227.6	65713
-567.0	-189.1	16210.0	3114.6	90008
337.7	-89.7	34038.7	10643.6	75000
1636.6	-17.2	22534.5	9488.4	395000
3176.0	62.3	25501.0	13426.0	204000
265.0	-28.1	15476.3	3558.3	127467
134.8	-65.4	10234.9	2174.0	77606
354.0	-57.9	18293.0	6695.0	44800
1609.9	-10.6	15007.6	5646.9	64200
90.5	-74.0	14840.5	6993.2	46518
210.4	-5.6	9357.8	1605.7	89379
219.6	-41.3	8278.4	3328.7	12167
-616.0	-314.6	40965.0	5780.0	34516
-361.9	-1359.9	16947.4	2593.6	38617

16-2 续表 7 continued

位次 Rank 2001	2000	企业名称	Company Name	国家(地区)	Country or Territory	营业额(百万美元) Revenues (USD mil.)	比上年增长% % Change from 2000
351	357	五月百货公司	May Dept. Stores	美国	United States	14175.0	-2.3
352	360	固特异轮胎和橡胶公司	Goodyear Tire & Rubber	美国	United States	14147.2	-1.9
353	392	蒙特爱迪生	Edison	意大利	Italy	14139.9	7.0
354	378	惠氏	Wyeth	美国	United States	14128.5	2.3
355	355	西方石油	Occidental Petroleum	美国	United States	14126.0	-2.9
356	364	德国联邦铁路	Deutsche Bahn	德国	Germany	14079.0	-1.5
357			Schlumberger	美国	United States	13988.1	39.4
358	365	国家电力公司	Endesa	西班牙	Spain	13948.3	-2.1
359	432		Household International	美国	United States	13915.7	16.3
360		庞巴迪	Bombardier	加拿大	Canada	13896.1	28.6
361	322	加拿大帝国商业银行	Canadian Imperial Bank of Commerce	加拿大	Canada	13889.4	-11.4
362	311	德尔塔航空公司	Delta Air Lines	美国	United States	13879.0	-17.1
363	384	加普公司	Gap	美国	United States	13847.9	1.3
364	371	新闻公司	News Corp.	澳大利亚	Australia	13754.8	-2.5
365	385	莱茵集团	RAG	德国	Germany	13691.3	0.2
366	404	丰业银行	Bank of Nova Scotia	加拿大	Canada	13673.2	6.2
367	310	日本通运公司	Nippon Express	日本	Japan	13661.1	-14.2
368	391	日本电信	Japan Telecom	日本	Japan	13628.3	2.8
369	373	利尔公司	Lear	美国	United States	13624.7	-3.2
370	387	多伦多－道明银行	Toronto-Dominion Bank	加拿大	Canada	13584.8	-0.2
371	324	东北电力公司	Tohoku Electric Power	日本	Japan	13573.7	-12.6
372	383	奥托邮购两合公司	Otto Versand	德国	Germany	13564.3	-0.8
373		诺斯洛普格拉曼	Northrop Grumman	美国	United States	13558.0	63.6
374	288		Legal & General	英国	United Kingdom	13541.3	-20.5
375	334	瑞士人寿保险和养老保险	Swiss Life Ins. & Pension	瑞士	Switzerland	13511.4	-10.5
376	418	阿拉美达赫斯	Amerada Hess	美国	United States	13413.0	9.3
377	390	哈利伯顿公司	Halliburton	美国	United States	13405.0	0.5
378	313	大成公司	Taisei	日本	Japan	13386.7	-15.4
379	377	理光公司	Ricoh	日本	Japan	13374.7	-3.9
380		埃森哲	Accenture	美国	United States	13347.9	
381	358	铃木自动车工业公司	Suzuki Motor	日本	Japan	13342.0	-7.8
382	394	迪尔公司	Deere	美国	United States	13292.9	1.2
383	375	伊士曼柯达公司	Eastman Kodak	美国	United States	13234.0	-5.4
384	305	日本钢管公司	NKK	日本	Japan	13224.1	-18.2
385	275	日本能源公司	Japan Energy	日本	Japan	13202.6	-27.0
386	398	伊莱克斯	Electrolux	瑞典	Sweden	13130.6	0.8
387			AdvancePCS	美国	United States	13107.3	86.6
388	425	伟创力	Flextronics International	新加坡	Singapore	13104.8	8.2
389	411	中国建设银行	China Construction Bank	中国	China	13082.8	3.7
390	351		BAE Systems	英国	United Kingdom	13020.0	-11.0
391	356		Arcelor	卢森堡	Luxemburg	13005.3	-10.6
392	414	中国粮油食品进出口总公司	COFCO	中国	China	13003.7	3.9
393		CMZ 能源	CMS Energy	美国	United States	12977.0	44.2
394	393	达能集团	Groupe Danone	法国	France	12957.8	-1.9
395	333	农林中央银行	Norinchukin Bank	日本	Japan	12939.1	-15.4
396		辛辛那提能源	Cinergy	美国	United States	12922.5	53.4
397	419	安霍伊泽－布施公司	Anheuser-Busch	美国	United States	12911.5	5.3
398	381	温－迪克西百货公司	Winn-Dixie Stores	美国	United States	12903.4	-5.8
399	328	日本航空公司	Japan Airlines	日本	Japan	12865.7	-16.5
400	496	法国煤气	Gaz de France	法国	France	12856.6	24.2

利润额(百万美元) Profits (USD mil.)	比上年增长% % Change from 2000	资产额(百万美元) Assets (USD mil.)	股东产权权益(百万美元) Stockholders' Equity (USD mil.)	雇员人数(人) Employees (persons)
703.0	-18.1	11920.0	3841.0	127000
-203.6	-605.2	13512.9	2864.0	96430
-282.1	-217.4	18654.1	1364.9	29856
2285.3		22967.9	4072.6	52219
1154.0	-26.5	17850.0	5634.0	8235
-373.4	-731.4	37361.7	7453.3	214371
522.2	-28.9	22326.4	8378.5	81000
1324.4	2.2	44684.9	7707.0	26889
1923.5	13.1	89416.0	8658.6	32000
251.1	-61.7	17452.5	2572.0	80000
1094.9	-21.6	181186.4	7500.2	42315
-1216.0	-246.9	23603.0	3769.0	76273
-7.8	-100.9	7591.3	3009.6	140000
-401.2	-133.2	43169.5	21615.0	31400
1.4	-99.0	17920.4	1801.2	87500
1408.6	7.9	179264.7	9207.0	46804
169.4		9417.8	2832.4	66716
-527.6	-432.5	14006.2	2953.1	7593
26.3	-90.4	7579.2	1559.1	115929
898.2	29.2	181415.8	8448.1	45565
559.8	-22.3	32442.3	6118.5	19467
190.9	-33.0	6087.8	943.6	50055
427.0	-29.8	20886.0	7391.0	100000
275.1	-157.2	157589.9	4019.8	8453
73.5	-86.6	98343.1	3000.7	12784
914.0	-10.7	15369.0	4907.0	10838
809.0	61.5	10966.0	4752.0	85000
-247.9	-427.0	14834.3	1342.5	18462
492.8	2.4	13829.6	4776.2	74209
1057.4		6061.4	282.2	75000
179.1	-2.2	10168.7	4678.0	29695
-64.0	-113.2	22663.1	3992.2	45100
76.0	-94.6	13362.0	2894.0	75100
-540.6	-161.6	16805.9	2418.5	39875
2.4	-99.5	12795.6	1369.1	10914
374.2	-19.8	9003.7	2751.6	87139
115.7	410.5	3224.0	877.3	6000
-153.7		8601.2	4455.5	70000
624.3	-31.5	334067.9	14517.4	316000
-193.0		25041.5	9660.9	70100
-644.8	-191.9	13864.8	3671.0	59516
130.8	26.2	5068.8	1742.5	28000
-545.0	-1613.9	16338.0	1890.0	11486
118.2	-82.3	15220.9	5295.0	100560
564.7	-46.9	434446.7	14198.0	4057
442.3	10.7	12299.8	2941.5	8769
1704.3	9.9	13862.0	4061.5	23432
45.3		3041.7	771.7	82500
-293.7	-179.2	13855.6	1725.2	46075
797.9	100.3	20588.9	5308.4	36451

16-2 续表 8 continued

位次 Rank		企业名称	Company Name	国家（地区）	Country or Territory	营业额(百万美元)	
2001	2000					Revenues (USD mil.)	比上年增长% % Change from 2000
401	409	太阳相互人寿保险公司	Taiyo Mutual Life Insurance	日本	Japan	12824.2	1.4
402		安富利	Avnet	美国	United States	12814.0	39.7
403	401	电路城市	Circuit City Stores	美国	United States	12791.5	-1.3
404	367	铃木汽车	Isuzu Motors	日本	Japan	12777.8	-10.0
405	325	清水公司	Shimizu	日本	Japan	12668.5	-18.2
406	326	科尔斯美亚公司	Coles Myer	澳大利亚	Australia	12642.8	-18.3
407	402	阿克佐诺贝尔公司	Akzo Nobel	荷兰	Netherlands	12635.5	-2.4
408		阿尔坎公司	Alcan	加拿大	Canada	12626.0	36.6
409		COMPASS 集团	Compass Group	英国	United Kingdom	12552.0	
410			WellPoint Health Netwks.	美国	United States	12428.6	34.7
411	416	澳洲电信	Telstra	澳大利亚	Australia	12414.7	-0.5
412	408	太阳石油	Sunoco	美国	United States	12402.0	-2.1
413		韩国电信	KT	韩国	Korea, Rep.	12348.5	3.2
414	396	达信	Textron	美国	United States	12321.0	-5.9
415	446	欧莱雅	Loreal	法国	France	12304.5	5.1
416	470	拉法基	Lafarge	法国	France	12266.5	8.7
417	340	保险集团	Groupama	法国	France	12263.8	-17.4
418	428	塞夫韦公司	Safeway	英国	United Kingdom	12257.6	1.7
419			Nordea	瑞典	Sweden	12209.2	9.9
420	445	爱迪生国际	Edison International	美国	United States	12183.9	4.0
421	495	通用动力	General Dynamics	美国	United States	12163.0	17.4
422	361	卢克石油公司	Lukoil	俄罗斯	Russian Fed.	12106.0	-3.2
423	429	斯达拉恩索	Stora Enso	芬兰	Finland	12097.1	0.6
424	463		Tenet Healthcare	美国	United States	12053.0	5.6
425	430	英国邮局	Consignia	英国	United Kingdom	12040.0	0.2
426	437	联合太平洋铁道公司	Union Pacific	美国	United States	11973.0	0.8
427	449		Migros	瑞士	Switzerland	11955.2	2.7
428	380	英国航空公司	British Airways	英国	United Kingdom	11942.6	-13.0
429	433	拉加代尔	Lagardere	法国	France	11905.6	-0.4
430	397		Carso Global Telecom	墨西哥	Mexico	11889.9	-9.1
431	389	住友电气工业公司	Sumitomo Electric Industries	日本	Japan	11876.6	-11.2
432	466	加拿大电力保险公司	Power Corp. of Canada	加拿大	Canada	11854.8	4.1
433	461	太平洋健康系统	PacifiCare Health Sys.	美国	United States	11844.0	2.3
434	420	农场工业公司	Farmland Industries	美国	United States	11763.4	-3.9
435	304	泛加输油管道	TransCanada Pipelines	加拿大	Canada	11715.4	-27.9
436	441	汉高	Henkel	德国	Germany	11695.2	-1.0
437	406	巴西银行	Banco Do Brasil	巴西	Brazil	11685.2	-8.1
438	395	九州电力公司	Kyushu Electric Power	日本	Japan	11661.1	-11.0
439	434	马克思－斯潘塞有限公司	Marks & Spencer	英国	United Kingdom	11649.6	-2.5
440		国泰人寿保险	Cathay Life	中国台湾省	Taiwan, China	11590.5	0.0
441	480	礼来大药厂	Eli Lilly	美国	United States	11542.5	6.3
442	403	伍尔沃斯公司	Woolworths	澳大利亚	Australia	11502.0	-5.5
443	489	计算机科学	Computer Sciences	美国	United States	11426.0	8.6
444	415	废物处理公司	Waste Management	美国	United States	11322.0	-9.4
445	423	安田火灾海上保险公司	Yasuda Fire & Marine Insurance	日本	Japan	11306.1	-7.1
446	478	克里斯汀迪奥	Dior (Christian)	法国	France	11253.7	2.6
447	436	大林组	Obayashi	日本	Japan	11226.0	-5.5
448	421	阿尔贝德钢铁公司	Arbed	卢森堡	Luxemberg	11195.1	-8.5
449	410	蒙特利尔银行	Bank of Montreal	加拿大	Canada	11184.5	-11.5
450	456	办公用品公司	Office Depot	美国	United States	11154.1	-3.6

利润额(百万美元)		资产额(百万美元)	股东产权权益(百万美元)	雇员人数(人)
Profits (USD mil.)	比上年增长 % % Change from 2000	Assets (USD mil.)	Stockholders' Equity (USD mil.)	Employees (persons)
93.1	84.6	51724.1	1341.9	15276
15.4	-89.4	5864.1	2374.6	13600
218.8	36.1	4539.4	2734.4	52035
-343.8		9990.8	460.9	26234
80.6		14565.9	1741.1	13719
80.1	-57.2	4199.0	1646.7	162192
600.9	-32.7	11508.0	2333.7	66300
5.0	-99.2	17479.0	8791.0	53000
210.3		12717.2	4059.1	344830
414.7	21.2	7472.1	2132.6	14100
2182.2	-5.6	19040.4	6726.9	44874
398.0	-5.7	5932.0	1642.0	14200
862.0	-1.2	22848.3	8916.9	44731
166.0	-23.9	16052.0	3934.0	51000
1155.8	29.0	13241.7	6409.9	49150
671.6	0.1	26623.8	7017.9	82892
142.4	285.2	55357.8	3654.1	27400
355.4	7.1	6976.1	3005.5	57176
1404.1	-2.2	215067.7	10523.3	42017
1034.9		36890.0	3272.0	15613
943.0	4.7	11068.0	4528.0	51700
2109.0	-36.3	19942.0	12385.0	130000
829.5	-37.5	18304.6	8003.5	43000
643.0	112.9	12995.0	5079.0	90865
-1346.0	-1478.7	9042.4	3709.5	220000
966.0	14.7	31551.0	9575.0	60400
168.9	31.9	9930.7	4725.0	59731
-203.3	-220.6	19454.6	2870.8	53246
551.6	2.7	16037.3	3661.2	45533
632.7	-5.6	17498.5	833.7	65000
66.1	-81.8	13335.3	5210.4	69959
399.0	-9.8	43056.6	2939.4	28000
19.0	-88.2	5096.0	2033.8	8200
		2727.5	762.5	14500
389.3	-26.8	12586.2	4067.6	2550
449.5	3.9	8338.3	3132.3	45753
460.0	-13.6	71465.1	3785.9	79003
488.8	-8.7	32369.5	6224.2	19296
219.7	11322.4	10241.7	4387.2	50176
313.6	0.6	32294.8	2151.6	31000
2780.0	-9.1	16434.1	7104.0	4100
255.8	37.7	2582.8	477.1	14000
344.1	47.6	8610.5	3623.6	67000
503.0		19490.0	5392.0	57000
-428.1	-432.6	33039.3	4615.2	13678
-85.1	-136.7	26023.7	3372.7	55179
-592.4		15427.1	2190.8	13660
76.7	-81.3	13655.9	2380.4	48571
955.3	-24.1	150892.5	6732.6	33842
201.0	307.5	4331.6	1848.4	48000

16−2 续表 9 continued

位次 Rank		企业名称	Company Name	国家(地区)	Country or Territory	营业额(百万美元)	
2001	2000					Revenues (USD mil.)	比上年增长% % Change from 2000
451	426		Royal KPN	荷兰	Netherlands	11118.5	-7.9
452	331	康力斯集团	Corus Group	英国	United Kingdom	11087.4	-27.6
453	458		Old Mutual	英国	United Kingdom	11075.8	-3.6
454	473	法国航空公司	Air France Group	法国	France	11075.7	-0.7
455	460		Williams	美国	United States	11055.3	-3.7
456	491	曼格纳国际	Magna International	加拿大	Canada	11026.0	4.9
457	469	玩具反斗店	Toys `R` Us	美国	United States	11019.0	-2.8
458	488	大西洋和太平洋茶叶公司	Great Atl. & Pacific Tea	美国	United States	10973.3	3.3
459		路易威登轩尼诗	LVMH	法国	France	10951.0	2.3
460	427	中央日本铁道公司	Central Japan Railway	日本	Japan	10932.5	-9.3
461		丹麦银行集团	Danske Bank Group	丹麦	Denmark	10911.6	67.0
462	440	富士重工业公司	Fuji Heavy Industries	日本	Japan	10896.7	-8.2
463		大和银行控股公司	Daiwa Bank Holdings	日本	Japan	10887.5	121.7
464		甲骨文	Oracle	美国	United States	10859.7	7.2
465	474	加拿大太阳人寿保险公司	Sun Life Financial Services	加拿大	Canada	10857.2	-2.5
466	388	住友金属工业公司	Sumitomo Metal Industries	日本	Japan	10793.0	-20.3
467		中国石油	Chinese Petroleum	中国台湾省	Taiwan, China	10781.2	-16.1
468		泰森食品公司	Tyson Foods	美国	United States	10750.9	50.2
469	487	斯特普尔斯	Staples	美国	United States	10744.4	0.7
470			TJX	美国	United States	10709.0	11.8
471	448	中国农业银行	Agricultural Bank of China	中国	China	10656.6	-8.6
472	413	积水建房公司	Sekisui House	日本	Japan	10631.3	-15.3
473			Bankgesellschaft Berlin	德国	Germany	10617.9	-7.3
474	412	科斯莫石油公司	Cosmo Oil	日本	Japan	10612.4	-15.5
475	493		Norddeutsche Landesb.	德国	Germany	10603.9	1.9
476	500	索迪斯联合	Sodexho Alliance	法国	France	10579.2	2.6
477		多米宁资源公司	Dominion Resources	美国	United States	10558.0	14.0
478		联盟联合化学公司	Alliance Unichem	英国	United Kingdom	10533.1	12.2
479	457	大同人寿保险公司	Daido Life Insurance	日本	Japan	10527.1	-8.9
480	424	大日本印刷公司	Dai Nippon Printing	日本	Japan	10492.3	-13.6
481			KFW	德国	Germany	10484.4	3.3
482	481		Manpower	美国	United States	10483.8	-3.3
483		宏利保险	Manulife Financial	加拿大	Canada	10480.2	10.0
484	407	达纳	Dana	美国	United States	10469.0	-17.5
485	465	三得利	Suntory	日本	Japan	10444.7	-8.3
486			Anthem	美国	United States	10444.7	19.1
487		沃尔斯利公司	Wolseley	英国	United Kingdom	10383.8	2.1
488		ALLEGHENY 能源	Allegheny Energy	美国	United States	10378.9	158.7
489	447	凸版印刷公司	Toppan Printing	日本	Japan	10366.5	-11.4
490	467		Showa Shell Sekiyu	日本	Japan	10361.9	-8.9
491	498	惠尔普尔公司	Whirlpool	美国	United States	10343.0	0.2
492		伊陶莎	Itausa	巴西	Brazil	10239.3	7.8
493	490	胡曼纳	Humana	美国	United States	10194.9	-3.0
494	422	浦项综合制铁公司	POSCO	韩国	Korea, Rep.	10161.8	-16.6
495	194	南方公司	Southern	美国	United States	10155.0	-56.6
496		马里奥特国际公司	Marriott International	美国	United States	10152.0	1.3
497			MBNA	美国	United States	10144.7	28.9
498	400		Arrow Electronics	美国	United States	10127.6	-21.9
499	439	朝日玻璃公司	Asahi Glass	日本	Japan	10102.6	-14.9
500	464	竹中	Takenaka	日本	Japan	10096.2	-11.5

利润额(百万美元) Profits (USD mil.)	比上年增长% % Change from 2000	资产额(百万美元) Assets (USD mil.)	股东产权权益(百万美元) Stockholders' Equity (USD mil.)	雇员人数(人) Employees (persons)
-6711.7	-487.5	36613.7	10673.7	47888
-603.4		10359.5	4455.0	52700
-321.1	-141.9	65207.4	3594.8	42442
135.3	-64.6	11658.5	3455.5	70156
-477.7	-191.4	38906.2	6044.0	12433
580.0	-3.0	7906.0	4485.0	67000
67.0	-83.4	8076.0	3414.0	76000
-83.5		3166.0	710.0	78553
9.0	-98.7	21219.3	6144.4	53795
336.6	-29.7	42999.3	4988.2	24003
1046.3	79.4	184251.4	6836.9	18000
242.2	18.3	9578.9	2988.7	26483
-7452.8		339171.0	9726.1	21048
2561.1	-59.3	11030.2	6277.8	42297
569.5	34.5	80733.2	4839.4	11787
-837.5	-1686.7	18360.5	2070.6	29922
186.4	-30.2	13434.1	7616.4	16443
87.8	-41.9	10632.0	3353.9	124000
265.0	343.7	4093.0	2054.2	40914
500.4	-7.0	3595.7	1340.7	89000
35.9		263982.1	16279.8	500000
-735.6	-417.9	9746.7	4683.1	18877
-100.2		168424.4	3956.3	16181
-41.5	-152.9	9372.3	1466.0	5960
41.2	-66.5	177944.6	4401.2	8137
122.2	46.6	7872..9	2184.6	314000
544.0	24.8	34369.0	8368.0	17100
138.3	18.9	4139.6	996.2	21311
76.3	-67.9	45349.5	1301.9	22037
124.8	-58.7	10808.0	7145.2	34868
185.3	-2.3	219219.2	5900.9	2541
124.5	-27.3	3238.6	814.3	22400
753.5	4.8	86338.2	5195.2	33000
-298.0	-189.2	10207.0	1958.0	70000
116.7	-9.6	10863.2	2092.8	19851
342.2	51.4	6276.6	2060.0	14805
267.1	-13.0	5694.8	2132.7	34734
417.8	76.6	11167.6	2710.0	5751
222.7	66.9	10223.6	5338.1	31610
21.5	-81.5	6942.6	1618.8	3006
21.0	-94.3	6967.0	1458.0	59000
502.9	4.3	36729.2	2187.7	56629
117.2	30.2	4403.6	1507.9	14500
654.9	-54.7	14773.7	7752.2	27030
1120.0	-14.7	29824.0	7984.0	26122
236.0	-50.7	9107.0	3478.0	140000
1694.3	29.1	45447.9	7798.7	25247
-73.8	-120.6	5359.0	1766.5	12400
-100.8	-145.1	14331.0	4421.2	48362
-293.8	-556.4	9253.6	2600.0	12702

主要统计指标解释

500家大企业营业额和利润 表上所列的企业必须颁布其财务数据，并向有关政府机构汇报其全部或部分数字。上报的营业额包括公布时非连续性经营活动所得收入。商业银行及储蓄所的营业额为利息收入和非利息收入。对保险公司而言，这样的数字为保险费、年金、投资收入、资产收益或亏损，但不包括存款。营业额包括子公司，不包括营业税。

此表中的利润为税后利润，扣除收入声明中的额外帐款或费用，扣除费用改变的累积影响。负数为亏损。利润跌幅超过100%反应出从2000年赢利到2001年亏损的变动。

2001年会计年度截止日期不晚于2002年3月31日，各国会计年度会有所不同。对于非美国企业的销售额和利润，会计年度截止日期为2001年12月31日，均按年度平均官方汇率换算成美元。

资产及股东产权权益 均为企业会计年度末的数据。股东产权权益为此时的资本存量、实收资本、留存收益总数，不包括少数股权。非美国企业的数字，按其会计年度末的官方汇率换算成美元。

雇员数 因企业不同而有所不同，或为会计年度末人数，或为年度平均人数。

行业分类 反应出这些公司最主要的收入所属行业。行业分组按照美国管理和预算办公室制定的分类方法。

Explanatory Notes on Main Statistical Indicators

Revenues and Profits for the Global 500 Companies All the companies on the list must publish finacial data and report part or all of their figures to a government agency. Revenues are as reported, including revenues from discontinues operations when they are published on a consolidated basis. The revenues for commercial banks and savings institutions are the sum of interest and nointerest revenues. Such figures for insurance companies include premium and annuity income, invest income and capital gains or losses but exclude deposits. Revenue figures include consolidated subsidiaries and exclude excise taxes.

Profits are shown after taxes, after extraordinary credits or charges if any appear on the income statement, and after cumulative effects of accounting charges. Negative figures mean losses. Profit declines more than 100% reflect swings from 2000 profits to 2001 losses.

Data shown are for the fiscal year ended on or before March 21, 2002. Revenue and profit figures for non-U.S. companies have been converted to U.S. dollars at the average exchange rate during each company's fiscal year.

Assets and Equity Assets shown are those at the company's fiscal year-end. Stochholders' equityis the sum of capital stock, paid-in capital, and retained earnings on the same date. Minority interest is not included. Figures for the non-U.S. companies have been converted to U.S. Dollars at the official exchange rate at each company's fiscal year-end.

Employees The figure shown is either a fiscal year-end or a yearly average number, as published by the corporation.

Industry Classification Companies are included in the industry that represents the greatest volume of their revenues. Industry groups are based on categories established by the U.S. Office of Management and Budget.

附录一　各国（地区）货币单位

Appendix I　Local Currency Units of Countries and Territories

附录一　各国(地区) 货币单位*

Annex I　Local Currency Units of Countries and Territories*

资料来源:德国《国外统计年鉴》2001 年；世界知识出版社《世界知识年鉴》2001/2002 年；国际货币基金组织《国际金融统计月报》2002 年 7 月。

Source: "Statistical Yearbook 2001 for Foreign Countries" of Germany; World Knowledge Publishing House "World Knowledge Yearbook" 2001/2002; IMF "International Financial Statistics" July 2002.

大洲／国家或地区	Country or Territory	货币名称	Local Currency	国际标准组织编码 ISO-Code
亚　洲	**Asia**			
中　国	China	元＝10 角＝100 分	Chinese Yuan=10 Jiao=100 Fen	CNY
中国香港	Hong Kong, China	港元＝100 仙	Hongkong Dollar=100 Cents	HKD
中国澳门	Macao, China	澳门元＝100 仙	Macao Pataca=100 Cents	MOP
阿富汗	Afghanistan	阿富汗尼＝100 普尔	Afghani=100 Puls	AFA
亚美尼亚	Armenia	德拉姆＝100 鲁马	Dram=100 Luma	AMD
阿塞拜疆	Azerbaijan	马纳特＝100 开比克	Azerbaijan Manat=100 Gepik	AZM
巴　林	Bahrain	巴林第纳尔＝1000 费尔斯	Bahrain Dinar=1000 Fils	BHD
孟加拉国	Bangladesh	塔卡＝100 波依夏	Taka=100 Poisha	BDT
不　丹	Bhutan	努扎姆＝100 吉扎姆	Ngultrum=100 Chhetrum	BTN
文　莱	Brunei Darussalam	文莱元＝100 分	Brunei Dollar=100 Cents	BND
柬埔寨	Cambodia	瑞尔＝10 角＝100 仙	Riel=10 Kak=100 Sen	KHR
塞浦路斯	Cyprus	塞浦路斯镑	Cyprus Pound	CYP
格鲁吉亚	Georgia	拉里＝100　秦特勒	Lari = 100 Tetri	GEL
印　度	India	印度卢比＝100　派萨	Indian Rupie=100 Paise	INR
印度尼西亚	Indonesia	印度尼西亚盾＝100 分	Rupiah=100 Sen	IDR
伊　朗	Iran	里亚尔＝100 第纳尔	Rial=100 Dinars	IRR
伊拉克	Iraq	伊拉克第纳尔＝1000 菲尔斯	Iraq Dinar=1000 Fils	JOD
以色列	Israel	新谢克尔	New Shekel	ILS
日　本	Japan	日元＝100 钱	Yen=100 Sen	JPY
约　旦	Jordan	约旦第纳尔＝1000 费尔斯	Jordan Dinar=1000 Fils	JOD
哈萨克斯坦	Kazakhstan	坚戈＝100 特因	Tenge=100 Tiin	KZT
朝　鲜	Korea, PDR	朝鲜元＝100 钱	Won=100 Chon	KPW
韩　国	Korea, Rep.	韩圆＝100 钱	Won=100 Chon	KRW
科威特	Kuwait	科威特第纳尔＝1000 菲尔斯	Kuwaiti Dinar=1000 Fils	KWD
吉尔吉斯	Kyrgyz Rep.	索姆＝100 特因	Kyrgyz Som=100 Tyin	KGS
老　挝	Lao People's Dem.Rep	基普	Kip	LAK
黎巴嫩	Lebanon	黎巴嫩镑＝100 比索	Lebanese Pound=100 Piastres	LBP
马来西亚	Malaysia	林吉特＝100 分	Ringgit=100 Sen	MYR
马尔代夫	Maldives	拉菲亚＝100 拉里	Rufiyaa=100 Laari	MVR
蒙　古	Mongolia	图格里克	Togrog	MNT
缅　甸	Myanmar	缅元＝100 分	Kyat=100 Pyas	MMK
尼泊尔	Nepal	尼泊尔卢比＝100 派萨＝2 摩赫	Rupee=100 Paisa 50Paisa=1 Mohur	
阿　曼	Oman	里亚尔＝1000 比索	Rial Omani=100 Baizas	OMR
巴基斯坦	Pakistan	巴基斯坦卢比＝100 派萨	Pakistani Rupee = 100 Paisa	PKR

附录一　续表1 continued

大洲/国家或地区	Country or Territory	货币名称	Local Currency	国际标准组织编码 ISO-Code
菲 律 宾	Philippines	比索=100分	Philippine Peso = 100 Centavos	PHP
卡 塔 尔	Qatar	卡塔尔里亚尔=100迪姆拉	Qatar Riyal=100 Dirhams	QAR
留 尼 汪	Reunion	法国法郎=100生丁	French Franc=100 Centimes	FRF
沙特阿拉伯	Saudi Arabia	沙特里亚尔=100哈拉拉	Saudi Arabian Riyal=100 Hallalas	SAR
新 加 坡	Singapore	新加坡元=100分	Singapore Dollar=100 Cents	SGD
斯里兰卡	Sri Lanka	卢比=100分	Sri Lanka Rupee =100 Sri Lanka Cents	LKR
叙 利 亚	Syrian Arab Rep.	叙利亚镑=100比索	Syrian Pound=100 Piastres	SYP
塔吉克斯坦	Tajikistan	索莫尼	Somoni	TJS
泰 国	Thailand	铢	Baht	THB
土 耳 其	Turkey	土耳其里拉	Turkish Lira	TRL
土库曼斯坦	Turkmenistan	马纳特=100坚戈	Turkmenistan Manat =100 Tenge	TMM
阿 联 酋	United Arab Emirates	迪尔汗=100菲尔斯	Dirham=100 Fils	AED
乌兹别克斯坦	Uzbekistan	苏姆=100蒂因	Usbekistan Sum=100 Tijin	UZS
越 南	Vietnam	越南盾=10角=100分	Dong=10 Hao=100 Xu	VND
也 门	Yemen, Rep. Of	里亚尔=100费尔斯	Yemeni Rial=100 Fils	YER
非 洲	**Africa**			
阿尔及利亚	Algeria	阿尔及利亚第纳尔=100生丁	Algerian Dinar=100 Centines	DZD
安 哥 拉	Angola	宽扎	Kwanza	AOA
贝 宁	Benin	非洲法郎	CFA Franc	XOF
博茨瓦纳	Botswana	普拉=100生丁	Pula=100 Centimes	DZD
布基纳法索	Burkina Faso	非洲法郎	CFA Franc	XOF
布 隆 迪	Burundi	布隆迪法郎=100生丁	Burundi Franc=100 Centimes	BIF
喀 麦 隆	Cameroon	非洲法郎	CFA Franc	XOF
佛 得 角	Cape Verde	埃斯库多=100分，1康托=1000埃斯库多	Cape Verde Escudo = 100 Cent, 1000 Escudoes = Conto	CVE
中非共和国	Central African Rep.	非洲法郎	CFA Franc	XOF
乍 得	Chad	非洲法郎	CFA Franc	XOF
科 摩 罗	Comoros	科摩罗法郎	Comoran Franc	KMF
刚 果(金)	Congo, Dem. Rep. Of	刚果法郎	Congo Franc	GNF
刚 果(布)	Congo, Rep. Of	非洲法郎	CFA Franc	XOF
科特迪瓦	Cote D`Ivoire	非洲法郎	CFA Franc	XOF
吉 布 提	Djibouti	吉布提法郎	Djibouti Franc	DJF
埃 及	Egypt	埃及镑=100比索=1000米利姆	Egypt Pound = 100 Piasters = 1000 Milliemes	EGP
赤道几内亚	Equatorial Guinea	非洲法郎	CFA Franc	XOF
厄里特尼亚	Eritrea	纳克法=100分	Nakfa = 100 Cents	ERN
埃塞俄比亚	Ethiopia	埃塞俄比亚比尔=100分	Birr=100 Cents	ETB
加 蓬	Gabon	非洲法郎	CFA Franc	XOF
冈 比 亚	Gambia	达拉西=布图	Dalasi=Bututs	GMD
加 纳	Ghana	塞地=100比塞瓦	Cedi=100 Pesewas	GHC
几 内 亚	Guinea	几内亚法郎	Guinean Franc	GNF

附录一　续表2 continued

大洲／国家或地区	Country or Territory	货币名称	Local Currency	国际标准组织编码 ISO-Code
几内亚比绍	Guinea-Bissau	非洲法郎	CFA Franc	XOF
肯 尼 亚	Kenya	肯尼亚先令=100分	Kenya Shilling=100 Cents	KES
莱 索 托	Lesotho	洛蒂(复数为马洛蒂)=100分	Loti(Pl.:Maloti)=100 Lisente	LSL
利比里亚	Liberia	利比里亚元=100分	Liberian Dollar=100 Cents	LRD
利 比 亚	Libya	第纳尔=1000迪拉姆	Dinar=1000 Dirhams	LYD
马达加斯加	Madagascar	马达加斯加法郎=100生丁	Madagascar Franc = 100 Centimes	MGF
马 拉 维	Malawi	马拉维克瓦查=100塔姆巴拉	Malawi Kwacha=100 Tambala	MWK
马　　里	Mali	非洲法郎	CFA Franc	XOF
毛里塔尼亚	Mauritania	乌吉亚=5库姆斯	Ouguiya=5 Khoums	MRO
毛里求斯	Mauritius	卢比	Rupee	MUR
摩 洛 哥	Morocco	迪拉姆	Dirham	MAD
莫桑比克	Mozambique	梅蒂卡尔=100分	Metical=100 Centavos	MZM
纳米比亚	Namibia	纳米比亚元=100分	Namibia Dollar=100 Cents	NAD
尼 日 尔	Niger	非洲法郎	CFA Franc	XOF
尼日利亚	Nigeria	奈拉=100克布	Naria=100 Kobo	NGN
卢 旺 达	Rwanda	卢旺达法郎=100生丁	Rwanda Franc=100 Centimes	RWF
圣多美和普林西比	Sao Tome & Principe	多布拉=100分	Dobra=100 Centimos	STD
塞内加尔	Senegal	非洲法郎	CFA Franc	XOF
塞 舌 尔	Seychelles	塞舌尔卢比=100分	Seychelles Rupee =100 Cents	SCR
塞拉利昂	Sierra Leone	利昂=100分	Leone=100 Cents	SLL
索 马 里	Somali	索马里先令=100分	Somali Shilling=100 Centesimi	SOS
南　　非	South Africa	兰特=100分	Rand=100 Cents	ZAR
圣赫勒拿	St Helena	圣赫勒拿镑=100便士	St Helena Pound=100 Pennies	SHP
苏　　丹	Sudan	第纳尔=100比索	Sudanese Dinar=100 Piastres	SDD
斯威士兰	Swaziland	埃马兰吉尼=100分	Lilangeni=100 Cents	ZAR
坦桑尼亚	Tanzania	坦桑尼亚先令=100分	Tanzanian Shilling=100 Cents	TZS
多　　哥	Togo	非洲法郎	CFA Franc	XOF
突 尼 斯	Tunisia	第纳尔=1000米利姆	Dinar=1000 Millimes	TND
乌 干 达	Uganda	乌干达先令	Uganda Shilling	UGX
赞 比 亚	Zambia	克瓦查=100恩韦	Kwacha = 100 Ngwee	ZMK
津巴布韦	Zimbabwe	津巴布韦元	Zimbabwe Dollar	ZWD
美　　洲	**America**			
阿 根 廷	Argentina	比索=100分	Argentine Peso=100 Centavos	ARS
阿 鲁 巴	Aruba	阿鲁巴弗罗林=100分	Aruba Florin=100 Cents	AWG
安 圭 拉	Anguilla	东加勒比元=100分	East Caribbean Dollar = 100 Cents	XCD
安提瓜和巴布达	Antigua And Barbuda	东加勒比元=100分	East Caribbean Dollar = 100 Cents	XCD
巴　　西	Brazil	雷亚尔=100分	Real=100 Centavos	BRL
巴 哈 马	Bahamas	巴哈马元	Bahamian Dollar=100 Cents	BSD
巴 拉 圭	Paraguay	瓜拉尼=100分	Guarani=100 Centimos	PYG

附录一　续表3 continued

大洲／国家或地区	Country or Territory	货币名称	Local Currency	国际标准组织编码 ISO-Code
巴拿马	Panama	巴波亚＝100分	Balboa=100 Centesimos	PAB
巴巴多斯	Barbados	巴巴多斯元	Barbados Dollar=100 Cents	BBD
百慕大	Bermuda	百慕大元＝100分	Bermuda Dollar=100 Cents	BMD
波多黎各	Porto rico	美元＝100分	Dollar=100 Cents	USD
玻利维亚	Bolivia	玻利维亚诺＝100分	Bolivariano=100 Centavos	BOB
伯利兹	Belize	伯利兹元＝100分	Belize Dollar=100 Cents	BZD
多米尼加	Dominican Rep.	比索＝100分	Peso=100 Centavos	DOP
多米尼克	Dominica	东加勒比元＝100分	East Caribbean Dollar = 100 Cents	XCD
厄瓜多尔	Ecuador	美元＝100分	Dollar=100 Cents	USD
法属圭亚那	Guayane Francaise	法国法郎＝100生丁	Franc=100 Centimes	FRF
哥伦比亚	Colombia	比索＝100分	Peso=100 Centavos	COP
哥斯达黎加	Costa Rica	科朗＝100分	Colon=100 Centimos	CRC
格陵兰	Greenland	丹麦克朗＝100欧尔	Danish Kroon=100 Ore	DKK
格林纳达	Grenada	东加勒比元＝100分	East Caribbean Dollar = 100 Cents	XCD
古巴	The Rep. of Cuba	可兑换比索＝100分	Peso convertible=100 Centavos	CUP
瓜德罗普	Guadeloupe	法国法郎＝100生丁	Franc=100 Centimes	FRF
圭亚那	Guyana	圭亚那元＝100分	Guyana Dollar=100 Cents	GYD
海地	Haiti	古德＝100生丁	Gourde=100 Centimes	HTG
荷属安的列斯	The Netherlands Antilles	荷属安的列斯盾或弗罗林，1盾＝100分	Netherlands Antilles Guildar/Florin = 100 Cents	ANG
洪都拉斯	Honduras	伦皮拉＝100分	Lempira=100 Centavos	HNL
加拿大	Canada	加拿大元＝100分	Canadian Dollar=100 Cents	CAD
开曼群岛	The Cayman Islands	开曼元＝100分	Cayman Dollar=100 Cents	KYD
马提尼克	Martinique	法国法郎＝100生丁	Franc=100 Centimes	FRF
美国	United States	美元＝100分	Dollar=100 Cents	USD
蒙特塞拉特	Montserrat	东加勒比元＝100分	East Caribbean Dollar=100 Cents	XCD
秘鲁	The Rep. of Peru	新索尔＝100分	New Sol=100 Centimos	PEN
墨西哥	Mexico	比索＝100分	Mexican Peso=100 Centavos	MXN
尼加拉瓜	Nicaragua	科多巴＝100分	Cordoba=100 Centavos	NIO
萨尔瓦多	El Salvador	科朗＝100分	El Salvadoran Colon=100 Centavos	SVC
圣基茨和尼维斯	St. Kitts And Nevis	东加勒比元＝100分	East Caribbean Dollar =100 Cents	XCD
圣卢西亚	St. Lucia	东加勒比元＝100分	East Caribbean Dollar =100 Cents	XCD
圣文森特和格林纳丁斯	St. Vincent & Grens.	东加勒比元＝100分	East Caribbean Dollar =100 Cents	XCD
苏里南	Suriname	苏里南盾＝100分	Suriname Guilder=100 Cents	SRG
特克斯和凯科斯群岛	The Turks and Caicos Islands	美元＝100分	Dollar=100 Cents	USD
特立尼达和多巴哥	Trinidad And Tobago	特立尼达和多巴哥元＝100分	Trinidad And Tobago Dollar=100Cents	TTD
危地马拉	Guatemala	格查尔＝100分	Quetzal=100 Centavos	GTQ

附录一　续表4 continued

大洲／国家或地区	Country or Territory	货币名称	Local Currency	国际标准组织编码 ISO-Code
委内瑞拉	Venezuela	玻利瓦尔＝100分	Bolivar = 100 Centimos	VEB
乌拉圭	Uruguay	乌拉圭比索	Uruguayan Peso=100	
			Centesimos	UYU
牙买加	Jamaica	牙买加元＝100分	Jamaica Dollar=100 Cents	JMD
英属维尔京群岛	The British Virgin Islands	美元＝100分	Dollar=100 Cents	USD
智　利	Chile	比索＝100分	Peso=100 Centavos	CLP
欧　洲	**Europe**			
阿尔巴尼亚	Albania	列克＝100昆塔	Lek=100 Qindarka	ALL
奥地利	Austria	欧元＝13.7603奥地利先令,	Euro=13.7603 Austrian Schillings,	EUR
		奥地利先令＝100格罗申	Schilling = 100 Groschen	ATS
白俄罗斯	Belarus	白俄罗斯卢布＝100戈比	Belarus Ruble = 100 Kopeken	
比利时	Belgium	欧元＝40.3399比利时法郎,	Euro=40.3399 Belgian Francs	EUR
		比利时法郎＝100生丁	Belgian Franc = 100 Centimes	BEF
波斯尼亚和	Bosnia And Hercegovinia			
黑塞哥维那		可兑换马克＝100芬尼	Konvertible Mark=100 Fening	BAM
保加利亚	Bulgaria	列弗＝100斯托丁卡	Lev=100 Stótinki	BGN
克罗地亚	Croatia	库纳＝100利珀	Kuna=100 Lipa	HRK
捷克共和国	Czech Rep.	捷克克郎＝100哈莱士	Czech Krouna = 100 Hellers	CZK
丹　麦	Denmark	丹麦克郎＝100欧尔	Danish Krone=100 Ore	DKK
爱沙尼亚	Estonia	爱沙尼亚克郎＝100 分	Estonian Kroon=100 Cents	EEK
芬　兰	Finland	欧元＝5.94873芬兰马克,	Euro=5.94873 Finnish Markka,	EUR
		芬兰马克＝100分	Finnish Markka = 100 Pennies	FIM
法　国	France	1欧元＝6.5596法郎,	Euro=6.5596 Franc,	EUR
		法郎＝100生丁	Franc =100 Centimes	FRF
德　国	Germany	欧元＝1.95583德国马克,	Euro=1.95583 Deutsche Mark,	EUR
		德国马克＝100芬尼	Deutsche Mark= 100	DEM
			Deutsche Pfennig	
希　腊	Greece	欧元＝340.75德拉克马,	Euro= 340.75 Drachma,	EUR
		德拉克马＝100雷普塔	Drachma=100 Lepta	GRD
匈牙利	Hungary	福林＝100非列	Forint=100 Fillér	
冰　岛	Iceland	冰岛克郎＝100分	Icelandic Krona=100 Cents	ISK
爱尔兰	Ireland	欧元＝0.787564爱尔兰镑,	Euro = 0.787564 Irish Pounds,	EUR
		爱尔兰镑＝100便士	Irish Pound = 100 Pennies	IEP
意大利	Italy	1欧元＝1936.27里拉	Euro=1936.27 Italian Lire	EUR
		里拉	Italian Lire	ITL
拉脱维亚	Latvia	拉特＝100拉分	Lats=100 Centas	LVL
立陶宛	Lithuania	立特＝100立分	Litas = 100 Centas	LTL

附录一　续表5 continued

大洲／国家或地区	Country or Territory	货币名称	Local Currency	国际标准组织编码 ISO-Code
卢森堡	Luxembourg	1欧元＝ 40.3399 卢森堡法郎 卢森堡法郎＝100分	Euro= 40.3399 LUF Luxemburg Franc = 100 Cents	EUR LUF
马其顿	Macedonia, Fyr	代纳尔＝100第尼	Denar=100Deni	MKD
马耳他	Malta	马耳他镑＝100分＝1000米尔	Malta Lira = 100 Cents = 1000 Mils	MTL
摩尔多瓦	Moldova	摩尔多瓦列伊＝100巴尼	Moldova Leu=100 Bani	MDL
摩纳哥	Monaco	法国法郎＝100生丁	Franc=100 Centimes	FRF
荷　兰	Netherlands	欧元＝２.２０３７ 荷兰盾 荷兰盾＝100分	Euro=2.2037 Dutch Guilders, Guilder=100 Cents	EUR NLG
挪　威	Norway	挪威克郎＝100欧尔	Norwegian Krone =100 Ore	NOK
波　兰	Poland	兹罗提＝100格罗什	Zloty=100 Gloszes	PLN
葡萄牙	Portugal	欧元＝200.482埃斯库多 埃斯库多＝100分	Euro=200.482 Portugal Escudos, Escudo=100 Centavos	EUR PTE
罗马尼亚	Romania	列伊＝100班尼	Leu = 100 Bani	ROL
俄罗斯	Russia	卢布＝100戈比	Ruble = 100 Kopeken	RUB
圣马力诺	San Marino	意大利里拉	Italian Lire	ITL
斯洛伐克	Slovak Rep.	斯洛伐克克郎＝100哈莱士	Slovak Koruna = 100 Helles	SKK
斯洛文尼亚	Slovenia	托拉尔＝100斯托丁	Tolar = 100 Stotin	SIT
西班牙	Spain	欧元＝166.386比赛塔 比赛塔	Euro = 166.386 Spanish Pecetas	EUR ESP
瑞　典	Sweden	瑞典克郎	Swedish Krona	SEK
瑞　士	Switzerland	瑞士法郎＝100生丁	Switzerland Franc = 100 Centimes	CHF
列支敦示登	The Principality of Liechtenstein	瑞士法郎＝100生丁	Switzerland Franc = 100 Centimes	CHF
乌克兰	Ukraine	格里夫尼亚＝100戈比	Hryvnia=100 Kopeken	UAH
英　国	United Kingdom	英镑＝100便士	Pound=100 Pennies	GBP
南斯拉夫	Yugoslavia	第纳尔＝100巴拉	Yugoslavia Dinar = 100 Para	YUM
大洋州	**Oceania**			
澳大利亚	Australia	澳元＝100分	Australian Dollar=100 Cents	AUD
斐　济	Fiji	斐济元＝100分	Fiji Dollar=100 Cents	FJD
法属波利尼西亚	French Polynesia	太平洋法郎	Franc CFP	XPF
基里巴斯	Kiribati	澳元／吉布提＝100分	Australian Dollar/Kiribati= 100 Cents	AUD
马绍尔群岛	Marshall Islands	美元＝100分	Dollar=100 Cents	USD
密克罗尼西亚	Micronesia, Fed States of	美元＝100分	Dollar=100 Cents	USD
新喀里多尼亚	New Caledonia	太平洋法郎	Franc CFP	XPF
新西兰	New Zealand	新西兰元＝100分	New Zealand Dollar=100 Cents	NZD
巴布亚新几内亚	Papua New Guinea	基那＝100托伊	Kina=100 Toea	PGK
萨摩亚	Samoa	塔拉＝100分	Tala=100 Sene	WST
所罗门群岛	Solomon Islands	所罗门群岛元＝100分	Solomon Islands Dollar = 100 Cents	SBD
汤　加	Tonga	潘加＝100分	Pa'anga=100 Senti	TOP
图瓦卢	Tuvalu	澳元＝100分	Australian Dollar=100 Cents	AUD
瓦努阿图	Vanuatu	瓦图	Vatu	VUV
瓦利斯和富图纳	Wallis and Futuna	太平洋法郎	Franc CFP	XPF

注：＊对于欧元区成员国，为方便用户，除了列示欧元以外，同时列示了相应国家原货币单位。

Note: ＊For the member countries of Eurozone, the original currencies of the relevant countries have been recorded besides the euro to facilitate the readers to use the materials.

附录二 索 引

Appendix Ⅱ Index

附录2 索引

1992−2001年年均增长率 4−6
按购买力平价法计算的GDP 4−5
按购买力平价法计算的GNP 4−5
按购买力平价法计算的人均GDP 4−5
按购买力平价法计算的人均GNP 4−5
罢工次数 6−9
罢工工日数 6−9
罢工人数 6−9
版税和许可证费用 13−13
避孕普及率 5−4
濒危物种 3−5
不包括黄金的国际储备 1−2
不包括捐赠的中央政府经常收入 1−2
财产收益 9−5
财产税 7−2
财政赤字／盈余 7−3
采掘业 6−3
采矿和采石业 6−3
采矿业和采石业 4−13
茶叶 10−3，10−4
柴油 12−6
柴油税率 12−6
产妇死亡率 5−4
产值 11−3
长期外债 14−5
偿债率 14−6
成人(15岁及以上)识字率 1−2
成人识字率 15−1
成人文盲率 15−2
城市人口 3−6
城市人口比重 5−7
乘用车 12−5
抽水马桶 11−10
出口 11−5，13−1，13−10
出口单位价格指数 13−4
出口额 1−2
出口数量指数 13−5
出生时预期寿命 15−1
初等、中等和高等教育入学率 15−1
传统燃料占能源消费总量的比重 11−6
次级公路或地区级公路 12−8
粗出生率 1−2
粗死亡率 1−2
存货增加 4−14
大豆 10−3，10−4
大轿车 12−5
大中小学生入学率 15−3
单位能源生产的GDP 11−6
淡水抽取量 3−4
淡水类 10−8
淡水资源 3−4
蛋白质 9−8
蛋类 10−7
氮肥 10−10
道琼斯世界股票指数 7−10
稻谷 10−3，10−4
地表 2−1
地球 2−1
地热 11−7
地质勘查、水利管理业 6−3
第二产业 1−2，4−12，4−13
第二产业对GDP增长的贡献 4−8
第三产业 1−2，4−12，4−13
第三产业对GDP增长的贡献 4−8
第一产业 1−2，4−12，4−13
第一产业对GDP增长的贡献 4−8
电、煤气和水 4−13，4−16，6−3
电话主线 12−12
电力、煤气及水的生产和供应业 6−3
电能 11−5
电视机 9−7
调味剂 9−9
动物脂肪 9−9
短期外债 14−5
短期外债比重 14−6
对外直接投资 1−2，14−3
多年生牧场面积 1−2，3−2
多年生作物面积 1−2，3−2
儿童营养不良发生率 9−4
二氧化氮 3−6
二氧化硫 3−6
发电厂自用装机容量 11−7
发电量 11−8
饭店和旅馆 9−6
房地产、租赁及商业活动 6−3
房地产业 6−3
纺织和服装 11−4
非居民 15−7
非农部门雇员工资 6−6
非农部门雇员平均每周工时数 6−6
非农部门雇员人数 6−6
非食品 10−1，10−2
非税收收入 7−2
蜂蜡 10−7
蜂蜜 10−7

服务：贷方	14-2
服务：借方	14-2
服装和鞋类	9-6
负担系数	5-2
负债	14-2
负债率	1-2，14-6
甘蔗	10-3，10-4
钢	11-8
高技术出口	15-6
高速公路	12-8
个人、文化和休闲服务	13-13
个人计算机	9-7
各级政府	14-2
各行业合计	4-13，4-16
根茎类作物	10-3，10-4
耕地面积	1-2，3-2
工业	4-13，7-3
工业二氧化碳排放量	3-6
工业生产指数	1-2，11-1，11-2
工资和薪金收入	9-5
工资税	7-2
公共管理和防卫；强制性社会保险	6-3
公共教育经费支出	15-4
公共养老金支出	7-5
公共秩序和安全	7-3
公路，主路或国道	12-8
公路货物周转量	12-1
公路密度	12-8
公路使用税总计	12-10
公路税收占 GDP 比重	12-10
公路税收占政府财政收入比重	12-10
公路牵引车	12-5
公路网长度	12-8
公路支出	12-11
公司利润和资本所得税	7-2
购置税	12-10
估计储量	3-3
估算的银行服务费	4-13
谷物	9-9
谷物总计	10-3，10-4
股本	14-2
股东产权权益	16-2
股票交易额	7-12
股票交易周转率	7-12
固定资本形成	11-3
固定资本形成总额	4-14
固定资本折旧	4-15
固体	11-5
雇员工资和薪金	11-3
雇员数	11-3，16-2
广义货币	7-6
国防	7-3
国际储备	14-4
国际公约	1-1
国际海运卸货量	12-3
国际海运装货量	12-3
国际互联网站普及率	12-13
国际旅游人数	13-15
国际旅游收入	13-14
国际旅游支出	13-14
国际贸易税	7-2
国际收支	14-2
国际收支流量	14-1
国际收支总盈余	14-2
国际运输燃料	11-5
国家保护区面积	3-5
国家机关、政党机关和社会团体	6-3
国库　利率	7-8
国民生产总值（本币）	4-3
国内生产总值	1-2，3-6，4-14，4-15，7-1，13-6
国内生产总值（本币）	4-1
国内生产总值（美元）	4-2
国内生产总值缩减指数	8-1
国内生产总值增长率	4-6
国内生产总值指数	15-1
国土面积	1-2，3-1
海拔高度	2-2，2-5
海洋类	10-8
海运	11-5
含酒精饮品	9-9
河流	2-3
核电	11-7
核桃	10-5
湖泊	2-4
互联网用户数	12-13
花生	10-3，10-4
化肥产量	11-8
化肥总计	10-10
化工	11-4
黄金储备	1-2，14-4
货币	7-6
货币当局	14-2
货币供应量	7-6
货币汇率	7-9
货物、服务和收入差额	14-2
货物出口	14-2
货物出口总额	13-2
货物和服务差额	14-2
货物和服务进出口	13-6
货物和服务净出口	4-14
货物和服务税	7-2
货物进口	14-2
货物进口总额	13-3
机构数	11-3
机器和运输设备	11-4
鸡蛋	10-7
基尼系数	9-2

集中供暖 11-10
挤奶机 10-9
家具、家用设备及住房日常维护支出 9-6
家用冰箱 11-8
家用电视机产量 11-8
钾肥 10-10
坚果 9-9
间接税 4-13
间接税减补贴 4-15
建筑业 4-13，4-16，6-3
交通、仓储和运输 4-16
交通和通讯 9-6
交通运输 7-3
交通运输、仓储和邮电通信业 4-13，6-3
教育 6-3，7-3
教育、文化艺术和广播电影电视业 6-3
教育、休闲与文化 9-6
教育指数 15-1
接受外来直接投资 14-3
结婚率 5-6
金融保险、不动产和产业服务 6-3
金融保险、不动产和工商服务业 4-13，4-16
金融保险业 6-3
金融和保险服务 13-13
金融媒介 6-3
金融项目 1-2
金融帐户 14-2
进出口额 13-9
进出口贸易平衡 1-2
进出口贸易总额 1-2
进口 11-5，13-1，13-11
进口单位价格指数 13-4
进口额 1-2
进口数量指数 13-5
进口税 4-13
经常收入 7-2
经常项目 1-2
经常帐户 14-2
经常转移：贷方 14-2
经常转移：借方 14-2
经济活动人口 6-1
经济增长率 1-2
经营收入 9-5
经营盈余 4-15
净出口 1-2
净出口对GDP增长的贡献 4-9
净间接税 4-13
净误差与遗漏 14-2
就业人口 1-2
就业人数 6-2
居民 15-7
居民消费 4-14
居民消费支出 1-2
捐赠 7-2
军事人员数 15-12
军事支出 15-11
竣工住宅 11-9
卡车和货车 12-5
科学研究和综合技术服务业 6-3
可开采储量 3-3
空运 11-5
空运货物周转量 12-4
空运旅客周转量 12-4
库存变化 11-5
矿物和金属 13-7，13-8
矿业 4-16
劳动力总数 1-2
劳动者报酬 4-15
离婚率 5-6
理论储量 3-3
利润额 16-1，16-2
栗子 10-5
磷肥 10-10
驴 10-6
旅馆和饭店业 6-3
轮胎 11-8
骡子 10-6
骆驼 10-6
麻及麻类纤维 10-3，10-4
马 10-6
贸易平衡 14-2
煤炭 11-8
每百万公里车辆事故发生数 12-9
每百万公里车辆受伤人数 12-9
每百万公里车辆死亡人数 12-9
每百万人拥有的科学家和工程师人数 15-5
每公里道路汽车数量 12-5
每千人口床位数 15-10
每千人口医生数 1-2，15-10
每千人拥有乘用车 12-5
每千人拥有汽车数量 12-5
绵羊 10-6
棉布产量 11-8
摩托车和机动脚踏两用车 12-5
奶类－不包括黄油 9-9
奶类总产量 10-7
能源 7-3
能源生产总量 1-2
能源消费总量 1-2
能源储量 3-3
能源消费 3-6
能源消费量 11-5
年均人口增长率 5-1
年龄构成 5-2
年平均存款利率和贷款利率 7-7
年中人口数 1-2，5-1
牛 10-6
牛奶 10-7

牛肉 10–7
农、林、牧、渔业 6–3
农产品 13–9
农业 4–16，7–3，10–1，10–2
农业、狩猎业、林业和渔业 4–13，6–3
农业经济活动人口 10–11
农业人口比重 5–8
农业生产指数 1–2
农业原材料 13–7，13–8
农用拖拉机 10–9
批发、零售贸易；机动车及个人、家庭用品修理业 6–3
批发、零售业、旅馆和饭店业 4–13，6–13
批发和零售贸易餐饮业 4–13，6–3
贫困人口比重 9–3
贫困线 9–3
平均家庭成员数 9–5
平均降水 2–5
平均每个农业经济活动人口耕地面积 10–11
平均每户居室数 11–10
平均每千公顷耕地上化肥施用量 10–11
平均每千公顷耕地上收割机使用量 10–11
平均每千公顷耕地上拖拉机使用量 10–11
平均温度 2–5
平均预期寿命 1–2，1–3，5–5
平均云量 2–5
其他 6–3，9–6，11–4
其他部门 4–13
其他调整 4–13
其他经济活动 7–3
其他商业服务 13–13
其他收入 9–5
其他特殊税 12–10
其他土地面积 1–2
其他支出 7–3
其它部门 14–2
其它税 7–2
其它投资：债务 14–2
其它投资：资产 14–2
气体 11–5
汽车产量 11–8
汽车拥有量 12–5
汽油 12–6
汽油税率 12–6
禽蛋 9–9
禽肉 10–7
全员劳动生产率 6–8
燃料 13–7，13–8
热电 11–7
热值 9–8
人均国民生产总值 1–2
人均国民生产总值（美元） 4–4
人均国民生产总值增长率 4–7
人均食物供应量 9–9
人均消费量 11–5
人均住户最终消费支出 9–1
人口出生率 5–3
人口密度 1–2，3–1
人口贫困度 9–3
人口数 3–1
人口死亡率 5–3
人口增长率 5–1
人口自然增长率 1–2，5–3
人文发展指数 1–2，1–3，15–1
肉类 9–9
肉类总产量 10–7
入学率 1–2
森林消失 3–4
山羊 10–6
伤亡发生的环境 12–9
商船吨位 12–7
商品出口额 13–12
商品和服务出口 4–14
商业、饭店和旅馆业 4–16
上市公司数 7–11
上市公司总市值 7–11
少女生育率 5–4
社会保障和福利 7–3
社会保障缴款 7–2
社会保障税 7–4
社会服务业 6–3
社会福利 7–3
社会和个人服务 6–3
社会团体和个人服务业 4–13，4–16
社区、社会和私人其他服务活动 6–3
生产者或批发价格指数 1–2，8–2
生产者价格增加值 11–3
失业率 1–2，6–5
失业人数 6–4
食品 10–1，10–2，13–7，13–8
食品、饮料和烟草 9–6，11–4
使用税 12–10
世界初级品和基本金属出口价格指数 8–4
事故发生数 12–9
事故发生数量 12–9
事故中受伤数 12–9
事故中死亡人数 12–9
收割机－脱粒机 10–9
收入：贷方 14–2
收入：借方 14–2
蔬菜 9–9
薯类 9–9
水电 11–7
水果(不包括瓜类) 10–3，10–4
水果(不包括葡萄酒) 9–9

水泥产量 11-8
水牛 10-6
税收收入 7-2
私人非担保外债 14-5
私人非盈利组织 4-16
所有权税 12-10
探明储量 3-3
糖料作物 9-9
天然气 11-8
天然树脂 10-5
天然橡胶 10-5，11-8
甜菜 10-3，10-4
铁路货物周转量 12-2
铁路旅客周转量 12-2
通行税 12-10
桐籽 10-5
统计误差 4-13，4-15，4-16
投资率 4-10
土地利用 3-2
外债本息占 GNP 比重 14-6
外债余额 1-2
外债总额 14-5
卫生 7-3
卫生和社会工作 6-3
卫生体育和社会福利业 6-3
未分类 11-5
文化、娱乐和宗教 7-3
物种 3-5
吸收外来直接投资 1-2
纤维植物 10-3，10-4
享用卫生设施 15-8
消费者价格指数 1-2，8-3
小麦 10-3，10-4
新闻纸 11-8
行业不明确 6-3
畜牧业 10-1，10-2
研究与发展经费支出 15-4
羊毛 10-7
羊肉 10-7
液体 11-5
一般公务支出 7-3
一次能源生产量 11-5
医疗保健 9-6
医疗支出 15-9
移动电话 12-12
银行 14-2
婴儿死亡率 1-2，5-5，9-4
营业额 16-1，16-2
由经过培训的专业医护人员接生所占比例 9-4
油菜籽 10-3，10-4
油料 9-9
有雇工的私人家庭 6-3
有路面公路所占比重 12-8
有线电视用户 9-7
鱼和海鲜 9-9
渔类总计 10-8
玉米 10-3，10-4
浴盆和淋浴 11-10
预期寿命指数 15-1
域外组织和机构 6-3
原油 11-8
月平均收入 9-5
运输、仓储和通讯 6-3
运输、仓储和邮电业 4-13
杂豆 9-9
在报告经济体内直接投资 14-2
增值税 4-13
债务 14-2
债务率 14-6
债务证券 14-2
榛子 10-5
证券投资 14-2
政府服务 4-13，4-16
政府服务及其他 13-13
政府及政府担保外债 14-5
政府及政府担保外债占中央政府经常性财政收入比重 14-6
政府消费 1-2，4-14
政府债 收益率 7-8
芝麻 10-3，10-4
脂肪 9-8
直接投资海外 14-2
植物油 9-9
制成品 13-7，13-8
制造业 4-13，4-16，6-3
制造业雇员工资 6-7
制造业雇员平均每周工时数 6-7
制造业劳动生产率 6-8
制造业生产指数 11-3
中央政府财政收入 7-1，7-2
中央政府财政支出 7-3
中央政府预算赤字／盈余 1-2，7-1
种植业 10-1，10-2
猪 10-6
猪肉 10-7
住房、水、电力、气和其他燃料 9-6
住房和通讯 7-3
住户最终消费支出 9-1，9-6
住户最终消费支出增长率 9-1
住宅及规模 11-10
住宅设备普及率 11-10
住宅总计 11-10
专利权申请文件的数量 15-7
转移收入 9-5
准货币 7-6
资本收入 7-2
资本项目 1-2

资本形成总额 1–2，4–14，4–16
资本帐户 14–2
资本帐户：贷方 14–2
资本帐户：借方 14–2
资产 14–2
籽棉 10–4
自来水 11–10
自有房产 4–13
自有住宅比例 11–10
总储蓄占 GDP 的比重 4–11
总和生育率 5–4，9–4
总计 4–13
总收入 7–2
总投资对 GDP 增长的贡献 4–9
总消费对 GDP 增长的贡献 4–9
总消费占 GDP 的比重 4–11
总悬浮颗粒物 3–6
总支出 7–3
总装机容量 11–7

Appendix 2 Index

% Paved 12-8
Accidents 12-9
Activities not Adequately Defined 6-3
Adolescent Fertility Rate 5-4
Adult Illiteracy Rate 1-2, 15-2
Adult Literacy Rate 15-1
Age Composition 5-2
Age Dependency Ratio 5-2
Agricultural Raw Materials 13-7, 13-8
Agriculture 4-16, 10-1, 10-2
Agriculture and Fishing 4-13
Agriculture Population as Percentage of Total Population 5-8
Agriculture Production Index 1-2
Agriculture Tractors 10-9
Agriculture, Forestry, Fishing, Hunting 7-3
Agriculture, Hunting, Forestry and Fishing 6-3
Agriculture Production 13-9
Air 11-5
Air Transport, Freight 12-4
Air Transport, Passengers Carried 12-4
Alcoholic Beverages 9-9
Altitude 2-2, 2-5
Animal Fats 9-9
Annual Average Deposit & Lending Rates 7-7
Arable Area 1-2, 3-2
Area of Country Soil 1-2, 3-1
Asses 10-6
Average Annual Population Growth Rates (1991-2000) 5-1
Average Annual Real Growth Rate 1992-2001 4-6
Average Cloudage 2-5
Average Family Members 9-5
Average Temperature 2-5
Balance of Merchandise Trade 1-2
Balance of Payments 14-2
Balance on Goods, Services. & Inc. 14-2
Balance on Goods & Services 14-2
Banks 14-2
Bath 11-10
Beef and Buffalo Meat 10-7
Beeswax 10-7
Birth Rate 5-3
Birth Rate, Crude 1-2
Broad Money 7-6
Buffaloes 10-6
Bunkers 11-5
Buses & Coaches 12-5
Cable Television Subscribers 9-7
Calories 9-8
Camels 10-6
Capital Account 1-2
Capital Account, n.i.e. 14-2
Capital Account, n.i.e.: Credit 14-2
Capital Account: Debit 14-2
Capital Revenue 7-2
Capitalization of Listed Companies 7-11
Cattle 10-6
Cement 11-8
Central Government Budget Surplus / Deficit 1-2, 7-1
Central Government Expenditure 7-3
Central government Revenue 7-1, 7-2
Central Heating 11-10
Cereals - excluding Beer 9-9
Cereals, Total 10-3, 10-4
Changes in Stocks 11-5
Chemical Fertilizer 11-8
Chemicals 11-4
Chestnuts 10-5
Clothing and Foot Ware 9-6
Coal 11-8
Combined Primary, Secondary and Tertiary Gross Enrolment Ratio 15-1
Commercial Energy Production 1-2
Commercial Energy Use 1-2, 3-6
Commodity Exports 13-12
Community, Social and Personal Services 4-13, 4-16, 6-3
Compensation of Employees 4-15
Construction 4-13, 4-16, 6-3
Construction of New Building 11-9
Consumer Price Index 1-2, 8-3
Consumption 11-5
Consumption of Chemical Fertilizers per 1000 Hectares Cultivated Areas 10-11
Consumption of Fixed Capital 4-15
Consumption per Capita 11-5
Contraceptive Prevalence Rate 5-4
Contribution of Primary Industry to the Growth of GDP 4-8
Contribution of Tertial Industry to the Growth of GDP 4-8
Contribution of Net Export to the Growth of GDP 4-9
Contribution of Secondary Industry to the Growth of GDP 4-8
Contribution of Total Consumption to the Growth of GDP 4-9
Contribution of Total Investment to the Growth of GDP 4-9

Cow Milk 10-7
Crops 10-1, 10-2
Crude Death Rate 1-2
Crude Oil 11-8
Cultivated Areas per Agriculture Economic
 Activity Population 10-11
Current Account 1-2
Current Account, n.i.e. 14-2
Current Revenue 7-2
Current Revenue of Central Government,
 Excluding Grants 1-2
Current Transfers, n.i.e.: Credit 14-2
Current Transfers: Debit 14-2
Days not Worked 6-9
Death Rate 5-3
Deaths 12-9
Debt Securities 14-2
Defence 7-3
Deforestation 3-4
Delivery Attendance by a Medically Trained Person 9-4
Density of Total Network 12-8
Diesel 12-6
Dir. Invest. in Rep. Econ., n.i.e. 14-2
Direct Investment Abroad 14-2
Divorce Rate 5-6
Domestic Taxes on Goods & Services 7-2
Dow Jones World Stock Index 7-10
Dwelling Facilities 11-10
Dwelling Rooms per Dwelling 11-10
Dwellings and Dwelling Rooms 11-10
Earth 2-1
Earth's Surface 2-1
Economic Growth Rate 1-2
Economically Active Population 6-1
Education 6-3, 7-3
Education Culture and Arts, Radios,
 Film and Television 6-3
Education Index 15-1
Eggs 9-9
Eggs Primary 10-7
Electricity 11-5, 11-8
Electricity, Gas and Water 4-13, 4-16, 6-3
Employee in Non-Agriculture 6-6
Employees 16-2
Employment 1-2, 6-2
Energy Resource and Reserves 3-3
Equity Securities 14-2
Estimated Additional Resources 3-3
 Average Monthly Earning 9-5
Exchange Rates 7-9
Export and Import of Goods and Services 13-6
Export Price Indices of Primary Commodities and
 Non-ferrous Base Metals 8-4
Exports 11-5, 13-1, 13-10
Exports of Goods and Services 4-14
External Balance on Goods and Services 1-2
External Debt 1-2, 14-5
Extra-Territorial Organizations and Bodies 6-3
Farming, Forestry, Animal Husbandry and Fishery 6-3
Fat 9-8
FDI Inflows 14-3
FDI Outflows 14-3
Fibre Crops Primary 10-3
Fibre Crops Primary 10-4
Finance, Insurance, Real Estate and Business Services 4-13, 4-16
Financial Account 1-2
Financial Account, n.i.e. 14-2
Financial and Insurance Services 13-13
Financial Derivatives Assets 14-2
Financial Derivatives Liabilities 14-2
Financial Intermediation 6-3
Financing and Insurance 6-3
Financing, Insurance, Real Estate and
 Business Services 6-3
Fish 9-9
Fixed Capital Formation 11-3
Flush Toilet 11-10
Food 10-1, 10-2, 13-7, 13-8
Food Supply per Capita 9-9
Food, Beverage and Tobacco 9-6, 11-4
Foreign Direct Investment Inward 1-2
Foreign Direct Investment Outward 1-2
Freight Ton-km of Road 12-1
Freshwater Resource 3-4
Freshwater Withdrawals 3-4
Freshwater Aquatic Products 10-8
Fruit - excluding Wine 9-9
Fruit excl Melons 10-3, 10-4
Fuel 13-7, 13-8
Fuel and Energy 7-3
Furnishings, Households Equipment & Routine
 Maintenance of the House 9-6
Gas 11-5
GDP 13-6
GDP Based on PPP 4-5
GDP Deflator 8-1
GDP Index 15-1
GDP per Capita Based on PPP 4-5
GDP per Unit of Energy Use 11-6
General Government 14-2
General Government Final Consumption Expenditure 1-2
General Public Services 7-3
Geological Prospecting and Water Conservancy 6-3
Geothermal 11-7
GINI Index 9-2

GNP Based on PPP 4-5
GNP per Capita 1-2
GNP Per Capita (USD) 4-4
GNP per Capita Based on PPP 4-5
Goats 10-6
Gold Reserves 1-2, 14-4
Goods: Exports f.o.b. 14-2
Goods: Imports f.o.b. 14-2
Government Agencies, Party Agencies and Social Organizations 6-3
Government Bond Yields 7-8
Government Final Consumption Expenditure 4-14
Government Services n.i.e. 13-13
Grants 7-2
Gross Capital Formation 1-2, 4-14, 4-16
Gross Domestic Product 1-2, 3-6, 4-14, 4-15, 7-1
Gross Domestic Product (Local Currency) 4-1
Gross Domestic Product (USD) 4-2
Gross Fixed Capital Formation 4-14
Gross National Product (Local Currency) 4-3
Gross Productivity 6-8
Groundnuts in Shell 10-3, 10-4
Growth Rate of GDP 4-6
Growth Rate of GNP per Capita 4-7
Growth Rate of Household Final Consumption Expenditure 9-1
Harvest Machines Used per thousand hectares Cultivated Areas 10-11
Harvesters-Threshers 10-9
Hazelnuts 10-5
Health 7-3, 9-6
Health Care, Sports & Social Welfare 6-3
Health Expenditure 15-9
Health and Social Work 6-3
Hen Eggs 10-7
High-Technology Exports 15-6
Highways, Main or National Roads 12-8
Honey 10-7
Horses 10-6
Hospital Beds per 1000 people 15-10
Hotels and Restaurants 6-3
Hours of Work per Week in Manufacturing 6-7
Hours per Week in Non-Agriculture 6-6
Household Final Consumption Expenditure 1-2, 9-1, 9-6
Household Final Consumption Expenditure per Capita 9-1
Housing & Community Amenities 7-3
Housing, Water, Electricity, Gas & Other Fuels 9-6
Human Development Index 1-2, 1-3, 15-1
Hydro 11-7
Import Duties 4-13
Imports 11-5, 13-1, 13-11
Imports and Exports 13-9
Imports of Goods and Services 4-14
Improved Sanitation Facilities 15-8
Imputed Bank Service Charge 4-13
Income: Credit 14-2
Income: Debit 14-2
Increase in Stocks 4-14
Index Numbers of Industrial Production 11-3
Indices of Export Quantum 13-5
Indices of Export Unit Value 13-4
Indices of Import Quantum 13-5
Indices of Import Unit Value 13-4
Indices of Industrial Production 11-2
Indirect Tax 4-13
Indirect Taxes Net of Subsidies 4-13
Industrial CO2 Emissions 3-6
Industrial Production Index 1-2
Industry 4-13
Infant Mortality Rate 1-2, 5-5, 9-4
Injuries 12-9
Injury Accidents 12-9
International Conventions 1-1
International Maritime Goods Loaded 12-3
International Maritime Goods Unloaded 12-3
International Protocol 1-1
International Reserves Excluding Gold 1-2
International Tourism, Expenditures 13-14
International Tourism, Number of Arrivals and Departures 13-15
International Tourism, Receipts 13-14
International Transactions 14-1
Internet Users 12-13
Investment Rate 4-10
Jute &Jute-like Fibres 10-3, 10-4
Labor Force 1-2
Lake 2-4
Land Area 3-2
Life Expectancy at Birth 1-2, 1-3, 5-5, 15-1
Life Expectancy Index 15-1
Liquids 11-5
Listed Domestic Companies 7-11
Livestock 10-1, 10-2
Long-term Debt 14-5
Lorries & Vans 12-5
Machinery and Transport Equipment 11-4
Maize 10-3, 10-4
Manufactures 13-7, 13-8
Manufacturing 4-13, 4-16, 6-3
Marriage Rate 5-6
Maternal Mortality Ratio 5-4
Meat 9-9

Meat, Total 10-7
Merchandise Exports 1-2, 13-2
Merchandise Imports 1-2, 13-3
Merchandise Shipping Fleet 12-7
Mid-year Population Estimates 5-1
Military Expenditure 15-11
Military Personnel 15-12
Milk - excl. Butter 9-9
Milk, Total 10-7
Milking Machines 10-9
Mining and Quarrying 4-13, 4-16, 6-3
Mining, Manufacture & Construction 7-3
Mobile Phones 12-12
Monetary Authorities 14-2
Money 7-6
Money Supply 7-6
Motor Vehicles 11-8
Motorcycles & Mopeds 12-5
Motorways 12-8
Mules 10-6
Nationally Protected Area 3-5
Natural Gas 11-8
Natural Growth Rate 5-3
Natural Gums 10-5
Natural Increase Rate 1-2
Natural Rubber 10-5, 11-8
Net Errors and Omissions 14-2
Net Exports of Goods and Services 4-14
Net Operating Surplus and Gross Mixed Income 4-15
Newsprint 11-8
Nitrogen Dioxide 3-6
Nitrogenous Fertilizers 10-10
Non Food 10-1, 10-2
Non-Residents 15-7
Non Tax Revenue 7-2
Nuclear 11-7
Number of Employees 11-3
Number of Establishments 11-3
Oil Crops 9-9
Operating Income 9-5
Ores and Metals 13-7, 13-8
Other 6-3
Other Adjustments 4-13
Other Area 1-2
Other Business 13-13
Other Economic, Affairs & Services 7-3
Other Expenditure 7-3
Other Investment Assets 14-2
Other Investment Liab., n.i.e. 14-2
Other Producers 4-13
Other Sectors 14-2
Other Special Taxes 12-10
Other Tax 7-2
Other Community, Social and Personal Service Activities 6-3
Other Manufacturing 11-4
Others 9-6
Others Income 9-5
Output in Producers Prices 11-3
Overall Balance 14-2
Overall Deficit/Surplus 7-3
Ownership of Premises 4-13
Passenger Cars 12-5
Passenger Cars per 1000 Inhabitants 12-5
Patent Applications 15-7
Percentage of Injury Accidents 12-9
Percentage of Taxation Content of Consumption 12-6
Permanent Crop Area 3-2
Permanent Pasture 3-2
Permenent Crops 1-2
Permenent Pasture 1-2
Personal Computers 9-7
Personal, Cultural and Recreational Services 13-13
Persons Injured 12-9
Persons Killed 12-9
Petrol 12-6
Phosphate Fertilizers 10-10
Physicians per 1000 People 1-2, 15-10
Pig Meat 10-7
Pigs 10-6
Population 3-1
Population below Poverty Line 9-3
Population Density 1-2, 3-1
Population Growth Rates 5-1
Population, Total, Mid-year 1-2
Population of Agriculture Economic Activity 10-11
Portfolio Investment Assets 14-2
Portfolio Investment Liab., n.i.e. 14-2
Potash Fertilizers 10-10
Poultry Meat 10-7
Poverty Gap 9-3
Poverty Line 9-3
PPG Debt Service as % of Central Government Current Revenue 14-6
Precipitation 2-5
Present Value of Debt as % of Exports of Good s and Services 14-6
Present Value of Debt as % of GNP 14-6
Present Value of External Debt (% of GNI) 1-2
Prevalence of Child Malnutrition 9-4
Primary Energy Production 11-5
Primary Industrial 1-2, 4-12, 4-13
Private Final Consumption Expenditure 4-14
Private Non Guaranteed 14-5
Private Non-Profit Institutions 4-16
Private Households with Employed Persons 4-13, 6-3
Producers of Government Services 4-16
Producers' or wholesale Price Indices 8-2
Producers' Price Index 1-2

Production and Supply of Electricity, Gas and Water 6-3
Profits 16-1, 16-2
Property Income 9-5
Proportion of Owned Houses 11-10
Proteins 9-8
Proved Amount in Place 3-3
Proved Recoverable Reserves 3-3
Public and Publicly Guaranteed Debt 14-5
Public Expenditure on Pensions 7-5
Public Order & Safety 7-3
Public Spending Education 15-4
Public Administration and Defence;
Compulsory Social Security 6-3
Pulses 9-9
Quasi-Money and Money 7-6
Railways, Passenger 12-2
Railways, Freight 12-2
Rapeseed 10-3, 10-4
Real Estate 6-3
Real Estate, Renting and Business Activities 6-3
Reasonably Assured Resources 3-3
Recreation, Culture & Education 9-6
Recreational, Culture, Religion 7-3
Refrigerators for Household Use 11-8
Research and Development Expenditure 15-4
Residents 15-7
Restaurants & Hotels 9-6
Revenues 16-1, 16-2
Rice,Paddy 10-3, 10-4
River 2-3
Road Expenditure 12-11
Road Tractors 12-5
Road User Taxation as % of Total Government Revenue 12-10
Roots and Tubers 10-3, 10-4
Royalties and License Fees 13-13
Running Water 11-10
School Enrollment Rate 1-2
Scientific Research and Polytechnic Services 6-3
Scientists Engineers and Technicians in R&D 15-5
Sea 11-5
Seafood 9-9
Secondary Industrial 4-13
Secondary Industry 1-2, 4-12
Secondary or Regional Roads 12-8
Seed Cotton 10-4
Self-producers and Public Utilities 11-7
Self-producers 11-7
Services: Credit 14-2
Services: Debit 14-2
Sesame Seed 10-3, 10-4
Sheep 10-6
Sheep and Goat Meat 10-7
Short-term Debt 14-5
Short-term Debt as % of Total External Debt 14-6
Social Security & Welfare 7-3
Social Security Contributions 7-2
Social Security Tax 7-4
Social Services 6-3
Solids 11-5
Soybeans 10-3, 10-4
Species 3-5
Spices 9-9
Starchy Roots 9-9
Statistical Discrepancy 4-13, 4-15, 4-16
Steel 11-8
Stockholders' equity 16-2
Stocks Traded Turnover Ratio 7-12
Stocks Traded Value 7-12
Strikes and Lockouts 6-9
Sugar Beets 10-3, 14-4
Sugar Cane 10-3, 10-4
Sugar crops 9-9
Sulfur Dioxide 3-6
Tax on Income, Profits, Capital, Gains 7-2
Tax Revenue 7-2
Taxes Less Subsidies on Production and Imports 4-15
Taxes on Acquisition 12-10
Taxes on Ownership 12-10
Taxes on Payroll and Work force 7-2
Taxes on Property 7-2
Taxes on Use 12-10
Taxes-International Trade, Transaction 7-2
Tea 10-3, 10-4
Telephone Mainlines 12-12
Television Sets 9-7, 11-8
Tertiary Industrial 4-13
Tertiary Industry 1-2, 4-12
Tertiary, Secondary and Primary Enrollment Ratio 15-3
Textiles and Clothing 11-4
Thermal 11-7
Threatened Species 3-5
Tires 11-8
Tolls 12-10
Total 4-13
Total Consumption as Percentage of GDP 4-11
Total debt Service as % of Exports of Goods and Services 14-6
Total Debt Service as % of GNP 14-6
Total Dwellings 11-10
Total Expenditure 7-3
Total Fertility Rate 5-4, 9-4
Total Fertilizers 10-10
Total Fish Catch 10-8
Total Marine Fish 10-8
Total Merchandise Trade 1-2
Total Number of 12-9
Total Reserves Minus Gold 14-4
Total Revenue 7-2
Total Road Network 12-8
Total Road User Taxation 12-10

Total Road User Taxation as % of GDP 12-10
Total Saving as Percentage of GDP 4-11
Total Suspended Particulates 3-6
Total Vehicles per 1000 Inhabitants 12-5
Total Vehicles per km of Road 12-5
Total, Industries 4-13, 4-16
Tractors Used per Thousand Hectares Cultivated Areas 10-11
Trade Balance 14-2
Traditional Fuel Use as Percentage of Total Consumption of Energy 11-6
Transfer Income 9-5
Transport and Communications 9-6
Transport, Storage and Communication 4-13, 4-16, 6-3
Transport, Storage Post & Communications Services 6-3
Transportation,Communication 7-3
Treasury Bill Rates 7-8
Tree nuts 9-9
Tung Nuts 10-5
Unallocated 11-5
Unemployment 6-4
Unemployment Rate 1-2, 6-5
Urban Population 3-6
Urban Population Proportion as Percentage of Total Population 5-7
Value Added in Producers' Prices 11-3
Value Added Per Worker in Manufacturing 6-8
Value Added Tax 4-13
Vegetable Oils 9-9
Vegetables 9-9
Vehicles in Use 12-5
Wages and Salaries Paid to Employees 11-3
Wages and Salaries 9-5
Wages in Manufacturing 6-7
Wages in Non-Agriculture 6-6
Walnuts 10-5
Web Sites 12-13
Wheat 10-3, 10-4
Wholesale and Retail Trade & Catering Services 6-3
Wholesale and Retail Trade, Restaurants and Hotels 4-13, 4-16
Wholesale and Retail Trade; Repair of Motor Vehicles, Motorcycles and Personal and Household Goods 6-3
Wholesale and Retail Trade and Restaurants and Hotels 6-3
Wool, Greasy 10-7
Workers Involved 6-9
Woven Cotton Fabrics 11-8

中国统计出版社最新资料书简目